Teresa von Ávila

Das Buch
der Gründungen

HERDER spektrum

Band 5847

Das Buch

Das *Buch der Gründungen* ist – nach dem *Buch meines Lebens*, dem *Weg der Vollkommenheit* und den *Wohnungen der Inneren Burg* – das vierte große Werk Teresas von Ávila. Sie beschreibt darin die Geschichte ihrer Klostergründungen von 1567 bis 1582. Achtzehn neue Klöster in fünfzehn Jahren, darunter zwei für Männer – gegründet von einer Frau: Vielen Zeitgenossen war dies eine unerhörte Anmaßung. Unerhört viel Kraft forderte die Aufgabe auf alle Fälle – und so lernen die Leser im *Buch der Gründungen* die bedeutende Mystikerin von ihrer lebenspraktischen Seite kennen: pragmatisch und hartnäckig – eine Frau der Tat. Sie verhandelt mit Magistraten und Erzbischöfen, ist Expertin für Immobilienhandel, kundig im Umgang mit ihren Mitschwestern ebenso wie in Fragen des Gebets. Ihre Reisen auf den schlechten und gefährlichen Straßen des damaligen Spanien sind oft genug ein Abenteuer – auf dem Weg nach Burgos wäre sie einmal fast ertrunken –, doch sie gibt nicht auf: Nichts ist ihr zu schwierig, sofern sie davon überzeugt ist, dass Gott es so von ihr will. Ihre Berichte lesen sich streckenweise wie ein Krimi, geben jedoch immer auch Auskunft über den kirchlichen und sozialen Kontext ihrer Zeit. Teresa von Ávila besitzt die Freiheit, über diesen Zusammenhängen zu stehen, sodass sie ihr Vorhaben in die Praxis umsetzen kann und letztlich nirgends unverrichteter Dinge wieder abziehen muss.

Wer Teresa vor allem als kundige Meisterin auf den Wegen des inneren Betens und der mystischen Erfahrung schätzen gelernt hat, kann hier entdecken, wie sie genauso kundig über Spaniens Straßen zog, nebenbei über Herbergen und Postdienste Auskunft gibt und in ihrem Leben bezeugt, dass Leben mit Gott und Leben mit den Menschen für sie keine Gegensätze sind, sondern der gleichen Quelle entspringen.

Die Autorin

Teresa von Ávila (1515–1582), spanische Ordensgründerin und Mystikerin; durch ihr Wirken entstanden zahlreiche Klöster eines neuen Zweigs des Karmelitenordens (Teresianischer Karmel). Papst Paul VI. verlieh ihr 1970 als erster Frau den Titel „Kirchenlehrerin". Teresa von Ávila gilt als Klassikerin der spanischen Sprache und ist Schutzpatronin der spanischen Schriftsteller.

Teresa von Ávila

Das Buch
der Gründungen

Vollständige Neuübertragung
Gesammelte Werke Band 5

Herausgegeben, übersetzt und eingeleitet von
Ulrich Dobhan OCD
Elisabeth Peeters OCD

HERDER

FREIBURG · BASEL · WIEN

Gedruckt auf umweltfreundlichem,
chlorfrei gebleichtem Papier

Originalausgabe

Alle Rechte vorbehalten – Printed in Germany
© Verlag Herder Freiburg im Breisgau 2007
www.herder.de
Satz: Dtp-Satzservice Peter Huber, Freiburg
Herstellung: fgb · freiburger graphische betriebe 2007
www.fgb.de
Umschlaggestaltung und Konzeption:
R·M·E München/Roland Eschlbeck, Liana Tuchel
Umschlagmotiv:
Erich Buchholz, neue Tafel nr. IX, 1922.
© Eila Buchholz-Schrader
ISBN: 978-3-451-05847-9

INHALT

INHALT

INHALT

Einführung

„Ich schreibe bei diesen Gründungen nichts von den großen Beschwernissen der Reisen, bei Kälte, unter der Sonne, mit Schnee, der manchmal den ganzen Tag ununterbrochen fiel, andere Male verirrten wir uns, wieder andere Male litt ich an vielen anderen Plagen und Fieberanfällen, denn, zur Ehre Gottes sei es gesagt, normal ist, dass ich bei schlechter Gesundheit bin, doch klar sah, dass unser Herr mir Kraft gab. Dabei geschah es mir einige Male, dass ich, wenn es zu einer Gründung ging, so viele Übel und Schmerzen verspürte, dass ich mich sehr ängstigte, da ich glaubte, noch nicht einmal in der Lage zu sein, in meiner Zelle zu bleiben, ohne dass ich mich hinlegte, und dass ich mich an unseren Herrn wandte und unter Klagen zu Seiner Majestät sagte, warum er denn wolle, dass ich tue, was ich nicht könnte, doch Seine Majestät dann Kräfte gab, wenn auch nicht ohne Mühe, und ich bei dem Eifer, den er mir gab, scheinbar auf mich vergaß" (F 18,4).

Dieser Text ist eine gute Einstimmung auf das *Buch der Gründungen* der hl. Teresa von Ávila. Sie sagt, wie es ihr oft genug ergangen ist, hebt aber auch hervor, woher sie die Kraft dafür bekommen hat, gibt also Gott die Ehre. So wird auch dieses Buch zu einer spirituell-theologischen Schrift, wenn auch auf eine ganz andere Weise als ihr *Weg der Vollkommenheit* oder *Die Wohnungen der Inneren Burg*.

Wir stellen zunächst Teresa als Gründerin vor (1.), beschreiben ihr Ideal von Ordensleben (2.), zeichnen die Entstehungsgeschichte des *Buches der Gründungen* nach (3.) und stellen schließlich seine spirituelle Botschaft dar (4.).

1. Die Gründerin Teresa von Ávila

Bereits im *Buch meines Lebens* hat Teresa eine Kostprobe ihres erzählerischen Talents gegeben, als sie die Geschichte ihrer ersten Gründung, des Klosters San José in Ávila, niederschrieb.[1] In unserer Einführung in das *Buch meines Lebens* haben wir Teresas innere Entwicklung bis zu diesem Zeitpunkt dargestellt.[2] Die dort genannten Beweggründe, die sie zur Gründerin machten, seien hier kurz wiederholt:

Teresa wird zur Gründerin (1562)

Um Teresas Werdegang als Gründerin zu verstehen, muss man ihre gesamte Entwicklung, die sie im *Buch meines* Lebens darlegt, vor Augen haben; letzten Endes ist dieser Weg Frucht ihres Lebens mit Gott. Doch haben dabei ganz konkrete zeitbedingte Faktoren mitgewirkt:

- Das allgemeine Reformklima in vielen Orden Kastiliens und der Kirche Spaniens überhaupt;[3]
- Teresas Unzufriedenheit mit ihrer Lebensweise im Kloster der Menschwerdung, was sie sogar an eine Übersiedlung in ein anderes Kloster mit strenger Klausur denken lässt;[4]
- ihre ständigen Misserfolge bei ihren Bemühungen um mehr Konsequenz beim inneren Beten;[5]
- mangelnde Unterstützung durch ihre Umgebung.[6]

Eine zweite Reihe von Gründen ist eher geistlicher Art:

- Die Höllenvision,[7] die unter anderem folgende Wirkung bei ihr hatte: „Es kam in mir der Wunsch hoch, den Menschen

---

[1] Siehe V 32-36.
[2] Teresa von Ávila, *Das Buch meines Lebens,* 26-28.
[3] Siehe dazu J. García Oro, *Reformas y Observancias.*
[4] V 31,13.
[5] V 7,1.
[6] V 32,9.
[7] Siehe V 32,1-9. Efrén de la Madre de Dios – O. Steggink, TyV 181, Anm. 38, datieren sie auf Ende August 1560. Ihrer eigenen Chronologie folgend (V 32,4) könnte sie in der ersten Hälfte dieses Jahres stattgefunden haben.

zu entfliehen und mich endlich ganz und gar aus der Welt zurückzuziehen";[8] und: „Ich dachte darüber nach, was ich für Gott tun könnte. Dabei dachte ich mir, dass das erste wohl wäre, der Berufung zum Ordensleben, die mir Seine Majestät verliehen hatte, nachzukommen, indem ich meine Regel mit der mir größtmöglichen Vollkommenheit beobachtete."[9]

– Die sog. „Gründungssitzung", die sich ereignete, als sie in dieser geistigen Verfassung war, und über die sie so berichtet: „Da ergab es sich eines Tages, als ich gerade mit einer Person beisammen war, dass diese zu mir und den anderen sagte, ob es denn nicht möglich wäre, ein Kloster gründen zu können, wenn wir schon nicht so wären, dass wir Schwestern nach Art der Unbeschuhten sein könnten. Da ich mich selbst mit solchen Wünschen trug, begann ich mit meiner Gefährtin [Doña Guiomar de Ulloa] ... darüber zu sprechen, da sie denselben Wunsch hatte."[10] Das war im Herbst 1560.[11] „Schwestern nach Art der Unbeschuhten zu sein", bedeutet einen Lebensstil nach Art der damals in Kastilien üblichen Reformbewegungen mit ganz bestimmten Merkmalen.[12]

– Die „Gründungsvision", die sie im Anschluss daran erlebte und mit folgenden Worten festhält: „Dass das Kloster errichtet und dem Herrn darin sehr gedient würde, ... und dass es ein Stern wäre, der großen Glanz ausstrahlte, und dass ich nicht denken solle, dass ihm in den Orden wenig gedient würde, auch wenn sie gemildert seien; denn was wäre es um die Welt, wenn nicht der Ordensleute wegen? Eines Tages nach der Kommunion trug mir Seine Majestät eindringlich auf, mich mit aller Kraft dafür einzusetzen."[13]

---

[8] V 32,8.
[9] V 32,9.
[10] V 32,10.
[11] Silverio de Santa Teresa datiert diese „Gründungssitzung" auf Oktober 1560 (BMC 1, 5 Anm. 2), Efrén de la Madre de Dios – O. Steggink, TyV 183, auf September des gleichen Jahres.
[12] Siehe dazu weiter unten S. 28-30.
[13] V 32,11.

Aus all dem ergibt sich für sie die Gewissheit, dass die Gründung Gottes Wille ist; in ihrer Darstellung wird Gott zum Haupthandelnden, „der es mir eindringlich auftrug."

Gründungsideal

Um diese Zeit, also noch vor der Gründung selbst, zeichnen sich folgende Ideen ab:

Teresa geht es *damals* darum, eine für sie geeignete Umgebung zur Beobachtung ihrer Regel und Ordenssatzungen zu finden, „denn für mich war der Nachteil dieses Ausgehens schon groß, auch wenn ich diejenige war, die davon am meisten Gebrauch machte, weil einige Personen, denen meine Oberen nicht absagen konnten, mich gern in ihrer Gesellschaft hatten, so dass sie, dazu gedrängt, es mir auftrugen. Und so konnte ich, wie es sich nach und nach ergab, nur noch selten im Kloster weilen."[14] Das bedeutet, dass es Teresa ganz am Anfang um Abhilfe für ihre persönliche Situation ging, in die sie aufgrund ihrer Begabung zu Kontakt und Freundschaft, aber auch aufgrund von Aufträgen ihrer Oberen kam. Dabei mag der Aspekt der *Reform*, also der Rückführung ihrer Lebensweise auf die frühere, strengere Observanz, vorrangig gewesen sein; jedenfalls dachte sie damals noch nicht daran, außer San José in Ávila noch weitere Klöster zu gründen.

Einen *weiteren* Beitrag brachte die Höllenvision. Dadurch „erwarb ich mir auch das unsäglich große Leid, das mir die vielen Seelen verursachen, die verdammt werden (insbesondere diese Lutheraner, denn die waren durch die Taufe schon Mitglieder der Kirche), sowie die gewaltigen Antriebe, um Seelen von Nutzen zu sein, denn ich glaube sicher, dass ich liebend gern tausend Tode auf mich nehmen würde, um eine einzige aus so extremen Qualen zu befreien."[15] „Die gewaltigen Antriebe, um Seelen von Nutzen zu sein", also die apostolische Motivation, ist ein zweites Element, das zu ihrem Gründungs-

---

[14] V 32,9.
[15] V 32,6.

ideal gehört, aber am Anfang noch nicht so klar ausgeprägt ist, wie das später einmal der Fall sein wird.

Und schließlich noch die *folgende* Idee, von der in der oben zitierten „Gründungsvision" die Rede ist: Förderung des Dienstes Gottes, Erneuerung des Karmelordens und des Ordenslebens überhaupt – vielleicht eine entfernte Reaktion auf den berühmt gewordenen Satz des Erasmus von Rotterdam „Monachatus non est pietas"[16] in seinem *Enchiridion militis christiani*[17] und zugleich die Zurückweisung durch sie, was zeigt, dass Teresa um die Reformbedürftigkeit des Ordenslebens in Spanien durchaus wusste.

Diese Vorstellung von reformiertem Klosterleben spiegelt sich teilweise in dem Brief an ihren Bruder Lorenzo vom 23. Dezember 1561 wider, wo sie zum ersten Mal von der Gründung eines Klosters spricht: „Nur 15 Schwestern und nicht mehr, die in größter Zurückgezogenheit leben sollen und niemals herausgehen dürfen, nichts sehen können, außer durch einen Schleier vor dem Gesicht, und sich dem Gebet und dem Ich-Sterben widmen."[18] Das entspricht genau ihrem persönlichen Bedürfnis zum damaligen Zeitpunkt. Es handelt sich also hier um eine zeitbedingte Beschreibung des Gründungsideals Teresas, das sehr stark auf der Linie der damaligen Ordensreformen in Spanien liegt, nämlich „Schwestern nach Art der Unbeschuhten zu sein", wie das in der „Gründungssitzung" ausgesprochen wurde. Im *Weg der Vollkommenheit* erklärt sie noch dazu: „Am Anfang, als man mit der Gründung dieses Klosters begann ..., war es nicht meine Absicht, dass es im Äußerlichen eine so große Strenge gäbe, noch dass es ohne festes Einkommen wäre, vielmehr wollte ich – eine schwache und erbärmliche Frau –, dass es nach Möglichkeit an nichts fehle, auch wenn ich damit mehr gute Absichten verfolgte als meine Bequemlichkeit."[19] Sie hatte also ihre „Absichten", d.h. sie wusste,

---

[16] Mönchtum ist nicht Gottesfurcht.
[17] *Handbuch des christlichen Soldaten.* M. Bataillon, *Erasmo y España*, 205.
[18] Ct 2,2.
[19] CE [CV] 1,1.

was sie wollte. Die apostolische Motivation ist zu jenem Zeitpunkt noch schwach ausgebildet;[20] immerhin will sie dieses Ideal bereits mit einigen Schwestern teilen und hat nicht vor, irgendwo als Einsiedlerin in größerer Zurückgezogenheit zu leben.[21]

Zugunsten eines derartigen ursprünglichen Gründungsmotivs spricht auch die Tatsache, dass sie nur San José gründen wollte, so dass sie nach vollbrachter Arbeit zufrieden schreibt: „Es war mir auch ein großer Trost, das, was mir der Herr so eindringlich befohlen hatte, getan und an diesem Ort eine weitere Kirche errichtet zu haben, eine für meinen Vater, den glorreichen heiligen Josef, die es noch nicht gab."[22] Als Abhilfe in ihrer persönlichen Situation im Menschwerdungskloster hätte das ja auch ausgereicht.

Schließlich werden so auch die häufigen Hinweise, sterben zu müssen oder zu dürfen, besonders im zweiten Teil der *Vida* verständlich, was auch ein Anzeichen dafür sein könnte, dass Teresa meinte, mit der Gründung von San José ihren Lebensauftrag erfüllt zu haben. So z. B. „Ich sah mich geradezu sterben vor Sehnsucht, Gott zu sehen, und wusste nicht, wo ich dieses Leben suchen sollte, es sei denn durch den Tod."[23]

---

[20] T. Álvarez, *Santa Teresa de Ávila hija de la Iglesia*, 348, schreibt: „*Als sie 1560 die Gründung ihres ersten Karmels plant, scheint es nicht, dass* die großen Nöte der Kirche *ihren Geist so sehr beherrscht hätten, dass sie zu Motiv und Ansporn zur Gründung geworden wären."*

[21] Ideen oder Träume von einem Einsiedlerleben waren unter den in der „Gründungssitzung" um Teresa versammelten Schwestern durchaus präsent. Siehe O. Steggink, *La reforma del Carmelo español*, 249-253. Dass Teresa dabei vor allem vom *Liber de institutione primorum monachorum*, also dem „*Buch der Mönche"* des Felipe Ribot beeinflusst war, wie O. Steggink hier annimmt, wird von T. Álvarez, *Cultura de mujer en el siglo XVI*, 108f. in Frage gestellt. Wahrscheinlich hat sie es nicht gekannt.

[22] V 36,6.

[23] Siehe weitere derartige Stellen in V 16,4; 17,1; 20,12f; 21,6; 29,8.; 10.12; 30,20; 33,8; 34,10; 40,20. Im Rückblick auf ihr Leben können wir heute sagen, dass es sich um eine vorübergehende Phase handelt, etwa für die Jahre 1562-1565, in einer späteren Lebensphase lernte sie, „*ihn in diesem Leben zu suchen",* und es trat die Todessehnsucht zurück, zugunsten des Wunsches, Gott im Hier und Jetzt zu dienen; vgl. 7M 3,6f (1577 geschrieben).

Wir können sagen: In der Konzipierung der Gründung von San José geht es Teresa zunächst um die Schaffung eines Raumes, in dem sie ihrer wahren Berufung im Sinne eines karmelitanischen Ordenslebens gemäß der Regel des Karmel näherkommen kann,[24] wie sie selbst bekennt: „Der Berufung zum Ordensleben, die mir Seine Majestät verliehen hatte, nachzukommen, indem ich meine Regel mit der mir größtmöglichen Vollkommenheit beobachtete."[25] Damit wird klar gesagt, dass die Gründung von San José in Ávila nicht eine Reaktion auf die Entstehung des Protestantismus ist, sondern eine Frucht ihrer persönlichen inneren Entwicklung. Mit Recht schreibt D. de Pablo Maroto: „Die schlecht informierten Leser könnten zum Schluss kommen, dass der Protestantismus der Grund für Teresas Reform ist. ... Demnach gäbe es ohne Luther keine Reform durch Teresa. Das ist ein historisch völlig unhaltbarer Irrtum."[26] Und doch haben die „Protestanten" bei Teresas Gründung eine Rolle gespielt.

Vertiefung des Gründungsideals

Die Erweiterung oder Vertiefung des Gründungsideals geschieht nämlich durch Teresas existentielle Begegnung mit den „Protestanten", wie sie schreibt: „Nachdem ich von den Schäden in Frankreich durch diese Lutheraner erfahren hatte, und wie sehr diese unheilvolle Sekte im Anwachsen war, setzte mir

---

[24] T. Álvarez, *Cultura de mujer en el siglo XVI*, 99, nennt dazu folgende Punkte: „Beten als Lebensform, Stillschweigen als Voraussetzung für die Kontemplation, die Einsamkeit in der Zelle entsprechend dem eremitischen Lebensstil, der Rhythmus des täglichen Gemeinschaftslebens, die von Paulus in der Regel eingeschärften grundlegenden Tugenden, das Alltagsleben als aszetisches Bemühen."

[25] V 32,9. Der Wunsch, die Ordensregel möglichst vollkommen bzw. wieder mit der ursprünglichen Vollkommenheit zu beobachten, lag allen damaligen Ordensreformen in Kastilien zugrunde, wobei Vollkommenheit als Rigorismus und asketische Strenge verstanden wurde. So ist Teresa – neben ihrer eigenen persönlichen Erfahrung, vor allem der Höllenvision (V 32) – natürlich auch vom allgemeinen Reformklima in der Kirche Spaniens damals beeinflusst.

[26] D. de Pablo Maroto, *Camino de perfección*, 449.

das sehr zu."[27] Wann ist das geschehen? Sicher blieben ihr die Ereignisse von 1559 nicht verborgen, als in Kastilien, konkret in Valladolid und Toro, und auch in Sevilla protestantisierende Zirkel entdeckt wurden,[28] was 1559 zum rigorosen Bücherverbot des Fernando de Valdés geführt hat.[29] Auch im Palast der Doña Luisa de la Cerda, wo sie von Ende Dezember 1561 bis Juni 1562 weilen musste,[30] wird man über diese tagespolitischen Ereignisse gesprochen haben.[31] Dadurch erhält die bisherige Idee für ihre Neugründung, „der Berufung zum Ordensleben nachzukommen", eine zusätzliche, apostolische Motivation, die sich gleich in den ersten Sätzen des *Weges der Vollkommenheit* niederschlägt: „Wie wenn ich etwas vermöchte oder etwas bedeutete, weinte ich mich beim Herrn aus und bat ihn, diesem großen Übel abzuhelfen. ... Ich beschloss, das ganz wenige, das ich vermag und an mir liegt, zu tun, und das ist, die evangelischen Räte mit aller Vollkommenheit, zu der ich fähig wäre, zu befolgen und dafür zu sorgen, dass die paar Schwestern, die hier sind, das gleiche täten."[32] Natürlich hatte Teresa keine direkte Kenntnis von den Protestanten und noch weniger von deren Theologie, so dass es nicht verwunderlich

---

[27] CE [CV] 1,2. In Wirklichkeit meint sie damit die Hugenotten Frankreichs. Da Frankreich der ständige Gegner Spaniens war, und nicht Deutschland, wo der andere Zweig der Habsburger Dynastie herrschte (bis zu seiner Resignation war Karl V. „Kaiser des Hl. Römischen Reiches" und zugleich als Carlos I. König von Spanien), mussten die Spanier motiviert werden, gegen diesen Gegner zu kämpfen, und ein Teil dieser Motivation war religiös begründet.

[28] Dabei kam Teresas Freundin Doña Guiomar de Ulloa, die dank ihrer weit verzweigten Familie über viele Kontakte verfügte, eine bedeutende Rolle zu; durch sie hatte Teresa den Jesuiten Juan de Prádanos kennen gelernt hat, der von Anfang 1555 bis Sommer 1558 ihr Beichtvater war (V 24,4f.) und bei der Bekämpfung dieser häretischen Zirkel eine bedeutende Rolle gespielt hat. Siehe dazu J. L. González Novalín, *Teresa de Jesús y el Luteranismo en España*, 356-362.

[29] Sie schreibt: „*Als viele in der Volkssprache geschriebene Bücher weggenommen wurden, damit sie nicht mehr gelesen würden, litt ich sehr darunter*" (V 26,5).

[30] V 34. D. de Pablo Maroto, *Camino de perfección*, 451.

[31] Nach dem Edikt von Saint-Germain vom 17. Januar 1562 kam es in Mittel- und Südfrankreich zu Unruhen der Kalvinisten.

[32] CE [CV] 1,2.

ist, wenn sie das stereotype Bild, das damals in Spanien vorherrschte, wiederholt.[33] Durch die Begegnung mit den Protestanten wird ihr Gründungsideal apostolisch. Nun geht es ihr um die Kirche – „für die Verteidiger der Kirche, die Prediger und Theologen" –, sie ist aber auch bereit, „ihr Leben tausendmal hinzugeben, um eine der vielen Seelen zu retten, die ich verloren gehen sah."[34] Unter dem Eindruck dieser Begegnung mit den Protestanten bestimmt sie im *Weg der Vollkommenheit*, den sie in den „ruhigsten Jahren meines Lebens"[35] (von 1562 bis 1567) im Jahre 1566 in San José geschrieben hat, diesen Einsatz für die Kirche zum Sinn und Ziel ihres Klosters.

Vollendung des Gründungsideals

Die Begegnung mit den Indios, die ihr und ihren Schwestern der Franziskanermissionar Alonso Maldonado vermittelt, bringt ihr Gründungideal zur Vollendung und Fülle. Ihre Antwort auf die Nachricht vom Verderben der „vielen Millionen Seelen", die in den von ihren Landsleuten entdeckten neuen Ländern leben, ist die Vermehrung der Gründungen, wozu ihr der Ordensgeneral Giovanni Battista Rossi bei seinem Besuch in Ávila die Erlaubnis gab.[36] Zur apostolischen Dimension ihres Ordens-

---

[33] CE [CV] 1; 3. Dazu ist zu bedenken, dass nach Meinung des Theologen Domingo de Soto (1495-1560, Dominikaner, Theologieprofessor in Salamanca, Konzilstheologe beim Konzil von Trient) ein Häretiker als „Schreibtischtäter und aktiver Terrorist" galt. Diego de Simancas (Theologe, Jurist, Bischof von Zamora, †1583) schreibt: *„Die Häresie ist ein sehr schweres Verbrechen und viel schlimmer als alle anderen, insofern als sie eine weitere Verbreitung hat, die tiefer eindringt, sich hartnäckiger festmacht und nur mit größerem Aufwand geheilt wird. ... Durch die Schuld der Häresien werden der Glaube und die wahre, katholische Religion geschädigt, die Menschen mit Leib und Seele umgebracht, Aufstände und Unruhen hervorgerufen, der Friede und die öffentliche Ruhe gestört und schließlich das christliche Gemeinwesen in seinem Gesamtzustand beeinträchtigt, ja mitunter total erschüttert und zerstört. Doch die Häretiker dieser Zeiten sind die schlimmsten von allen Häresien, denn nicht damit zufrieden, einen Aspekt der christlichen Lehre anzugreifen, gehen sie daran, sie in ihren Grundfesten zu zerstören"* (zitiert von T. Egido, *Ambiente misionero*, 31).
[34] CE [CV] 1,2.
[35] F 1,1.
[36] F 2,1-3.

ideals kommt nun noch die universale, es wird zu einem Heils-universalismus, der keine Grenzen mehr kennt, sondern alle Menschen umfasst und retten will.[37] Teresa wird zur „ruhe-losen Herumtreiberin"[38] Gottes, wie sie der Päpstliche Nuntius wenig schmeichelhaft und nicht ungefährlich für sie als klausu-rierte Ordensschwester nannte. Sie aber hat ein Werk geschaf-fen, das „nicht einfach eine Re-Form, also eine Ausrottung von Missständen und eine Reorganisation des klösterlichen Lebens ist. Unsere Vorstellung vom Werk Teresas wäre sehr beschränkt, wenn wir in ihm lediglich einen Aufstand gegen Missstände und organisatorische Mängel sähen. Die neue Form karmelita-nischen Lebens, die sich mit ihrer klaren dogmatischen Zielset-zung zutiefst am Geist des Evangeliums und am eremitisch-kontemplativen karmelitanischen Ideal inspiriert, muss eher als eine Neuschöpfung und eine Gründung denn als Re-Forma bezeichnet werden, die die Mutter Teresa von Jesus unter die ersten Gestalten der Kirche der Gegenreformation einreiht. Ihr Wirken als Reformatorin scheint nur ein zweitrangiger Aspekt ihres Werkes zu sein".[39] Zu diesem Urteil kommt Otger Steg-gink O. Carm. in seiner gründlichen historischen Studie über die Reform des Karmel in Spanien.

Gründerin des männlichen Zweigs

Mit Hilfe des Johannes vom Kreuz wird sie auch zur Gründe-rin eines neuen männlichen Ordenszweigs im Karmel, indem dieser zusammen mit Antonio de Jesús am 28. November 1568 in Duruelo nach ihren Vorstellungen zu leben beginnt. Somit

---

[37] Teresa hat offensichtlich ziemlich gut Bescheid gewusst, was sich in Westindien abspielte, wie aus einem Brief vom 17. Januar 1570 an ihren Bruder Lorenzo in Quito hervorgeht: *„Diese Indios kosten mich nicht wenig. Der Herr gebe ihnen Licht, denn hier wie dort gibt es viel Unheil, und da ich viel herumkomme und mich viele Menschen anreden, weiß ich oftmals nicht, was ich sagen soll, als dass wir schlimmer sind als Bestien, da wir die große Würde unserer Seele nicht verstehen und sie mit so beschränkten Dingen, wie es die der Erde sind, ein-schränken. Es gebe der Herr ihnen Licht"* (Ct 24,13).

[38] Vgl. Brief vom 4.10.1578 an Pablo Hernández (Ct 269); vgl. BMC 2, 265 Anm. 2.

[39] O. Steggink, *La reforma del Carmelo español*, 313.

gehört Teresa zu den wenigen Frauen in der Kirche, die auch einen Männerorden gegründet haben. Dabei legte sie großen Wert darauf, dass Johannes gut verstünde, worum es ihr ging: „Und als wir einige Tage Handwerker dort[40] hatten, um das Haus herzurichten, noch ohne Klausur, bot sich Zeit, Johannes vom Kreuz über unsere gesamte Vorgehensweise zu informieren, damit er alle Dinge gut verstanden hätte, sowohl bezüglich des Ich-Sterbens, als auch des schwesterlichen Umgangs und der Erholung, die wir gemeinsam halten. Alles geschieht mit Maßen, da es nur dazu dient, dabei die Fehler der Schwestern zu erkennen und uns ein bisschen Erleichterung zu verschaffen, um die Strenge der Regel auszuhalten. Er war so gut, dass zumindest ich viel mehr von ihm lernen konnte als er von mir; doch nicht ich war es, die das bewerkstelligte, sondern die Vorgehensweise der Schwestern."[41] Das zeigt einerseits, worauf es ihr ankam – und das muss vor dem Hintergrund der Vorstellung von Ordensleben in den Reformbewegungen Kastiliens gesehen werden –, andererseits wird klar, dass sich Teresa damals schon bewusst war, dass es nicht mehr nur ihr persönliches Charisma ist, sondern bereits das der ersten Gruppen von Schwestern, das von diesen auf Johannes vom Kreuz übergeht, der es fertig bringt, sich in die geistliche Gefolgschaft von Frauen zu begeben.

Johannes vom Kreuz erweist sich als bereitwilliger Empfänger, da er Teresa die den Gründern zukommende *„Fülle und Vorzüglichkeit der Erstlingsgaben des Geistes"* zuerkennt[42] und sie ohne Umschweife *„unsere Mutter"*[43] nennt. Antonio de Jesús, der zusammen mit ihm in Duruelo begonnen hat, beruft sich zwar später auch auf Teresa, doch suchte er von Anfang

---

[40] Sie meint in Valladolid, wo sie am 10. August 1568 zusammen mit Johannes vom Kreuz ankam und dort am 15. August das Kloster gründete (F 10). Er bleibt bis 30. September bei ihr und bricht dann nach Duruelo auf. Sie hat ihn also ca. sieben Wochen bei sich.

[41] F 13,5. Ein wichtiger Text, durch den die Übertragung des Charismas Teresas auf die Brüder, also auf den männlichen Zweig, bezeugt wird.

[42] LB 2,12.

[43] CA 12,6 [CB 13,7].

an eher seine Vorstellungen von reformiertem Ordensleben zu verwirklichen als dass er das Charisma Teresas bereitwillig aufgenommen hätte.[44] Er war damals 58 Jahre alt und seit seinem 10. Lebensjahr mit dem Orden verbunden, Johannes war 26 Jahre und nach den humanistischen Studien bei den Jesuiten im Alter von 21 Jahren in den Orden eingetreten. Dieser Unterschied in der Persönlichkeit der beiden ersten „Unbeschuhten" Karmeliten muss gut beachtet werden, um die ersten Jahrzehnte des Teresianischen Karmel, ja seine ganze Geschichte richtig zu beurteilen.

Von der *Madre Fundadora* zur *Reformadora*

Die Frage, ob Teresa nun *Gründerin* oder *Reformatorin* sei, war zu ihren Lebzeiten und auch in den ersten Jahren nach ihrem Tod überhaupt nicht aktuell. Sie war ohne jegliche Einschränkung die *Madre Fundadora*. Ganz anders heute, wo sie immer wieder als Reformatorin bezeichnet wird. Wie ist es dazu gekommen?

Ein erster Hinweis mag der Begriffsklärung dienen. Weder in den Quellen des 16. Jahrhunderts, noch in den neuesten Studien über Teresa, die sie als *Gründerin* sehen, wird behauptet, dass sie als solche mit der Vergangenheit überhaupt nichts zu tun hätte und mit ihr hätte brechen wollen. Andererseits ist klar, dass Teresas Wirken nicht einfach auf die Beseitigung von Missständen reduziert werden kann, wie O. Steggink treffend bemerkt hat.

Eine weitere Rechtfertigung des Titels *Gründerin* ergibt sich, wenn wir bedenken, wie sie zur *Reformatorin* gemacht wurde.[45]

Dazu können wir als erstes feststellen, dass sie bei ihren Gründungen immer neu begonnen, sich also nicht auf die Reform von bestehenden Gründungen eingelassen hat. So nimmt

---

[44] In gewisser Weise liegen bereits hier die Wurzeln für die weiter unten genannten Auseinandersetzungen innerhalb ihres neuen Ordens, durch die ihr nach und nach das Charisma der Gründerin aberkannt wird. (S. 22-28)

[45] Siehe dazu I. Moriones, *Santa Teresa ¿Fundadora o Reformadora?*

sie lieber die Enttäuschung des Erzbischofs von Sevilla in Kauf, der gehofft hatte, dass sie seine bestehenden Klöster reformieren würde, auch wenn ihr die Neugründung unter diesen Umständen mehr Einsatz und Mühen abverlangte.[46] Es gefällt ihr gar nicht, dass sie in Villanueva de la Jara gleich eine ganze Gruppe von Frauen „übernehmen" soll, weil sie fürchtet, dass sie sich dem von ihr eingeführten Lebensstil nicht anpassen würden, während sie überzeugt ist, dass sich „bei den Gründungen, wo wir allein beginnen, alle gut anpassen."[47] Noch deutlicher wird sie diesbezüglich in einem Brief vom 2. Januar 1575 an Teutonio de Braganza: „Ich sage Euer Gnaden, dass ich lieber vier Klöster von Schwestern gründe – denn wenn einmal der Anfang gemacht ist, ist in 14 Tagen unsere Lebensweise eingeführt, da die Eintretenden nichts anderes machen als das, was sie bei denen sehen, die bereits da sind – als diese Gebenedeiten in unsere Vorgehensweise einzuführen, so heiligmäßig sie auch sein mögen."[48] Sie fühlte sich also tatsächlich als Gründerin und musste sich schließlich auch den Vorwurf gefallen lassen, dass „es ein neuer Orden mit Neuerungen sei", den sie allerdings mit dem Hinweis auf die „ursprüngliche" Regel, die sie beobachten, zurückweist.[49]

Ein weiterer Punkt: Ihre Schwestern sehen sie ausnahmslos als *Madre Fundadora*, was sie in ihren Briefen auch aufgreift. Eine Schwester von P. Gracián, die schon mit acht Jahren eingekleidet wurde, hat bereits in diesem Alter mit dem Dichten begonnen, wie Teresa Ende Dezember 1576 an den älteren Bruder schreibt. Dabei singt sie: „Die Mutter Gründerin / kommt zur Rekreation; / tanzen und singen wir / und machen wir Musik."[50]

---

[46] So María de San José in ihrem *Libro de recreaciones*, 203.

[47] F 28,17.

[48] Ct 78,6.

[49] Brief vom 4. Oktober 1578 an Pablo Hernández (Ct 269,8). Eine solche Behauptung hätte für sie gefährlich werden können. Interessant ist, dass sie dies mit dem Hinweis auf die „ursprüngliche Regel", also auf die Anfänge zurückweist, was eines der Kennzeichen der damaligen Ordensreformen in Kastilien ist.

[50] Ct 169,1.

Dieser Meinung stimmt P. Gracián aus ganzem Herzen zu, der in einem Bericht von 1584 feststellt: „Sie gründete unter vielen Mühen und voll des Geistes das erste Kloster von Schwestern in Ávila, und gründete während ihres ganzen Lebens die weiteren Konvente und leitete sie wie eine echte Gründerin, und überzeugte die ersten Patres dieser Kongregation, dass auch sie das Ordensgewand nähmen, und erwirkte für sie die Erlaubnis für das erste Kloster, und der General dieses Ordens gab ihr die Bevollmächtigung als Gründerin."[51]

Teresa selbst spricht sogar davon, dass ihre Aufgabe als Gründerin nach ihrem Tod institutionalisiert werden könnte, und denkt dabei an María de San José, wie sie ihr am 17. März 1582 schreibt: „Euer Ehrwürden sagt alles so treffend, dass man Sie, wenn man meine Meinung dazu annehmen sollte, nach meinem Tod zur Gründerin wählen sollte, ja sogar zu meinem sehr großen Gefallen noch zu meinen Lebzeiten, denn Sie wissen viel mehr als ich und es wäre besser; das zu sagen, ist die Wahrheit."[52]

Was für die Schwestern in ihrer Gesamtheit und für einige Patres, wie Jerónimo Gracián und Johannes vom Kreuz, klar und eindeutig war, kam vielen anderen Brüdern, die Teresa kaum gekannt hatten und sich ihrem Charisma gegenüber verschlossen, unannehmbar vor. Dabei war das nicht nur eine Frage der Terminologie, sondern es stand Teresas Gründungscharisma, also gerade das auf dem Spiel, worin sie sich von den Reformbewegungen in Kastilien unterschied und was sie zur Gründerin gemacht hatte. Während diese einem oft kaum noch zu überbietenden Rigorismus huldigten, hatte Teresa sich immer klarer für einen Stil entschieden, in dem es nicht auf äußere Strenge, sondern auf konsequente Selbstlosigkeit gepaart mit großer Milde und innerer Freiheit ankam.[53]

Erste Spuren dieser Zurückweisung Teresas als Gründerin durch viele Brüder finden wir bereits in Graciáns *Diálogos del*

---

[51] MHCT 6,47.
[52] Ct 435.
[53] Siehe unten S. 30-41.

tránsito de la M. Teresa de Jesús von1584,[54] der dieser Entwicklung natürlich entgegentritt, doch ganz deutlich wird es in einem von Nicolás Doria Ende 1590, Anfang 1591 für den Königlichen Rat in Auftrag gegebenen *Bericht über den Anfang, den Fortgang und den Zustand, den die Kongregation der Unbeschuhten Karmeliten zum jetzigen Zeitpunkt aufweist.* Darin wird Teresa nur noch die Gründung der Schwesternklöster zugebilligt: „Im Jahre 1562 gründete die Mutter Teresa von Jesus, die im Kloster zur Menschwerdung in Ávila Beschuhte Karmelitin war, fromm von Gott bewegt, mit Apostolischer Erlaubnis das erste Kloster der Unbeschuhten Karmelitinnen in Ávila, dem Bischof daselbst unterstellt, in welcher Unterstellung es einige Jahre verblieb, bis es, nachdem der Orden angewachsen war, unter die Obedienz des Ordens der Unbeschuhten Karmeliten kam. Im Jahre 1568 gründete P. Fray Antonio von Jesus, der ebenfalls Beschuhter Karmelit war, fromm von Gott bewegt, mit Erlaubnis seiner Oberen, in Duruelo den ersten Konvent der Unbeschuhten Karmeliten, der später nach Mancera verlegt wurde, den Beschuhten Karmeliten unterstellt."[55] Man beachte, wie Antonio de Jesús auf die gleiche Ebene wie Teresa gestellt wird; von Johannes vom Kreuz, der um diese Zeit noch lebte und sogar Mitglied der Consulta, also des Leitungsgremiums war, ist gar nicht die Rede. Gemäß einer Bittschrift vom 16. März 1594 an den Papst will P. Doria sogar für weitere sechs oder doch wenigstens drei Jahre in seinem Amt als Generaloberer bestätigt werden, damit er die „von ihm begonnene Reform" (!) vollenden und den Orden zur ursprünglichen Observanz zurückführen kann, von der er aufgrund der Lehren und neuen Sitten eines gewissen Oberen [P. Gracián] abgewichen sei.[56]

Teresas Ordensideal der *suavidad*, der Milde und tiefen Humanität – im wahrsten Sinn des Wortes eine Neubelebung des

---

[54] *Dialoge über den Heimgang der Mutter Teresa von Jesus,* in: MHCT 6,180-182.

[55] *Relación histórica sobre la Congregación de los Carmelitas Descalzos,* in: MHCT 4,379-383 (379).

[56] AaO. 552f.

Evangeliums –, das P. Gracián und die Schwestern verteidigen und weitergegeben haben, wird als Abirrung von der wahren Ordensobservanz betrachtet, die zu bewahren P. Doria sich vorgenommen hat. Mit einem Breve von Papst Clemens VIII. vom 30. März 1594 wurden ihm tatsächlich drei weitere Jahre gewährt,[57] doch starb er auf dem Weg zum Generalkapitel am 9. Mai 1594. Um diese Zeit ist Teresa jedoch bereits als Gründerin der Brüder „erfolgreich" eliminiert. Dabei mag Dorias Absicht noch nicht einmal von speziellen eigenen Vorstellungen geprägt gewesen sein, sondern eher davon, dass er den neu entstandenen Orden, dem er nun vorstand, den damals herrschenden Vorstellungen von Ordensleben anpasste, dessen Kennzeichen Rigorismus in seiner unterschiedlichen Ausprägung war. Dazu kam allerdings noch seine persönliche Lebenserfahrung, denn er war aus einem Bankier, den es wie viele seiner Landsleute des aus Westindien kommenden Goldes wegen aus seiner Heimat Genua nach Sevilla gezogen hat, zu einem übereifrigen Konvertiten geworden.[58]

Außerhalb des Ordens gilt Teresa zunächst als Gründerin der Unbeschuhten Brüder und Schwestern, so für Fray Luis de León in der ersten Ausgabe ihrer Schriften 1588, wie auch in der ersten Biographie des Francisco de Ribera von 1590.[59] Das wird schon anders in der vom Karmeliten Tomás de Jesús verfassten und 1606 unter dem Namen von Diego de Yepes veröffentlichten Biographie, in der Teresa als „Gründerin der neuen Reformation des Ordens der Unbeschuhten Brüder und Schwestern Unserer Lieben Frau vom Karmel" gilt.[60]

Die Bemühungen der Ordensleitung in den nächsten Jahren gehen dahin, beide Termini zusammenzubringen, doch immer

---

[57] AaO. 557-559.

[58] „Aufgrund einer Gewissenskrise, in die er seiner beruflichen Tätigkeit wegen geraten war." (S. Giordano, Nicolò Doria, 149).

[59] Siehe den Titel seiner Biogrpahie: La vida de la Madre Tersa de Jesús, fundadora de las descalzas y descalzos carmelitas, Salamanca 1590.

[60] Der Titel seines Buches lautet: Vida, virtudes y milagros de la Bienaventurada Virgen Teresa de Jesús, Madre y Fundadora de la nueva reformación de la Orden de los Descalzos y Descalzas de Nuestra Señora del Carmen, Zaragoza 1606.

mehr zugunsten des Titels „Reformatorin". Um es zu bewerk-
stelligen, dass sie nicht Gründerin der Brüder sei, wird um 1610
sogar Johannes vom Kreuz als deren Gründer bemüht, was
P. Gracián immer entschieden zurückweist, indem er Teresa
Gründerin der Unbeschuhten Karmelitinnen wie auch Karmeliten nennt.

Als Ergebnis können wir festhalten: In den ersten 30 Jahren von 1562 bis 1592 ist Teresa für die einen Gründerin der
Schwestern und Brüder, für die anderen nur der Schwestern.
Von 1592 bis 1622 tritt der Titel „Gründerin" immer mehr zurück, zugleich wird mehr Wert auf die elianischen Ursprünge
des Ordens gelegt, ohne dass dabei die „Reformen" der großen
Generaloberen des neu entstandenen Ordens, angefangen von
Nicolás Doria, zu kurz kommen. Je mehr Zeit vergeht, desto
leichter wird diese Entstellung. Mit dem Erscheinen der offiziellen Geschichte des Ordens unter dem Titel *Reforma de los
Descalzos ...*" 1644 in Madrid wird endgültig Klarheit geschaffen, wenn es dort heißt: Der Grund, warum Gott Teresa in diese Welt schickte, war „die Reform des uralten, auf dem Berg
Karmel vom wundertätigen Elias gegründeten Ordens der Propheten."[61] Damit war der Anstoß, von einer Frau gegründet zu
sein, höchst offiziell aus der Welt geschafft;[62] Gründer ist Elias,
Teresa ist Reformatorin! Wer weiß 80 Jahre später noch, was
1562 in Ávila oder 1568 in Duruelo geschah? Wer hat die Möglichkeit, das zu studieren? Und wer hält das für nötig, wenn die
offizielle Geschichte des Ordens es so darstellt?

Interessant mag noch sein, wie die Herausgeber ihrer Schriften Teresa nennen. Aus der „Gründerin der Unbeschuhten

---

[61] Francisco de Santa María, *Reforma de los Descalzos de Nuestra Señora del Carmen de la primitiva observancia*, Bd. 1, Madrid 1644, 9.

[62] Es bedeutete ja schon viel, dass Teresa einen Männerorden *reformierte*, hat
doch der Ordensgeneral der Dominikaner Tommaso de Vio, der spätere Kardinal Cajetan, den Provinzial von Kastilien in einem Brief vom 29. Juli 1508
darauf hingewiesen, dass die Reformgeschäfte Angelegenheiten der Oberen
seien, „nicht der Frauen, deren Haupt der Mann ist. ... Christus selbst vertraute
die Leitung der Kirche nicht seiner reinsten Mutter an, sondern dem hl. Petrus,
dem Fischer, und seinen Nachfolgern." Siehe U. Dobhan, *Teresa von Ávila und
die Emanzipation der Frau*, 216.

Schwestern und Brüder" (1588, 1597) wird die „Gründerin der Reform der Unbeschuhten Brüder und Schwestern Unserer Lieben Frau vom Karmel" (1615, 1654), dann die „Gründerin der Reform der Unbeschuhten Karmeliten Unserer Lieben Frau vom Karmel" (1654), schließlich die „Gründerin der Reform des Ordens Unserer Lieben Frau vom Karmel, von der ersten Observanz" (1678). In Italien tritt sie 1622 als „Gründerin der Unbeschuhten Karmeliten" auf, 1641 auch als „Gründerin der Unbeschuhten Karmelitinnen und Karmeliten" (1641). Offensichtlich hatte man außerhalb Spaniens weniger Probleme mit Teresa als Gründerin oder „Stiffterin", wie sie in der ersten deutschen Ausgabe ihrer Schriften 1649 genannt wird.

Beachtenswert ist auch, dass sie erst ab 1899 „Reformatorin des Karmelitenordens" genannt wird, und zwar in Italien und Frankreich. Man bekommt den Eindruck, dass es in das Belieben jedes Autors oder Editors gelegt ist, wie er sie nennen möchte, wie das bis heute auch gehandhabt wird.

Die Berechtigung, Teresa „Gründerin" zu nennen, liegt allerdings nicht nur in der Tatsache begründet, dass sie Klöster von Schwestern gegründet und die Voraussetzung für die Gründung von Klöstern für Brüder geschaffen hat, sondern mehr noch in ihrem Charisma oder ihrem Ordensideal.

2. Teresas Ideal von Ordensleben

Um die Neuheit dessen, was Teresa zur Theologie des Ordenslebens beigetragen hat, besser zu verstehen, ist es nötig, kurz einen Blick auf die damaligen Reformvorstellungen in Kastilien zu werfen.

Reformklima in Kastilien

Ein gemeinsames Merkmal aller Reformbewegungen in der Kirche ist die tatsächliche oder zumindest beanspruchte *Rückkehr zu den Ursprüngen* gewesen, in der Meinung, dass das die Idealzeit des Ordens gewesen sei. So war das auch in Kastilien, wo sich diese Rückkehr zu den Ursprüngen unter dem Vorzeichen des Rigorismus (spanisch: „rigor") vollzog, nach dem Motto: Je strenger, desto besser, weil desto sicherer der Geist der Gründungszeit wieder eingeholt und gewahrt sei. Als Bestärkung dafür konnte man auch die Bewunderung des Volkes werten, wo so etwas immer Eindruck machte, doch vor allem kommt diese Vorstellung von Reform dem Bedürfnis der Menschen entgegen, auf Gott Einfluss zu nehmen, um ihn gnädig zu stimmen. Damit haben wir es mit der Urversuchung der Menschen zu tun, sich durch Werke – und je strenger und härter diese sind, desto besser und sicherer – Gottes Gnade zu erwerben, eine eigentlich „heidnische" Vorstellung, die ganz im Gegensatz zum Evangelium und zum Verhalten Jesu steht.

Der Rigorismus wird zum Identitätsmerkmal mit folgenden Kennzeichen:
- arme Gebäude in ländlichen Gegenden;
- Kleidung und Schuhwerk wie die Bauern auf dem Land, d.h. barfuss, bestenfalls selbstgemachtes Schuhwerk nach Art von Sandalen; daher der Name „Unbeschuht";
- möglichst strenges Fasten[63] und Buße beim Essen;[64]

---

[63] Normal war ein Fasten ohne jegliche Zugeständnisse. In seiner strengsten Form ging es vom 1. November bis Anfang April. Da sie außerdem an allen Freitagen, Mittwochen und an vielen Vigiltagen, Quatemberzeiten usw. fasteten, verwandelte sich das Jahr in eine Fastenzeit, derart, dass *„wir uns keine Mühe mehr machten, die Mägen in Unordnung zu bringen, indem wir sie wegen einiger Tage aus der Gewohnheit des Fastens brachten und sie störten und veränderten"* (T. Egido, *San Pedro Regalado*, 12).

[64] Wie dieses Essen konkret aussah, geht aus dem Bericht eines Kochs hervor, der in Diensten des hl. Pedro Regalado, eines franziskanischen Reformators, stand: *„Wenn sie den Brüdern bei großen Anstrengungen manchmal Fleisch vorsetzten, so waren es Köpfe oder Lungen, die die Metzger dem Pedro de Salinas in Valladolid, Aranda und Roa um Gotteslohn gaben, und ich war damals ihr Koch. Als eine besondere Spezialität wurde Zunge oder Hirn für einen bestimmten alten Pater aufbewahrt. Ich erinnere mich, dass man den Brüdern kaum einmal Fleisch vom Rücken vorgesetzt hat, und wenn, dann nur den alten. Und wenn einmal ein bisschen von dem, das man ihnen gebracht hatte, übrig blieb, dann ließ er [der Reformator] mich Streifen daraus machen und es der Sonne aussetzen. Das wurde dann den Brüdern, die unter der prallen Sonne gearbeitet hatten, zusammen mit den Köpfen und Lungen vom Sonntag am Donnertag zu essen gegeben, schon voller Würmer und stinkend: Es wäre den Brüdern ein*

- körperliche Bußübungen, wie Geißelungen, Abstinenz, Schlaf-
  entzug usw.;
- außer bei den Dominikanern besteht in diesen Reformbewegungen eine radikale Abneigung gegen die Studien und die
  akademischen Grade. Wichtiger war es, fromm zu sein als
  gebildet, und dazu verhalfen am besten die Bußübungen.

Die Option Teresas

Ein Blick auf den historischen Kontext, in dem Teresa ihre
Gründungen durchführt, zeigt, dass sie buchstäblich zwischen
die Mühlsteine der großen Reformpolitik jener Zeit geraten ist.
Dazu schreibt O. Steggink O. Carm.: „Um die komplizierte Geschichte der Reform des Karmel in Spanien zu verstehen, muss
man sie vom Spannungsverhältnis zwischen zwei Observanzen
her sehen: auf der einen Seite die des Ordens, die sich auf die
innozentische, durch Eugen IV. gemilderte Regel gründet, sowie
auf die Konstitutionen Soreths, die von Audet verbessert und
von Rossi bei seiner Visitation der spanischen Provinzen zusammen mit den Reformdekreten promulgiert wurden. Diese
Observanz könnten wir die römisch-tridentinische nennen, insofern als sie beim Kapitel in Rom (1564) dekretiert wurde, wo
die *reformatio regularium* von Trient angenommen wurde. Auf
der anderen Seite haben wir die Observanz der spanischen

---

*großer Trost gewesen, wenn sie es nicht hätten essen müssen, sondern ich ihnen
dafür Obst gegeben hätte, was ihnen nur in geringem Maß und abgezählt vorgesetzt wurde. Und wenn wir manchmal einige dicke Fische aus dem Fluss angel-
ten, Barben oder Aale, so hieß er sie mich dem Prior von San Benito [Benedik-
tinerabtei] oder den geistlichen Freunden in Valladolid bringen. Und ebenso
wenig gestattete er mir in der Fastenzeit, die Brassen zu essen, die man uns aus
Valladalid, Aranda oder Roa schickte, damit sich die Brüder nicht daran gewöhn-
ten, ganze Fische zu essen. Und wenn er uns auch oft die Möglichkeit gab, Fische
zu essen, so ordnete er doch an, dass es nur wenig davon gab, wobei er uns sagte,
dass die größeren Fische und Brassen ein sehr schlechtes Gericht seien. Er regelte
das Leben in seinen Klausen so, dass den Brüdern die Lust verging, Fleisch zu
essen oder Wein zu trinken, denn wenn es nicht die drei alten und der gute Magister waren, die manchmal auf meine Rechnung Wein tranken, so erinnere ich
mich an keinen anderen Bruder, der in diesen Häusern Wein getrunken hätte"
(aaO.).*

Descalcez,[65] die sich auf die gleiche innozentische Regel gründet, allerdings ohne die Milderungen, und, zumindest theoretisch, auf die ‚alten Konstitutionen des Ordens‘, die von Soreth stammten, sowie ferner auf die Sonderstatuten, die ihnen Rossi beigefügt hatte. ... Wenn wir diese Observanz mit der römisch-tridentinischen der Observanten vergleichen, kann sie als die ‚ursprüngliche‘ gelten, insofern als sie beansprucht, das eremitisch-kontemplative Ideal zu restaurieren. Wir können sie die extremistische und national-spanische nennen, insofern als sie über die Regularenreform des Konzils von Trient hinausgeht und eine spanisch inspirierte Bewegung darstellt, die franziskanische *Descalcez* und die Spiritualität des *Recogimiento.*[66] Diese findet am Hof des Katholischen Königs unbedingte Unterstützung,[67] erfreut sich beim Volk großer Beliebtheit und gilt wegen ihrer angestrebten ‚Rückkehr zu den Ursprüngen‘ als die Observanz schlechthin. So haben wir es im spanischen Karmel des 16. Jahrhunderts mit zwei Reformströmungen zu tun: die [römisch-tridentinische] Observanz und die [spanisch-nationale] *Descalcez.* Die Entwicklung beider vollzieht sich in einer politisch-religiösen Situation, die sie immer weiter auseinanderbringt, bis sie sie schließlich zur endgültigen Trennung führt.“[68] Teresa bewegte sich, grundsätzlich gesehen, auf der Linie der franziskanischen *Descalcez,* die ihrer Gründung auch den Namen gegeben hat – *Carmelitas Descalzas-Unbeschuhte Karmelitinnen* –, doch bildet sie ihre ganz persönliche Eigenart aus, wobei sie die typischen Merkmale der franziskanischen

---

[65] Der Name *descalzos* ging von den Personen auf die ganze Bewegung aus, weshalb man in Spanien von *descalcez* sprach: „Unbeschuhtenbewegung“.

[66] Gemeint ist die Bewegung des *Weges des Sammlung,* deren Hauptvertreter Francisco de Osuna mit seinem Buch *Tercer Abecedario espiritual* ist, das für Teresa entscheidend wurde. Siehe V 4,7.

[67] Vor allem deshalb, weil sie den regalistischen Tendenzen des spanischen Königs entgegenkam, der die Einmischung ausländischer Generaloberer in die Orden in Spanien nicht gern sah. Teresa weiß das sehr gut; im Augenblick höchster Not wendet sie sich daher an den König (Ct 208; 218) und nicht an den Papst, denn gerade dessen Gesandter, der Nuntius Filippo Sega, bedrohte ihr Werk und wollte es auslöschen.

[68] O. Steggink, *La reforma del Carmel español,* 313.

„Descalcez" zurückweist und die genuinen Werte des Evangeliums verwirklicht. Deshalb ist es – historisch gesehen – nicht korrekt, ihr diesen Namen zu geben, da sie etwas durchaus Eigenständiges und für die damalige Zeit Originelles geschaffen hat.

Wenn wir nun von dieser Perspektive aus ihre Schriften lesen, treten vor allem zwei Einsichten zu Tage:

Zum einen eine scheinbare Übereinstimmung mit der franziskanischen Ordensreform, was besonders deutlich wird, wenn wir Teresas Verhalten zu Pedro de Alcántara, einem typischen Vertreter dieser Reform, betrachten. Er traf zum richtigen Zeitpunkt in Ávila ein, um ihr beim Streit um die rechte Form der Armut bei ihrer ersten Klostergründung 1562 zu helfen. Da er aufgrund seiner extremen Bußübungen bei den Leuten im höchsten Ansehen stand, konnte ihr seine Unterstützung nur willkommen sein. In ihrer *Vida* widmet sie ihm einen langen Abschnitt: „Ich glaube, er sagte, es wären vierzig Jahre gewesen, dass er täglich jeweils nur eineinhalb Stunden schlief; und das sei die Bußübung gewesen, die ihn am Anfang die meiste Mühe kostete, nämlich den Schlaf zu überwinden. ... Nur alle drei Tage zu essen, war ganz normal; und da ich so erstaunt war, sagte er mir, dass das gut möglich war, sobald man sich daran gewöhnt hätte. Ein Gefährte von ihm sagte mir, dass es vorkam, dass er acht Tage lang nichts aß. Seine Armut war extrem, ebenso die Mortifikation[69] schon seit seiner Jugend, wo es vorgekommen sei, wie er mir sagte, dass er drei Jahre lang in einer Niederlassung seines Ordens weilte und keinen Bruder erkannte, außer am Reden, da er die Augen nie aufschlug; und so kannte er sich auch nicht aus, um an die Orte zu kommen, zu denen er der Notwendigkeit gehorchend gehen musste, und lief deshalb den Brüdern hinterher. Das machte er auch auf den Wegen. Frauen schaute er niemals an, und das viele Jahre lang. Er sagte mir, dass es ihm inzwischen nichts mehr ausmachte, ob er etwas sah oder nicht sah. Er war jedoch

---

[69] Siehe die diesbezügliche Anm. zu V 26,3.

schon sehr alt, als ich ihn kennen lernte, und so extrem abge-
magert, dass es aussah, als sei er aus Baumwurzeln zusammengeflochten. Bei all dieser Heiligkeit war er dennoch sehr liebenswürdig, wenn auch wortkarg, außer man stellte ihm Fragen. Da aber war er sehr wohltuend, denn er hatte einen sehr
hellen Verstand."[70]

In diesem Text finden wir die oben genannten Merkmale bestätigt, was zeigt, dass Teresa sie kannte. Für sie sind diese zum
Teil Anlass, diesen Asketen zu bewundern, aber nicht ohne
eine feine Ironie durchscheinen zu lassen, vor allem wenn sie
sein Verhalten zu den Frauen beschreibt. Doch hat Teresa nach
Beratung mit ihm in absoluter Armut (völlige Abhängigkeit
von Spenden) gegründet[71] und in ihr erstes Kloster die strikte
Fleischabstinenz eingeführt,[72] was eine gewisse Sympathie mit
dem franziskanischen Reformideal zeigt. Außerdem wiederholt
sie immer wieder, nichts anderes zu tun, als zu den Ursprüngen zurückzukehren.[73]

Doch dürfen wir bei aller Bewunderung für Pedro de Alcántara, die offensichtlich da ist, nicht übersehen, welches Wagnis
es für Teresa war, aus ihrer gewohnten Umgebung auszubre-
chen und etwas Neues anzufangen. In dieser Situation, wo es
um den Anfang und irgendwie um das Ganze geht, kann ihr
die Unterstützung dieses bewunderten Asketen nur recht sein.

Zum anderen finden wir bei ihr, sobald die Anfangsschwierigkeiten einmal überwunden sind, eine immer klarere Zurückweisung dieser Vorstellungen von Reform. Bereits bei der dritten Gründung, Frühjahr 1568 in Malagón, macht sich Teresa
von gewissen Bestimmungen frei, sobald sie merkt, dass dort
sonst eine Klostergründung nicht möglich ist. Sie gibt die absolute Armut und die strikte Fleischabstinenz auf, wobei sie sich
auf das Konzil von Trient beruft: „Als ich mich mit Studierten
und meinem Beichtvater besprach, sagten mir diese, dass ich

---

[70] V 27,17f.
[71] V 32,13; 35,5; 36,1.2.20f.
[72] V 36,27.
[73] V 36,27; F 2,3; 4,6-7; 28,21; 29,33; 5M 1,2.

damit nichts Gutes täte, denn das Konzil gab ja die Erlaubnis, das zu haben."[74] Das bedeutet eine klare Abkehr von den bekannten äußeren Merkmalen der kastilischen Ordensreform mit der Begründung, „ein Kloster zu gründen, in dem meiner Meinung nach dem Herrn so sehr gedient werden könnte."[75] Das war ihr wichtiger!

Mit dieser Gründung hat Teresa eine Meinungsänderung bezüglich Fleischabstinenz und Armutsvorstellung vollzogen, womit sie sich in zwei wichtigen Punkten vom Reformideal im damaligen Kastilien absetzt. Abstinenz von Fleischspeisen ist also nicht typisch für ihre Neugründung! Das wird auch aus ihren Briefen deutlich: „Um Rente zu haben und Fleisch zu essen, bedienen wir uns der Bullen", also der päpstlichen Schreiben.[76] Das sind jedoch nicht die einzigen Unterschiede. Teresas Vorstellungen unterscheiden sich in weiteren wesentlichen Punkten vom rigoristischen Reformideal.

Kennzeichen des Ordensideals Teresas

– *Suavidad* an Stelle von *rigor*

In einem Brief an Ambrosio Mariano schreibt sie einmal, und das könnte als programmatisch für sie gelten: „Verstehen Sie, Herr Pater, dass ich großen Wert auf die Tugenden lege und nicht auf den Rigorismus, was man in unseren Häusern auch sehen kann. Das muss wohl daher kommen, da ich nicht so

---

[74] Brief vom 29. Juni 1568 (Ct 11,9: *„Wenn es ihnen als große Strenge erscheint, kein Fleisch zu essen, dann kann man gründen wie das, das jetzt am Palmsonntag in Malagón eingeweiht wurde"*); siehe ferner Brief vom 27./28. Februar 1577 (Ct 185,2).

[75] F 9,3.

[76] Brief vom 28. Juni 1568 an Cristóbal Rodríguez de Moya (Ct 11,9). Siehe auch Brief vom 28. Dezember 1581 an das Kloster in Soria: *„Dass es der Mutter Subpriorin besser geht, hat mich sehr gefreut. Falls es nötig wäre, immer Fleisch zu essen, macht das wenig aus, selbst nicht in der Fastenzeit, denn es geht nicht gegen die Regel, wenn ein Notfall vorliegt, und in diesem Punkt soll man auch keinen Druck ausüben"* (Ct 428,5). *„Da das Fleisch so schlecht ist, muss ich immer Geflügel essen"* (Brief vom 27./28. Februar 1577 an Lorenzo de Cepeda [Ct 185,3]). Und CC 57 von 1576: *„Als ich einmal an den Schmerz dachte, den es mir bereitete, Fleisch zu essen und nicht Buße zu tun, verstand ich, dass es manchmal mehr Eigenliebe war als Verlangen nach Buße."*

bußfertig bin. Sehr lobe ich unseren Herrn, dass er Euer Ehrwürden in so wichtigen Dingen so viel Licht gebe."[77] Abgesehen davon, dass Teresa dem guten Pater eher ironisch schreibt,
denn offensichtlich hatte er überhaupt nichts von ihren Vorstellungen verstanden, sondern war ganz den damals geläufi-
gen Reformvorstellungen verfallen, sagt sie uns hier klar, worauf es ihr ankommt: Tugenden zu üben, d. h. sich um ein Verhalten zu bemühen, das das Zusammenleben mit den anderen
möglich macht.

– Demut als Leben in der Wahrheit
Das schärft sie ihren Schwestern auch in ihrem Handbuch für
ihre Klöster, dem *Weg der Vollkommenheit* ein: „Glaubt nicht,
meine Freundinnen und Schwestern, dass es viele Dinge sind,
die ich euch aufbürden werde.[78] ... Das erste ist die gegenseitige Liebe, ein weiteres das Loslassen alles Geschaffenen, und
noch ein weiteres wahre Demut, die das wichtigste ist und alle
anderen umfasst, auch wenn ich sie an letzter Stelle nenne."[79]
Und *Demut* bedeutet bei Teresa Wahrhaftigkeit, Realitätssinn,
Anerkennung der gesamten Realität, was sie einmal so sagt:
„Demut ist in der Wahrheit leben."[80] Die aus einer so verstandenen Demut resultierende Haltung und Einstellung ist einer
der Kernpunkte des neuen Lebensprojektes Teresas.

– Gleichheit aller und Absage an jegliches Prestigedenken
Anstelle von vielen und aufsehenerregenden Bußübungen besteht Teresa darauf, dass es in ihren Klöstern kein Prestigedenken geben soll. Das bedeutet auch: Keine Privilegien und Stan-

---

[77] Brief vom 12. Dezember 1576 (Ct 161,8).
[78] Auch das eine klare Zurückweisung der bei den Klosterreformen gängigen
Praxis, wo immer viele Vorschriften erlassen wurden, wie Teresa in einem
Brief vom 19. November 1576 an Gracián bemerkt: „... *Das ist es, was ich für
meine Schwestern fürchte: Dass da so manche vergrämte Typen daherkommen,
die sie bedrängen, denn viel aufzuladen bedeutet, nichts zu machen. Seltsam,
dass sie glauben, keine Visitation zu halten, wenn sie keine Bestimmungen erlassen"* (Ct 150,1).
[79] CE 6,1 [CV 4,4].
[80] 6M 10,8.

desunterschiede, wie das in der spanischen Gesellschaft und auch in vielen Orden damals üblich war, wobei das wichtigste und unverzichtbare Privileg die Reinheit des Blutes war.[81] Demgegenüber betont sie: „Dieses [das übliche Prestigedenken] gibt es hier nicht, denn in diesem Haus, gebe es Gott, soll man niemals in solchen Kategorien denken, es wäre die Hölle, sondern diejenige, die mehr ist, soll den Namen ihres Vaters weniger in den Mund nehmen. Alle haben hier gleich zu sein! O Kollegium Christi, wo der Herr es so gewollt hat, dass der hl. Petrus, der Fischer war, mehr zu sagen hatte als der hl. Bartholomäus, der Sohn eines Königs war."[82] Die von Gott gewollte Gleichheit aller Menschen und die Ablehnung vornehmer Abstammung mit den daraus resultierenden Standesunterschieden sind ein weiteres wichtiges Merkmal ihres Lebensprojekts. Doch bleibt sie nicht bei äußeren Gleichheitsbestrebungen stehen, sondern weist immer wieder auf versteckte Formen von Ehrgeiz und Prestigedenken hin.

– Fixierung in den Konstitutionen

Dieses Denken hat auch in den ersten Konstitutionen Teresas von 1567 seinen Niederschlag gefunden, was im damaligen spirituellen Kontext sehr beachtenswert ist, da die Konstitutionen sonst reine Gesetzestexte waren. Es heißt dort: „Die Novizenmeisterin bestehe mehr auf dem Inneren als auf dem Äußeren, indem sie die Novizinnen täglich zur Rechenschaft darüber bittet, wie sie im Gebet weiterkommen, wie es ihnen bei der Betrachtung des vorgelegten Geheimnisses ergeht und welchen Nutzen sie daraus schöpfen. Weiterhin sei sie besorgt, sie zu unterweisen, wie sie sich dabei und in Zeiten der Trockenheit verhalten und wie sie selbst in kleinen Dingen ihren eigenen

---

[81] In fast allen Orden waren im Lauf des 16. Jahrhunderts nach und nach die sog. „Statuten zur Reinheit des Blutes" eingeführt worden, d.h. dass Nachkommen aus jüdischen und maurischen Familien nicht aufgenommen werden durften. Teresa hat das nicht übernommen, sondern im Gegenteil viele Frauen aus Converso-Familien aufgenommen. Siehe dazu U. Dobhan, *Zur jüdischen Abstammung Teresas von Avila.*

[82] CV 27,6. Ähnlich in V 31,20; CE 63,3; 64,1 [CV 12,6; 7,10].

Willen beugen sollen. Sie bedenke, dass diejenige, die dieses Amt innehat, in nichts nachlässig sein darf, denn es bedeutet, Menschen heranzubilden, damit der Herr in ihnen wohnt. Sie behandle sie mit Mitgefühl und Liebe, ohne sich über ihre Fehler zu wundern, da sie Schritt für Schritt voranzugehen haben, um jede entsprechend dem, wozu sie ihren Geist fähig sieht, allmählich ins Absterben einzuüben. Dabei achte sie mehr darauf, dass sie in den Tugenden nicht fehlen als auf die Härte der Buße."[83] Ähnlich spricht sie auch bei den Bedingungen für die Aufnahme: „Man achte sehr darauf, dass diejenigen, die aufgenommen werden sollen, Menschen des Gebetes seien, die nach der ganzen Vollkommenheit und der Geringachtung der Welt streben. ... Denn wenn sie kommen, ohne von der Welt losgelöst zu sein, werden sie die Lebensweise hier kaum ertragen können."[84]

– ein evangeliumsgemäßes Gottes- und Menschenbild
Teresa geht es darum, die äußeren Bedingungen dafür zu schaffen, dass sich der einzelne Mensch entsprechend seiner persönlichen Veranlagung und Fassungskraft entfalten kann – „Schritt für Schritt, entsprechend seiner geistigen Kraft." Nach diesem Ideal hat es der einzelne nicht nötig, durch möglichst strenge und harte Bußübungen, also durch Rigorismus, sich vor Gott zu profilieren. Hier ist der Glaube, von Gott angenommen zu sein und ihn als Freund zu haben, vorausgesetzt, denn „Menschen des Gebetes" zu sein bedeutet bei Teresa, Menschen zu sein, die in Freundschaft mit Gott leben, entsprechend ihrer Definition und Auffassung von Beten, das „meiner Meinung nach nichts anderes ist ein Verweilen bei einem Freund, mit dem wir oft allein zusammenkommen, einfach um bei ihm zu sein, weil wir sicher wissen, dass er uns liebt. ... Und wer mit dem inneren Beten begonnen hat, soll es ja nicht mehr aufgeben, mag er noch so viel Schlechtes tun, denn es ist das Heilmittel, durch das er sich wieder bessern kann, während ohne es

[83] Cst 40.
[84] AaO. 21.

alles sehr viel schwieriger ist."[85] Die Werke, also das Tun des Guten und das Üben der Tugenden, sind dann nicht Voraussetzung, um von Gott geliebt und angenommen zu sein und zu werden, sondern Frucht dieser Freundschaft.[86] Das sagt Teresa in der „fünften Wohnung", also da, wo ihrer Meinung nach die mystischen Erfahrungen bereits beginnen und es gar nicht mehr möglich wäre, sich durch „Werke" das Wohlwollen Gottes zu verdienen.

– Johannes vom Kreuz liegt auf der gleichen Linie
Auf der gleichen Linie liegt auch Johannes vom Kreuz, der offensichtlich instinktiv diese authentisch „christliche" Pädagogik Teresas erkannt und sich daher als junger Pater 1567 auf ihr Angebot eingelassen hat[87] – vielleicht ein einmaliger Fall im Spanien des 16. Jahrhunderts, dass sich ein spiritueller Mann auf das neue, ihm von einer Frau angebotene Lebensprojekt einlässt.[88] In seiner *Dunklen* Nacht hat er zum Thema *Bußübungen* geschrieben: „Vom Geschmack angezogen, den sie daran finden, bringen sich manche durch Bußübungen um, während sich andere durch Fasten schwächen, weil sie, ohne dass ein anderer es ihnen aufgetragen oder geraten hätte, mehr tun, als sie in ihrer Schwäche ertragen. Mehr noch: Sie bemühen sich, denen auszuweichen, denen sie in diesem Punkt gehorchen müssten, ja manche wagen es sogar zu tun, obwohl man

---

[85] V 8, 5.

[86] So schreibt sie: „Wenn ich Seelen sehe, die darauf erpicht sind, die Gebetsweise zu erkennen, die sie üben, und dann, wenn sie darin verweilen, so verspannt sind, dass sie, wie es aussieht, das Nachdenken weder anzurühren noch anzustoßen wagen, damit ihnen beim Verkosten der Wonne und Andacht nur ja nichts entgeht, dann sehe ich daran, wie wenig sie von dem Weg verstehen, auf dem man zur Gotteinung gelangt, wo sie glauben, das ganze Geschäft würde darin bestehen. Aber nein, Schwestern, nein! Werke will der Herr! Und wenn du eine Kranke siehst, der du ein wenig Linderung verschaffen kannst, dann mache es dir nichts aus, diese Andacht zu verlieren, und ihr dein Mitgefühl zu zeigen" (5M 3,11).

[87] Siehe F 3,17.

[88] Abgesehen von den eher ungesunden Abhängigkeiten mancher religiöser Eigenbrötler von gewissen „Beatinnen", wie z.B. Catalina de Cardona, die zeitweise eine „Konkurrentin" Teresas war und von dieser treffend beschrieben wird: „Sie roch nach Reliquien" (F 28,32).

ihnen das Gegenteil befohlen hat. Diese Menschen sind äußerst unvollkommen, Leute ohne Vernunft. Die Unterwerfung und den Gehorsam, die für die Vernunft und die Unterscheidungskraft eine Buße sind und Gott deshalb willkommener und wohlgefälliger sind als alle anderen Opfer, stellen sie hintan gegenüber der körperlichen Buße, die – noch abgesehen davon – nicht mehr als die Buße von Tieren ist. Wie Tiere werden sie vom Appetit und vom Geschmack, den sie daran finden, zu dieser Buße angeregt."[89] Siehe auch seinen Brief vom 19. August 1591, der ein Meisterwerk der Mystagogie darstellt,[90] oder seine „geistlichen Leitsätze".[91]

Darin erweist sich Johannes vom Kreuz, trotz der offensichtlichen Unterschiede zu Teresa, als ein ihr geistes- und seelenverwandter Mensch, handelt es sich doch hier nicht um eine Nebensächlichkeit, sondern um das Herzstück ihres Charismas, da, wo sie sich von den um sie herum herrschenden „heidnischen" Praktiken des Rigorismus abwendet und ihren urpersön-

---

[89] 1N 6,1-2.

[90] Ep 28.

[91] *„Bei einer bestimmten Gelegenheit sagte er zu mir* [Eliseo de los Mártires, der diese *Leitsätze gesammelt hat*], *dass wir über den Orden weinen sollten, so als sei es um ihn geschehen, sobald wir sähen, dass in ihm die Höflichkeit verlorengegangen ist, die doch zum guten christlichen und klösterlichen Umgang gehört, und an ihrer Stelle Grobheit und Schroffheit bei den Oberen Eingang gefunden hat, was eine typische Fehlhaltung von ungebildeten Menschen sei. Denn wer hätte je erlebt, dass man die Tugenden und die göttlichen Dinge mit Stockschlägen und Härte einbläut? ... Ferner, wenn Ordensleute mit solch unvernünftiger Strenge erzogen würden, kämen sie dahin, keinen Mut mehr zu haben, um in der Tugend Großes zu vollbringen, so als wären sie unter wilden Tieren aufgewachsen. ... Er pflegte auch zu sagen, dass man wohl damit rechnen könne, es sei eine Hinterlist des Bösen, Ordensleute auf diese Weise zu erziehen; denn wenn sie einmal zu dieser Ängstlichkeit erzogen sind, haben ihre Oberen niemanden, der es wagt, sie auf ihren Irrtum hinzuweisen oder ihnen zu widersprechen. Und wenn der Orden auf diesem oder jenem Weg in einen solchen Zustand gerät, dass diejenigen, die aufgrund der Gesetze der Nächstenliebe und der Gerechtigkeit, also diejenigen, die in ihm Gewicht haben, auf den Kapitelsitzungen und Versammlungen und bei sonstigen Gelegenheiten nicht mehr zu sagen wagten, was Not tut, sei es aus Schwäche oder Kleinmut oder aus Angst vor einer Verärgerung des Oberen, und damit sie deshalb nicht ohne Amt aus dem Kapitel gehen, was eindeutig Ehrgeiz ist, dann soll man den Orden für verloren und ganz und gar erschlafft halten"* (Geistl. Leitsätze 15.16.17).

lichen Weg geht, der freilich kein anderer ist als der des Jesus der Evangelien.

Vor allem darin liegt es begründet, dass Teresa von Ávila Gründerin und nicht Reformatorin ist!

– Standort der Gründungen Teresas

Weiter oben wurde gesagt, dass die Gründung von Reformkonventen in ländlichen Gegenden, fernab jeglicher Kultur, ein weiteres Kennzeichen der Reformbewegungen im damaligen Kastilien gewesen sei. Die in diesem Buch geschilderten Gründungsberichte zeigen, dass Teresa andere Präferenzen hatte, womit sie sich nochmals von diesen absetzt. Ihr kam es darauf an, dass die Konvente gut erreichbar waren und in volkreichen Städten mit einer wohlhabenden Bevölkerung lagen, damit sie dort in absoluter Armut gründen könnte, um von den Launen der Stifter unabhängig zu sein. So können wir feststellen, dass sie die Gründungen in Medina del Campo, Valladolid, Palencia, Burgos, Soria, Toledo und Segovia gerne annahm, während eine Gründung in Madrid für sie leider nur ein Traum blieb. Villanueva de la Jara, Beas und Sevilla lagen ihr nicht sehr, da sie so weit weg waren, allerdings gingen ihre Hoffnungen bezüglich Sevilla allmählich doch in Erfüllung, vor allem durch die großzügige Hilfe ihres Bruders Lorenzo de Cepeda, der die Gründung dieses Klosters mit Geld aus Las Indias (Westindien) ermöglicht hat, wie schon San José de Ávila.

– Positives Verhältnis zu ,Studien' und ,Studierten'

Auch in diesem Punkt unterscheidet sich Teresa gänzlich vom Reformideal im damaligen Kastilien. Während dieses betont antiintellektualistisch war, legte Teresa Wert auf eine gute theologische Bildung. Sie selbst suchte immer wieder das Gespräch mit ,Studierten', letztlich deshalb, „weil sie von ihnen wissen wollte, ob das, was ihr widerfuhr, mit der Heiligen Schrift übereinstimme."[92] Das ist ein weiterer Hinweis, wie sehr sie das Evangelium schätzte und von ihm her Unterweisung und Kor-

---

[92] CC 53,9. Ähnlich auch in vgl. CC 4; V 13,6; 25,13; 32,17; 33,5; 34,11; 40,1.4.

rektur erfahren wollte,[93] ähnlich auch Johannes vom Kreuz, der nach Meinung der Experten die Bibel weitgehend auswendig kannte.

3. Die Entstehung des *Buches der Gründungen*

Teresas Gründungen

Die Liste der Klostergründungen Teresas ist beeindruckend: 1562 San José in Ávila, 1567 Medina del Campo, 1568 Malagón und Valladolid und – mit Hilfe des Johannes vom Kreuz – Duruelo als erster männlichen Gemeinschaft ihres neu erstehenden Ordens,[94] 1569 Toledo und Pastrana (Schwestern und Brüder), 1570 Salamanca, 1571 Alba de Tormes, 1574 Segovia,[95] 1575 Beas de Segura und Sevilla, 1576 Caravaca (in Teresas Auftrag durch Ana de San Alberto), 1580 Villanueva de la Jara und Palencia, 1581 Soria, 1582 Granada (in Teresas Auftrag durch Johannes vom Kreuz und Ana de Jesús); 1582 Burgos.[96] Der Geschichte dieser Gründungen ist mit Ausnahme der Gründung von San José in Ávila das *Buch der Gründungen* gewidmet.

Das Reisen

Das Gründen von Klöstern bedeutete für Teresa, sich auf den Weg zu machen und dabei auf die damals zur Verfügung stehenden Transportmittel angewiesen zu sein, die nicht sehr bequem waren. Meistens benutzte sie „den ganz geschlossenen

---

[93] Siehe dazu T. Álvarez, *Cultura de la mujer en el siglo XVI.*, 335-351. Teresa zitiert im Verlauf ihrer Schriften 23 Bücher des Alten Testaments und 18 des Neuen Testaments. Am meisten zitiert sie aus den Evangelien, allein aus dem Matthäusevangelium 207 mal.

[94] Von Antonio de Jesús im Sommer 1570 nach Mancera de Abajo verlegt.

[95] Von Teresa von Pastrana wegverlegt.

[96] Insgesamt gründete sie also 17 Klöster für Schwestern und zwei für Brüder. Die gleiche Zahl nennt auch María de San José in ihrer Aussage beim Seligsprechungsprozess am 25. August 1595 in Lissabon (BMC 18,488).

Wagen, was immer unsere Art zu reisen war" (F 24,5), im Vergleich zum Ochsenkarren schneller, bequemer und für die Reisen von Nonnen entsprechender, da sie den neugierigen Blicken entzogen waren. Doch verschmähte Teresa auch nicht das Reisen in fürstlichen Karossen, wie sie ihr z. B. von der Prinzessin Éboli für die Reise von Toledo nach Pastrana (F 17,5) oder für ihre letzte Reise von Medina del Campo nach Alba de Tormes von der Herzogin von Alba angeboten wurde.[97] Auch die Reisekutsche der Mendozas, speziell des Bischofs Don Álvaro de Mendoza, stand ihr immer wieder zur Verfügung.[98] Mit ähnlichen Fahrzeugen wurde sie von den Bewohnern von Villanueva de la Jara in Malagón abgeholt[99] und von Palencia nach Soria gebracht.[100] Teresa hatte überhaupt keine Skrupel, so vornehm zu reisen, sofern da nur die Ehrbarkeit beachtet würde, ja selbst eine Sänfte – mit Abstand das bequemste Reisemittel der damaligen Zeit – hätte sie ihren eigenen Worten zufolge nicht abgelehnt,[101] da sie aus eigener Erfahrung wusste, was es bedeutete, auf einem Eselsrücken zu reisen, der Kälte und der Hitze voll ausgesetzt, wie z. B. bei ihrer ersten Reise nach Duruelo im August 1568 (F 13,3) oder bei der Rückreise von Malagón in dem von Doña Luisa de la Cerda erhaltenen Sattel.[102]

Ein anderes Thema waren die Wege, die abgesehen von den „königlichen Straßen" oder Fahrwegen eher Pfaden glichen und kaum über zuverlässige Wegweiser verfügten. Kein Wunder, dass sie sich mehr als einmal verirrten, wie im August 1568 auf dem Weg nach Duruelo (F 13,3) oder im Februar 1575 von Malagón nach Beas[103] oder im August 1581 von Soria nach Segovia (F 30,13). Dazu kamen die Unzuverlässigkeit oder In-

---

[97] TyV 923.
[98] Das bezeugt Juan de Mayllo (BMC 20, 272).
[99] Siehe ihren Brief an P. Gracián vom 12. Februar 1580 (Ct 334,1).
[100] TyV 843. Für diese Reise standen ihr und ihren Begleitern sogar drei Reisekutschen zur Verfügung.
[101] Siehe ihren Brief vom 6. Juli 1582 an María de San José (Ct 455,4).
[102] Brief an Luisa de la Cerda vom 27. Mai 1568 (Ct 8,8).
[103] TyV 587.

kompetenz der Führer, die „uns bis dorthin brachten, wo sie den guten Weg kannten, und kurz bevor der schlechte kam, uns verließen und sagten, dass sie zu tun hätten" (F 30,13).

Die Herbergen oder Absteigen, die Teresa benutzen musste, zeichneten sich nicht durch Sicherheit und Komfort aus, besonders auf ihrer Reise nach Sevilla im Mai 1575, so dass „ich es für besser hielt, aufzustehen und weiterzureisen, denn die Sonne erschien mir auf dem freien Feld erträglicher als in diesem Kämmerchen" (F 24,8). Um so angenehmer fielen ihr die Unterkünfte auf der Reise von Palencia nach Soria auf, „da es uns der vom Bischof geschickte Mann sehr angenehm machte und uns half, gute Herbergen zu finden, denn sobald wir in die Diözese Osma kamen, wo man den Bischof sehr gern hatte, und sagten, dass es sich um eine Angelegenheit von ihm handele, gaben sie uns die guten" (F 30,7). Doch das war eine Ausnahme, denn angesichts ihrer Erlebnisse in jenem Quartier in Andalusien kam ihr sofort die Vorstellung, „wie es wohl den Armen ergehen wird, die in der Hölle sind, die auf ewig keine Abwechslung mehr erleben" (F 24,9) – vielleicht eine in ihrem Unterbewussten weiter bestehende Angst vor der Hölle, die sie einst ins Kloster gebracht hatte (V 3,6).

Die Beauftragung zum Schreiben[104]

Dazu schreibt Teresa selbst: „Jetzt, im Jahr 1573 ..., wo ich in Salamanca bin und bei einem Pater namens Magister Ripalda, dem Rektor der Gesellschaft, beichte, meinte dieser, nachdem er das Buch über die erste Gründung gesehen hatte, dass man unserem Herrn einen Dienst erwiese, wenn ich über die sieben weiteren Klöster schriebe, die durch die Güte unseres Herrn seitdem gegründet worden sind, dazu über den Anfang der Klöster der Unbeschuhten Patres dieses ersten Ordens; und so hat er es mir aufgetragen" (F pról. 2). Ohne einen solchen Auftrag, der ihr trotz aller gegenteiligen Beteuerungen nicht unangenehm war, hätte sie gar nicht schreiben können.

---

[104] Siehe dazu T. Egido, *Libro de las Fundaciones*, 383-388.

Die Abfassung

Am 25. August 1573 macht sie sich in Salamanca an die Arbeit (F pról 7) und schreibt zwischen all den Sorgen und Nöten, die ihr die Gründung in dieser Stadt verursacht (F 18-19), die Kapitel 1–9, d.h. die Berichte über die Gründungen in Medina del Campo und Malagón. Die beiden folgenden Kapitel 10 bis 12, also den Bericht über die Gründung in Valladolid mit der Geschichte über Casilda de Padilla, hat sie Ende 1574 entweder noch in dieser Stadt oder in Ávila niedergeschrieben.

Hier in ihrem ersten Kloster wuchs ihr Bericht um diese Zeit, Ende 1574, weiter; sie fügt die Kapitel 13 und 14 über Duruelo, den ersten Konvent der Brüder an, ferner die Kapitel 15 und 16 über die abenteuerliche Gründung in Toledo, bei der sie in den gesellschaftlichen Konflikt zwischen den hohen Adeligen und den reich gewordenen Conversos dieser Stadt hineingezogen wird, sodann das Kapitel 17 über die Gründung in Pastrana, dem Herrschaftsbereich der Prinzessin Éboli, der sie genial Paroli bot, und schließlich die Kapitel 18 und 19 in der Studentenstadt Salamanca, wo sie auf eine ganz neue Welt stößt, und schließt diesen Block mit Kapitel 20 über die Gründung in Alba de Tormes ab, wo nicht die reichen Herzöge sich hervortun, sondern ein in deren Dienst stehender Beamter mit Converso-Hintergrund. Und dann ruht das Manuskript zunächst einmal für ca. zwei Jahre.

Noch bevor sie die Berichte über die drei letzten Gründungen niedergeschrieben hat, zwangen sie die schlechten Nachrichten aus Pastrana, das Kloster von dort nach Segovia zu verlegen; die erste Messe wurde dort unter abenteuerlichen Umständen am 19. März 1574 von Johannes vom Kreuz gefeiert, worüber sie im Kapitel 21 berichtet.

Dann drängt sie der Gehorsam nach Süden, zunächst nach Beas de Segura, wo sie am 24. Februar 1575 gründet, worüber sie in Kapitel 22 berichtet. Dort ereignete sich die schicksalhafte Begegnung mit Jerónimo Gracian. Ihm widmet sie das Kapitel 23. Er trägt ihr auf – ganz gegen ihren Geschmack – nach Sevilla zu ziehen und dort zu gründen. Über diese spannende lange Reise mitten in den andalusischen Sommer hinein und die Gründung in dieser reichen Stadt, in der die Schätze aus Westindien ankommen und wo sie endlich ihren Bruder Lorenzo wieder sieht, berichtet sie in den Kapiteln 24 bis 26. Mit welcher Genugtuung mag sie am 16. Juni 1575, bereits in Malagón, Ana de Jesús in Beas geschrieben haben: „Schauen Sie, wie mag es Ihnen zu Mute sein, wenn Sie sehen, dass sich ein so hoher Herr (der Erzbischof) vor diesem armen Weiblein niederkniet und sich nicht wieder erheben möchte, bis sie ihn vor allen Ordensleuten und Bruderschaften Sevillas gesegnet hatte."[105] Sie ist auf dem Weg in ihr selbst gewähltes Exil nach Toledo, das ihr das Generalkapitel des Ordens von Piacenza im Mai-Juni 1575 in Italien auferlegt hat.

Wenn sie vielleicht gedacht haben sollte, dass der Auftrag ihres Beichtvaters Jerónimo Ripalda nicht ohnehin reichte, so war es hier P. Gracian, der ihr auftrug, „sie [die Gründungen] nach und nach, so wie ich es vermochte, fertig zu schreiben" (F 27,22). So hat sie am 14. November 1576 die Kapitel 21 bis 27 in Toledo abgeschlossen; das letzte war der Gründung des Klosters in Caravaca gewidmet, die in ihrem Auftrag von Julián de Ávila und Antonio Gaitán durchgeführt wurde. Das Allerheiligste war dort am 1. Januar 1576 eingesetzt worden (F 27,9). Der feierliche Abschluss dieses Kapitels 27 und die *Vier Anweisungen für die Unbeschuhten Brüder* zeigen, dass sie gedacht hat, nun ihr Gründungswerk und damit auch den Auftrag, darüber zu berichten, abgeschlossen zu haben.

Doch Teresa musste sich nochmals auf den Weg und somit auch ans Schreiben machen, nachdem die „heftigen Verfolgungen, [die] über die Unbeschuhten Brüder und Schwestern hereingebrochen" waren" (F 28,1), beendet waren. Am 25. Februar 1580 gibt sie den sieben frommen Frauen in Villanueva de la Jara das Ordenskleid; den Bericht darüber, also das Kapitel 28, in dem sie sich ausführlich über Catalina de Cardona ausbreitet, scheint sie schon bald danach niedergeschrieben zu haben. Auf Einladung ihres unermüdlichen Helfers, Don Álvaro de

---

[105] Ct 107; BMC 18,469.

Mendoza, der inzwischen Bischof von Palencia geworden war, gründet sie am 29. Dezember 1580 in dieser Stadt, beschrieben in Kapitel 29. Schon bald, am 3. Juni 1581, erfolgt die im Kapitel 30 beschriebene Gründung in Soria, die problemloseste von allen.

Den Schlusspunkt ihrer Gründungen setzt sie in Burgos, wo noch einmal all ihre Kräfte gefordert wurden, um dem launischen Erzbischof doch noch die Erlaubnis zur Gründung abzuringen. Meisterlich hat sie diese mit vielen Details in dem endlos langen Kapitel 31 festgehalten.

Im kurzen Kapitel 32 berichtet sie schließlich noch über den Übergang des ersten Konvents San José in Ávila von der Jurisdiktion des Bischofs unter die des Ordens, wie das von Anfang an ihre Absicht war,[106] und für alle inzwischen gegründeten Klöster zutraf. Offensichtlich hat sie diese Kapitel 29 bis 32 in Burgos niedergeschrieben, so dass sie, als sie sich am 26. Juli 1582 von Burgos verabschiedet, um in ihr Heimatkloster San José in Ávila zurückzukehren, das vollendete Manuskript bei sich hatte. Dort kam sie allerdings nie an, da sie der zuständige Provinzvikar Antonio de Jesús, um der Herzogin von Alba einen Gefallen zu erweisen, in deren Residenzstadt beorderte, wo sie am 4. Oktober 1582 starb.

Die Drucklegung

Das fertige Manuskript kam, Zeugenaussagen im Seligsprechungsprozess zufolge, zunächst in den Besitz des Bischofs von Palencia, Don Álvaro de Mendoza,[107] bzw. ins Kloster nach Alba de Tormes,[108] und wurde dann Fray Luis de León zur Veröffentlichung anvertraut. Es ist allerdings nicht in der *editio princeps* der Werke Teresas, die der berühmte Professor aus Salamanca 1588 herausbrachte, enthalten, wohl weil er es nicht für angebracht hielt, all die vielen positiven Äußerungen über den inzwischen in Ungnade gefallenen Jerónimo Gracián zu

---

[106] Siehe V 32,15; 33,16.
[107] So María de la Visitación (BMC 19,110).
[108] María de San Francisco (BMC 20,218).

veröffentlichen, oder auch damit das über Casilda de Padilla Berichtete, die 1581 Teresas Orden verlassen hatte, nicht bekannt würde, oder auch aus Rücksicht gegenüber vielen anderen noch lebenden Personen, die Teresa dem Vergessen entrissen hatte.

Nach dem Tod von Fray Luis de León 1591 gelangte das Manuskript auf Anweisung von Philipp II. in die Königliche Bibliothek des Escorial, wobei jedoch immer mehr Abschriften zirkulierten. 1610 brachten P. Gracián und Ana de Jesús – beide in einer Art Exil vor den Ordensoberen in den spanischen Niederlanden – in Brüssel die *editio princeps* des *Buches der Gründungen* heraus, allerdings ist Kapitel 10 gekürzt und Kapitel 11 fehlt ganz, d. h. die Berufungsgeschichte von Doña Casilda de Padilla ist ausgelassen, dafür sind Anmerkungen von P. Gracián und ein Bericht über die Gründung des Klosters in Granada von Ana de Jesús angefügt. In dieser Form erschienen auch die folgenden Ausgaben von Zaragoza 1623 und von Madrid 1661. Zweihundert Jahre später, 1861, brachte Vicente de la Fuente in der Reihe *Biblioteca de Autores Españoles* die *Gesammelten Werke* Teresas einschließlich des vollständigen, jedoch nicht fehlerfreien Textes des *Buches der Gründungen* heraus.[109] Erst 1880 gelangte mit der fotografischen Reproduktion desselben Herausgebers ein ganz zuverlässiger Text in die Hände der spanischen Leser. Die erste moderne kritische Ausgabe, also mit Anmerkungen, verdanken wir Silverio de Santa Teresa 1919,[110] gegenüber der die modernen Editionen, die es inzwischen in großer Anzahl gibt, nur noch geringfügige Verbesserungen aufweisen. Einen gewissen Endpunkt in der Editionsgeschichte dieses einzigartigen Werkes bedeutet die 2003 von Tomás Álvarez besorgte Faksimile-Ausgabe, die neben der Reproduktion der Handschrift Teresas eine gründliche Einführung mit Transkription des Textes und dessen Präsentation mit heutiger Rechtschreibung bietet.[111]

---

[109] *Escritos de Santa Teresa.* Madrid 1861, tomo primero, 145-250.
[110] In der Reihe *Biblioteca Mística Carmelitana*, Band 5.
[111] Santa Teresa de Jesús, *Libro de las Fundaciones.*

Das *Buch der Gründungen* in deutscher Sprache

In deutscher Übersetzung erschien das *Buch der Gründungen* – mit dem Titel „Closter-Stifftungen" – 1649 in der ersten Gesamtausgabe der Schriften Teresas, allerdings auch ohne die Kapitel 10 und 11;[112] eine vollständige Ausgabe in deutscher Sprache kam bereits 1832 heraus.[113]

4. Die spirituelle Botschaft des *Buches der Gründungen*

Spirituell Interessierte, die Teresa als geistliche Lehrmeisterin schätzen, werden spontan zu ihrem *Buch meines Lebens*, zum *Weg der Vollkommenheit* oder zu den *Wohnungen der Inneren Burg* greifen, viel seltener jedoch zum *Buch der Gründungen*, in dem zu Unrecht vielfach „nur" eine Art Geschichtschronik vermutet wird. Das ist wohl auch der Grund, weshalb dieses Werk der großen Spanierin nach wie vor ein Schattendasein führt.[114] Oft ist es nicht einmal solchen Lesern und Leserinnen bekannt, die längst den spirituellen Reichtum der oben genannten Schriften entdeckt haben.

Geistliche Unterweisung und praktische Lebensweisheit

Wer sich dennoch die Mühe macht, die *madre fundadora* auf ihren sehr lebendig und humorvoll beschriebenen Gründungsreisen zu begleiten, wird überrascht feststellen, dass auch dieses Werk in spirituell-theologischer Hinsicht einiges zu bieten

---

[112] *Opera oder alle Bücher*, 2. Teil, 3-239, mit 30 Kapiteln. Auf den Seiten 240-251 folgt als Fortsetzung des Kapitels 30 der Bericht von Ana de Jesús über die Gründung in Granada.

[113] *Das Buch der Klosterstiftungen der unbeschuhten Carmeliten-Nonnen*, verfasst von der heil. Mutter Theresia von Jesu, herausgegeben von Gallus Schwab. Sulzbach 1832.

[114] Von der letzten Gesamtausgabe der Werke Teresas in deutscher Sprache, die Aloysius Alkofer in den 30er Jahren des 20. Jahrhunderts im Kösel Verlag herausgebracht hat, kamen vom *Buch der Klosterstiftungen* nur fünf Auflagen heraus (1997), vom *Buch meines Lebens* dagegen neun (2000).

hat. Dem spanischen Historiker T. Egido zufolge ist es „für den, der es zu lesen vermag (...), ein Loblied auf die Macht Gottes, das wie ein großes Epos wirkt".[115] Und die amerikanische Theologin Mary Frohlich meint sogar: „In diesem Buch finden wir einige ihrer tiefsten Unterweisungen über die Früchte des kontemplativen Lebens."[116] Teresa selbst gibt im Vorwort an, sie verstehe es als Teil ihres Auftrags, „falls sich die Gelegenheit dazu anbieten sollte, ein paar Themen des inneren Betens sowie den Irrtum anzusprechen, der aufkommen könnte, weshalb diejenigen, die es üben, nicht weiter vorankommen" (F pról 5).

Zugleich ist in dieses Werk sehr viel Lebensweisheit und Lebenserfahrung eingeflossen. Wie die *Wohnungen der Inneren Burg* ist es ein Spätwerk der gereiften Autorin. Und so wie die *Wohnungen* Teresas reifste spirituelle Synthese darstellen, so könnte man mit einigem Recht das *Buch der Gründungen* als ihr reifstes Kompendium praktischer Lebensweisheit bezeichnen. Hier spricht eine Teresa, die gelernt hat, ihre Idealvorstellungen mit der Wirklichkeit zu versöhnen und in diesem Lernprozess nicht nur zu einer großen Ehrlichkeit, sondern auch zu einer bewundernswerten inneren Freiheit gelangt ist.

Als Berichterstatterin kann sie es nicht lassen, immer wieder einmal in einem kürzeren oder längeren Exkurs etwas ausführlicher auf die spirituellen Grundlagen ihres Gründungswerkes einzugehen. Zu Recht meint T. Egido, Teresa benütze den Tatsachenbericht immer wieder als Plattform für die Weitergabe ihrer geistlichen Lehre. Den etwa 300 erzählerischen Abschnitten stehen nicht weniger als 211 spirituell-didaktische gegenüber.[117]

Dabei setzt das *Buch der Gründungen* durchaus eigene Akzente. Die oft sehr konkret und bedrängend erlebten Anfangsschwierigkeiten ihrer kleinen Gemeinschaften sind für die Autorin immer wieder Anlass, ihre Erzählungen zu unterbre-

---

[115] *Libro de las Fundaciones*, 383.
[116] M. Frohlich, *Teresa: Story Theologian and Transformer of Culture*, 1.
[117] *Libro de las Fundaciones*, 388 f.

chen, um grundlegende praktische Fragen des geistlichen Lebens und des Gemeinschaftslebens anzusprechen. Die Praxisnähe ist hier womöglich noch größer und unmittelbarer als in ihren anderen Werken. Sie bringt eine Fülle konkreter Beispiele und Charakterskizzen, die illustrieren, was sie sagen will, oder als Aufhänger für allgemeinere Überlegungen über den einen oder anderen Aspekt des geistlichen Lebens dienen. Ihre oft sehr scharfsinnigen Beobachtungen und Ratschläge haben Gültigkeit über den engen Kreis ihrer unmittelbaren Adressatinnen hinaus. Die darin enthaltene Weisheit und Lebenserfahrung, der nüchterne Realismus und die spirituelle Tiefe ihrer Hinweise bleiben richtungweisend.

Narrative Theologie und Alltagsspiritualität

Vor allem aber beschränkt sie sich auch in den erzählerischen Teilen nicht auf die Weitergabe von trockenen Fakten oder bunten Anekdoten, sondern betreibt in Wirklichkeit narrative Theologie. Sie ist fraglos eine begabte Erzählerin, und ihre lebendige und oft sehr unterhaltsame Darstellung von Alltagssituationen macht die Lektüre des *Buches der Gründungen* über weiten Strecken zu einem literarischen Hochgenuss.[118] Dennoch wäre Teresa nicht Teresa, wenn es ihr nicht letztlich darum ginge, anhand der Tatsachenberichte aufzuzeigen, wer Gott für sie ist, wie sie sein Wirken in ihrem eigenen Leben und in dem der ersten Generation ihrer „Unbeschuhten" Mitbrüder und Mitschwestern erlebt hat.

Das macht gerade dieses Werk zu einer sehr wertvollen Ergänzung ihrer scheinbar spirituelleren Abhandlungen. Zwar haben auch letztere einen autobiographischen Hintergrund, hier jedoch wird noch unmittelbarer sichtbar und nachvollziehbar, wie Teresa selbst im Alltag – oft unter großen Belastungen – ihre spirituelle Botschaft gelebt hat. Darum ist gerade das *Buch der Gründungen* dazu angetan, Lesern und Leserinnen, die vor ihren mystischen Höhenflügen zurückschrecken, Mut zu machen, sich von ihr in eine nüchterne, bodenständige, aber sehr

---

[118] Siehe etwa F 3,7ff.; 15,9ff.; 24,6ff.; 31,16ff.; und viele weitere Stellen.

tiefe und tragfähige Alltagsspiritualität einführen zu lassen. Hier darf man der großen Mystikerin sozusagen über die Schulter gucken und dabei entdecken, dass auch sie lernen musste, mitten in einem von großen Freuden, aber auch von Arbeitsüberlastung, Krankheiten,[119] „heftigem Widerwillen gegen die langen Reisen" (F 18,5), vielfältigen Schwierigkeiten und Spannungen geprägten Alltag die Spur Gottes in ihrem Leben zu entdecken und – oftmals gegen allen Anschein – seiner Führung zu vertrauen.

Teresa war eben nicht nur ein sehr begnadeter Mensch, sondern zugleich eine ganz normale, angefochtene Frau, die sich oftmals schwach und deprimiert,[120] mitunter auch glaubensschwach erlebte. Als sie 1580, noch durch Krankheit geschwächt, die Anfrage erhielt, in Palencia zu gründen, „war meine Schwachheit so groß, dass es mir sogar am Vertrauen auf Gott mangelte, das ich beim Angehen dieser Gründungen sonst immer hatte. Alles sah unmöglich aus, doch wenn ich damals jemand gehabt hätte, der mich ermutigt hätte, so hätte mir das großen Nutzen gebracht, aber die einen halfen mir, Angst zu haben, andere gaben mir zwar ein wenig Hoffnung, doch reichte das bei meinem Kleinmut nicht aus" (F 29,3). Dennoch lautet das Fazit ihrer langen Lebenserfahrung, dass „Seine Majestät den nicht verlässt, der ihm dienen möchte" (F 27,22). Es sei „normal gewesen, dass mir unser Herr immer dann, wenn es jeweils bei einer Gründung Mühen gab, mit Worten und Taten geholfen hat, da er nämlich weiß, wie armselig ich bin" (F 31,4).

Das Gottesbild des *Buches der Gründungen*

Wer ist dieser Gott für Teresa? Das *Buch der Gründungen* gibt darauf eine recht differenzierte Antwort. Hier seien nur einige der wichtigsten Aspekte ihres Gottesbildes hervorgehoben, wie es besonders in diesem Werk zutage tritt:

---

[119] Siehe F 18,4; 21,4; 27,17; und viele weitere Stellen.
[120] Ausdrücklich erwähnt sie das nach der Gründung in Medina del Campo F 3,11.

– Ein Gott, dessen Wirken in der Geschichte erfahrbar ist

Teresas wichtigste Botschaft ist die, dass Gott selbst in all den Erlebnissen, die sie schildert, der Protagonist ist. Er ist der wahre Gründer ihrer Klöster, und ihre Gründungsgeschichten sind in Wirklichkeit Geschichten über das wunderbare Wirken Gottes an seinem Volk: „Diese Häuser haben ... nicht Menschen gegründet, sondern die mächtige Hand Gottes" (F 27,11); „es ist nur Seine Majestät, die diese Werke vollbringt" (F 29,24). Das ist ein eminent biblisches Gottesbild: Gott ist nicht einer, der hoch oben im Himmel thront, allem Weltgeschehen entrückt, sondern einer, der sehr konkret in der Menschheitsgeschichte und in der Lebensgeschichte des einzelnen am Werk ist. Das ist für Teresa kein abstrakter Glaubenssatz, sondern etwas, was sie tagtäglich sehr konkret erfährt. Gott spielt in ihrem Erleben in der Tat die Rolle, die bereits in der hebräischen Bibel Jahwe und in der Apostelgeschichte dem Hl. Geist zugeschrieben wird.

Sich selbst, ihre Mitschwestern und Mitarbeiter erlebt sie als seine Werkzeuge, mit deren Hilfe er sein Werk vollbringt: „Nicht ich bin es, die bei diesen Gründungen etwas vollbringt, sondern er, der die Macht hat zu allem" (F 29,5); „das, was wir Geschöpfe bei diesen Gründungen getan haben, ist fast nichts. Alles hat der Herr aus so unzulänglichen Ansätzen gefügt, dass nur Seine Majestät es zu der Höhe erheben konnte, auf der es sich jetzt befindet" (F 13,7). Dabei geht es ihr nicht darum, aus falscher Bescheidenheit den eigenen Beitrag oder den ihrer zahlreichen Mitarbeiter und Mitarbeiterinnen herunterzuspielen, sondern Gott in der partnerschaftlichen Zusammenarbeit die ihm zukommende Hauptrolle einzuräumen, etwa wenn sie schreibt: „Mit seiner Unterstützung würde ich nicht unterlassen, es zu tun" (F 31,12); oder wenn es vom Lizentiaten Aguiar, der ihr in Burgos ein Haus verschafft, heißt: „Mit Fug und Recht können wir sagen, dass es nach Gott er ist, der uns das Haus gab" (F 31,39).

– Ein Gott, dessen Kraft sich in der menschlichen Schwachheit
entfaltet

Werkzeuge Gottes sind wir Menschen gerade in unserer
Schwachheit: „Als sich nun diese kleinen Taubenschläge der
Jungfrau, Unserer Lieben Frau, zu füllen begannen, begann
die göttliche Majestät seine Großtaten an diesen schwachen, in
ihren Wünschen und im Loslassen alles Geschaffenen jedoch
starken Weiblein zu zeigen" (F 4,5). Teresa hat dies nicht zuletzt immer wieder an sich selbst erlebt: „Ich bekenne, dass
mich meine Erbärmlichkeit und Schwachheit oftmals in Furcht
und Zweifel versetzt haben, doch erinnere ich mich nicht
an ein einziges Mal, seitdem der Herr mir den Habit der Unbeschuhten gegeben hat – und sogar schon manches Jahr zuvor –, wo er mir nicht aus lauter Erbarmen die Gnade gegeben
hätte, diese Versuchungen zu besiegen und mich auf das zu
stürzen, was meiner Erkenntnis nach der größte Dienst für ihn
war, so schwierig es gewesen sein mochte. Ich verstehe wohl
gut, dass das, was ich meinerseits tat, gering war, doch möchte
Gott nicht mehr als diese Entschlossenheit, um dann seinerseits alles zu tun" (F 28,19). Auch dies ist ein sehr biblisches
Gottesbild. Es ist, als wollte Teresa mit Paulus sagen: „Ich will
mich meiner Schwachheit rühmen, damit die Kraft Christi
auf mich herabkommt" (2 Kor 12,9). Zugleich bürgt hier Gott
selbst für einen ihrer wichtigsten pädagogischen Grundsätze,
die „entschlossene Entschlossenheit."[121]

– Ein Gott, der auf der Seite der unterdrückten Frauen steht

So wie der biblische Gott sich auf die Seite der Kleinen und
Unterdrückten stellt, so stellt sich Teresas Gott auf die Seite
der Frauen, die in der spanischen Kirche und Gesellschaft des
16. Jahrhunderts in vielerlei Hinsicht an den Rand gedrängt
und mundtot gemacht wurden.[122] Allerdings konnte sie es sich
nicht leisten, das Problem allzu deutlich anzusprechen, denn das
hätten ihre männlichen Zensoren ihr wohl kaum durchgehen

---

[121] CE 35,2 bzw. CV 21,2.
[122] Siehe dazu M. Fröhlich, *Teresa: Story Theologian and Transformer of Culture.*

lassen. Deshalb muss man so manche der Frauengeschichten, die sie erzählt, sehr genau lesen, um zu entdecken, dass sie einen doppelten Boden haben.

Was auf den ersten Blick wie eine reichlich naive, typisch barocke Wundererzählung anmuten mag, enthält in Wirklichkeit oft nicht nur eine gesellschaftskritische, sondern auch eine theologisch relevante Botschaft. So etwa, wenn Gott ein ausgesetztes ungewolltes Mädchen dadurch schützt und am Leben erhält, das er ihm auf wunderbare Weise im Säuglingsalter Stimme verleiht, um für seine Würde als getaufte Christin einzutreten, wie das von der Gründerin von Alba de Tormes, Teresa de Laiz berichtet wird (F 20,4). Teresa prangert damit nicht nur die gesellschaftlichen Auswüchse eines übertriebenen Pochens auf männlichen Nachwuchs an, sondern stellt zugleich „mit dieser ‚kleinen Geschichte' auf kunstvolle, aber sehr prägnante Weise die von Gott geschenkte Berufung, das Evangelium zu verkünden",[123] heraus, die damals auch erwachsenen Frauen aberkannt wurde. Es ist, wie wenn sie sagen wollte: Was uns Frauen von den Männern verwehrt wird – als Zeuginnen für das Evangelium ernstgenommen und gehört zu werden –, das schenkt uns Gott, und wenn er dafür ein Wunder wirken muss. Ein weiteres Beispiel: In der erschütternden Geschichte der Beatriz de la Madre de Dios Chaves (F 26,3-15) ist Gott der einzige, auf den die junge Frau sich verlassen kann. Er gibt ihr die Kraft, allen Verdächtigungen und religiös verbrämten Grausamkeiten standzuhalten, er ist es, der am Ende der Wahrheit zum Durchbruch verhilft; und er hilft ihr schließlich auch, der Zwangsverheiratung zu entgehen und selbst ihren Lebensstand zu wählen.

– Ein Gottesbild mit Folgen
Eine Folge dieses befreienden Gottesbildes ist es auch, dass „ihr Frauen, die kommen, weil sie Ordensschwestern werden wollen, ... niemals die Aufnahme verweigern (sollt), nur weil

---

[123] M. Frohlich, aaO., 3.

sie keine Vermögensgüter haben, wenn sie nur Tugendgüter haben; Gott wird auf andere Weise weiterhelfen, sogar mit dem Doppelten von dem, womit ihr bei ihr aushelfen müsst." Ja, sie bekennt sogar: „Ich kann euch versichern, dass es mir keine so große Freude machte, eine aufzunehmen, die viel mitbrachte, als solche, die ich nur um Gottes willen aufnahm. Im Gegenteil, bei ihnen hatte ich Angst, während mir die Armen das Herz weit machten und so große Freude bereiteten, dass ich vor Freude weinen musste. Das ist die Wahrheit" (F 27,12f.). Damit hat sie sich über ein weiteres Tabu in der damaligen Gesellschaft hinweggesetzt, dass nämlich der gesellschaftliche Status und das Vorankommen im Leben vom Geld abhinge. Während dieses Denken auch in die Klöster Einzug hielt, hat Teresa ganz im Gegensatz dazu vielen Frauen ein Leben in Würde ermöglicht.

Die befreiende Wirkung dieses Gottesbildes zeigt sich auch gegenüber den diskriminierten Conversos, zu denen Teresa de facto gehörte, auch wenn dieser „Geburtsfehler" durch einen gekauften Adelsbrief überdeckt war. Bei ihnen hat sie immer wieder Unterstützung gefunden,[124] sie hebt deren exemplarisches Leben als Christen hervor[125] und zieht sie – im standesbewussten Toledo ihrer Zeit – den Adeligen sogar vor: „Wenn ich auf die hohlen Meinungen der Welt geachtet hätte,[126] wäre es nach dem, was wir erkennen können, unmöglich gewesen, es so gut und passend zu haben, und man hätte dem, der uns so bereitwillig diesen Liebesdienst erwiesen hat, Unrecht getan" (F 15,17).

---

[124] Siehe F 3,14; 14,11; 18f.; 20,5.10; 31.

[125] „Es lebte in der Stadt Toledo ein Kaufmann, ein geachteter Mann und Diener Gottes, der sich nie verehelichen wollte, sondern das Leben eine guten Katholiken und eines Mannes von großer Lauterkeit und Ehrbarkeit führte. Mit erlaubten Mitteln vermehrte er sein Vermögen, da er die Absicht hatte, damit ein Werk zu vollbringen, das dem Herrn sehr angenehm sein sollte" (F 15,1). Ähnlich in F 15,2.

[126] Diese bestanden gerade im Ansinnen der Adeligen, das aus Converso-Kreisen kommende Angebot einer Stiftung nicht anzunehmen.

– Ein Gott, mit dem man umgehen kann
  wie mit einem Freund

Ihrer berühmten Definition vom inneren Beten als „Verweilen bei einem Freund"[127] gemäß erlebt Teresa ihre Gründungsaufträge und die Wechselfälle der oft mühseligen Reisen und Verhandlungen als Teil ihrer Geschichte mit dem göttlichen Freund. Gott ist für sie nicht nur der Haupthandelnde und die Kraftquelle, aus der sie schöpft, sondern auch ein ganz konkreter Partner, mit dem sie ständig in innerem Dialog steht. Dabei überrascht immer wieder, mit welch entwaffnender Spontaneität, Unbekümmertheit und innerer Freiheit sie mit dem umgeht, den sie zugleich ehrfurchtsvoll „Seine Majestät" nennt. In der Beziehung zu ihm haben alle Gefühle Platz; sie scheut sich nicht, gelegentlich auch ihrer Frustration freien Lauf zu lassen: „Da [die Klostergründung] schon bekannt gemacht war, wusste ich nicht, was tun, sondern zerriss mich geradezu und sagte zu unserem Herrn, eher vorwurfsvoll, dass er mir entweder nicht auftragen sollte, mich auf solche Werke einzulassen, oder aber diese Notlage beseitige" (F 19,9). Sie erlebt ihn als einen sehr treuen Freund, der ihr zwar nichts erspart, ihr aber auch großzügig alle Mühen vergilt: „Niemals gibt mir Gott Mühsal, ohne dass er sie nachher vergilt" (F 30,14). Wie eine solche Freundschaft mit Gott geht, darüber kann man im *Buch der Gründungen* viel lernen.

Inneres Beten als Quelle ihrer Gründungstätigkeit

Damit ist ein weiterer wichtiger Punkt angesprochen: Teresas Gründungswerk ist nicht nur eine Antwort auf bestimmte Nöte der damaligen Zeit,[128] es wurzelt auch nicht nur in ihrem Wunsch, ihren persönlichen Vorstellungen vom Ordensleben zum Durchbruch zu verhelfen,[129] sondern hat letztlich einen charismatischen Ursprung. Es ist eine Frucht des inneren Be-

---

[127] V 8,5.
[128] Siehe oben S. 17-19.
[129] V 8,5.

tens, wie sie es versteht und ein Leben lang geübt hat. Teresa selbst weist ausdrücklich auf diese Verbindung hin, wenn sie zu Beginn des Werkes ihre Gründungstätigkeit damit begründet, dass der Ordensgeneral ihr „sehr weitreichende Vollmachten [gab], um noch mehr Klöster zu gründen, sogar mit Strafandrohungen, damit mir kein Provinzial das Handwerk legen könnte. Um diese hatte ich ihn zwar nicht gebeten, doch aus meiner Art des inneren Betens hatte er erkannt, wie groß meine Wünsche waren, um dazu beizutragen, dass so manche Seele näher zu Gott gelangte" (F 2,3).

– mit Christus unterwegs sein
Ihre Gründungsberichte wirken daher wie eine Art Illustration dessen, was sie bereits im *Weg der Vollkommenheit* geschrieben hatte: „Wir gehen zusammen, mein Herr; wohin du gehst, dahin muss auch ich gehen, und was du durchmachst, soll auch ich durchmachen."[130] Ab 1567 bedeutet das für sie zunehmend, nicht nur ihren inneren Weg mit ihm weiterzugehen, sondern sich von ihm auch kreuz und quer durch Spanien führen zu lassen.

Einen geistlichen Weg geht man nicht im luftleeren Raum. Für Teresa besteht der äußere Rahmen ihres inneren Weges mit Gott bzw. Christus während der letzten fünfzehn Jahre ihres Lebens weitgehend aus der Bewältigung der mit immer neuen Herausforderungen und Schwierigkeiten verbundenen Verhandlungen und Reisen, wie sie die rasch aufeinander folgenden Klostergründungen bedingen. Hinzu kommt die Letztverantwortung für eine wachsende Zahl von teilweise noch sehr ungefestigten jungen Gemeinschaften, wodurch sie im wahrsten Sinn des Wortes zur *Mutter Gründerin* wird. Im *Buch der Gründungen* tritt uns somit eine sehr aktive Teresa entgegen, die jedoch mitten in den vielfältigen Herausforderungen des Alltags intensiv mit Gott lebt.

---

[130] CE 42,6 bzw. CV 26,6.

– den Alltag zum Zwiegespräch mit Gott machen

Mehr als in jeder anderen Schrift Teresas wird hier deutlich, dass Aktion und Kontemplation sich nicht nur nicht widersprechen, sondern unauflöslich zusammengehören. Hier lebt Teresa uns vor, dass Gebet und Kontemplation nicht nur an besonderen Orten und zu besonderen Zeiten, sondern mitten im Alltag möglich sind, ja sich dort zu bewähren haben, wie sie es ihren Schwestern nahe legt: „Wenn euch der Gehorsam Beschäftigung mit äußeren Dingen aufträgt, dann versteht, dass der Herr zwischen den Kochtöpfen weilt, falls es in der Küche ist, und euch innerlich und äußerlich hilft" (F 5,8).

Das mag Lesern und Leserinnen, die darunter leiden, mitten in den Anforderungen eines anstrengenden Berufs- und Familienalltags wenig Zeit zu Gebet und Meditation zu finden, Trost und Ermutigung sein und ihnen zugleich einen Weg aufzeigen, um den Alltag selbst zum Zwiegespräch mit Gott zu machen. Es ist geradezu typisch für den literarischen Stil Teresas, dass ihre Erzählungen und Überlegungen nicht nur in einen Dialog mit ihren „Schwestern" und mitunter auch ihren „Brüdern",[131] sondern zugleich in einen beständigen inneren Dialog mit dem göttlichen Freund eingebettet sind, so dass die Übergänge zwischen Berichterstattung in der dritten Person, Ratschlägen an ihre Leserschaft und spontanem Zwiegespräch mit Gott bzw. Christus immer wieder fließend sind. In diesem Sinn ist das *Buch der Gründungen* durchaus eine praktische Gebetsschule: Hier kann man von Teresa lernen, wie inneres Beten im Alltag geht, wie es nach und nach zu einer kontemplativen Grundhaltung wird, die alles Reden, Denken und Tun durchformt.

Früchte des inneren Betens

Im *Buch der Gründungen* werden die Früchte dieser betenden Grundhaltung immer wieder sichtbar:

---

[131] Siehe z. B. F 14,12; 27,14; 29,32.

– Mut und tiefes Gottvertrauen

Teresas lebt aus einem tiefen Gottvertrauen, das eine Frucht der bewusst gepflegten Erinnerung an Gottes Beistand in der Vergangenheit ist: „Da wir ja sehen, mein Herr, dass du uns oftmals aus den Gefahren befreist, in die wir uns begeben, sogar um uns gegen dich zu stellen, wie sollte man dann glauben, dass du uns nicht befreien wirst, wenn man nichts anderes anstrebt, als dich zufrieden zu stellen und an dir unsere Wonne zu haben?" (F 4,4). Dieses Gottvertrauen gibt ihr die Kraft, allen Schwierigkeiten standzuhalten und den Wegen Gottes auch dann noch zu trauen, wenn es anders kommt als sie sich erhofft, so etwa wenn sie sich gezwungen sieht, das Kloster in Pastrana aufzugeben: „Letztendlich, der Herr hat es zugelassen. Er wird wohl gesehen haben, dass dieses Kloster dort nicht hinpasste, sind doch seine Ratschlüsse großartig und gegen alle unsere Einsichten" (F 17,17). So kann sie auch angesichts der enttäuschenden Anfänge bei den Brüdern, denen sie (bis auf wenige Ausnahmen wie Johannes vom Kreuz und Jerónimo Gracián) ihr Ideal weit weniger gut zu vermitteln vermochte als den Schwestern, schreiben: „Es hätte mir manchmal leid getan, dass der Anfang bereits gemacht war, wenn ich nicht ein so großes Vertrauen in Gottes Erbarmen gehabt hätte" (F 23,12). In Toledo hält sie dem Diözesanverwalter, der gerne den Platz des unschuldig im Inquisitionsgefängnis einsitzenden Erzbischofs und Primas von Spanien Bartolomé Carranza eingenommen hätte, mit unerhörtem Freimut vor, „dass es unerträglich sei, wenn es da Frauen gebe, die in großer Strenge und Vollkommenheit und Zurückgezogenheit leben wollten, und diejenigen, die nichts dergleichen am Hut hätten, sondern sich in Behaglichkeiten ergingen, Werke behelligen wollten, die für unseren Herrn ein so großer Dienst sind. Dieses und noch vieles andere sagte ich ihm mit großer Entschlossenheit, die mir der Herr gab, derart, dass es ihm zu Herzen ging, und er mir die Erlaubnis gab, noch bevor ich wegging" (F 15,5). Ähnlich schöpft sie auch bei ihrer letzten Gründung in Burgos nur aus ihrer tiefen Gottesbeziehung die Kraft, um sich von der Verzögerungstaktik des Erzbischofs nicht entmutigen zu lassen:

„Als ich in einem [großen] Stimmungstief war und auch meine Begleiterinnen mitten drinsteckten (doch das machte mir nichts aus, dafür aber dem Provinzial), sagte mir unser Herr, noch nicht einmal als ich beim Beten war, diese Worte: *Auf Teresa, sei stark*. Darauf bemühte ich mich, dem Pater Provinzial mehr Mut zu machen" (F 31,26).

– Gelassenheit und innerer Friede mitten in den Anfechtungen
Wer in allem einen liebenden Gott am Werk sieht, erlangt eine gewisse Gelassenheit und Souveränität im Umgang mit widrigen Situationen. Er ist weder ständig frustriert, noch hat er es nötig, ängstlich die Kontrolle zu behalten, sondern er kann vertrauen, „dass es Gott ist, der das so anordnet, um dann alles seinen Händen zu überlassen" (F 20,3). Wenn Menschen wirklich im Alltag mit Gott zu leben versuchen, – so meint Teresa, an dieser Stelle gewiss ein wenig idealisierend –, dann kommen sie so weit, dass sie „nichts von der Welt fürchten, noch etwas ersehnen, noch bringen Schwierigkeiten sie in Verwirrung oder versetzen Vergnügungen sie in Erregung; kurz, es kann ihnen niemand den Frieden rauben, denn dieser hängt allein von Gott ab" (F 5,7). Allerdings hat sie selbst um diesen inneren Frieden öfter auch ringen müssen. Doch zeigen die Berichte über ihre Klostergründungen, dass die Gründerin und ihre Gefährtinnen aus ihrer gelebten Gottesbeziehung immer wieder die innere Ruhe und Gelassenheit schöpften, um auch angesichts großer Schwierigkeiten den Mut nicht zu verlieren und ihren Weg vertrauensvoll weiterzugehen.

– Verfügbarkeit für das, was Gott will
Wenn inneres Beten echt ist, führt es den Beter, die Beterin über sich hinaus, es macht sie verfügbar für die Aufgaben, die Gott ihnen zugedacht hat. Teresa ist sich dessen bewusst, dass der Wunsch nach kontemplativer Ruhe, so berechtigt er sein mag, manchmal eher egoistischen Motiven als echter Gottesliebe entspringt: „Es wäre ein starkes Stück, wenn Gott uns klar sagte, uns zu etwas, das ihm wichtig ist, aufzuraffen, wir es jedoch nicht wollten, sondern bei seinem Anblick verweilten,

weil wir dabei mehr auf unsere Kosten kommen. Ein sauberer Fortschritt in der Gottesliebe ist es, ihm die Hände zu binden, in der Meinung, er könne uns nur auf einem Weg voranbringen!" (F 5,5). Dabei gibt sie ehrlich zu, dass auch sie sich zu dieser Einsicht erst durchringen musste: „Ich kenne einige Personen vom Sehen (abgesehen von meiner eigenen Erfahrung, wie ich schon sagte), die mich diese Wahrheit haben verstehen lassen, als ich sehr darunter litt, zu erleben, wie wenig Zeit ich hatte. ... Ich dachte bei mir und sagte es ihnen sogar, dass inmitten eines solchen Trubels der Geist unmöglich wachsen könne. ... Ach Herr, wie sind doch deine Wege anders als unsere stümperhaften Vorstellungen!" (F 5,6). Ihre Gründungsberichte sind nicht zuletzt bewegende Zeugnisse für die Verfügbarkeit und Hingabefähigkeit einer Frau, für die es zur Freundschaft gehörte, dem göttlichen Freund nichts zur verweigern, mochte es sie noch so viel kosten.

– Realismus und Flexibilität
Wer Gott in allem am Werk sieht, wird fähig, die Wirklichkeit vorurteilsfrei an sich heranzulassen, flexibel auf veränderte Situationen zu reagieren und auch Lieblingsvorstellungen aufzugeben, falls es die Umstände erfordern. Teresa stellt im *Buch der Gründungen* immer wieder ihren Realismus und ihre innere Beweglichkeit unter Beweis. Insbesondere mit der Gründung in Malagón 1568 vollzieht sie einen grundlegenden Meinungswandel in zwei Punkten, von denen vor allem letzterer bei ihrer ersten Gründung in Ávila sechs Jahre zuvor noch entscheidend für sie gewesen war: Fleischabstinenz und völliger Verzicht auf feste Einkünfte. Ursprünglich wollte sie einer Gründung in der Kleinstadt Malagón deshalb „auf keinen Fall zustimmen, da der Ort so klein war, dass man dort notgedrungen festes Einkommen brauchte, um sich erhalten zu können, wo ich doch dem ganz ablehnend gegenüberstand" (F 9,2). Zu kurz war es her, dass sie in Ávila dem erbitterten Widerstand sowohl der kirchlichen als auch der weltlichen Behörden gegen eine Klostergründung ohne festes Einkommen getrotzt hatte. Bald ließ sie sich jedoch eines Besseren belehren: „Als ich

mich mit Studierten und meinem Beichtvater besprach, sagten mir diese, dass ich damit nichts Gutes täte; denn da das Konzil die Erlaubnis gab, das zu haben, sollte man es deswegen nicht unterlassen, ein Kloster zu gründen, in dem meiner Meinung nach dem Herrn so sehr gedient werden könnte" (F 9,3).

Wenige Jahre später lautet ihr neuer Grundsatz: „Ich habe immer danach gestrebt, dass die mit festen Einkünften gegründeten Klöster davon so reichlich hätten, dass die Schwestern nicht ihre Verwandten oder sonst wen bräuchten, sondern dass man ihnen das Nötige an Nahrung und Kleidung im Hause gäbe, und ebenso die Kranken sehr gut versorgt seien; wenn es ihnen nämlich am Nötigen fehlt, führt das zu vielen Missständen. Um viele arme Klöster ohne feste Einkünfte zu errichten, hat es mir nie an Mut und Vertrauen gefehlt, in der Gewissheit, dass Gott ihnen niemals fehlen würde, doch um sie mit festen Einkünften, und dann noch geringen, zu errichten, fehlt mir alles; dann halte ich es für besser, überhaupt keine zu gründen" (F 20,13). Die flexiblere Praxis wurde 1576 sogar von ihrem Mitarbeiter Jerónimo Gracián in der Anordnung kodifiziert, dass „sie in den Dörfern, wo man sich nicht von Almosen halten kann, gemeinsame feste Einkünfte haben können."[132]

– Innere Freiheit

Eine der kostbarsten Früchte des inneren Betens ist die innere Freiheit, die es dem Beter nach und nach verleiht. Von einem Bekannten, der „an die fünfzehn Jahre lang so mit Ämtern und Leitungsaufgaben überhäuft [war], dass er sich nicht daran erinnern konnte, in all dieser Zeit auch nur einen Tag für sich gehabt zu haben, wiewohl er sich so gut wie möglich darum bemühte, jeden Tag einige Augenblicke dem inneren Beten zu widmen und ein reines Gewissen zu haben", schreibt Teresa, es hätte „ihm der Herr reichlich vergolten, da er, ohne zu wissen wie, jene so geschätzte und ersehnte Freiheit des Geistes, wie sie die Vollkommenen besitzen, in sich vorfand, in der man alles Glück findet, das man sich in diesem Leben nur wünschen

---

[132] MHCT 1, 315-317 (316).

kann" (F 5,7). Von dieser inneren Freiheit zeugt nicht zuletzt auch ihr eigenes Verhalten, etwa wenn sie das 1575 über sie verhängte Verbot, weitere Klöster zu gründen, in aller Gelassenheit kommentiert: „Ich sage euch, Schwestern, damit ihr das Erbarmen unsres Herrn seht, und wie Seine Majestät den nicht verlässt, der ihm dienen möchte, dass mir das nicht nur keinen Schmerz, sondern zusätzliche Freude bereitet hat. (...) Dass ich nicht gründen durfte, war für mich, abgesehen davon, dass es eine Verstimmung des Hochwürdigsten Ordensgenerals bedeutete, eine große Erholung und etwas, das ich mir oftmals gewünscht hatte, nämlich mein Leben in Ruhe zu beschließen, auch wenn diejenigen, die mir das eingebrockt hatten, nicht an so etwas, sondern eher daran dachten, mir das größte Leid der Welt anzutun" (F 27,20).

– Bereitschaft zur Nachfolge auch im Leiden
Teresa hat das Leiden nicht gesucht; eine Sühnementalität ist ihr letztlich fremd. Dennoch ist es ein wesentlicher Aspekt ihrer Christusfreundschaft, der Teilnahme am Schicksal des göttlichen Freundes nicht auszuweichen, selbst wenn die Erfüllung seines Auftrags Schweres und Leidvolles über sie bringt. Auch dann hält sie unverbrüchlich an ihrem Freundschaftsideal fest, auch dann gilt: „Wir gehen zusammen, Herr. ... Was du durchmachst, soll auch ich durchmachen."[133] Sie weiß, das sein Weg durch den Tod hindurch zum Leben führt. Darum kann sie ihren Schwestern ans Herz legen: „Der Fortschritt für die Seele besteht nicht im vielen Denken, sondern im vielen Lieben. Wie erwirbt man sich wohl diese Liebe? Indem man sich entschließt zu handeln und zu leiden, und das in die Tat umzusetzen, wenn es sich anbietet" (F 5,2f.). Weit davon entfernt, einem ungesunden Masochismus das Wort zu reden, möchte sie damit zum entschlossenen Einsatz für Christus und zur Leidensbereitschaft in seiner Nachfolge ermuntern, immer dann „wenn es sich anbietet" und so wie es sich anbietet.

---

[133] CE 42,6 bzw. CV 26,6.

Sie weiß, dass ihre Schwestern die Anfangsschwierigkeiten oft nur dank dieser Einstellung meistern können. Von den Mitstreiterinnen, die sie in heikler Mission nach Villanueva de la Jara schickt, heißt es darum anerkennend, sie seien von der Art gewesen, „dass sie mit der Gnade des Herrn alle Schwierigkeiten und Mühen gut ertrugen, wiewohl sie viele davon zu ertragen hatten, denn sie haben den Wunsch, in seinem Dienst zu leiden" (F 28,43). Doch meint sie, diese Grundhaltung letztlich von all ihren Töchtern erwarten zu dürfen: „Die Schwester, die diesen Wunsch nicht in sich spüren sollte, soll sich nicht für eine echte Unbeschuhte halten; denn wir sollen uns nicht danach sehnen, unsere Ruhe zu haben, sondern danach zu leiden, um unseren wahren Bräutigam ein bisschen nachzuahmen. Möge es Seiner Majestät gefallen, uns dazu seine Gnade zu geben" (aaO.). Mit dem ihr eigenen pädagogischen Geschick versucht sie ihren Mitschwestern über etwaige Mutlosigkeit hinwegzuhelfen und sie zur Entschlossenheit – einem Grundprinzip ihrer Pädagogik – zu ermuntern: „Das Ganze ist doch nur eine winzige köstliche Beschwernis ..., doch sobald wir uns entschließen, sie zu meistern, geht die Schwierigkeit zu Ende; denn so arg mühsam ist es nur am Anfang ein bisschen" (F 14,5).

Nicht äußere Buße, sondern Einübung ins Ich-Sterben, nicht *rigor*, sondern *suavidad*

Teresa lebte in einer Zeit, in der Bußübungen zum Ordensideal, ja zum christlichen Lebensideal überhaupt gehörten. Es war bereits die Rede davon, wie sehr die Reform des Ordenslebens im Spanien des 16. Jahrhunderts mit asketischem Rigorismus verbunden war.[134] Darum ist es um so bemerkenswerter, dass die zweite Säule ihrer Spiritualität, die mit dem inneren Beten unauflöslich verbunden ist, nicht äußere Buße und asketische Strenge (*rigor*), sondern Einübung in die innere Haltung des Ich-Sterbens, des Freiwerdens von allem Egoismus ist, dem dritten

---

[134] Siehe S. 28-30.

der drei Feinde der Seele bei Johannes vom Kreuz.[135] Nur zu gut durchschaute Teresa die Egozentrik und Leistungsfrömmigkeit, die sich meistens hinter der spektakulären Bußpraxis ihrer Zeitgenossen verbarg.

– Überwindung des Egoismus
Wichtiger als auffallende Bußstrenge war ihr die Überwindung des tief verwurzelten Egoismus des „alten Menschen" (nach Eph 4,22 und Kol 3,9) in der Nachfolge Christi, des Gekreuzigten, indem man sich darin übt, von allem unfruchtbaren Um-sich-Kreisen frei zu werden, um so zum „neuen", innerlich freien und selbstlos liebenden Menschen zu werden. Nicht ohne mütterlichen Stolz sagt sie von den Gefährtinnen, die sie nach Sevilla begleiteten: „Die sechs, die mit mir reisten, waren solche Seelen, dass ich, glaube ich, gewagt hätte, mit ihnen ins Türkenland zu ziehen" – nicht jedoch, weil sie so bußfertig, sondern weil sie so „gut ins innere Beten und das Ich-Sterben eingeübt" waren (F 24,6).
Ihre Auseinandersetzung mit der in ganz Spanien verehrten und auch von einem Teil der ersten Unbeschuhten Karmeliten bewunderten Bußikone Catalina de Cardona[136] ist eine Auseinandersetzung mit dem Rigorismusideal, das sie allenthalben umgab. Wie schon bei der Beschreibung einer anderen Bußgestalt, des Pedro de Alcántara, in ihrer *Vida*, von dem sie treffend sagt, dass „er aus Baumwurzeln zusammengeflochten schien",[137] mischen sich auch hier in die Bewunderung für sie, „die ganz stark nach Reliquien roch" (F 28,32), unüberhörbar ironische Untertöne hinsichtlich der asketischen Übertreibungen. Askese war für Teresa niemals Selbstzweck, sondern eher eine Folge der Nachfolge Christi in einer existentiellen Du-Beziehung.

---

[135] U. a. in den *Klugheitsregeln*, in: Johannes vom Kreuz, *Worte von Licht und Liebe*.
[136] Siehe F 28,21-36.
[137] Siehe V 27,16-20.

– Sanftheit und Behutsamkeit

Darum leitet sie ihre Priorinnen an, die Schwestern mit dem nötigen Augenmaß und der nötigen Behutsamkeit in die Einübung ins Ich-Sterben einzuführen. Sie weiß: Auch wenn diese Übung „für die Seele sehr nötig ist, um Freiheit und hohe Vollkommenheit zu erlangen, so geht das nicht auf die Schnelle, sondern sie mögen jeder ganz allmählich helfen, gemäß der Begabung an Erkenntnis und Geist, die Gott ihnen gibt" (F 18,8). Hier kommt die typisch teresianische *suavidad* (Sanftheit) zum Tragen. Bei aller Entschlossenheit ist es ihr wichtig, Menschen auf ihrem geistlichen Weg nicht durch Überforderung zu entmutigen, sondern sie ganz allmählich zu größerer Selbsthingabe zu ermutigen. Die Oberinnen sollen darüber wachen, alle Übertreibungen – in der Askese wie beim Beten – zu vermeiden, denn sonst „fürchte ich um ihre Gesundheit, und mir wäre es lieber, dass sie die Regel erfüllten, die genug zu tun aufgibt, und das andere mit Sanftheit geschähe" (F 18,7).

Fehlentwicklungen und Gefahren auf dem geistlichen Weg

Zu den Themen, die Teresa ein Leben lang beschäftigt haben, gehört der Umgang mit potentiellen Fehlentwicklungen und Gefahren auf dem geistlichen Weg: Selbsttäuschung, Abgleiten in ungesunde Formen der Frömmigkeit und pseudomystische Anwandlungen – im damaligen Kontext mit der Betonung des Rigorismus in Unterweisung und Praxis eine häufige Folge. Darum ist es kaum verwunderlich, dass sie auch im *Buch der Gründungen* auf dieses Thema zu sprechen kommt. Ihre eingehende Beschäftigung mit dieser Problematik hat noch einen weiteren zeitgeschichtlichen Hintergrund: Teresa lebte in einer Zeit und einem Umfeld, die jedes Bemühen um ein tieferes geistliches Leben, insbesondere bei Frauen, als potentiell gefährlich, ja häresie-verdächtig einstufte.[138]

---

[138] Siehe dazu unsere Einführung zum *Weg der Vollkommenheit*, 26-35.

– Nur keine Ängstlichkeit

Nun weiß die Autorin aus langjähriger Erfahrung, dass es Fehlentwicklungen geben kann, selbstverständlich auch in ihren Klöstern: „Wenn ich so bedenke, was sich in diesen Jahren in diesen Klöstern in geistlicher Hinsicht getan hat, ist mir klar geworden, wie notwendig das ist, was ich nun sagen will" (F 4,2). Dennoch lässt sie keinen Zweifel daran bestehen, dass sie die Ängstlichkeit ihrer Umgebung für maßlos übertrieben hält: „Es liegen durch unsere Sünden die Dinge des inneren Betens und der Vollkommenheit in der Welt so danieder, dass ich wohl auf diese Weise Stellung dazu nehmen muss. Denn wenn sie sich, ohne irgendeine Gefahr zu sehen, schon fürchten, diesen Weg zu gehen, was wird dann erst sein, wenn wir die eine oder andere ansprechen?" (F 4,3). Mit aller Entschiedenheit weist sie den Verdacht zurück, kontemplativ lebende Frauengemeinschaften wie ihre Klöster könnten besonders leicht zu Brutstätten ungesunder Frömmigkeit und pseudomystischer Anwandlungen werden. Selbsttäuschung ist ihrer Einschätzung nach ein allgemeines Problem, das ihr „sowohl bei Männer[n] als auch Frauen, sogar viele[n]" begegnet sei (F 4,2); weit davon entfernt besonders gefährdet zu sein, sind ihrer Einschätzung nach gerade diejenigen, „die sich am meisten anschicken, an Gott zu denken, und bemühen, ihr Leben vollkommener zu gestalten" (F 4,3) noch am ehesten davor gefeit.

– Kluge Unterscheidung

Die Antwort kann für sie nicht in Repression oder in einem generellen Verbot des inneren Betens bestehen. Vielmehr ermutigt sie zur klugen Unterscheidung, worauf es im geistlichen Leben wirklich ankommt: „Ich habe nämlich so manche getroffen, die meinen, das ganze Geschäft bestünde im Denken, und wenn sie dies lange bei Gott halten können – und sei es, indem sie sich große Gewalt antun, – gleich meinen, geistliche Menschen zu sein. ... Der Fortschritt für die Seele besteht nicht im vielen Denken, sondern im vielen Lieben. Wie erwirbt man sich wohl diese Liebe? Indem man sich entschließt zu handeln und zu leiden, und das in die Tat umzusetzen, wenn es sich anbietet"

(F 5,2f.). Alles andere ist für sie „eine ganz subtile Eigenliebe, die sich hier einschleicht und sich folglich nicht erkennen lässt, so dass wir eher uns zufrieden stellen wollen als Gott" (F 5,4). „Die höchste Vollkommenheit liegt nicht in inneren Wonnen oder großartigen Verzückungen oder Visionen und auch nicht im Geist der Prophezeiung, sondern in nichts anderem als dass unser Wille dem Willen Gottes so sehr gleichförmig wird, dass wir nichts erkennen, was er will, ohne es auch von ganzem Herzen zu wollen, und das Köstliche genauso freudig annehmen wie das Bittere" (F 5,10). Damit erteilt Teresa der Wundersucht und dem großen Interesse für paramystische Phänomene in den geistlichen Bewegungen ihrer Zeit und aller Zeiten eine klare Absage und schützt sich zugleich, taktisch klug, vor der Inquisition.

Zugleich rät sie, in aller Nüchternheit abzuklären, ob so manche angebliche Ekstase nicht auf Einbildung beruht oder sonstige natürliche Ursachen hat: „Wenn die Geistesveranlagung (oder, besser gesagt, Einbildung) nicht flexibel ist, sondern, ohne sich weiter abzulenken, sobald sie eine Sache wahrnimmt, bei eben dieser verbleibt – wenn diese also auf ein schwächliches oder gleichgeartetes Naturell trifft, wird sie, entsprechend den natürlichen Veranlagungen oder der Körperverfassung oder Schwäche oder wenn sie an Melancholie leiden, tausendfachen wohligen Schwindel vorgaukeln" (F 6,2).

– Gottes Macht ist größer als die des Bösen
Neben para- oder pseudomystischen Phänomenen musste Teresa sich auch mit der damals verbreiteten Angst vor dem Bösen auseinandersetzen. Auch hier besticht sie durch Nüchternheit und gesunden Menschenverstand. Sie rechnet durchaus mit der Macht des Bösen, jedoch vor allem im Sinne der Verführung zur Selbsttäuschung. Die Macht Gottes ist auf jeden Fall wesentlich größer, und er wird nicht zulassen, dass wir ungeschützt dem Einfluss des Bösen ausgeliefert sind: „Der Herr lässt niemals zu, dass der Böse so sehr die Überhand gewinnt und uns so sehr täuscht, dass er unserer Seele schaden kann, sofern man seinen Weg mit reinem Gewissen und im Gehor-

sam geht, eher wird er selbst der Getäuschte sein. Und da er das begreift, verursacht er uns, glaube ich, nicht so viel Böses wie unsere Einbildung und unsere schlechten Stimmungen, vor allem wenn Melancholie[139] im Spiel ist. ... Bei den sehr, sehr vielen, die ich so erlebt habe, habe ich dank der Güte des Herrn niemals bemerkt, dass dieser sie aus seiner Hand hätte fallen lassen" (F 4,2). Mit dieser nüchternen und vertrauensvollen Einstellung hebt sie sich wohltuend von der verbreiteten Angstmacherei ihrer Zeit ab.

Außerdem bemüht sie sich, Unterscheidungskriterien anzubieten, an denen man erkennen kann, ob eine innere Erfahrung von Gott oder doch eher vom Bösen stammt. So heißt es etwa über die Vision der Teresa de Laiz: „Dass es nicht der Böse war, erkennt man sowohl an der Wirkung, die sie hatte (denn was von ihm kommt, kann nichts Gutes bewirken), wie auch daran, dass das Kloster, wo unserem Herrn sehr gedient wird, schon gegründet ist, und auch daran, weil es mehr als sechs Jahre vor der Gründung des Klosters war, und er das Kommende ja nicht wissen kann" (F 20,8).

Das Zusammenleben in einer geistlichen Gemeinschaft

Teresa hat gewiss die frohmachenden, beglückenden Seiten des Gemeinschaftslebens kennen und schätzen gelernt. Sie liebte ihre geistlichen Töchter und wurde von ihnen geliebt. Zu den schmerzhaften Erfahrungen, die sie als Gründerin machen musste, gehört deshalb nicht zuletzt das immer erneute „Zurücklassen meiner Töchter und Schwestern, wenn ich von einem Ort zum anderen reise; ich sage euch, dass das nicht das kleinste Kreuz gewesen ist, da ich sie so liebe, besonders wenn ich daran dachte, dass ich sie nicht mehr sehen würde" (F 27,28).

– Eine ständige Schule
Dennoch idealisiert sie das Gemeinschaftsleben nicht. Sie weiß, dass menschliches Zusammenleben nirgends einfach ist, schon

---

[139] Ein Überbegriff für seelische Störungen. Siehe die Anm. zu F 4,2.

allein aufgrund der Verschiedenheit der Charaktere und Veranlagungen. Mit entwaffnender Ehrlichkeit gibt sie zu, dass es für sie auf ihren Gründungsreisen „nicht ohne Mühe abging, die Eigenarten so vieler Menschen zu ertragen" (F 27,28). Große Not bereiteten ihr nicht nur die Hinhaltetaktik und das Machtgehabe des Erzbischofs von Burgos (F 31) oder die Launen der Prinzessin Éboli in Pastrana (F 17), vielmehr wurde jede Gründung auf ihre Weise für sie zu einer Schule im Umgang mit menschlichen Schwächen und Unzulänglichkeiten – ihren eigenen und denen der Stifter und der weltlichen und kirchlichen Obrigkeiten, auf deren Wohlwollen sie angewiesen war.

Wie für das geistliche Leben des einzelnen so setzt sie auch für das Zusammenleben in den von ihr gegründeten kleinen Frauengemeinschaften auf die beiden Eckpfeiler ihrer Spiritualität, inneres Beten und bewusste Einübung in das Ich-Sterben. Wer sich um diese beiden Grundhaltungen bemüht, wird ihrer Erfahrung nach auch gemeinschaftsfähiger: „Bei den Gründungen, wo wir allein [d. h. ohne anders geprägte Schwestern] beginnen, passen sich alle gut an" (F 28,17).

– Ratschläge aus der Praxis

Dennoch verschließt sie die Augen nicht vor den zwischenmenschlichen Problemen, Nöten und Spannungen, die es natürlich auch in ihren Klöstern gibt. Teresa geht sehr nüchtern und realistisch damit um. Ihre Ratschläge reichen von der klugen Unterscheidung bei der Aufnahme, um Kandidatinnen, die zu einer potentiellen Belastung für die Gemeinschaft werden könnten, von vornherein zu wehren (F 7,1) und unnötigen Spannungen zwischen Personen mit zu unterschiedlichen Vorstellungen zu vermeiden (F 28,9.14), bis zu praktischen Ratschlägen für die mit der Leitung und geistlichen Begleitung der Schwestern betrauten Priorinnen[140] und Überlegungen, wie mit seelischen Störungen umzugehen sei (F 7).

So manche Zwischenbemerkung, so mancher Wink, den sie ihren Priorinnen erteilt, und insbesondere auch die beiden

---

[140] F 4; 6,5.22; 7,3ff.; 8,9; 18,6ff.

Exkurse über den Umgang mit seelischen Störungen (F 7) und über die recht verstandene Einübung ins Ich-Sterben (F 18,6 ff.) enthalten eine solch geballte Fülle an geistlicher Erfahrung und praktischer Lebensweisheit, dass sie, bei aller Zeitbedingtheit einzelner Bemerkungen, auch heute noch eine aufmerksame Lektüre verdienen. Die Bedeutung dieser Stellen ist auch der Autorin selbst bewusst: „Wirklich, es ist so wichtig, dieses Kapitel gut zu verstehen, dass es mir nicht lästig wird, auch wenn ich euch mit der Beschreibung lästig falle. Ich möchte auch nicht, dass es einer, die es beim ersten Mal nicht versteht, lästig ist, es vielmals zu lesen, besonders die Priorinnen und Novizenmeisterinnen, die die Schwestern beim inneren Beten führen sollen" (F 8,6).

Ihr wichtigster Ratschlag, der bis heute nichts an Aktualität verloren hat, lautet immer wieder: kluge Unterscheidung, verbunden mit Beratung durch Fachleute – „Studierte", wie sie sagt, was sich damals auf theologisch gebildete Beichtväter bezog; aus heutiger Sicht müsste man wohl auch an psychologisch und medizinisch geschulte Fachleute denken. „Die Klugheit ist für die Leitung etwas Großartiges!" (F 18,6). „Holt euch, Töchter, immer Auskunft bei einem, der studiert ist, denn da findet ihr mit Besonnenheit und Wahrheit den Weg der Vollkommenheit" (F 19,1).

Viele der konkreten Verhaltensregeln, die sie für den Umgang mit neurotischen oder seelisch gestörten Persönlichkeiten erarbeitet, bleiben auch heute bedenkenswert: sofern möglich Gespräch mit den Betroffenen mit Angabe der Gründe, Verweis auf das Wohl der Gemeinschaft, Konsequenz gepaart mit Wohlwollen, klare Grenzen setzen. Angesichts des völligen Fehlens von therapeutischen Möglichkeiten in der damaligen Zeit wird verständlich, dass sie ihr Augenmerk vor allem auf die Lenkbarkeit der Kranken und die Wahrung des Friedens sowie der klösterlichen Disziplin richtet. Doch ist sie bemüht, sowohl das Wohl der Betreffenden wie auch das der Gemeinschaft im Blick zu behalten.

– Immer wieder anfangen

Schließlich ist Teresa zu realistisch, um nicht auch in geistlichen Gemeinschaften mit menschlicher Schwäche, Egoismus und nachlassendem Eifer zu rechnen: „Auch wenn es nicht wenig sein mag, was ihr tut, wenn ihr in diesen heiligen Orden eintretet und Gott euren Willen darbringt und beständige Eingeschlossenheit gelobt, so weiß ich nicht, ob der Anfangseifer bei manchen nicht vorübergeht, und wir wieder dahin kommen, dass wir uns in manchem unserem Eigenwillen unterwerfen. Möge es Seiner Göttlichen Majestät gefallen, dass dem nicht so sei, sondern dass wir in allem der Welt innerlich sehr fern stehen" (F 28,25).

Am Ende bleibt darum die nüchterne Einsicht, dass menschliches Zusammenleben immer auch bedeutet, mit Widerständen zu rechnen und nicht müde zu werden, immer wieder neu anzufangen: „Jetzt fangen wir an, und man bemühe sich, immer wieder anzufangen, vom Guten zum Besseren. Sie mögen Acht geben, denn der Böse bohrt sich allmählich durch winzige Dinge hindurch Löcher, durch die dann die ganz großen eindringen" (F 29,32).[141] Ausreden lässt sie nicht gelten: „Ich höre gelegentlich über die Anfänge der Orden sagen, dass der Herr diesen unseren heiligen Vorfahren größere Gnaden erwies, da sie ja die Grundfesten waren. Das stimmt ja auch, doch sollten alle darauf achten, dass sie das Fundament für die sind, die noch kommen werden. Denn wenn wir, die wir heute leben, gegenüber dem, was unsere Vorfahren lebten, nicht zurückgefallen wären, und diejenigen, die nach uns kämen, es genauso machten, würde das Gebäude immer fest stehen. ... Sauber wäre es, wenn ich mich darauf hinausredete, dass ich nicht zu den ersten Schwestern gehöre, und nicht den Unterschied zwischen meinem Leben und meinen Tugenden und dem Leben derer sähe, denen Gott so große Gnaden erwies!" (F 4,6).

Und schließlich macht sie sich auch Gedanken über die Gründe, warum es zu einem Nachlassen im Eifer kommen

---

[141] Das schreibt Teresa im Jahre ihres Todes!

kann: „Ich befürchte, dass das aus zwei Gründen geschieht: Entweder die Schwestern haben diesen Lebensstand nicht allein seinetwegen gewählt oder aber sie erkennen, nachdem sie ihn gewählt haben, die große Gunst nicht, die der Herr ihnen erwiesen hat, indem er sie für sich auserwählt und davon befreit hat, einem Mann unterworfen zu sein, der ihnen oftmals ihr Leben ruiniert und gebe Gott, nicht auch ihre Seele" (F 31,46).[142] Das schrieb sie im Juni 1582, vier Monate vor ihrem Tod.

Unter der Diskriminierung als Frau, wie das zu ihrer Zeit normal war, litt sie bis an ihr Lebensende, doch hat sie ein Werk geschaffen, das ihr und ihren Schwestern einen für die damalige Zeit einmaligen Freiraum bot und – mutatis mutandis – auch heute noch für viele Frauen attraktiv ist.[143]

* * *

Für unsere Übersetzung benützen wir die von A. Barrientos besorgte Ausgabe der Editorial de Espiritualidad, Madrid, [5]2000, 306-505; die *Briefe* Teresa werden nach der Ausgabe von T. Álvarez, *Santa Teresa de Jesús, Cartas.* Burgos [4]1997, zitiert.

Für die Anmerkungen stützen wir uns ferner u. a. auf die Ausgaben der *Obras Completas* von T. Álvarez (Burgos [10]1998) und M. Herráiz García (Salamanca 1997).

---

[142] Diese Bemerkung muss vor dem Hintergrund der oftmals wenig beneidenswerten Lage der Frauen in den damals üblichen arrangierten Ehen gesehen werden.

[143] Nach den neuesten Statistiken (2006) leben ca. 12.000 Frauen in 90 Ländern in dem von Teresa gegründeten Karmel.

Siglen und Abkürzungen

In den Anmerkungen werden für die *Schriften Teresas* folgende in der Fachwelt gebräuchlichen Siglen benützt:

CC   *Geistliche Erfahrungsberichte* (Cuentas de conciencia; in anderen Ausgaben: Relaciones, abgekürzt R)

CE   *Weg der Vollkommenheit* (Camino de Perfección), 1. Fassung (Ms. vom Escorial)

CV   *Weg der Vollkommenheit* (Camino de Perfección), 2. Fassung (Ms. von Valladolid)

Cs   *Konstitutionen* (Constituciones)

Ct   *Briefe* (Cartas; zitiert nach der Ausgabe von Tomás Álvarez, Burgos [4]1997)

Es   *Lose Blätter* (Escritos sueltos, in anderen Ausgaben unter die Memoriales y Apuntes eingereiht und MA abgekürzt)

F   *Buch der Gründungen* (Libro de las Fundaciones)

M   *Wohnungen der Inneren Burg* (Moradas del Castillo Interior), kurz auch: *Innere Burg*

MC   *Gedanken zum Hohenlied* (Meditaciones sobre los Cantares; in anderen Ausgaben: *Gedanken über die Liebe Gottes* [Conceptos del amor de Dios], abgekürzt Cp)

V   *Das Buch meines Lebens* (Libro de la Vida)

Ve   *Neckerei* (Vejamen)

Siehe die vollständige Neuübersetzung von U. Dobhan – E. Peeters. Freiburg – Basel – Wien, bislang erschienen:

Bd 1: *Das Buch meines Lebens* (2001)
Bd 2: *Weg der Vollkommenheit* (2003)
Bd 3: *Gedanken zum Hohenlied, Gedichte und kleinere Schriften* (2004)
Bd 4: *Wohnungen der Inneren Burg* (2005)

Für die in den Anmerkungen erwähnten *Werke des Johannes vom Kreuz* werden folgende international gebräuchlichen Siglen benützt:

CA *Geistlicher Gesang* (Cántico espiritual), 1. Fassung
CB *Geistlicher Gesang* (Cántico espiritual), 2. Fassung
Ep *Briefe* (Epistolario)
LB *Lebendige Liebesflamme* (Llama de amor viva), 2. Fassung
Mp *Berg der Vollkommenheit* (Monte de Perfección)
N   *Dunkle Nacht* (Noche Oscura)
S   *Aufstieg auf den Berg Karmel* (Subida del Monte Carmelo)

Siehe die vollständige Neuübersetzung von U. Dobhan – E. Hense – E. Peeters. Freiburg – Basel – Wien 1995-2000 (5 Bde).

Sonstige Abkürzungen:

AaO.   am angegebenen Ort
Anm.   Anmerkung
Bd(e)   Band, Bände
BMC   Biblioteca Mística Carmelitana
CsA   *Konstitutionen von Alcalá* (1581)
DST   *Diccionario de Santa Teresa*
ECarm   *Ephemerides Carmeliticae*, Rom
ed.   Ausgabe (edición)
epíl   Nachwort (epílogo)
ESGA   Edith Stein, *Gesamtausgabe*
Jh.   Jahrhundert
HCD   *Historia del Carmen Descalzo*
Hg., hg. Herausgeber, herausgegeben
MHCT   *Monumenta Historica Carmeli Teresiani*
Ms   Manuskript
pról   Vorwort (prólogo)
t.   Band (tomo)
tít   Überschrift (título)
TyV   Efrén de la Madre de Dios – O. Steggink, *Tiempo y vida*
übers.   übersetzt
usw.   und so weiter
vol.   Band (volumen)
Vgl.   vergleiche

Literatur

Ana de San Bartolomé, *Obras Completas* (hg. von J. Urkiza). Burgos 1998.

Álvarez, T. (Tomás de la Cruz), *Santa Teresa de Ávila hija de la Iglesia*, in: ECarm 17 (1966) 305-367.

__ *Cultura de mujer en el siglo XVI. El caso de Santa Teresa de Jesús.* Ávila 2006.

Álvarez Vázquez, J. A., *„Trabajos, dineros y negocios". Teresa de Jesús y la economía del siglo XVI (1562-1582).* Madrid 2000.

Astigarraga, J. L. (Hg.), *Jerónimo Gracián de la Madre de Dios (1545-1614). Peregrinación de Anastasio.* [Monumenta Historica Carmeli Teresiani 19]. Rom 2001.

Barrado Manzano, A., *San Pedro de Alcántara (1499-1562). Estudio documentado y crítico de su vida* (2ª ed. prep. por A. Arévalo Sánchez). Cáceres 1995.

Bataillon, M., *Erasmo y España. Estudios sobre la historia espiritual del siglo XVI.* México – Buenos Aires ²1966.

Biblioteca Mística Carmelitana [BMC]. Burgos 1915-2000 (31 Bde, Reihe wird fortgesetzt).

Díaz-Plaja, F., *La sociedad española (desde los orígenes hasta nuestros días).* Barcelona 1972.

Diccionario de Santa Teresa. Doctrina e Historia [DST], hg. von T. Álvarez. Burgos 2002.

Dobhan, U., *Gott – Mensch – Welt in der Sicht Teresas von Avila.* Frankfurt/Main 1978.

__ *Teresa von Ávila und die Emanzipation der Frau*, in: Herbstrith, W. (Hg.), *Gott allein. Teresa von Ávila.* Freiburg 1982, 209-234.

__ *Marienverehrung im Karmel.* Leutesdorf 1990.

__ *Zur jüdischen Abstammung Teresas von Ávila*, in: *Edith Stein Jahrbuch* 3 (1997) 86-98.

__ *Die Christin Teresa*, in: *Edith Stein Jahrbuch* 5 (1999) 151-164.

Dobhan, U. – Körner, R., *Johannes vom Kreuz. Die Biographie.* Freiburg – Basel – Wien 1992.

LITERATUR

Ebertz, M. N., *Die Zivilisierung Gottes. Der Wandel von Jenseitsvorstellungen in Theologie und Verkündigung.* Ostfildern 2004.

Efrén de la Madre de Dios – Steggink, O., *Tiempo y vida de Santa Teresa* [TyV]. Madrid ³1996.

Egido, T., *Santa Teresa y su circunstancia histórica*, in: *Revista de Espiritualidad* 41 (1982) 9-27.

—— *Ambiente misionero en la España de Santa Teresa*, in: *Teresa de Jesús, su vivencia eclesial y misionera.* Burgos 1982, 19-46.

—— *San Pedro Regalado. Patrono de Valladolid.* Valladolid, 1983.

—— *Der Gehorsam der hl. Teresa*, in: *Christliche Innerlichkeit* 21 (1986) 262-270.

—— *La reforma carmelitana en el contexto regalista*, in: Giordano, S. – Paolocci, C., *Nicolò Doria*, 101-116.

—— *Libro de las Fundaciones*, in: *Introducción a la lectura de Santa Teresa*, 375-410.

Fernández Álvarez, M., *Casadas, monjas, rameras y brujas: La olvidada historia de la mujer española en el Renacimiento.* Madrid 2002.

Fortunatus a Jesu – Beda a SS. Trinitate, *Constitutiones Carmelitarum Discalceatorum 1567-1600.* Rom 1968, 15-23.

Francisco de Santa María, *Reforma de los Descalzos de Nuestra Señora del Carmen de la primitiva observancia,* t. I-II. Madrid 1644-1655.

Frohlich, Mary, *Teresa: Story Theologian and Transformer of Culture,* in: *Review for Religious* (Januar/Februar 2001) 1-12 [Separatdruck].

García Oro, J., *Reformas y Observancias: crisis y renovación de la vida religiosa española durante el Renacimiento,* in: *Revista de Espiritualidad* 40 (1981) 191-213.

Garrido, P. M., *El solar carmelitano de San Juan de la Cruz,* Bd. 3: *Los provinciales de la antigua provincia de Castilla (1416-1836).* Madrid 2001.

Giordano, S., *Nicolò Doria: Una personalità discussa,* in: Giordano, S. – Paolocci, C., *Nicolò Doria*, 147-187.

Giordano, S. – Paolocci, C., *Nicolò Doria. Itinerari economici, culturali, religiosi nei secoli XVI-XVII tra Spagna, Genova e l'Europa* [Institutum Historicum Teresianum, Studia 7]. Rom 1996.

Gómez-Menor, J., *Cristianos nuevos y mercaderes de Toledo*. Toledo 1972.

González Novalín, J. L., *Teresa de Jesús y el Luteranismo en España*, in: *Actas del Congreso Internacional Teresiano*, vol. I, Salamanca 1983, 351-387.

Gracián, J., *Escolias a la vida de Santa Teresa compuesta por el P. Ribera*. Hg. von J. L. Astigarraga, Rom 1982.

Historia del Carmen Descalzo en España, Portugal y América [HCD], hg. von Silverio de Santa Teresa. Burgos 1935-1952 (15 Bde).

Introducción a la lectura de Santa Teresa (hg. von A. Barrientos). Madrid ²2002.

Kamen, H., *Die spanische Inquisition*. München 1967 (und spätere Auflagen).

López-Baralt, L. (in Zusammenarbeit mit Reem Iversen), „*A zaga de tu huella". La enseñanza de las lenguas semíticas en Salamanca en tiempos de san Juan de la Cruz*. Madrid 2006.

Marañón, G., *Antonio Pérez. El hombre, el drama, la época*. Madrid 1969 (2 Bde).

Marcos, J. A., *Mística y subversiva: Teresa de Jesús. Las estrategias retóricas del discurso místico*. Madrid 2001.

— *La prosa teresiana. Lengua y literatura*, in: *Introducción a la lectura de Santa Teresa*, 599-604.

Márquez Villanueva, F., *Santa Teresa y el linaje*, in: *Espiritualidad y literatura en el siglo XVI*. Madrid – Barcelona 1968, 139-205.

— *La vocación literaria de santa Teresa*, in: *Nueva Revista de Filología Hispánica* 32 (1983) 355-379.

María de San José (Salazar), *Libro de Recreaciones*, in: *Escritos espirituales* (hg. von Simeón de la Sagrada Familia). Rom ²1979.

Monumenta Historica Carmeli Teresiani [MHCT]. Rom, 1973-2002 (20 Bde, Reihe wird fortgesetzt).

Moriones, I., *Santa Teresa ¿Fundadora o Reformadora?*, in: *Teresianum* 41 (1990) 669-684.

Opera oder Alle Bücher und Schrifften der Heiligen Seraphischen Jungfrawen und Mutter Teresa von Jesu der Discalceaten Carmeliter und Carmeliterinnen Stiffterin; in 2 Teilen ... Gedruckt zu Würtzburg durch Henrich Pigrin in Verlegung Jodoci Kalckhovens Buchhändlers in Cöllen, im Jahre MDCXLIX [1649].

Pablo Maroto, D. de, *Camino de perfección*, in: *Introducción a la lectura de Santa Teresa*, 411-463.

Renault, E., *L'idéal apostolique des Carmélites selon Thérèse d'Avila*. Paris 1981.

Ribot, F., *De institutione primorum monachorum (Buch der Mönche*, hg. von C. Lapauw, aus dem Lateinischen übertragen von Hermine Geßl OCD. München 1980).

Rodríguez, J. L. – Urrea, J., *Santa Teresa en Valladolid y Medina del Campo. Historia de sus fundaciones hasta nuestros días*. Valladolid 1982.

Rodríguez Martínez, L. – Egido, T., *Epistolario*, in: *Introducción a la lectura de Santa Teresa*, 611-667.

Ruiz, A., *Anécdotas Teresianas*. Burgos 1982.

Sender, R. J., *Die Heilige und die Sünder. Roman in drei Bildern*. Stuttgart 1971.

Steggink, O., *Erfahrung und Realismus bei Teresa von Avila und Johannes vom Kreuz*. Düsseldorf 1976.

— *La reforma del Carmelo español. La visita canónica del general Rubeo y su encuentro con Santa Teresa (1566-1567)*. Ávila ²1993.

Stein., E., *Selbstbildnis in Briefen. Erster Teil. 1916-1933*. (ESGA 2). Freiburg ²2005.

Teresa de Jesús, *Obras Completas* (hg. von A. Barrientos). Madrid ⁵2000.

Teresa de Jesús, *Libro de las Fundaciones*. Autógrafo de la Biblioteca del Real Monasterio de San Lorenzo de El Escorial. Presentación y transcripción paleográfica de Tomás Álvarez. Burgos 2003. (2 Bde) [Faksimile-Ausgabe].

Teresa von Ávila, *Gedanken zum Hohenlied, Gedichte und kleinere Schriften*. Freiburg – Basel – Wien 2004.

Tomás de la Cruz – Simeón de la S. Familia, *La Reforma Teresiana. Documentario histórico de sus primeros días*. Rom 1962.

Viallega, C., *La obediencia da fuerzas. Semiótica de las „Fundaciones"* *de Santa Teresa de Jesús*. Burgos 1998.

Vizuete Mendoza, J. C, *„Una Religión áspera en principios de reformación". Los Carmelitas Descalzos en Castilla 1570-1600*, in: *Teresianum* 46 (1995) 543-582.

Villuga, J., *Repertorio de todos los caminos de España, hasta agora nunca visto, en el cual hallarán cualquier viaje quienes quieran andar, muy aprovechoso para todos los caminantes.* Medina del Campo 1546 [reproducción facsímil, New York 1957].

Waaijman, K., *Der mystische Raum des Karmel. Eine Erklärung der Karmelregel.* Mainz 1997.

Das Buch der Gründungen

[Vorwort]

Jesus[1]

1. Aus Erfahrung habe ich gesehen und es darüber hinaus auch an vielen Stellen gelesen, dass es einer Seele sehr gut tut, nicht vom Gehorsam abzuweichen.[2] Darin liegt meiner Erkenntnis nach das schrittweise Vorankommen in der Tugend[3] und die allmähliche Erlangung der Tugend der Demut.[4] Darin liegt die Sicherheit angesichts des Argwohns, den wir Sterblichen tunlichst haben sollten, dass wir vom Weg zum Himmel abirren, solange wir in diesem Leben weilen. Hier findet man die innere Ruhe, die an den Seelen, deren Wunsch es ist, Gott[5] zu gefallen, so geschätzt wird. Denn wenn sie sich diesem heiligen Gehorsam wirklich überlassen und ihre Einsicht ihm übergeben haben, so dass sie keine andere Meinung haben

---

[1] Wie viele geistliche Autoren ihrer Zeit überschreibt Teresa ihre Werke jeweils mit dem Namen Jesu zum Zeichen, dass die Arbeit bewusst im Aufblick auf ihn anfängt; vgl. Kol 3,17: *„Alles, was ihr in Worten und Werken tut, geschehe im Namen Jesu, des Herrn".* Während sie sich sonst mit dem klassischen Anagramm IHS, bestehend aus den ersten drei Buchstaben des Namens Jesus nach dem griechischen Alphabet (ΙΗΣΟΥΣ) begnügt, schreibt sie den Namen in diesem Fall aus.

[2] Die Eröffnung eines Berichts über Klostergründungen mit einem Loblied auf den Gehorsam wird nur vor dem Hintergrund der Situation einer weiblichen Autorin im damaligen Umfeld verständlich. Angesichts der Tatsache, dass es ohne kirchliche Approbation bzw. ohne offiziellen Auftrag für eine Frau unmöglich gewesen wäre, etwas zu veröffentlichen, dürfen wir dahinter eine gezielte Taktik im Sinne der *captatio benevolentiae* vermuten: Nur durch Verleugnung jeglichen persönlichen Interesses am Schreiben und Pochen auf den Gehorsam konnte Teresa ihre männlichen Zensoren für sich gewinnen. Beteuerungen, dass ihr das Schreiben eine Last sei und sie es trotz ständigen Zeitmangels lediglich *„aus Gehorsam"* auf sich nehme, kehren in den Werken Teresas immer wieder; vgl. F 27,22 und ferner VD 1; V 10,7; 14,8; 39,17; 40,23; CE 22,1; 30,1; MC 7,10; M pról 1; 5M 4,1.

[3] *Virtud,* siehe Anhang I.

[4] *Humildad,* worunter Teresa eine realistische Selbsteinschätzung versteht; siehe Anhang I.

[5] *Dios,* siehe Anhang I.

wollen als die ihres Beichtvaters – oder im Fall von Ordensleuten die ihres Oberen –,[6] dann hört der Böse[7] auf, ihr mit
seinen ständigen Beunruhigungen nachzustellen, da er gesehen
hat, dass er daraus eher mit Verlust als mit Gewinn hervorgeht.
Und auch unsere aufgewühlten Gemütsregungen (denen es so
gefällt, ihren Willen durchzusetzen und bei Dingen, die uns
Spaß machen, sogar unseren Verstand[8] zu unterwerfen) halten
inne, da ihnen einfällt, dass sie ihren Willen[9] entschlossen[10]
Gottes Willen hingegeben haben, indem sie sich des Mittels
der Unterwerfung unter jemanden bedienen, den sie zu seinem
Stellvertreter nehmen.

Da mir Seine Majestät bei seiner Güte Licht geschenkt hat,
um den großen Schatz zu erkennen, der in dieser kostbaren
Tugend enthalten ist, habe ich mich bemüht, sie zu erlangen –
wenn auch mangelhaft und unvollkommen. Dabei widerstrebt
es mir zuweilen, an mir wenig Tugend zu erleben, denn für so
manches, was man mir aufträgt, sehe ich, dass sie nicht ausreicht. Die göttliche Majestät ergänze, was für dieses vorliegende Werk fehlt.

2. Als ich 1562 in San José zu Ávila war (im selben Jahr, in
dem dieses Kloster gegründet wurde),[11] ist mir vom Domini

---

[6] Gracián, der diese Stelle missverstand, kommentiert am Seitenrand: *„Achtung!*
Sie lehrt ihre Schwestern, ihren Priorinnen zu gehorchen (und in aller Offenheit
mit ihnen umzugehen, nicht aber mit ihren Beichtvätern), und diese dann den
Beichtvätern. Man beachte, dass dies ein wesentlicher Punkt ist, weil sonst die
so notwendige und geschätzte Tugend des Gehorsams geschwächt wird.“

[7] *Demonio,* siehe Anhang I.

[8] *Razón,* siehe Anhang I.

[9] *Voluntad,* siehe Anhang I.

[10] *Determinadamente.* Die Entschlossenheit *(determinación)* ist einer der Schlüsselbegriffe der teresianischen Pädagogik; vgl. u. a. V 11,10.12f; CE 17,4; 26,2f;
CE 33,2 bzw. CV 20,2; CE 34,1 bzw. CV 20,3; De 28; M pról 1; 2M 1,2.6.8; 3M
1,7; 2,12; 4M 1,7; 5M 2,8; 3,10; 4,4; 6M 2,6; 9,16; 10,8; 7M 3,9; 4,2.3.7.8; und
vor allem die *entschlossene Entschlossenheit* in CE 35,2 bzw. CV 21,2. Siehe
auch Anhang I.

[11] Das Kloster San José wurde am 24. August 1562 gegründet; in V 32-36 berichtet die Autorin ausführlich über diese Gründung, die mit großen Schwierigkeiten verbunden war. Aufgrund des Widerstands der städtischen und kirchlichen Autoritäten konnte Teresa allerdings erst Ende 1562 oder Anfang 1563
endgültig nach San José übersiedeln.

kanerpater García de Toledo, der damals mein Beichtvater war, aufgetragen worden, die Gründungsgeschichte jenes Klosters mit noch vielen anderen Dingen aufzuschreiben, die jeder sehen wird, der es zu Gesicht bekommen sollte, falls es je herauskommt.[12]

Jetzt, im Jahr 1573 – also elf Jahre später –, wo ich in Salamanca bin und bei einem Pater namens Magister Ripalda,[13] dem Rektor der Gesellschaft,[14] beichte, meinte dieser, nachdem er das Buch über die erste Gründung gesehen hatte, dass man unserem Herrn einen Dienst erwiese, wenn ich über die sieben weiteren Klöster schriebe, die durch die Güte unseres Herrn seitdem gegründet worden sind, dazu über den Anfang der Klöster der Unbeschuhten Patres dieses ersten Ordens;[15] und

---

[12] Eine verhüllte Anspielung auf ihre *Vida*; der genannte Dominikaner war deren Hauptadressat und der Auftraggeber zumindest des letzten Teils. Obwohl die endgültige Fassung bereits 1565 fertiggestellt wurde, war das Werk 1573, als Teresa dies schrieb, noch nicht offiziell zur Lektüre freigegeben, auch wenn Abschriften kursierten. Es wurde im April/Mai 1574 von der Inquisition beschlagnahmt und gelangte erst nach dem Tod Teresas in die Hände ihrer Mitschwestern. Die Autorin hofft hier offensichtlich auf eine Drucklegung, die aber erst sechs Jahre nach ihrem Tod (*editio princeps*, 1588 von Luis de León besorgt) zustande kommen sollte. An dieser Stelle geht es ihr darum, die Verbindung zwischen dem letzten Teil der *Vida* und diesem neuen Werk herzustellen. Dennoch fällt das Bemühen auf, die eigentliche Thematik ihrer geistlichen Autobiographie (ihren umstrittenen Weg des inneren Betens und der Kontemplation) herunterzuspielen. Die Gründungsgeschichte von San José, die hier einem ahnungslosen Leser als das Hauptthema erscheinen muss, beansprucht darin gerade einmal vier von den insgesamt vierzig Kapiteln.

[13] Jerónimo Martínez de Ripalda (1535-1618) war damals Rektor des Jesuitenkolleg von Salamanca. Er ist der mutmaßliche Autor eines berühmten Katechismus, der zusammen mit dem von Astete bis in die fünfziger Jahre des 20. Jahrhunderts in ganz Spanien eine Monopolstellung bei der religiösen Erziehung hatte. Teresa begegnete ihm auch nachher noch zweimal und fühlte sich von ihm immer sehr ermutigt. Auch ihm geht es darum, den Gründungsbericht von San José um den über die inzwischen erfolgten Gründungen zu ergänzen.

[14] Kurzbezeichnung für die von Ignatius von Loyola gegründete Gesellschaft Jesu, die damals sehr im Aufschwung war. Teresa schätzte ihre Spiritualität und hatte viele Jesuiten als Beichtväter.

[15] Als „erster Orden" wurde nicht nur im Karmel, sondern auch bei den Franziskanern, Dominikanern usw. der männliche Ordenszweig bezeichnet, der nicht nur zuerst entstanden war, sondern in der Regel auch die Jurisdiktionsgewalt

83

so hat er es mir aufgetragen.[16] Da mir schien, dass das unmöglich ist (bei den vielen Geschäften,[17] wie Briefen und anderen, aufgrund der Beauftragung durch die Oberen vordringlichen Beschäftigungen), empfahl ich mich immer wieder dem Herrn, und als ich nicht wenig in Bedrängnis war (da ich nur zu wenig tauglich und bei so schlechter Gesundheit war,[18] dass es mir – entsprechend meiner schwächlichen Natur – ohnehin schon vorkam, die Arbeitslast nicht mehr aushalten zu können), sagte mir der Herr: *Tochter, der Gehorsam verleiht Kräfte.*[19]

über die später entstandenen (bzw. dem Orden angegliederten) Frauenklöster hatte; der weibliche Ordenszweig galt somit als „zweiter Orden". Im Teresianischen Karmel waren allerdings die Frauenklöster die ersten. Die sieben Frauenklöster, die sie hier erwähnt, sind Medina del Campo (1567), Malagón (1568), Valladolid (1568), Toledo (1569), Pastrana (1569), Salamanca (1570) und Alba de Tormes (1571). Das erste Männerkloster, über dessen Gründung sie in F 13-14 berichtet, war Duruelo (1568). Die von ihr angeregte und geplante Gründung wurde von Johannes vom Kreuz und Antonio de Jesús (Heredia) durchgeführt.

[16] Darauf weist sie in F 27,22 nochmals hin, wo sie auch vom Auftrag Graciáns berichtet, das Werk zu vollenden. Sie tut es inmitten von „*vielen Geschäften, vordringlichen Beschäftigungen, bei schlechter Gesundheit*" (F pról 2), bei „*wenig Zeit*" (F 27,22) und „*wenig Ruhe*" (F pról 5) und der Beeinträchtigung durch „*ein schlechtes Gedächtnis*" (F pról 5; 24,18; 25,10), weshalb das Schreiben für sie eine „*große Mühe*" ist (F 27,22). Dabei schreibt sie „*ganz wahrheitsgemäß und ... ohne jede Übertreibung*", bestrebt, „*mich kurz zu fassen*"; ihre literarische Begabung spielt sie bewusst herunter: „*Mein Stil ist schwerfällig*" (F pról 3), und sie habe nur „*geringe Begabung und mangelnde Bildung*" dazu (F pról 5); siehe dazu Anm. zu F pról 3. Zum Inhalt gibt sie an, dass sie außer den Klostergründungen „*über die Gnadengeschenke, die Gott ... bei diesen Gründungen erwiesen hat*" berichten will, sowie über „*ein paar Themen des inneren Betens*" (F pról. 3.5); ferner gibt es „*einige Weisungen*" für die Priorinnen (F 4,1) und etwas über Melancholie (F 7,1).

[17] Teresa beklagt sich immer wieder über Zeitmangel; vgl. V 10,7; 14,8; 39,17; 40,23; CE 22,1; 30,1; 5M 4,1; MC 7,10; F 27,22. Aufgrund der wachsenden Anzahl ihrer Gründungen, für die sie nach wie vor die Hauptverantwortung trug, hatte sie in der Tat mit vielfältigsten geschäftlichen Angelegenheiten zu tun. Außerdem hatte sie eine sehr ausgedehnte Korrespondenz zu bewältigen; man rechnet, dass sie in den letzten 15 Jahren ihres Lebens zwischen 10 000 und 25 000 Briefe geschrieben hat (L. Rodríguez Martínez und T. Egido, *Epistolario*, 618).

[18] Teresa hatte in der Tat zeit ihres Lebens vielfältigste gesundheitliche Beschwerden; siehe dazu B. Souvignier, *Die Würde des Leibes*, 33ff. Ähnlich drückt sie sich auch zu Beginn der *Inneren Burg* aus; vgl. M pról 2. Siehe dazu F 18,4 Anm.

3. Seiner Majestät gefalle es, dass es wirklich so sei, und sie gebe mir die Gnade,[20] damit ich die Gnadengeschenke[21], die sie unserem Orden bei diesen Gründungen erwiesen hat, zu seiner Ehre zutreffend darstellen kann. Man darf sicher sein, dass es ganz wahrheitsgemäß[22] und nach allem, was ich erkennen kann, ohne jede Übertreibung, sondern in Übereinstimmung mit dem, was geschehen ist, gesagt wird. Denn sogar bei etwas ganz Unwichtigem würde ich um nichts auf der Welt eine Lüge sagen. Bei dem hier, das geschrieben wird, damit unser Herr gelobt werde, würde ich mir Gewissensbisse machen und glauben, dass es nicht nur Zeitverlust, sondern Angeberei mit den Dingen Gottes wäre, und anstatt dass man ihn deswegen lobte, würde er beleidigt; das wäre ein schlimmer Verrat. Seiner Majestät möge es nicht gefallen, mich aus seiner Hand zu entlassen, dass ich so etwas täte.

Es wird jede Gründung dargestellt, wobei ich bestrebt bin, mich kurz zu fassen, sofern ich das kann, ist doch mein Stil so schwerfällig, dass ich fürchte, trotz meines guten Willens unaufhörlich zu ermüden und mich zu ermüden.[23] Aber bei der

---

[19] Vgl. M pról 2: *„Die Kraft des Gehorsams pflegt unmöglich erscheinende Dinge zu ebnen"*; oder auch V 18,8: *„O wunderbare Tugend des Gehorsams, dir ist alles möglich!"* Der Gedanke, dass der Gehorsam gegenüber dem Willen Gottes – der sich konkret in dem vom Oberen erteilten Auftrag kundtut – Kräfte im Menschen freisetzt, die ihm „Unmögliches möglich machen", ist keineswegs typisch für Teresa, sondern in der Geschichte der christlichen Spiritualität weit verbreitet.

[20] *Gracia*, siehe Anhang I.

[21] *Mercedes*, siehe Anhang I.

[22] *Verdad*, siehe Anhang I. Wahrhaftigkeit ist ein Schlüsselbegriff in der Spiritualität Teresas. Vgl. V 40,3: *„Ich erkannte, was es bedeutet, wenn eine Seele in Wahrheit vor der WAHRHEIT selbst wandelt"*; und ferner ihre berühmte Definition der Demut als *„in der Wahrheit leben"* (6M 10,7). Ähnliche Beteuerungen gibt es in all ihren Werken; vgl. *„Ich habe nur mit aller Schlichtheit und Wahrhaftigkeit, zu denen ich fähig war, aufgeschrieben, was mir widerfahren ist"* (V 40,24); *„Es ist alles, was sie* [= die Autorin selbst] *hier aufs Papier bringt, ganz wahr, und in dieser Hinsicht kann man es mit den Beichtvätern und allen Personen, die sie seit zwanzig Jahren bis jetzt betreuen, überprüfen"* (CC 53,27); *„Ihr dürft mir glauben, dass alles, was ich hier sage, Wahrheit ist"* (6M 8,4).

[23] Teresa spielt ihre literarische Begabung immer wieder herunter; vgl. CE 26,6 bzw. CV 16,13; CV pról 1; und viele weitere Stellen. Es handelt sich um eine soziale Konvention: falsche Bescheidenheit als Strategie, um den Leser für sich

Liebe, die meine Töchter für mich hegen, denen dies am Ende meiner Tage überlassen werden soll, mag es zu ertragen sein.[24]

4. Unserem Herrn gefalle es, da ich ja in nichts meinen Vorteil suche, noch einen Grund dazu hätte, sondern nur sein Lob und seine Ehre (man wird nämlich viele Anlässe sehen, um sie ihm zu geben), dass wer immer dies liest, weit davon entfernt sei, davon mir etwas zuzuschreiben, denn das widerspräche der Wahrheit. Vielmehr mögen sie Seine Majestät bitten, mir das Ungenügen zu verzeihen, mit dem ich all diese Gnadengaben ausgenützt habe. Meine Töchter haben viel mehr Grund, sich deswegen über mich zu beklagen als mir für etwas, was dabei geschehen ist, Dank zu sagen.[25] Lasst uns ihn, meine Töchter, uneingeschränkt der Güte Gottes abstatten für die vielen Gnadengaben, die er uns erwiesen hat. Doch bitte ich jeden, der dies lesen sollte, um seiner Liebe willen um ein *Avemaria*, das mir helfe, aus dem Fegfeuer herauszukommen und zur Anschauung unseres Herrn Jesus Christus zu gelangen, der mit dem Vater und dem Heiligen Geist lebt und herrscht in alle Ewigkeit. Amen.[26]

---

zu gewinnen. Abschätzige Bemerkungen über den eigenen Stil gehörten damals für einen Schriftsteller zum guten Ton, erst recht für eine Schriftstellerin, denn Frauen galten als literarisch unbegabt. Siehe dazu J. A. Marcos, *La prosa teresiana*, 293.

[24] Auf die Liebe ihrer Töchter als Motivation zum Lesen dessen, was sie schreibt, spielt Teresa häufig an: *„Es würde ihnen das, was ich ihnen sagte, bei der Liebe, die sie für mich hegen, mehr bringen"* (M pról 4).

[25] Auch an dieser Stelle vermischen sich wohl echte Bescheidenheit und taktische Demut, um Leser und Zensoren im Sinne der klassischen *captatio benevolentia* für sich zu gewinnen.

[26] Der klassische liturgische Gebetsschluss. Bereits im vorigen Abschnitt hatte die Autorin deutlich gemacht, dass diese Schrift ihren Mitschwestern erst nach ihrem Tod überlassen werden sollte. Während man heute eher an eine Läuterung alles dessen, was in uns der Liebe widerspricht, durch die intensive Erfahrung der Liebe Gottes im Augenblick des Todes denkt, stellt Teresa sich diese Läuterung der damaligen Verkündigung entsprechend zeit-räumlich vor: Die Seele des Verstorbenen büßt je nach Schwere ihrer Schuld kürzer oder länger an einem jenseitigen Ort (dem „Fegfeuer" oder *purgatorium*), wobei die Fürbitte der Gläubigen diese Zeit abzukürzen vermag. Das Gebet für die „Seelen im Fegfeuer" ist teilweise bis heute verbreitet.

5. Da ich ein Gedächtnis wie ein Sieb habe,[27] werden, glaube ich, viele ganz wichtige Dinge ungesagt bleiben, und andere, auf die man verzichten könnte, zur Sprache kommen, ganz entsprechend meiner geringen Begabung und mangelnden Bildung[28] und auch der wenigen Ruhe, die es dafür gibt.[29] Außerdem trägt man mir auf, falls sich die Gelegenheit dazu anbieten sollte, ein paar Themen des inneren Betens sowie den Irrtum anzusprechen, der aufkommen könnte, weshalb diejenigen, die es üben, nicht weiter vorankommen.[30]

6. In allem unterwerfe ich mich dem, was unsere Mutter, die heilige römische Kirche, lehrt.[31] Mit dem festen Entschluss, dass dies, bevor es in eure Hände gelangt, meine Schwestern

---

[27] Über ihr *„schlechtes Gedächtnis"* beklagt sich Teresa immer wieder; siehe auch F 24,18 und ferner V 11,6; 15,6; 25,7; M pról 2; 4M 2,1.

[28] Erneut eine taktische Demutsfloskel, um die männlichen Zensoren, in deren Augen eine Frau ungebildet zu sein hatte, für sich zu gewinnen. Vgl. dazu J. A. Marcos: *„Da Frauen nicht dazu berechtigt waren, öffentlich zu lehren, sahen sie sich gezwungen, sich als unwissend oder ungebildet hinzustellen und auf die Erfahrung oder göttliche Inspiration als Quelle ihres Wissens hinzuweisen, da in diesen beiden Fällen der Unterschied zwischen den Geschlechtern keine Rolle spielte"* (*Mística y subversiva*, 63f). In Wirklichkeit hatte Teresa sich autodidaktisch eine beachtliche Allgemeinbildung angeeignet und war außerdem mit den Fachausdrücken der Mystik bestens vertraut.

[29] Eine erneute Anspielung auf die vielen Aufgaben, mit denen sie auf dem Höhepunkt ihrer Gründungstätigkeit überhäuft war.

[30] Erneut fällt auf, wie sehr die Autorin das Thema, das ihr am meisten am Herzen liegt – das Hauptthema ihres ganzen Lebens –, herunterspielt, da es trotz der offiziellen Beauftragung brisant war, als Frau darüber zu schreiben. In diesem Buch wird sie besonders das 5. Kapitel diesem Thema widmen.

[31] Teresa schreibt wörtlich *lo que tiene la madre santa Iglesia* (das, was unsere Mutter, die heilige Kirche, hält), ein typischer Ausdruck, der bei ihr immer wiederkehrt; vgl. V 25,12; 30,12 und ferner M pról 3; F pról 6; CE/CV protestación (feierliche Beteuerung zu Beginn des Werkes). Die starke Betonung der Treue zur Kirche und der Orthodoxie im Glauben ist auch als Selbstschutz vor dem Hintergrund der allgegenwärtigen Inquisition zu verstehen. Nur durch diese vollständige Unterwerfung unter die Autorität der Kirche gelingt es Teresa, einer „nicht-studierten" Frau, trotz des Verbots, geistliche Bücher in der Muttersprache zu besitzen, geschweige denn zu verfassen, dennoch solche zu schreiben. Doch ist „Kirche" hier fast mit spanischer Inquisition gleichzusetzen, jedenfalls nicht mit dem römischen Lehramt, das für Teresa räumlich und ideell sehr weit weg ist. Der religiöse Alltag der spanischen Christen wurde damals kaum von Rom, sondern weit mehr von der Religionspolitik

und Töchter, Studierte und spirituelle Menschen[32] sehen sollen, beginne ich im Namen des Herrn mit der Bitte an seine glorreiche Mutter, deren Gewand ich – wiewohl seiner unwürdig – trage,[33] und meinen glorreichen Vater und Herrn, den heiligen Josef, in dessen Haus ich mich befinde (denn das ist der Titel dieses Klosters[34] der Unbeschuhten Schwestern[35]),

---

Philipps II. bestimmt. Der Ausdruck „römisch" steht im Autograph als Einschub zwischen den Zeilen und wurde mit anderer Tinte geschrieben, ein deutliches Zeichen, dass er erst nachträglich ergänzt wurde, wie das auch in M pról 3; epíl 4; CC 53,18 der Fall ist.

[32] Ohne Prüfung durch theologisch gebildete Zensoren durfte kein Buch erscheinen. An dieser Stelle ist bemerkenswert, dass die Autorin nicht nur, wie etwa am Schluss der Inneren Burg (M epíl 4), die „Studierten", sondern auch die „Spirituellen" nennt. In der damaligen Kontroverse zwischen den „espirituales" („Spirituellen") und den „letrados" („Studierten, Theologen") – erstere strebten ein intensives geistliches Leben an, was aber häufig mit einer anti-intellektuellen Einstellung verbunden war, letztere waren häufig anti-mystisch eingestellt und neigten dazu, jede Suche nach einem intensiveren Gebetsleben für häresieverdächtig zu halten – versucht sie einen Mittelweg zu gehen. Sie träumt davon, dass „Leute mit Geist und solche mit Studien miteinander ins Gespräch kommen" (CE 8,4), wobei die Spirituellen sich von „Studierten" beraten lassen, während diese andererseits „zu Spirituellen werden" sollen (V 12,4).

[33] Anspielung auf das Ordenskleid. Die offizielle Bezeichnung der Karmelitinnen lautet: „Schwestern Unserer Lieben Frau vom Berge Karmel"; vgl. V 36,28; CE 4,1; 19,2; CV 13,3; 3M 1,3; usw. Die Demutsfloskel (Hinweis auf die eigene Unwürdigkeit) entspricht damaliger Konvention; vgl. Teresas Unterschrift Euer Hochwohlgeboren unwürdige Dienerin und Untergebene in Ve 9; ähnlich in manchen Briefen (Ct 3,4; 333,7). Teresas geistliche Tochter Ana de San Bartolomé unterschreibt sogar all ihre Briefe mit dieser Standardfloskel; siehe Ana de San Bartolomé, Obras Completas, IV. Cartas.

[34] Das Kloster San José zu Salamanca. Zum hl. Josef hatte Teresa eine besondere Beziehung (vgl. V 6); deshalb waren ihm mehrere Gründungen geweiht, so auch das in Salamanca.

[35] „Unbeschuht" (descalzo) war damals bereits ein terminus technicus für „reformiert". Auch wenn der Begriff ursprünglich auf die Tatsache zurückgeht, dass die ersten Reformer, besonders bei den Franziskanern, aus asketischen Gründen Wert darauf legten, barfuß zu laufen oder nur sehr einfache Sandalen zu tragen, stand er doch bald für eine Reihe von Merkmalen, die charakteristisch für nahezu alle Reformbewegungen waren, Rückkehr zu den Ursprüngen im Zeichen des Rigorismus, kleine Klöster in ländlichen Gegenden, Betonung des kontemplativen Lebens und des inneren Betens, Anti-Intellektualismus usw. Teresa übernahm die Wertschätzung für das innere Beten und die Kontemplation, hob sich zugleich aber in wichtigen Punkten vom Reformideal der meisten anderen Bewegungen ab, da sie den Rigorismus verwarf und statt dessen für suavidad (Sanftheit) plädierte und außerdem auf eine gute theologische Bildung Wert legte.

mir zu helfen, durch deren Gebete mir ständig Hilfe zuteil wurde.

7. Im Jahr 1573, am Tag des hl. Ludwig, Königs von Frankreich,[36] dem 24. August.[37] Gott sei gepriesen!

---

[36] Ludwig der Heilige (1214-1270), der bereits mit zwölf Jahren zum König von Frankreich gesalbt wurde, galt nicht nur wegen seiner tiefen Religiosität, seines selbstlosen Einsatzes für die Armen und seines Bemühens um die Beseitigung kirchlicher Missstände als heiligmäßig, sondern bereits zu Lebzeiten auch in politischer Hinsicht als eine große Persönlichkeit. Er starb auf seinem zweiten Kreuzzug bei Tunis. Die Kirchen der französischen Botschaften sind an allen Orten ihm geweiht. Der Tradition zufolge brachte er die Karmeliten vom Hl. Land nach Frankreich.

[37] Eine der vielen Stellen, an denen sich die Autorin im Datum irrt. Der 24. August ist der Gedenktag des hl. Bartholomäus; sie meint den 25. August.

Es beginnt die Gründung
zum heiligen Josef vom Karmel[1] in Medina del Campo[2]

KAPITEL 1

*Auf welchen Wegen man begann, diese Gründung
und alle weiteren zu betreiben.*

1. Fünf Jahre habe ich nach der Gründung von San José in Ávila[3] dort verbracht, die nach dem, was ich jetzt erkenne, die ruhigsten meines Lebens gewesen sein dürften, deren Ruhe und Stille meine Seele jetzt oft arg vermisst. In dieser Zeit traten dort einige gottesfürchtige junge Frauen ein, die bei ihrer sichtlichen Putz- und Prunksucht die Welt[4] anscheinend schon

---

[1] Mit dieser Übersetzung versuchen wir, die originelle und eigentlich nicht übersetzbare Ausdrucksweise Teresas nachzuahmen *„San José del Carmen"*, die auch für spanische Leser ungewöhnlich klingt, aber typisch für sie ist, wie andere Stellen zeigen, z. B. F 21,tít; 22,tít; 23,tít; 24,tít; 29,tít; 31,tít. Sie scheint „hl. Josef" als Eigennamen der meisten ihrer Klostergründungen zu betrachten, dem sie dann häufig noch ein Prädikat hinzufügt, wie sie selbst (Teresa „von Jesus") und ihre Unbeschuhten Brüder und Schwestern es sich zulegten, wohl um deutlich zu machen, dass jedes Kloster ein „Ableger" von San José in Ávila ist. (Vgl. F 9,1).

[2] Die Kleinstadt Medina del Campo, gut 160 km nordwestlich von Madrid und etwa 90 km nördlich von Ávila entfernt, hatte sich gegen Ende des 15. Jahrhunderts dank der Tatsache gebildet, dass die dortigen Jahrmärkte von Isabella der Katholischen sehr gefördert wurden. Um 1567 war es ein aufstrebendes, mit ca. 20.000 Einwohnern für damalige Verhältnisse recht großes, aber nach wie vor ländlich geprägtes Handelszentrum. Während die Bevölkerung der Außenbezirke sich hauptsächlich aus Tagelöhnern, Bauern und Hirten zusammensetzte, lebten in der Stadtmitte vor allem Handwerker und Gewerbetreibende, Facharbeiter und Hidalgos (Angehörige des niederen Adels), aber auch die Geschäfts- und Finanzfachleute aus der Converso-Schicht, die Teresas Gründungsvorhaben unterstützen sollten. Der relative Wohlstand zog viele Arme an, so im Jahr 1551 auch die verwitwete Mutter des Johannes vom Kreuz, Catalina Álvarez, die sich dort ein besseres Leben für sich und ihre Kinder erhoffte.

[3] Vgl. F pról 2. Teresas erste Klostergründung, San José in Ávila, war am 24. August 1562 zustande gekommen; siehe dazu V 32-36. Sie selbst war allerdings erst Ende 1562 oder Anfang 1563 endgültig nach San José übergesiedelt.

[4] *Mundo*, siehe Anhang I.

für sich eingenommen hatte. Doch der Herr holte sie sehr schnell aus diesen Nichtigkeiten[5] heraus und führte sie in sein Haus;[6] dabei stattete er sie mit solcher Vollkommenheit[7] aus, dass sie mir zur großen Beschämung wurden. So erreichte man die Zahl dreizehn, die nicht zu überschreiten festgesetzt worden war.[8]

2. Ich hatte mein helle Freude unter so heiligen und reinen Seelen, deren einzige Sorge es war, unserem Herrn zu dienen und ihn zu loben.[9] Seine Majestät schickte uns dort alles Nö-

---

[5] *Vanidades*, siehe Anhang I.

[6] Das Kloster San José ist für Teresa nicht nur ein Ort, wo sie zusammen mit einigen Gefährtinnen nach ihren eigenen Vorstellungen leben kann, sondern das Haus des Herrn, das sie in seinem Auftrag und zu seiner Ehre gegründet hat. Ein erster Entwurf findet sich in einem Brief an ihren Bruder Lorenzo de Cepeda vom 23. Dezember 1561: „*... ein Kloster zu gründen, in dem nur 15 Schwestern sind, ohne dass diese Anzahl wachsen kann, in größter Zurückgezogenheit, ohne herausgehen zu dürfen, mit einem Schleier vor dem Gesicht, gegründet in Gebet und Ich-Sterben ...*" (Ct 2,2), was sie allerdings so nie verwirklichte. San José in Ávila gilt als Leitkonvent: „*Sie gehen auf den Spuren derer von San José in Ávila*" (F 9,1; siehe auch F 3,18); „*... alle wie der Konvent von San José in Ávila*" (Ct 24,2).

[7] *Perfección*, siehe Anhang I.

[8] Zur Anzahl der Schwestern gibt es bei Teresa zu unterschiedlichen Zeitpunkten verschiedene Vorstellungen. Vgl. V 32,13: „*Wir wollten aus vielen Gründen, dass es nie mehr als dreizehn Schwestern sein sollten*"; und ferner V 36,19: „*gerade einmal zwölf Frauen und die Priorin, denn mehr sollen es nicht sein.*" In CE 20,1 spricht Teresa selbst von der Gemeinschaft als „*Kollegium Christi*". Die Zahl steht also symbolisch für Christus (der nach der Karmelregel durch den Prior bzw. die Priorin repräsentiert wird) und das Apostelkollegium; das erklärt wohl auch den Hinweis auf „*zwölf Schwesterlein*" in CE 2,10. In dem Brief an ihren Bruder Lorenzo vom 23. Dezember 1561 hatte sie noch von ihrem Vorhaben gesprochen, „*ein Kloster zu gründen, wo es nur fünfzehn Schwestern geben soll*" (Ct 2,2); auf die symbolische Zahl fünfzehn kam sie, indem sie noch die Muttergottes und den hl. Josef hinzuzählte. Später sollte sie die Höchstzahl auf 20 Schwestern erhöhen, nicht zuletzt wegen des großen Zulaufs zu ihren Klöstern und weil eine zu kleine Gruppe nur bedingt überlebensfähig ist. In den *Konstitutionen von Alcalá* (1581) wird festgesetzt, dass es in den Klöstern mit Armut (also ohne feste Einkünfte) 13 oder 14 Chorschwestern und drei Laienschwestern geben soll, in den Klöstern mit festen Einkünften aber 20 (Cs 2,8). Auf die heutige Anzahl von 21 kam man, indem man in jedem Kloster einen Platz für Teresa reservierte.

[9] In diesem Kapitel idealisiert Teresa aus der Rückschau die Anfänge in San José, wobei sie sich immer wieder an die typischen Forderungen der spät-

tige, ohne dass wir darum baten,[10] und wenn es einmal fehlte, was recht selten geschah, war ihre Freude noch größer. Ich lobte unseren Herrn angesichts so vieler herausragender Tugenden, insbesondere weil sie um nichts bekümmert waren, außer um seinen Dienst. Ich selbst, die ich als Oberin dort war, kann mich nicht erinnern, mich mit einem Gedanken daran aufgehalten zu haben, glaubte vielmehr fest daran, dass der Herr denen, die sich keine andere Sorge machten als wie sie ihn zufrieden stellen könnten, nicht fehlen würde. Und wenn es einmal nicht genügend Unterhalt für alle gab, meinte jede einzelne, keine der Bedürftigsten zu sein, sobald ich sagte, es wäre für sie; und so reichte es aus, bis Gott für alle etwas schickte.

---

mittelalterlichen *Contemptus-Mundi*-Spiritualität anlehnt, wohl auch aus taktischen Gründen, um ihre Leserschaft für ihre Klosterreform zu gewinnen. Später sollte sie gerade in Bezug auf dieses Kloster ernüchtert werden; von dessen Eingaben für das Kapitel von Alcalá sagt sie ein einem Brief vom 27. Februar 1581: *„Die Bitten, von denen sie in San José zu Ávila wollen, dass sie ihnen gewährt werden, sind von der Art, dass ihnen nichts mehr fehlt, um so zu werden wie das Menschwerdungskloster. Ich bin entsetzt, was der Böse alles anstellt, aber es liegt fast alle Schuld beim Beichtvater"* (Ct 377,2f.).

[10] Teresa idealisiert hier ihr ursprüngliches Armutsideal. Bei der Gründung von San José hatte sie sehr darum gekämpft, dass *„das Haus nie festes Einkommen haben darf"* (V 33,13). Zur Klostergründung ohne gesicherte finanzielle Grundlage waren damals nicht weniger als drei päpstliche Dokumente nötig gewesen: 1. ein *Breve* vom 7. Februar 1562 an Doña Aldonza de Guzmán und Doña Guiomar de Ulloa, das jedoch keinerlei Konzessionen hinsichtlich der ersehnten absoluten Armut enthielt; 2. ein *Reskript* der Päpstlichen Pönitentiarie vom 5. Dezember 1562, das dem Kloster erlaubte, ohne festes Einkommen zu leben; 3. eine *Bulle* vom 17. Juli 1565, die dieser Sondergenehmigung endgültigen Charakter verlieh. Auch in den *Konstitutionen* von 1567 hieß es: *„Man soll immer von Almosen, ohne irgendwelche festen Einkünfte leben, und solange sie es aushalten können, soll man nichts erbitten"* (Cs 9). Im Jahr 1573, als sie dies schrieb, hatte die Autorin jedoch aus Vernunftgründen in kleineren Ortschaften, wo man nicht mit vielen Spenden rechnen konnte, bereits zwei Klöster mit festen Einkünften gegründet (Malagón 1568; Alba de Tormes 1571); drei weitere sollten bald folgen (Beas de Segura 1575; Caravaca 1576; Soria 1581). Im Jahr 1576 erließ Jerónimo Gracián sogar eine Anordnung, dass *„sie in den Dörfern, wo man sich nicht von Almosen halten kann, gemeinsame feste Einkünfte haben können"* (MHCT 1, 315-317 [316]).

3. Über die Tugend des Gehorsams (der ich sehr ergeben bin, auch wenn ich sie nicht zu üben verstand, bis diese Dienerinnen Gottes sie mir beibrachten, um es nie mehr zu vergessen),[11] könnte ich vieles sagen, was ich dort erlebte, wenn ich die Kraft dazu hätte. Eines fällt mir gerade ein, nämlich, dass uns eines Tages, als wir im Refektorium[12] waren, eine Gurkenportion serviert wurde. Ich bekam eine sehr dünne, die innen faul war. Da rief ich ohne mit der Wimper zu zucken eine der klügsten und begabtesten Schwestern, die es unter uns gab, um ihren Gehorsam zu prüfen, und sagte ihr, diese Gurke in einem Gärtchen, das wir dort hatten, einzupflanzen. Sie fragte mich, ob sie sie hineinstecken oder hineinlegen sollte. Ich sagte: hineinlegen. Sie ging weg und legte sie hinein, ohne dass es ihr auch nur in den Sinn gekommen wäre, dass sie so unmöglich dem Vertrocknen entgehen könnte, da die Tatsache, dass es aus Gehorsam geschah, ihre natürliche Vernunft derart blendete, dass sie glaubte, es sei ganz recht so.[13]

---

[11] Eine halb ironische Anspielung auf das damals gängige Gehorsamsideal, das allerdings auch im damaligen gesellschaftlichen Kontext einer absolutistischen Monarchie gesehen werden muss. Mit dem Monarchen durfte *„man noch nicht einmal im verborgensten Winkel seines Herzens diskutieren"* (G. Marañón, *Antonio Pérez*, vol. I, 31). Im Zuge der *Contemptus-Mundi*-Spiritualität und der asketischen Auffassung vom Ordensleben galt der Gehorsam als Prüfstein eines guten Christen, erst recht eines Ordenschristen. Er wurde verstanden als pünktliche und kritiklose Befolgung von Anweisungen, unter Hintanstellung nicht nur der Eigeninitiative und des Eigenwillens, sondern unter Umständen sogar des eigenen Urteils (vgl. das in diesem Absatz angeführte Beispiel). Teresas eigene Praxis war jedoch wesentlich differenzierter. Siehe dazu T. Egido, *Der Gehorsam der hl. Teresa.*

[12] Der klösterliche Speiseraum.

[13] Gracián korrigiert: *„Aus Gehorsam nahm sie ihre natürliche Vernunft im Dienste Christi gefangen."* Es handelt sich um eine typische Übertreibung, wie sie in der *Contemptus-mundi*-Literatur verherrlicht wurde. Teresas „erzieherische Maßnahme" mag weniger unverständlich erscheinen, wenn man weiß, dass es sich um eine junge Schwester handelte, deren Stärken und Schwächen sie sehr gut kannte, nämlich um ihre Cousine zweiten Grades María Bautista de Ocampo, der späteren Priorin von Valladolid, die von ihr in ihrer eigenen Zelle im Menschwerdungskloster zu Ávila erzogen worden war. Von María de Ocampo stammte die Anregung, *„ein Kloster [zu] gründen ..., wenn wir schon nicht so wären, dass wir Schwestern nach Art der Unbeschuhten [Franziskanerinnen] sein könnten"* (V 32,10).

4. Es passierte mir,[14] dass ich einer Schwester sechs oder sieben widersprüchliche Aufträge erteilte, und diese sie schweigend annahm, in der Meinung, es sei möglich, sie alle auszuführen. Wir hatten einen Brunnen, der nach Auskunft derer, die es versucht hatten, ziemlich brackiges Wasser hatte, und es erschien unmöglich, es zum Fließen zu bringen, da er sehr tief war. Als ich Handwerker rief, um es zu versuchen, lachten sie mich aus, weil ich vergeblich Geld hinausschmeißen wollte. Ich sagte zu den Schwestern, was sie wohl davon hielten. Eine[15] sagte: „Man sollte es versuchen: Unser Herr muss uns jemanden schicken, der uns Wasser herbeischafft, und auch etwas, um ihnen dann zu essen zu geben, da es Seiner Majestät billiger kommt, es uns im eigenen Haus zu geben, und von daher wird er das schon nicht versäumen." Als ich den großen Glauben und die Entschlossenheit[16] sah, mit der sie dies sagte, hielt ich es für gewiss, und gegen den Willen des Brunnenfachmanns, der sich mit Wasser auskannte, tat ich es. Und es gefiel dem Herrn, dass wir eine Rohrleitung daraus ableiteten, die für uns alle genügte, sogar mit Trinkwasser, wie sie sie heute noch haben.[17]

5. Ich erzähle das nicht als Wunder, denn da könnte ich noch ganz andere Dinge sagen,[18] sondern wegen des Glaubens, den

---

[14] Die Formulierung legt nahe, dass es sich nicht um eine bewusste Probe, sondern um ein Versehen handelte.

[15] Erneut María Bautista de Ocampo.

[16] *Determinación*, ein Schlüsselbegriff der teresianischen Pädagogik ; vgl. pról 1.

[17] Dieser Brunnen existiert heute noch und heißt „Brunnen der Samariterin" oder „von María Bautista" wegen der von ihr gegebenen Anregung. – Vor dem Hintergrund der Frauenfeindlichkeit in der damaligen Kirche und Gesellschaft gewinnt diese kleine Episode eine besondere Brisanz. Durch Geschichten wie diese versucht die Autorin nicht nur zu vermitteln, dass Gott sehr wohl in und durch Frauen am Werk sein kann, sondern auch, dass *„unwissende Weiblein"* manchmal mehr wissen als die klugen Männer. Vgl. dazu M. Frohlich, *Teresa: Story Theologian and Transformer of Culture,* 10; und ferner V 30,3; 34,12; 40,8; MC 1,1; CC 53,29; 1M 1,4.

[18] Der barocken Mentalität entsprach eine ausgeprägte Wundersucht, von der sich Teresa mit ihrer Nüchternheit und Bodenständigkeit immer wieder wohltuend abhebt.

diese Schwestern hatten, da es genauso geschieht, wie ich sage; und weil es nicht meine vorrangige Absicht ist, die Schwestern dieser Klöster zu loben, die durch die Güte Gottes bis jetzt alle so leben. Und über diese und viele weitere Dinge gäbe es sehr viel zu schreiben, was nicht ohne Nutzen wäre, denn manchmal lassen sich die neu Dazukommenden davon ermutigen, um sie nachzuahmen. Aber wenn es dem Herrn gefallen sollte, dass dies bekannt wird, könnten die Oberen den Priorinnen auftragen, es aufzuschreiben.[19]

6. Nun, als ich, erbärmliches Geschöpf,[20] unter diesen engelgleichen Seelen weilte[21] (denn so kamen sie mir wirklich vor, da sie mir keinen Fehler verbargen, nicht einmal einen inneren; und die Gnaden und festen Wünsche und die Loslösung, die ihnen der Herr verlieh, waren riesengroß. Ihr Trost bestand in ihrer Einsamkeit, und so versicherten sie mir, dass ihnen das Alleinsein nicht zuviel wurde, und sie es von daher als eine Qual betrachteten, wenn sie Besuch bekamen, sogar von Geschwistern;[22] diejenige, die am meisten Gelegenheit hatte, um

---

[19] Das ist eine interessante Bemerkung in einer Zeit, in der es verboten war, geistliche Literatur in der Muttersprache zu besitzen, geschweige zu verfassen, aber *„wenn es dem Herrn gefallen sollte"*, dann ist das möglich. Eine typische Argumentation in einer sakralisierten Gesellschaft!

[20] *Ruin,* siehe Anhang I. Der immer neue Hinweis auf ihre *„Erbärmlichkeit"* ist als taktisch vorgetäuschte Demutsbezeugung zu verstehen, um in einem frauenfeindlichen Umfeld Leser und Zensoren für sich zu gewinnen; in Wirklichkeit hatte Teresa ein starkes Selbstbewusstsein, wie die häufige Berufung auf ihre eigene Erfahrung zeigt. Gracián ersetzt an dieser Stelle die Demutsfloskel durch *„ich"*.

[21] Der Hauptsatz *„da meinte ich oft"* folgt erst nach einigen weit ausgesponnenen Zwischengedanken. – Vgl. V 22,10, wo die Autorin sich in einem anderen Zusammenhang viel nüchterner gibt: *„Wir sind keine Engel, sondern haben einen Leib. Uns zu Engeln aufschwingen zu wollen, während wir noch hier auf Erden leben – und dazu noch so sehr der Erde verhaftet, wie ich es war –, ist Unsinn!"*

[22] Erneut eine typische Forderung der spätmittelalterlichen *Contemptus-Mundi-*Spiritualität, der die Loslösung von den Verwandten als wichtiges Ideal galt. In ihren *Konstitutionen* hat Teresa allerdings bestimmt, dass die Schwester ihre Eltern und Geschwister ohne Verschleierung empfangen darf, was diesen eine gewisse Sonderstellung einräumte (Cs 15).

sich in eine Einsiedelei zurückzuziehen,[23] hielt sich für die glücklichste) – als ich also den großen Wert dieser Seelen betrachtete, und den ihnen von Gott eingegebenen Mut[24] zum Leiden[25] und ihm zu dienen, der gewiss nicht der von Frauen ist,[26] da meinte ich oft, dass die Reichtümer, die der Herr in sie hineingelegt hat, für irgendein großes Ziel bestimmt seien. Nicht, dass mir durch den Kopf gegangen wäre, was später geschah; denn das schien damals ein Ding der Unmöglichkeit, da es keine Grundlage gab, um sich so etwas vorstellen zu können, auch wenn meine Wünsche,[27] irgendwie zum Wohl irgendeiner Seele beizutragen, um so mehr wuchsen, je weiter die Zeit voranschritt, und ich mir oftmals vorkam wie jemand,

---

[23] Es handelt sich nicht um einen endgültigen Rückzug aus dem Gemeinschaftsleben, sondern um sehr einfache Rückzugsmöglichkeiten innerhalb des Hauses oder des Gartens, von denen im Laufe der Zeit in San José an die zehn eingerichtet wurden; siehe TyV 240. Vgl. *„In der ganzen Zeit, die sie nicht in der Kommunität oder in deren Arbeitsräumen verbringen, soll jede Schwester in ihrer Zelle oder der Einsiedelei sein, die ihr die Priorin zugewiesen hat, kurz, am Ort ihrer Zurückgezogenheit, wo sie, außer an Festtagen, mit einer Arbeit beschäftigt sein sollen"* (Cs 8).

[24] *Ánimo*, ebenfalls ein Grundprinzip der teresianischen Pädagogik.

[25] Hier, wie auch in F 5,3, so viel wie „Unangenehmes, Widerstrebendes, das unvermeidbar ins Leben hineinragt, auf sich zu nehmen", also nicht Masochismus.

[26] Vgl. *„Das ist sehr nach Art von Weibern, wo ich doch nicht möchte, dass meine Schwestern ihnen gleichen, sondern starken Männern! Denn wenn sie vollbringen, was in ihnen steckt, dann wird der Herr sie so männlich machen, dass sie die Männer in Erstaunen versetzen"* (CE 11,8 bzw. CV 7,8). Die Selbstherabsetzung als Frau, die sie an dieser Stelle generell auf alle Frauen ausdehnt, ist bei Teresa eine bewusste Strategie, um in einem Umfeld, das von Frauen Unterwürfigkeit erwartete, durch vorgetäuschte Demut ihre männlichen Zensoren wohlwollend zu stimmen; siehe die literarische Studie von J. A. Marcos, *Mística y subversiva*, 15.33-38. In Wirklichkeit ironisiert Teresa häufig den damals bei den Männern der Kirche, aber auch in den anderen Bereichen der Gesellschaft vorherrschenden Überlegenheitskomplex. Vgl. etwa V 30,3; 34,12; 40,8; CE pról 3. In V 8,7 spricht sie sich selbst diesen Mut zu: *„… so dass ich meinen ganzen Mut zusammennehmen musste (der, wie man sagt, nicht gerade klein ist, und wovon mir Gott, wie sich gezeigt hat, viel mehr gegeben hat als sonst einer Frau, nur habe ich ihn schlecht eingesetzt)"*.

[27] Hier und in den folgenden Abschnitten beachte man, wie Teresa die *„deseos – Wünsche"* hervorhebt, die mit denen von Alonso Maldonado (F 1,7), des Ordensgenerals Giovanni Battista Rossi (F 2,3) und ihres Kaplans Julián de Ávila (F 3,2) übereinstimmen und allmählich Wirklichkeit werden.

der einen großen Schatz in Verwahrung hat und sich danach
sehnt, dass alle ihn genießen, ihm aber die Hände gebunden
sind, um ihn zu verteilen.[28] So kam mir vor, als sei meine Seele
gebunden;[29] denn die Gnadengaben, die mir der Herr in jenen Jahren erwies, waren sehr groß, aber alles schien in mir
schlecht eingesetzt zu sein. Ich diente dem Herrn mit meinen
armseligen Gebeten und sorgte bei den Schwestern immer
dafür, dass sie dasselbe täten und sich dem Wohl der Seelen
und der Ausbreitung seiner Kirche zuwendeten, und alle, die
mit ihnen zu tun hatten, erbauten; und das vertiefte nur noch
meine starken Wünsche.[30]

7. Nach vier Jahren, oder, ich glaube, etwas mehr, kam mich
zufällig ein Franziskanerpater namens Alonso Maldonado[31]

---

[28] Es gibt bei Teresa immer wieder Hinweise, dass sie unter den ihr als Frau
in der damaligen Kirche und Gesellschaft auferlegten Beschränkungen litt,
insbesondere darunter, dass es ihr verwehrt war *„den Mitmenschen* [durch täti-
gen Einsatz] *von Nutzen zu sein"* (MC 2,29). Siehe auch unten F 1,7; vgl. ferner
V 21,2; 27,13; 30,21; 33,11; CE 1,2; 4,1; CC 1,5; 6M 6,3; 7M 4,14.

[29] Hier gibt Teresa zu erkennen, wie sich ihr geistlicher Horizont allmählich wei-
tete. Aus der um ihr Heil besorgten Novizin (V 3,6) war durch die Begegnung
mit den Protestanten (CE/CV 1,2) die um die Kirche besorgte Karmelitin geworden. Nun spürt sie, dass auch das nicht reichte. Sie fühlt sich *„gebunden"*.

[30] Im Jahr 1576 schrieb die Autorin in einer Stellungnahme für das Inquisitionsgericht in Sevilla in der dritten Person über sich und ihre Gemeinschaften:
*„Ihr Gebet und das ihrer Schwestern, die sie gegründet hat, gilt immer mit großer Für-
sorge immer der Vermehrung des heiligen katholischen Glaubens"* (CC 53,14).
Vgl. ferner 4M 1,7; M epíl 4. Hier wird deutlich, dass Teresas Gründungswerk
eine Frucht ihres Gebetsweges ist und nicht einfach eine Reaktion auf die
äußeren Verhältnisse. Ähnliche Hinweise auf diese geistliche Ausrichtung des
Lebens der Schwestern in F 3,18; 4,5-8; 9,1; 18,5; 27,12.

[31] Alonso Maldonado de Buendía, um 1515 geboren, ein Franziskaner-Rekollekt,
war von 1551-1561 als Missionar in Westindien (Peru und Mexiko) tätig. Er
war eine schillernde Gestalt, bekannt als wortgewaltiger Prediger, der sich ab
1561 beim König und beim Papst für die Sache der Indios einsetzte, dessen
Schriften aber von zeitgenössischen Theologen als *„verrückt"* und *„voller Unsinn"* empfunden wurden. Der hier beschriebene Besuch in San José fand am
1. Juni 1566 statt. Später sollte er sich heftig gegen die Einführung der Rein-
heitsstatuten in den Orden zur Wehr setzen, was ihm die Gegnerschaft des
Päpstlichen Nuntius Filippo Sega eintrug. Zuerst unter Hausarrest in einem
Franziskanerkloster gestellt, verbrachte er anschließend dreizehn Jahre in einem Inquisitionsgefängnis (1583-1596), aus dem er als Achzigjähriger krank
entlassen wurde.

besuchen, ein großer Diener Gottes mit derselben Wünschen nach dem Heil der Seelen wie ich, nur dass er sie ins Werk setzen konnte, so dass ich ganz neidisch auf ihn war. Er war kurz zuvor aus Westindien[32] gekommen. Er begann mir über die vielen Millionen von Seelen zu erzählen, die dort mangels Glaubensunterweisung verloren gingen,[33] hielt uns eine Predigt und eine Ansprache, in denen er zur Buße aufrief,[34] und ging wieder fort. Ich war über das Verderben so vieler Seelen derart betrübt, dass ich ganz außer mir war. Tränenüberströmt zog ich mich in eine Einsiedelei zurück,[35] schrie zu unserem Herrn und flehte ihn an, mir eine Abhilfe aufzuzeigen, wie ich etwas tun könnte, um die eine oder andere Seele für seinen Dienst zu gewinnen,[36] da der Böse so viele abführte,[37] und dass doch mein Gebet etwas vermöchte, da ich ja zu mehr nicht imstande wäre. Ich war sehr neidisch auf diejenigen, die sich aus Liebe zum Herrn dafür einsetzten,[38] auch wenn sie tausend Tode er-

---

[32] *Las Indias*, damals gebräuchlicher Name für die neuentdeckten Länder, da man zunächst meinte, auf dem Seeweg nach Indien gelangt zu sein.

[33] Dem damaligen engen Heilsbegriff zufolge, nach dem außerhalb der (katholischen) Kirche kein Heil erlangt werden konnte (*extra ecclesiam nulla salus*). Immerhin betrachtete Maldonado die Indios als Menschen und damit als heils- und hilfsbedürftig, was damals keineswegs selbstverständlich war. Mit dem berühmten Dominikaner Bartolomé de las Casas gehörte er zu den ersten Anwälten der Indios beim spanischen König.

[34] Der damals stark ausgeprägten Sühne- und Bußfrömmigkeit zufolge, nach der begangenes Unrecht durch stellvertretende Buße zu sühnen war und zugleich das Gebet für das Seelenheil anderer durch Bußübungen an Kraft gewann. Den Frauen fiel selbstverständlich nur die Rolle der Beterinnen und Büßerinnen zu, da ihnen der tätige Missionseinsatz verwehrt war. Bei Teresa kommt allerdings der stellvertretende Sühnegedanke nicht vor.

[35] Also in eine der in F 1,6 erwähnten kleinen Klausen, die sie im Garten von San José errichtet hatte.

[36] Man beachte den Perspektivenwechsel: Teresa geht es an erster Stelle darum, Gott zusätzliche Diener – man könnte auch sagen: ihrem göttlichen Freund zusätzliche Freunde (vgl. V 8,5) – zukommen zu lassen.

[37] In der Vorstellungswelt einer sakralisierten Gesellschaft konnte der Mensch nur einem von zwei Macht- und Einflussbereichen angehören: dem Gottes oder aber dem seines Gegenspielers, des Bösen.

[38] Eine erneute Anspielung auf Teresas lebenslängliches Ringen mit der Tatsache, dass es ihr als Frau in der damaligen Zeit verwehrt war, sich aktiv in Kirche und Gesellschaft einzubringen. Ihre Antwort findet sie in der Hervorhebung der apostolischen Dimension des kontemplativen Lebens; siehe CE/CV 1-3.

litten.[39] So passiert es mir, wenn wir in den Viten der Heiligen lesen,[40] dass sie Seelen bekehrten, dass dies bei mir viel mehr Andacht und Rührung und mehr Neid auslöst als alle Marterqualen, die sie erleiden (da der Herr mir nun einmal diese Veranlagung gegeben hat); dabei meine ich, dass er eine Seele, die wir durch seine Barmherzigkeit mit unserem Bemühen und Beten für ihn gewinnen, höher schätzt als alle Dienste, die wir für ihn verrichten könnten.[41]

8. Als ich so voller Kummer umherging, stellte sich mir unser Herr eines Nachts, als ich beim inneren Beten[42] war, in der gewohnten Weise dar,[43] und während er mir viel Liebe erwies, wie um mich trösten zu wollen, sprach er zu mir: *„Warte ein Weilchen, Tochter, und du wirst große Dinge erleben!"*[44] Diese

---

[39] Eine typisch barocke Übertreibung, die man nicht nur bei Teresa, sondern auch bei vielen ihrer Zeitgenossen (etwa auch bei Johannes vom Kreuz: 2S 26,12; 3S 3,4; 1N 2,4; 2N 16,14; CB 1,19; LB 2,3: u.a.) immer wieder findet; vgl.: *„tausend Anklagen"* (CE 1,5); *„tausend Ehrenposten"* (CE 4,1); *„tausend Meilen weit weg fliehen"* (CE 19,1); *„tausend Geheimnisse"* (MC 1,2); *„tausendfaches Unheil"* (MC 2,2); *„tausend Stolpersteinchen"* (MC 2,3); *„tausendmal umbringen"* (V 5,11); *„tausend andere Dinge"* (V 7,12); *„tausend Nichtigkeiten"* (V 7,17); und immer wieder: *„tausendmal sterben"* bzw. *„tausend Leben hergeben"* (CC 1,13; 60,4; 25,12; 33,5; CE/CV 1,2; CE 10,4 bzw. CV 6,9; F 1,7; V 15,12); usw.

[40] Wohl eine Anspielung auf den monastischen Brauch der Tischlesung, bei der zu den schweigend eingenommenen Mahlzeiten aus muttersprachlichen frommen Büchern, damals u.a. aus der Heiligenlegende, vorgelesen wurde (und in kontemplativen Klöstern noch heute wird.) Die hagiographischen Lesungen des nächtlichen Stundengebets wurden lateinisch vorgetragen, also in einer Sprache, derer Teresa und ihre Mitschwestern nicht mächtig waren.

[41] Teresa ist also überzeugt, dass der Herr ihr die apostolische Berufung eingegeben hat, ein Argument, das in jener sakralisierten Gesellschaft seine Wirkung nicht verfehlte.

[42] *Oración*, siehe Anhang I.

[43] Eine Anspielung auf ihre visionären Erfahrungen, die vor allem innerseelische Begegnungen mit dem Auferstandenen waren: *„Fast immer stellte sich mir der Herr als Auferstandener vor Augen"* (V 29,4); vgl. auch V 28,3.

[44] Weitere derartige Ansprachen im *Buch der Gründungen* in F pról 1; 25,4; 28,15; 29,6.18; 31,4.11.26.50. Die mystischen Ansprachen Teresas sind nicht als wörtlich diktierte Gottesworte, sondern wohl eher als in der Tiefe der Seele aufsteigende Eingebungen zu verstehen. Es ist bezeichnend, dass sie dieselbe innere Ansprache sprachlich mal so, mal anders formuliert; vgl. etwa F 29,6 mit

Worte blieben meinem Herzen so tief eingeprägt, dass ich sie nicht mehr auslöschen konnte.[45] Auch wenn ich nicht erahnen konnte, so sehr ich auch darüber nachdachte, was das wohl sein könnte, und noch nicht einmal einen Weg sah, um es mir vorstellen zu können, so war ich doch getröstet und voller Gewissheit, dass diese Worte sich bewahrheiten würden, das Wie aber war jenseits all meiner Vorstellungskraft. So verging, wie mir scheint, ein weiteres halbes Jahr, und danach geschah, was ich jetzt sagen will.

KAPITEL 2

Wie unser Pater General nach Ávila kam,
und was aufgrund seines Kommens geschah.

1. Immer residieren unsere Generaloberen in Rom, und noch nie war einer nach Spanien gekommen,[1] und so erschien es ein Ding der Unmöglichkeit, dass er jetzt käme. Da es aber für

---

F 31,4. So wird auch verständlich, dass ihre inneren Ansprachen sich häufig eng an die Hl. Schrift anlehnen oder aber, wie etwa an dieser Stelle, zumindest *auch* Ausdruck dessen sind, was sie sich zutiefst ersehnt.

[45] Bereits in ihrer *Vida* hatte sie über derartige innere Ansprachen gesagt: *„Sie zu überhören, ist vergebliche Mühe, so sehr man sich dagegen sträubte. (...) Er, der alles vermag, will nämlich, dass wir verstehen, dass zu geschehen hat, was er will, und erweist sich als wahrer Herr über uns. Das habe ich oft erfahren"* (V 25,1); *„Es ist mir oftmals passiert, dass ich angesichts manchen Bedenkens nicht glaube, was man mir sagte (...), aber dann erlebe, dass es lange danach in Erfüllung geht, denn der Herr bewirkt, dass es im Gedächtnis haften bleibt, so dass man es nicht vergessen kann"* (V 25,7).

[1] Im 14. Jahrhundert waren zwei Generalobere der Karmeliten nach Spanien gekommen: 1324 führte Joannes de Alerio den Vorsitz auf dem Generalkapitel von Barcelona, 1354 betrat Raimundus de Grassa spanischen Boden anlässlich des Generalkapitels von Perpignan, das damals zur Krone von Aragonien-Katalonien und zur Ordensprovinz Mallorca gehörte; siehe TyV 81, Anm. 1. Dennoch ist Teresas Bemerkung, die genau genommen nur für das Kernland Kastilien zutrifft, bezeichnend für die marginale Rolle Spaniens im Karmelorden bis dahin, die einer der Gründe für die späteren Konflikte zwischen den „Beschuhten" und „Unbeschuhten" Karmeliten ist (O. Steggink, *La reforma del Carmelo español*, 48-50).

das, was unser Herr will, nichts Unmögliches gibt, ordnete es Seine Majestät so an, dass es das, was es noch nie gab, nun doch gäbe. Als ich davon erfuhr, war ich, glaube ich, in Sorge, denn wie bereits bei der Gründung von San José gesagt wurde,[2] war dieses Haus aus dem dort genannten Grund nicht den Brüdern unterstellt.[3] Ich hatte zwei Befürchtungen: Erstens, dass er deswegen über mich verärgert wäre, und da er nicht wusste, wie es dazu gekommen war, hätte er recht gehabt; zweitens, dass er mir auftragen würde, ins Menschwerdungskloster[4] zurückzukehren, das zur gemilderten Regel gehört,[5] was mich traurig gemacht hätte, und zwar aus vielen Gründen,

---

[2] Siehe V 32-36.

[3] In einer Aufzeichnung vom Februar 1581, die in einer Erstabschrift (Apograph) im Urkundenbuch des Klosters San José zu Ávila erhalten ist, fasst Teresa die damalige Lage und die spätere Entwicklung wie folgt zusammen: *„Da der Orden [dieses Haus] nicht zuließ, wurde es dem Ordinarius (Ortsbischof) unterstellt. Das war damals der Hochwürdigste Herr Álvaro de Mendoza; und solange er in Ávila war, förderte er es sehr und gab ihm immer wieder Brot und Medikamente und viele weitere Almosen. Als er sich entschied, aus Ávila wegzugehen, um Bischof von Palencia zu werden, sorgte er selbst dafür, dass wir uns unter die Obedienz des Ordens stellten, da ihm schien, dass Gott damit besser gedient sei; und wir wollten es alle"* (Es 5). Der Provinzobere, der die Gründung zunächst befürwortet, dann aber aus Angst vor dem Widerstand einflussreicher Kreise Ávilas seine Meinung geändert hatte, war Ángel de Salazar; siehe V 32,15. Vgl. F 32, wo die Autorin über den Jurisdiktionswechsel im Jahr 1577 berichtet.

[4] Teresa war am 2. November 1535 in das Menschwerdungskloster zu Ávila eingetreten und hatte dort den größten Teil ihres Ordenslebens verbracht, bis ihr Ende 1562 oder Anfang 1563 erlaubt wurde, in das am 24. August 1562 von ihr gegründete Kloster San José überzuwechseln.

[5] Die Karmelregel wurde zwischen 1206 und 1214 vom hl. Albert von Jerusalem (= Albert von Avogadro) für eine auf dem Berg Karmel bei Haifa im heutigen Staat Israel lebende Einsiedlergemeinschaft schriftlich fixiert. Eine erste Anpassung erfuhr sie bereits 1247 infolge der Übersiedlung der Brüder nach Westeuropa. Hier ist jedoch die spätere Regelmilderung Papst Eugens IV. gemeint. Dieser hatte 1432 auf Bitten der Karmeliten, die inzwischen nicht mehr wie ihre Vorfahren als Einsiedler lebten, sondern seelsorglich tätig waren, einige der strengen Regelvorschriften gelockert, um den vor allem durch die Pest und andere Kalamitäten verursachten Umständen Rechnung zu tragen. So wurde u. a. die Fleischabstinenz gemildert und die Vorschrift, die den Aufenthalt in der Zelle zur Pflicht machte, gelockert. Ferner wurde im Menschwerdungskloster – das, wie die meisten Karmelitinnenklöster Spaniens, ursprünglich als Beatinnenhaus (in etwa vergleichbar mit einem Beginenhof) gegründet worden war – keine strenge Klausur beobachtet, wie das in San José der Fall war.

die hier nicht genannt zu werden brauchen. Einer war schon ausreichend, nämlich dass ich dort die erste Regel[6] nicht in aller Strenge hätte beobachten können und es dort mehr als 150 Schwestern[7] gab, denn wo es nur wenige gibt, herrscht mehr Einmütigkeit und Ruhe. Unser Herr fügte es besser, als ich dachte; denn der Ordensgeneral ist ein so großer Diener von ihm und so klug und studiert,[8] dass er sah, dass es ein gu-

---

[6] Wenn Teresa von der „ersten" oder „ursprünglichen" Regel spricht, meint sie nicht die erste Textfassung des hl. Albert von Jerusalem (= Albert von Avogadro), die sie nie kennengelernt hat, sondern die von Papst Innozenz IV. im Jahre 1247 approbierte, die bereits einige, durch die inzwischen vom Berg Karmel erfolgte Übersiedlung nach Europa bedingte Anpassungen enthielt.

[7] Man geht davon aus, dass es zur Zeit, als Teresa dort lebte, sogar 180 waren. Folgende Zahlen werden in den Studien genannt: 30 im Jahre 1536; 65 im Jahre 1545 (T. Egido, *Santa Teresa y su circunstancia histórica*, 17); 190 im Jahre 1550, 130 im Jahre 1572 (TyV 92); 200 im Jahre 1565 (O. Steggink, *La reforma del Carmelo español*, 203, Anm. 129); 130 im Jahre 1571 (DST 890). Siehe auch U. Dobhan, *Gott-Mensch-Welt*, 138, Anm. 21. In V 32,9 stellt Teresa dem Menschwerdungskloster – bei allen Problemen, die sie im folgenden andeutet – grundsätzlich ein gutes Zeugnis aus, wie dies auch der Visitationsbericht des Ordensgenerals Giovanni Battista Rossi aus dem Jahr 1567 im großen und ganzen tat; siehe O. Steggink, *Erfahrung und Realismus*, 55ff.; ders., *La Reforma del Carmelo español*; TyV 120ff. Heute gehen die Historiker davon aus, dass Teresas Ordensreform nur dank des relativ günstigen Klimas im Menschwerdungskloster möglich wurde. Problematisch waren, wie Teresa hier selbst andeutet, vor allem die große Anzahl von Schwestern, von denen ein Teil sicher weniger aus Berufung als vielmehr aus Gründen der Versorgung eingetreten waren, und die dadurch bedingte wirtschaftliche Not. Letztere machte es immer wieder notwendig, dass sich Schwestern zeitweise bei Verwandten oder Wohltätern aufhielten. Ferner erschwerte die Größe dieses Mammutklosters und die Tatsache, dass sich viele adelige Schwestern Bedienstete hielten, die Wahrung einer Atmosphäre der Sammlung, wie die Autorin an dieser Stelle ebenfalls sagt. Siehe ferner U. Dobhan, *Gott-Mensch-Welt*, 137ff.

[8] Eine typische Bemerkung für Teresa, der Bildung immer sehr am Herzen lag. In der damaligen Kontroverse zwischen den *„espirituales"* („Spirituellen") und den *„letrados"* („Studierten, Theologen") – erstere strebten ein intensives geistliches Leben an, was aber häufig mit einer anti-intellektuellen Einstellung verbunden war, letztere waren häufig anti-mystisch eingestellt und neigten dazu, jede Suche nach einem intensiveren Gebetsleben für häresieverdächtig zu halten – versucht Teresa einen Mittelweg zu gehen. Sie träumt davon, dass *„Leute mit Geist und solche mit Studien miteinander ins Gespräch kommen"* (CE 8,4), wobei die Spirituellen sich von „Studierten" beraten lassen, während diese andererseits *„zu Spirituellen werden"* sollen (V 12,4); vgl. ferner V 33,5f; 34,6ff; CV 3; 6M 8,8.

tes Werk war, und auch sonst zeigte er mir gegenüber keinerlei Verstimmung. Er heißt Juan Bautista Rubeo[9] aus Ravenna,
eine sehr angesehene Persönlichkeit im Orden, und das ganz
zu Recht.[10]

2. Als er nun in Ávila angekommen war, sorgte ich dafür, dass
er nach San José käme, und der Bischof[11] fand es gut, dass für
ihn derselbe Aufwand gemacht würde wie für seine eigene
Person. Ich legte ihm in aller Wahrhaftigkeit und Schlichtheit
Rechenschaft ab, denn es entspricht meiner Veranlagung, so
mit meinen Oberen umzugehen, komme, was da mag, da sie
Gottes Stelle vertreten, und desgleichen mit den Beichtvätern.[12]
Wenn ich das nicht täte, könnte sich meine Seele meines Erachtens nicht sicher fühlen. Also legte ich ihm über sie und

---

[9] Der Italiener Giovanni Battista Rossi (1507-1578), dessen Name hier hispani-
siert wird, entstammte einer Adelsfamilie aus Ravenna. Im Jahr 1534 trat er
siebzehnjährig in das Karmelitenkloster seiner Heimatstadt ein. Nach dem
Tod des Generals Nikolaus Audet (1562) war er zunächst vom Papst zum Generalvikar des Ordens ernannt und dann auf dem Generalkapitel 1564 zum
neuen Ordensgeneral gewählt worden, welches Amt er bis 1578 ausübte. Im
Zuge der Richtungsstreitigkeiten im Orden wurde sein Verhältnis zu Teresa ab
1575 aufgrund von Fehlinformationen und Verleumdungen gespannt; siehe
dazu F 28,2.

[10] Teresa stellt fest, dass sich der Ordensgeneral *„freute, unsere Lebensweise und
ein (wenn auch unvollkommenes) Abbild des Anfangs unseres Ordens zu sehen"*
(F 2,3) und ihr *„weitreichende Vollmachten"* für weitere Gründungen gab (F
2,3; vgl. F 21,1; 22,2; 27,19), und zwar so viele, *„wie ich Haare auf dem Kopf
hätte"* (F 27,19); *„er hat mir sehr große Liebe erwiesen und vielfaches Entgegenkommen gezeigt"* (F 2,4); außerdem *„verehrt [er] sehr Unsere Liebe Frau"*
(F 2,5). Im Zuge der Auseinandersetzungen um ihre Reform wurde dieses gute
Verhältnis allerdings ab 1575 empfindlich gestört: *„Sie flößten ihm Unmut gegen mich ein"* (F 28,2); *„das Schlimmste war, dass unser Pater General gegen
mich aufgebracht wurde, und das war es, was mich traurig machte"* (F 27,19).

[11] Don Álvaro de Mendoza, ein großer Förderer Teresas, war seit 1560 Bischof
von Ávila und hatte sie bei der Gründung von San José sehr unterstützt. Später
sollte er ihr auch bei ihren Klostergründungen in Palencia (1580) und Burgos
(1582) helfen.

[12] Das war die damalige Sicht der Rolle der Oberen und Beichtväter, die teilweise
bis heute fortwirkt, wiewohl Teresa dabei ihren eigenen Verstand nicht aus-
schließt, wie ihre Anweisungen in CE 7-8 zeigen, und de facto Wert auf einen
dialogischen Gehorsam legt.

nahezu über mein ganzes Leben Rechenschaft ab, auch wenn das recht erbärmlich ist. Er tröstete mich sehr und versicherte mir, dass er mir nicht auftragen würde, von dort wegzugehen.[13]

3. Er freute sich, unsere Lebensweise und ein (wenn auch unvollkommenes) Abbild des Anfangs unseres Ordens zu sehen, und wie die erste Regel[14] in voller Strenge beobachtet wurde;[15] denn im ganzen Orden wurde sie in keinem einzigen Kloster gehalten, sondern nur die gemilderte.[16] Und da er die Absicht hatte, dass dieser Neuanfang sehr verbreitet würde, gab er mir sehr weitreichende Vollmachten, um noch mehr Klöster zu gründen, sogar mit Strafandrohungen, damit mir kein Provinzial das Handwerk legen könnte. Um diese hatte ich ihn zwar nicht gebeten, doch aus meiner Art des inneren Betens hatte er erkannt, wie groß meine Wünsche waren, um dazu beizutragen, dass so manche Seele näher zu Gott gelangte.[17]

---

[13] Gemeint ist von San José zu Ávila.

[14] Siehe Anm. zu F 2,1.

[15] Damit pocht Teresa auf eines der Grundmerkmale aller damaligen Ordensreformen: die Rückkehr zur ursprünglichen Strenge. Doch während das bei anderen Reformen zum Rigorismus und zu einer Überbetonung asketischer Vorschriften führte, ging es Teresa vor allem um die kontemplative Grundintention, die sie mit der für sie typischen *suavidad* (Sanftheit) und Menschlichkeit (Humanismus) verband.

[16] In Wirklichkeit gab es noch andere Reformklöster, in denen man nach der ursprünglichen Regel lebte, so der 1516 gegründete Einsiedlerkonvent Monte Oliveto bei Genua, den Rossi vor seiner Spanienreise besucht hatte. Dieser Reformversuch blieb jedoch zeitlich und örtlich begrenzt, während die Reform Teresas sich aufgrund der historischen Umstände zu einem neuen Ordenszweig entwickelte. Diese Bemerkung der Autorin zeigt, dass sie von diesem Versuch nichts wusste. Es ist unklar, warum sie das von der Karmelterziarin María de Jesús (Yepes) in Alcalá de Henares gegründete Kloster La Imagen nicht erwähnt, obwohl gerade diese Frau sie auf die Existenz der innozentischen Regelfassung aufmerksam gemacht hatte, wie sie selbst in ihrer *Vida* ausdrücklich erwähnt; siehe V 35,1.

[17] Ein genialer Generaloberer hat seine genialste Tochter gut verstanden – ein wichtiger Beitrag für die erfolgreiche Entfaltung des Gründungswerks Teresas. Außerdem wird auch hier deutlich, dass Teresas Werk eine Frucht ihres Betens, und nicht in erster Linie durch die äußeren Umstände der unheilvollen Situation der Kirche ihrer Zeit bedingt ist.

4. Diese Hilfsmittel habe ich mir nicht verschafft, es kam mir das vielmehr unsinnig vor, da ich gut begriffen hatte, dass ein Weiblein wie ich ohne jede Vollmacht nichts ausrichten konnte.[18] Doch wenn der Seele derartige Wünsche[19] kommen, dann steht es nicht in ihrer Macht, sie zu vertreiben. Die Liebe, um Gott zufrieden zu stellen, und der Glaube machen möglich,[20] was es für die natürliche Vernunft nicht ist. Als ich aber die feste Absicht unseres hochwürdigsten Ordensgenerals sah, dass weitere Klöster gegründet würden, schien mir, als seien sie schon fertig. Als ich mich an die Worte erinnerte, die mir unser Herr gesagt hatte, sah ich so etwas wie einen Anfang von dem, was ich vorher nicht hatte glauben können.

Es tat mir sehr leid, unseren Pater General wieder nach Rom zurückkehren zu sehen. Ich hatte ihn sehr lieb gewonnen, während ich mich jetzt ganz verlassen fühlte. Er hat mir sehr große Liebe erwiesen und vielfaches Entgegenkommen gezeigt, und wann immer er sich frei machen konnte, kam er hierher, um über Geistliches zu sprechen,[21] wie einem, dem der Herr große Gnaden erweisen muss; in diesem Fall war es uns ein Trost, ihm zuzuhören. Noch bevor er abreiste, bemühte sich der Bischof – das ist Don Álvaro de Mendoza[22] –, ein großer Förderer all jener, von denen er sieht, dass sie Gott in größerer Vollkommenheit dienen möchten,[23] darum, dass er ihm die Er-

---

[18] Erneut eine taktische Demutsbekundung, um in einem frauenfeindlichen Umfeld Leser und Zensoren für sich zu gewinnen.

[19] Auch hier wieder die *Wünsche* – *deseos*, in denen Teresa Gottes Willen entdeckt.

[20] Gracián korrigierte diesen Satz wie folgt: *„Doch wegen der Liebe, um Gott zufrieden zu stellen, und des Glaubens, den sie an ihn haben, tut sie Seine Majestät."*

[21] Teresa meint hier wohl kaum, dass der Ordensgeneral sich von ihr geistlich beraten ließ, wie das viele ihrer Beichtväter taten, sondern eher, dass er den Schwestern geistliche Vorträge hielt, wie aus dem Nachsatz *„in diesem Fall war es uns ein Trost, ihm zuzuhören"* ersichtlich wird.

[22] Siehe Anm. zu F 2,2.

[23] *„Er nahm sich dieses Geschäft sehr zu Herzen"* (F 2,5) und *„war uns beim ersten Kloster sehr entgegen gekommen und überhaupt bei allem, was mit dem Orden zu tun hat"* (F 10,6; ähnlich in F 13,6; 29,1.11; 31,2.44; 32,5); *„er hatte mich sehr gern"* (F 3,3).

laubnis gäbe, um in seiner Diözese einige Klöster von Unbeschuhten Brüdern der ersten Regel zu gründen. Darum baten
ihn auch noch andere Personen. Er wollte es zwar machen,
doch stieß er im Orden auf Widerspruch. Darum ließ er es für
den Augenblick bleiben, um die Provinz nicht in Unruhe zu
versetzen.[24]

5. Als ich mir einige Tage später überlegte, wie notwendig es
wäre, Brüder mit derselben Regel zu haben,[25] wenn schon
Schwesternklöster gegründet würden, und die wenigen in dieser Provinz sah, so dass ich schon glaubte, sie würden ausster-
ben,[26] schrieb ich unserem Pater General einen Brief,[27] nachdem ich es dem Herrn sehr empfohlen hatte; darin bat ich ihn
darum, so eindringlich wie ich nur konnte, und zwar unter Angabe der Gründe, warum es denn ein so großer Dienst für Gott
wäre, und dass die Unannehmlichkeiten, die daraus entstehen
könnten, nicht groß genug wären, um ein so gutes Werk zu
unterlassen, wobei ich ihm den Dienst vor Augen stellte, den
er Unserer Lieben Frau erwiese, die er sehr verehrte.[28] Sie war
es wohl, die es bewerkstelligte, denn dieser Brief gelangte in

---

[24] Das lässt eine nicht allzu große Bereitschaft für Neuerungen vermuten.

[25] Um die Schwestern seelsorglich zu betreuen, was traditionell die erste Aufgabe des männlichen Ordenszweiges ist.

[26] Teresa übertreibt hier bewusst die Lage der Provinz, um die Gründung eines
Männerklosters durch eine Frau – einen beispiellosen Vorgang! – zu rechtfertigen. Die Provinz zählte zu dieser Zeit mehr als 100 Mitglieder (O. Steggink, *La
reforma del Carmelo español*, 49).

[27] Dieser Brief ist nicht erhalten.

[28] Der Karmelorden, dessen offizieller Name lautet „Orden der Brüder [und
Schwestern] Unserer Lieben Frau vom Berge Karmel", ist Maria geweiht;
daher betrachtet Teresa ihr ganzes Gründungswerk als Dienst an ihr. *„Wir
tragen ihr Gewand"* (F pról 6; vgl. F 16,5; 28,35). Die Reform des Ordens zu
fördern, bedeutet, *„ihre Sache zu fördern"* (F 28,7), da es *„ihr Orden"* ist (F
28,37; 29,31). Es geht um *„die Regel der Jungfrau, seiner Mutter, und unserer
Herrin und Patronin"* (F 14,5; 22,22; 27,11), und deshalb *„müssen wir unser Leben als wahre Töchter der Jungfrau leben"* (F 16,7; 27,10). Maria *„hat P. Gracián
auserwählt, um ihrem Orden aufzuhelfen"* (F 23,13), und als Teresa den General um die Gründungserlaubnis bat, sagt sie: *„Sie war es wohl, die es bewerkstelligte"* (F 2,5).

seinen Besitz, als er in Valencia[29] war, und von dort aus schickte er mir die Genehmigung zur Gründung von zwei Klöstern, denn er war einer, der sich für den Orden das höchste Ideal wünschte. Um Widerspruch zu vermeiden, stellte er es dem damaligen und dem vorigen Provinzial anheim, deren Zustimmung ziemlich schwer zu erreichen war.[30] Da ich aber die Hauptsache sah, hatte ich Hoffnung, dass der Herr das übrige tun würde. Und so kam es, dass dank der Gunst des Bischofs,[31] der sich dieses Geschäft sehr zu Herzen nahm, beide einlenkten.

6. Wiewohl ich nun angesichts der Genehmigungen beruhigt war, wuchs meine Sorge um so mehr, da es, soviel ich erkannte, in der Provinz keinen Bruder gab, um es ins Werk zu setzen, und auch keinen Laien, der mit so etwas beginnen wollte. Ich tat nichts anderes als den Herrn zu bestürmen, dass er wenigstens einen Menschen dazu aufrüttelte. Ein Haus hatte ich genauso wenig, noch etwas, um eines zu erwerben. Da stand ich also da, eine armselige Unbeschuhte Nonne, ohne Hilfe von irgendwo her, außer der vom Herrn, beladen mit Vollmachten und guten Wünschen, aber ohne irgendeine Möglichkeit, sie ins Werk zu setzen! An Mut oder Hoffnung fehlte es mir nicht, denn wenn der Herr schon das eine gegeben hatte, würde er das andere auch noch geben. Schon erschien mir alles gut möglich, und so begann ich, es ins Werk zu setzen.

7. O Größe Gottes! Wie zeigt sich deine Macht darin, einer Ameise Kühnheit einzuflößen! Und wie liegt es nicht an dir, mein Herr, sondern vielmehr an unserer Feigheit und unserem

---

[29] Hier unterläuft der Autorin eine Verwechslung: In Wirklichkeit wurde die Gründungsvollmacht für *„die Gründung von zwei Konventen von kontemplativen Karmeliten"* nicht in Valencia, sondern am 10. August 1567 in Barcelona ausgestellt.

[30] Das waren Alonso González und Ángel de Salazar.

[31] Der in diesem Kapitel immer wieder erwähnte Don Álvaro de Mendoza.

Kleinmut,[32] dass diejenigen, die dich lieben, keine großen Werke vollbringen! Da wir uns mit unseren tausend Ängsten und menschlichen Rücksichten nie entschließen,[33] wirkst du, mein Gott, deine Wunder und Großtaten nicht. Wer ist denn mehr Freund des Gebens, wenn er nur wüsste, wem? Und wem gefällt es mehr, auf eigene Kosten Dienste zu erhalten?[34] Möge es Eurer Majestät gefallen, dass ich Euch[35] einen erwiesen habe und nicht mehr Rechenschaft ablegen muss über das Viele, das ich erhalten habe. Amen.

KAPITEL 3

Auf welchen Wegen man mit den Verhandlungen
für die Gründung des Klosters San José
in Medina del Campo begann.

1. Als ich nun mit all diesen Sorgen umging, fiel mir ein, mir von den Patres der Gesellschaft[1] helfen zu lassen, die an jenem Ort, in Medina, sehr angesehen waren,[2] und mit denen ich

---

[32] Der Mut (*ánimo*) spielt in der teresianischen Spiritualität und Pädagogik eine wichtige Rolle; vgl. V 8,7; CE 26,5; 28,3; 6M 4tít.1;5tít.5.6.12; E 12,2; und viele weitere Stellen.

[33] Ein weiterer Schlüsselbegriff der teresianischen Pädagogik; vgl. F 1,6.

[34] Der Leser beachte das hier zum Ausdruck gebrachte Gottesbild: Gott als einer, der nichts lieber möchte, als uns Menschen beschenken; vgl. auch V 10,5; MC 6,1; CE 26,2; 39,3; 48,4; 5M 1,5; 4,6; 6M 10,1; 7M 3,9; und viele weitere Stellen, auch im *Buch der Gründungen*: „*Es liegt nicht an dir, mein Herr, ... dass diejenigen, die dich lieben, keine großen Werke vollbringen*" (F 2,7); „*die Gnaden, die er ihnen erwies, waren so zahlreich*" (F 3,18; 4,8), dass es scheint, als „*wolle sich auch Seine Majestät nicht von ihnen entfernen*" (F 4,5), „*Gott möchte nicht mehr als diese Entschlossenheit, um dann seinerseits alles zu tun*" (F 28,19); „*Seine Majestät ist ein großer Freund*" von Menschen, die „*Vertrauen haben und voll mutigen Mutes sind*" (F 27,12); „*wer Gott besser kennt, dem kommen seine Werke umso leichter vor*" (F 3,5).

[35] Teresa spricht Gott immer mit „Euch" an, was wir an dieser Stelle auch so übersetzen, während wir sonst das vertrautere „Du" bevorzugen.

[1] Sie meint die Gesellschaft Jesu, also den damals gerade aufstrebenden Jesuitenorden.

[2] Sie waren um 1551 nach Medina del Campo gekommen (DST 1039).

mich, wie ich bereits anlässlich der ersten Gründung geschrieben habe,[3] jahrelang wegen meiner Seele besprochen hatte, und für die ich wegen des großen Nutzens, den sie mir erwiesen, immer besondere Verehrung hege. Ich schrieb das, was mir unser Pater General aufgetragen hatte,[4] dem dortigen Rektor, der zufällig jener war, bei dem ich, wie gesagt, jahrelang gebeichtet hatte, auch wenn ich seinen Namen nicht genannt hatte.[5] Er hieß Baltasar Álvarez und ist gegenwärtig Provinzial.[6] Er und die anderen sagten, dass sie in der Angelegenheit tun würden, was sie könnten, und so machten sie viel, um die Genehmigung von den Ortsbehörden[7] und vom Oberen[8] einzuholen, was überall schwierig ist, da es sich um ein Kloster in Armut[9] handelte. Daher verzögerten sich die Verhandlungen um einige Tage.

---

[3] Nicht nur im Gründungsbericht von San José (V 32-36), sondern an vielen Stellen in ihrer *Vida*; siehe V 23,3.9.14.18; 24,4; 28,14; 34,3.14; 35,10; 38,14; usw.

[4] Siehe F 2,5. Man beachte, wie geschickt Teresa taktiert. Sie sucht sich nicht nur Verbündete, sondern aus der Genehmigung ist hier bereits ein Auftrag geworden.

[5] Sie meint in ihrer *Vida*, wo sie keinen ihrer Beichtväter namentlich nennt, um angesichts der allgegenwärtigen Inquisition niemanden zu kompromittieren.

[6] P. Baltasar Álvarez, *„einer der besten Freunde, die ich habe"*, wie Teresa gegen Ende ihres Lebens, am 8. April 1580, in einem Brief an Isabel de Osorio (Ct 336,4) schrieb, wurde 1533 in Cervera (La Rioja) geboren. Er war nacheinander Rektor der Jesuitenkollegien von Medina del Campo, Salamanca und Villagarcía de Campos, mehrfach Provinzial und schließlich Visitator. Als er 1558 oder 1559 Teresas Seelenführer wurde, war er erst 25 oder 26 Jahre alt und gerade zum Priester geweiht worden.

[7] Also von der Stadtverwaltung.

[8] Zu Teresas Zeiten gab es dort eine Abtei mit Stiftskirche, die bistumsähnlichen Status hatte und deren Autonomie sehr verteidigt wurde. Medina del Campo kam erst 1595 zur Erzdiözese Valladolid. (DST 1039; TyV 329).

[9] Anfangs wollte die Gründerin alle ihre Klöster im Zeichen des Gottvertrauens auf vollständige Armut, d.h. Abhängigkeit von Almosen und Verzicht auf eine gesicherte Existenzgrundlage verpflichten; später sah sie ein, dass sich dies in kleineren Ortschaften nicht verwirklichen ließ und erlaubte dort feste Einkünfte; siehe Anm. zu F 1,2. Bereits in ihrer *Vida* hatte Teresa von immensen Schwierigkeiten berichtet, um von der weltlichen und religiösen Obrigkeit Ávilas die Genehmigung zur Gründung eines auf Spenden angewiesenen Klosters zu erhalten; siehe V 36,15-22.

2. Da gesellte sich ein Kleriker hinzu, ein großer Diener Gottes, ganz losgelöst von allen weltlichen Dingen[10] und sehr dem inneren Beten ergeben.[11] Ihm, Kaplan in dem Kloster, wo ich weilte,[12] hatte der Herr dieselben Wünsche eingegeben wie mir, so dass er mir sehr geholfen hat, wie man weiter unten noch sehen wird. Er heißt Julián de Ávila.[13] Denn auch wenn ich die Genehmigung hatte, so besaß ich doch kein Haus und keinen Pfennig,[14] um eines zu kaufen. Einen Kredit aber, auf den ich mich hätte stützen können, wie hätte ein Pilgerweib[15] wie ich ihn bekommen sollen, wenn der Herr ihn mir nicht geben würde? Der Herr fügte es, dass eine sehr tugendhafte[16] junge Frau, für die es in San José für den Eintritt keinen Platz mehr gab,[17] mich anflehte, sie dort aufzunehmen, sobald sie von der

---

[10] „Weltlich" im Sinne einer oberflächlichen Lebenseinstellung, die mehr auf Ansehen, Prestige, Besitz usw. als auf tiefere Werte setzt; siehe auch Anhang I (Stichwort: Welt).

[11] Ein für Teresa wichtiges Kriterium, das auch bei ihrer Entscheidung zugunsten des Johannes vom Kreuz (siehe F 3,17) eine Rolle spielt (Brief von September 1568 an Francisco de Salcedo [Ct 13,5]).

[12] Also capellán, d.h. der tägliche Zelebrant, in San José in Ávila. Außer diesem Dienst kam und kommt bis heute den capellanes in Teresas Klöstern keine weitere Funktion zu.

[13] Der Weltpriester Julián de Ávila (1527-1605), dessen leibliche Schwester María unter dem Namen María de San José zu den vier Gründungsschwestern von San José (Ávila) gehörte, war seit 1563 dort Hausgeistlicher. Er wurde ein wertvoller Mitarbeiter Teresas, der ihr bei ihren Gründungen unschätzbare Dienste erwies. Doch sollte sie gegen Ende ihres Lebens, als er sich zu sehr in klosterinterne Angelegenheiten einmischte, Schwierigkeiten mit ihm bekommen; siehe dazu die Briefe an Jerónimo Gracián vom 27. Februar 1581 (Ct 377,2); 26. Oktober 1581 (Ct 410,9) und 29. November 1581 (Ct 421,6). In den Gründungen spricht Teresa so von ihm: „Ein großer Diener Gottes" (F 3,2), ein Begleiter bei ihren Reisen (F 13,2.3; 19,7; 21,5; 24,5), „der vom ersten Kloster an dabei war" (F 21,6). Die Gründung von Caravaca „kann man ihnen [Julián de Ávila und Antonio Gaitán] verdanken" (F 27,4); „da er Theologe war, mussten wir uns alle seiner Meinung beugen" (F 24,13).

[14] Blanca, die kleinste Münze im monetären System, das seit den Katholischen Königen in Kastilien in Kraft war.

[15] Romera, womit eine arme Pilgerin gemeint war, die auf ihrem Pilgerweg – zunächst nach Rom (von daher der Name) – bettelnd durch die Lande zog. Mit feinem Humor und zugleich erneut als taktische Demutsbekundung nennt Teresa sich hier so.

[16] virtuosa (virtud) Tugend: Siehe Anhang I.

[17] Aufgrund der in F 1,1 erwähnten Begrenzung der Schwesternzahl.

Gründung eines weiteren Hauses erfahren hatte.[18] Sie hatte ein paar Pfennige,[19] recht wenig, was nicht ausreichte, um ein Haus zu kaufen, wohl aber um eines zu mieten, weshalb wir uns eines zum Mieten besorgten, und als Unterstützung für die Reise. Ohne mehr Rückhalt als dies brachen wir – zwei Schwestern von San José[20] und ich, sowie vier aus dem Menschwerdungskloster (das ist das Kloster mit der gemilderten Regel, wo ich vor der Gründung von San José war),[21] – von Ávila auf, zusammen mit unserem Kaplan, Julián de Ávila.

3. Als es in der Stadt bekannt wurde, gab es viel Gerede:[22] Die einen sagten, dass ich verrückt sei, die anderen hofften, dass dieser Unsinn aufhöre. Selbst dem Bischof kam das sehr gewaltig vor, wie er mir später sagte, auch wenn er es mich damals nicht wissen ließ, und mich dabei nicht stören oder mir weh tun wollte, da er mich sehr gern hatte. Meine Freunde hatten genug auf mich eingeredet, aber ich machte mir wenig daraus, weil mir das, was sie für fragwürdig hielten, ganz leicht vorkam, so dass ich mich nicht von der Überzeugung abbringen ließ, es könnte anders als gut ausgehen.

Als wir aus Ávila aufbrachen, hatte ich bereits einem Pater unseres Ordens namens Fray Antonio de Heredia[23] geschrie-

---

[18] Die aus Ávila gebürtige Isabel Fonsecha, die im Karmel den Namen Isabel de Jesús annahm. Sie brachte etwa 15 000 Maravedís mit, eine sehr bescheidene Mitgift.

[19] *Unas blanquillas*, wörtlich: „ein paar winzige Blancas".

[20] Ihre Cousine zweiten Grades María Bautista (de Ocampo) und Ana de los Ángeles (Ordóñez y Gómez).

[21] Im Laufe der Zeit sollte Teresa an die 35 Schwestern aus diesem Kloster zu ihren Gründungen mitnehmen, ein weiterer Beweis, dass die Situation in dem Mammutkloster nicht so verfahren war, wie es gelegentlich dargestellt wird. In diesem Fall handelt es sich um ihre Verwandten Inés de Jesús und deren Schwester Ana de la Encarnación (Tapia), und ferner um Isabel de la Cruz (Arias) und Teresa de la Comumna (Quesada). Letztere sollte nach einem kurzen, unseligen Priorat im Juli 1571 (?) in das Menschwerdungskloster zurückkehren.

[22] Genauso war es ihr in Ávila bei der Gründung von San José ergangen; vgl. V 32,14; 33,1.

[23] Antonio de Heredia, geb. 1510 en Requena, gest. 1601 in Vélez Málaga, Gefährte des Johannes vom Kreuz in Duruelo, mehrfach Oberer, Provinzvikar,

ben, mir doch ein Haus zu kaufen; er war Prior des Männerklosters, das es dort von unserem Orden gab und zur hl. Anna hieß; er solle mir doch ein Haus kaufen.[24] Er sprach darüber mit einer Dame, die ihm sehr ergeben war[25] und ein Haus besaß, das bis auf einen Raum zwar ganz eingestürzt war, aber günstig lag. Sie war so gut, dass sie ihm versprach, es ihm zu verkaufen; so schlossen sie den Vertrag ab, ohne von ihm eine Bürgschaft noch etwas anders als nur sein Wort zu verlangen, denn wenn sie das verlangt hätte, hätten wir die Mittel nicht gehabt. Nach und nach fügte der Herr alles. An diesem Haus fehlten so viele Wände, dass wir aus diesem Grund ein anderes anmieteten, während jenes hergerichtet wurde, da noch ziemlich viel daran zu machen war.

4. Als wir nun am ersten Reisetag, spät abends und wegen der schlechten Reiseausrüstung, die wir hatten, ermüdet ankamen und gerade in Arévalo einzogen, kam uns ein Geistlicher entgegen, ein Freund von uns,[26] der uns im Haus einiger frommer Frauen eine Unterkunft besorgt hatte; insgeheim flüsterte er mir zu, dass wir kein Haus hätten, weil es nämlich in der Nähe eines Augustinerklosters[27] lag, und diese sich unserem Einzug dort widersetzten, und dass es wohl zu einer Gerichtsverhandlung kommen müsste. Du lieber Gott! Wenn du, Herr, Mut verleihen willst, wie wenig bringen dann alle Widersprüche fertig!

---

als welcher er Teresa auf Bitten der Herzogin von Alba den Auftrag gab, als Todkranke dorthin zu reisen. Er stand sowohl am Sterbebett Teresas als auch des Johannes vom Kreuz. Teresa stellt ihn so vor: *„Zurückgezogen, den Studien sehr ergeben, ein Freund seiner Zelle, ein Studierter, doch nicht geeignet für einen derartigen Anfang"* (F 3,16); sie war *„nicht zufrieden"* mit ihm (F 3,17); er ist bereit, *„auch in einem Schweinestall zu leben"* und geht nach Duruelo mit *„einer riesengroßen innerlichen Freude"* (F 14,3); er *„verflucht die Zeit, in der [er] etwas auf das Ansehen hielt"* (F 14,6). Er ist einer von denen, die *„am meisten litten"* und der *„verbannt"* wurde (F 28,4.11); ferner ist er an der Gründung in Villanueva de la Jara beteiligt (F 28,11.12.18.42).

[24] Versehentlich wiederholt sich die Autorin.
[25] Doña María Suárez, Herrin von Fuente el Sol (Fuentelsol).
[26] Alonso Esteban.
[27] Es hieß Nuestra Señora de Gracia, wie jenes Augustinerinnenkloster in Ávila, wo Teresa 1531-32 eineinhalb Jahre lang zur Erziehung geweilt hatte.

Es scheint mich eher noch ermutigt zu haben, da ich glaubte, dass dem Herrn in jenem Kloster gedient werden müsse, wenn der Böse schon mit seiner Unruhe einsetzte. Doch bat ich ihn,[28] nichts davon verlauten zu lassen, um meine Gefährtinnen nicht zu beunruhigen, vor allem die beiden aus dem Menschwerdungskloster,[29] denn die anderen hätten für mich jede Prüfung auf sich genommen. Eine von beiden war damals Subpriorin dort,[30] und man hatte ihr den Weggang sehr schwer gemacht; auch stammten beide aus gutem Haus und kamen gegen den Willen ihrer Verwandten mit, da es allen unsinnig vorkam; nachher sah auch ich ein, dass sie allen Grund dazu hatten. Doch sobald es dem Herrn gefällt, dass ich eines dieser Häuser gründe, lässt mein Denken, glaube ich, keinen Grund zu, der ausreichend erscheinen würde, um die Durchführung zu unterlassen, bis es endlich zustande gekommen ist. Dann allerdings türmen sich vor mir alle Schwierigkeiten auf einmal auf, wie man später noch sehen wird.

5. Als wir in der Herberge ankamen, erfuhr ich, dass sich am Ort ein Dominikaner aufhielt, ein großer Diener Gottes, bei dem ich gebeichtet hatte, solange ich in San José war. Da ich bei jener Gründung schon viel über seine Tugend gesagt habe,[31] will ich hier nicht mehr sagen als nur seinen Namen, nämlich Magister Domingo Báñez[32] – ein sehr studierter und kluger Mann –, von dessen Meinung ich mich leiten ließ, und

---

[28] Den mit ihr befreundeten Geistlichen.

[29] Isabel Arias und Teresa de Quesada.

[30] Stellvertreterin der Hausoberin (Priorin); sie meint Teresa de Quesada.

[31] Siehe etwa V 34,14; 36,15; da sie es vermeidet, Namen zu nennen, ist es nicht immer klar, ob sie Báñez oder einen anderen Beichtvater meint.

[32] Geboren am 28. Februar 1528 in Valladolid, gestorben am 22. Oktober 1604 in Medina del Campo, der bedeutendste und wichtigste Dominikaner im Leben Teresas; er ist wahrscheinlich einer *„der fünf, die wir uns jetzt in Christus lieben"* (V 16,7), unterstützt sie bei der Gründung von San José (V 36,15), ist der Adressat des *Wegs der Vollkommenheit* (CE [CV] pról 1, ist ihr zeitlebens freundschaftlich verbunden, unterstützt sie und ihre Schwestern über ihren Tod hinaus bei allen Gründungsvorhaben, und sagt im Seligsprechungsprozess über sie aus (BMC 6,131; 18,6; vgl. auch 29,368; DST 749-751). Er rät ihr, in Alba de Tormes mit festen Einkünften zu gründen (F 20,1).

seiner Meinung nach war das, was ich zu tun vorhatte, nicht so schwierig wie für alle anderen. Denn wer Gott besser kennt, dem kommen seine Werke umso leichter vor; und aufgrund gewisser Gnadengaben, die mir Seine Majestät erwies, wie er wusste, sowie aufgrund dessen, was er bei der Gründung von San José erlebt hatte, schien ihm alles sehr wohl möglich. Es gereichte mir sehr zum Trost, als ich ihn sah, weil mir schien, dass auf seine Beurteilung hin das Ganze schon gut ausginge.[33] Nun also, sobald er gekommen war, sagte ich ihm insgeheim, was sich abspielte. Er war der Meinung, dass wir mit den Augustinern schnell handelseins werden könnten, doch mir war jegliche Verzögerung zuwider, weil ich nicht wusste, was ich mit so vielen Schwestern anfangen sollte, und so verbrachten wir jene Nacht voller Sorge, denn in der Herberge erzählten sie es allen Schwestern.

6. Früh am Morgen kam der Prior unseres Ordens, P. Antonio,[34] dort an; er sagte, dass das Haus, das er zu kaufen vereinbart habe, ausreichend sei und eine Vorhalle habe, wo man eine kleine Kirche einrichten könnte, indem man sie mit einigen Tüchern ausschmückte. Daraufhin entschlossen wir uns. Mir jedenfalls kam das sehr gut vor, denn am ratsamsten war es für uns, dass es so schnell wie möglich ginge, da wir außerhalb unserer Klöster weilten, und auch, weil ich Widerstand befürchtete, da ich von der ersten Gründung her gewitzt war. Daher wollte ich, dass es bereits in Besitz genommen würde, noch bevor man davon Kenntnis bekäme, und so beschlossen wir, dass es bald geschehen sollte. Zum selben Entschluss kam auch Pater Magister Domingo.

7. Wir kamen am Vorabend des Liebfrauenfestes im August[35] nachts um zwölf in Medina del Campo an. Um keinen Lärm

---

[33] Da Báñez sehr angesehen war, galt seine Meinung viel; es war für Teresa also sehr wichtig, ihn zum Verbündeten zu haben.

[34] Siehe F 3,3.

[35] Mariä Himmelfahrt (15. August).

zu machen, stiegen wir im Kloster zur hl. Anna[36] ab, und gingen zu Fuß zum Haus. Es war ein großer Erbarmenserweis des Herrn, dass zu jener Stunde gerade die Stiere für den Kampf am anderen Tag eingetrieben wurde,[37] so dass uns niemand begegnete. So versunken wie wir waren, hatten wir darauf überhaupt nicht geachtet, aber der Herr, der immer auf jene acht hat, die ihm zu dienen wünschen – und etwas anderes hat hier gewiss niemand beabsichtigt –, hat uns da herausgehalten.

8. Als wir beim Haus ankamen, betraten wir einen Innenhof. Das Gemäuer kam mir sehr heruntergekommen vor, aber nicht so schlimm, wie es aussah, als es dann Tag wurde. Offenbar hatte es dem Herr gefallen, diesen braven Pater so blind sein zu lassen,[38] dass er nicht sah, dass man dort das Allerheiligste Sakrament[39] nicht unterbringen konnte. Die Besichtigung der Vorhalle ergab, dass da viel Erde zu entfernen war, das Dach nur mit Ziegeln abgedeckt, die Wände nicht verputzt; die Nacht war kurz, und wir hatten nichts dabei als einige Tücher (drei, glaube ich); bei der ganzen Länge der Vorhalle war das gar nichts. Ich wusste nicht, was ich tun sollte, denn ich sah, dass es nicht anging, dort einen Altar aufzustellen. Es gefiel aber dem Herrn, der wollte, dass es bald geschah,[40] dass der Verwalter jener Dame[41] viele Wandteppiche und eine Bettdecke aus blauem Damast von ihr im Haus hatte, und sie ihm gesagt hatte, dass er uns alles, was wir nur wollten, geben sollte, denn sie war sehr gütig.

---

[36] Das Karmelitenkloster, siehe F 3,3.
[37] Der „encierro de toros" ist ein bis heute bestehender Spektakel: Die Stiere werden unter großer Beteiligung der Bevölkerung durch die abgesperrten Straßen der Stadt zum Kampfplatz getrieben, was vielen jungen Männern Gelegenheiten zu Mutproben gibt.
[38] Bei der Beschreibung der ersten Gründung der Brüder in Duruelo wird die Autorin sich erneut über den nicht sonderlich praktisch begabten Antonio de Heredia lustig machen; siehe F 14,1.
[39] Die eucharistische Gegenwart des Herrn in der konsekrierten Hostie, die im Zuge der Gegenreformation stark betont wurde.
[40] Man beachte, wie sich der Herr Teresas Wünschen anpasst!
[41] Die in F 3,3 genannte María Suárez.

9. Als ich diese schöne Ausstattung sah, pries ich den Herrn, und das taten auch die anderen, auch wenn wir nicht wussten, wo wir Nägel hernehmen sollten und es nicht der Moment war, um welche einzukaufen. So begannen wir die Wände danach abzusuchen und fanden schließlich mit Mühe und Not eine Lösung. Die einen behingen die Wände, wir Schwestern putzten den Boden. Dabei beeilten wir uns so sehr, dass bei Tagesanbruch der Altar aufgestellt war und in einem Flur eine kleine Glocke hing, und sofort wurde die Messe gelesen. Das genügte für die Inbesitznahme. Das war uns aber nicht bewusst, sondern wir setzten auch das Allerheiligste Sakrament ein,[42] und durch die Ritzen einer gegenüberliegenden Tür verfolgten wir die Messe mit, da es keinen anderen Platz gab.

10. Bis dahin fühlte ich mich sehr glücklich, denn es ist ein ganz großer Trost für mich, eine weitere Kirche zu sehen, wo das Allerheiligste Sakrament ist; aber das währte nur kurz.[43] Denn als die Messe zu Ende war, gelang es mir, durch eine Art Fensterchen in den Innenhof zu spähen, und da sah ich, dass stellenweise sämtliche Mauern eingestürzt waren, so dass es Tage dauern würde, sie wieder herzurichten. O mein Gott! Als ich Seine Majestät auf der Straße sah, und das in einer so gefährlichen Zeit wie jetzt, mit diesen Lutheranern,[44] welche Bedrängnis erfasste da mein Herz!

---

[42] Zu diesem Zeitpunkt nahm die Autorin noch irrtümlich an, dass zur Gültigkeit der Gründung bzw. zur Inbesitznahme des Hauses die Einsetzung des Allerheiligsten (der eucharistischen Gegenwart) erforderlich war. Erst bei der Gründung in Salamanca 1570 sollte sie erfahren, dass die Feier der ersten Messe genügte; siehe F 19,3.

[43] Vgl. V 36,7, wo sie berichtet, dass es ihr nach ihrer ersten Klostergründung in Ávila genauso erging: zuerst große Tatkraft und tiefe Freude über das Erreichte; sobald die Spannung nachlässt jedoch eine depressive Anwandlung mit Skrupeln und seelischen Nöten.

[44] Ein Beispiel, wie sehr Teresas Denken über die Reformatoren und ihre Anhänger – von denen sie keinem je persönlich begegnete – von der kirchlichen und staatlichen Propaganda im gegenreformatorischen Spanien beeinflusst war. Angesichts der internationalen Handelsbeziehungen, die Medina del Campo unterhielt, hätte es dort sogar welche geben können; von daher ihre Angst. Die

11. Hinzu kamen noch alle Schwierigkeiten, die jene uns bereiten konnten, die viel dagegen gewettert hatten, und ich erkannte klar, dass sie recht hatten. Es schien mir unmöglich, mit dem,
was ich angefangen hatte, weiterzumachen, denn so wie mir
vorher alles leicht vorgekommen war, beim Gedanken, dass
es für Gott geschah, so schränkte die Versuchung jetzt seine
Macht derart ein, dass mir war, als hätte ich nie eine Gnade
von ihm erhalten; nur noch meine Unzulänglichkeit und Ohnmacht standen mir vor Augen. Auf so viel Elend gestützt, wie
konnte man da einen guten Ausgang erwarten? Wenn ich allein
gewesen wäre, hätte ich es, glaube ich, besser ertragen, aber die
Vorstellung, dass meine Gefährtinnen wieder nach Hause gehen müssten, und bei dem Widerstand, unter dem sie weggegangen waren, setzte mir das sehr zu. Auch meinte ich, dass
wohl aus all dem, von dem ich geglaubt hatte, dass es der Herr
später machte, nichts würde, wenn schon der Anfang verfehlt
war. Später kam noch die Befürchtung hinzu, ob das, was ich
beim inneren Beten begriffen hatte, nicht vielleicht eine Selbsttäuschung war, und das war nicht der geringste Schmerz, eher
der größte, denn ich bekam eine Riesenangst, dass mich wohl
der Böse getäuscht habe. O mein Gott, was ist es um eine Seele,
die du der inneren Not überlassen willst! Gewiss, wenn ich an
diese Bedrängnis oder auch an manch andere zurückdenke, die
ich bei diesen Gründungen erlebt habe, kommt mir vor, dass
man im Vergleich dazu von den körperlichen Anstrengungen

„Lutheraner" (womit sie in Wirklichkeit die kalvinistischen Hugenotten Frankreichs meint) sind in ihrem Denken stark präsent: Sie spielen bei der Gründung von San José eine Rolle (V 32,6.9-10), das „Anwachsen dieser unheilvollen Sekte" (CE 1,2) verändert bestimmte Vorstellungen für ihre Gründung. Sie
sind für sie „Häretiker"; vgl. auch CE 4,2; 58,2; 61,8; V 7,4; 21,1; 40,5.14; usw.
Sie bezeichnet sie als „Verräter" und „unheilvolle Sekte" (CE 1,2), die Christus
„von neuem ans Kreuz bringen" will (ebd.) und ein „Feuer" (CE/CV 3,1) entfacht, das „die Welt in Flammen" setzt (CE/CV 1,5). Deswegen sind sie „ein
großes Übel" (CE/CV 3,1). Sie schaffen die Sakramente, vor allem die Eucharistie, ab, bringen Priester um, zerstören Kirchen, usw. (CE 4,2 bzw. CV 3,8; CE
58,2 bzw. CV 3,3; CV 35,1). All das zeigt ihre sehr begrenzte und einseitige Information über sie. Doch weiß sie auch, und damit steht sie damals fast allein
da, dass man „mit Waffengewalt einem so großen Übel nicht abhelfen" kann
(CE 3,1).

nicht viel Aufhebens machen soll, auch wenn sie groß genug waren.[45]

12. Trotz dieser ganzen Bedrängnis, die mich sehr niederdrückte, ließ ich meine Gefährtinnen nichts davon verspüren, denn ich wollte sie nicht noch mehr in Bedrängnis bringen als sie es ohnehin schon waren. Bis zum Nachmittag verblieb ich in dieser inneren Prüfung, als der Rektor der Gesellschaft[46] einen Pater zu mir schickte, der mich sehr ermutigte und tröstete. Ich erzählte ihm nichts von all den inneren Nöten, die ich durchmachte, sondern nur von jener, dass wir auf der Straße sind. Ich begann mit ihm darüber zu sprechen, dass man uns ein Mietshaus suchen sollte, koste es, was es wolle, damit wir dahin übersiedelten, während dieses hergerichtet würde. Es erfüllte mich auch mit Trost, die vielen Menschen zu sehen, die zu uns kamen, und dabei fiel niemandem unser Unsinn auf, was ein Zeichen des göttlichen Erbarmens war; denn es wäre ganz richtig gewesen, uns das Allerheiligste Sakrament wieder wegzunehmen. Nun erst bedenke ich meine Dummheit, aber auch wie wenig alle darauf geachtet haben, die Hostien zu konsumieren,[47] denn ich glaubte, wenn das geschehen wäre, dass dann alles aus gewesen wäre.

13. So sehr man es auch versuchte, fand sich doch im ganzen Ort kein Haus zum Mieten, so dass ich Tage und Nächte mit großem Kummer verbrachte. Denn wenn ich auch ständig Männer dort zurückließ, um das Allerheiligste Sakrament zu bewachen,[48] so war ich doch in Sorge, dass sie vielleicht einschliefen. Daher stand ich nachts immer wieder auf, um es durch ein Fenster zu beobachten; da der Mond sehr hell war, konnte ich

---

[45] Vgl. V 36,7f.

[46] Der in F 3,1 erwähnte Baltasar Álvarez. Wer der genannte Pater war, ist nicht geklärt.

[47] Die Hostien sind die sichtbaren Zeichen der Gegenwart Christi; sie zu konsumieren, bedeutet, diese zu beenden.

[48] Ein erneutes Beispiel für die aufgeheizte Stimmung im gegenreformatorischen Spanien.

es gut sehen. Die ganzen Tage hindurch kamen viele Leute, und es kam ihnen nicht nur nicht schlecht vor, sondern es erweckte sogar Andacht in ihnen, unseren Herrn wieder im Stall zu sehen.[49] Und wie einer, der niemals müde wird, sich unseretwegen zu erniedrigen, schien Seine Majestät nicht von dort weggehen zu wollen.

14. Als nach acht Tagen ein Kaufmann,[50] der in einem sehr schönen Haus wohnte, unsere Notlage bemerkte, sagte er uns, wir sollten bei ihm in das obere Stockwerk ziehen, wo wir wie im eigenen Haus leben könnten. Es gab dort einen sehr großen, mit Gold verzierten Saal, den er uns als Kirche gab; und eine Dame namens Elena de Quiroga,[51] die neben dem von uns gekauften Haus wohnte, eine große Dienerin Gottes, sagte mir ihre Hilfe zu, damit bald mit dem Bau einer Kapelle begonnen würde, wo dann das Allerheiligste Sakrament wäre, und auch um uns so unterzubringen, dass wir als Klausurschwestern[52] leben könnten. Weitere Personen gaben uns ziemlich viele Almosen, damit wir zu essen hätten; aber diese Dame war es, die mir am meisten half.

---

[49] Eine Anspielung auf die Geburt Christi im „Stall" von Bethlehem; siehe Lk 2,7.

[50] Blas de Medina, wie viele Händler, die Teresa bei ihren Gründungen noch unterstützen werden, ein Angehöriger der *Converso*-Schicht. Als *Conversa* sucht und erhält Teresa immer wieder die Unterstützung von Angehörigen ihrer eigenen Gesellschaftsschicht.

[51] Sie war eine Nichte des Großinquisitors Kardinal Gaspar de Quiroga. Sie unterstützte Teresa nicht nur bei der Gründung des Karmel von Medina del Campo, sondern ihre jüngere Tochter, Jerónima Villarroel y Quiroga, trat 1575 14-jährig dort ein; ihr Ordensname war Jerónima de la Encarnación. Nach heftigem Widerstand vonseiten des Kardinals, der auch zu Spannungen in seinem Verhältnis zu Teresa führte, trat schließlich auch sie selbst im Jahr 1581 unter dem Namen Elena de Jesús dort ein. Unter dem Druck des (Groß)onkels wechselten beide 1586 in den Karmel von Toledo. Sie wird in Teresas Briefen immer wieder erwähnt.

[52] Die Klausur als Privatraum der Schwestern, zu dem Außenstehende keinen Zutritt haben, bot nicht nur einen Raum der Stille und Zurückgezogenheit, wie er für die von Teresa angestrebte kontemplative Lebensweise nötig war, sondern auch persönliche Gestaltungsräume ohne Einmischung von außen, womit Teresas Schwestern mehr Selbständigkeit hatten als die meisten Frauen damals, die entweder ihrem Vater, Ehemann oder Bruder unterstellt waren.

15. Daraufhin begann ich mich zu beruhigen, denn dort, wo wir hingingen, lebten wir in voller Klausur, und wir begannen das Stundengebet zu verrichten; mit dem Haus beeilte sich der gute Prior[53] sehr, was ihm jedoch große Mühe bereitete. Trotz allem sollte es noch zwei Monate dauern. Aber es wurde so hergerichtet, dass wir dort einige Jahre vernünftig leben konnten. Nachher hat unser Herr es allmählich besser gemacht.

16. Während ich dort war, ging mir noch die Sorge wegen der Klöster für Brüder durch den Kopf. Da ich, wie gesagt,[54] noch keinen hatte, wusste ich nicht, was tun. So entschloss ich mich, es ganz im geheimen mit dem dortigen Prior[55] zu besprechen, um zu sehen, was er mir raten würde; und so machte ich es. Er freute sich sehr, als er davon erfuhr, und versprach mir, der erste zu sein. Ich nahm das als Scherz auf und sagte es ihm auch; denn wenn er auch immer ein guter Ordensmann, zurückgezogen, den Studien sehr ergeben und ein Freund seiner Zelle war, da er ja ein Studierter war, glaubte ich doch nicht, dass er für einen derartigen Anfang geeignet wäre und den rechten Geist hätte, sowie die nötige Strenge aufbrächte, da er schwächlich und nicht dafür gemacht war. Er versicherte mir jedoch eindringlich und bekräftigte, dass der Herr ihn schon vor vielen Tagen zu einem strengeren Leben gerufen habe, und er von daher schon entschlossen sei, zu den Kartäusern zu gehen, und diese ihm die Aufnahme bereits zugesagt hätten.[56] Trotz allem war ich nicht sehr zufrieden, obwohl ich ihm mit Freude zuhörte, und bat ihn, dass wir einige Zeit verstreichen ließen, und er sich in den Dingen einüben sollte, die er versprechen müsste. Das tat er. Es ging ein Jahr vorbei, und in dieser Zeit widerfuhren ihm gemäß mancher Zeugenaussagen so viele Prüfungen und Verfolgungen, dass es den Anschein hat, als

---

[53] Antonio de Heredia; siehe F 3,3.6.

[54] In F 2,6.

[55] Erneut Antonio de Heredia.

[56] Da die Kartäuser als der strengste Orden galten, brauchte man für einen Wechsel zu ihnen keinerlei Genehmigung einer kirchlichen Behörde; ihre Zusage allein reichte.

wollte der Herr ihn auf die Probe stellen. Er hielt all dem so gut stand und zog solchen Nutzen daraus, dass ich unseren Herrn pries und mir schien, dass Seine Majestät ihn allmählich dafür zubereitete.

17. Kurz danach kam zufällig ein junger Pater vorbei, der in Salamanca studierte; er reiste mit einem Gefährten,[57] der mir große Dinge über die Lebensweise dieses Paters erzählte. Er heißt Bruder Johannes vom Kreuz.[58] Ich pries unseren Herrn, und als ich mit ihm sprach, gefiel er mir sehr;[59] ich erfuhr von ihm, dass auch er zu den Kartäusern gehen wollte.[60] Ich sagte ihm, was ich vorhatte, und bat ihn inständig zu warten, bis der Herr uns ein Kloster gäbe; und wie gut es doch wäre, wenn er es schon besser machen wollte, das im eigenen Orden zu tun, und um wie viel mehr dem Herrn damit gedient wäre. Er gab mir sein Wort, es so zu machen, wenn es nur nicht zu lange dauerte. Als ich sah, dass ich für den Anfang bereits zwei Brüder hatte, schien mir das Geschäft schon gemacht,[61] auch wenn ich mit dem Prior noch nicht zufrieden war. Daher wartete ich noch ein Weilchen zu, auch um etwas zu haben, um zu beginnen.

---

[57] Pedro de Orozco, ein Mitbruder und Studiengefährte von Johannes vom Kreuz, der aus Medina del Campo stammte und wie er kurz zuvor die Priesterweihe erhalten hatte. Beide waren zur Feier der Primiz (der ersten Eucharistiefeier eines Neupriesters) dorthin gekommen.

[58] Teresa hatte zuerst *„er hieß"* geschrieben, korrigierte das aber nachträglich, da Johannes vom Kreuz zu diesem Zeitpunkt noch Juan de Santo Matía hieß. Den Namen Juan de la Cruz sollte er erst als Unbeschuhter Karmelit annehmen.

[59] Erste Eindrücke Teresas von Johannes vom Kreuz und erste Äußerungen von ihm: Es möge *„nicht zu lange dauer[n]"* (F 3,17); *„er erkundigte sich über unsere Lebensweise in diesen Häusern"* (F 10,4; 13,5); *„für ihn bedurfte es keiner Erprobung"* (F 13,1); *„er war so gut, dass zumindest ich viel mehr von ihm lernen konnte als er von mir"* (F 13,5). Man beachte den Unterschied mit der Einschätzung Antonios de Jesús.

[60] Johannes liebäugelte zu diesem Zeitpunkt mit der Kartause El Paular in der Sierra de Guadarrama.

[61] Wie öfter im Gesamtwerk greift Teresa auch hier wieder auf die Handelsterminologie zurück, mit der sie als *Conversa* bestens vertraut ist; vgl. etwa V 4,2; 11,1; 19,11; 20,27; 33,14; 39,15; CE 29,5; 43,3; 51,2; 65,5; CC 1,22; und viele weitere Stellen. Siehe ferner J. A. Álvarez Vázquez, *„Trabajos, dineros y negocios"*.

18. Die Schwestern gewannen bei den Leuten immer mehr Vertrauen, und diese fassten große Zuneigung zu ihnen, und meiner Meinung nach zu Recht; denn sie kümmerten sich um nichts anderes als darum, wie eine jede einzelne unserem Herrn besser dienen könnte.[62] In allem lebten sie so wie in San José zu Ávila, da die Regel und die Konstitutionen gleich waren.[63]

Der Herr begann einige zu rufen, die den Habit nahmen; und die Gnaden, die er ihnen erwies, waren so zahlreich, dass ich erstaunt war. Er sei für immer gepriesen. Amen. Es sieht nämlich so aus, als warte er nur darauf, geliebt zu werden, um zu lieben.

KAPITEL 4

Sie spricht darin über einige Gnaden, die der Herr den Schwestern dieser Klöster erweist, und den Priorinnen werden Weisungen erteilt, wie sie mit ihnen umgehen sollen.

1. Es scheint mir sinnvoll, bevor ich weiterschreibe,[1] einige Weisungen zu geben, (ich weiß ja nicht, wie viel Zeit zu leben und

---

[62] Vgl. F 1,2, wo sie den Schwestern ihrer ersten Gründung San José (Ávila) dasselbe Lob ausspricht.

[63] Die Ordensregel, in diesem Fall die Karmelregel, enthält zeitlos gültige Grundbestimmungen, bei den Konstitutionen handelt es sich um eine Art Ausführungsbestimmungen, die in Abständen immer wieder den konkreten Erfordernissen der jeweiligen Zeit angepasst werden. Im Jahr 1567 schrieb Teresa eigene Konstitutionen für das Kloster San José, die vom Ordensgeneral Giovanni Battista Rossi approbiert wurden. Dieser ursprüngliche Text Teresas ist nicht erhalten, auch wenn Spuren davon in den Konstitutionen für den männlichen Ordenszweig überlebt haben. Der Text der teresianischen *Konstitutionen*, der in den spanischen Ausgaben der *Obras Completas* enthalten ist, entstand erst nach 1568; den deutschen Text siehe Teresa von Ávila, *Gedanken zum Hohenlied, Gedichte und kleinere Schriften*, 402-439. Daneben gibt es die sog. *Konstitutionen von Alcalá*, die nicht von Teresa selbst stammen, sondern – teilweise auf Vorlagen Teresas zurückgreifend – auf dem Kapitel von Alcalá 1581 von den Unbeschuhten Karmeliten redigiert wurden, an dem sie als Frau nicht teilnehmen durfte, obwohl sie die Gründerin war.

Gelegenheit dazu mir der Herr noch gibt, während ich jetzt, so wie es aussieht, ein wenig habe), damit die Priorinnen sich besser auskennen und ihre Untergebenen[2] mit mehr Nutzen für deren Seelen, wenn auch nicht so sehr nach deren Geschmack leiten.

Dabei ist anzumerken, dass damals, als man mir auftrug, diese Gründungen zu beschreiben, – abgesehen von der ersten, San José in Ávila, die gleich niedergeschrieben wurde – mit Gottes Hilfe, einschließlich Alba de Tormes, was bisher die letzte ist, weitere sieben gegründet worden waren.[3] Der Grund, warum nicht noch mehr gegründet wurden, war, dass mich die Oberen anderweitig angebunden haben, wie man weiter unten sehen wird.[4]

---

[1] Die Kapitel 4-8 bilden den ersten längeren Exkurs in diesem Buch. Bereits im Prolog hatte sie angekündigt, *„ein paar Themen des inneren Betens"* (F pról 5) ansprechen zu wollen, und hier sagt sie, *„einige Weisungen"* für Priorinnen zu geben (F 4,1), und natürlich auch zu sagen, dass *„die göttliche Majestät begann, seine Großtaten an diesen schwachen ... Weiblein zu zeigen"* (F 4,5), gleichsam als Erweis für die Richtigkeit ihres Unternehmens. In dieser kleinen geistlichen Abhandlung geht es ihr nicht so sehr um eine theoretische Erörterung, als vielmehr um den praktischen Umgang mit ungesunden Auswüchsen der Frömmigkeit, neurotischen Störungen, usw. Als sie das schrieb, hatte sie schon acht Klöster gegründet und bereits erste Erfahrungen mit psychischen Auffälligkeiten gemacht.

[2] In einer absolutistisch verfassten Umgebung darf es nicht verwundern, wenn Teresa diesen Ausdruck verwendet, der für ihr Verhalten zu den Schwestern nicht typisch ist.

[3] Die sieben Klöster waren: Medina del Campo (1567), Malagón (1568), Valladolid (1568), Toledo (1569), Pastrana (1569), Salamanca (1570) und Alba de Tormes (1571). Diese Notiz ist wichtig für die Datierung dieses ersten Teils des *Buches der Gründungen*; es muss auf jeden Fall nach 1571 und vor Frühjahr 1574 entstanden sein, als sie in Segovia gründete.

[4] Eine Anspielung auf die Tatsache, dass sie ab 6. Oktober 1571 bis 1574 Priorin im Menschwerdungskloster war. Die Ernennung war gegen ihren Willen und trotz des erbitterten Widerstands eines Teils des Konventes erfolgt. Ab Mitte 1572 hatte sie Johannes vom Kreuz als Beichtvater bei sich. Am 9. Januar 1577 schreibt sie an P. Gracián: *„Die Schwestern von außen her unter Druck zu setzen, und niemanden haben, der ihnen innerlich hilft, bedeutet große Mühsal; so hatte ich es, bis die Unbeschuhten in die Menschwerdung kamen"* (Ct 174,2). Im Herbst 1573 sollte sie von dort nach Salamanca aufbrechen, ein weiterer *terminus ante quem* für die Datierung dieses Teils des vorliegenden Werkes.

2. Wenn ich so bedenke, was sich in diesen Jahren in diesen Klöstern in geistlicher Hinsicht getan hat, ist mir klar geworden, wie notwendig das ist, was ich nun sagen will. Gebe der Herr, dass es mir entsprechend der von mir erkannten Notwendigkeit gelinge. Da es sich nicht um Täuschungen[5] handelt, sollen sich die Geister nicht einschüchtern lassen, denn wie ich an anderer Stelle ganz nebenbei gesagt habe, als ich für die Schwestern geschrieben habe,[6] lässt der Herr niemals zu, dass der Böse so sehr die Überhand gewinnt und uns so sehr täuscht, dass er unserer Seele schaden kann, sofern man seinen Weg mit reinem Gewissen[7] und im Gehorsam geht, eher wird er selbst der Getäuschte sein. Und da er das begreift, verursacht er uns, glaube ich, nicht so viel Böses wie unsere Einbildung und unsere schlechten Stimmungen,[8] vor allem wenn Melancholie[9] im Spiel ist; denn die weibliche Natur ist schwach

---

[5] Sie meint durch den Bösen; wohl eine Bemerkung, die auf den Zensor gemünzt ist, da Frauen als besonders anfällig für dämonische Einflüsse galten, weshalb ein Teil der Theologen ihnen ein intensiveres geistliches Leben versagen wollte. Teresa ergreift hier also die Flucht nach vorn: Dämonische Täuschung braucht man in ihren Klöstern nicht zu befürchten; die Phänomene, die sie ansprechen will, liegen auf einer anderen Ebene.

[6] Siehe etwa CV 40,4 bzw. CE 69,4. Der Leser bemerke, wie sehr die Autorin darum bemüht ist, die Bedeutung ihrer Schriften herunterzuspielen, erneut ein Beispiel taktischer Demut in einem Umfeld, das Frauen keine schriftstellerischen Ambitionen zubilligte. In Wirklichkeit war es ihr äußerst wichtig, ihre Erfahrung schriftlich an ihre Schwestern weiterzugeben, wie die vorliegende Stelle erneut belegt.

[7] Hier geht es nicht um das „gute Gewissen" dessen, der sich nichts vorzuwerfen hat, sondern um die Herzensreinheit (puritas cordis) im biblischen Sinn, also um die lautere Gesinnung, die sich in ungeteilter Hingabe an Gott und Absichtslosigkeit im Umgang mit den Mitmenschen kundtut. Vgl. auch CE 36,6; 52,4; 61,9; 71,1; 6M 8,6; F 4,5.

[8] Humores, wörtlich: Körpersäfte, Stimmungen. Im Zuge der antiken Vier-Säfte-lehre des Hippokrates bzw. Galenus führte die damalige Medizin sowohl das körperliche als auch das seelische Befinden und damit sowohl das Entstehen von körperlichen Krankheiten als auch von seelischen Stimmungen auf das Zusammenspiel der Körpersäfte zurück.

[9] Unter diesem Begriff, der ebenfalls aus der klassischen Vier-Säfte-Lehre stammt, versteht Teresa „sowohl depressive (Antriebsschwäche, Mutlosigkeit, Pessimismus) als auch psychotisch gefärbte (Wahnerleben) Erscheinungsformen psychischer Erkrankung (...) Als besonders eindrucksvolle Symptome nennt Teresa von anderen nicht nachvollziehbare ‚Bedrängnisse' und ‚Skrupel' der Kranken, womit

und die uns beherrschende Eigenliebe sehr subtil.[10] So sind Menschen zu mir gekommen, sowohl Männer als auch Frauen, sogar viele – ganz abgesehen von den Schwestern dieser Häuser –, bei denen ich klar erkannt habe, dass sie ungewollt oftmals einer Selbsttäuschung zum Opfer fielen.[11] Ich glaube schon, dass der Böse sich da wohl einmischt, um uns an der

---

sie eher in die Richtung der depressiven Störungen verweist, jedoch auch ‚Einbildungen', die sie andernorts klar von ‚echten Visionen' unterscheidet" (B. Souvignier, *Die Würde des Leibes*, 144). Da zu ihrer Zeit die Bezeichnung „Melancholie" neben dem von ihr kaum verwendeten Konstrukt der „Besessenheit" die einzige Möglichkeit zur Einordnung psychosozialer Auffälligkeiten bot, fasst sie naturgemäß ein breites Spektrum von normabweichenden Eigenschaften und Verhaltensweisen darunter. Zudem geht sie davon aus, dass sie eine immanente Tendenz zur Verschlechterung mit sich bringen, sofern sie nicht sorgfältig unter Kontrolle gehalten werden. Ohne adäquatere Behandlungsmöglichkeiten, welche erst die moderne Psychiatrie und Psychotherapie entwickeln, konnte ihre Reaktion darauf insofern nur repressiv geprägt sein. Zudem ist Teresa das Ausmaß an Beunruhigung, die von einer psychisch Erkrankten für den gesamten Konvent ausgehen kann, sehr bewusst. Es gilt hervorzuheben, dass Teresa die Melancholie immer als durch natürliche Zusammenhänge erklärbare somatische Erkrankung begreift und sie in keiner Weise mit persönlicher Schuld in Bezug setzt. Damit fällt die Melancholie für sie unter die Vielzahl unterschiedlicher Leiden, die den Menschen betreffen können und durch deren geduldiges Ertragen sich die Kranke im Glauben bewähren kann. Dies schließt Krankheitseinsicht und das Bemühen um Selbstbeherrschung ein, wiewohl Teresa dafür Verständnis hat, dass es gerade im Wesen dieser Erkrankung liegt, wenn der Vorsatz nicht immer gelingt. Für Teresa ist und bleibt eine derart Erkrankte selbstverständlich Mitglied der Gemeinschaft, deren Bedürfnis nach Zurückgezogenheit und Schutz deshalb genauso in den Blick genommen werden muss, wie die angemessene Führung der Melancholikerin. Hinweise auf den Themenkomplex der Melancholie und seine große Bedeutung für den klösterlichen Alltag finden sich überall in ihrem Werk, gerade auch in ihren zahlreichen Briefen. Eine Zusammenstellung der Hauptaspekte der Melancholie bringt sie – wohl wegen der zentralen Bedeutung des Themas – in Kapitel 7 des vorliegenden Werkes (B. S.)

[10] Diese antifeministische Äußerung ist ein Zugeständnis an den männlichen Überlegenheitsdünkel ihrer Zeit, denn in Wirklichkeit glaubte Teresa das selbst nicht, wie der folgende Satz zeigt.

[11] Ein taktisch sehr kluger Hinweis, denn damit weist die Autorin den Verdacht zurück, kontemplativ lebende Frauengemeinschaften wie ihre Klöster könnten besonders leicht zu Brutstätten des Illuminismus werden. Der Annahme vieler Theologen ihrer Zeit, Selbsttäuschung sei ein Problem der Frauen, weshalb man diese von allen Formen kontemplativen Betens fernzuhalten habe, setzt sie entgegen, dass ihr diese Fehlhaltung genauso häufig bei Männern begegnet sei.

Nase herumzuführen. Doch habe ich bei den sehr, sehr vielen, die ich so erlebt habe, dank der Güte des Herrn niemals bemerkt, dass dieser sie aus seiner Hand hätte fallen lassen.[12] Vielleicht will er sie durch diese Fehlschläge üben, damit sie Erfahrung sammeln.

3. Es liegen durch unsere Sünden die Dinge des inneren Betens und der Vollkommenheit[13] in der Welt so danieder, dass ich wohl auf diese Weise Stellung dazu nehmen muss. Denn wenn sie sich, ohne irgendeine Gefahr zu sehen, schon fürchten, diesen Weg zu gehen, was wird dann erst sein, wenn wir die eine oder andere ansprechen? Freilich stimmt es, dass es überall welche gibt, und wir, solange wir am Leben sind, in allem unseren Weg in (Gottes)furcht gehen und den Herrn bitten müssen, uns zu unterweisen und uns nicht im Stich zu lassen. Aber wenn es überhaupt irgendwo eine nur geringe Gefahr geben kann, wie ich, glaube ich, schon einmal gesagt habe,[14] dann bei denen, die sich am meisten anschicken, an Gott zu denken, und bemühen, ihr Leben vollkommener zu gestalten.[15]

4. Da wir ja sehen, mein Herr, dass du uns oftmals aus den Gefahren befreist, in die wir uns begeben, sogar um uns gegen dich zu stellen, wie sollte man dann glauben, dass du uns nicht

---

[12] Teresa gesteht also der Macht des Bösen einen begrenzten Einfluss zu (siehe auch weiter oben): Der Böse hat ein Interesse daran, uns zur Selbsttäuschung zu verführen; doch ist die Macht Gottes wesentlich größer, und er wird nicht zulassen, dass der Mensch ungeschützt dem Einfluss des Bösen ausgeliefert ist. Damit hebt sie sich wohltuend von der verbreiteten Angstmacherei ihrer Zeit ab; vgl. V 25,22: *„Ich verstehe diese Ängste nicht: ‚Der Böse! Der Böse!‘, wo wir doch sagen können: ‚Gott! Gott!‘ und jenen erzittern lassen!"*

[13] *Perfección*, siehe Anhang I. „Vollkommenheit" ist für Teresa ein anderes Wort für wachsende Gotteinung, also immer größere Angleichung an Gott. Diese ist jedoch nicht die Frucht eigener asketisch-moralischer Anstrengungen, sondern vielmehr des Sich-Wandeln-Lassens durch die göttliche Liebe.

[14] Sie sagt dies mehrfach im *Weg der Vollkommenheit*; siehe etwa CE 36,3f. bzw. CV 21,7f.; CE 39,4 bzw. CV 29,4; CE 68,4 bzw. CV 39,7; vgl. auch V 20.

[15] Wiederum ein schöner Beweis für Teresas Überzeugung, dass es das Leben in Freundschaft mit Gott – das *„Denken an Gott"* – ist, das den Menschen voranbringt.

befreien wirst, wenn man nichts anderes anstrebt, als dich zufrieden zu stellen und an dir unsere Wonne zu haben?[16] Das kann ich niemals glauben! Es könnte zwar sein, dass Gott aufgrund anderer verborgener Ratschläge so manches zulässt, was sowieso geschehen müsste, doch das Gute hat noch nie Böses nach sich gezogen. So diene dies dazu, um uns zu bemühen, den Weg noch besser zu gehen, um unseren Bräutigam mehr zufrieden zu stellen und ihn um so schneller zu finden, nicht aber, um das Vorangehen zu unterlassen. Aber auch, um uns zu ermutigen, einen Weg mit so widrigen Übergängen, wie es unser Lebensweg ist, zurückzulegen, nicht aber, um uns beim Gehen zu entmutigen.[17] Denn wenn wir ihn in aller Demut[18] gehen, werden wir durch Gottes Erbarmen zu guter Letzt schon jene Stadt Jerusalem[19] erreichen, wo uns dann alles, was wir erlitten haben, gering oder sogar nichts vorkommen wird im Vergleich zu dem, dessen man sich erfreut.

5. Als sich nun diese kleinen Taubenschläge[20] der Jungfrau, Unserer Lieben Frau,[21] zu füllen begannen, begann die göttliche Majestät seine Großtaten an diesen schwachen, in ihren Wünschen und im Loslassen alles Geschaffenen jedoch starken Weiblein zu zeigen,[22] was wohl das ist, was die Seele am

---

[16] Gracián vermerkte – mit Recht – am Rand: *„Eine gute Begründung und sehr trostreich.“*

[17] Der Mut (*ánimo*) ist ein Grundprinzip der teresianischen Pädagogik, auf das die Autorin immer wieder zu sprechen kommt; siehe auch F 1,6.

[18] *Humildad* siehe Anhang I, meint bei Teresa Annahme der eigenen Realität.

[19] Das neue Jerusalem als biblisches Symbol für die vollkommene Gemeinschaft mit Gott im Himmel; vgl. Offb 3,12; 21,2.

[20] Dies ist das einzige Mal, dass Teresa diesen Ausdruck – *palomarcitos* – für ihre Klöster verwendet.

[21] Die offizielle Bezeichnung des Karmelordens lautet „Brüder (und Schwestern) der Allerseligsten Jungfrau vom Berge Karmel“.

[22] Erneut eine taktisch kluge Bemerkung: Obwohl sie das verbreitete Vorurteil der weiblichen Schwäche aufgreift und scheinbar bestätigt, dreht die Autorin in Wirklichkeit den Spieß um, indem sie den Frauen Stärke in den Punkten bescheinigt, auf die es wirklich ankommt; vgl. *„Ich möchte nicht, dass meine Schwestern Weibern gleichen, sondern starken Männern!“* (CE 11,8 bzw. CV 7,8). Siehe ähnliche Stellen in F 1,6; 7,10; 8,6; 12,10; 15,5; 17,8.9; 27,11.

meisten mit ihrem Schöpfer vereint, sofern es mit einem reinen Gewissen einhergeht. Darauf bräuchte wohl nicht eigens hingewiesen zu werden, denn mir scheint es nicht möglich zu sein, ohne das Loslassen – sofern es nur echt ist – den Herrn nicht zu beleidigen. Da aber alle ihre Gespräche und ihr Umgang miteinander nicht von ihm wegführen, so scheint sich auch Seine Majestät nicht von ihnen entfernen zu wollen. Das ist das, was ich gegenwärtig wahrnehme und in aller Wahrheit sagen kann. Die noch kommen werden und dies lesen, mögen auf der Hut sein, und wenn sie das nicht erleben, was hier heute der Fall ist, es nicht auf die Zeitläufte schieben; denn dafür, dass Gott dem, der ihm wirklich dient, große Gnaden erweist, ist immer Zeit, und sie mögen sich bemühen, darauf zu schauen, ob es daran gebricht, und es wieder gutmachen.

6. Ich höre gelegentlich über die Anfänge der Orden sagen, dass der Herr diesen unseren heiligen Vorfahren größere Gnaden erwies, da sie ja die Grundfesten waren. Das stimmt ja auch,[23] doch sollten alle darauf achten, dass sie das Fundament für die sind, die noch kommen werden. Denn wenn wir, die wir heute leben, gegenüber dem, was unsere Vorfahren lebten, nicht zurückgefallen wären, und diejenigen, die nach uns kämen, es genauso machten, würde das Gebäude immer fest stehen. Was nützt es mir, dass die heiligen Vorfahren von solcher Art waren, wenn ich später so erbärmlich[24] bin, dass ich das Gebäude durch mein schlechtes Verhalten verwüstet zurücklasse? Denn das ist klar, dass die Nachkommenden nicht so sehr an die vor vielen Jahre denken, als vielmehr an die, die sie jetzt erleben. Sauber wäre es, wenn ich mich darauf hinausredete, dass ich nicht zu den ersten Schwestern gehöre, und nicht den Unterschied zwischen meinem Leben und meinen Tugen-

---

[23] An dieser Stelle ist ein Satz im Manuskript gestrichen und durch *„das stimmt ja auch"* ersetzt worden, vermutlich aufgrund zweier inzwischen unleserlicher Anmerkungen von Gracián, der auch den nächsten Satz stilistisch zu verbessern versucht.

[24] *Ruin*, siehe Anhang I, wörtlich *„ruinenhaft"*, was hier gut zum Bild vom Gebäude passt.

den und dem Leben derer sähe, denen Gott so große Gnaden erwies!

7. Du lieber Gott, was für verdrehte Ausreden und offenkundige Täuschungen! Ich rede nicht von den Ordensgründern, denen Gott mehr Gnade erwies, da er sie für eine große Aufgabe auserwählt hatte.[25] Es tut mir leid, mein Gott, dass ich so erbärmlich bin und in deinem Dienst so wenig tauge, doch weiß ich sehr wohl, dass es an meinem Versagen liegt, wenn du mir nicht dieselben Gnaden erweisest wie meinen Vorfahren. Es ist ein Jammer mit meinem Leben, mein Herr, wenn ich es mit ihrem vergleiche, und das kann ich nicht ohne Tränen sagen. Ich sehe, dass ich verloren gehen ließ, was sie erarbeitet haben, und ich mich keineswegs über dich beklagen kann, und es für keine gut ist, sich zu beklagen, sondern dass sich jede bemühen soll, falls sie ihren Orden da und dort in Verfall geraten sieht, ein solcher Stein zu sein, dass durch ihn das Gebäude wieder aufgerichtet werde; denn der Herr wird schon dazuhelfen.

8. Um nun aber auf das zurückzukommen, was ich sagte – denn ich bin weit von Thema abgekommen –, sind die Gnaden, die der Herr in diesen Häusern erweist, so zahlreich, dass es in jedem Haus vielleicht eine oder zwei gibt, die Gott gegenwärtig den Weg der Meditation[26] führt, alle anderen aber zur

---

[25] Den letzten Satz hat sie am Rand vermerkt. Sie selbst versteht sich nicht als Ordensgründerin, sondern lediglich als Gründerin von Reformklöstern innerhalb des bestehenden Karmelordens. Dass aus ihrer Reform unter dem Druck der Zeitverhältnisse, aber vor allem aufgrund der Originalität ihrer Idee, ein selbständiger Ordenszweig hervorgehen sollte, war zu diesem Zeitpunkt noch nicht abzusehen. Johannes vom Kreuz spricht ihr in LB 2,12, ca. 1586 entstanden, allerdings das Charisma der Gründerin zu. Siehe oben in der *Einführung* S. 20-22.

[26] *Meditación*, womit klassisch die diskursive Betrachtung von Glaubenswahrheiten, Schriftstellen usw. gemeint ist. Hier liegt der Hauptakzent auf dem Bemühen des Menschen beim inneren Beten. Insofern ist sie charakteristisch für die Anfänge im geistlichen Leben und gilt als Vorstufe zur Kontemplation, bei der die Leistung des Menschen zurücktritt und die Selbstmitteilung Gottes in das Zentrum rückt. Siehe auch Anhang I.

vollkommenen Kontemplation[27] gelangen, und einige so weit gehen, dass sie zu Verzückungen gelangen.[28] Anderen erweist der Herr auf andere Weise seine Gnade, zusammen mit der Erteilung von Offenbarungen[29] und Visionen[30], bei denen man klar erkennt, dass sie von Gott stammen. Es gibt gegenwärtig kein Haus,[31] wo es nicht zwei oder drei solche Schwestern gibt.[32] Wohlgemerkt, die Heiligkeit liegt nicht darin, noch ist es meine Absicht, nur sie zu loben, sondern es soll verständlich werden, dass die Ratschläge, die ich geben möchte, nicht ohne Grund erfolgen.

---

[27] *Contemplación*, worunter Teresa die frei geschenkte Selbstmitteilung Gottes versteht, die dem immer mehr zum schweigenden Empfänger werdenden Beter ohne sein eigenes Zutun auf je umfassendere und unmittelbarere Weise zuteil wird. Sie ist nicht machbar, sondern reines Geschenk, auch wenn der Mensch sich für sie bereit machen kann und soll, indem er sich auf das innere Beten und die Nachfolge Christi im Alltag einlässt. Für den Übergang von der Meditation zur Kontemplation siehe V 10,1.

[28] *Arrobamientos*, siehe Anhang I. Der Weg der Kontemplation ist ein langer Weg sich immer mehr vertiefender Gotteinung, der auch ekstatische Erfahrungen einschließen kann, aber keineswegs muss. Die Heiligkeit besteht nicht darin, wie sie weiter unten klar sagt.

[29] *Revelaciones*, worunter Teresa bestimmte Botschaften oder Verheißungen versteht, die man ohne sein eigenes Zutun im Rahmen ekstatischer Erlebnisse erhält. Das wichtigste Kriterium für die Echtheit – d. h. für den göttlichen Ursprung – einer solchen Privatoffenbarung ist ihre völlige Übereinstimmung mit der Hl. Schrift und der Lehre der Kirche, also mit der einmaligen und unüberhöhbaren Selbstoffenbarung Gottes in Christus; siehe auch Anhang I.

[30] *Visión*; dies steht für eine innere „Schau" (im weitesten Sinn des Wortes), die sich bei eidetisch begabten Menschen ohne ihr eigenes Zutun als paramystische Begleiterscheinung der intensiven Gotteserfahrung in der Kontemplation einstellen kann; siehe ferner Anhang I.

[31] Also die von ihr anfangs genannten acht Klöster.

[32] Dabei dürften auch kulturelle Faktoren eine Rolle gespielt haben: In Zeiten und Kulturen bzw. in religiösen Bewegungen, die solche Phänomene schätzen, wie es in den spirituellen Bewegungen des 16. Jh. in Spanien – aller Repression durch die Inquisition zum Trotz, ja vielleicht auch gerade dadurch gefördert – der Fall war, kommen sie nachweislich gehäuft vor, da die psychische Hemmschwelle niedriger bzw. eine gewisse Erwartungshaltung da ist, die das Auftreten (und freilich auch das Vortäuschen) solcher Phänomene begünstigt.

KAPITEL 5

Darin werden einige Ratschläge zu Fragen
des inneren Betens gegeben.[1] *Das ist sehr nützlich für*
diejenigen, die sich mit äußeren Tätigkeiten befassen.

1. Es entspricht weder meiner Absicht noch meinem Denken, dass das, was ich hier sagen will, so zutreffend ist, dass man es für eine unfehlbare Regel halten soll, was bei so schwierigen Dingen Unsinn wäre. Da es auf diesem geistlichen Weg viele Wege gibt,[2] könnte es sein, dass ich über den einen oder anderen von ihnen zu diesem oder jenem Punkt etwas Zutreffendes sagen mag. Wenn diejenigen, die diesen nicht gehen, es nicht verstehen sollten, ist das deshalb so, weil sie einen anderen gehen, und falls es niemandem nützt, wird der Herr meinen guten Willen annehmen, da er versteht, dass ich zwar nicht alles erfahren, es aber doch bei anderen Seelen gesehen habe.

---

[1] Ursprünglich hieß es in dieser Kapitelüberschrift: *„Über einige Fragen des inneren Betens und der Offenbarungen".* Später strich die Autorin jedoch die Offenbarungen, von denen im vorliegenden Kapitel in der Tat nicht die Rede ist. Sie konzentriert sich dafür auf *„das Wesen des vollkommenen inneren Betens"* und bevorzugt *„das Verweilen bei Gott"* in der Übung des Gehorsams und der Nächstenliebe gegenüber dem *„Leben in Zurückgezogenheit".* Durch ihre Gründungen – als sie das schrieb bereits acht (siehe F 4,1) – war sie zu einer sehr aktiven Frau geworden, so dass sie das Problem *actio-contemplatio* am eigenen Leib erfahren hat, in diesem Kapitel aber meisterhaft löst.

[2] Dass es viele ganz unterschiedliche Wege zu Gott gibt, betont die Autorin immer wieder; vgl. V 13,13; MC 2,5.23; 3,14; CE 27,2; 1M 2,8.12; 5M 3,4; 6M 7,12; 8,10. Offensichtlich wählte sie bewusst diese Verdoppelung, die Gracián mit *vía* – *Weg* korrigierte. Der „Mystiker" lässt im Unterschied zum „Dogmatiker" *„viele Wege"* zu: Vielleicht *„kann ich über den einen oder anderen von ihnen zu diesem oder jenem Punkt etwas Zutreffendes sagen"* (F 5,1); *„du führst die Seele dorthin, wo sie am besten vorankommt"* und *„ohne zu verstehen wie, gehen wir geisterfüllt und mit großem Fortschritt daraus hervor"* (F 5,6); *„Ein sauberer Fortschritt ... (ist) die Meinung, er könne uns nur auf einem Weg voranbringen!"* (F 5,5); *„Es wird euch aus Mangel am Alleinsein nicht daran fehlen, euch für das Erlangen der besagten wahren Gotteinung zu disponieren"* (F 5,13); *„Anderen Schwestern erweist der Herr auf andere Weise seine Gnade"* als denen, denen er mystische Gnaden gewährt (F 4,8); *„Wir sind so armselig, dass wir niemals ganz zufrieden sind, es sei denn mit denen, die unseren Weg gehen"* (F 6,18).

2. Als erstes will ich, meinem armseligen Verständnis entsprechend, davon sprechen, worin das Wesen des vollkommenen inneren Betens besteht.[3] Ich habe nämlich so manche getroffen, die meinen, das ganze Geschäft bestünde im Denken, und wenn sie dies lange bei Gott halten können – und sei es, indem sie sich große Gewalt antun, – gleich meinen, geistliche Menschen zu sein; und wenn sie abgelenkt werden, weil sie nicht mehr können – und sei es für gute Dinge –, gleich ganz untröstlich sind und sich für verloren halten. Solchen Vorstellungen und Unwissenheiten werden die Studierten wohl nicht aufsitzen (auch wenn ich den einen oder anderen mit so etwas ertappt habe),[4] aber für uns, Frauen, ist es gut, auf all diese Unwissenheiten hingewiesen zu werden. Ich sage ja nicht, dass es nicht ein Gnadenerweis des Herrn sei, wenn jemand immerfort beim Meditieren seiner Werke verweilen kann, und es nicht gut sei, sich darum zu bemühen. Doch muss man erkennen, dass nicht alle von Natur aus mit ihrer Vorstellungskraft dafür geeignet sind, während alle Seelen fähig sind zu lieben. Ich habe, glaube ich, anderweitig schon einmal über die Ursachen für dieses Umherschweifen unserer Vorstellungskraft geschrieben,[5] zwar nicht über alle, was unmöglich wäre, wohl über einige. Deshalb spreche ich jetzt nicht darüber, möchte aber zu verstehen geben, dass die Seele nicht einfach das Denken ist, und auch der Wille nicht von ihm bestimmt ist, denn dann hätte er ein schlimmes Los; von daher besteht der Fortschritt für die Seele nicht im vielen Denken, sondern im vielen Lieben.[6]

---

[3] Das Hauptthema all ihrer Werke; siehe etwa ihre berühmte Definition des inneren Betens in V 8,5 und ihre Abhandlung über den Weg des inneren Betens in V 11-20; CE 30-72 bzw. CV 19-42; die ganze *Innere Burg*.

[4] Ein schönes Beispiel für die Ironie, mit der die Autorin den Vorurteilen ihrer Zeit begegnet: Wenn die „studierten Männer" meinen, Dummheit und Unwissenheit seien ein Problem der Frauen, vor dem sie selbst gefeit sind, so pflichtet sie dem scheinbar bei, aber nur, um im Nachsatz von Erfahrungen zu berichten, die dem widersprechen; vgl. auch V 11,14; CE 4,1f.

[5] Vgl. V 17; CE 53,4 bzw. CV 31,8; später wird sie in 4M 1,7-14 noch einmal ausführlich darauf zurückkommen.

[6] Ein ganz wichtiger Grundsatz der Gebetspädagogik Teresas, der es nicht auf die Weitergabe bestimmter Gebetsmethoden, Übungen oder geistreiche Erwä-

3. Wie erwirbt man sich wohl diese Liebe? Indem man sich entschließt zu handeln und zu leiden, und das in die Tat umzusetzen, wenn es sich anbietet.[7] Wohl ist es wahr, dass eine Seele durch Nachdenken darüber, was wir dem Herrn verdanken, und wer er ist, und was wir sind,[8] so weit kommt, dass sie entschlossen wird, und dass dies ein großes Verdienst und für die Anfänge sehr zutreffend ist; doch ist das so zu verstehen, dass da keine Dinge dazwischen kommen, die den Gehorsam oder den Nutzen für unsere Nächsten betreffen.[9] Wann immer eines von diesen beiden Dingen sich anbietet, verlangen sie, dass wir die Zeit, die wir liebend gern Gott geschenkt hätten, drangeben, was unserer Meinung nach bedeutet, allein beim Nachsinnen über ihn zu verweilen und uns von den Geschenken, die er uns macht, beschenken zu lassen. Dies aber aus einem von diesen beiden Gründe dranzugeben, bedeutet, ihn zu beschenken und es für ihn zu tun, was er selbst gesagt hat:

---

gungen ankommt, sondern auf die Ermutigung zur gelebten Liebesbeziehung zu Gott bzw. Christus. Alles, was dazu beiträgt, diese Beziehung zu vertiefen, dient dem geistlichen Fortschritt. Vgl. *„Ich möchte nur, dass ihr euch bewusst seid, dass es nicht darauf ankommt, viel zu denken, sondern viel zu lieben, wenn man auf diesem Weg große Fortschritte machen und zu den ersehnten Wohnungen aufsteigen will. Was euch also dazu anregt, mehr zu lieben, das tut"* (4M 1,7). Deshalb kann sie sagen: *„Es wäre schlimm, wenn man nur in den Schlupfwinkeln inneres Beten halten könnte!"* (F 5,16); *„Nicht die Länge der Zeit macht es aus, dass die Seele im inneren Beten vorankommt; denn wenn man sie ebenso gut auf Werke verwendet, so ist das eine große Hilfe, um in ganz kurzer Zeit besser zubereitet zu werden, um in Liebe zu entflammen, als in vielen Stunden der Betrachtung"* (F 5,17). Die Zurückgezogenheit kommt deshalb nicht zu kurz: *„Dieser Wunsch ist bei Seelen, die Gott wirklich lieben, eigentlich immer mit dabei"* (F 5,15).

[7] Die Entschlossenheit *(determinación)* ist ein Grundprinzip der teresianischen Pädagogik; hier geht es um die Entschlossenheit zum Einsatz und zur Leidensbereitschaft in der Nachfolge Christi. Dabei weist die Autorin bewusst masochistische Tendenzen zurück, wenn sie ergänzt: *„wenn es sich anbietet"*; vgl. CV 32,7; 2M 1,7; 6M 4,15; 6,5.

[8] Vgl. CE 41,3 bzw. CV 25,3. Hier bietet Teresa die Grundstruktur des inneren Betens: Wer bin ich? Wer ist Gott? Und wenn Gott und Mensch miteinander in Beziehung stehen, findet *oración – inneres Beten* statt.

[9] Die Pflichterfüllung und die Nächstenliebe haben Teresa zufolge also eindeutig den Vorrang; wer sich ihnen entzieht, um sich stattdessen dem Gebet zu widmen, dient nicht Gott, sondern macht sich des versteckten Egoismus schuldig, wie sie im folgenden erläutert.

*Was ihr für einen dieser Geringsten getan habt, habt ihr für mich
getan* (Mt 25,40). Und bei dem, was den Gehorsam anbelangt,
wird er wohl kaum wollen, dass, wer ihn sehr gern hat, einen
anderen Weg gehe als er[10] selbst, *obediens usque ad mortem*[11]
(Phil 2,8).

4. Wenn das nun stimmt, woher kommt denn dann das Unbehagen, das sich meistens einstellt, wenn man nicht einen großen Teil des Tages sehr zurückgezogen und in Gott versunken
verbracht hat, obwohl wir mit jenen Dingen beschäftigt sind?
Meines Erachtens aus zwei Gründen: der erste und wichtigste[12] ist eine ganz subtile Eigenliebe, die sich hier einschleicht
und sich folglich nicht erkennen lässt, so dass wir eher uns zufrieden stellen wollen als Gott. Denn es ist klar, dass es einer
Seele, nachdem sie auf den Geschmack zu kommen beginnt,
wie gut der Herr ist (Ps 34,9), besser schmeckt, in körperlicher
Ruhe zu verweilen, ohne sich anzustrengen, noch dazu seelisch
beschenkt.

5. O Liebe derer, die diesen Herrn wirklich lieben und seine
Eigenart kennen! Wie wenig Ruhe können sie sich gönnen,
wenn sie sehen, dass sie ein wenig dazu beitragen, dass eine
einzige Seele vorankomme und Gott mehr liebe, oder ihr ein
wenig Trost bieten oder sie aus einer Gefahr befreien! Wie
schlecht wird man da in seiner privaten Ruhezeit ausruhen!
Und falls man es nicht mit Werken tun kann, dann mit Gebet,
indem man den Herrn wegen der vielen Seelen bedrängt, deren
Verderben zu sehen einem zusetzt.[13] Sie gibt ihre Wonne auf
und hält es für einen guten Verlust, denn sie denkt nicht mehr
an ihre Befriedigung, sondern nur daran, wie sie den Willen
des Herrn besser erfülle; und so ist es auch mit dem Gehorsam. Es wäre ein starkes Stück, wenn Gott uns klar sagte, uns

---

[10] Jesus.
[11] *Gehorsam bis zum Tod.*
[12] Der zweite Grund folgt erst in F 5,14.
[13] Vgl. CE/CV 1,4f.

zu etwas, das ihm wichtig ist, aufzuraffen, wir es jedoch nicht wollten, sondern bei seinem Anblick verweilten, weil wir dabei mehr auf unsere Kosten kommen. Ein sauberer Fortschritt in der Gottesliebe ist es, ihm die Hände zu binden, in der Meinung, er könne uns nur auf einem Weg voranbringen!

6. Ich kenne einige Personen vom Sehen (abgesehen von meiner eigenen Erfahrung, wie ich schon sagte), die mich diese Wahrheit haben verstehen lassen, als ich sehr darunter litt, zu erleben, wie wenig Zeit ich hatte;[14] daher taten sie mir leid, als ich sah, wie sie ständig mit Geschäften und vielen Dingen beladen waren, die ihnen der Gehorsam auferlegte. Dabei dachte ich bei mir und sagte es ihnen sogar, dass inmitten eines solchen Trubels der Geist unmöglich wachsen könne; denn damals hatten sie nicht viel davon. Ach Herr, wie sind doch deine Wege anders als unsere stümperhaften Vorstellungen! Und was willst du von einer Seele, die bereits fest entschlossen ist, dich zu lieben, und deinen Händen überlassen ist, anderes als dass sie gehorcht und sich gut erkundigt, was dir mehr zu Diensten ist, und das ersehnt! Sie hat es nicht nötig, Wege zu suchen oder herauszufinden, denn ihr Wille ist bereits der deine.[15] Du, mein Herr, übernimmst diese Sorge, sie dorthin zu führen, wo sie am besten vorankommt. Und selbst wenn der Obere nicht von dieser Sorge, unsere Seele voranzubringen, erfüllt ist, sondern nur von der, dass sie die Geschäfte erledigt, die seiner Meinung nach für die Gemeinschaft zuträglich sind,[16] so hast doch du sie, mein Herr, und disponierst die Seele und die Dinge allmählich so, dass sie derart erledigt werden, dass wir, ohne zu verstehen wie, geisterfüllt und mit großem Fortschritt daraus hervorgehen, dass es uns nur staunen lässt.

---

[14] Auch Teresa hatte wenig Zeit und ist doch die große Kontemplative!

[15] Vgl. F 5,10.12f. In der *Inneren Burg* wird die Autorin sagen, dass die wahre Gotteinung darin bestehe, *„unsere Eigenwilligkeit aufgeben und sie an das binden, was jeweils Gottes Wille ist"* (5M 3,3).

[16] Auch diese heute oft gehörte Klage und Ausrede ist Teresa bereits bekannt. Gracián merkt dazu an: *„Achtung!"*, um Teresas Worte zu unterstreichen.

7. So war es mit einer Person, mit der ich vor wenigen Tagen sprach. Aus Gehorsam war er an die fünfzehn Jahre lang so mit Ämtern und Leitungsaufgaben überhäuft, dass er sich nicht daran erinnern konnte, in all dieser Zeit auch nur einen Tag für sich gehabt zu haben, wiewohl er sich so gut wie möglich darum bemühte, jeden Tag einige Augenblicke dem inneren Beten zu widmen und ein reines Gewissen[17] zu haben. Es ist dies eine der am meisten zum Gehorsam neigenden Personen, die ich je erlebt habe, und daher steckt er alle damit an, die mit ihm zu tun haben. Es hat ihm der Herr reichlich vergolten, da er, ohne zu wissen wie, jene so geschätzte und ersehnte Freiheit des Geistes, wie sie die Vollkommenen besitzen, in sich vorfand, in der man alles Glück findet, das man sich in diesem Leben nur wünschen kann; denn da sie nichts wollen, besitzen sie alles.[18] Nichts von der Welt fürchten, nichts ersehnen sie, noch bringen Schwierigkeiten sie in Verwirrung oder versetzen Vergnügungen sie in Erregung; kurz, es kann ihnen niemand den Frieden rauben, denn dieser hängt allein von Gott ab. Und da ihn niemand rauben kann, kann nur noch die Furcht, ihn zu verlieren, Schmerz verursachen; denn alles andere auf dieser Welt ist ihrer Meinung nach so, als wenn es nicht wäre, da es ihr Glück weder schafft noch abschafft. Glücklicher Gehorsam und glückliche Zerstreuung um seinetwillen, die so Großes zu erlangen vermochte![19]

8. Es gibt nicht nur diese Person, denn ich habe noch andere von der gleichen Art kennen gelernt. Ich hatte sie einige, ja viele Jahre lang nicht mehr getroffen, und als ich sie fragte, wie sie sie verbracht hätten, war es nur mit Aufgaben des Gehorsams und der Nächstenliebe. Andererseits aber erlebte ich sie

---

[17] Im Sinne der biblischen Herzensreinheit.

[18] Dieser Grundsatz erinnert stark an Johannes vom Kreuz, der in seinen berühmten Leitsätzen unter dem *Berg der Vollkommenheit* bzw. in 1S 13,11 unter anderem schreibt: *„Um dahin zu kommen, alles zu besitzen, wolle in nichts etwas besitzen."*

[19] Die Zerstreuung als solche ist also kein Hindernis, um zu einem geistlichen Leben zu kommen.

in geistlichen Dingen so erwachsen, dass sie mich in Erstaunen versetzten. Also, meine Töchter, auf! Den Kopf nicht hängen lassen! Wenn euch der Gehorsam Beschäftigung mit äußeren Dingen aufträgt, dann versteht, dass der Herr zwischen den Kochtöpfen weilt, falls es in der Küche ist, und euch innerlich und äußerlich hilft.

9. Ich erinnere mich, wie mir ein Pater erzählte, dass er sich entschlossen und fest vorgenommen hatte, zu nichts, was ihm sein Obere auftragen sollte, nein zu sagen, welche Arbeit es auch sei. Eines Tages war er vor lauter Arbeit geradezu zerschlagen, und es war schon spät, so dass er sich nicht mehr aufrecht halten konnte und sich hinsetzte, um ein wenig auszuruhen. So traf ihn der Obere an und sagte zu ihm, er solle die Hacke nehmen und den Gemüsegarten umhacken. Er schwieg, obwohl er körperlich[20] sehr mitgenommen war, so dass er sich kaum zu helfen wusste. Er nahm seine Hacke, und als er durch einen Durchgang, den es da gab (ich sah ihn viele Jahre später, nachdem er es mir erzählt hatte, als ich zufällig an jenem Ort ein Haus gründete), in den Garten gehen wollte, zeigte sich ihm unser Herr mit dem Kreuz auf dem Rücken, so müde und erschöpft, dass er ihm gut zu verstehen gab, dass seine Müdigkeit im Vergleich damit nichts war.

10. Ich glaube, dass der Böse uns unter dem Vorwand des Guten deshalb so viele Unannehmlichkeiten und Schwierigkeiten vor Augen führt, weil er sieht, dass es keinen schnelleren Weg zur höchsten Vollkommenheit gibt als den des Gehorsams. Das soll man sich gut merken, dann wird man schon sehen, dass ich die Wahrheit sage. Denn es ist doch klar, dass das, worin die höchste Vollkommenheit liegt, nicht in inneren Wonnen oder großartigen Verzückungen oder Visionen und auch nicht im Geist der Prophezeiung besteht,[21] sondern in

---

[20] Wörtlich: *„in seiner Natur"*.

[21] Eine klare Absage an die Wundersucht und das große Interesse für paramystische Phänomene in den geistlichen Bewegungen ihrer Zeit, zugleich aber auch kluge Taktik, da sie sich ständig selbst wegen ihrer Visionen und Verzückungen rechtfertigen musste.

nichts anderem als dass unser Wille dem Willen Gottes so sehr gleichförmig wird, dass wir nichts erkennen, was er will, ohne es auch von ganzem Herzen zu wollen, und das Köstliche genauso freudig annehmen wie das Bittere,[22] sofern wir nur erkennen, dass Seine Majestät es will. Das erscheint äußerst schwierig; es zu tun ist es nicht so, wohl aber das totale Sich-Anbequemen an das, was unserem Willen natürlicherweise widerspricht; und es ist ja wahr, dass das so ist. Doch hat die Liebe, wenn sie vollkommen ist, diese Kraft, dass wir nämlich unser eigenes Glück vergessen, um den glücklich zu machen, den wir lieben. Und so ist es wirklich; denn mögen die Prüfungen noch so groß sein, wenn wir erkennen, dass wir Gott damit beglücken, werden sie uns süß. Auf diese Weise lieben diejenigen, die so weit gekommen sind, Verfolgungen, Verleumdungen und Beleidigungen. Das ist so sicher und liegt bekanntermaßen so offen zu Tage, dass es keinen Grund gibt, mich damit weiter aufzuhalten.

11. Das, was ich beabsichtige, ist, den Grund verständlich zu machen, weshalb der Gehorsam meiner Meinung nach beschwingter macht oder das beste Mittel ist, das es gibt, um zu diesem glücklichen Zustand zu kommen. Es ist deshalb so, weil wir ja in keiner Weise derart Herren über unseren Willen sind, dass wir ihn lauter und rein ganz und gar für Gott einsetzen, solange wir ihn nicht der Vernunft unterwerfen; so ist der Gehorsam der wahre Weg, um ihn zu unterwerfen; sodann weil das nicht mit guten Vernunftgründen zu machen ist, denn unsere Natur und Eigenliebe haben derer so viele, dass wir nie dahin kämen. Und oftmals, und das ist der wichtigste Grund, lässt es uns die Tatsache, dass wir keine Lust dazu haben, als Unsinn erscheinen, während wir es tun, wenn wir Lust dazu haben.[23]

---

[22] Gracián korrigiert diesen Satz, indem er die Reihenfolge umdreht: *„und das Bittere genauso freudig annehmen wie das Köstliche."*

[23] Dieser Satz ist im spanischen Original nicht klar. Ähnlich Johannes vom Kreuz: *„Denn die Dinge, die uns nicht schmecken, erscheinen uns schlecht und widrig, auch wenn sie noch so gut und angebracht sind."* (Ep 25).

12. Es gäbe über diesen inneren Kampf so viel zu sagen, dass
wir nie an ein Ende kämen, und auch darüber, was der Böse,
die Welt und unsere Sinnenwelt[24] einsetzen, um unsere Vernunft
zu verdrehen. Nun, was hilft da noch? Dass die Seele –
so wie man sich hienieden in einem verzwickten Rechtsstreit
einen Schiedsrichter nimmt und beide Parteien, des Streitens
überdrüssig, die Sache in seine Hände legen – ihre Zuflucht zu
einem Schiedsrichter nehme, sei es der Obere oder der Beichtvater,
mit der Entschlossenheit, sich auf keinen Streit mehr einzulassen
und über ihre Sache nicht weiter nachzugrübeln, sondern
den Worten des Herrn zu trauen, der sagt: *Wer euch hört,
der hört mich* (Lk 10,16), und den eigenen Willen zu übergehen.
Der Herr schätzt diese Ergebenheit so hoch (und mit
Recht, denn es bedeutet, ihn zum Herrn über den freien Willen
zu machen, den er uns gegeben hat), dass wir, indem wir
uns darin üben – das eine Mal, indem wir uns zerreißen, das
andere Mal unter tausend Kämpfen, da uns das, was man in
unserem Fall für richtig erachtet, als Unsinn vorkommt –,
mit dieser schmerzhaften Übung soweit zu kommen, dass wir
uns dem, was man uns aufträgt, angleichen.[25] Aber ob mit oder
ohne Schmerzen, schließlich tun wir es, und der Herr hilft seinerseits
so sehr mit, dass er uns, eben weil wir unseren Willen
und unsere Vernunft seinetwegen unterwerfen, die Herrschaft
über sie verleiht. Dann aber, sobald wir die Herrschaft über
uns haben, können wir uns vollkommen auf Gott einlassen
und ihm unseren Willen rein übergeben, damit er ihn mit seinem
eine, mit der Bitte, dass vom Himmel das Feuer seiner
Liebe herabfalle, um dieses Opfer zu verzehren,[26] und alles
wegbrenne, was ihm missfallen könnte. So ist für uns nichts
mehr geblieben; denn, wenn auch unter großen Mühen, haben

---

[24] Teresa zählt hier die klassischen drei Feinde des geistlichen Lebens auf, wie sie
in der geistlichen Tradition häufig und u. a. auch bei Johannes vom Kreuz
begegnen. „Sinnenwelt" steht an dieser Stelle für den eingefleischten Egoismus
des Menschen, seine Ichhaftigkeit.
[25] Teresa ist sich durchaus bewusst, wie schwer das ist, *„doch um den glücklich
zu machen, den wir lieben, vergessen wir unser eigenes Glück"* (F 5,10).
[26] Eine Anspielung auf das Opfer des Propheten Elija in 1 Kön 18,20ff.

wir es ihm auf den Altar gelegt, so dass es, soweit es an uns liegt, nicht mehr die Erde berührt.

13. Es ist klar, dass jemand nicht hergeben kann, was er nicht besitzt, sondern dass er es erst einmal besitzen muss. Glaubt mir, dass es zum Erwerb dieses Schatzes keinen besseren Weg gibt, als zu schürfen und zu graben, um ihn aus dieser Mine des Gehorsams zu heben.[27] Je tiefer wir graben, desto mehr werden wir finden, und je besser wir uns den Menschen unterstellen, indem wir keinen anderen Willen als den unserer Oberen haben, desto mehr werden wir die Herrschaft über ihn haben, um ihn dem Willen Gottes anzugleichen.[28] Schaut, Schwestern, wie gut der Verzicht auf das Wohlbefinden im Alleinsein vergolten wird! Ich sage euch, dass es euch aus Mangel daran nicht fehlen wird, euch für das Erlangen der besagten wahren Gotteinung zu disponieren, die in der Einswerdung meines Willens mit dem Willen Gottes besteht. Das ist die Gotteinung, nach der ich mich sehne und die ich bei allen gern hätte,[29] und nicht gewisse sehr wonnevollen Versenkungen, die es so gibt, und denen man die Bezeichnung ‚Gotteinung‘ gegeben hat.[30] Das wird wohl so sein, sofern es nach der eben erwähnten stattfindet.[31] Wenn aber nach einer solchen Auf-

---

[27] Vgl. CE 10,3 bzw. CV 6,8. Das Bild der (Gold)mine bzw. des Bergwerks, in dem der Gottsucher tief graben muss, begegnet auch bei Johannes vom Kreuz; siehe CA 36,3 bzw. CB 37,4.

[28] Die typische Gehorsamsauffassung der damaligen Zeit, wobei zu bedenken ist, dass Teresa in der Praxis durchaus einen dialogischen Gehorsam übte, wie er heute eher betont wird; vgl. T. Egido, *Der Gehorsam der hl. Teresa.* Das Anliegen, gegenüber den eigenen Launen und Vorlieben zur inneren Freiheit zu gelangen, um sich dem Wirken Gottes öffnen zu können, bleibt auch heute gültig.

[29] Vgl. 5M 3,5.

[30] Eine Anspielung auf vorübergehende ekstatische Einheitserfahrungen im Gebet. Teresa relativiert diese Gebetserfahrung immer wieder durch den Hinweis, dass die Einung des Willens mit dem Willen Gottes, die sich dann auch im konkreten Verhalten niederschlägt, viel wichtiger sei als ein ekstatisches Einheitserlebnis; vgl. 5M 3,3; und ferner F 5,6; 4,8; 5,13; 8,9; 2M 1,7; MC 3,1; CC 65,3.

[31] In F 5,10 erwähnt.

hebung[32] nur wenig Gehorsam, sondern Eigenwilligkeit zurückbleibt, dann meine ich, dass es eine Einung mit der Eigenliebe und nicht mit dem Willen Gottes gewesen sein muss. Gebe Seine Majestät, dass ich es so ins Werk setzen kann, wie ich es verstehe.

14. Der zweite Grund,[33] der meines Erachtens dieses Unbehagen hervorruft, ist, dass es so aussieht, als wandle die Seele in der Einsamkeit in größerer Lauterkeit, weil es da weniger Gelegenheiten[34] gibt, um den Herrn zu beleidigen;[35] ganz werden sie wohl nicht fehlen, weil überall die bösen Geister und wir selbst dabei sind.[36] Denn wenn sie sich davor fürchtet, ihn zu beleidigen, ist es überaus tröstlich, nichts zu haben, worüber man stolpern könnte. Das scheint mir schon eher eine

---

[32] *Suspensión*, eine der Bezeichnungen für „Ekstase" bei Teresa.

[33] Die Autorin knüpft wieder bei der in F 5,4 aufgeworfenen Frage an, wieso viele Gottsucher ein Unbehagen empfinden, wenn sie nicht so viel Zeit für das Gebet haben, wie sie gern möchten, obwohl in Wirklichkeit der Gehorsam und die Nächstenliebe wichtiger sind. Den ersten Grund hatte sie dort bereits genannt: subtile, oft unerkannte Egozentrik.

[34] *Ocasiones – Gelegenheiten* ist ein Fachausdruck in der Moraltheologie, wo man *occasiones remotae* (entfernte Gelegenheiten) und *occasiones proximae* (nächste Gelegenheiten) zur Sünde unterschied, die mit angemessener Konsequenz zu vermeiden sind, um nicht schuldig zu werden. Das führte oft zu einer seltsamen Kasuistik. Um so bedeutsamer ist es, wenn Teresa in erster Linie auf dem inneren Beten besteht und nicht auf dem Vermeiden von Sünden bzw. den Gelegenheiten dazu. Siehe als deutliches Beispiel für diese *andere Moral* V 8,5: „*Jemand, der mit dem inneren Beten begonnen hat, soll es ja nicht mehr aufgeben, mag er noch so viel Schlechtes tun ...*".

[35] Unter dem Einfluss der mittelalterlichen Rechtfertigungslehre, aber auch des Kultes der *honra* (Ehre, Ansehen) in ihrem Umfeld bewertet Teresa es als Beleidigung Gottes, wenn jemand seinem Willen zuwiderhandelt. Zugleich hebt sie deutlich hervor, dass er ganz anders ist als die irdischen Herrscher: „*Ich kann mit ihm umgehen wie mit einem Freund, obwohl er doch Herr ist. Denn ich erkenne, dass er nicht ist wie die, die wir hier als Herren haben, die ihr ganzes Herrsein auf ‚Autoritätsprothesen' gründen*" (V 37,5).

[36] Man beachte, dass Teresa nicht nur auf die Macht des Bösen hinweist und damit die Verantwortung auf Einflüsse von außen abschiebt, sondern zugleich darauf hinweist, dass wir Menschen uns selbst überallhin mitnehmen und somit nirgends vor unserer eigenen Versuchbarkeit gefeit sind. Diese Relativierung des Bösen ist bei ihr oft festzustellen, siehe V 7,4; 8,7; 13,7; 15,4; 28,12. F 5,12; 17,16; 20,7; 26,8; 29,2.5; 31,13; 4M 1,14; 6M 1,8 u.a.

Begründung zu sein für den Wunsch, mit niemandem zu tun zu haben, als die großartigen Geschenke und Wohlgefühle von Gott.[37]

15. Hier, meine Töchter, hat sich die Liebe zu zeigen, und nicht in Schlupfwinkeln, sondern mitten in den Gelegenheiten.[38] Glaubt mir, auch wenn es dabei zu mehr Fehlern und sogar zu ein paar kleinen Versagern kommt, so ist der Gewinn für uns unvergleichlich größer. Beachtet aber, dass ich immer voraussetze, dass ihr euch aus Gehorsam oder Nächstenliebe in sie begebt; denn wenn es nicht darum geht, lautet meine Schlussfolgerung immer, dass die Einsamkeit besser ist. Und obwohl wir uns nach ihr sehnen sollen, sogar wenn wir mit dem, was ich gerade sage, umgehen, so ist dieser Wunsch bei Seelen, die Gott wirklich lieben, eigentlich immer mit dabei. Dass das, wie ich sage, ein Gewinn ist, kommt daher, weil uns damit klar gemacht wird, wer wir sind und wie weit unsere Tugend reicht. Denn ein Mensch, der immer zurückgezogen lebt, weiß doch nicht, selbst wenn er seiner Meinung nach noch so heilig sei, ob er Geduld oder Demut hat, noch hat er etwas in der Hand, um es zu wissen. Es ist wie bei einem Mann, der sehr gestählt ist: Wie soll man das erkennen, wenn es sich nicht im Kampf gezeigt hat? Der hl. Petrus meinte von sich, es zu sein, aber schaut nur, wie es ihm in der Versuchung[39] erging; doch ging er aus diesem Versagen so hervor, dass er sich nicht mehr auf sich selbst verließ, und von daher gelangte er dahin, dass er sein Vertrauen auf Gott setzte, und später erlitt er, wie wir sehen, das Martyrium.

---

[37] Erneut geht es der Autorin darum, die versteckte Selbstsucht und den Selbstbetrug zu entlarven: Der egozentrische Wunsch nach schönen Gefühlen im Gebet kommt als Begründung nicht in Frage, die Vermeidung von Verhalten, das Gottes Liebe widerspricht, ist schon ein besserer Grund; doch wird sie im nächsten Absatz darauf hinweisen, dass auch da viel Selbstbetrug im Spiel sein kann.

[38] Zu *ocasiones* – *Gelegenheiten* siehe Anm. zu F 5,14.

[39] Wörtlich: „*Gelegenheit*"; siehe F 5,14; eine Anspielung auf Mt 26,35 bzw. 69-75 par.

16. Lieber Gott! Wenn wir doch verstünden, wie groß unser Elend ist! Überall lauert Gefahr, wenn wir sie nicht erkennen, und aus diesem Grund tut es uns sehr gut, dass uns Dinge aufgetragen werden, damit wir unsere Unzulänglichkeit erleben. Ich halte einen Tag demütiger Selbsterkenntnis, auch wenn er uns viele Nöte und Mühen gekostet hat, für eine größere Gnade des Herrn als viele Tage inneren Betens, um so mehr als der wahre Liebende überall liebt und immer an den Geliebten denkt. Es wäre schlimm, wenn man nur in den Schlupfwinkeln inneres Beten halten könnte![40] Ich sehe ja ein, dass es nicht Stunden lang sein kann, aber, du mein Herr, welche Kraft hat bei dir ein Stoßseufzer, der aus dem Innern kommt, aus Schmerz, erleben zu müssen, dass es noch nicht genug ist, in dieser Verbannung[41] zu weilen, sondern dass man uns nicht einmal dafür Gelegenheit gibt, nämlich allein sein zu können und uns an dir zu erfreuen![42]

17. Hier sieht man gut, dass wir seine Sklaven sind, aus Liebe zu ihm freiwillig an die Tugend des Gehorsams verkauft, da wir ihretwegen in gewisser Weise davon ablassen, uns an Gott selbst zu erfreuen. Doch das bedeutet gar nichts, wenn wir bedenken, dass er im Gehorsam aus dem Schoß des Vaters kam, um unser Sklave zu werden.[43] Nun also, womit kann man diese Gnade vergelten oder abdienen? Man muss mit Bedacht

---

[40] Siehe ihre Definition vom inneren Beten als *„Verweilen bei einem Freund"* (V 8,5), was man überall und unter allen Umständen üben kann.

[41] Als Kind ihrer Zeit betrachtet Teresa im Zuge einer langen asketischen Tradition, konkretisiert in der mittelalterlichen *Contemptus-mundi*-Literatur, das Leben in dieser Welt letztlich als Exil oder auch als Gefangenschaft (V 16,8), weil der Mensch das wahre Leben – die endgültige Gotteinung – erst im Jenseits findet. Diese Grundüberzeugung führt jedoch keineswegs zu einer weltfremden Verweigerungshaltung den Anforderungen des Lebens gegenüber, sie hindert Teresa nicht daran, sich ganz auf das Alltagsleben in all seinen Aspekten einzulassen, da dies der Ort ist, wo sie Gott jetzt begegnen und ihm dienen kann.

[42] Im Autograph befindet sich an dieser Stelle eine Randbemerkung Graciáns: *„Ein guter Rat für alle, die sich mit Werken der Nächstenliebe befassen!"*

[43] Vgl. Phil 2,6f. Eine treffende Charakterisierung Jesu: *„Er wird niemals müde, sich unseretwegen zu erniedrigen"* (F 3,13). Daraus folgert Teresa: *„Meint ihr*

vorgehen, um bei äußeren Werken, selbst wenn sie aus Gehorsam oder Nächstenliebe geschehen, nicht derart nachlässig zu sein, dass man nicht doch oftmals innerlich seine Zuflucht zu Gott nimmt. Glaubt mir, nicht die Länge der Zeit macht es aus, dass die Seele im inneren Beten vorankommt;[44] denn wenn man sie ebenso gut auf Werke verwendet, so ist das eine große Hilfe, um in ganz kurzer Zeit besser zubereitet zu werden, um in Liebe zu entflammen,[45] als in vielen Stunden der Betrachtung. Alles muss aus seiner Hand kommen. Er sei für immer gepriesen. Amen.

KAPITEL 6

Sie weist auf die Schäden hin, die geistlichen Menschen erwachsen können, wenn sie nicht erkennen, wann man dem Geist widerstehen soll. Sie spricht von der Sehnsucht der Seele nach dem Kommunionempfang und der Selbsttäuschung, die es dabei geben kann. Es gibt da wichtige Dinge für diejenigen, die in diesen Häusern die Leitung haben.[1]

1. Ich habe mich sorgfältig bemüht, den Ursprung einer tiefen Versunkenheit zu erkennen, in die, wie ich gesehen habe, manche Personen fallen, die der Herrn beim inneren Beten sehr verwöhnt und bei denen die Vorbereitung auf den Empfang dieser Gnaden durchaus nicht unterbleibt.[2] Ich spreche jetzt

---

vielleicht, dass es für euch einen neuen Weg geben wird!" (F 10,11); "wir sollen uns nicht danach sehnen, unsere Ruhe zu haben, sondern danach zu leiden, um unseren wahren Bräutigam ein bisschen nachzuahmen" (F 28,43).

[44] Gracián macht erneut dieselbe Randbemerkung wie in F 5,16.

[45] Die "Vollkommenheit in der Liebe" ist das höchste und letzte Ziel von allem.

[1] Die Wichtigkeit dieses Kapitels hebt sie im Verlauf des Kapitels noch hervor (F 6,8).

[2] Nahezu das ganze Kapitel beschäftigt sich mit der Entlarvung pseudomystischer Zustände, die auf psychischer Labilität und Gefühlsduselei statt auf echten spirituellen Erfahrungen beruhen. Diese Unterscheidung liegt ihr sehr am Herzen. Schon in F 5,13 erwähnte sie *"gewisse sehr wonnevolle Versenkun-*

nicht von den Fällen, in denen eine Seele von Seiner Majestät erhoben oder entrückt[3] wird, denn darüber habe ich an anderer Stelle schon viel geschrieben,[4] und von so etwas braucht man nicht zu reden; denn wenn es eine echte Verzückung[5] ist, vermögen wir nichts, auch wenn wir uns dem noch so sehr widersetzten. Dazu ist zu sagen, dass die Gewalt, die uns da überwältigt, damit wir keine Herrschaft über uns haben, von kurzer Dauer ist. Doch kommt es oftmals vor, dass ein Gebet der Ruhe[6] nach Art eines geistlichen Schlafes einsetzt, das die Seele derart einlullt, dass man, sofern wir nicht wissen, wie wir

---

gen, die es so gibt, und denen man die Bezeichnung ‚Gotteinung' gegeben hat." Nun kommt sie direkter auf diese „tiefe Versunkenheit" zurück (F 6,1-3.5-7.15), spricht von „Krampfzuständen" (F 6,5), „Ohnmachtsanfällen" (F 6,6), die sie in Verbindung bringt mit Menschen mit einem „schwächlichen Naturell" (F 6,2.3), bzw. mit einer „Einbildung, die nicht veränderlich ist", und die Menschen „von schwerfälliger Wesensart" (F 6,2) „vor Buße erschöpft" (F 6,3); es sind dies Menschen „von körperlicher Schwäche" (F 6,5), die „im Kopf oder in ihrer Einbildungskraft schwach sind" (F 6,7) und eine „schwächliche Natur" haben (F 6,16). Ihre Diagnose lautet: „Der Leib ist gebunden, doch nicht das Willensempfinden" (F 6,4), „die Seelenvermögen und die Sinne erlahmen" (F 6,5); ihr Rat: „das Betrachtungsthema wechseln" (F 6,6); „sich so gut wie möglich ablenken" (F 6,7); „die Fastenübungen und Disziplinen verbieten und dafür sorgen, dass sie sich ablenke" (F 6,14); „große Strenge an den Tag legen" (F 6,12); ihre Gründe für diese Forderungen: „Niemals erlangt man so die Freiheit des Geistes" (F 6,15), „sie würden viel mehr lieben, wenn sie sich davon nicht verrückt machten" (F 6,3). Bei der echten Verzückung ist „die Gewalt ... von kurzer Dauer" und macht nicht, dass „wir keine Herrschaft über uns haben" (F 6,1); sie „dauert nur kurz an" und „hinterlässt ... großartige Auswirkungen und inneres Licht" (F 6,4).

3 Suspendida y arrebatada, zwei Bezeichnungen für ekstatische Erfahrungen bei Teresa; vgl. „Gern verstünde ich es, mit Gottes Hilfe den Unterschied zu erläutern, der zwischen Gotteinung und Verzückung oder Erhebung oder dem sogenannten Geistesflug oder Entrückung besteht, denn das ist alles ein und dasselbe. Ich meine, dass diese verschiedenen Bezeichnungen alle dasselbe bedeuten, was man auch Ekstase nennt" (V 20,1). Vgl. aber auch CC 54,8 und ferner 7M 3,12.

4 Vor allem in V 20,2.7; 21,8.

5 Arrobamiento, Teresas häufigste Bezeichnung für die Ekstase; siehe Anhang I.

6 Oración de quietud, ein Fachausdruck, den Teresa von geistlichen Autoren aus der franziskanischen Tradition (namentlich Francisco de Osuna, Bernardino de Laredo und Bernabé de Palma) übernimmt. Er steht im Normalfall für die Anfänge kontemplativen, also mehr von passivem Empfangen als von aktivem Tun geprägten Betens; siehe auch Anhang I. Hier ist es jedoch ironisch gemeint für die pseudomystischen Anwandlungen, die sie im Folgenden entlarven will.

hier vorgehen sollen, viel Zeit verlieren und durch eigene Schuld Kraft einbüßen kann, noch dazu mit wenig Gewinn.[7]

2. Ich möchte mich hier verständlich machen können, aber es ist so schwer, dass ich nicht weiß, ob ich damit klarkomme. Ich weiß aber genau, dass die Seelen, die dieser Täuschung verfallen sind, es verstehen werden, wenn sie mir nur glauben wollen. Von einigen weiß ich, dass sie sieben oder acht Stunden darin weilten, und zwar sehr tugendhafte Seelen, und ihnen alles als Verzückung vorkam. Jegliche fromme Übung ergriff sie so sehr, dass sie sich gleich ganz gehen ließen, da sie meinten, es sei nicht richtig, dem Herrn Widerstand zu leisten, und so hätten sie langsam sterben oder den Verstand verlieren können, wenn sie sich nicht um Abhilfe gekümmert hätten. Was ich in diesem Fall verstehe, ist, dass unsere Natur, die eine so große Freundin von Glücksgefühlen ist, in jenem Wohlgefühl so sehr aufgeht, dass sie sich nicht regen, noch es durch irgendetwas verlieren möchte, sobald der Herr beginnt, die Seele zu verwöhnen. Denn das ist wahrhaftig wohliger als alle Wohlgefühle der Welt, und wenn die Geistesveranlagung (oder, besser gesagt, Einbildung) nicht flexibel ist, sondern, ohne sich weiter abzulenken, sobald sie eine Sache wahrnimmt, bei eben dieser verbleibt – wenn diese also auf ein schwächliches oder gleichgeartetes Naturell trifft, wird sie, entsprechend den natürlichen Veranlagungen oder der Körperverfassung oder Schwäche oder wenn sie an Melancholie[8] leiden, tausendfachen wohligen Schwindel vorgaukeln; es läuft dann ab, wie bei vielen Menschen, die, wenn sie an etwas zu denken beginnen (auch wenn es gar nicht Gott ist), ganz davon absorbiert werden oder auf etwas starren, ohne zu merken, was sie anstarren: Menschen von schwerfälliger Wesensart, die scheinbar aus Unaufmerksamkeit vergessen, was sie gerade sagen wollen.

---

[7] Vgl. 4M 3,11ff, wo die Autorin noch einmal auf dasselbe pseudomystische Phänomen zu sprechen kommt.
[8] Siehe F 4,2.

3. Über diese Gemütsverfassung werde ich ein wenig weiter unten sprechen.[9] Aber auch wenn diese nicht im Spiel ist, ereignet sich das, was ich gerade gesagt habe, sogar bei Personen, die vor Buße erschöpft sind, weil sie sich, wie ich eben sagte, von der Liebe so sehr mitreißen lassen, sobald diese im Sinnenbereich ein Wohlgefühl auslöst, wie ich gesagt habe.[10] Meiner Meinung nach würden sie noch viel mehr lieben, wenn sie sich davon nicht verrückt machen[11] ließen; denn in dieser Phase des inneren Betens können sie sich dem sehr wohl widersetzen. Und so wie man bei körperlicher Schwäche eine Ohnmacht verspürt, die einen nicht mehr sprechen oder sich regen lässt, so kommt es auch hier, wenn man sich dem nicht widersetzt, so weit, dass die Kraft des Geistes (sofern die Natur schwach ist) einen ergreift und unterwirft.

4. Man wird mir sagen können, was denn der Unterschied zur Verzückung sei, da es sich doch allem Anschein nach um dasselbe handle. Und da haben sie nicht Unrecht, nur ist es nicht so.[12] Denn bei einer Verzückung oder Gotteinung aller Seelenvermögen dauert es, wie ich eben sage, nur kurz an[13] und hinterlässt in der Seele zusammen mit vielfachem weiteren Gewinn großartige Auswirkungen und inneres Licht; das Erkenntnisvermögen[14] tut dabei nichts, sondern es ist der Herr, der im Empfindungsvermögen[15] am Werk ist. Hier ist es ganz

---

[9] Sie wird ihr das ganze 7. Kapitel widmen.

[10] Liebe hat für Teresa nicht primär mit emotionaler Betroffenheit, sondern mit Leidensbereitschaft und Einsatz für den Geliebten zu tun; vgl. F 5,3. Gegenüber einer sehr gefühlsbetonten Frömmigkeit bewahrt sie sich eine gesunde Skepsis.

[11] *Embobar*, ein Wortspiel mit *arrobar* („*verzücken*"). Dasselbe Wortspiel benutzt die Autorin auch in 4M 3,11.

[12] Auf den ersten Blick sehen *embobamiento – Verrücktsein* und *arrobamiento – Entzücktsein* sehr ähnlich aus, in Wirklichkeit gibt es aber sehr wohl einen Unterschied.

[13] Siehe F 6,1. Auf die kurze Dauer bzw. die vorübergehende Art echter mystischer Erfahrungen weist die Autorin auch anderweitig hin; vgl. V 10,1; 18,13; 20,18f.; 6M 4,13.

[14] *Entendimiento*, siehe Anhang I.

[15] *Voluntad*, siehe Anhang I.

anders[16]; denn auch wenn der Leib gebunden ist, so ist es doch weder das Willensempfinden[17] noch das Erinnerungs- oder das Erkenntnisvermögen, sondern sie bleiben bei ihrer paradoxen Tätigkeit, und wenn sie sich zufällig an etwas festgemacht haben, werden sie sich in Rede und Widerrede verstricken.[18]

5. Ich finde an dieser körperlichen Schwäche – denn etwas anderes ist es nicht – nichts Gewinnbringendes, abgesehen davon, dass sie einen guten Ansatz hatte; doch der sollte dazu dienen, diese Zeit gut zu verwenden, statt so lange versunken zu bleiben. Viel mehr Gewinn kann man aus einem einzigen Akt[19] und der oftmaligen Erweckung des Willens zur Gottesliebe erhalten, als ihn so abgeschaltet zu lassen. Folglich rate ich den Priorinnen, mit allem erdenklichen Eifer darauf hinzuarbeiten, diese langen Krampfzustände zu unterbinden. Denn meines Erachtens handelt es sich um nichts anderes als zuzulassen, dass die Seelenvermögen und die Sinne erlahmen, um ja nicht zu tun, was ihre Seele ihnen aufträgt. Und so bringen sie sie um den Gewinn, den sie ihr bei behutsamem Vorgehen eigentlich einbringen. Wenn man erkennt, dass es sich um einen Schwächezustand handelt, soll man die Fastenübungen und Disziplinen[20] unterbinden (ich meine die, welche nicht verpflichtend sind, mit der Zeit kann es aber dazu kommen, dass

---

[16] Gemeint ist bei jenen pseudomystischen Erlebnissen, die Teresa in diesem Kapitel erklären möchte.

[17] *Voluntad*, das Seelenvermögen, das nach scholastischem Verständnis nicht nur die Willenskraft, sondern auch den ganzen affektiven Bereich einschloss.

[18] *Dar y tomar*, was damals nach T. Álvarez soviel bedeutete wie: „herumstreiten, herumdiskutieren". Gemeint ist das unruhige Hin und Her, das die Autorin zuvor als *„paradoxe Tätigkeit"* bezeichnet hat.

[19] *Acto – actus*: Gemeint ist eine Tat der Liebe oder dergleichen.

[20] *Disciplinas*, rituelle Züchtigungen mit einer Bußgeißel oder Zuchtrute. Selbstgeißelung als asketische Übung, aber auch körperliche Züchtigung als Strafe für Vergehen gegen die klösterliche Zucht waren damals in allen Orden selbstverständlich. Im Vergleich zu anderen zeitgenössischen Reformbewegungen, für die solche Praktiken charakteristisch waren, fällt auf, dass Teresa in dieser Hinsicht sehr gemäßigt war, wie auch dieser Rat zeigt. Vgl. Cs 18.

man guten Gewissens alle unterbinden kann), und ihr feste Aufgaben übertragen, damit sie abgelenkt wird.[21]

6. Und sogar wenn eine diese Ohnmachtsanfälle nicht hat, ist dies nötig, sofern ihre Phantasie ganz von etwas eingenommen ist, und sei es von ganz tiefen Gebetserfahrungen, da es manchmal vorkommt, dass sie die Herrschaft über sich verliert. Insbesondere wenn sie vom Herrn manch außergewöhnliche Gnade erhalten oder eine Vision geschaut haben, verbleibt die Seele in einem Zustand, dass sie meint, diese andauernd zu sehen, was jedoch nicht so ist, sondern nur einmal geschah. Wer sich über Tage hinweg in dieser Versunkenheit erleben sollte, muss sich bemühen, das Betrachtungsthema zu wechseln, denn wenn es sich um göttliche Dinge handelt, ist es nicht weniger passend, ob sie bei dem einen oder anderen verweilen, da sie sich ja mit seinen[22] Dingen befassen; und er freut sich manchmal genauso darüber, wenn sie seine Geschöpfe betrachten und die Macht, die er bei ihrer Erschaffung bewies, wie wenn sie an den Schöpfer selbst denken.[23]

7. O unseliges Elend des Menschen! Durch die Sünde wurdest du so, dass wir sogar im Guten Richtschnur und Maß brauchen, um gesundheitlich nicht am Boden zu liegen, so dass wir nicht genießen können![24] Und das ist wahrhaftig für viele Menschen angebracht (insbesondere für diejenigen, die im Kopf oder in ihrer Einbildungskraft schwach sind),[25] und bedeutet,

---

[21] Vgl. 6M 7,13, wo die Autorin denselben Rat gibt.

[22] Mit Gottes Dingen.

[23] Ein schönes Beispiel für Teresas geistliche Weite; ähnlich in CE 42,4f.

[24] Eine Anspielung auf die Zerbrechlichkeit der *conditio humana*, die nach klassischem christlichem Verständnis eine Folge der Erbsünde, also der für das Böse anfälligen Natur des Menschen ist. Daraus ergibt sich für Teresa die Notwendigkeit, auch im Guten „Richtschnur und Maß" zu beachten. Man beachte ihre Begründung: damit der Mensch nicht durch unvernünftiges Schwelgen in schönen Gefühlen am recht verstandenen (Gottes)genuss gehindert wird (noch deutlicher im folgenden Absatz).

[25] Vgl. auch 4M 1,14.

Gott mehr zu dienen; es ist sehr notwenig, sich da zu durchschauen. Und falls eine bemerken sollte, dass sich in ihrer Phantasie ein Geheimnis der Passion[26] oder der himmlischen Herrlichkeit oder etwas Ähnliches festsetzt, und das viele Tage so bleibt, dass sie, auch wenn sie das möchte, an nichts anderes denken kann, und sich von dieser Versunkenheit nicht loseisen kann, dann möge sie begreifen, dass sie sich so gut wie möglich ablenken soll. Wenn nicht, dann wird sie mit der Zeit den Schaden erkennen, und dass er von dem herrührt, was ich schon sagte, also entweder von großer körperlicher Schwäche oder aber von der Einbildungskraft, was viel schlimmer ist. Denn so wie ein Wahnsinniger die Herrschaft über sich verliert, sobald er auf etwas verfällt, und sich weder ablenken noch an anderes denken kann, und es auch keine Vernunftgründe gibt, die ihn dazu bewegen könnten, da er nicht Herr über seine Vernunft ist, so könnte es auch hier geschehen, obwohl es ein köstlicher Wahnsinn ist; und wenn eine erst an der Gemütsverfassung der Melancholie leidet, kann es ihr großen Schaden zufügen. Ich finde nichts, wozu das gut sein soll, wo die Seele doch fähig ist, Gott selbst zu genießen.[27] Sogar wenn es sich nicht um eines der Themen handeln sollte, die ich genannt habe, da ja Gott unendlich ist, wozu soll sich die Seele nur von einer seiner Großtaten oder einem seiner Geheimnisse gefangen nehmen lassen, wenn es doch so vieles gibt, womit wir uns befassen können? Und je mehr Dinge wir von ihm betrachten, desto mehr offenbaren sich uns seine Großtaten.[28]

---

[26] Eine Episode aus der Leidensgeschichte Jesu.

[27] Es geht also darum, nicht beim Schwelgen in trügerischen Empfindungen und Gefühlen stehen zu bleiben, die nicht Gott sind, sondern statt dessen zu Gott selbst zu gelangen. Damit stellt Teresa dasselbe Prinzip auf wie Johannes vom Kreuz, der immer wieder davor warnt, unsere Empfindungen mit Gott zu verwechseln; siehe etwa 2S und 3S.

[28] Hier wird deutlich, wie der Mensch, der sich auf Gott in seiner ganzen Fülle einlässt – soweit ihm das möglich ist –, immer mehr zu seiner eigenen Fülle kommen kann, was dann wieder Auswirkungen auf seinen Umgang mit seinen Mitmenschen hat.

8. Damit sage ich ja nicht, dass man in einer Stunde oder an einem Tag an Vielerlei denken soll, denn das würde womöglich bedeuten, nichts richtig auszukosten. Doch da es sich um so heikle Dinge handelt, möchte ich nicht, dass man etwas denkt, was mir noch nicht einmal zu sagen in den Sinn kommt, oder das eine als das andere versteht. Wirklich, es ist so wichtig, dieses Kapitel gut zu verstehen, dass es mir nicht lästig wird, auch wenn ich euch mit der Beschreibung lästig falle. Ich möchte auch nicht, dass es einer, die es beim ersten Mal nicht versteht, lästig ist, es vielmals zu lesen, besonders die Priorinnen und Novizenmeisterinnen, die die Schwestern beim inneren Beten führen sollen. Denn wenn sie nicht von Anfang an umsichtig sind, werden sie sehen, wie viel Zeit man nachher braucht, um solche Schwächen zu heilen.

9. Wenn ich über all das Viele schreiben müsste, das mir von dieser Schädigung zu Ohren gekommen ist, würde man sehen, dass ich Recht habe, wenn ich so sehr darauf bestehe. Einen Fall nur will ich beschreiben, und daraus wird man die übrigen ableiten.[29] In einem dieser Klöster gibt es eine Chorschwester[30]

---

[29] Vgl. auch 4M 3,11 und 6M 7,13.

[30] Vermutlich ist Alberta Bautista (Mencía Ponce de León) gemeint, die kurz nach der Gründung des Klosters in Medina del Campo dort eintrat und 1569 dort ihre Profess ablegte. Ab 1577 war sie dort Priorin. Sie war eine schwierige Persönlichkeit, die zu Übertreibungen und zum Rigorismus neigte, jedoch lernfähig. Als Teresa im Herbst 1582 todkrank auf dem Weg nach Alba de Tormes in Medina Station machte, sollte sie dort, wie von Ana de San Bartolomé berichtet wird, von Alberta Bautista eine sehr schmerzliche und demütigende Behandlung erfahren (DST 693). – *„Chorschwester":* In den Orden galt damals allgemein ein Zweiklassensystem: einerseits Chormönche bzw. -Schwestern, die des Lesens kundig waren und zum gemeinsamen Rezitieren des lateinischen Chorgebets verpflichtet waren, andererseits Laienbrüder bzw. -Schwestern, die Analphabet(inn)en waren und mit den schweren Arbeiten betraut wurden. Als Teresa San José gründete, wollte sie diese Einteilung in Klassen nicht, doch akzeptierte sie später *„freilas"* oder *„legas"*, also Laienschwestern, die einen weißen Schleier trugen, weil immer mehr Analphabetinnen um Aufnahme baten, die nicht am Chorgebet teilnehmen konnten. In ihren *Konstitutionen* fordert sie, dass diese *„kräftig und Personen sein sollen, denen man anmerkt, dass sie dem Herrn dienen wollen"* (Cs 21). Bei aller Gleichheit der Behandlung, die sie für sie fordert, hatten sie im Kapitel weder Sitz- noch Stimm-

und eine Laienschwester,[31] beide mit tiefer Gebetserfahrung, verbunden mit dem Bemühen um Ich-Sterben[32] und Demut und Tugenden, vom Herrn sehr verwöhnt, und solche, denen er seine Großtaten offenbart, insbesondere so losgelöst und in Liebe zu ihm versetzt, dass sie es, so wie es aussieht, – selbst wenn wir sie aus der Nähe betrachten – nicht unterlassen, den Gnaden, die unser Herr ihnen erweist, zu entsprechen, soweit es unsere Unzulänglichkeit vermag. Ich habe so viel von ihrer Tugend gesprochen, damit sich diejenigen, die diese nicht haben, um so mehr in Acht nehmen. Es setzten bei ihnen so heftige Aufwallungen von Sehnsucht nach dem Herrn ein, dass sie sich nicht mehr zu helfen wussten; dabei meinten sie, es würde sich durch den Empfang der Kommunion beruhigen, und so versuchten sie, von den Beichtvätern zu erlangen, dass dies recht häufig der Fall wäre,[33] so dass dieser Schmerz bei ihnen allmählich so zunahm, dass sie zu sterben glaubten, wenn man sie nicht jeden Tag kommunizieren ließ. Als die Beichtväter[34] sahen, was dies für Seelen waren, und wie groß ihre Sehnsucht war, meinten sie, obwohl der eine von ihnen ein sehr geistlicher Mensch war, dies sei das geeignete Heilmittel für ihr Übel.

---

recht (Cs 43). Diese Teresas ursprünglicher Idee nicht entsprechende Klassifizierung der Schwestern hat im Lauf der Zeit viele Probleme verursacht und wurde erst im Gefolge der Erneuerung des Ordenslebens durch das Zweite Vatikanische Konzil abgeschafft (DST 308).

[31] Also eine Schwester, die nicht am lateinisch rezitierten Chorgebet teilnahm. Eventuell ist Inés de la Concepción (Jiménez) gemeint, die 1570 in Medina del Campo Profess machte.

[32] *Mortificación*, siehe Anhang I.

[33] Den Gläubigen war es damals nicht gestattet, selbst zu entscheiden, wie häufig sie die Kommunion empfingen, sondern es musste ihnen jeweils vom Beichtvater genehmigt werden. Im allgemeinen wurde die Kommunionpraxis sehr restriktiv gehandhabt, was zu solch ungesunden Auswüchsen wie den hier geschilderten mit beigetragen haben mag. In ihren *Konstitutionen* (Cst 5) hat Teresa im Gegensatz dazu den Kommunionempfang sehr oft erlaubt.

[34] Aus Diskretionsgründen vermeidet die Autorin jeden Hinweis darauf, wer gemeint sein könnte.

10. Doch das war noch nicht alles, denn eine von ihnen hatte solch brennende Sehnsüchte, dass sie glaubte, schon am Morgen die Kommunion empfangen zu müssen, um am Leben bleiben zu können. Dabei waren es keine Seelen, die etwas vorgetäuscht oder um irgend etwas in der Welt gelogen hätten. Ich war nicht dort, doch die Priorin[35] schrieb mir, was vor sich ging, und dass sie sich mit ihnen nicht mehr zu helfen wisse, und dass so angesehene Personen gesagt hätten, dass sie dem so abhelfen müssten, da sie nicht anders könnten. Ich begriff gleich, was Sache war, denn so wollte es der Herr.[36] Dennoch schwieg ich, bis ich dort war, da ich befürchtete, mich zu täuschen, und ich tat gut daran, dem, der es guthieß, nicht zu widersprechen, bis ich ihm meine Gründe dargelegt hatte.[37]

11. Er war aber so demütig, dass er mir gleich Glauben schenkte, als ich dort ankam und mit ihm sprach. Der andere war nicht so geistlich, ja, verglichen mit ihm, fast überhaupt nicht. Es gab kein Mittel, um ihn überzeugen zu können, aber das machte mir bei diesem wenig aus, da ich ihm nicht so sehr verpflichtet war. Ich begann, mit den Schwestern zu sprechen und ihnen viele Gründe darzulegen, die meines Erachtens ausreichten, um sie einsehen zu lassen, dass es sich beim Gedanken, ohne dieses Hilfsmittel zu sterben, um Einbildung handelte. Sie waren aber so sehr darauf fixiert, dass nichts ausreichte noch ausreichen würde, um sie mit Vernunftgründen so weit zu bringen. Da sah ich ein, dass alles vergeblich war, und so sagte ich ihnen, dass auch ich jene Wünsche hätte, aber auf den Kommunionempfang verzichten würde, damit sie zur Überzeugung kämen, dass sie diese nur empfangen sollten, wenn es alle tun; dann würden wir eben alle drei sterben, denn das hielte ich für besser als wenn sich eine solche Gewohnheit in diesen

---

[35] Inés de Jesús (Tapia).

[36] Auch hier stellt Teresa ihr Licht wieder unter den Scheffel, doch wenn sie sagt, *„dass es der Herr so wollte"*, verleiht sie ihrer Einsicht um so mehr Gewicht.

[37] Als Frau einem Priester zu widersprechen war eine heikle Angelegenheit, daher hatte die Autorin allen Grund, um sich abzusichern.

Häusern einbürgerte, wo es andere gäbe, die Gott ebenso sehr liebten wie sie und dasselbe tun wollten.[38]

12. Der Schaden, den die Gewohnheit bereits verursacht hatte (aber auch der Böse wird sich da eingemischt haben),[39] war so extrem, dass es so aussah, als würden sie wirklich sterben, als sie die Kommunion nicht bekamen. Ich legte große Strenge an den Tag, weil ich um so deutlicher sah, dass es eine Versuchung war, je besser ich zu sehen bekam, dass sie sich dem Gehorsam nicht beugten, weil sie ihrer Meinung nach nicht anders konnten. An jenem Tag durchlebten sie große Not, am nächsten schon ein bisschen weniger, und so wurde es nach und nach immer weniger, so dass es ganz gut zu ertragen war, selbst als ich die Kommunion empfing, da es mir befohlen wurde. (Ich hatte sie nämlich so schwach erlebt, dass ich es von mir aus nicht getan hätte.)

13. Schon bald erkannten sie und alle die Versuchung, und wie gut es war, dem rechtzeitig abzuhelfen, denn bald kam es in jenem Haus, allerdings ohne die Schuld der Schwestern, zu Zerwürfnissen mit den Oberen (wozu ich vielleicht später noch etwas sage), die eine solche Gewohnheit nicht gut aufgenommen und nicht geduldet hätten.[40]

---

[38] Man beachte das pädagogische Geschick Teresas: Gespräch mit Angabe von Gründen, Solidarisierung mit den Betroffenen, Verweis auf die Gemeinschaft, konsequentes Durchgreifen.

[39] Man beachte, dass die Autorin an erster Stelle eine natürliche Begründung anführt (die bereits verfestigte Gewohnheit) und den Einfluss des Bösen zwar nicht ausklammert, aber doch relativiert, ganz im Gegensatz zu der damals verbreiteten Haltung, hinter allen negativen Entwicklungen gleich den Bösen am Werk zu sehen. Siehe Anm. zu F 5,14.

[40] Wahrscheinlich spielt sie auf zwei Vorfälle an, die sich 1571 in Medina del Campo ereigneten, als es zwischen der Kommunität und dem Provinzial zu Zerwürfnissen gekommen war, einmal wegen des Vermögens von Isabel de los Ángeles, Nichte des berühmten und reichen Kaufmann Simón Ruiz, die dieses anders verwenden wollte als der Provinzial zusammen mit der Familie, zum anderen wegen der Ernennung Teresas de Quesada zur Priorin. (BMC 5,53, Anm. 3; J. L. Rodríguez, *Santa Teresa en Valladolid y Medina del Campo*, 88-90; TyV 487-490.)

14. O, wie viele derartige Vorkommnisse könnte ich da erzählen! Nur eine möchte ich noch erwähnen: Es geschah nicht in einem Kloster unseres Ordens, sondern bei den Bernhardinerinnen.[41] Es gab da eine Schwester, die nicht weniger tugendhaft war als die erwähnten. Sie kam durch viele Disziplinen[42] und Fastenübungen zu solcher Schwäche, dass sie jedes Mal, wenn sie die Kommunion empfing oder sich eine Gelegenheit ergab, in Andacht zu entflammen, gleich zu Boden fiel und acht oder neun Stunden so verharrte, was ihr und allen anderen als Verzückung erschien. Das kam bei ihr so häufig vor, dass es meines Erachtens für sie sehr schlecht hätte enden können, wenn dem nicht abgeholfen worden wäre. Das Gerücht über ihre Verzückungen verbreitete sich im ganzen Ort. Mir tat es leid, davon zu hören, weil es dem Herrn gefiel, dass ich begriff, worum es sich handelte, und ich fürchtete, wo das wohl enden könnte.[43] Der Pater, der ihre Beichte hörte, war mir sehr zugetan, und so kam er, um es mir zu erzählen. Ich sagte ihm, was ich davon verstanden hatte, und dass es nur Zeitvergeudung sei und unmöglich Verzückungen wären, sondern Schwäche; und dass er ihr doch die Fastenübungen und Disziplinen verbiete und dafür sorge, dass sie sich ablenke. Sie war gehorsam und machte es so. Bald danach kam sie wieder zu Kräften, und von Verzückung gab es keine Spur mehr; wenn es aber wirklich welche gewesen wären, hätte kein Gegenmittel ausgereicht, solange es Gottes Wille gewesen wäre, denn die Kraft des Geistes ist so groß, dass die unseren nicht ausreichen, um Widerstand zu leisten, und, wie ich schon sagte,[44] hinterlässt sie großartige Wirkungen in der Seele. Bei jenem anderen aber ist

---

[41] Möglicherweise eine Anspielung auf das Heilig-Geist-Kloster in Olmedo unweit von Medina del Campo in der Provinz Valladolid, wo Teresa auf ihren Gründungsreisen mehrfach Station machte. Später trat dort die Nichte des Johannes vom Kreuz, Bernarda de la Cruz, ein.

[42] Siehe Anm. zu F 6,5.

[43] Diese Einschätzung Teresas hat einen sehr realen Hintergrund, da die Inquisition bei all diesen außergewöhnlichen Phänomen schnell gefährlich werden konnte, was sie zu verspüren bekommen hat. Siehe V 25,14.

[44] In F 6,4.

es so, als wäre nichts gewesen, und dazu noch körperliche Er-schöpfung.[45]

15. Von daher sei klar zu verstehen gegeben, dass wir alles, was uns so fesselt, dass es die Vernunft unfrei macht, für verdächtig halten sollten, und dass man so niemals die Freiheit des Geistes erlangen wird, denn eine ihrer Eigenschaften ist, Gott in allen Dingen zu finden und an diese denken zu können. Alles weitere ist Unterwerfung des Geistes, und einmal abgesehen vom Schaden, den es dem Leib zufügt, fesselt es die Seele so, dass sie nicht weiterwächst; es ist dann wie bei jemandem, der unterwegs ist und in einem Sumpf oder im Dreck stecken bleibt, so dass man nicht mehr weiterkommt.[46] Zum Teil geht es der Seele hier genauso, die doch nicht nur gehen, sondern fliegen müsste, um weiterzukommen. O, wenn sie sagen und auch noch meinen, in der Gottheit versunken zu sein und vor lauter Schweben nicht anders zu können und kein Mittel zu finden, um sich abzulenken, wie oft ist es dann so etwas!

16. Schaut, ich weise nochmals darauf hin, dass man wegen eines Tages oder auch wegen vier oder acht nichts zu befürchten braucht, denn es hat nicht viel zu sagen, wenn eine schwäch-liche Natur so viele Tage verdattert ist.[47] Wenn es aber darüber hinausgeht, bedarf es der Abhilfe. Das Gute an all dem ist, dass keine Schuld infolge einer Sünde vorliegt, und man es nicht versäumt, nach und nach Verdienste zu sammeln.[48] Doch gibt

---

[45] Zwei Kriterien, die Teresa immer wieder anführt: 1. Gegen die Kraft des Gei-stes vermag der Mensch keinen Widerstand zu leisten; 2. die Wirkungen ge-ben Aufschluss darüber, ob es sich um eine echte spirituelle Erfahrung oder um Selbstbetrug handelt.

[46] Eine Anspielung auf Erfahrungen, die Teresa bei den damaligen schlechten Straßenverhältnissen auf ihren Gründungsreisen immer wieder machte.

[47] *„Das eine oder andere Mal, versteht sich"*, fügt Teresa am Rand an. Also nicht immer wieder.

[48] Eine typischer Hinweis auf die damalige Praxis, Verdienste zu sammeln, von der Teresa offensichtlich nicht ganz frei war, obwohl sie entschieden auf dem Geschenkcharakter der Erlösung besteht.

es die Nachteile, von denen ich gesprochen habe, und noch viele weitere. Sofern es den Kommunionempfang betrifft, ist er gewaltig, mag die Seele noch so viel Liebe haben, wenn sie sich nicht auch in diesem Punkt ihrem Beichtvater und ihrer Priorin unterstellt; mag sie auch unter der Einsamkeit leiden, so soll es doch keine solchen Extreme geben, dass man ihnen nicht mehr beikommt! Wie bei anderen Dingen so ist es auch in diesem Fall nötig, sie nach und nach zum Ich-Sterben zu bringen und ihnen zu verstehen zu geben, dass es mehr frommt, nicht den eigenen Willen durchzusetzen als den eigenen Trost zu suchen.

17. Auch kann sich da unsere Eigenliebe einmischen. Mir passierte es,[49] und das ist mir einige Male vorgekommen, dass ich mir, sobald ich andere zur Kommunion gehen sah, wünschte, ich hätte noch nicht kommuniziert, um erneut kommunizieren zu können, kaum dass ich gerade erst kommuniziert hatte und die Hostie fast noch nicht aufgelöst sein konnte. Da das bei mir so oft vorgekommen ist, habe ich später allmählich bemerkt (denn damals meinte ich nicht, dass es da etwas zu tadeln gäbe), dass es mehr wegen meines eigenen Wohlgefühls als aus Liebe zu Gott geschah; denn da wir, wenn wir die Kommunion empfangen, zumeist Zärtlichkeit und Wohlgefühl empfinden, hat mich das mitgerissen. Wenn es deshalb gewesen wäre, um Gott in meiner Seele zu haben, so hatte ich ihn ja schon; wäre es um die Erfüllung des Gebotes, die heilige Kommunion zu empfangen, gegangen, so hatte ich das schon getan; wäre es wegen des Empfangs der Gnaden gewesen, die mit dem Allerheiligsten Sakrament geschenkt werden, so hatte ich sie ja schon empfangen.[50] Kurz, ich gelangte zur klaren Erkenntnis,

---

[49] Mit feinem psychologischem Gespür bringt Teresa, wie schon in F 6,11, auch hier wieder sich selbst ins Spiel, um ihre Adressatinnen um so wirksamer zu überzeugen.

[50] Nebenbei gibt die Autorin hier Einblick in die eucharistische Theologie und Frömmigkeit ihrer Zeit, bei der neben der Begegnung mit Christus (Gott) auch die Pflichterfüllung (festgemacht an der Weisung „tut dies zu meinem Gedächtnis" – Lk 22,19) und der Gedanke an die mit dem Empfang der eucharisti-

dass es da um nichts anderes ging als noch einmal dieses spür-bare Wohlgefühl zu erleben.

18. Ich erinnere mich, dass ich an einem Ort, an dem ich ein-mal war, wo es ein Kloster von uns gab, eine Frau kennen gelernt habe, die nach Meinung des ganzen Dorfes eine sehr große Dienerin Gottes war, und das wohl auch gewesen sein musste. Sie kommunizierte täglich, hatte aber keinen festen Beichtvater,[51] sondern ging einmal in die, dann in jene Kirche um zu kommunizieren. Ich bemerkte das und hätte es lieber gesehen, dass sie einer einzigen Person gehorcht hätte als so häufig zu kommunizieren. Sie lebte in ihrem Haus für sich und tat meinem Eindruck nach was sie wollte; doch da sie gut war, war das alles gut. Ich habe es ihr einige Male gesagt, doch gab sie nichts auf mich, und zu Recht, da sie viel besser war als ich, doch in diesem Punkt, meinte ich, mich nicht zu irren. Da kam der heiligmäßige Fray Pedro de Alcántara[52] vorbei. Ich sorgte

---

schen Gaben verbundenen besonderen Gnaden eine nicht unerhebliche Rolle spielten. Zugleich zeigt sich hier ihre Fähigkeit, klar zu denken und zu argu-mentieren.

[51] Eine erneute Anspielung auf die damals selbstverständliche Voraussetzung, dass jedem Kommunionempfang eine Beichte vorauszugehen hatte, wobei der Kommunionempfang vom Beichtvater zu gestatten sei. Mit feiner Ironie deu-tet Teresa an, wie die besagte „große Dienerin Gottes" mögliche Restriktionen, die ihr ein fester Beichtvater auferlegt hätte, unterlief. Der ganze Bericht ist voller Ironie.

[52] Dieser war einer der großen spanischen Spirituellen des 16. Jahrhunderts. Ge-boren in Alcántara im Jahr 1499 trat er 1515 mit 16 Jahren in den Franziska-nerorden ein, wo er bald durch ein intensives Gebetsleben gepaart mit äußer-ster Bußstrenge auffiel. Im Jahr 1540 gründete er in El Pedroso ein Reform-kloster und wurde zum Anführer einer Reformbewegung in seinem Orden, die allerdings die typischen Merkmale der meisten damaligen Reformbewe-gungen aufwies: neben der kontemplativen Ausrichtung eine Überbetonung rigoroser Bußübungen und eine betont anti-intellektuelle Einstellung. Teresa lernte ihn durch Vermittlung ihrer Freundin Doña Guiomar de Ulloa kennen. Er unterstützte sie maßgeblich bei der Gründung des Klosters San José zu Ávila (siehe V 32-36), starb allerdings bereits wenige Monate später, am 18. Oktober 1562 (siehe V 27,16). Er hinterließ nur wenige geistliche Schriften, übte aber durch sein Leben und seine äußerliche Erscheinung großen Einfluss aus. Siehe A. Barrado Manzano, *San Pedro de Alcántara.* – Obwohl Teresa nur wenige Ansichten von ihm teilt, hat sie ihn doch offensichtlich sehr geschätzt,

dafür, dass er mir ihr sprach, war aber nicht zufrieden mit dem Bericht, den sie ihm gab.[53] Das lag aber wohl nur daran, dass wir so armselig sind, dass wir niemals ganz zufrieden sind, es sei denn mit denen, die unseren Weg gehen; ich glaube ja, dass diese Frau dem Herrn besser gedient und in einem Jahr mehr Bußübungen vollbracht hatte als ich in vielen.[54]

19. Da wurde sie todkrank, und auf das möchte ich hinaus. Voll Eifer sorgte sie dafür, dass ihr täglich zu Haus die Messe gelesen und das Allerheiligste Sakrament gereicht wurde. Da sich die Krankheit hinschleppte, meinte ein Geistlicher, ein großer Diener Gottes, der oft bei ihr die Messe las, dass es nicht angehe, dass sie täglich in ihrem Haus kommuniziere. Das muss eine Versuchung des Bösen gewesen sein, denn es ergab sich, dass das der letzte Tag war, an dem sie starb. Als sie sah, wie die Messe zu Ende ging und sie ohne den Herrn blieb, überkam sie eine so große Wut, und sie war so zornig auf den Geistlichen, dass er ganz entrüstet zu mir kam, um es mir zu erzählen. Mir tat es sehr leid, denn ich weiß nicht einmal, ob sie sich noch aussöhnte, da sie, glaube ich, bald danach starb.

20. Dadurch wurde mir klar, welchen Schaden unsere Eigenwilligkeit in allem entstehen lässt, insbesondere in einer so bedeutenden Angelegenheit. Denn bei einem, der so oft zum Herrn herantritt, ist es rechtens, dass er seine Unwürdigkeit so sehr erkennt, und dies solle nicht aufgrund seiner Meinung

---

vor allem weil er ihr mit seinem Ansehen bei der Gründung ihres ersten Kloster sehr zustatten kam; sie erwähnt ihn und seine Werke immer wieder in ihren Schriften; siehe F 28,41; and ferner V 12,4; 23,3; 25,14.15; 26,3; 27,3; 28,14.16; 29,4.5; 30,1.6.13; 32,11; 33,3.8.10; 35,3; 38,1.14; 40,24; 4M 3,4; 6M 6,11; CC 53,4; Cp 3,8; Cs 8; Ct 2,12; 172,19.

[53] Unklare Textstelle. Die Autorin schreibt „den er ihr gab", meint aber vermutlich das, was die Frau ihm über sich berichtete.

[54] Erneut mit ironischem Unterton: Lieber als diese für den damals weit verbreiteten Rigorismus so typischen Bußübungen wäre Teresa, wie sie bereits zu Beginn diese Absatzes sagte, der Gehorsam gewesen. Im nächsten Absatz wird deutlich werden, mit wie viel versteckter Egozentrik diese angeblich so bewundernswerte Bußgesinnung verbunden sein kann.

sein, sondern es soll das, was uns fehlt (was notgedrungen viel sein wird), um zu einem so großen Herrn heranzutreten, durch den Gehorsam ersetzt werden, wo wir Befehligte sind. Dieser Gottseligen bot sich die Gelegenheit, sich sehr zu demütigen, und womöglich hätte sie sich dadurch mehr Verdienste erworben als durch den Kommunionempfang, wenn sie begriffen hätte, dass die Schuld nicht beim Geistlichen lag, sondern dass der Herr, als er ihr Elend und ihre Unwürdigkeit sah, es so gefügt hatte, um nicht in eine so erbärmliche Herberge eintreten zu müssen, wie es eine gewisse Person tat,[55] der ihre klugen Beichtväter oftmals die Kommunion verweigerten, weil sie sie oft empfing. Obwohl es ihr zuinnerst ganz zärtlich zu Mute war, ersehnte sie andererseits doch mehr Gottes Ehre als ihre eigene; so tat sie nichts anderes als ihn zu loben, weil er den Beichtvater so aufgerüttelt hatte, dass er auf sie schaute, und Seine Majestät nicht in eine so erbärmliche Herberge eintreten müsse. Und aufgrund solcher Überlegungen gehorchte sie in aller Seelenruhe, wenn auch voll zärtlichen Liebesschmerzes; doch um nichts in aller Welt hätte sie gegen das, was ihr befohlen wurde, verstoßen.

21. Glaubt mir, eine Liebe zu Gott (damit sage ich nicht, dass sie es ist, sondern was wir dafür halten), die die Leidenschaften derart aufwühlt, dass es mit einer Art Beleidigung Gottes oder einer Störung des Friedens der verliebten Seele endet, wo man dann auf keine Vernunft mehr hört, ist eindeutig nur Ichsucht; der Böse wird, um uns zu bedrängen, nicht schlafen, wann immer er gedenkt, uns am meisten Schaden zuzufügen, wie er es

---

[55] Sie spricht von sich selbst; vgl. V 25,14: *„Ich glaube, sie waren zu fünft oder zu sechst, alles große Diener Gottes. Und mein Beichtvater sagte mir, dass sie alle zur Überzeugung gelangt seien, dass es vom Bösen stamme, dass ich nicht so oft kommunizieren, sondern versuchen solle, mich abzulenken, damit ich nicht allein sei."* – Die Aufspaltung in zwei literarische Personen – Ich-Erzählerin und eine fiktive dritte Person (= in Wirklichkeit auch die Ich-Erzählerin) – ist ein Stilmittel, auf das Teresa öfter zurückgreift, sicher nicht nur aus Demut, wie es traditionell interpretiert wurde, sondern weil die Berufung auf Dritte ein probates Mittel ist, um die Verlässlichkeit ihrer Behauptungen unter Beweis zu stellen.

bei dieser Frau tat, was mich wirklich sehr erschreckte, allerdings nicht, weil ich nicht trotzdem daran festgehalten hätte,
dass das ihr ewiges Heil nicht hätte beeinträchtigen können,
denn Gottes Güte ist groß; aber die Versuchung kam doch zu
einem kritischen Zeitpunkt.

22. Ich habe das hier gesagt, damit die Priorinnen gewitzt, die
Schwestern aber auf der Hut und bedachtsam seien, und ihr
Gewissen danach befragen, wie sie zum Empfang einer so großen Gnade gelangen. Wenn es deshalb ist, um Gott zu beglücken, dann wissen sie schon, dass ihn *Gehorsam mehr beglückt
als ein Opfer* (1 Sam 15,22). Wenn das so ist, und ich dadurch
mehr Verdienst habe, was rege ich mich dann auf? Ich sage ja
nicht, dass sie ohne Kummer sein müssten, wenn nur Demut
dabei ist, denn nicht alle sind zu solcher Vollkommenheit gelangt, dass sie keinen mehr haben, nur weil sie das tun, was ihrer Erkenntnis nach Gott besser gefällt. Doch wenn der Wille
von jeglichem Eigennutz ganz frei ist, dann tut es der Seele um
nichts mehr leid, vielmehr wird sie sich darüber freuen, wenn
sich ihr eine Gelegenheit böte, den Herrn mit etwas so Kost-
spieligem zu beglücken, und sie wird demütig werden und genauso zufrieden sein, wenn sie geistlich kommuniziert.[56]

23. Aber weil diese starken Sehnsüchte, sich dem Herrn zu
nahen, in den Anfangsstadien Gnadengeschenke sind, die der
Herr gewährt, und in den Endstadien sogar noch mehr (doch
spreche ich von den Anfangsstadien, weil man es da mehr
schätzen muss, und die Seelen auch sonst in der Vollkommenheit, von der ich gesprochen habe, noch nicht so gefestigt sind),
gesteht man ihnen wohl zu, dass sie zärtlichen Schmerz empfinden, wenn ihnen die Kommunion versagt wird, allerdings
so, dass die Seele ruhig bleibt und in der Demut wächst. Wenn
da aber irgendeine Bestürzung oder Leidenschaft dabei ist, und

---

[56] Da der Kommunionempfang im Normalfall auf wenige Tage im Jahr beschränkt
war, hatte sich die Gewohnheit herausgebildet, ersatzweise „geistig" – also nur
der inneren Vorstellung nach – das Sakrament zu empfangen.

Empörung gegenüber der Oberin oder dem Beichtvater, dann glaubt, dass es eine offenkundige Versuchung ist. Und wenn jemand sich dennoch zum Kommunionempfang entschließt, obwohl der Beichtvater einem gesagt hatte, nicht zu kommunizieren, dann möchte ich das Verdienst, das man daraus zieht, nicht haben, denn in solchen Dingen sollten wir nicht unsere eigenen Richter sein. Das soll der sein, *der die Schlüssel hat um zu binden und zu lösen* (Mt 16,19). Möge es dem Herrn gefallen, uns Licht zu geben, damit wir uns auf so wichtige Dinge verstehen, und möge uns seine Gunst nicht fehlen, damit wir die Gnadengaben, die er uns erweist, nicht benutzen, um ihm Verdruss zu bereiten.

KAPITEL 7

Darüber, wie man mit denen umgehen soll,
die an Melancholie[1] leiden.
Das ist notwendig für die Oberinnen.

1. Meine Schwestern hier von San José in Salamanca, wo ich mich gerade befinde, während ich dies schreibe, haben mich sehr gebeten, etwas darüber zu sagen, wie man mit denen umgehen soll, die an der Gemütsverfassung[2] der Melancholie leiden, zumal diese (auch wenn wir uns noch sehr bemühen mögen, Frauen, die daran leiden, nicht aufzunehmen)[3] so subtil

---

[1] Es sei daran erinnert, dass die Autorin darunter nicht nur depressive Verstimmungen versteht, sondern vor allem auch an Wahnvorstellungen, Zwangsneurosen usw. denkt; siehe Anm. zu F 4,2.

[2] *Humor,* wörtlich „Körpersaft", in abgeleitetem Sinn auch „Gemütsart", „Temperament", „Stimmung". Der antiken Vier-Säftelehre zufolge war nicht nur das körperliche, sondern auch das seelische Befinden und die seelische Grundveranlagung (das Temperament) eines Menschen eine Folge des Zusammenspiels der vier Körpersäfte Blut, Schleim, schwarze und gelbe Galle.

[3] Teresas Grundsatz ist klar: Wird dieses Problemfeld bereits im Vorfeld klar erkannt, so soll die betreffende Person in ihren kleinen, geschlossenen Gemeinschaften, wo sie (zumal in einer Zeit, in der es keinerlei Behandlungsmöglichkeiten gab) eine erhebliche Belastung darstellen würde, keine Aufnahme fin-

ist, dass sie sich notfalls tot stellt, so dass wir sie nicht erkennen, bis ihr nicht mehr abzuhelfen ist. Ich glaube, in einem kleinen Büchlein bereits etwas dazu gesagt zu haben, ich erinnere mich nicht mehr genau;[4] es ist wenig verloren, hier etwas dazu zu sagen, sofern es dem Herrn gefällt, dass es mir gelinge. Mag sein, dass es hier zum zweiten Mal gesagt wird; ich würde es noch hundert Mal wiederholen, wenn ich glaubte, dass es mir auch nur einmal gelingen könnte, irgendwie nützlich zu sein. So zahlreich sind die Finten, die diese Gemütsart erfindet, um ihren Willen durchzusetzen, dass man sie ausfindig machen muss, um zu wissen, wie sie zu ertragen und zu lenken sind, ohne dass es den anderen schadet.

2. Zu bemerken ist, dass nicht alle, die diese Gemütsverfassung haben, gleich schwierig sind. Denn wenn sie einen demütigen Menschen mit einer sanften Wesensart befällt, dann haben solche es zwar schwer mit sich, schaden aber den anderen nicht, vor allem wenn sie einen guten Verstand haben. Ferner gibt es bei dieser Gemütsverfassung ein Mehr und ein Weniger. Wirklich, ich glaube, dass der Böse sich ihrer bei manchen Personen als Mittel bedient, um sie möglichst für sich zu gewinnen; und wenn sie nicht sehr auf der Hut sind, wird er das auch fertig bringen. Da nämlich das, was diese Gemütsart vor allem tut, die Unterjochung der Vernunft ist, was werden da die Leidenschaften nicht fertig bringen, sobald diese einmal verdunkelt ist? Das hört sich so an, als wären sie wahnsinnig, wenn ihnen die Vernunft fehlt; und so ist es auch. Doch kommt es bei denen, von denen wir hier sprechen, nicht ganz bis zu diesem Übel, was allerdings das geringere Übel wäre. Eine solche Per-

---

den. In der Praxis wurden die Probleme jedoch oft erst nach der Aufnahme sichtbar, so dass es galt, im Rahmen der sehr begrenzten Möglichkeiten der damaligen Zeit klare Regeln für den Umgang damit zu erarbeiten – zum Wohl der betreffenden Person wie auch der Gemeinschaft.

[4] Eine Anspielung auf die Endfassung des *Weges der Vollkommenheit*; siehe CV 24,4. Später wird sie auch in der *Inneren Burg* mehrfach zu dieser Problematik Stellung nehmen; siehe 3M 1,6; 4M 1,9; 6M 1,8; 2,5-7; 3,1f; 8,3. Auch in ihren Briefen kommt sie immer wieder darauf zu sprechen.

son aber für vernünftig zu halten und auch so behandeln zu müssen, obwohl sie es nicht ist, das ist vergebliche Liebesmühe. Denn diejenigen, die ganz und gar an diesem Übel erkrankt sind, sind zwar zu bemitleiden, aber sie fügen keinen Schaden zu; und wenn es ein Mittel gibt, um sie zu bändigen, so ist es, dass sie Angst haben.

3. Bei denen, wo dieses so schädliche Übel gerade erst angefangen hat, mag es sich zwar noch nicht so arg festgesetzt haben, kommt aber schließlich von derselben Gemütsart und Wurzel und entstammt jenem Ursprung; und folglich tut dieselbe Abhilfe Not, sofern keine anderen Kunstgriffe ausreichen. Die Oberinnen sollen die Bußübungen des Ordens ausnützen und sie derart zu bändigen versuchen, dass sie begreifen, dass sie weder im ganzen noch im einzelnen mit dem, was sie gern möchten, durchkommen werden. Denn wenn sie erkennen sollten, dass ihre Herumschreiereien und Verzweiflungsrufe, die der Böse in ihnen zum Besten gibt, um sie womöglich ins Verderben zu stürzen, mitunter ausreichen, dann sind sie verloren; und eine einzige genügt, um ein Kloster in Unruhe zu versetzen.[5] Da das arme Geschöpf in sich selbst niemanden hat, der ihm hilft, um sich gegen die vom Bösen eingeflößten Dinge zu wehren, bedarf es auf Seiten der Priorin größter Umsicht, um sie nicht nur äußerlich, sondern auch innerlich zu lenken. Die Vernunft, die bei der Kranken[6] verdüstert ist, soll bei der

---

[5] Ein wichtiges Kriterium für Teresa: Personen mit derartigen seelischen Störungen sind dazu angetan, den Frieden in der Gemeinschaft nachhaltig zu beeinträchtigen, weshalb sie fordert, dass ihnen klare Grenzen gesetzt werden. Im folgenden wird klar, dass sie damit zugleich das Wohl der Betreffenden im Blick hat. Insgesamt sind ihr vor allem Lenkbarkeit der Kranken und Wahrung des Friedens sowie der klösterlichen Disziplin ein Anliegen.

[6] Es ist bezeichnend für Teresas Nüchternheit und Humanität, dass sie von Krankheit und nicht von Böswilligkeit oder gar dämonischer Besessenheit spricht, und dass sie außerdem den Verlust der Urteilsfähigkeit durch kluge Leitung durch die Vorgesetzte, der die Kranke zu gehorchen habe, auszugleichen versucht. Für eine Würdigung der Vorschläge Teresas für den Umgang mit psychischen Auffälligkeiten siehe B. Souvignier, *Die Würde des Leibes*, 146-154.

Priorin umso klarer sein, damit der Böse diese Seele nicht unter seine Gewalt bringt, indem er ihr Übel als Mittel benutzt.[7] Das ist nämlich eine gefährliche Sache; denn da diese Gemütsverfassung sie zeitweise so bedrängt, dass sie die Vernunft unterjocht (was zu diesem Zeitpunkt nicht schuldhaft ist, wie es das ja auch bei Wahnsinnigen nicht ist, mögen sie noch so viel Unsinnigkeiten anstellen; doch besteht bei denen, die nicht wahnsinnig sind, deren Verstand aber erkrankt ist, doch noch eine gewisse Schuld), es ihnen zu anderen Zeiten aber gut geht, ist es nötig, dass sie sich in den Zeiten, in denen sie schlecht daran sind, keine Freiheiten herauszunehmen beginnen, um dann, sobald es ihnen wieder gut geht, keine Herrschaft mehr über sich zu haben, was eine schreckliche List des Bösen ist. Und so geht es ihnen, wenn wir genau hinschauen, vor allem darum, mit dem durchzukommen, was sie möchten, und alles zu sagen, was ihnen auf die Zunge kommt, und auf fremde Fehler zu achten, um damit die eigenen zu verschleiern, und sich an dem zu amüsieren, was ihnen Spaß macht, kurz, wie jemand, der in sich keinen hat, der ihm Paroli bietet.[8] Nun, wie wird es bei Leidenschaften sein, die nicht zum Sterben gebracht wurden, wo jede einzelne von ihnen mit dem durchkommen möchte, was sie gern hat, und es keinen gibt, der ihnen Widerstand leistet?

4. Ich sage es noch einmal, als eine, die viele mit diesem Übel behaftete Personen erlebt und mit ihnen zu tun gehabt hat, dass es dafür keine andere Abhilfe gibt, außer sie auf jede nur erdenkliche Art und Weise in Schach zu halten. Wenn Worte nicht ausreichen, dann eben Strafen; reichen kleinere nicht aus, dann eben größere; falls es nicht ausreicht, sie einen Monat

---

[7] Teresa denkt also differenziert: Sie spricht nicht von dämonischer Besessenheit, glaubt jedoch, dass der Böse sich die psychische Labilität mancher Menschen zunutze machen kann.

[8] Als gute Beobachterin durchschaut Teresa die unbewusste Egozentrik hinter dem von ihr beschriebenen neurotischen Verhalten.

lang einzusperren, dann vier Monate,[9] denn für ihr seelisches Wohl kann man nichts Besseres tun. Wie schon gesagt wurde, und ich hier nochmals sage (weil es für sie selbst wichtig ist, es zu durchschauen, auch wenn sie das eine oder andere mal oder auch öfter nicht anders können), tut so eine das, was sie tat oder sagte dann, wenn sie nicht mehr anders konnte, weil, wie ich eben sage, ihre Vernunft so beeinträchtigt ist, dass sie dabei unter Zwang steht, denn es ist ja kein offenkundiger Wahnsinn, wo sie ganz ohne Schuld wäre (auch wenn dieser manchmal gegeben ist, aber nicht immer, und so schwebt die Seele in großer Gefahr). Es ist für diejenigen, denen dieses Übel zusetzt, ein großer Erbarmenserweis Gottes, sich dem zu unterwerfen, der sie leitet, da wegen der von mir genannten Gefahr ihre ganze Chance darin liegt. Wenn so eine dies lesen sollte, möge sie um Gottes willen bedenken, dass dies womöglich sogar für ihr Seelenheil nötig ist.

5. Ich kenne einige Leute, bei denen fast nichts mehr dazu fehlt, dass sie jedes Urteilsvermögen verlieren; sie haben aber demütige und ängstlich besorgte Seelen, Gott nur ja nicht zu beleidigen, so dass sie nur das machen, was man ihnen auf-

---

[9] Diese für das moderne Empfinden sehr drastisch und repressiv anmutenden Ratschläge resultierten aus der Tatsache, dass es damals keinerlei therapeutischen Möglichkeiten gab, was Teresa um des Friedens in der Gemeinschaft willen auch zur Maßnahme der Isolierung greifen lässt. Dies ist allerdings vor dem Hintergrund zu sehen, dass zu jener Zeit die zeitweise Isolierung von der Gemeinschaft etwa bei Disziplinschwierigkeiten als normale Erziehungsmaßnahme galt. Jedes Kloster verfügte selbstverständlich über eine sogenannte „Kerkerzelle"; in den an Teresas Konstitutionen angehängten Strafbestimmungen werden als Gründe für den zeitweise Ausschluss aus der Gemeinschaft etwa Ungehorsam und Auflehnung, aber auch das Säen von Zwietracht genannt, was Teresa hier wohl vor Augen steht; siehe Cs 52f. Zugleich heißt es darin jedoch auch: „Die Mutter Priorin (...) erweise ihr ihr Mitgefühl und schicke ihr eine Schwester, um sie zu trösten. Wenn sie sich von Herzen demütig zeigt, möge man ihr bei ihrem Bemühen helfen, was der ganze Konvent begünstigen und unterstützen soll. Die Mutter Priorin weigere sich nicht, Barmherzigkeit an ihr zu üben, früher oder später, mehr oder minder, je nach dem wie es das Vergehen erfordert" (aaO.). Was Teresa jedenfalls richtig erkannt hat, ist, dass hier äußerste Konsequenz vonnöten ist und keinerlei Zugeständnisse gemacht werden dürfen.

trägt, und ihre Krankheit so durchstehen, wie andere auch, auch wenn sie sich heimlich in Tränen auflösen; freilich ist das ein größeres Martyrium, und so werden sie eine größere Herrlichkeit erleben und schon hier durchs Fegefeuer gehen, um drüben keines mehr zu haben.[10] Ich sage aber noch einmal, dass diejenigen, die dies nicht von sich aus tun, von den Oberinnen dazu genötigt werden sollen, und sie sollen sich nicht durch unkluge Frömmeleien täuschen lassen, so dass alle durch ihre Ausschreitungen durcheinandergebracht werden.

6. Es gibt nämlich abgesehen von der für sie selbst bereits erwähnten Gefahr noch einen weiteren gewaltigen Schaden: dass nämlich unsere Natur so erbärmlich ist, dass sich jede einzelne einbilden wird, an Melancholie zu leiden, damit man sie erträgt, da die Schwestern sie ihrem Dafürhalten nach gesund erleben, weil sie die Kraft, die ihr das Übel in ihrem Innern zufügt, nicht erkennen; und der Böse wird sie das in der Tat glauben machen. Und so wird der Böse nach und nach ein Unheil anrichten, dem nur mehr schwer abzuhelfen ist, wenn man es schließlich durchschaut. Es ist dies so wichtig, dass es auf keinen Fall zulässig ist, hier nachlässig zu sein, vielmehr soll eine, die Melancholikerin ist, wie eine Gesunde büßen, wenn sie dem Oberen Widerstand leistet, und es soll ihr nichts nachgesehen werden. Desgleichen, wenn sie zu ihrer Schwester ein böses Wort sagen sollte, und so bei allen vergleichbaren Dingen.

7. Es scheint zwar jeder Gerechtigkeit zu spotten, eine Kranke, wenn sie doch nicht anders kann, genauso zu bestrafen wie eine Gesunde. Dann wäre es aber genauso ungerecht, Wahnsinnige anzubinden oder auszupeitschen, und man müsste sie

---

[10] Dem liegen zwei Gedanken zugrunde: einmal, dass tapfer getragenes Leiden läutert, und dann auch, dass man auf diese Weise die Läuterung vorwegnehmen kann, die sonst nach dem Tod anstünde; vgl. 6M 11,6. Diese Gedanken findet man auch bei Johannes vom Kreuz; siehe etwa 2N 20,5; LB 1,24. Bei einer Mentalität, in der das irdische Leben nicht viel gilt und das Sakrale überall präsent ist, wurde das nicht als billige Vertröstung, sondern als echter Trost empfunden.

alle umbringen lassen.[11] Glaubt mir, dass ich es versucht und – wie ich meine – genug sonstige Hilfsmittel ausprobiert habe, aber kein anderes finde. Wenn eine Priorin aus Mitleid zuließe, dass bei solchen Schwestern diese Ungebundenheit einreißt, wird man es schlussendlich nicht mehr ertragen können; und wenn man dann endlich Abhilfe schafft, wird es so sein, dass den anderen bereits großer Schaden zugefügt worden ist. Wenn man Wahnsinnige anbindet und züchtigt, damit sie niemanden umbringen, und das in Ordnung ist, auch wenn sie offensichtlich sehr zu bemitleiden sind,[12] da sie ja nicht anders können, um wie viel mehr muss man dann darauf achten, dass sie den Seelen durch ihre Ungebundenheiten keinen Schaden zufügen? Ich glaube wirklich, dass dies, wie ich gesagt habe,[13] bei ungebundenen, wenig demütigen[14] und schlecht gezügelten Veranlagungen oftmals so ist und die Gemütsverfassung keine so große Gewalt über sie ausübt wie dieses. Ich meine bei einigen, denn ich habe bemerkt, dass manche sich zusammennehmen und es durchaus fertig bringen, wenn es eine Respektsperson gibt; warum sollten sie es dann nicht für Gott können? Ich befürchte, dass der Böse, wie ich schon gesagt habe,[15] unter dem Vorwand dieser Gemütsverfassung viele Seelen gewinnen möchte, denn das ist jetzt üblicher als sonst, und das nur, weil jetzt jede Eigenwilligkeit und Ungebundenheit als Melancholie bezeichnet wird.[16]

---

[11] Diese Argumentation ist erneut vor dem Hintergrund des damaligen repressiven Umgangs mit potentiell gefährlichen Geisteskranken zu sehen. Der Schutz der anderen rechtfertigt in den Augen Teresas auch drakonische Maßnahmen, wiewohl sie durchaus Mitgefühl mit der Kranken andeutet.

[12] Gracián ändert dies in: *„und ein Werk der Barmherzigkeit ist.“* Vgl. auch F 7,8 f., wo den Priorinnen ausdrücklich aufgetragen wird, an Melancholie erkrankte Schwestern *„mit großem Mitgefühl, wie eine echte Mutter“* zu behandeln und mit viel Geschick und Liebe vorzugehen.

[13] Siehe F 7,2.

[14] *Humildad* siehe Anhang I. Hier tritt der genuine Sinn von Demut bei Teresa besonders deutlich zu Tage. So auch in der folgenden Nummer.

[15] In F 7,3 f.

[16] Also eine Flucht in die Krankheit, um seinen Eigensinn ausleben zu können.

8. Und es ist so, dass ich mir gedacht habe, dass man in diesen Häusern und überhaupt in den Ordenshäusern diese Bezeichnung, weil sie so klingt, als brächte sie Ungebundenheit mit sich, nicht einmal in den Mund nehmen, sondern es als schwere Krankheit bezeichnen – und wie sehr ist es das doch! – und als solche behandeln sollte, denn zeitweise muss diese Gemütsverfassung unbedingt irgendwie mit Medizin gemildert werden, damit man sie ertragen kann. Sie soll in der Krankenabteilung weilen und einsehen, dass sie wie alle demütig zu sein und wie alle zu gehorchen hat, sobald sie diese verlässt, um bei der Gemeinschaft zu sein,[17] und dass ihr, falls sie das nicht tut, die Gemütsverfassung nichts bringen wird; denn aus den Gründen, die ich genannt habe, ist das angemessen, und man könnte noch mehr aufzählen. Die Priorinnen sollen sie, ohne dass sie es selbst mitbekommen,[18] wie eine echte Mutter mit großem Mitgefühl behandeln und so gut sie können die Hilfsmittel suchen, um ihnen zu helfen.

9. Das hört sich an, als widerspräche ich mir, da ich bislang gesagt habe, man solle sie mit Strenge führen. Deshalb wiederhole ich noch einmal, dass sie das nicht so verstehen sollen, als würden sie mit allem, was sie nur möchten, durchkommen, und sie dürfen damit auch nicht durchkommen, da der Grundsatz zu gelten hat, dass sie gehorchen müssen; denn zu spüren, dass sie die Freiheit dazu haben, ist für sie schädlich. Die Priorin braucht ihnen ja nicht gerade etwas, bei dem sie Widerstand spürt, aufzutragen (da sie nicht die Kraft in sich haben, um sich dazu zu zwingen), sondern sie soll sie geschickt und liebevoll hinlenken zu allem, was nötig ist, damit sie sich aus Liebe unterordnen, sofern das möglich sein sollte, was viel besser wäre und in der Regel auch geschieht, indem sie ihnen zeigt, dass sie eine große Liebe zu ihnen hat und ihnen das auch in Wort

---

[17] Hier wird von neuem deutlich, wie es bei den von Teresa genannten Maßnahmen auch um den Schutz der Kommunität geht, angesichts der geringen Anzahl von Schwestern geradezu überlebensnotwendig.

[18] Die Kranken sollen das nicht mitbekommen, damit sie daraus nicht wieder eine Bevorzugung ableiten.

und Tat zu verstehen gibt.[19] Sie sollen darauf achten, dass die beste Hilfe, die sie haben, darin besteht, sie in den Ämtern[20] sehr einzusetzen, damit sie keinen Spielraum bekommen, um sich in etwas hineinzuspinnen; denn darin liegt ihr ganzes Übel.[21] Auch wenn sie diese nicht allzu gut erledigten, soll man die paar Fehler bei ihnen ertragen, um von ihnen nicht andere, viel größere ertragen zu müssen, wenn sie verloren sind (das ist nach meiner Einsicht die hinreichendste Abhilfe, die man ihnen gewähren kann). Auch soll man dafür sorgen, dass sie nicht lange Zeit fürs innere Beten haben, nicht einmal im Rahmen des Normalen, denn der Großteil von ihnen leidet unter einer schwachen Vorstellungskraft, und es wird ihnen viel Schaden zufügen; und sogar ohne das werden sie sich Dinge einbilden, die weder sie, noch wer sie hört, ganz nachvollziehen können. Man soll berücksichtigen, dass sie keinen Fisch essen sollen, es sei denn ab und zu einmal;[22] und auch die Fastenübungen sollten nicht so beständig sein wie bei den anderen.[23]

---

[19] Das entspricht dem allgemeinem Grundsatz Teresas für das Amt der Priorin: *„Sie bemühe sich, geliebt zu werden, damit ihr gehorcht wird"* (Cs 34).

[20] Damit sind die in den *Konstitutionen* vorgesehenen verschiedenen Arbeitsbereiche in der Kommunität gemeint.

[21] Der Kern des Problems besteht Teresa zufolge im Eingesponnensein in bestimmten Zwangsvorstellungen, darum schlägt sie Ablenkung durch beschäftigungstherapeutische Maßnahmen und Begrenzung der Möglichkeiten zum meditativen Beten vor.

[22] Gemeint ist der regelmäßige Fischverzehr als Fleischersatz, eine Anspielung auf die in den Teresianischen *Konstitutionen* geforderte Fleischabstinenz: *„Es soll niemals Fleisch gegessen werden, außer im Falle einer Notwendigkeit, wie es die Regel vorschreibt"* (Cs 11). Damit hatte Teresa die Milderung der Karmelregel, die 1432 von Eugen IV. eingeführt worden war, in diesem Punkt außer Kraft gesetzt und war zur Regelfassung Innozenz' IV. (1247) zurückgekehrt: *„Enthaltet euch des Essens von Fleisch, es sei denn, es wird als Heilmittel bei Krankheit oder Schwäche genommen"* (Karmelregel, Kap. 13); siehe K. Waaijman, *Der mystische Raum des Karmels,* 29. Da Teresa Melancholie als Krankheit definiert, ist es für sie folgerichtig, daran erkrankte Schwestern den Fleischverzehr zu erlauben; außerdem galt Fisch damals als schwer verträglich. Vgl. zu dieser Therapiemaßnahme auch B. Souvignier, *Die Würde des Leibes,* 149.

[23] Eine Anspielung auf die ebenfalls auf die *Karmelregel* (Kap. 12) zurückgehende Vorschrift der *Konstitutionen: „Fasten soll man vom Fest Kreuzerhöhung*

10. Es mag übertrieben erscheinen, so viele Ratschläge für dieses Übel und keine für sonst eines zu erteilen, wo es doch in unserem armseligen Leben so schwere gibt, ganz besonders bei der Schwäche von Frauen.[24] Das geschieht aus zwei Gründen: Einmal, weil es den Anschein hat, als seien sie gesund, da sie nicht einsehen wollen, dass sie an diesem Übel leiden; und da es sie weder dazu zwingt, im Bett zu bleiben, weil sie kein Fieber haben, noch einen Arzt zu rufen, ist es notwendig, dass es die Priorin ist, denn für die gesamte Vollkommenheit[25] ist es ein verderblicheres Übel als bei denen, die mit einer lebensgefährlichen Erkrankung im Bett lägen. Der zweite Grund ist, dass man bei anderen Krankheiten entweder gesund wird oder stirbt; bei dieser wäre es aber ein Wunder, wenn sie gesund würden, doch sterben sie auch nicht daran, sondern sie verlieren nach und nach ihr gesundes Urteil, was so viel heißt wie zu sterben, um alle umzubringen. Sie sterben innerlich einen schweren Tod durch Bedrängnisse und Einbildungen und Skrupel und werden sich von daher große Verdienste erwerben, auch wenn sie es immer als Versuchungen bezeichnen. Wenn sie nämlich zur Einsicht kämen, dass es von demselben Übel herrührt, wäre es für sie eine große Erleichterung, wenn sie kein Aufhebens davon machten. Wirklich, ich habe großes Mitleid mit ihnen, und von daher ist es recht, dass alle die mit ihnen zusammenleben, es haben, indem sie bedenken, dass der Herr es ihnen genauso schicken könnte, und sie geduldig ertragen, ohne dass diese es merken, wie ich gesagt habe.[26] Gebe der Herr, dass ich das Richtige, was bei einer so schweren Krankheit zu tun ist, getroffen habe.

---

hung an, das im September ist, also von diesem Tag an bis Ostern, die Sonntage ausgenommen" (Cs 11). Das Prinzip der gesunden Ernährung zur Linderung psychischer Auffälligkeiten durch Ausgeglichenheit in der Lebensführung entspricht der spätmittelalterlichen Rezeption der antiken Diätetik; vgl. B. Souvignier, *Die Würde des Leibes*, 104.149.
[24] Die übliche Abwertung der Frau, womit Teresa eher die damals vorherrschende Meinung als ihre eigene Überzeugung wiedergibt.
[25] Hier als Kurzbezeichnung für die klösterliche Lebensweise und Disziplin.
[26] Siehe F 7,8f.

KAPITEL 8

*Es handelt von einigen Ratschlägen
zu Offenbarungen und Visionen.*[1]

1. Offenbar löst es bei manchen Menschen einen Schrecken aus, wenn sie von Visionen oder Offenbarungen auch nur reden hören.[2] Ich verstehe weder den Grund, warum man das für einen so gefährlichen Weg hält, wenn der Herr eine Seele so führt, noch wo diese Verkrampfung herkommt. Ich will jetzt nicht darauf eingehen, welche gut oder schlecht sind, noch auf die Anzeichen, an denen man dies erkennt, wie ich sie von sehr gelehrten Personen vernommen habe, sondern auf das, was jemand, der sich in einer solchen Lage befinden sollte, geflissentlich tun sollte, da er nur zu wenigen Beichtvätern gehen darf, ohne verängstigt zu werden.[3] Denn wirklich, einem zu sagen, dass einem der Böse vielfältige Versuchungen oder sogar den Geist der Blasphemie und widersinnige, unanständige Dinge vorgaukelt, erstaunt ihn weniger, als es bei ihm Anstoß erregt, ihm zu sagen, dass man einen Engel gesehen habe oder von ihm angesprochen wurde, oder dass sich einem Jesus Christus, unser Herr, als der Gekreuzigte gezeigt habe.[4]

---

[1] Hier spricht die Autorin nun endlich die Thematik an, die sie ursprünglich bereits in der Überschrift zu F 5 angekündigt hatte; siehe Anm. zu F 5 tít.

[2] Die Autorin schreibt dies in einem Klima, in dem sie selbst ständig fürchten muss, wegen ihrer Visionen und Offenbarungen vor ein Inquisitionsgericht gezerrt zu werden, wie es dann 1574-75 von mehreren Seiten her geschehen sollte. Vor diesem Hintergrund ist es interessant, dass sie gleich in die Offensive geht.

[3] Eine Anspielung auf ihre eigenen Erfahrungen mit ängstlichen Beichtvätern, von denen sie in ihrer *Vida* berichtet; siehe etwa V 23,11f; 25,14.22; 26,3; 29,4; und außerdem CC 53,19.

[4] Eine deutliche Absage an alle Angstmacherei vor diabolischen Mächten, wie sie damals und auch zu späteren Zeiten noch verbreitet war; vgl. was sie bereits in ihrer *Vida* schreibt: *„Ich verstehe diese Ängste nicht: ‚Der Böse! Der Böse!', wo wir doch sagen können: ‚Gott! Gott!' und jenen erzittern lassen"* (V 25,22).

2. Ich möchte hier auch nicht darüber sprechen, wann die Offenbarungen von Gott stammen (das erkennt man ja schon an den großen Wohltaten, die sie den Seelen erweisen)[5], sondern wann es Vorstellungen sind, die der Böse hervorruft, um uns zu täuschen, und sich dabei der Nachbildung Christi, unseres Herrn, oder seiner Heiligen bedient.[6] Was das anbelangt, bin ich überzeugt, dass Seine Majestät nicht zulassen noch ihm die Macht geben wird, jemanden mit derartigen Bildern zu täuschen, außer durch dessen Schuld, und dass er dann als der Getäuschte dastehen wird.[7] Ich meine, er wird einen nicht täuschen, sofern Demut da ist.[8] Deshalb besteht kein Grund, bestürzt herumzulaufen, sondern auf den Herrn zu vertrauen und von diesen Dingen nicht viel Aufhebens zu machen, es sei denn, um ihn umso mehr zu preisen.

3. Ich weiß von einer Person,[9] der ihre Beichtväter wegen derartiger Dinge großen Druck machten, wo es doch von Gott kam, wie man später an den großartigen Wirkungen und guten Werken, die daraus hervorgingen, erkennen konnte. Sie wurde

---

[5] Dieses Kriterium nennt die Autorin immer wieder; vgl. V 25,2; 28,9ff; 37,7; 5M 1,9; 6M 3,6; 5,10; CC 1,37; 53,16.20; 62; 66,3. Weitere Kriterien sind für sie die Übereinstimmung mit der Hl. Schrift (CC 4; 53,9; V 13,18; 25,13; 32,17; 33,5; 34,11; 6M 3,4), die innere Gewissheit (5M 1,9ff; 6M 3,7), und im Falle göttlicher Ansprachen deren *„Macht und Souveränität"* (6M 3,4ff).

[6] In Anspielung auf 2 Kor 11,14 warnt Teresa an mehreren Stellen im Gesamtwerk vor der Neigung des Bösen, sich *„in einen Engel des Lichts* [zu] *verwandeln"* (V 14,8); vgl. auch CE 66,2 bzw. CV 38,2; 1M 2,15; 5M 1,1.5; 6M 3,16.

[7] Vgl. *„Der Herr lässt niemals zu, dass der Böse so sehr die Überhand gewinnt und uns so sehr täuscht, dass er unserer Seele schaden kann, sofern man seinen Weg mit reinem Gewissen und im Gehorsam geht, eher wird er selbst der Getäuschte sein"* (F 4,2).

[8] Diesen Satz ergänzt die Autorin am Seitenrand. Der heiklen Thematik wegen gibt es in diesem Kapitel mehr Streichungen und nachträgliche Verbesserungen als sonst bei Teresa üblich. – Auf die wahre Demut (realistische Selbsteinschätzung) als besten Schutz vor Selbsttäuschung und Täuschung durch den Bösen weist die Autorin immer wieder hin; vgl. V 34,12; 6M 9,12. Siehe auch Anhang I.

[9] Sie selbst. Zur Aufspaltung in zwei literarische Personen – Ich-Erzählerin und eine fiktive dritte Person (= in Wirklichkeit auch die Ich-Erzählerin) – siehe Anm. zu F 6,20.

sehr bedrängt, sich aufgrund ihres Befehls zu bekreuzigen und „den Stinkefinger zu zeigen",[10] als sie in mancher Vision sein Bild sah. Als sie später mit einem sehr studierten Dominikaner, dem Magister Fray Domingo Báñez,[11] darüber sprach, sagte dieser ihr, dass das falsch gewesen sei, und niemand solle das tun; denn wann immer wir das Bildnis unseres Herrn sähen, sei es gut, es zu verehren, sogar wenn es vom Bösen gemalt sei. Der sei nämlich ein guter Maler; so aber würde er uns eher ein gutes Werk tun, mag er uns auch Böses zufügen wollen, wenn er uns ein Kruzifix oder sonst ein Bild so lebendig malt, dass es unserem Herzen eingeprägt bleibt.[12] Dieses Argument gefiel mir sehr, denn wenn wir ein sehr gutes Bild sehen, lassen wir uns durch das Wissen, dass es von einem bösen Menschen gemalt wurde, auch nicht davon abhalten, das Bild dennoch zu schätzen, noch würden wir uns so viel am Maler gelegen sein lassen, dass es uns die Andacht raubte. Ob es gut oder schlecht ist, liegt ja nicht an der Vision, sondern an dem, der sie sieht und sie sich nicht in Demut zunutze macht. Denn wenn diese vorhanden ist, wird sie einem keinen Schaden zufügen können, mag die Vision auch vom Bösen stammen; falls es aber daran gebricht, wird sie, sogar wenn sie von Gott kommt, keinen Nutzen bringen. Wenn nämlich das, was einen demütig machen sollte, da man einsieht, eine solche Gnade nicht zu verdienen, einen hochmütig macht, dann ist das wie bei einer

---

[10] *Dar higas (Feigen zu machen)*, womit eine aus römischer Zeit stammende obszöne Geste gemeint war, die Verachtung für das Gegenüber ausdrücken sollte (indem man mit geballter Faust den Daumen zwischen Zeigefinger und Mittelfinger hervorstreckt); vgl. V 25,22 und vor allem V 29,5f., wo Teresa berichtet, wie ihr dies von ihren Beichtvätern befohlen wurde; eine weitere Anspielung auf diese für sie sehr schmerzhafte Episode in 6M 9,12. Geste und Ausdruck waren auch in anderen romanischen Ländern bekannt (in Frankreich: *faire la figue*; in Italien: *fare la fica)*. Daneben existierte ein Amulett in dieser Form, dem magische Kraft gegen den bösen Blick und sonstige Formen der Verhexung zugeschrieben und das aus diesem Grund in der Gegend von Ávila und Salamanca den Kindern umgehängt wurde. Die deutsche Entsprechung ist der Stinkefinger.
[11] Siehe F 3,5.
[12] Die Argumentation des großen Dominikanertheologen wird von der Autorin am Seitenrand ergänzt. Vgl. 6M 9,12, wo sie diese Erläuterung wiederholt.

Spinne, die alles, was sie frisst, in Gift verwandelt, während eine Biene es in Honig verwandelt.[13]

4. Ich möchte mich noch genauer erklären. Wenn sich unser Herr in seiner Güte einer Seele zeigen will, damit sie ihn besser kennen lernt oder mehr liebt, oder wenn er ihr irgendeines seiner Geheimnisse aufzeigen oder ihr ein paar besondere Geschenke oder Gnadenerweise geben will, sie sich aber, wie ich sagte, wegen etwas, was sie eigentlich beschämen und erkennen lassen sollte, wie wenig sie es in ihrer Unzulänglichkeit verdient, gleich für eine Heilige hält und meint, diese Gnade würde ihr wohl wegen etwas, was sie in seinem Dienst getan hat, zuteil, dann ist doch klar, dass sich das große Gut, das ihr dadurch zuteil werden könnte, in etwas Schlechtes verwandelt, wie bei der Spinne. Nehmen wir jetzt einmal an, dass der Böse diese Erscheinungen bewirkt, um sie zum Hochmut zu verführen. Wenn die Seele aber in der Annahme, sie stammen von Gott, demütig wird und anerkennt, dass sie eine so große Gnade nicht verdient, und sich Mühe gibt, um ihm besser zu dienen, so dass sie demütig wird und sich anzustrengen beginnt, mehr Buße zu tun und mehr inneres Beten zu halten und besser aufzupassen, diesen Herrn nicht zu beleidigen (der ihr, wie sie glaubt, diese Gnade erweist), und vollkommener zu gehorchen, da sie sich nämlich bereichert sieht, wo sie doch nicht einmal die Brosamen zu essen verdient,[14] die die Menschen fallen lassen, denen, wie sie gehört hat, Gott solche Gnaden erweist (ich will sagen, da sie nicht einmal deren Dienerin zu sein verdient), dann versichere ich ihr, dass der Böse nicht wiederkommt, sondern sich beschämt davonschleicht und in der Seele keinerlei Schaden zurücklässt.

5. Wann immer er aber Dinge sagt, die zu tun wären oder künftig kommen sollen, ist es nötig, mit einem klugen und

---

[13] Mit dieser Argumentation entkräftet Teresa geschickt alle Angstmacherei vor dämonischer Täuschung: Entscheidend ist nicht, wo eine Vision letztlich herkommt, sondern wie der Mensch damit umgeht.

[14] Eine Anspielung auf Mt 15,27.

studierten[15] Beichtvater darüber zu sprechen, und nichts zu tun oder zu glauben, außer was dieser ihr sagt.[16] Sie kann es der Priorin mitteilen, damit diese ihr einen Beichtvater gebe, der so ist. Und das soll man beachten; denn wenn sie nicht auf das hört, was ihr der Beichtvater sagt, und sich von ihm nicht leiten lässt, ist es entweder von einem bösen Geist oder entsetzliche Melancholie. Denn selbst wenn der Beichtvater nicht richtig läge, wird sie umso richtiger liegen, wenn sie nicht von dem abweicht, was er ihr sagt, selbst wenn es ein Engel Gottes wäre, der zu ihr spricht. Seine Majestät wird ihm nämlich Licht geben oder aber es so fügen, dass es erfüllt wird; es so zu halten, ist ungefährlich, während es zu vielen Gefahren und Nachteilen kommen kann, es anders zu machen.

6. Man beachte, dass die natürliche Schwäche, vor allem bei Frauen, sehr schwach ist,[17] was sich auf diesem Weg des inneren Betens noch deutlicher zeigt; daher dürfen wir nicht gleich bei jeder Kleinigkeit, die wir uns einbilden, an so etwas wie

---

[15] Teresa verlangt vom Beichtvater also Klugheit im Sinne der Unterscheidung der Geister und eine gute theologische Grundlage; im nächsten Absatz nennt sie als weiteres wichtiges Kriterium die geistliche Erfahrung. Ähnliche Kriterien nennt auch Johannes vom Kreuz in LB 3,30, wobei er ausdrücklich auf die Erfahrung als wichtigstes Kriterium hinweist. In der damaligen Kontroverse zwischen den „espirituales" („Spirituellen") und den „letrados" („Studierten, Theologen") – erstere strebten ein intensives geistliches Leben an, was aber häufig mit einer anti-intellektuellen Einstellung verbunden war, letztere waren häufig anti-mystisch eingestellt und neigten dazu, jede Suche nach einem intensiveren Gebetsleben für häresieverdächtig zu halten – versucht Teresa, einen Mittelweg zu gehen. Sie träumt davon, dass „Leute mit Geist und solche mit Studien miteinander ins Gespräch kommen" (CE 8,4), wobei die Spirituellen sich von „Studierten" beraten lassen, während diese andererseits „zu Spirituellen werden" sollen (V 12,4). „Gut ist es, es gleich an den Anfängen in der Beichte einem sehr guten Studierten mitzuteilen, denn sie sind es, die uns Licht zu geben haben, oder, falls es das gibt, mit einer sehr spirituellen Person, doch wenn nicht, dann ist ein guter Studierter besser; falls es sie gibt, sowohl mit dem einen als auch mit dem anderen" (6M 8,8); vgl. auch V 17,8; 33,5f; 34,6ff; CE/CV 3.

[16] An diese Maxime hält sich Teresa auch selbst; vgl. V 26,5; CC 53,14; F 17,4.

[17] Vgl. F 7,10 mit Anm. Rhetorisch ein Beispiel für Teresas Vorliebe für Wiederholungstechniken (in diesem Fall ein Polyptoton: Wiederholung desselben Wortstamms in verschiedenen Beugungsformen).

eine Vision denken; denn ihr mögt mir glauben, dass es sich, wenn es eine ist, klar zu erkennen gibt. Wo ein wenig Melancholie vorliegt, bedarf es noch mehr Beachtung. Mir sind nämlich bei diesen Einbildungen Dinge untergekommen, bei denen ich nur so gestaunt habe, wie es möglich sei, dass sie wirklich und wahrhaftig zu sehen glauben, was sie nicht sehen.

7. Einmal kam ein weithin bewunderter Beichtvater zu mir, der einer Person die Beichte abnahm, die ihm gesagt hatte, Unsere Liebe Frau[18] käme seit vielen Tagen zu ihr, setze sich auf ihr Bett und spreche über eine Stunde mit ihr und sage ihr Künftiges und noch vieles andere. Unter zahlreichen Unsinnigkeiten stimmte auch das eine oder andere, und damit glaubte sie, sicher zu sein. Ich begriff gleich, worum es sich handelte, auch wenn ich mich nicht traute, das zu sagen; denn wir leben in einer Welt, in der es nötig ist zu bedenken, was man von uns denken könnte, damit unsere Worte Wirkung zeigen.[19] Daher sagte ich, man solle doch abwarten, ob sich diese Prophezeiungen bewahrheiteten, und nach weiteren Wirkungen fragen, und sich über das Leben dieser Person erkundigen. Als es schließlich durchschaut wurde, war das Ganze Humbug.

8. Ich könnte noch viele derartige Dinge erzählen, mit denen man die Absicht, die ich habe, leicht belegen könnte, dass man einer Seele nicht gleich Glauben schenken, sondern eine Weile zuwarten und es genau verstehen sollte, bevor sie es weitererzählt, damit sie den Beichtvater nicht täuscht, wo sie ihn doch gar nicht täuschen will. Denn wenn er in diesen Dingen keine Erfahrung hat, werden ihm seine Studien nicht reichen, um das zu durchschauen, mögen sie noch so groß sein.[20] Es

---

[18] Maria, die Mutter Jesu.

[19] Ein schönes Beispiel für Teresas Bodenständigkeit und Lebenserfahrung. Als Frau galt ihre Meinung in der damaligen Kirche und Gesellschaft grundsätzlich weniger als die eines Mannes, der zudem noch Priester war.

[20] Auf den Unterschied zwischen Erfahrungswissen und theoretischem Wissen weist Teresa bereits in ihrer *Vida* und ihren *Geistlichen Erfahrungsberichten* immer wieder hin; vgl.V 27,9; 28,7; 30,3; 34,12; 40,4; CC 1,34.

sind noch nicht viele Jahre, sondern erst eine kurze Zeit her, dass ein Mann einige recht studierte und geistlich erfahrene Leute mit ähnlichen Dingen durcheinander brachte, bis er sich schließlich mit einer Person besprach, die mit solchen Gnadenerweisen des Herrn Erfahrung hatte, und diese klar sah, dass es Wahnsinn zusammen mit Einbildung war. Auch wenn es damals nicht offenkundig, sondern sehr verschleiert geschah, offenbarte der Herr es kurz danach in aller Deutlichkeit, obwohl diese Person, die es durchschaut hatte, deswegen zuerst viel durchgemacht hat, da man ihr nicht geglaubt hatte.[21]

9. Aus diesen und weiteren, ähnlichen Gründen ist es sehr angebracht, dass jede Schwester in aller Offenheit mit der Priorin über ihre Gebetsweise spricht, und diese sehr darauf achtet, die Veranlagung und Vollkommenheit der jeweiligen Schwester zu berücksichtigen, um den Beichtvater darauf hinzuweisen, damit er besser durchblickt, und einen geeigneten auszuwählen, falls der ordentliche für solche Fälle nicht ausreichen sollte.[22]

---

[21] Vermutlich erneut eine autobiographische Notiz. T. Álvarez zufolge handelt es sich um einen Bauern aus Ávila, einen gewissen Juan Manteca, der um 1565 als Mystiker verehrt, von Teresa aber einer Zeugenaussage Isabels de Santo Domingo im Informativprozess von Zaragoza zufolge als Betrüger entlarvt wurde (BMC 19, 81). Zwischen den Zeilen sagt die Autorin damit auch, dass nicht nur Frauen für Einbildungen anfällig sind; und ferner dass eine Frau, was Erfahrungswissen anbelangt, den studierten Männern durchaus überlegen sein kann. Teresa pocht immer wieder auf ihre Erfahrung; vgl. auch V 4,2; 5,3; 6,6ff; 7,22; 8,5; 10,9; 11,13; 13,7; 15,16; 20,23; 22,3.5f; 25,13.17; 27,11; 28,7; 30,9; 31,4.19; 36,29 und ferner CE 2,3.6; 11,4; 13,3; 23,2; 39,4; 66,5; vergleichbare Hinweise findet man verstreut in all ihren Werken und nicht zuletzt auch in den Briefen.

[22] Eine Frau, die dem Beichtvater Hinweise gibt und selbständig entscheidet, wen sie als außerordentlichen Beichtvater holt, sind für damalige Verhältnisse unerhörte Forderungen. In der Tat ist die Priorin nach Teresas Vorstellungen verantwortlich für die geistliche Formung der Kommunität und Begleitung der einzelnen Schwester, für damalige Vorstellungen etwas ganz Neues und Ungewohntes, zumal es eine entsprechende Einschränkung der Befugnisse des Beichtvaters zur Folge hatte; vgl. Cs 5.41.43; und ferner CE 7-8. Fast kann man sagen, dass Teresa die Aufgabe des Beichtvaters auf die sakramentale Lossprechung beschränkt. Das wird durch einen Vorfall im Kloster zu Sevilla deutlich, über den P. Gracián in seiner als Dialog verfassten Autobiographie *Peregrinación de Anastasio* berichtet: *„Erzählst du mir nicht, welche Anklagen*

Sie sollen sehr darauf achten, dass sie von Dingen wie diesen, auch wenn sie noch so sehr von Gott stammen mögen, noch von anerkanntermaßen wunderbaren Gnaden weder Auswärtigen noch Beichtvätern, die nicht die Klugheit haben, darüber zu schweigen, Mitteilung machen.[23] Das ist nämlich sehr wichtig (mehr als sie verstehen können), und auch dass sie miteinander nicht darüber reden. An der Priorin sollen sie wahrnehmen, dass sie in Klugheit immer dazu neige, mehr diejenigen zu loben, die sich durch Erweise von Demut und das Bemühen, dem Ich abzusterben, und Gehorsam auszeichnen, als solche, die Gott auf diesem Weg des ausgesprochen übernatürlichen Gebetes führen sollte, sogar wenn sie alle übrigen Tugenden hätten. Denn wenn es vom Geist des Herrn stammt, bringt es die Demut mit sich, sich darüber zu freuen, wenn sie gering geschätzt wird, während ihr es nicht schaden, den anderen aber nutzen wird. Da sie nämlich nicht so weit kommen können – denn Gott gibt es, wem er will,[24] – würden sie sonst den Mut verlieren, um jene anderen Tugenden zu erlangen. Selbst wenn Gott auch diese gibt, können sie sich doch mehr darum bemühen,[25] und für das Ordensleben sind sie von großem Wert.

---

man bei der Inquisition gegenüber den Schwestern vorbrachte? Dass sie einander beichten, wobei sie sich auf die Anordnung der Mutter stützen, dass sie der Priorin Rechenschaft über ihr geistliches Leben ablegen sollten. Und so geschah es, dass die Inquisitoren kamen, um den Fall zu prüfen und Mutter Isabel de San Jerónimo fragten, ob denn die Unbeschuhten Schwestern der Priorin ihr Herz eröffneten. Sie antwortete: Ja. Und als sie weiter fragten, ob sie denn manchmal auch ihre Sünden sagten, sagte sie: ‚Ja, mein Herr, aber die Priorin, der wir sie bekennen, erteilt uns keine Lossprechung', worüber der Inquisitor herzlich lachte" (J. L. Astigarraga [Hg.], Jerónimo Gracián de la Madre de Dios, 244f.).

[23] Teresa hatte selbst unter der Indiskretion einiger Beichtväter zu leiden gehabt; siehe V 23,13.

[24] Teresa betont immer wieder, dass Gott seine Gnadengaben schenkt wann und wem er will; vgl. V 22,16; 39,10; 4M 1,2; 5M 1,12; 6M 4,12; 8,5; CE 27,2; 31,4; Vej 5. Ähnlich äußert sich auch Johannes vom Kreuz in 3S 42,3.

[25] Eine sehr ausgewogene Darstellung des göttlichen bzw. menschlichen Anteils bei der Erlangung wahrer Tugenden wie selbstlose Liebe, Demut, Wahrhaftigkeit usw. Teresa betont zwar immer wieder, dass die Festigung in den Tugenden letztlich nicht das Ergebnis unserer asketischer Bemühungen, sondern eine Frucht der Vertiefung der Gottesbeziehung ist (V 38,4; CC 1,31; 3,9; 54,7f.; MC 4,4; vgl. ferner 1M 2,1.8; 5M 3,1), doch bedeutet das nicht, dass der Mensch sich nicht durch beständige Einübung darum bemühen soll.

Möge Seine Majestät sie uns schenken; mit Übung, Sorgfalt und innerem Beten wird er sie keiner verweigern, die sich im Vertrauen auf sein Erbarmen um sie bemühen sollte.

KAPITEL 9

Es handelt davon, wie sie von Medina del Campo
zur Gründung des Klosters zum heiligen Josef in Malagón
aufbrach.

1. Wie weit bin ich vom Thema abgekommen! Es könnte aber sein, dass einige der genannten Ratschläge zweckmäßiger waren als die Berichte über die Gründungen.

Nun also, als ich in Medina del Campo weilte, voll des Trostes zu sehen, wie die Schwestern dort, was den gesamten Ordensgeist, den schwesterlichen Umgang und das geistliche Leben anbelangt, auf den Spuren derer von San José in Ávila gingen, und wie unser Herr um sein Haus besorgt war, sowohl für alles, was für die Kirche als auch für die Schwestern nötig war, traten dort nach und nach einige ein (es sah so aus, als wählte sie der Herr aus), die als Fundament für ein solches Gebäude geeignet waren. Von den Anfängen hängt nämlich meiner Meinung nach das künftige Wohl ab; denn auf dem Weg, den sie vorfinden, gehen die Späteren weiter.[1]

2. Es lebte in Toledo eine Dame, eine Schwester des Herzogs von Medinaceli.[2] Wie ich bei der Gründung von San José ausführlicher erzählt habe,[3] hatte ich auf Anordnung meiner Obe-

---

[1] Vgl. F 2,3; 4,6; 14,11.12; 23,12; 27,11; 31,29, und vor allem F 29,32: *„Jetzt fangen wir an, und bemühen wir uns, immer wieder anzufangen, vom Guten zum Besseren."*

[2] Doña Luisa de la Cerda, die Tochter des Altherzogs von Medinaceli Juan de la Cerda und Schwester des regierenden Herzogs Hernando de la Cerda. In ihrem Palast in Toledo hatte Teresa in der ersten Jahreshälfte 1562 geweilt, als sie bereits an die Gründung von San José (Ávila) dachte; dort hatte sie auch die erste Fassung ihrer *Vida* beendet; siehe V 34; 35,1.

[3] Siehe V 34.

ren in ihrem Haus geweilt, wo sie eine besondere Liebe zu mir fasste, was wohl in gewisser Weise dazu beigetragen haben muss, sie zu dem anzuregen, was sie dann tat. Solcher Mittel bedient sich Seine Majestät oftmals bei Dingen, die uns, die wir die Zukunft nicht kennen, wenig fruchtbar vorkommen.[4] Als diese Dame erfuhr, dass ich die Genehmigung zur Gründung von Klöstern hätte, begann sie mich sehr zu bedrängen, in einem Städtchen von ihr namens Malagón eines zu gründen.[5] Ich wollte auf keinen Fall zustimmen, da der Ort so klein war, dass man dort notgedrungen festes Einkommen brauchte, um sich erhalten zu können, wo ich doch dem ganz ablehnend gegenüberstand.[6]

3. Als ich mich mit Studierten und meinem Beichtvater[7] besprach, sagten mir diese, dass ich damit nichts Gutes täte; denn

---

[4] Dahinter verbirgt sich eine deutliche Kritik an der damaligen Praxis, deren Opfer Teresa mehr als einmal geworden war, als sie auf Anweisung ihrer Oberen bedeutenden Personen Gesellschaft leisten musste, um deren Gunst zu erhalten. Siehe V 32,9: *„Einige Personen, denen meine Oberen nicht absagen konnten, hatten mich gern in ihrer Gesellschaft hatten, so dass sie, dazu gedrängt, es mir auftrugen. Und so konnte ich, wie es sich nach und nach ergab, nur noch selten im Kloster weilen."*

[5] Malagón besaß zwar das Stadtrecht, war aber nur ein unbedeutender Ort in der Provinz Ciudad Real auf der neukastilischen Hochebene (La Mancha). Mitte des 16. Jahrhunderts von Karl V. an seinen Sekretär Arias Pardo, den Ehemann Doña Luisas, verkauft, war die Kleinstadt nach dessen Tod in den Besitz seiner Witwe übergegangen.

[6] Teresa hatte 1562 in Ávila gegen den erbitterten Widerstand sowohl der kirchlichen als auch der weltlichen Behörden durchgesetzt, dass das Kloster San José ohne festes Einkommen gegründet wurde; siehe Anm. zu F 1,2 und ferner V 32-36 mit den einschlägigen Anm. Es handelte sich für sie also um einen wichtigen Aspekt ihres Armutsverständnisses, bei dem sie nicht zuletzt durch Pedro von Alcántara beeinflusst war; vgl. V 35,5. Aufgrund der Situation in Malagón sollte sie in dieser Frage ihre Meinung ändern, nicht zuletzt unter dem Einfluss des Konzilsvaters Domingo Báñez, der ihr den flexibleren Standpunkt des Konzils von Trient nahe brachte. Später sollte sie in kleineren Ortschaften noch vier weitere Klöster mit einem festen Einkommen gründen: 1571 Alba de Tormes; 1575 Beas de Segura; 1576 Caravaca; 1581 Soria.

[7] Domingo Báñez, der immer gegen Teresas extreme Armutsvorstellungen gewesen war; vgl. V 36,15. Er berief sich in diesem Fall auf das in der 25. Sitzung des Konzils von Trient am 3.–4. Dezember 1563 verabschiedete Dekret *De Regularibus*, Kap. 3; vgl. F 20,1.

da das Konzil die Erlaubnis gab, das zu haben, sollte man es deswegen nicht unterlassen, ein Kloster zu gründen, in dem meiner Meinung nach dem Herrn so sehr gedient werden könnte.[8] Hinzu kam noch das vielfache Drängen dieser Dame,[9] so dass ich nicht anders konnte als zuzustimmen. Sie gab ausreichend Rente, denn ich bin immer dafür, dass die Klöster entweder ganz arm seien oder aber so viel besäßen, dass es die Schwestern nicht nötig hätten, jemanden wegen des Lebensnotwendigen zu belästigen.[10]

4. Nun setzte ich alle mir möglichen Kräfte ein, damit keine Schwester etwas besäße, sondern sie wie in jenen anderen Klöstern mit Armut[11] in allem die Konstitutionen beobachteten.[12] Nachdem alle Papiere verfasst waren, ließ ich einige Schwes-

---

[8] Mit dieser Gründung hat Teresa eine Meinungsänderung bezüglich Abstinenz und Armutsvorstellung vollzogen, wodurch sie sich in zwei wichtigen Punkten vom Reformideal im damaligen Kastilien absetzte. Abstinenz von Fleischspeisen ist also nicht typisch für ihre Neugründung! Das wird auch aus ihren Briefen deutlich: *„Um feste Einkünfte zu haben und Fleisch zu essen, bedienen wir uns der Bullen",* also der päpstlichen Schreiben (Brief vom 28. Juni 1568 an Cristóbal Rodríguez de Moya [Ct 11,9]). Siehe auch Brief vom 28. Dezember 1581 an das Kloster in Soria: *„Dass es der Mutter Subpriorin besser geht, hat mich sehr gefreut. Falls es nötig wäre, immer Fleisch zu essen, macht das wenig aus, selbst nicht in der Fastenzeit, denn es geht nicht gegen die Regel, wenn ein Notfall vorliegt, und in diesem Punkt soll man auch keinen Druck ausüben"* (Ct 428,5). *„Da das Fleisch so schlecht ist, muss ich immer Geflügel essen"* (Brief vom 27./28. Februar 1577 an Lorenzo de Cepeda [Ct 185,3]). Und CC 57 von 1576: *„Als ich einmal an den Schmerz dachte, den es mir bereitete, Fleisch zu essen und nicht Buße zu tun, verstand ich, dass es manchmal mehr Eigenliebe war als Verlangen nach Buße."*

[9] Doña Luisa de la Cerda; siehe F 9,2.

[10] Hier zeigt sich wieder Teresas Bodenständigkeit: An Orten, wo man realistischerweise mit einem ausreichenden Spendenaufkommen rechnen kann, sollen die Klöster sich nicht absichern, sondern auf die göttliche Vorsehung vertrauen; wo sich das jedoch als unrealistisch erweist, sollen sie nicht ständig am Hungertuch nagen und sich in Abhängigkeiten begeben müssen, sondern über eine ausreichende gemeinsame Existenzgrundlage verfügen.

[11] Also in denen ohne festes Einkommen.

[12] Dem Anspruch der Ordensarmut versucht Teresa durch Beibehaltung des Verzichts auf jeden persönlichen Besitz gerecht zu werden, auch wenn die Gemeinschaft als ganze über ein festes Einkommen verfügt; vgl. Cs 10.

tern kommen,[13] um es zu gründen, und wir gingen mit jener Dame nach Malagón, wo aber das Haus für den Einzug noch nicht hergerichtet war. Daher hielten wir uns mehr als acht Tage in einer Wohnung in der Festung auf.[14]

5. Als am Palmsonntag des Jahres 1568[15] die Prozession im Ort bei uns vorbeiführte, gingen wir mit verschleiertem Gesicht und weißen Mänteln[16] zur Kirche des Ortes, wo die Predigt stattfand; und von dort übertrug man das Allerheiligste Sakrament[17] in unser Kloster.[18] Alle waren von tiefer Andacht ergriffen. Ich blieb einige Tage dort. Als ich eines Tages nach der Kommunion im inneren Gebet weilte, vernahm ich von unserem Herrn, dass man ihm in diesem Haus sehr dienen würde.[19] Mir kommt vor, ich sei noch nicht einmal zwei Monate dort

---

[13] Zu dieser Gründung, die sie wie schon die beiden in Ávila und Medina del Campo unter den Schutz des hl. Josef stellte, holte sich Teresa zwei Schwestern aus Medina und fünf aus dem Menschwerdungskloster in Ávila.

[14] Damit meint sie die Burg der Doña Luisa in Malagón. Die Gründung des neuen Klosters fand am 11. April 1568 statt. Teresa verließ Medina del Campo Ende 1567 oder Anfang 1568 und machte Station in dem von der Karmelterziarin María de Jesús gegründeten Reformkloster La Imagen in Alcalá (siehe V 35,1) sowie im Palast der Doña Luisa in Toledo, um schließlich am 1. oder 2. April in Malagón einzutreffen.

[15] In jenem Jahr der 11. April.

[16] Damit sind die weißen Umhänge gemeint, die bis heute zur Ordenstracht gehören und bei feierlichen Anlässen über dem Habit getragen werden; die tiefe Verschleierung, wobei das Gesicht von einem großen schwarzen Schleier verdeckt wurde, war bis zum Zweiten Vatikanum in allen Fällen üblich, in denen Schwestern mit Außenstehenden außer den engsten Verwandten in Kontakt kamen. Siehe Cs 15.

[17] Die Eucharistie; zu diesem Zeitpunkt nahm Teresa noch irrtümlich an, dass zur Gültigkeit der Gründung bzw. zur Inbesitznahme des Hauses die Einsetzung des Allerheiligsten (der eucharistischen Gegenwart) erforderlich war; vgl. F 3,9 mit Anm.

[18] Auch das war nur eine vorübergehende Bleibe. Teresa bestand bei Luisa de la Cerda auf der Errichtung eines ganz neuen Konvents, an dessen Planung sie beteiligt war. Eingeweiht wurde er endlich am 8. Dezember 1579. Es kann als Beispiel für Teresas Vorstellungen und ästhetisches Empfinden gelten und dient bis heute als Karmelitinnenkloster.

[19] Malagón sollte in der Tat zu einer Pflanzschule für den jungen Teresianischen Karmel werden, was zeigt, wie weit Teresa davon entfernt war, Klöster mit festem Einkommen als irgendwie defizitär zu betrachten. In Malagón erhielt

gewesen,[20] denn mein Geist hatte es eilig, zur Gründung des Hauses in Valladolid aufzubrechen; der Grund ist der, den ich jetzt sagen werde.

KAPITEL 10

In ihm spricht sie über die Gründung des Konvents
in Valladolid. Dieses Kloster trägt den Namen zur Empfängnis[1]
Unserer Lieben Frau vom Karmel.[2]

1. Bevor dieses Kloster San José in Malagón[3] gegründet wurde, etwa vier bis fünf Monate vorher, sagte mir ein unverheirateter, vornehmer Mann[4] in einem Gespräch, dass er mir, falls ich in Valladolid ein Kloster gründen wollte, sehr gern ein ihm gehörendes Haus mit einem sehr schönen und großen Garten, in dem eine große, ertragreiche Rebfläche lag, geben würde und es mir alsbald vermachen wollte; es hätte einen großen Wert. Ich nahm es an, obwohl ich nicht so recht entschlossen war,

---

nicht nur die berühmte Priorin von Sevilla, María de San José, ihre Ordensausbildung; dieses Kloster brachte auch weitere große Karmelitinnen hervor, u. a. Antonia del Espíritu Santo, die Teresa als Priorin nach Valladolid holte; ferner die Gründerin von Caravaca, Ana de San Alberto; Leonor de San Gabriel, die nacheinander beim Aufbau der Kommunitäten von Beas, Sevilla und Córdoba mithalf; Ana de San Agustín, die Priorin in Villanueva de la Jara wurde und später in Valera gründete. Auch Jerónima del Espíritu Santo, die erste Gefährtin Teresas, die nach ihrem Tod im Ausland (Genua 1590) gründete, erhielt zwar ihre Ausbildung in Salamanca, sammelte ihre Erfahrungen in der Konventleitung jedoch in Malagón (TyV 378.)

[20] Sie verließ Malagón am 19. Mai 1568, war also insgesamt nur etwa sechs Wochen dort.

[1] Einer der Titel Marias, der Mutter Jesu – genau lautet er: *Unbefleckte Empfängnis* –, der besagt, dass Maria vom Augenblick ihrer Empfängnis an vom Makel der Erbschuld bewahrt blieb.

[2] Eine Anspielung auf den offiziellen Titel des Ordens: Brüder und Schwestern Unserer Lieben Frau vom Berge Karmel.

[3] Siehe F 9.

[4] Es handelt sich um Bernardino de Mendoza, den Bruder des Bischofs von Ávila, Álvaro de Mendoza, ihres großen Helfers bei der Gründung von San José in Ávila (V 36ff.), und Marías de Mendoza. Da sie von seinem weltlichen Leben erzählt, nennt sie ihn hier nicht mit dem Namen.

dort zu gründen, weil es fast eine Viertelmeile[5] außerhalb der Stadt lag. Doch dachte ich mir, dass man ja dorthin umziehen könnte, sobald man es einmal in Besitz genommen hatte. Und da er es so bereitwillig tat, wollte ich sein gutes Werk nicht vereiteln, noch seine Frömmigkeit durchkreuzen.

2. Etwa zwei Monate später überfiel ihn eine so schnell voranschreitende Krankheit, dass ihm die Stimme versagte und er nicht so richtig beichten konnte, obwohl er viele Zeichen von sich gab, dass er den Herrn um Vergebung gebeten hat.[6] Kurz darauf starb er, weit weg von dem Ort, an dem ich war.[7] Der Herr sagte mir, dass sein Seelenheil sehr auf dem Spiel stünde; doch hätte er wegen des Dienstes, den er seiner Mutter[8] mit diesem Haus erwiesen hatte, indem er es für die Errichtung eines Klosters ihres Ordens[9] hergab, Erbarmen mit ihm gehabt; er würde jedoch bis zur Feier der ersten Messe dort nicht aus dem Fegfeuer kommen, doch dann käme er heraus.[10] Ich hatte die schweren Qualen dieser Seele so sehr vor Augen, dass ich von meinem Wunsch, in Toledo zu gründen,[11] zunächst absah

---

[5] *Legua:* eine spanische Meile sind 5,572 km; eine Viertelmeile sind also knapp 1,5 km.

[6] Zu sterben, ohne vorher gebeichtet zu haben, galt damals als großes Risiko für das ewige Heil.

[7] Er starb Ende Februar 1568 in Úbeda, als sie in Alcalá de Henares bei Madrid weilte.

[8] Maria, die Mutter des Herrn.

[9] In Übereinstimmung mit der Tradition betrachtet Teresa den Karmelitenorden als Orden Marias.

[10] Teresa zeigt sich hier ganz als Kind einer Zeit, in der die Heilsungewissheit – unter anderem auch durch das Konzil von Trient – stark betont wurde. Wer nicht in allem ein vorbildlicher Christ gewesen war, musste mit Höllenstrafen rechnen, so dass es bereits als Erbarmenserweis Gottes anzusehen war, der Läuterung im Fegefeuer für würdig erachtet zu werden. Auch die zeitliche Bemessung dieser Läuterung entspricht damaligen Vorstellungen, ebenso die Vorstellung von deren Abkürzung durch zu Lebzeiten vom Verstorbenen selbst (Klostergründung) oder nach seinem Tod von anderen zu seinen Gunsten verrichtete fromme Werke. Doch gibt es Anzeichen, dass Teresa sich aufgrund ihrer inneren Erfahrungen von der damals vorherrschenden Angst vor der ständig drohenden ewigen Verdammnis immer mehr freigeschwommen hat; vgl. etwa 6M 6,10; 7M 2,1.9.

[11] Dort sollte sie erst im darauffolgenden Jahr (1569) gründen; siehe F 15.

und mir, so gut ich konnte, alle Eile gab, um nach Möglichkeit in Valladolid zu gründen.

3. Das konnte nicht so schnell geschehen, wie ich wünschte, denn ich musste mich zwangsläufig etliche Tage in San José in Ávila aufhalten (das mir ja anvertraut war),[12] und dann in San José in Medina del Campo;[13] dort war es, wo mir der Herr eines Tages beim inneren Beten sagte, dass ich mich beeilen solle, da diese Seele viel leide, und obwohl ich noch keine große Vorbereitung getroffen hatte, setzte ich es in die Tat um und kam am Laurenzitag[14] in Valladolid an. Als ich das Haus sah, wurde es mir ganz bange, da mir klar war, dass es unsinnig sei, dort ohne ganz große Ausgaben Schwestern anzusiedeln; denn obwohl es da sehr erholsam war, da der Garten so wunderschön war, musste es geradezu ungesund sein, weil es am Fluss lag.[15]

4. Trotz meiner Müdigkeit musste ich zur Messe in ein Kloster unseres Ordens gehen, das, wie ich sah, am Ortseingang lag und so weit weg war, dass es meinen Schmerz verdoppelte.[16]

---

[12] Das war Juni 1568; Teresa war Priorin ihres ersten Klosters in Ávila.

[13] Teresa bricht am 30. Juni in Ávila auf und reist über Duruelo nach Medina del Campo, wo sie am 1. Juli ankommt und bis zum 9. August bleibt.

[14] Der Gedenktag des hl. Laurentius am 10. August (1568). Sie war begleitet von Johannes vom Kreuz, der dort seine Einführung in das neue Lebensideal Teresas erhielt, worüber sie ausführlicher in F 13,5 berichtet. Teresas Reiseroute war folgende: 19. Mai Aufbruch von Malagón, 29. Mai von Toledo über Escalona nach Ávila, wo sie Priorin ist und vom 2. bis 30. Juni weilt. An diesem Tag verlässt sie Ávila und reist über Duruelo nach Medina del Campo, wo sie vom 1. bis 9. August ist, und kommt schließlich am 10. in Valladolid an.

[15] Es ist heute nicht mehr exakt festzustellen, wo dieses Gelände lag, den späteren Verträgen zufolge wohl am Río de Olmos im Süden der Stadt. Heute erhebt sich dort ein modernes Wohnviertel, das bis vor nicht allzu langer Zeit als *Ribera de los Ingleses* bekannt war, da es dem von Philipp II. gegründeten Englischen Kolleg gehört hatte, und heute *Cuatro de Marzo* heißt. Außer dass es ungesund war, bot es auch nicht die den Absichten der Gründerin entsprechenden Voraussetzungen, da sie hier „in Armut" gründen wollte. Für ein auf Spenden angewiesenes Kloster war das Gelände jedoch zu abgelegen.

[16] Teresa bezieht sich auf das Kloster der „Beschuhten" Karmeliten, auf dessen Gelände heute das Militärkrankenhaus am Paseo de Zorrilla steht.

Trotz allem sagte ich meinen Begleiterinnen nichts davon, um sie nicht zu entmutigen. Ein gewisses, wenn auch schwaches Vertrauen hatte ich dennoch, dass der Herr dem schon abhelfen würde, da er mir ja das von vorher[17] gesagt hatte. Ich ließ ganz heimlich Arbeiter kommen und sie für unsere Zurückgezogenheit mit dem Hochziehen von Wänden und dem, was sonst noch nötig war, beginnen. Bei uns war der Priester, den ich schon erwähnt habe, mit Namen Julián de Ávila,[18] und einer der beiden Brüder, von dem gesagt wurde, dass er Unbeschuhter werden wolle, der sich über unsere Lebensweise in diesen Häusern erkundigte.[19] Julián de Ávila bemühte sich, die Erlaubnis des Ordinarius[20] zu bekommen, der uns schon große Hoffnung gemacht hatte, noch bevor ich aufbrach. Doch so schnell konnte man das nicht erledigen, dass nicht doch ein Sonntag dazwischenkam, bevor die Erlaubnis da war. Wir erhielten aber eine, um die Messe dort zu feiern, wo wir uns die Kapelle gedacht hatten, und so hielten sie eine für uns.

5. Ich hatte es gar nicht mehr beachtet, dass schon damals in Erfüllung ging, was mir über jene Seele gesagt worden war; denn ich dachte, obwohl mir gesagt worden war „bei der ersten Messe",[21] dass das erst dann eintritt, wenn das Allerheiligste Sakrament eingesetzt wird. Als der Priester mit dem Allerheiligsten Sakrament in der Hand dorthin kam, wo wir zu kommunizieren hatten, und ich an der Reihe war, es zu empfangen, da erschien mir der genannte vornehme Mann,[22] glücklich und mit strahlendem Antlitz. Mit gefalteten Händen[23] dankte er

---

[17] Eine Anspielung auf die in F 10,2 erwähnte innere Ansprache.
[18] Siehe Anm. zu F 3,2.
[19] Gemeint ist Johannes vom Kreuz, der damals noch Juan de Santo Matía hieß. Vgl. F 3,17.
[20] Valladolid war zu dieser Zeit noch kein Bistum, sondern unterstand einem Abt.
[21] F 10,2.
[22] Der in F 10,1 genannte Bernardino de Mendoza.
[23] Die gefalteten nach oben gerichteten Hände als eine Geste der Bitte oder des Dankes. Das Ereignis inspirierte Peter Paul Rubens zu einem Bild, das heute im Rubens-Museum in Antwerpen aufbewahrt wird. (J. L. Rodríguez – J. Urrea, *Santa Teresa*, 122).

mir für das, was ich für ihn getan hatte, damit er aus dem Fegfeuer herauskäme und seine Seele in den Himmel komme. Da
war es, dass ich zum ersten Mal sicher erkannte, dass er auf
dem Weg des Heils war; ich war nämlich weit davon entfernt
und voller Schmerz gewesen, da ich glaubte, dass es angesichts
seiner Lebensweise dazu eines anderen Sterbens bedurft hätte;
denn obwohl er gute Seiten aufwies, war er doch in die Dinge
der Welt verstrickt. Es ist allerdings wahr, dass ich meinen Begleiterinnen gesagt hatte, dass er den Tod sehr vor Augen
hatte.[24] Großartig ist, wie sehr jedweder Dienst, den man der
Mutter unseres Herrn erweist,[25] ihm gefällt, und groß ist sein
Erbarmen. Er sei für alles gelobt und gepriesen, der die Unzulänglichkeit unserer Werke mit ewigem Leben und ewiger Herrlichkeit vergilt und sie trotz ihres geringen Wertes groß macht.

6. Als der Tag Mariä Himmelfahrt[26] gekommen war, das ist
der fünfzehnte August des Jahres 1568, fand die Inbesitznahme des Klosters statt. Wir waren nur kurze Zeit dort, da wir
nahezu alle sehr krank wurden. Als eine Dame dieser Stadt
mit Namen Doña María de Mendoza,[27] die Frau des Komturs
Cobos[28] und Mutter des Marquis[29] von Camarasa, eine sehr
christliche und außerordentlich wohltätige Frau (wie ihre sehr
reichlichen Almosen gut erkennen ließen) das sah,[30] – sie hatte
mir ihre große Liebe schon erwiesen, bevor ich mit ihr zu tun

---

[24] Abgesehen von der erneuten Anspielung auf die damals stark betonte Heilsungewissheit zeigt sich die Autorin hier von den Vorstellungen der spätmittelalterlichen *ars moriendi* (Kunst des guten Sterbens) beeinflusst, für die zum
„guten" Sterben u. a. die bewusste Vorbereitung auf den Tod gehörte.

[25] Teresa sieht die Überlassung des Grundstücks für ein Kloster als einen Maria
erwiesenen Dienst, da es sich um ihren Orden handelt. Siehe Anm. zu F 2,5.

[26] Das Hochfest der Aufnahme Mariens in den Himmel.

[27] Sie war die Schwester des Bischofs von Ávila, Álvaro de Mendoza, der Teresa
bei der Gründung von San José maßgeblich unterstützt hatte, und über viele
Jahre hinweg eine große Wohltäterin Teresas.

[28] Francisco de los Cobos, war Sekretär Philipps II. Komtur ist ein Ordensritter,
Inhaber einer Komturei, d. h. eines Verwaltungsbezirkes eines Ritterordens.

[29] Diego de Sarmiento de los Cobos. Marquis ist ein französischer Titel, etwa
einem Markgraf entsprechend.

hatte, denn sie ist die Schwester des Bischofs von Ávila, der uns beim ersten Kloster[31] und überhaupt bei allem, was mit dem Orden zu tun hat, sehr entgegen gekommen war. Da sie eine so große Liebe hat und sah, dass man nicht ohne große Beschwernis dort bleiben konnte, weil der Ort nicht nur für Almosen so abgelegen, sondern außerdem ungesund war, sagte sie uns, dass wir dieses Haus aufgeben sollten und sie uns ein anderes kaufen würde.[32] Und so machte sie es auch. Das, was sie uns gab, war viel mehr wert, da sie uns dazu alles gab, was wir bis jetzt gebraucht haben, und es so halten wird, solange sie lebt.[33]

7. Am Tag des hl. Blasius[34] zogen wir in festlicher Prozession und bei frommer Begeisterung der Leute dorthin um, und diese haben sie immer noch, denn der Herr erweist in diesem Haus in reichem Maß sein Erbarmen; er hat Menschen dorthin geführt, von deren Heiligkeit zu gegebener Zeit berichtet werden soll,[35] damit der Herr gelobt werde, der durch diese Mittel seine Werke groß machen und seinen Geschöpfen seine Gunst erweisen möchte. Da dort eine eintrat, noch jung an Jahren, die zu verstehen gab, was es mit der Geringachtung der Welt auf sich hat, schien es mir gut, hier davon zu reden, damit diejenigen, die sie sehr lieben, zuschanden werden, die jungen Frauen aber, denen der Herr fromme Wünsche und Eingebungen schenken sollte, sich ein Beispiel daran nehmen, um diese in die Tat umzusetzen.

---

[30] Hier fehlt zunächst der Hauptsatz, da Teresa durch die vielen Aussagen über diese große Wohltäterin den Faden verloren hat. Deshalb setzt sie anschließend noch einmal neu an.

[31] V 36.

[32] In diesem Kloster, im Stadtviertel *La Rondilla de Santa Teresa*, wohnen die Schwestern bis heute.

[33] Ihr Reichtum, der zum Großteil von ihrem Mann, dem Komtur Francisco de los Cobos, stammte, war sprichwörtlich.

[34] 3. Februar 1569.

[35] Siehe F 11-12.

8. Es lebt in dieser Stadt eine Dame, die Doña María de Acuña heißt,[36] eine Schwester des Grafen[37] von Buendía. Sie war mit dem Statthalter von Kastilien verheiratet. Nach seinem Tod blieb sie, selbst noch ziemlich jung, mit einem Sohn und zwei Töchtern zurück.[38] Sie begann nun, ein so heiligmäßiges Leben zu führen und ihre Kinder zu solcher Tugend zu erziehen, dass sie es verdiente, dass der Herr sie für sich wollte.[39] Ich sagte es nicht richtig, denn es verblieben ihr drei Töchter: eine wurde gleich Ordensschwester, während eine andere nicht heiraten wollte, sondern mit ihrer Mutter ein Leben großer Erbauung führte.[40] Der Sohn begann schon in jungen Jahren zu verstehen, was die Welt[41] bedeutete, und dass Gott ihn zum Eintritt in den Orden berief, und zwar so stark, dass nichts stark genug war, ihn daran zu hindern. Obwohl seine Mutter, die ihm bei unserem Herrn dabei viel geholfen haben musste, sich sehr darüber freute, zeigte sie es wegen der Verwandten nicht.

---

[36] Doña María de Acuña war seit 1547 mit Don Juan de Padilla y Manrique verheiratet, der 1563 gestorben war. Von ihr hat Teresa all diese Details erfahren, die sie in diesem und im folgenden Kapitel erzählt, nicht ohne Ironie angesichts dieser übertriebenen Sorgen um die Weitergabe des Titels *Adelantado de Castilla – Statthalter von Kastilien*, eines der höchsten und angesehensten im ganzen Reich.

[37] Teresa hatte zuerst *„des Herzogs"* geschrieben, beeilte sich dann aber, den Titel richtigzustellen.

[38] Aus der Ehe waren vier Kinder hervorgegangen: Antonio, der Jesuit wurde und sein Noviziat unter der Leitung von Baltasar Álvarez, eines Freundes Teresas machte; Luisa wurde Franziskanerin, María Dominikanerin, während Casilda im Alter von elf Jahren mit ihrem Onkel Martín de Padilla verlobt wurde, diese Verbindung jedoch auflöste und bei Teresa eintrat. Um den Adelstitel zu retten, verließ Luisa mit Päpstlicher Dispens ihren Orden und heiratete den zunächst gescheiterten Martín de Padilla. Teresa spricht hier zuerst nur von zwei Töchtern, doch verbessert sie sich selbst. In den frühen Ausgaben des *Buches der Gründungen* war alles, was sich in diesem und im folgenden Kapitel auf Casilda de Padilla bezieht, ausgelassen.

[39] Ein Echo des Verdienstdenkens jener Zeit, von dem sich Teresa zwar in einem erstaunlichen Maß befreite, das aber doch Spuren in ihrem Denken hinterlassen hat.

[40] Von der jüngsten Tochter, der Hauptgestalt der ganzen Geschichte, spricht sie in F 10,13.

[41] Das ist keine Verurteilung der Welt, sondern einer „weltlichen" Einstellung, die mehr auf materielle Werte wie Besitz, Macht, Prestige usw. als auf spirituelle Werte setzt; siehe Anhang I.

Letztendlich, wenn der Herr einen Menschen für sich möchte, dann haben die Geschöpfe wenig Kraft, um ihn daran zu hindern. So geschah das hier, denn obwohl man ihn drei Jahre lang mit vielen Versprechungen hingehalten hat, trat er in die Gesellschaft Jesu ein. Ein Beichtvater dieser Dame sagte mir, sie habe ihm gesagt, dass niemals in ihrem Leben ihr Herz von so viel Freude erfüllt gewesen sei als am Tag, an dem ihr Sohn Profess machte.[42]

9. Herr, welch große Wohltat erweisest du Menschen, denen du solche Eltern gibst, die ihre Kinder so aufrichtig lieben, dass sie diese lieber ihre Standesrechte, Majoratsansprüche[43] und Reichtümer in jener Glückseligkeit haben lassen, die kein Ende haben wird! Es ist doch sehr bedauerlich, dass die Welt bereits so sehr in Unheil und Verblendung steckt, dass die Eltern meinen, ihr Ansehen bestünde darin, dass das Andenken an diesen Misthaufen von Gütern dieser Welt nicht zu Ende gehe, während sie nicht daran denken, dass diese über kurz oder lang aufhört, denn alles, was endlich ist, mag sich zwar hinziehen, doch hört es einmal auf, so dass man wenig Aufhebens davon machen soll; und dass sie auf Kosten ihrer armen Kinder ihren Eitelkeiten frönen und Gott mit unerhörter Dreistigkeit die Menschen, die er für sich haben will, wegnehmen wollen, und diesen selbst ein so großes Gut. Selbst wenn es das für immer andauernde Gut, zu dem Gott sie einlädt, nicht gäbe, wäre es schon ein riesengroßes Gut, sich von den Plagen und Gesetzmäßigkeiten der Welt frei zu erleben,[44] die für die, die

---

[42] Das Versprechen der drei evangelischen Räte Armut, ehelose Keuschheit, Gehorsam.

[43] *Mayorazgo:* Erstgeburtsrecht, Familiengut.

[44] Die Welt als Chiffre für eine Lebenseinstellung, die vor allem auf Besitz, Prestige usw. setzt *„verdreht unsere Vernunft"* (F 5,12), weshalb man angesichts so vieler *„Meinungen"* ihr *„mit Verachtung begegnen"* (F 15,16) und mit ihr *„Schluss machen muss"* (F 14,3), aufgrund der *„Erkenntnis, was denn die Welt sei"* (F 17,8), weil *„die Dinge der Welt so auf Eitelkeit gebaut sind"* (F 20,2). Mehr als ein Ort ist die Welt eine bestimmte Denk- und Verhaltensweise mit *„ihren Plagen und Gesetzmäßigkeiten"* (F 10,9), und so muss man *„in allem der Welt innerlich sehr fern stehen"* (F 28,25; vgl. V 31,17; CE 9,3 [CV 6,3]).

mehr haben, umso größer sind. Öffne ihnen, mein Gott, die Augen! Gib ihnen zu erkennen, dass es Liebe ist, zu der sie ihren Kindern gegenüber verpflichtet sind, damit sie ihnen keinen solchen Schaden zufügen und diese sich beim Endgericht vor Gott nicht über sie beklagen, wo sie, auch wenn sie es nicht wollen, den Wert von allem erkennen werden.[45]

10. Da Gott nun in seinem Erbarmen diesen vornehmen Mann, den Sohn dieser Dame Doña María de Acuña (der Don Antonio de Padilla heißt) im Alter von ungefähr siebzehn Jahren aus der Welt herausholte, fielen die Standesrechte an die älteste Tochter Namens Doña Luisa de Padilla, denn der Graf von Buendía[46] hatte keine Kinder; so erbte Don Antonio diese Grafschaft und den Titel Statthalter von Kastilien. Da es nicht zu meinem Thema gehört, spreche ich nicht davon, was er von Seiten seiner Verwandten erlitt, bis er sich mit seinem Vorhaben durchsetzte. Wer weiß, wie hoch es die von der Welt schätzen, dass in ihren Familien die Nachfolge garantiert ist, wird das schon richtig verstehen.

11. Oh Sohn des Ewigen Vaters, Jesus Christus, unser Herr, wahrhaft König von allem! Was hast du in der Welt zurückgelassen, was wir als deine Nachfahren von dir erben konnten? Was hast du anderes besessen, mein Herr, als Prüfungen, Schmerzen und Schmähungen, und hattest gar nur ein Stück Holz, auf dem du den bitteren Todestrank hinuntergewürgt hast? Tatsächlich, mein Gott, uns, die wir deine wahren Söhne und Töchter sein und auf unser Erbe nicht verzichten wollen, steht es nicht gut an, vor dem Leiden zu fliehen. Deine Waffen sind fünf Wunden. Also auf, meine Töchter, das muss unser

---

[45] Angesichts des damaligen Prestigedenkens mit seinen Titeln und Posten, das gerade in der Regierungszeit Philipps II. ein ungekanntes Ausmaß erreicht hatte, darf dieser Stoßseufzer Teresas nicht als Moralismus abgetan werden, sondern ist eher als ein Dankgebet dafür zu verstehen, dass sie (mit ihren Schwestern) von all dem frei ist. Bei Teresas Gründungsidee muss dieser gesellschaftspolitische Hintergrund immer mitbedacht werden.

[46] Also der Bruder ihrer Mutter, d.h. der Onkel Luisas.

Wahlspruch sein, wenn wir sein Reich erben sollen! Nicht mit Wohligkeiten, nicht mit Geschenken, nicht mit Ehrenposten und nicht mit Reichtümern wird man gewinnen, was er mit so viel Blut erkauft hat. O vornehmes Volk! Macht doch um Gottes willen eure Augen auf! Schaut, dass die wahren Ritter Jesu Christi und die Fürsten seiner Kirche, ein heiliger Petrus und ein heiliger Paulus, nicht den Weg gingen, den ihr geht! Meint ihr vielleicht, dass es für euch einen neuen Weg geben wird?[47] Glaubt das nur ja nicht. Schaut, der Herr beginnt es euch durch Menschen von so geringem Alter zu zeigen, wie es die sind, von denen wir jetzt sprechen.

12. Ein paar Mal habe ich diesen Don Antonio[48] gesehen und mit ihm gesprochen; er hätte gern noch viel mehr besessen, um das alles zu verlassen. Glückseliger Junge und glückseliges Mädchen, die bei Gott so viel verdient haben, dass sie die Welt in einem Alter, in dem diese ihre Bewohner normalerweise beherrscht, mit Füßen treten. Gepriesen sei, der ihnen so viel Gutes erwies.

13. Als nun die Standesrechte der ältesten Schwester zufielen,[49] machte sie sich aus ihnen genauso wenig wie ihr Bruder, denn von klein auf hatte sie sich dem inneren Beten hingegeben (da ist es nämlich, wo der Herr Licht gibt, um die Wahrheit zu erkennen),[50] so dass sie das alles genau so wenig schätzte wie ihr Bruder. O mein Gott! Welchen Prüfungen, Qualen und Gerichtsverfahren würden sich viele aussetzen, um diese Erbschaft anzutreten, und dabei sogar Leben und Ansehen riskieren! Doch sie machten nicht wenig durch, bis man zustimmte,

---

47 Auf die Bereitschaft zur Selbstlosigkeit und zum Ertragen der mit dem Weg der Nachfolge Christi verbundenen Leiden weist Teresa immer wieder hin; vgl. V 7,16; 11,5.10; 15,11.13; 25,21; 27,13; CV 32,7; 2M 1,7; 4M 2,9; 5M 2,5ff.12; 6M 1,7; 10,4ff.; 7M 4,4; und viele weitere Stellen im Gesamtwerk.
48 Der Sohn von Doña María de Acuña, der Jesuit wurde.
49 Doña Luisa.
50 Wieder unterstreicht Teresa die Bedeutung des inneren Betens als die Quelle von allem Guten, und nicht asketische Anstrengungen.

dass sie sie fallen ließen. So ist die Welt, denn sie gibt uns ihre Ungereimtheiten gut zu erkennen, wenn wir nur nicht blind wären. Sehr frohen Herzens, sofern man sie nur von dieser Erbschaft unbehelligt ließ, verzichtete sie zugunsten ihrer Schwester, die zehn oder elf Jahre alt war,[51] da sonst keine mehr da war.[52] Damit das unheilvolle Andenken nicht verloren ginge, ordneten die Verwandten schnell an, dieses Mädchen mit einem Onkel, einem Bruder ihres Vaters, zu verheiraten, besorgten sich vom Papst eine Dispens und verlobten sie.[53]

14. Doch der Herr wollte nicht, dass die Tochter einer solchen Mutter und Schwester solcher Geschwister mehr als diese in der Täuschung verbliebe, und so geschah, was ich jetzt erzählen werde. Kaum dass das Mädchen an ihrem weltlichen Gewand und Geschmeide Freude gefunden hatte, die bei einer solchen Person und bei dem geringen Alter, das sie hatte, sicherlich verlockend waren, und kaum dass zwei Monate seit ihrer Verlobung vergangen waren, da schenkte der Herr ihr allmählich Licht, was sie freilich damals noch nicht verstand. Nachdem sie mit ihrem Bräutigam, den sie weit mehr als es ihrem Alter entsprach über die Maßen liebte, einen wunderschönen Tag verbracht hatte, überfiel sie eine abgrundtiefe Traurigkeit, als sie sah, wie dieser Tag zu Ende ging, und dass wohl alle so zu Ende gehen würden. O Grösse Gottes! Aus eben dem Glücksgefühl, das ihr die Beglückungen der vergänglichen Dinge bereitete, erwuchs ihr der Abscheu darüber! Es stellte sich allmählich eine so große Traurigkeit ein, dass sie es ihrem Bräutigam nicht verbergen konnte, doch wusste sie nicht warum, noch vermochte sie es ihm zu sagen, obwohl er sie danach fragte.

---

[51] Doña Casilda.

[52] Die mittlere Schwester, Doña María de Padilla, war inzwischen Dominikanerin geworden.

[53] Das beinhaltete nach dem damaligen Brauch das gegenseitige und feierliche Eheversprechen, wenn auch noch nicht die Ehe selbst.

15. Zu diesem Zeitpunkt ergab sich für ihn eine Reise, die er nicht unterlassen konnte, weit weg von diesem Ort. Sie litt sehr darunter, da sie ihn sehr gern hatte. Doch bald schon deckte der Herr ihr den Grund für ihr Leid auf, und der war, dass sich ihre Seele dem zuneigte, was kein Ende haben würde, und sie begann zu bedenken, wie ihre Geschwister sich auf die sicherste Seite gestellt,[54] sie aber in den Gefahren der Welt gelassen hatten. Zum einen dies, zum anderen die Vorstellung, dass es da keinen Ausweg gäbe (denn es war ihr noch nicht zu Ohren gekommen, dass sie, auch wenn sie verlobt war, noch Ordensschwester werden könnte, bis sie sich erkundigte), machte sie das richtig deprimiert, doch ließ sie besonders die Liebe, die sie zu ihrem Bräutigam hatte, keine Entscheidung treffen, so dass sie viel Leid durchmachte.

16. Doch da der Herr sie für sich wollte, entzog er ihr allmählich diese Liebe, während nach und nach der Wunsch wuchs, alles aufzugeben. Zu dieser Zeit bewegte sie nur der Wunsch, sich zu retten und dafür die geeignetsten Mittel zu suchen.[55] Sie meinte nämlich, dass sie inmitten der Dinge der Welt darauf vergäße, sich um das, was ewig ist, zu kümmern, und dass Gott ihr diese Wahrheit in zartem Alter eingäbe, um danach zu suchen, wie man das gewinnt, was nicht endet. Glücklicher Mensch, der so schnell der Blindheit entkam, in der viele Alten enden! Sobald sie ihren Willen frei sah, entschloss sie sich, ihn ganz und gar für Gott einzusetzen und ihre Schwester in alles einzuweihen (denn bis jetzt hatte sie darüber geschwiegen). Da diese glaubte, dass es Kindereien seien, riet sie davon ab und sagte unter anderem zu ihr, dass sie auch als verheiratete Frau gut ihr Heil wirken könne. Doch sie antwortete ihr, warum sie

---

54 Dahinter steht die Überzeugung, dass der Ordensstand der sicherste der drei Lebensstände – Laien, Kleriker, Ordensleute – sei.
55 Der Gedanke an die Vergänglichkeit alles Irdischen und die Sorge um das eigene Seelenheil als Motivationen für den Ordenseintritt sind zeittypisch; sie haben auch bei Teresa selbst eine nicht unerhebliche Rolle gespielt; siehe V 3,3.6; 4,1.

es denn aufgegeben habe.[56] So vergingen einige Tage. Dabei wuchs ihr Wunsch immer mehr, doch wagte sie freilich nicht, ihrer Mutter etwas davon zu sagen, wo vielleicht sie es war, die mit ihren frommen Gebeten diesen Kampf in ihr angezettelt hatte.

KAPITEL 11

Sie macht mit dem angefangenen Thema
über das Verfahren weiter, das Doña Casilda de Padilla
verwendete, um ihre frommen Wünsche
nach dem Klostereintritt durchzusetzen.

1. In dieser Zeit ergab es sich, dass in diesem Kloster zur Empfängnis[1] einer Laienschwester[2] das Ordenskleid[3] gegeben wurde, über deren Berufung ich vielleicht noch erzählen werde; denn obwohl ihre Stellung eine andere ist, da sie ein Bauernmädchen ist, hat sie hinsichtlich der Gnaden, die Gott ihr erwies, eine solche, dass sie es verdient, die Erinnerung an sie wachzuhalten, damit Seine Majestät gelobt werde.[4] Als Doña Casilda (so heißt nämlich diese vom Herrn Geliebte) mit ihrer Großmutter, die auch die Mutter ihres Bräutigams war,[5] zu die-

---

[56] Erneut das damals allgemein übliche Motiv des „Rette deine Seele".

[1] Gemeint ist das Kloster in Valladolid, das „zur Empfängnis" heißt. Siehe F 10,tít.

[2] Siehe Anm. zu F 6,9.

[3] Gemeint ist ihre Einkleidung. Teresa hatte zunächst geschrieben *„Profess".*

[4] Es handelt sich um Estefanía de los Apóstoles (1549-1617), die sich durch ihr schlichtes Wesen auszeichnete, wodurch sie sogar die Zuneigung König Philipps II. gewann, so dass dieser die Kosten für den Bau einer Einsiedelei im Garten des Klosters bestritt. Trotz der Ankündigung berichtet Teresa dann doch nicht über ihre Tugenden. Die erwähnte Einkleidung fand am 2. Juli 1572 statt. – Mit dem Hinweis auf die niedrigere gesellschaftliche Stellung der Bauerntochter zeigt sich Teresa als Kind einer stark hierarchisch gegliederten Gesellschaft. Allen Bemühungen um Gleichheit unter ihren Schwestern und ihrer eigenen heiklen Stellung als Conversa, die dank eines gekauften Adelsbriefes offiziell zum niedrigen Adel gehörte, zum Trotz, verrät sie damit ein gewisses aristokratisches Denken, das freilich durch den Hinweis auf die hohe Stellung vor Gott relativiert wird.

ser Einkleidung ging, fing sie für dieses Kloster geradezu Feuer, da ihr schien, dass die Schwestern bei ihrer geringen Anzahl und Armut dem Herrn besser dienen könnten, wiewohl sie noch nicht entschlossen war, ihren Bräutigam zu verlassen; denn das war es, was sie am meisten zurückhielt, wie ich schon sagte.[6]

2. Sie bedachte, dass sie vor ihrer Verlobung gewohnt war, zeitweise inneres Beten zu halten, denn ihre Mutter hatte in ihrer Güte und Heiligkeit ihre Töchter und auch ihren Sohn so erzogen, dass sie sie von ihrem siebten Lebensjahr an zuweilen in eine Kapelle bringen und darüber belehren ließ, wie sie über das Leiden des Herrn nachdenken sollten, und hat sie oft beichten lassen; wohl deshalb sah sie ihre Wünsche, sie für Gott zu wollen, von Erfolg gekrönt.[7] So hat sie mir erzählt, dass sie sie ihm immer angeboten und darum gebeten habe, sie aus der Welt zu nehmen, da sie schon ernüchtert war, für wie gering man sie zu halten hätte. Bisweilen sinne ich über das Dankeschön nach, das sie ihr abstatten werden, wenn sie sich einmal der ewigen Wonnen erfreuen werden, wozu ihnen ihre Mutter verholfen hat, und über die zusätzliche[8] Freude, die sie

---

[5] Ihr Bräutigam, Martín de Padilla, war ihr Onkel, ein Bruder ihres früh verstorbenen Vaters (F 10,8 Anm.), so dass dessen Mutter sowohl ihre Großmutter als auch ihre künftige Schwiegermutter war.

[6] F 10,15.

[7] Hier spiegelt sich Teresas eigene Gebetserfahrung wider, wie sie sie in V 9,4 beschreibt. Das innere Beten ist für sie immer der Anfang des „neuen" Lebens: *„Das bisherige war mein Leben; das, was ich gelebt habe, seitdem ich diese Gebetserfahrungen zu erläutern begann, ist, wie mir scheint, das, was Gott in mir lebte"* (V 23,1).

[8] *Accidental*, ein Begriff der scholastischen Theologie, der zufolge neben der allgemeinen (*wesenhaften*) ewigen Freude, die im Himmel alle gleichermaßen genießen, jedem aufgrund der persönlichen Lebensführung noch zusätzliche, ganz persönliche Freuden zuteil werden. Man vergleiche mit V 27,14, wo die Autorin von der individuellen *„zusätzlichen Herrlichkeit"* spricht, die denen, die sich Gott in diesem Leben restlos hingegeben haben, im Himmel über das allgemeine (*wesenhafte*) Maß hinaus zuteil wird. Parallel dazu unterscheidet sie in 6M 11,7 neben der allgemeinen (*wesenhaften*) Höllenqual, die für alle Verdammten gleichermaßen gilt, noch zusätzliche, individuell bemessene Qualen, die jedem von ihnen, je nach Schwere und Art der begangenen Schuld, zuteil werden.

haben wird, wenn sie sie sieht; und wie es im Gegensatz dazu
für die Eltern sein wird, die ihre Kinder nicht für Gott erziehen
(dem sie mehr zu eigen sind als ihnen), wo sich die einen wie
die anderen in der Hölle vorfinden werden mit den Verwün-
schungen, die sie sich an den Kopf werfen, und den Verzweif-
lungen, denen sie ausgeliefert sein werden.

3. Doch als sie sah, um zu dem zurückzukehren, wovon ich
sprach, dass sie den Rosenkranz nur ungern betete, hatte sie
große Angst, dass es immer schlechter würde, während es für
sie klar zu sein schien, dass sie ihres Heiles sicher wäre, wenn
sie in dieses Haus käme.[9] Und so traf sie eine runde Entscheidung. Als sie eines Morgens mit ihrer Schwester und ihrer
Mutter hierher kam, erbot es sich, dass sie in das Kloster hi-
neingingen, völlig ahnungslos, dass sie das tun würde, was sie
tat. Sobald sie sah, dass sie drinnen war, hätte es niemanden
mehr gegeben, der sie wieder aus dem Haus hinausbekommen
hätte. Ihre Tränen flossen so reichlich, dass man sie doch da
lassen sollte, und dazu die Worte, die sie sprach, dass sie alle in
Staunen versetzte. Auch wenn sich ihre Mutter zuinnerst darüber freute, fürchtete sie die Verwandten, und wollte nicht, dass
sie da bliebe, damit es nicht hieße, sie wäre durch sie dazu
überredet worden. Die Priorin[10] sah das genauso, denn sie
meinte, dass sie noch ein Kind wäre, und dass noch mehr Erprobung nötig sei. Das war am Vormittag. Sie mussten bis zum
Abend dort bleiben, ließen dann ihren Beichtvater rufen und
auch Fray Domingo, einen Dominikaner,[11] der mein Beichtvater war, (den ich am Anfang erwähnt habe),[12] während ich
selbst nicht dort war. Dieser Pater verstand gleich, dass es der

---

[9] Die Rede ist wieder von Casilda de Padilla, von der Teresa vorher gesprochen
hatte, und deren Kampf um ihren Klostereintritt. Erneut begegnet das zeit-
typische Motiv der Sorge um das eigene Seelenheil, das im Kloster besser gesichert schien; vgl. F 10,16.
[10] Priorin war María Bautista, eine Nichte Teresas, die um diese Zeit wahrscheinlich in Salamanca war (Ende Juli 1573 bis Januar 1574).
[11] Domingo Báñez aus dem Dominkanerorden.
[12] F 3,5.

Geist des Herrn war, und half ihr sehr, obwohl er wegen ihrer Verwandten viel durchmachen musste (so sollten es alle machen, die ihm zu dienen beabsichtigen, wenn sie eine Seele sehen, die von Gott gerufen wird); sie versprachen ihr zu helfen, damit sie anderntags zurückkehren dürfte.

4. Nachdem man lange auf sie eingeredet hatte, ging sie für dieses Mal weg, damit man die Schuld nicht auf ihre Mutter schöbe; doch trieb sie ihre Wünsche immer weiter voran. Ihre Mutter begann heimlich, ihre Verwandten einzuweihen (man machte es so geheim, damit es ihr Bräutigam nicht erführe); man sagte, dass es eine Kinderei sei, und dass sie bis zum angemessenen Alter warten möge, da sie ja noch nicht einmal zwölf Jahre alt sei. Sie sagte, wie man sie denn nicht für alt genug befände, um sich Gott hinzugeben, wo man sie für alt genug befände, um sie zu verheiraten und der Welt zu überlassen. Sie sagte Dinge, die ganz den Anschein weckten, als sei nicht sie es, die da redete.

5. Doch konnte es nicht so geheim bleiben, dass es nicht ihrem Bräutigam hinterbracht wurde. Als sie es erfuhr, meinte sie, dass sie es nicht ertrüge, auf ihn zu warten, und am Tag der Unbefleckten Empfängnis,[13] als sie gerade bei ihrer Großmutter weilte, die auch ihre Schwiegermutter war, aber nichts davon wusste, bat sie diese inständig, sie mit ihrer Gouvernante aufs Land fahren zu lassen, um sich ein bisschen zu erholen. Diese ließ es in einem Wagen mit ihren Bediensteten zu, um ihr eine Freude zu machen. Casilda gab einem von ihnen Geld und bat ihn, an der Pforte dieses Klosters mit einigen Reisig- oder Rebenbündeln zu warten, während sie sich so herumfahren ließ, dass sie sie vor dieses Haus brachten. Als sie an die Pforte kam, sagte sie, man solle an der Winde[14] um einen Krug

---

[13] 8. Dezember.

[14] Eine Art Drehtrommel, mit der man kleinere Gegenstände aus der Klausur heraus- oder in sie hineinbefördern kann, ohne dass es zu einem direkten Kontakt zwischen dem Besucher und der Windnerin kommt. Diese Regelung gibt es in einigen kontemplativen Klöstern auch heute noch.

Wasser bitten, aber nicht sagen, für wen, und stieg schnell aus. Sie sagten, dass sie ihn zum Wagen bringen würden; das wollte sie aber nicht. Die Rebenbündel lagen bereits da. Sie sagte, man solle den Schwestern sagen, an die Pforte zu kommen, um jene Bündel abzuholen, während sie dicht daneben stand. Als sie aufmachten, schlüpfte sie hinein und eilte auf Unsere Liebe Frau[15] zu, umarmte sie, brach in Tränen aus und fleht die Priorin an, sie nicht wegzuschicken. Die Bediensteten erhoben ein lautes Geschrei und schlugen heftig an das Tor. Sie sprach zu ihnen am Gitter[16] und sagte ihnen, dass sie unter keinen Umständen wieder hinausginge, und sie das ihrer Mutter ausrichten sollten. Die Frauen, die dabei waren, brachen in großes Wehklagen aus, doch ihr machte das alles wenig aus. Als man ihrer Großmutter diese Nachricht überbrachte, wollte sie sofort hingehen.

6. Letztendlich richteten weder sie, noch ihr Onkel und auch nicht ihr Bräutigam, der gekommen war und sich sehr bemühte, sie am Gitter zu bezirzen, mehr aus als dass sie ihr Qualen zufügten, wenn sie bei ihr waren, und sie danach nur noch entschlossener war. Ihr Bräutigam sagte nach vielem Herumjammern zu ihr, dass sie Gott durch Almosengeben mehr dienen könne. Sie antwortete ihm, dass er das tun solle. Auf die anderen Vorhaltungen antwortete sie ihm, dass sie für ihr Seelenheil mehr Verpflichtung habe und sähe, dass sie schwach sei, und dass sie inmitten der Gelegenheiten[17] der Welt ihr Heil nicht wirken würde, und dass er keinen Grund hätte, sich über sie beklagen, da sie ihn ja nur Gottes wegen verlassen habe und ihm somit keine Beleidigung zufüge.[18] Als sie sah,

---

[15] Eine Statue Marias, der Mutter des Herrn, die noch heute im Betchor der Kommunität einen Ehrenplatz hat.

[16] Den Klausurvorschriften des Konzils von Trient entsprechend waren die Schwestern im Besucherzimmer durch ein Sprechgitter von den Besuchern getrennt.

[17] *Ocasiones – Gelegenheiten* siehe F 5,14 Anm.

[18] Wenn es wegen eines anderen Mannes gewesen wäre, hätte das als Beleidigung für ihren Bräutigam gelten können.

dass er sich mit nichts zufrieden gab, stand sie auf und ließ ihn stehen.

7. Er machte auf sie keinerlei Eindruck, im Gegenteil, sie war seinetwegen total verstimmt, denn für eine Seele, der Gott Licht für die Wahrheit schenkt, sind die Versuchungen und Störmanöver, die der Böse anzettelt, eher eine Hilfe; es ist dann Seine Majestät, die für sie kämpft. Das sah man hier ganz klar, denn es sah so aus, als wäre nicht sie es, die da redete.

8. Da ihr Bräutigam und die Verwandten sahen, wie wenig es nutzte, sie im Guten herausholen zu wollen, versuchten sie es mit Gewalt; so besorgten sie sich eine königliche Verfügung, um sie aus dem Kloster herauszuholen und sie damit in Freiheit zu versetzen. In dieser ganzen Zeit von der Unbefleckten Empfängnis bis zum Tag der Unschuldigen Kinder,[19] als sie sie herausholten, lebte sie im Kloster, jedoch ohne dass man ihr den Habit gegeben hatte, und verrichtete mit größter Freude alle klösterlichen Übungen, wie wenn sie ihn bereits anhätte. An diesem Tag brachte man sie in das Haus eines Adeligen, da ihretwegen die Justiz gekommen war. Sie führten sie unter vielen Tränen ab, wobei sie sagte, warum man sie denn quälte, da es ihnen doch nichts nützen würde. Hier wurde sie einem wahren Überredungsdruck ausgesetzt, von Ordensleuten und auch von anderen Personen: Die einen meinten, es sei Kinderei, die anderen wünschten, dass sie ihren Stand genieße. Ich müsste mich weit verbreiten, wenn ich die Auseinandersetzungen wiedergeben wollte, die sie durchstand, und wie sie sich von allen frei machte. Sie versetzte sie jedenfalls in großes Erstaunen durch das, was sie sagte.

9. Als sie sahen, dass es nichts nutzte, brachte man sie nach Hause zu ihrer Mutter, um sie dort eine Zeitlang festzuhalten;

---

[19] Also vom 8. bis 28. Dezember 1572. (So in DST 1077). Der Tag der Unschuldigen Kinder erinnert an den Kindermord von Bethlehem, über den bei Mt 2,16-18 berichtet wird.

diese war es schon ganz leid, so viel Wirbel zu erleben, und half ihr überhaupt nicht, im Gegenteil, nach dem, wie es aussah, war sie gegen sie. Es könnte sein, dass es deshalb so war, um sie noch mehr zu prüfen; wenigstens hat sie mir das später so gesagt, (da sie so fromm ist, gibt es keinen Grund, nicht zu glauben, was sie sagt); die Tochter aber durchschaute das nicht. Auch ein Beichtvater, bei dem sie beichtete, war total gegen sie, so dass sie nur Gott und ein Dienstmädchen ihrer Mutter hatte, das bei ihr schlief. So durchlebte sie viel Mühe und Beschwernis, bis sie zwölf Jahre alt war, als sie erkannte, dass man sich bemühte, sie in das Kloster zu bringen, wo ihre Schwester war,[20] weil dort keine so große Strenge herrschte, da man ihr den Klostereintritt nicht austreiben konnte.

10. Sobald sie das merkte, beschloss sie, mit allen ihr möglichen Mitteln darauf hinzuarbeiten, sich ihr Glück zu verschaffen, indem sie ihr Vorhaben vorantrieb. Als sie eines Tages mit ihrer Mutter zur Messe ging und in der Kirche war, ging ihre Mutter zum Beichten in einen Beichtstuhl, während sie ihre Gouvernante bat, zu einem der Priester zu gehen und ihn zu bitten, für sie eine Messe zu lesen. Sobald sie sah, dass sie weg war, steckte sie ihre Stöckelschuhe unter den Arm, raffte den Rock hoch und lief so schnell sie konnte zu jenem Kloster, das ziemlich weit weg war. Da ihre Gouvernante sie nicht mehr vorfand, lief sie hinterher, und bat einen Mann, nachdem sie nahe herangekommen war, sie aufzuhalten. Er erzählte später, dass er sich nicht mehr bewegen konnte, und ließ sie laufen. Sobald sie hinter das erste Klostertor gekommen war, schloss sie das Tor und begann zu rufen. Als die Gouvernante herankam, war sie bereits im Kloster, wo man ihr gleich den Habit gab; so führte sie die guten Anfänge, die der Herr in sie gelegt hatte, zu Ende. Seine Majestät begann in kurzer Zeit, ihr mit geistlichen Wohltaten zu vergelten, und sie, ihm mit

---

[20] Gemeint ist das Kloster der Dominikanerinnen in Valladolid, wo ihre Schwester María war (F 10,8 Anm.).

größter Freude, tiefster Demut und Entsagung von allem zu dienen.

11. Er sei für immer gepriesen, da er ihr, die so sehr an auffallenden und reich verzierten Gewändern hing, Geschmack an ärmlichen Kleidern aus grobem Wollstoff[21] gegeben hat, die freilich ihre Schönheit nicht verdecken konnten, denn diese natürlichen Liebreize von so angenehmer Wesensart und Einsicht hatte ihr der Herr genauso wie die geistlichen Gnadengaben gegeben, so dass es für alle zur Ermutigung wird, Seine Majestät zu loben. Gebe er, dass es viele Frauen seien, die so auf seinen Ruf antworten.[22]

---

[21] *Sayal*, der grobe Wollstoff, aus dem das Ordensgewand gemacht war; siehe Cs 12.

[22] In diesem Fall täuschten sich Teresa und auch Domingo Báñez in ihrer Einschätzung der Person Casildas. Bedingt durch die Meinungsänderung ihrer Mutter, Doña María de Acuña, die Beeinflussung durch einen Jesuiten und nicht zuletzt ihre eigenen krankhaften Launen verließ Casilda 1581, erst 20 oder 21 Jahre alt, mit heimlich vom Papst erwirkter Dispens Teresas Karmel und trat bei den Franziskanerinnen in Santa Gadea del Cid bei Burgos ein, wo sie von da an bis 1589 Äbtissin war, als sie von ihrer Schwester in diesem Amt abgelöst wurde. Dennoch hat Teresa, als sie davon erfuhr (Brief vom 17. September 1581 an Jerónimo Gracián [Ct 408,1f.]), die ihr gewidmeten Seiten nicht aus ihrem Bericht genommen. In den Aussagen zum Seligsprechungsprozess erinnert sich Casilda dankbar Teresas, dass *„sie zum Teil die Lehre dieser Bücher der hl. Mutter Teresa von Jesus, besonders ihre* Vida *und eine Abhandlung über das Hohelied und andere gelesen habe ..."* (BMC 20,416). Ihr unglücklicher Bräutigam Martín de Padilla heiratete schließlich Casildas älteste Schwester Luisa, die zwar Franziskanerin geworden war (F 10,8), sich aber der Familienpolitik beugte; er hatte sieben Kinder mit ihr. In der spanischen Armee bringt er es zu großem Ansehen, ist bei der Schlacht von Lepanto dabei (1571) und stirbt 1602. Seine Frau tritt dann in Teresas Karmel ein und gründet die Klöster in Talavera de la Reina und Lerma, wo sie 1614 stirbt. (DST 1078-1080). Diese von Teresa überlieferte Geschichte gibt einen lebendigen und realistischen Einblick in die damalige Situation von Kirche, Gesellschaft und Ordensleben, besonders in die der Frauen.

KAPITEL 12

*In ihm wird vom Leben und Sterben
einer Schwester berichtet, die unser Herr in dieses Kloster
brachte, mit Namen Beatriz de la Encarnación;
ihr Leben war so vorbildlich und ihr Sterben von der Art,
dass es richtig ist, ihrer zu gedenken.*[1]

1. Nun trat in dieses Kloster ein Mädchen mit Namen Doña
Beatriz Óñez ein, das weitläufig mit Doña Casilda verwandt
war.[2] Sie war einige Jahre zuvor eingetreten, und ihr Seelenleben hat alle in Staunen versetzt, da man sah, welch große Tugenden der Herr in ihr wirkte. Die Schwestern und die Priorin
behaupten, dass man an ihr während der ganzen Zeit, die sie
lebte, nie etwas wahrnahm, was man für eine Unvollkommenheit hätte halten können, noch erlebte man je, dass sie wegen
etwas aus der Fassung geriet, sondern sie war bescheiden und
fröhlich, was gut die innerliche Freude erkennen ließ, die ihre
Seele erfüllte. Ihre Wortkargheit erzeugte keinen Verdruss, und
obwohl sie das Stillschweigen sehr beobachtete, war es doch
so, dass da nichts Besonderes an ihr zu bemerken war. Man
fand niemals, dass sie Worte verloren hätte, für die man sie
hätte tadeln müssen, noch Rechthaberei oder Selbstrechtferti-
gung, obwohl die Priorin, wie das in diesen Häusern als Hilfe
zum Ich-Sterben[3] üblich ist, sie gern einer Sache beschuldigte,
die sie nicht getan hatte, um sie so auf die Probe zu stellen.
Niemals beklagte sie sich über etwas oder über eine Schwester,

---

[1] Dieser Titel stammt nicht von Teresa, sondern wurde von der gleichen Hand
geschrieben, die auch das Kapitelverzeichnis zum *Weg der Vollkommenheit*
(CE) geschrieben hat.

[2] Sie war tatsächlich mit den Statthaltern von Kastilien verwandt, stammte aus
Arroyo de Santa Gadea (Burgos), legte am 17. September 1570 in Valladolid
Profess ab und starb als erste dieser Kommunität am 5. Mai 1573. So in DST
760f. J. L. Rodríguez – J. Urrea, *Santa Teresa*, 287, hingegen schreiben, dass *„sie
in Arroyo (Valladolid) geboren sei, obwohl es im Professbuch heißt, dass sie in
‚Arroyo bei Santa Gadea' geboren sei.“* Sie wurde am 8. September 1569 mit dem
Namen Beatriz de la Encarnación eingekleidet.

[3] *Mortificación* siehe Anhang I.

noch bot sie durch ihr Mienenspiel oder durch ein Wort bei einer Schwester Ursache zu Ärger, was auch immer für ein Amt[4] sie ausübte, noch einen Anlass, um bei ihr selbst irgendeine Unvollkommenheit zu vermuten, noch fand man einen Grund, sie im Kapitel wegen irgendeiner Verfehlung anzuklagen, obwohl es da um wirklich kleine Dinge geht, die die Zelatorinnen[5] als tadelnswert vorbringen. In allen Dingen standen bei ihr Inneres und Äußeres in auffallendem Einklang zueinander. Das kam daher, weil sie die Ewigkeit und das, wofür Gott sie erschaffen hatte, sehr vor Augen hatte. Immer strömten das Lob Gottes und herzlichster Dank von ihren Lippen, kurzum, ein beständiges Beten.[6]

2. Bezüglich des Gehorsams gab es bei ihr nie eine Verfehlung, sondern nur Bereitwilligkeit, Vollkommenheit und Freude bei allem, was man ihr auftrug, sodann hingebungsvollste Liebe zu ihren Nächsten, so dass man sagte, sie würde sich in tausend Stücke zerreißen lassen,[7] sofern diese nur ihre Seele nicht verlören und sich ihres Bruders Jesus Christus erfreuten, denn so nannte sie unseren Herrn. Ihre Prüfungen, die sehr groß waren (wie schreckliche Krankheiten mit heftigsten Schmerzen), wie ich noch sagen werde, erlitt sie mit größter Bereitwilligkeit und Freude, wie wenn es große Geschenke und Wonnen wären. Unser Herr muss sie ihr im Geist geschenkt haben, denn angesichts der Freude, mit der sie sie ertrug, ist das nicht anders möglich.

---

[4] Bis heute werden die verschiedenen Aufgaben, die das Gemeinschaftsleben erfordert, „Ämter" genannt, womit also nicht notwendigerweise das Leitungsamt gemeint ist.

[5] Schwestern, die für eine bestimmte Zeit mit der Überwachung der Einhaltung der Ordenszucht betraut waren; auch diese Einrichtung ist nicht typisch für Teresa, es gab sie in nahezu allen Klöstern; vgl. Cs 29.39.

[6] Diese Bemerkung, auf die die ganze Beschreibung dieser Schwester hinausläuft, zeigt sehr schön, was Teresas Hauptanliegen ist; unter Berücksichtigung der Hauptmerkmale der Ordensreformen in Kastilien damals müsste man hinzufügen: nicht Rigorismus in seiner konkreten Ausprägung. Siehe dazu U. Dobhan, *Die Christin Teresa.*

[7] Eine für Teresa typische Ausdrucksweise. Siehe Anm. zu F 1,7.

3. Es geschah, dass an diesem Ort Valladolid ein paar Leute wegen großer Vergehen zum Verbrennen geführt wurden.[8] Sie muss gewusst haben, dass sie nicht so gut vorbereitet, wie es angebracht wäre, zum Sterben gingen, was ihr größtes Leid verursachte, so dass sie ganz niedergeschlagen zu unserem Herrn ging und ihn eindringlichst um die Rettung dieser Seelen anflehte; er solle ihr für das, was jene verdient hatten oder damit sie verdiene, das zu erlangen – genau erinnere ich mich nicht mehr an ihre Worte – ihr ganzes Leben lang alle Prüfungen und Leiden geben, die sie ertragen könnte. In dieser Nacht noch überfiel sie der erste Fieberanfall, und sie blieb bis zu ihrem Tod immer eine Leidende. Die erwähnten Leute aber hatten einen guten Tod, weshalb es so aussieht, als habe Gott ihr Gebet erhört.[9]

4. Bald darauf bekam sie ein Darmgeschwür mit heftigsten Schmerzen, weshalb das, was der Herr ihrer Seele verliehen hatte, wirklich notwendig war, um sie in Geduld zu ertragen. Diese Geschwür lag nach innen hin, wo die Behandlung mit Medikamenten, die man ihr verabreichte, nichts brachte, bis es dem Herrn gefiel, dass es aufbrach und den Eiter ausschied,

---

[8] Seit dem großen Autodafé (abgeleitet vom lateinischen *actus fidei* – *Glaubensakt* oder *augmentum fidei* – *Glaubensvermehrung*) in Valladolid im Sommer 1559 mit der Veröffentlichung des rigorosen Indexes durch den Großinquisitor Fernando de Valdés (siehe V 26,5) kam es in dieser Stadt immer wieder zu „Ketzerverbrennungen" durch die Inquisitionsbehörde. Zum Thema Inquisition siehe die ausgewogene Studie von H. Kamen, *Die spanische Inquisition.*

[9] Bei dem damals (und teilweise bis heute) vorherrschenden Gottesbild war der Gedanke des stellvertretenden Leidens, der von vielen Heiligenviten her bekannt ist, eine durchaus übliche theologische Deutung von Leid und Schmerz und zugleich eine Hilfe zum Umgang damit. Teresa ist allerdings keine typische Vertreterin einer solchen Theologie und Leidensmystik, vielmehr machte sie im Laufe ihres Lebens einen beachtlichen Wandel in ihrem Verhältnis zum Leiden durch. Nach B. Souvignier, *Die Würde des Leibes*, 172-200 (177), *„wandelt sich ihre Grundhaltung von einer uns Heutigen zunächst fremd anmutenden Leidenssehnsucht über einen verstärkten Ausdruck der Authentizität ihres eigenen Empfindens hin zu einer neuen Integration theologischer Deutungsmuster in eine nunmehr differenzierter wahr- und ernstgenommene irdische Realität."*

was das Übel ein bisschen linderte. Bei jenem Verlangen, das ihr das Leiden verursachte, gab sie sich nicht mit wenig zufrieden, und als sie an einem Kreuzfest[10] eine Predigt hörte, wurde dieser Wunsch so stark, dass sie sich unter einem Ansturm von Tränen aufs Bett warf, als die Schmerzen aufhörten, und auf die Frage, was denn los sei, antwortete, sie sollten Gott bitten, ihr viele Prüfungen zu schicken, dann wäre sie zufrieden.

5. Mit der Priorin besprach sie alle persönlichen Dinge und darin fand sie ihren Trost. Während ihrer ganzen Krankheit verursachte sie nie den geringsten Verdruss der Welt und machte nur, was die Pflegerin wollte, selbst wenn es sich um das Trinken eines Schluckes Wassers handelte. Dass dem inneren Beten ergebene Seelen Prüfungen ersehnen, wenn sie keine haben,[11] ist ganz normal, aber an deren Erleiden seine Freude zu haben, wenn man mitten in ihnen steckt, trifft man nicht bei vielen an. Und so sagte sie im Beisein einiger Schwestern zur Priorin, als diese sie eigentlich trösten und zum Ertragen eines solchen Leids ermutigen sollte, und sie ohnehin schon so gequält war, dass es nicht mehr lange ging, und bei extrem heftigen Schmerzen, wobei ihr ein noch dazu gekommener Furunkel im Hals das Schlucken unmöglich machte, dass sie keinen Schmerz hätte und mit keiner der Schwestern tauschen würde, die alle bei guter Gesundheit waren. Sie hatte jenen Herrn, für den sie litt, so gegenwärtig,[12] dass sie alles weitere möglichst verbarg, damit man das große Leid nicht bemerkte, und so jammerte sie ganz wenig, außer der Schmerz setzte ihr heftig zu.

---

[10] Die beiden Kreuzfeste waren der 3. Mai (Auffindung des Kreuzes) und der 14. September (Kreuzerhöhung).

[11] Man beachte auch hier wieder die Betonung des inneren Betens.

[12] Die Nachfolge Christi als Motivation für das Ertragen von Leiden spielt in der Spiritualität Teresas eine wichtige Rolle. Die Vergegenwärtigung des Leidens Jesu bis hin zum sinnlichen Nacherleben seiner Passion war ein wichtiger Impuls der Devotio Moderna, die u. a. durch die *Imitatio Christi* des Thomas von Kempen großen Einfluss auf die geistlichen Bewegungen im Spanien des 16. Jahrhunderts ausübte; vgl. B. Souvignier, *Die Würde des Leibes*, 187-191.

6. Sie meinte, dass es auf Erden nichts Armseligeres gäbe als sie, und so war, nach allem, was man bei ihr erkennen konnte, ihre Demut groß. Wenn von den Tugenden anderer Menschen gesprochen wurde, freute sie sich sehr. Das Verlangen, die Ich-sucht zum Sterben zu bringen,[13] war extrem. Mit Geschick entfernte sie sich von allem, was erholsam war, so dass jemand, der nicht darauf achtete, es nicht merkte. Es sah aus, als lebte und bewegte sie sich nicht mit Geschöpfen, denn so wenig lag ihr das alles am Herzen. Auf welche Weise auch immer sich alles ergab, sie ertrug es friedvoll, so dass man sie immer ausgeglichen erlebte, so sehr, dass eine Schwester einmal zu ihr sagte, dass sie den sehr auf ihr Ansehen erpichten Menschen gliche, die, selbst wenn sie vor Hunger umkämen, es lieber hätten, dass es die Außenstehenden nicht bemerkten; denn sie konnten es nicht glauben, dass sie so manches nicht doch verspürte, obwohl es keineswegs danach aussah.

7. Alles, was sie an Arbeit und in ihren Ämtern[14] erledigte, hatte das eine Ziel, nicht des Verdienstes verlustig zu gehen,[15] und so sagte sie zu den Schwestern: „Die geringste Sache, die man tut, ist unbezahlbar, wenn sie aus Liebe zu Gott geschieht; nicht einmal die Augen sollten wir bewegen, Schwestern, wenn es nicht zu diesem Zweck ist, und um ihm zu gefallen." Niemals mischte sie sich in eine Angelegenheit ein, die nicht in ihren Bereich fiel;[16] so sah sie bei niemandem eine Verfehlung,

---

[13] *Mortificación* siehe Anhang I (Stichwort: Ich-Sterben).

[14] Siehe F 12,1 Anm.

[15] Ein Hinweis auf das damals und auch später noch weit verbreitete Verdienstdenken, von dem auch Teresa nicht ganz frei war. Doch lebt sie letztlich zutiefst aus der Gnade Gottes, so dass für sie alles, was der Mensch im Dienste Gottes zu vollbringen vermag, nur die Frucht der umsonst empfangenen Gnade Gottes ist.

[16] Siehe dazu die Anweisung des Johannes vom Kreuz: *„Sie müssen im Kloster so leben, als ob da sonst niemand mehr lebte. So sollen Sie sich niemals, weder mit Worten noch in Gedanken, in das einmischen, was in der Gemeinschaft oder mit einzelnen vor sich geht, indem Sie weder auf deren gute noch schlechte Eigenschaften, noch auf deren Eigenheiten achten wollen. Und selbst wenn die Welt unterginge, sollen Sie nicht darauf achten noch sich da einmischen wollen, damit Sie Ihre Seelenruhe bewahren"* (Av 2).

außer bei sich. Es war ihr so arg, wenn jemand von ihr etwas Gutes sagte, dass sie darauf achtete, so etwas nicht in Gegenwart von anderen zu machen, um ihnen keinen Schmerz zuzufügen. Niemals verschaffte sie sich Trost, weder indem sie in den Garten ging, noch in etwas Geschaffenem, da es ihren Worten nach taktlos wäre, sich bei den Schmerzen, die unser Herr ihr gab, Linderung zu suchen, und so erbat sie sich nie etwas, sondern behalf sich mit dem, was man ihr gab. Auch sagte sie, dass es für sie eher ein Kreuz wäre, sich als Trost etwas zu nehmen, was nicht Gott ist. Tatsache ist, dass ich mich bei den Gefährtinnen in ihrem Haus über sie erkundigt habe, und es keine gab, die sie anders gesehen hätte denn als Seele von größter Vollkommenheit.

8. Als nun die Zeit kam, da unser Herr sie aus diesem Leben holen wollte, nahmen ihre Schmerzen und damit zugleich viele Übel so zu, dass die Schwestern sie manchmal besuchen kamen, um unseren Herrn beim Anblick der Freude zu loben, mit der sie es ertrug. Es war insbesondere der große Wunsch des Kaplans,[17] der in diesem Kloster Beichte hört, bei ihrem Tod dabei zu sein, da er ein großer Diener Gottes ist; denn da er ihre Beichte hörte, hielt er sie für eine Heilige. Es ergab sich, dass dieser Wunsch in Erfüllung ging, denn obwohl sie noch bei sich und bereits versehen war,[18] riefen sie ihn, um sie mit Gott zu versöhnen oder ihr beim Sterben zu helfen, falls das in dieser Nacht nötig sein sollte. Kurz vor neun Uhr, als alle Schwestern um sie herumstanden, und er auch, wurden ihr ungefähr eine Viertelstunde bevor sie starb alle Schmerzen genommen, und in großem Frieden öffnete sie die Augen; dabei überzog eine solche Freude ihr Gesicht, dass es zu leuchten

---

[17] *Capellán*, schreibt Teresa, womit in den Karmelitinnenklöstern und auch anderen Schwesternkommunitäten der Priester gemeint ist, der jeden Tag die Messe zelebriert, aber sonst keinerlei Funktionen wie etwa die eines Spirituals oder Hausgeistlichen für die Kommunität hat. In diesem Fall war er auch Beichtvater, was Teresa hier ausdrücklich vermerkt.

[18] Das heißt, die letzte Ölung, wie man damals sagte, schon empfangen hatte. Heute spricht man vom Sakrament der Krankensalbung.

schien, und sie wie jemand war, der etwas schaut, was ihm große Freude macht, denn so lächelte sie zweimal. Für alle Schwestern, die dabeistanden, aber auch für den Priester, waren die
geistliche Wonne und Freude, die sie empfingen, so groß, dass
sie nichts anderes zu sagen wussten, als dass sie wie im Himmel waren. Und mit dieser Freude, von der ich gerade rede, die
Augen himmelwärts, hauchte sie aus und blieb wie ein Engel
zurück. Entsprechend unserem Glauben und so wie sie lebte
dürfen wir auch glauben, dass Gott sie als Entgelt für das Viele,
das sie sich für ihn zu leiden gewünscht hat, zur ewigen Ruhe
geholt hat.[19]

9. Es behauptet der Kaplan, und so hat er das vielen Menschen
gesagt, dass er in dem Augenblick, als man den Leichnam be-
erdigte, einen sehr intensiven und süßlichen Geruch wahrgenommen habe. Auch die Sakristanin behauptet, dass bei allen
Wachskerzen, die bei ihrer Beerdigung und ihren letzten Ehren
angezündet wurden, das Wachs nicht abnahm.[20] Das alles kann
man bei der Barmherzigkeit Gottes glauben. Als ich mit einem
ihrer Beichtväter aus der Gesellschaft Jesu, bei dem sie jahrelang gebeichtet und sich mit ihm über ihre Seele besprochen
hatte, über diese Dinge sprach, sagte er, dass das nichts Besonderes sei, noch er sich darüber wundere; denn er wusste, dass
unser Herr mit ihr eine starke Verbindung hatte.

10. Gebe Seine Majestät, meine Töchter, dass wir es verstehen,
aus einer so guten Gesellschaft wie dieser und der vieler anderer, die unser Herr uns in diesen Häusern gewährt, Nutzen
zu ziehen. Es kann sein, dass ich noch etwas darüber sage, da-

---

[19] Ein erneuter Hinweis auf das weit verbreitete Verdienst- bzw. Lohn-Denken,
aber auch auf die damals wachsende Gewissheit, dass der Großteil der Menschen doch nicht in der Hölle landet. Siehe dazu M. N. Ebertz, *Die Zivilisierung Gottes*, 130 f.: „*Francisco Suárez (1548-1617) sollte der erste katholische
Theologe sein, der die Position vertrat, dass die Mehrzahl der erwachsenen
Katholiken des jenseitigen Heils teilhaftig werden.*"
[20] Das sind die typischen Kennzeichen eines heiligmäßigen Todes, die wir in vielen Hagiographien aus der damaligen Zeit antreffen.

mit diejenigen, die mit einer gewissen Lauheit dahinleben, den
Mut finden, sie nachzuahmen, und wir alle den Herrn loben,
der seine Größe in einigen schwachen Weiblein so aufleuchten
lässt.[21]

KAPITEL 13

*In ihm berichtet sie, wie und durch wen es zum
ersten Haus der Unbeschuhten[1] Karmeliten
nach der ursprünglichen Regel[2] kam. Im Jahre 1568.*

1. Bevor ich zu dieser Gründung nach Valladolid reiste,[3] als
ich, wie ich schon gesagt habe,[4] mit P. Fray Antonio de Jesús,
dem damaligen Prior von Santa Ana in Medina, das zum Orden

---

[21] Hier gibt Teresa zwei Gründe an, warum sie diesen – idealisierten – Bericht
niedergeschrieben hat: einmal, um die Nachkommen anzueifern, und ferner, um eine Lanze für die allseits verachteten Frauen zu brechen, an denen
der Herr „*seine Größe aufleuchten lässt.*"

[1] „Unbeschuht" (*descalzo*) war zu Beginn der Gründungstätigkeit Teresas bereits
ein *terminus technicus* für „reformiert". Auch wenn der Begriff ursprünglich
auf die Tatsache zurückgeht, dass die ersten Reformer, bes. bei den Franziskanern, aus asketischen Gründen Wert darauf legten, barfuß zu laufen oder
nur sehr einfache Sandalen zu tragen, stand er doch bald für eine Reihe
von Merkmalen, die unter dem Zeichen der – vermeintlichen – „Rückkehr zu
den Ursprüngen" für nahezu alle Reformbewegungen im damaligen Kastilien
charakteristisch waren, etwa asketische Strenge bis hin zu aufsehenerregenden
Bußübungen (Rigorismus), Betonung des kontemplativen Lebens und des inneren Betens, Anti-Intellektualismus, Gründung von kleinen ärmlichen Klöstern
in ländlicher Umgebung, extreme Fasten- und Abstinenzübungen, usw. Neben
Unbeschuhten Franziskanern gab es bald Unbeschuhte Augustiner, Dominikaner, Merzedarier, Trinitarier, Hieronymiten und dank Teresa ab 1568 auch
Unbeschuhte Karmeliten. Sie erwähnt den Ausdruck zum ersten Mal in V
32,10, wo sie auf „Unbeschuhte Schwestern" verweist, womit die sog. „Königlichen Unbeschuhten" von Madrid, ein Reformkloster der Franziskanerinnen,
gemeint sind, das auf Initiative des Pedro de Alcántara von der Schwester
Philipps II., der Prinzessin Doña Juana, in Ávila gegründet worden war und
dann nach Valladolid und später nach Madrid verlegt wurde. Unter Berücksichtigung des eigentlichen Anliegens Teresas, das eben nicht von den für
die damaligen Ordensreformen in Kastilien genannten typischen Merkmalen
geprägt war, ist die Bezeichnung „*Unbeschuht*" für ihre Neugründung geradezu irreführend. Dieser Unterschied ist es, der Teresa zur *Gründerin* und erst in

vom Karmel gehört, und Johannes vom Kreuz bereits übereingekommen war, dass sie die ersten sein wollten, die einträten,
wenn dieses Kloster nach der ersten Regel der Unbeschuhten
entstehen sollte, ich aber keine Möglichkeit hatte, zu einem
Haus zu kommen, tat ich nichts anderes als es unserem Herrn
zu empfehlen; denn mit beiden Patres war ich bereits zufrieden, wie ich gesagt habe.[5] P. Fray Antonio de Jesús hatte der
Herr nämlich mit Prüfungen sehr heimgesucht, seitdem ich ein
Jahr zuvor mit ihm gesprochen hatte, und er hatte es mit großer Vollkommenheit ertragen. Für Johannes vom Kreuz bedurfte es keiner Erprobung, denn obwohl er unter *denen vom Tuch,*

---

zweiter Linie zur *Reformatorin* macht. Siehe dazu O. Steggink, *La reforma del
Carmelo español*, 313, der schreibt: *„Bei all dem darf ihr [Teresas] Werk nicht
einfach als eine Re-Forma im Sinne einer Ausmerzung von Missbräuchen und
Umstrukturierung des Ordenslebens gesehen werden. Unsere Vorstellung von
Teresas Werk wäre sehr ärmlich, wenn wir in ihm nur eine Auflehnung gegen
Missbräuche und Organisationsmängel sähen. Die neue Form karmelitanischen
Lebens, die sich zutiefst am Geist des Evangeliums und dem karmelitanischen
eremitisch-kontemplativen Ideal inspiriert, darf mit ihrer klaren dogmatischen
Ausrichtung mehr als eine Neuschöpfung und Gründung denn als eine Re-
Forma gelten, die die Mutter Teresa von Jesus unter die ersten Gestalten der
Kirche und der Gegenreformation einreiht. Ihr Wirken als Reformatorin scheint
nicht mehr als ein zweitrangiger Aspekt ihres Werkes zu sein."* Siehe dazu auch
I. Moriones, *Santa Teresa*, und U. Dobhan, *Die Christin Teresa*.
[2] Siehe Anm. zu F 2,1. Den Text der Karmelregel siehe bei K. Waaijman, *Der
mystische Raum des Karmel*, 22-33.
[3] Teresa brach am 30. Juni 1568 von Ávila über Duruelo nach Medina del
Campo auf, wo sie am 1. Juli ankommt. Am 6. Juli übergibt sie Johannes vom
Kreuz Briefe für die Gründung in Duruelo; am 9. August reist sie in Medina
del Campo ab und kommt am 10. in Valladolid an. Siehe F 10.
[4] F 3,16f.
[5] In F 3,16 hat sie davon gesprochen, dass nur Johannes vom Kreuz ihren Vorstellungen entsprach, von Antonio de Jesús sagt sie zweimal, dass sie *„nicht
sehr zufrieden war"* mit ihm. Man beachte diese „Anmaßung" Teresas, über die
Tauglichkeit von Männern für die Reform ihres Ordens zu befinden, in einer
Zeit, in der die Reformgeschäfte als Angelegenheiten der Oberen galten, *„nicht
der Frauen, deren Haupt der Mann ist. ... Christus selbst vertraute die Leitung
der Kirche nicht seiner reinsten Mutter an, sondern dem hl. Petrus, dem Fischer
und seinen Nachfolgern",* wie der Dominikanergeneral, Tommaso de Vio, der
spätere Kardinal Cajetan in der Auseinandersetzung mit Martin Luther, 1508
an den Provinzial von Kastilien schrieb, als sich dort María de Santo Domingo
erdreistete, eine Reform der kastilischen Dominikanerprovinz durchzuführen
(zitiert bei U. Dobhan, *Teresa von Ávila und die Emanzipation der Frau*, 216).

den Beschuhten, lebte,[6] hatte er immer ein Leben großer Voll-kommenheit und Ordensdisziplin geführt. Es hat unserem Herrn gefallen, auch alles weitere zu fügen, nachdem er mir das Wichtigste – nämlich Brüder zum Beginnen – gegeben hatte.[7]

2. Ein Adeliger aus Ávila namens Don Rafael,[8] mit dem ich vorher nie zu tun hatte, erfuhr davon – wie, weiß ich nicht, da ich mich nicht mehr daran erinnere –, dass man ein Kloster von Unbeschuhten Brüdern errichten wollte. So kam er zu mir mit dem Angebot, mir in einem kleinen Dörfchen mit einer Handvoll Einwohnern,[9] keine zwanzig, glaube ich, ich weiß es jetzt nicht mehr, ein Haus zu geben, das er dort für einen Pächter hatte, der die Ernte des Pachtgetreides einbrachte, das ihm dort gehörte. Ich lobte unseren Herrn, obwohl ich mir vorstellen konnte, in welchem Zustand es wohl sein müsste, und dankte ihm sehr dafür. Er sagte mir, dass es auf dem Weg nach Medina del Campo läge, ich würde auf dem Weg zur Gründung nach Valladolid geradewegs dort vorbeikommen, da würde ich es schon sehen. Ich sagte ihm, dass ich es so ma-chen würde, und machte es auch so, als ich im Juni[10] mit einer Begleiterin[11] und Padre Julián Dávila aus Ávila aufbrach.

---

[6] Dieser Name wurde ihnen gegeben, da ihre Habite aus feinem Tuch waren, während Teresa – den Gepflogenheiten in den Reformbewegungen Kastiliens folgend – grobes Wollzeug für die Habite verwendete.

[7] Die Behauptung, die Brüder seien ihr vom Herrn gegeben, ist angesichts der Diskriminierung der Frau damals nötig und in der sakralisierten Gesellschaft immer ein gutes Argument.

[8] Don Rafael Mejía de Ovando, Mejía Velázquez, de Ávila Mójica sind die Na-men, die bis in die Zeit von Silverio de Santa Teresa von den Historikern über-liefert werden. Bis heute ist die Identität diese Mannes nicht geklärt (TyV 383). Im ältesten Buch von Duruelo wird er Don Rafael Mejía Velázquez genannt.

[9] Am Rand vermerkte P. Gracián: *„Dieser Ort heißt Duruelo."* Er liegt an der Grenze zwischen den Provinzen Ávila und Salamanca, und ist heute wohl noch unbedeutender als damals.

[10] Teresa brach am 30. Juni 1568 in Ávila auf und kam über Duruelo am 1. Juli in Medina del Campo an. Von Ávila nach Duruelo sind es 8 Meilen, also knapp 45 km (TyV 384). Diese Strecke bewältigte sie an einem Tag!

[11] Antonia del Espíritu Santo, eine der ersten vier Novizinnen von San José de Ávila (V 36,5f.).

Das ist nämlich der Priester, von dem ich gesagt hatte,[12] dass er mich bei diesen Reisen unterstützt, der Kaplan von San José in Ávila.

3. Wir brachen zwar frühmorgens auf, verirrten uns aber, da wir den Weg nicht kannten. Und da der Ort kaum bekannt ist, gab es nur wenige Hinweise auf ihn. So kamen wir an jenem Tag nur mit großer Mühe voran, zumal die Sonne heiß herunterbrannte. Als wir schon glaubten, ganz nahe zu sein, mussten wir noch einmal so weit laufen. Ich denke immer noch an die Müdigkeit und Orientierungslosigkeit, die wir auf jenem Weg erlebten. So kamen wir kurz vor Einbruch der Nacht an. Als wir ins Haus kamen, war es in einem solchen Zustand, dass wir uns nicht getrauten, wegen des extremen Mangels an Sauberkeit und des zahlreichen „August-Gesindels"[13] die Nacht dort zu verbringen. Es wies eine brauchbare Vorhalle, ein Zimmer mit einer Zwischendecke[14] und dem dazu gehörigen Dachboden und eine winzige Küche auf. Dieses Gebäude umfasste unser ganzes Kloster. Ich dachte mir, dass man in der Vorhalle die Kirche, auf dem Dachboden den Betchor, was gut ging, und die Schlafstätten im Zimmer einrichten konnte. Meine Begleiterin konnte es nicht ertragen, dass ich daran dächte, dort das Kloster einzurichten, obwohl sie viel besser als ich und noch dazu eine große Freundin von Bußübungen war, und sagte deshalb zu mir: „Es gibt gewiss keine Menschenseele, Mutter, wie vorbildlich sie auch sein mag, die das aushalten kann; betreibt es nicht weiter." Der Geistliche,[15] der mit mir unterwegs war, widersprach mir nicht, nachdem ich ihm meine Absichten dargelegt hatte, obwohl er der gleichen Meinung war wie meine Begleiterin. Zum Übernachten gingen wir in die Kirche, denn

---

[12] In F 3,2; 10,4.
[13] Saisonarbeiter, die dort als Erntehelfer eingesetzt waren, oder aber allerhand Ungeziefer.
[14] *Camara doblada*, womit laut Efrén-Steggink kein Doppelzimmer, sondern ein hoher Raum mit einer Zwischendecke gemeint ist, dessen oberer Teil, der Dachboden, unter dem nackten Ziegeldach lag (TyV 385).
[15] Julián de Ávila.

aufgrund der großen Ermüdung, die uns befallen hatte, wollten wir nicht durchwachen.

4. Nach unserer Ankunft in Medina[16] sprach ich gleich mit P. Fray Antonio und sagte ihm, was los sei; er solle aber dessen versichert sein, dass Gott dem schnell abhelfen würde, wenn er nur den Mut hätte, einige Zeit dort zuzubringen, denn Beginnen wäre alles. (Ich glaube, ich hatte damals vor Augen, was der Herr getan hat, sozusagen mit eben der Gewissheit, wie ich es jetzt erlebe, ja eigentlich noch viel mehr als das, was ich bis jetzt erlebt habe, denn jetzt, wo ich diese Gründung niederschreibe, gibt es dank der Güte Gottes bereits zehn Klöster von Unbeschuhten Brüdern);[17] weiter sagte ich ihm, dass er nicht glauben solle, dass uns weder der frühere noch der jetzige Provinzial die Erlaubnis gäben[18] (denn deren Zustimmung war nötig, wie ich eingangs gesagt habe),[19] wenn sie uns in einem sehr viel gefälligeren Haus sähen, abgesehen davon, dass wir keine Mittel hätten, es zu erwerben, während sie in jenem Nest und einem solchen Haus wohl kaum auf sie achten würden. Es hat ihm Gott mehr Mut eingegeben als mir, und so sagte er, dass er nicht nur dort, sondern auch in einem Schweinestall leben würde. Johannes vom Kreuz sah das genauso.

5. Jetzt verblieb uns noch, die Einwilligung der beiden Patres, die ich genannt habe, zu erhalten, denn unter dieser Bedingung hatte unser P. General[20] die Erlaubnis gegeben. Ich hoffte auf unseren Herrn, sie zu bekommen, und so sagte ich zu P. Fray

---

[16] Teresa kam am 1. Juli 1568 in Medina an. Von Duruelo dorthin sind es ca. 45 km (TyV 389); wiederum eine Tagesreise.
[17] Ein wichtiger Hinweis für die Datierung dieses Textes. Die bis dorthin gegründeten Klöster waren: Duruelo (1568) im Sommer 1570 nach Mancera de Abajo verlegt, Pastrana (1569), Alcalá de Henares (1570), Altomira (1571), La Roda (1572), San Juan del Puerto (1572), Granada (1573), La Peñuela (1573), Sevilla-Los Remedios (1574). Dadurch dass Duruelo nach Mancera verlegt wurde, sind es nur neun, doch waren, wie Teresa sagt, zehn gegründet worden.
[18] Der frühere Provinzial war Ángel de Salazar, der jetzige Alonso González.
[19] F 2,5.
[20] Giovanni Battista Rossi; siehe F 2,1.

Antonio, dass er sich darum kümmern solle, alles ihm nur Mögliche zu unternehmen, um für das Haus etwas zusammenzubekommen. Ich reiste mit Johannes vom Kreuz zur Gründung nach Valladolid, die bereits beschrieben ist.[21] Und als wir einige Tage Handwerker dort hatten, um das Haus herzurichten, noch ohne Klausur, bot sich die Gelegenheit, Johannes vom Kreuz über unsere gesamte Vorgehensweise zu informieren, damit er alle Dinge gut verstanden hätte, sowohl bezüglich des Ich-Sterbens,[22] als auch des schwesterlichen Umgangs und der Erholung,[23] die wir gemeinsam halten.[24] Alles geschieht mit Maßen, da es nur dazu dient, dabei die Fehler der Schwestern zu erkennen[25] und uns ein bisschen Erleichterung zu verschaffen, um die Strenge der Regel auszuhalten.[26] Er war so gut,[27] dass zumindest ich viel mehr von ihm lernen konnte als er von mir; doch nicht ich war es, die das bewerkstelligte, sondern die Vorgehensweise der Schwestern.[28]

---

[21] F 10.

[22] *Mortificación* siehe Anhang I. Die herkömmliche Übersetzung *Abtötung* ist irreführend, denn es geht um den Prozess des Absterbens des alten Menschen, damit der neue Mensch leben kann, und gerade nicht um die *Werke der Abtötung* (asketische Übungen), die allerdings in den damaligen Reformbewegungen wichtig waren und als *rigor – Rigorismus* von Teresa abgelehnt wurden.

[23] Eine Neueinführung gegenüber der Regel, wo eine gemeinsame Erholung (Rekreation) nicht vorgesehen ist. Siehe Cs 26-28.

[24] Drei Grundhaltungen oder -erfordernisse des neuen Lebensstils Teresas. Wenn man noch die in CE 6,1 (CV 4,4) genannten drei „Dinge" dazunimmt – gegenseitige Liebe, Loslassen alles Geschaffenen und wahre Demut –, und sie in das von rigoristischen Vorstellungen geprägte geistige Umfeld hineinstellt, dann hat man damit eine Kurzbeschreibung des teresianischen Charismas vor sich.

[25] Die gegenseitige Zurechtweisung ist also eine Hilfe, die die Schwestern einander leisten.

[26] Die drei genannten Grundhaltungen im täglichen Zusammenleben der Schwestern bzw. Brüder sollen also helfen, die Strenge der Regel lebbar zu machen; es geht nicht darum, deren Vorschriften noch zu verschärfen.

[27] Teresa schreibt das im Rückblick, Ende 1574, nachdem sie mit Johannes vom Kreuz bereits zwei Jahre im Menschwerdungskloster verbracht hat, sie ab 1571 als Priorin, er ab 1572 als Beichtvater.

[28] Ein wichtiger Text, durch den die Übertragung des Charismas Teresas an die Brüder, also an den männlichen Zweig, bezeugt wird. Johannes vom Kreuz erweist sich als bereitwilliger Empfänger, da er Teresa die den Gründern zukommende „Fülle und Vorzüglichkeit der Erstlingsgaben des Geistes" zuerkennt (LB 2,12) und sie ohne Umschweife „unsere Mutter" CA 12,6 (CB 13,7) nennt;

6. Es gefiel Gott, dass der Provinzial unseres Ordens, namens Alonso González,[29] dessen Gutheißung ich einzuholen hatte, gerade dort war. Er war ein alter und recht gutmütiger Mann, ohne Falsch. Ich wies ihn auf so viele Dinge hin, als ich seine Erlaubnis erbat, und auch auf die Rechenschaft, die er Gott geben müsse, falls er ein so gutes Werk verhindern würde, (und auf Seine Majestät, die es angeordnet hat, da er wollte, dass es geschehe), dass er leicht einlenkte. Nachdem noch Gnädige Frau María de Mendoza und ihr Bruder, der Bischof von Ávila, dazugekommen waren, der uns immer seine Gunst und seinen Schutz gewährt hat,[30] kamen sie mit ihm und P. Fray Ángel de Salazar,[31] dem früheren Provinzial, von dem ich mir nur Schwierigkeiten erwartet hatte, zu einem Abschluss. Es hatte sich allerdings gerade eine gewisse Notlage ergeben, so dass er die Empfehlung von Gnädiger Frau María de Mendoza brauchte, und das hat, glaube ich, sehr geholfen, abgesehen davon, dass unser Herr es ihm schon ins Herz gelegt hätte, wenn es diesen Umstand nicht gegeben hätte, wie dem P. General, der ja auch nicht davon angetan war.

7. O mein Gott, was habe ich bei diesen Dingen nicht alles an Geschäften erlebt, die unmöglich erschienen, und wie leicht fiel es Seiner Majestät, sie zu richten, und was für eine Beschä-

---

Antonio de Jesús hat sich zwar später ebenfalls auf sie berufen, doch suchte er von Anfang an eher seine Vorstellungen von reformiertem Ordensleben zu verwirklichen als dass er das Charisma Teresas bereitwillig aufgenommen hätte. Er war damals 58 Jahre alt und war seit seinem 10. Lebensjahr mit dem Orden verbunden, Johannes war 26 Jahre und nach den humanistischen Studien bei den Jesuiten im Alter von 21 Jahren in den Orden eingetreten. Außerdem wird deutlich, dass Teresa damals überzeugt war, dass ihr Charisma auf die Schwesterngruppen übergegangen war, denn deren „Vorgehensweise" war es, die „das bewerkstelligte".

[29] 1514 hat er bereits Profess abgelegt und wurde 1567 zum Provinzial gewählt (DST 923f.).

[30] Besonders bei der Gründung von San José in Ávila (V 36,1f.).

[31] Geboren in Valdecañas (Palencia) legt er 1537 im Karmelitenorden Profess ab und wird 1560 Provinzial. Teresa hatte mit ihm vor allem bei der Gründung von San José zu Ávila zu tun, wo sie keine guten Erfahrungen mit ihm gemacht hatte; von daher erklärt sich ihre Bemerkung; siehe V 32-36; CC 3,1. Gestorben ist er 1596/1597 (DST 1138f.).

mung ist es für mich, dass ich im Blick auf das, was ich erlebt habe, nicht besser bin als ich bin! Jetzt, da ich dies der Reihe nach niederschreibe, bin ich immer mehr verwundert und habe immer wieder den Wunsch, unser möge Herr allen zu verstehen geben, dass das, was wir Geschöpfe bei diesen Gründungen getan haben, fast nichts ist.[32] Alles hat der Herr aus so unzulänglichen Ansätzen gefügt, dass nur Seine Majestät es zu der Höhe erheben konnte, auf der es sich jetzt befindet. Er sei für immer gepriesen. Amen.

KAPITEL 14

Sie fährt mit der Gründung des ersten Hauses der Unbeschuhten Karmeliten fort. Sie sagt etwas über das Leben, das sie dort führten, und über den Nutzen, den unser Herr zu Gottes Ruhm und Ehre an jenen Orten zu wirken begann.

1. Nachdem ich bereits diese beiden Einwilligungen hatte,[1] schien mir, dass mir nichts mehr fehlte. Wir bestimmten, dass Johannes vom Kreuz sich zum Haus begeben[2] und es so her-

---

[32] Es ist nicht einfach eine Demutsbekundung, sondern ein Ausdruck der innersten Überzeugung Teresas, dass sie selbst *fast* nichts getan hat; wohlweislich sagt sie nicht einfach *nichts*! Doch ist es auch eine geschickte Verteidigung gegen evtl. Angriffe, da sie als Frau dabei ist, einen Männerorden zu gründen. Gott ist der Haupthandelnde: *„Der Herr wollte, dass [die Gründung in Medina del Campo] bald geschah"* (F 3,8) und *„hat aus so unzulänglichen Ansätzen alles gefügt"* (F 13,7). *„Diese Häuser wurden ... nicht von Menschen gegründet, sondern von der mächtigen Hand Gottes"* (F 27,11); sie sind *„sein Werk"* (F 27,12; 28,17; 27,16). *„Nicht ich bin es, die bei diesen Gründungen etwas vollbringt, sondern er, der die Macht hat zu allem"* (F 29,5); *„es ist nur Seine Majestät, die diese Werke vollbringt"* (F 29,24), der sich überall *„jemanden zur Seite nimmt, der ihm hilft"* (F 29,8).

[1] Die Zustimmung des derzeitigen und des früheren Provinzials.

[2] Johannes vom Kreuz brach am 30. September 1568 von Valladolid nach Duruelo auf, hat also sechs Wochen mit Teresa in Valladolid verbracht, gleichsam sein „zweites Noviziat". Sein Bruder Francisco de Yepes ging mit ihm und half ihm bei den Arbeiten; er begleitete ihn dann später sogar bei seinen Seelsorgsgängen in die umliegenden Dörfer (TyV 403).

richten solle, dass sie irgendwie einziehen könnten (denn meine ganze Eile zielte darauf ab, dass sie begännen, da ich nämlich sehr fürchtete, dass noch irgendetwas dazwischenkommen würde), und so wurde es gemacht. P. Fray Antonio hatte schon einiges zusammengetragen, was nötig war; wir halfen ihm dabei, so gut wir konnten, obwohl das nicht viel war. Ganz zufrieden kam er von dort[3] zu mir nach Valladolid und erzählte mir, was er zusammengetragen hatte, was recht wenig war. Nur mit Uhren war er ausgestattet, von denen er fünf hatte, was ich wirklich lustig fand. Er sagte mir, um das Stundengebet geregelt zu haben, und dass er nicht unvorbereitet dorthin gehen wolle. Ich glaube, er hatte noch nicht einmal etwas zum Schlafen.

2. Es verzögerte sich die Herrichtung des Hauses ein wenig, denn es war kein Geld da, obwohl sie eigentlich viel machen wollten. Als es fertig war, verzichtete P. Fray Antonio in großer Bereitwilligkeit auf sein Amt als Prior und versprach, nach der ersten Regel[4] zu leben; man hat ihm zwar zugeredet, es zuerst auszuprobieren, doch das wollte er nicht. Mit der größten Zufriedenheit der Welt machte er sich zu seinem Häuschen auf;[5] Johannes vom Kreuz war schon dort.

3. P. Fray Antonio hat mir erzählt, dass ihn eine riesengroße innerliche Freude ergriffen hätte, als er in Sichtweite des Dörfchens kam, und ihm gewesen sei, als hätte er mit der Welt schon Schluss gemacht, da er alles aufgegeben und sich in diese Einsamkeit begeben hatte. Weder dem einen noch dem anderen kam das Haus schlecht vor, sondern sie meinten, dort in großen Wonnen zu leben.

4. O mein Gott! Wie wenig richten diese Gebäude und äußeren Bequemlichkeiten für das innerliche Leben aus! Um seiner

---

[3] Er war um diese Zeit noch Prior des Klosters in Medina del Campo.
[4] Siehe Anm. zu F 13,tít.
[5] Er kam am 27. November 1568 in Duruelo an.

Liebe willen bitte ich euch, meine Schwestern und Patres,[6] es niemals zu unterlassen, sehr zurückhaltend zu sein, was große und aufwändige Häuser anbelangt. Halten wir uns unsere wahren Gründer vor Augen,[7] nämlich jene heiligen Väter, von denen wir abstammen, und von denen wir wissen, dass sie aufgrund jenes Weges der Armut und Demut Gott genießen.

5. Ich habe wahrhaftig gesehen, dass mehr Geist und sogar innere Freude da ist, wenn die Leiber offensichtlich nichts haben, um es sich bequem zu machen, als dann wenn sie schon ein großes Gebäude haben und eingerichtet sind. So groß es sein mag, welchen Nutzen haben wir davon? Ist es doch nur eine Zelle, derer wir uns beständig erfreuen. Dass diese sehr groß und gut ausgestattet sei, was bringt uns das? Wir sollen ja schließlich nicht die ganze Zeit die Wände betrachten. Wenn wir bedenken, dass es nicht das Haus ist, das für immer für uns halten muss, sondern nur für die so kurze Zeit, die dieses Leben währt, so lang das auch sein mag, dann wird uns alles leicht, da wir sehen, dass wir uns in jener Ewigkeit, wo die Wohnungen der Liebe entsprechen werden, mit der wir das Leben unseres guten Jesus nachgeahmt haben,[8] um so mehr erfreuen werden, je weniger wir hier besaßen. Wenn wir sagen, dass das die Anfänge sind, um die Regel[9] der Jungfrau, seiner

---

[6] Zum ersten Mal wendet sich Teresa auch an die Patres und gibt ihnen als deren legitime „Mutter Gründerin" Anweisungen.

[7] Mit diesem Hinweis auf die Entstehung des Ordens „*durch unsere heiligen Väter vom Berg Karmel, die diesen Schatz, diese kostbare Perle, ..., in so großer Einsamkeit und mit solcher Geringschätzung der Welt suchten*", wie sie drei Jahre später schreiben wird (5M 1,2), greift Teresa eines der Merkmale der damaligen Reformbewegungen auf, nämlich die Rückkehr zu den Ursprüngen, die immer als die ideale Zeit gesehen werden. Doch im Gegensatz zu diesen Bewegungen geschieht die Wiedergewinnung des ursprünglichen Ideals bei ihr nicht durch Rigorismus, sondern durch Rückkehr zum Geist des Evangeliums und dem eremitisch-kontemplativen Ideal der Anfangszeit des Ordens. Ähnlich in F 2,3; 9,1;17,8; 28,20.

[8] Angesichts der prekären Lebensbedingungen damals sind diese Äußerungen Teresas leichter nachvollziehbar; letztlich gilt jedoch grundsätzlich, dass es auf die Liebe ankommt, „*mit der wir das Leben unseres guten Jesus nachgeahmt haben.*" Ähnlich äußert sich auch Johannes vom Kreuz (D 30).

Mutter, und unserer Herrin und Patronin,[10] zu erneuern, dann dürfen wir weder ihr noch unseren heiligen Vätern aus der Vorzeit[11] eine solche Schande machen, dass wir es unterließen, uns nach ihnen auszurichten. Wenn wir das aufgrund unserer Schwachheit schon nicht in allem vermögen, so sollten wir doch bei den Dingen, die für unseren Lebensunterhalt weder zu- noch abträglich sind, mit großer Umsicht zu Werk gehen. Das Ganze ist doch nur eine winzige köstliche Beschwernis, wie sie diese beiden Patres[12] hatten, doch so bald wir uns entschließen,[13] sie zu meistern, geht die Schwierigkeit zu Ende, denn so arg mühsam ist es nur am Anfang ein bisschen.

6. Am ersten oder zweiten Adventsonntag dieses Jahres 1568 (ich erinnere mich nicht mehr, an welchem der beiden Sonntage es war)[14] wurde in diesem kleinen Unterstand von Bethlehem – ich glaube nämlich nicht, dass es da besser war – die

---

[9] Regel steht hier für Orden, der aufgrund seines Titels – „*Orden U. L. Frau vom Berge Karmel*" – im Bewusstsein Teresas Marias Orden ist. Siehe auch F 2,6 Anm. und vor allem Teresas Brief an Philipp II. vom 4. Dezember 1577, dem sie schreibt: „*Ich glaube ganz fest, dass Unsere Liebe Frau sich Ihrer Majestät bedienen und Sie als Schutz zur Hilfe für ihren Orden heranziehen wollte.*" (Ct 218,1).

[10] Damit greift Teresa einen der ältesten Titel auf, unter denen Maria im Karmelorden verehrt wurde: Vor dem Hintergrund der Feudalherrschaft in der damaligen Gesellschaft galt sie besonders im 13. und 14. Jahrhundert, aber auch später noch als die *patrona* der Karmeliten, die in einem ähnlichen Verhältnis zu ihr standen, wie der Vasall zu seinem Lehnsherrn. Während die Karmeliten – und ab dem 15. Jahrhundert dann auch die Karmelitinnen – im Bewusstsein eines besonderen Treueverhältnisses zu ihrer *patrona* lebten, war diese gehalten, ihnen ihren besonderen Schutz zu gewähren. Auf dieses besondere gegenseitige Verhältnis spielt die Autorin hier an. Vgl. dazu U. Dobhan, *Marienverehrung im Karmel*, 6-11.

[11] Gemeint sind die in F 14,4 erwähnten „*wahren Gründer, jene heiligen Väter, von denen wir abstammen.*"

[12] Johannes vom Kreuz und Antonio de Jesús.

[13] Auch hier wird deutlich, welche große Rolle die Entschlossenheit (*determinación*) in der Spiritualität Teresas spielt; siehe auch V 11,10.12f; CE 17,4; 26,2f; CE 33,2 bzw. CV 20,2; CE 34,1 bzw. CV 20,3; De 28 und vor allem die *entschlossene Entschlossenheit* in CE 35,2 bzw. CV 21,2, und auch in der *Inneren Burg*: 2M 1,2.6.8; 3M 1,7; 2,12; 4M 1,7; 5M 2,8; 3,10; 4,4; 6M 2,6; 9,16; 10,8; 7M 3,9; 4,2.3.7.8. Siehe auch Anhang I.

[14] Es war am ersten Adventssonntag, 28. November 1568.

erste Messe gefeiert. In der ersten darauf folgenden Fastenwoche[15] kam ich auf dem Weg zur Gründung in Toledo dort vorbei. Ich kam an einem Morgen an. P. Fray Antonio war gerade dabei, vor der Kirchentür zu kehren; dabei stand ihm wie immer die Freude ins Gesicht geschrieben. Ich sagte zu ihm: „Wie das, Herr Pater? Was ist denn aus Ihrem Ansehen[16] geworden?" Er sagte mir folgende Worte, in denen die große Zufriedenheit, die ihn erfüllte, mitschwang: „Ich verfluche die Zeit, in der ich etwas auf sie hielt."[17] Beim Eintritt in die Kirche war ich erstaunt, als ich den Geist sah, den der Herr hier ausgebreitet hat. Ich war nicht allein da, sondern es waren zwei Kaufleute mit mir gekommen, die meine Freunde waren,[18] und die taten nichts als Tränen vergießen. Es gab hier so viele Kreuze, so viele Totenköpfe![19] Niemals geht mir ein kleines Kreuz aus einem Holzstock aus dem Sinn, das über dem Weihwasserbecken hing, auf das ein Christus aus Papier geklebt war,[20] und das mehr zur Andacht zu bewegen schien als wenn er künstlerisch ausgestaltet wäre.

---

[15] Das war Ende Februar 1569. Am 22. Februar war sie von Valladolid aufgebrochen und über Medina del Campo nach Duruelo gekommen.

[16] Mit *honra* ist vor allem das Angesehensein gemeint, die Meinung, die die anderen von einem haben, und zwar vor allem im Zusammenhang mit der Reinheit des Blutes, das heißt, ob jemand Altchrist ist oder von Juden bzw. Mauren abstammt, und ob er finanziell gut gestellt ist; siehe auch Anhang I. In diesem Kontext war Handarbeit, erst recht Kehren, verpönt, da es als eine unter der Würde des „angesehenen" Mannes stehende Tätigkeit galt.

[17] Doch so leicht wurde er das Prestigedenken nicht los; denn er hat immer wieder beansprucht, der erste Unbeschuhte zu sein, wie er es Teresa auch angeboten hatte (F 3,16), sich darüber beklagt, dass Johannes vom Kreuz nicht auf ihn gewartet habe, und darüber lustig gemacht, dass dieser den Habit von einer Frau erhalten habe, um damit Teresas Anteil an der Reform zu untergraben (TyV 404); selbst auf dem Sterbebett hat er Johannes vom Kreuz noch damit belästigt (U. Dobhan – R. Körner, *Johannes vom Kreuz*, 188).

[18] Ein diskreter Hinweis auf Teresas wahre gesellschaftliche Herkunft. Man vergleiche dieses Bekenntnis, und andere ähnliche über Kaufleute oder Händler, mit ihren Erfahrungen im Palast der Doña Luisa de la Cerda: *„Und so schreckte ich vor dem Wunsch, eine Herrin zu sein, völlig zurück – Gott bewahre mich vor einer Lebensweise, die mir nicht bekommt!"* (V 34,4).

[19] Die Totenköpfe als Zeichen für die Vergänglichkeit der Welt standen bis in die Zeit des Zweiten Vatikanischen Konzils hinein im Speisesaal der Klöster.

[20] Das zeigt, dass sich die im Teresianischen Karmel bis heute verbreitete Praxis, Kreuze ohne Corpus aufzuhängen, mit der Begründung, dass sich die Karme-

7. Der Betchor war der Dachboden, der in der Mitte normal hoch war, so dass sie die Tagzeiten[21] beten konnten, doch um hineinzugehen und die Messe zu feiern, mussten sie sich tief bücken. Es gab zwei Winkel zur Kirche hin, mit zwei winzigen Klausen, wo sie nur liegend oder sitzend weilen konnten, voller Heu (denn der Ort war sehr kalt, und das Dach reichte ihnen fast bis an die Köpfe), mit zwei Fensterchen zum Altar hin und zwei Steinen als Kopfstützen, und auch da Kreuze und Totenköpfe. Ich erfuhr, dass sie nach Beendigung der Matutin[22] bis zur Prim nicht von dort weggingen, sondern zum inneren Beten dort blieben, das sie so tief gesammelt hielten, dass gelegentlich ziemlich viel Schnee auf ihren Habiten lag, wenn sie zur Prim gingen, ohne dass sie das überhaupt bemerkten. Die Tagzeiten verrichteten sie zusammen mit einem anderen Pater *von denen vom Tuch*,[23] der mitgekommen war, um mit ihnen zu leben, obwohl er den Habit nicht gewechselt hatte, da er sehr krank war, und einem anderen jungen Bruder, der zwar noch nicht geweiht, aber auch dort war.[24]

---

litin bzw. der Karmelit – durch Einübung ins Ich-Sterben bzw. Werke der „Abtötung" – im Lauf ihres Lebens daran anheften lassen soll, nicht auf Johannes vom Kreuz berufen kann, und genausowenig auf Teresa, die bei ihren Gründungsreisen immer ein Kreuz dabei hatte, von denen noch heute etliche gezeigt werden, alle mit Corpus.

[21] Gemeint sind die liturgischen Tagzeiten oder Stundengebete, also das gemeinsame Chorgebet, bestehend aus Laudes (Morgengebet); Prim, Terz, Sext, Non (Gebete zur ersten, dritten, sechsten und neunten Stunde, wobei 6 Uhr früh als erste Stunde galt); Vesper (Abendgebet); Komplet (Gebet zum Tagesabschluss); und Matutin (Mette, die damals nächtlichen Charakter hatte, heute: Lesehore).

[22] In den Schwesternklöstern wurde diese Tagzeit traditionell nach der Komplet gebetet, bei den Brüdern um Mitternacht, auch in Duruelo. Sie blieben also mehrere Stunden im inneren Beten, da die Prim kurz vor Sonnenaufgang gebetet wurde. Heute hat sie den Charakter einer Lesehore – so auch ihr Name –, so dass der zeitliche Ansatz nicht festgelegt ist. Siehe dazu Tomás de la Cruz – Simeón de la S. Familia, *La Reforma Teresiana*, 121.

[23] Gemeint sind die Beschuhten Karmeliten. Siehe Anm. zu F 13,1.

[24] Der Beschuhte Karmelit war Lucas de Celis, der andere war José de Cristo, von denen weiter nichts bekannt ist. In der Gründungsakte von Duruelo heißt es: *„Es begannen mit der Gnade Gottes gemäß der Strenge der Regel zu leben Fray Antonio de Jesús, Fray Juan de la Cruz und Fray José de Cristo"* (MHCT 1,74).

8. Zum Predigen gingen sie in viele Orte, die es in den Gemarkungen dort gab und die ohne jegliche Glaubensunterweisung waren,[25] denn auch deshalb freute ich mich, dass das Haus dort gegründet wurde. Man sagte mir, dass es in der Nähe dort kein Kloster gäbe und auch keinen Ort, um eines dort zu errichten, was sehr schade war. In dieser so kurzen Zeit[26] war das Ansehen, das sie genossen, so gestiegen, dass es mir sehr großen Trost bereitete, als ich es erfuhr.[27] Sie gingen, wie ich gerade sage, anderthalb bis zwei Meilen[28] zum Predigen, barfuss (denn damals trugen sie noch keine Sandalen,[29] die man ihnen erst später anzuziehen befahl), und das bei viel Schnee und Kälte. Und nachdem sie gepredigt und Beichte gehört hatten, kamen sie erst spät zum Essen nach Hause. Bei ihrer Freude machte ihnen das alles wenig aus.

9. Zum Essen hatten sie mehr als genug, denn von den Orten in der Gemarkung wurden sie reichlicher versorgt, als sie es nötig hatten. Es kamen zu ihnen auch einige Adelige, die in jenen Orten wohnten, zum Beichten und boten ihnen schon bessere Häuser und Stätten an. Unter ihnen befand sich einer, Don Luis, Herr der Fünf Dörfer.[30] Dieser Adelige hatte für

---

[25] Nebenbei ein Hinweis auf die Vernachlässigung der Landbevölkerung, obwohl es damals offensichtlich nicht an Priestern fehlte, denn im Durchschnitt reisten jährlich 110 Missionare in die neuentdeckten Länder Westindiens, im Jahre 1572 waren es sogar 335 Franziskaner und 215 Dominikaner. (T. Egido, *Ambiente misionero*, 42).

[26] Von Ende November 1568 bis zur ersten Fastenwoche 1569.

[27] Sie konnten tun, was Teresa gern getan hätte, aber als Frau nicht tun durfte. Eine der Stellen, an denen man das heraushört, ähnlich in V 10,8; 18,4; 27,13; 30,21; 33,11; CE 4,1 [CE/CV 1,2]; F 1,7f.; MC 2,29; 6M 6,3. Siehe dazu E. Renault, *L'idéal apostolique des Carmélites*, 103: „*Mit anderen Worten, Teresa bedauert es, dass sie keine eigentlich priesterliche Aufgabe ausüben darf.*"

[28] Ca. 8 bis 11 km.

[29] Gemeint sind die sog. *alpargatas* – Hanfsandalen, wie sie die Leute auf dem Land trugen. Die *Descalzos* – Unbeschuhten gingen also barfuss in Sandalen.

[30] Luis de Toledo, ein Verwandter der Herzöge von Alba, Herr von Mancera und der Fünf Dörfer (Salmoral, Naharros, San Miguel, Montalvo, Gallegos). Er war in der Folgezeit eng mit Teresas Werk verbunden, dem sich einige seiner Kinder anschlossen (HCD 3,234ff.).

ein Bildnis Unserer Lieben Frau, das sehr wohl würdig war, zur Verehrung aufgestellt zu werden, eine Kirche errichtet. Sein Vater hatte es durch einen Kaufmann aus Flandern[31] seiner Großmutter oder Mutter (ich weiß nicht mehr welcher von beiden) geschickt. Er fasste solche Zuneigung zu ihm, dass er es viele Jahre bei sich hatte und es sich später kurz vor seinem Sterben herbeischaffen ließ. Es ist ein großes Retabel, wie ich Schöneres in meinem Leben noch nicht gesehen habe (und viele andere Personen sagen das gleiche). Als P. Fray Antonio de Jesús auf Bitten dieses Adeligen einmal an diesen Ort kam und das Bildnis sah, fasste er so große Zuneigung zu ihm, und das mit vollem Recht, dass er dem Umzug des Klosters dorthin zustimmte. Es heißt dieser Ort Mancera. Wiewohl es dort kein Brunnenwasser gab und es auch überhaupt nicht danach aussah, dass man es bekommen könnte, baute ihnen dieser Adelige nach ihrem Ordensideal ein kleines Kloster und stattete es mit kirchlichen Gewändern aus; das machte er sehr gut.[32]

10. Ich möchte es doch nicht unterlassen zu erzählen, wie der Herr ihnen Wasser gegeben hat, was man für ein Wunder hielt. Als eines Tages nach dem Abendessen P. Fray Antonio, der Prior, mit seinen Mitbrüdern im Kreuzgang war und man über die Wassernot sprach, mit der sie da lebten, erhob sich der Prior, nahm einen Stab, den er in seinen Händen hielt und zeichnete an einer bestimmten Stelle darauf das Kreuzzeichen (glaube ich, obwohl ich mich nicht mehr genau erinnere, ob er

---

[31] Als Teil der habsburgischen „Südlichen Niederlande" war die historische Grafschaft Flandern durch Karl V. (1500 in Gent geboren) zu Spanien gekommen, als dieser 1517 als Carlos I. König von Spanien wurde. Durch den Westfälischen Frieden 1648 kamen die Südlichen Niederlande wieder unter die österreichischen Habsburger.

[32] Mancera de Abajo, ca. 8 km westlich von Duruelo gelegen und bereits zur Provinz Salamanca gehörig, ist der offizielle Erbe des „Erstgeburtsrechts" von Duruelo, das heute auf dem Konvent La Santa in Ávila ruht und sehr in Ehren gehalten wird. Der Umzug fand am 11. Juni 1570 statt. Von dem provisorischen Haus in Duruelo ist überhaupt nichts mehr übrig, von dem Konvent in Mancera nur noch Reste der Gartenmauern. An beiden Orten befindet sich heute ein Karmelitinnenkloster.

ein Kreuz machte, doch letztendlich machte er mit dem Stock ein Zeichen) und sagte: „Auf, grabt hier!" Kaum dass sie gruben, sprudelte so viel Wasser hervor, dass der Brunnen, sogar wenn er gesäubert werden musste, nur schwer leergeschöpft werden kann; und dabei ist es sehr gutes Trinkwasser, von dem man für den ganzen Bau genommen hat, und niemals versiegt er, wie ich sage. Nachdem sie einen Nutzgarten eingezäunt hatten, versuchten sie, auch dort Wasser zu bekommen, und bauten einen Ziehbrunnen und gaben viel Geld aus. Bis jetzt aber konnten sie auch nicht das Geringste finden.

11. Als ich nun dieses Häuschen[33] sah, in dem man sich kurz zuvor noch nicht einmal aufhalten konnte, mit einem solchen Geist, dass ich, wo auch immer ich hinschaute, wie mir schien, nur Erbauliches fand, und als ich etwas von der Art, wie sie lebten, von ihrem Bemühen um das Ich-Sterben,[34] ihrem inneren Beten und dem guten Beispiel, das sie gaben, erfuhr (denn als ich dort war, kamen ein Adeliger und seine mir bekannte Frau, die in einem Ort in der Nähe dort wohnten und nicht müde wurden, von deren heiligmäßigem Leben und dem großen Segen zu erzählen, den sie in den Dörfern dort verbreiteten), da wurde ich nicht müde, unserem Herrn zu danken. Dabei empfand ich tiefste innere Freude, da mir schien, dass ich da einen Aufbruch aufkeimen sah, der für unseren Orden von großem Nutzen und für unseren Herrn ein großer Dienst sei. Gebe Seine Majestät, dass er es so voranbringe, wie sie jetzt leben, damit sich das, was ich mir ausmale, bewahrheite. Die Kaufleute, die mit mir gekommen waren, sagten, dass es sie um nichts in der Welt hätten versäumen wollen, dorthin mitzukommen. Was ist es doch um die Tugend, dass ihnen jene Armut mehr gefiel als alle Reichtümer, die sie besitzen, und ihre Seele erfüllte und tröstete!

---

[33] Nach dem Exkurs über Mancera de Abajo kehrt Teresa wieder nach Duruelo zurück.
[34] *Mortificación* siehe Anhang I.

12. Nachdem wir, also jene Patres und ich, noch einige Dinge im besonderen besprochen hatten,[35] bat ich sie inständig, da ich schwach und erbärmlich[36] bin, bei Bußübungen nicht mit solcher Strenge[37] vorzugehen, denn an ihr ließen sie es ganz und gar nicht fehlen. Da es mich so viel an Wünschen[38] und Beten gekostet hatte, dass mir der Herr jemanden gäbe, um den Anfang zu machen, und ich einen so guten Ansatz sah, fürchtete ich, dass der Böse einen Weg suchte, um sie zu erledigen, noch bevor ausgeführt wäre, was ich mir erhoffte. Bei meiner Unvollkommenheit und Kleingläubigkeit sah ich nicht, dass es Gottes Werk war, und Seine Majestät es voranbringen musste. Da sie das hatten, was mir fehlte, gaben sie wenig auf meine Worte, um von ihren Werken abzulassen. So ging ich tief getröstet von dort weg, wiewohl ich Gott nicht so viel Lob darbrachte, wie es eine so große Gnade verdient hätte.[39] Gebe Seine Majestät, dass ich durch seine Güte würdig werde, ihm für das ganz Viele, das ich ihm schulde, einen kleinen Dienst

---

[35] Man beachte, wie Teresa ihre Aufgabe als Gründerin wahrnimmt.

[36] *Ruin*, siehe Anhang I. Solche Beteuerungen haben bei Teresa einen doppelten Boden: Die Quasi-Entschuldigung für ihre geringe Bußfertigkeit dient der *captatio benevolentiae*; in Wirklichkeit hält Teresa wenig von äußerer Bußstrenge. Doch wusste sie sehr wohl, dass sie in einer Umgebung, die zum Rigorismus neigte, mit ihrer „*suavidad*" (Milde) und ihrer Relativierung der körperlichen Bußübungen zugunsten des im Grunde viel anspruchsvolleren Ich-Sterbens durch Hintanstellung des eigenen Willens auf Unverständnis stieß; vgl. etwa F 6,18; 16,3; usw.; und ferner CC 20; 57; und den Brief an Teutonio de Braganza vom 2. Januar 1575 (Ct 79,6).

[37] Teresa spricht hier von *rigor*, was sofort an die Merkmale in den Reformbewegungen in den Orden Kastiliens erinnert. Sie distanziert sich also deutlich von dieser Sicht des Ordenslebens.

[38] Zu diesen *Wünschen* siehe F 1,6 mit Anm.

[39] Offensichtlich ging sie doch nicht so *„tief getröstet"* von dort weg, da die Patres nicht auf sie hörten. Aus heutiger Sicht kann man sagen, dass Teresas Ängste berechtigt waren, denn schon bald nach ihrem Tod setzten gerade wegen dieser unterschiedlichen Einschätzung Meinungsverschiedenheiten ein, die Teresas Neugründung Jahrhunderte lang belasteten. Der größte Teil der ca. 400 Männer, die bis 1600, also in nur 30 Jahren, in ihrem neuen Orden Profess ablegten, fühlte sich mehr vom Rigorismus als von ihrem Ideal angezogen. (J. C. Vizuete Mendoza, *„Una Religión áspera en principios de reformación"*). Zu den wenigen, die Teresas Anliegen verstanden und mittrugen, gehören außer den Schwestern Johannes vom Kreuz und Jerónimo Gracián.

zu erweisen. Amen! Ich verstand wohl, dass das ein viel größeres Gnadengeschenk war als das, welches er mir mit der Gründung von Schwesternklöster erwiesen hatte.[40]

KAPITEL 15

*Sie spricht darin über die Gründung
des Klosters zum glorreichen hl. Josef in der Stadt Toledo,
die im Jahre 1569 geschah.*

1. Es lebte in der Stadt Toledo[1] ein Kaufmann, ein geachteter Mann und Diener Gottes, der sich nie verehelichen wollte,[2] sondern das Leben eine guten Katholiken und eines Mannes

---

[40] Damit setzt sie ihr Erneuerungswerk für die Schwestern nicht zurück, sondern bringt ihre Verwunderung zum Ausdruck, dass es ihr als Frau gelungen war, eine Gemeinschaft von Ordensmännern ins Leben zu rufen, etwa auch im Gedanken an das Wort, mit dem der Herr sie einst getröstet hat: *„Warte ein Weilchen, Tochter, und du wirst große Dinge erleben!"* (F 1,8). Die Gründung von Brüdern bleibt im Verlauf des ganzen Buches präsent: Der Bischof bemühte sich um die *„Erlaubnis, um in seiner Diözese einige Klöster von Unbeschuhten Brüdern der ersten Regel zu gründen"* (F 2,4), denn sie *„überlegte, wie notwendig es wäre, Brüder mit derselben Regel zu haben"* (F 2,5), weshalb *„ich den General so eindringlich wie ich nur konnte darum bat"* (F 2,5); *„er schickte mir die Genehmigung zur Gründung von zwei Klöstern"* (F 2,5). Sie bespricht es mit Antonio de Heredia (F 3,3) und Johannes vom Kreuz (F 3,17), und *„jetzt, wo ich diese Gründung niederschreibe, gibt es dank der Güte Gottes bereits zehn Klöster von Unbeschuhten Brüdern"* (F 13,4), die *„Unbeschuhte Einsiedler-Brüder"* genannt werden (F 17,14). Bald kommt es zu Auseinandersetzungen mit den Beschuhten: *„Verfolgungen"* (F 28,1), damit *„die Unbeschuhten nicht noch weiter vorankommen"* (F 28,2); es bedurfte des Eingreifens des Königs (F 28,6), bis es zur Trennung von den Beschuhten kam, *„indem eine eigene Provinz errichtet wurde"* (F 29,30). *„Jetzt leben wir ... alle in Frieden"* (F 29,32). Die Gründung der Brüder *„hat mich so viel an Wünschen und Beten gekostet",* weshalb sie sie bittet, *„bei Bußübungen nicht mit solcher Strenge vorzugehen"* (F 14,12); bezüglich der Bußübungen in Pastrana spricht sie *„von purer Übertreibung"* (F 23,9), und dass es *„mit [den Klöstern] der Brüder zwar nicht schlecht ging,"* doch *„in jedem Haus machten sie es so, wie es ihnen gut schien. ... Sie haben mir mitunter sehr zu schaffen gemacht"* (F 23,12).

[1] Toledo galt, ähnlich wie Medina del Campo und Burgos, als ein Handelszentrum. Siehe dazu J. GÓMEZ-MENOR, *Cristianos nuevos.*

[2] Ähnlich wie in V 3,2; 13,5; CE 16,3; 38,1; 42,4 u.ä. lässt Teresa hier eine gewisse Abwertung der Ehe erkennen, wie das damals üblich war.

von großer Lauterkeit und Ehrbarkeit führte.[3] Mit erlaubten Mitteln[4] vermehrte er sein Vermögen, da er die Absicht hatte, damit ein Werk zu vollbringen, das dem Herrn sehr angenehm sein sollte. Doch da überfiel ihn eine tödliche Krankheit. Er hieß Martín Ramírez. Als das ein Pater aus der Gesellschaft Jesu mit Namen Pablo Hernández[5] erfuhr, bei dem ich gebeichtet hatte, als ich wegen der Absprache für die Gründung in Malagón[6] in diesem Ort weilte, suchte er ihn auf, da er den großen Wunsch hatte, dass in diesem Ort auch eines von diesen Klöstern gegründet würde, und sagte ihm, was für ein großer Dienst für unseren Herrn es doch sei, und wie er die Kaplansstellen und Kapellen,[7] die er errichten wollte, diesem Kloster überlassen könnte, und man dort gewisse Feiern und alles weitere veranstalten könnte, denn er hatte sich schon entschlossen, das einer Pfarrkirche an diesem Ort zu vermachen.[8]

2. Es ging ihm schon so schlecht, dass er sah, dass die Zeit für eine Vereinbarung nicht mehr reichte, und so übergab er alles in die Hände eines seiner Brüder mit Namen Alonso Álvarez Ramírez, und damit holte ihn Gott zu sich.[9] Er hatte es gut

---

[3] Im gesellschaftlichen Kontext der damaligen Zeit gelesen bedeutet das, dass es sich um einen Converso, also einen Konvertiten aus einer jüdischen Familie handelte, der deshalb zu einer diskriminierten Schicht gehörte, deren Rechtgläubigkeit immer wieder in Zweifel stand. Über dieses Vorurteil setzt sich Teresa hinweg, indem sie ihn als vorbildlichen Christen charakterisiert.

[4] Auch diese Bemerkung ist interessant wegen der darin enthaltenen Stellungnahme gegen das verbreitete antisemitische Vorurteil, das jüdischstämmigen Händlern und Kaufleuten missbräuchliche Machenschaften unterstellte.

[5] Geboren um 1524 in Santiago de Compostela, trat er 1552 in die Gesellschaft Jesu ein, wo er mehrere wichtige Ämter bekleidete. Er lernte Teresa im Palast der Doña Luisa de la Cerda kennen, als sie im ersten Halbjahr 1562 dort verweilte, um diese ob des Todes ihres Mannes zu trösten (V 34). Bei den späteren Auseinandersetzungen um ihr Werk leistete er ihr entscheidende Hilfe. (DST 947).

[6] Zur Gründung des Klosters in Malagón siehe F 9. Am 30. März 1568 hatte sie in Toledo diese Absprache für die Gründung des Klosters in Malagón unterschrieben.

[7] Diese dienten für Familienfeiern, aber vor allem für die Feiern von Messen für das Seelenheil der Stifter.

[8] Siehe dazu Teresas Brief an Pablo Hernández vom 7. Dezember 1568 (Ct 15).

[9] Er starb am 31. Oktober 1568 und wurde in der Kirche Santa Justa in Toledo bestattet.

getroffen, denn dieser Alonso Álvarez ist ein sehr kluger und gottesfürchtiger Mann, wahrheitsliebend und mildtätig und von gutem Verstand, denn da ich viel mit ihm zu tun hatte, kann ich das als Augenzeugin in aller Wahrheit sagen.[10]

3. Als Martín Ramírez starb, war ich noch zur Gündung in Valladolid, wohin mir P. Pablo Hernández von der Gesellschaft Jesu und Alonso Álvarez geschrieben und über das, was geschehen war, berichtet haben; und ich solle eilends kommen, wenn ich diese Gründung übernehmen wollte. So reiste ich kurz nachdem die Einrichtung des Hauses beendet war ab und kam am Vigiltag Unserer Lieben Frau von der Menschwerdung in Toledo an;[11] dort begab ich mich in das Haus von Doña Luisa de la Cerda, der Stifterin von Malagón,[12] wo ich schon andere Male gewesen bin.[13] Ich wurde mit großer Freude empfangen, denn sie mag mich sehr. Ich hatte zwei Gefährtinnen aus San José in Ávila bei mir, große Dienerinnen Gottes.[14] Man gab uns, wie gewöhnlich, ein Gemach, wo wir zurückgezogen lebten, wie in einem Kloster.

4. Bald begann ich, mit Alonso Álvarez und einem seiner Schwiegersöhne namens Diego Ortiz wegen der Geschäfte zu verhandeln;[15] dieser bestand, wiewohl ein sehr guter Mensch

---

[10] Hiermit bestärkt sie die über seinen Bruder bereits ausgesprochene Hochschätzung der Conversos.

[11] Das heutige Fest der Ankündigung des Herrn, Mariä Verkündigung genannt, 25. März; sie kam also am 24. März 1569 in Toledo an. Am 22. Februar 1569 war sie von Valladolid aufgebrochen, reiste über Medina del Campo und Duruelo nach Ávila, wo sie sich 14 Tage aufhält, und brach Mitte März nach Toledo auf.

[12] Siehe F 9,2.

[13] Zum ersten Mal von Weihnachten 1561 bis Juni 1562, um diese Dame wegen des Todes ihres Mannes zu trösten. Vgl. V 34-35.

[14] Zwei von den ersten Schwestern von San José in Ávila: Isabel de San Pablo (V 36,23) und Isabel de Santo Domingo (V 39,10), die auch auf anderen Reisen Teresas Begleiterin war und großes Vertrauen genoss. Ihr wird sie später das Priorinnenamt in Pastrana und damit die schwierige Aufgabe anvertrauen, sich mit der launenhaften Prinzessin Éboli auseinanderzusetzen (F 17).

[15] Mit beiden hatte sie vorher schon brieflich Kontakt aufgenommen: Briefe vom 9. Januar 1569 an Diego Ortiz (Ct 17) und vom 19. Februar 1569 an Alonso Álvarez Ramírez (Ct 18).

und Theologe, hartnäckiger auf seiner Meinung als Alonso Álvarez und ging nicht so leicht auf Argumente ein. Sie begannen, mir viele Bedingungen zu stellen, auf die einzugehen mir nicht günstig erschien. Während die Verhandlungen weitergingen und man ein Haus zum Anmieten suchte, um es in Besitz zu nehmen,[16] konnten sie kein entsprechendes finden, obwohl man eifrig suchte. Auch konnte ich mich mit dem Diözesanverwalter[17] (um diese Zeit gab es keinen Erzbischof)[18] wegen der Gewährung der Gründungserlaubnis nicht einigen, obwohl die Dame, bei der ich wohnte, das eifrig betrieb, ebenso wie ein Adeliger, ein Domherr an der hiesigen Domkirche, mit Namen Don Pedro Manrique, der Sohn des Statthalters von Kastilien.[19] (Er war ein großer Diener Gottes, und ist es noch immer, denn er lebt noch; trotz schlechter Gesundheit trat er einige Jahre nach der Gründung dieses Klosters in die Gesellschaft Jesu ein, wo er jetzt ist. Er war eine Persönlichkeit an diesem Ort, denn er verfügt über viel Einsicht und Einfluss.) Doch trotz allem brachte auch er es nicht fertig, dass man mir diese Erlaubnis gab; denn sobald er den Diözesanverwalter ein biss-

---

[16] Besitzergreifung bedeutet Feier der ersten Messe mit Einsetzung des Allerheiligsten, womit nach Teresas Überzeugung der Herr in der Eucharistie anwesend und somit „Herr des Hauses" ist. Deshalb drängt sie immer wieder darauf.

[17] Don Gómez Tello Girón, von Pius V. am 10. August 1560 für dieses Amt ernannt; heute würde man Bischofsvikar sagte.

[18] Es gab wohl einen Erzbischof, und zwar in der Person des ausgezeichneten und eifrigen Hirten Bartolomé Carranza, nur saß dieser aufgrund von Verleumdungen im Inquisitionsgefängnis. Der offizielle Grund war, dass man in seinem 1558 in Antwerpen veröffentlichten Katechismus Häresien entdeckt habe. Sein Mitbruder aus dem Dominikanerorden, Melchor Cano, ein berühmter Theologe, kam gar zu dem Schluss, dass er „häretischer als Luther" sei. Der wahre Grund waren jedoch Neid und Eifersucht, da Carranza, der von 1545-1548 und 1557/58 beim Konzil von Trient dabei war, sein Bischofsamt im Sinn des Konzils von Trient ausübte. So wurde er, der Primas von Spanien, am 22. August 1559 während einer Visitationsreise durch seine Diözese des Nachts verhaftet und musste nicht weniger als 17 Jahre im Gefängnis verbringen, anfangs in Spanien, später in Rom. Am 14. April 1576 kam er endlich frei, starb aber schon am 2. Mai. Am 10. Dezember 1993 wurden seine sterblichen Überreste in die Kathedrale von Toledo überführt, womit ihm eine späte Gerechtigkeit widerfuhr. Siehe U. Dobhan, *Gott – Mensch – Welt*, 92-94.

[19] Ein Onkel von Casilda de Padilla, über die Teresa in F 10-11 berichtet hat.

chen gnädig gestimmt hatte, waren es die Herren vom Kapitel nicht.[20] Andererseits kamen Alonso Álvarez und ich wegen seines Schwiegersohnes, dem er viel freie Hand ließ, mit den Verhandlungen auch an kein Ende. So gerieten wir am Schluss ganz auseinander.

5. Ich wusste nicht, was ich noch machen sollte; denn ich war ja zu nichts anderem gekommen, und sah, dass es großes Aufsehen erregen würde, wenn ich ohne zu gründen wieder abzöge. Bei all dem litt ich mehr darunter, dass man mir die Gründungserlaubnis nicht gab als unter allem anderen; denn mir war klar, dass unser Herr es schon richten würde, sobald einmal die Besitzergreifung erfolgt wäre, wie er es andernorts auch getan hatte. Und so entschloss ich mich, mit dem Diözesanverwalter zu sprechen, ging in eine Kirche, die an sein Haus angrenzte und ließ ihn bitten, dass er sich zu einer Unterredung mit mir herbeilasse. Es waren schon mehr als zwei Monate, dass man sich darum bemühte, und jeden Tag ging es schlechter. Als ich mich ihm gegenüber sah, sagte ich ihm, dass es unerträglich sei, wenn es da Frauen gebe, die in großer Strenge und Vollkommenheit und Zurückgezogenheit leben wollten, und diejenigen, die nichts dergleichen am Hut hätten, sondern sich in Behaglichkeiten ergingen, Werke behelligen wollten, die für unseren Herrn ein so großer Dienst sind. Dieses und noch vieles andere sagte ich ihm mit großer Entschlossenheit, die mir der Herr gab, derart, dass es ihm zu Herzen ging, und er mir die Erlaubnis gab, noch bevor ich wegging.[21]

6. Ich ging frohen Herzens von dannen, denn ich meinte schon, nun alles zu haben, und hatte doch nichts außer drei oder vier

---

[20] Im Grunde war es ein Machtkampf zwischen dem Bischofsvikar und dem Domkapitel, das während der Sedisvakanz mehr Vollmachten hatte als sonst. Siehe auch die Anm. zu F 15,17 zum Streit zwischen den Adeligen und den Conversos.

[21] Die Gründungserlaubnis trägt das Datum vom 8. Mai 1569 und ist an „Frau Teresa von Jesus" gerichtet; den Text siehe in BMC 5,412.

Dukaten,[22] die ich wohl gehabt haben mag, und mit denen ich zwei Ölgemälde[23] (denn ich hatte nichts, um es als Bild auf den Altar zu stellen) und zwei Strohsäcke und eine Decke kaufte. An ein Haus war nicht im geringsten zu denken. Mit Alonso Álvarez war ich schon auseinander gekommen. Ein Freund von mir, ein Kaufmann aus dieser Stadt, der sich nie verehelichen wollte und auf nichts anderes aus ist als den Gefangenen im Kerker Gutes zu tun und auch sonst viele andere gute Werke tut, und der mir gesagt hatte, dass ich mir den Kopf nicht zerbrechen solle, da er mir schon ein Haus suchen würde (er heißt Alonso de Ávila),[24] wurde krank. Einige Tage vorher war ein Franziskaner in diese Stadt gekommen, ein sehr heiligmäßiger Mann namens Fray Martín de la Cruz. Er war ein paar Tage da, und als er fortging, schickte er einen jungen Mann zu uns mit Namen Andrada,[25] der bei ihm gebeichtet hatte, in keiner Weise reich, sondern ein Habenichts, den er gebeten hatte, alles zu tun, was ich ihm sagen würde. Als er eines Tages in einer Kirche bei der Messe war, sprach er mich an und sagte mir, was ihm dieser genannte gute Mann gesagt hatte, und dass ich versichert sein solle, dass er alles für mich täte, was er nur könnte, auch wenn er uns nur mit seiner Person helfen könne. Ich dankte ihm dafür, fand es aber lustig und meine Begleiterinnen noch mehr, die Hilfe zu sehen, die uns dieser heiligmäßige Mann geschickt hatte; denn von seinem Aufzug her war es keiner, der mit Unbeschuhten Karmelitinnen Umgang pflegt.

---

[22] Um 1520 konnte man für einen Dukaten 185 Liter Wein oder 225 kg Brot kaufen, um 1600 nur noch 13 Liter bzw. 55 kg. Um einen Dukaten zu verdienen, musste ein Maurer 1586 fast drei Tage arbeiten. Er verdiente am Tag vier Reales, elf Reales waren ein Dukaten. (F. Díaz-Plaja, *La sociedad española*, 258).

[23] Sie werden heute noch in der Kommunität in Toledo aufbewahrt und stellen Jesus bei seinem Fall unter dem Kreuz und in tiefer Meditation versunken dar. Ihr Format ist 130 x 107 bzw. 112 x 82 cm.

[24] Auch hier ist zu beachten, wie Teresa die Frömmigkeit dieses weiteren Conversos aus Toledo hervorhebt; auch er unverheiratet!

[25] Alonso Andrada war damals Anfang 20. Bei seiner Aussage zum Seligsprechungsprozess 1596 war er 48 bis 50 Jahre alt (BMC 18,272). Francisco de Santa María schrieb über diesen jungen Mann, der durch Teresa dem Vergessen entrissen wurde: *„Gott wollte nicht, dass Andrada wegen des guten Werkes, das er für die Heilige vollbracht hatte, ohne Belohnung blieb. Er überhäufte*

7. Als ich mich nun zwar mit der Erlaubnis dastehen sah, aber ohne irgend jemanden, der mir helfen würde, wusste ich nicht, was tun oder wem mich empfehlen, der mir ein Haus zum Mieten suchen würde.[26] Ich erinnerte mich an den jungen Mann, den mir Fray Martín de la Cruz geschickt hatte, und sagte es meinen Begleiterinnen. Sie machten sich über mich sehr lustig und sagten, darauf nicht einzugehen, denn das würde nur dazu dienen, dass es bekannt würde. Ich wollte aber nicht auf sie hören, denn da er von jenem Diener Gottes geschickt war, vertraute ich, dass das etwas zu bedeuten habe und schon etwas Geheimnisvolles dran sein müsse. So ließ ich ihn rufen und erzählte ihm unter Einschärfung größtmöglicher Geheimhaltung, was los war, und dass ich ihn zu diesem Zweck bäte, mir ein Haus zu suchen, und ihm für die Anmietung einen Gewährsmann gäbe; das war der gute Alonso de Ávila, von dem ich gesagt habe, dass er krank geworden war.[27] Ihm fiel das sehr leicht, und er sagte mir, dass er sich auf die Suche machen würde. Gleich am nächsten Tag in der Frühe, als ich in der Kirche der Gesellschaft Jesu war, sprach er mich an und sagte, dass er das Haus bereits hätte, dass er die Schlüssel dabei hätte, dass es in der Nähe läge und wir zum Anschauen hingehen sollten, was wir auch taten. Es war so gut, dass wir fast ein Jahr dort blieben.

8. Oft bringen mich Gottes Pläne zum Staunen, wenn ich über diese Gründung nachdenke. Da vergingen fast drei Monate (zumindest mehr als zwei, denn ich erinnere mich nicht mehr so gut),[28] dass so reiche Leute auf der Suche nach einem Haus

---

ihn mit Wohlhaben, gab ihm eine ehrbare und tugendsame Frau und nicht geringen Nachwuchs, von dessen Nachfahren ich hörte, dass sie die Gnaden, die sie von Gott empfangen, den Gebeten der Heiligen zuschreiben, und ihnen so manches an Frömmigkeit beibringen, was sie ihrem Großvater gegeben hat" (*Obras completas*, Madrid, Anm. zu F 15,6).

[26] Man fragt sich, wo denn ihre Freundin Doña Luisa de la Cerda geblieben ist; vgl. F 15,3.

[27] Siehe F 15,6.

[28] Teresa war am 24. März nach Toledo gekommen und am 14. Mai 1569 in das von Andrada gefundene Haus eingezogen, wo die Kommunität bis Ende Mai 1570 blieb.

durch Toledo zogen und keines fanden, wie wenn es da keine gäbe. Und dann kommt dieser junge Mann daher, der nichts hatte, außer dass er arm war, und unser Herr will, dass er es gleich findet; und wenn ich mit Alonso Álvarez übereingekommen wäre, hätte man ohne Mühe gründen können, aber das war nicht der Fall, sondern es lief ganz anders, damit die Gründung in Armut und unter Mühe zustande käme.

9. Da uns das Haus zusagte, gab ich gleich den Auftrag, die Besitzergreifung durchzuführen, noch bevor im Haus etwas gemacht würde, damit nicht noch etwas dazwischen käme. Gleich darauf kam der genannte Andrada zu mir mit der Nachricht, dass das Haus an diesem Tag geräumt würde, und wir unsere Habe mitbringen sollten. Ich sagte ihm, dass es da wenig zu tun gäbe, da wir außer zwei Strohsäcken und einer Decke nichts hätten. Er muss wohl verwundert gewesen sein. Meinen Begleiterinnen passte es nicht, dass ich ihm das gesagt hatte; sie meinten, warum ich ihm denn das ausgeplaudert hätte, denn wenn er sähe, wie arm wir sind, würde er uns nicht mehr helfen wollen. Ich achtete nicht darauf, und ihm machte es wenig aus, denn der ihm jene Bereitwilligkeit gab, musste es bis zur Vollendung seines Werkes auch voranbringen. Und es ist wirklich so, dass wir ihn in der Bereitschaft, mit der er beim Herrichten des Hauses und dem Herbeiholen von Handwerkern ans Werk ging, wohl kaum übertrafen. Wir suchten geliehenes Gerät zur Feier der Messe und begaben uns mit einem Handwerker bei Einbruch der Nacht zur Besitzergreifung dorthin, mit einem Glöckchen, das man zur Erhebung der Hostie[29] benutzt, da wir kein anderes hatten. Bei großer Angst meinerseits waren wir die ganze Nacht mit dem Herrichten beschäftigt;[30] als Kir-

---

[29] Anspielung auf den Höhepunkt der Eucharistiefeier, die Wandlung; da der Priester mit dem Rücken zum Volk zelebrierte, wurde das Volk mit einem kleinen Glöckchen auf die Erhebung der konsekrierten Hostie nach der Wandlung aufmerksam gemacht. Der Brauch, zur Wandlung zu läuten, hat sich auch nach der Liturgiereform des Zweiten Vatikanischen Konzils vielerorts erhalten.

[30] Teresas Angst kam daher, weil sie nicht wollte, dass jemand etwas davon erführe, bis die Besitzergreifung stattgefunden hatte. Zu deren Bedeutung siehe F 15,4 Anm.

che war nichts anderes da als ein Zimmer, in das man allerdings nur durch ein angrenzendes Häuschen hineinkam, das noch einige Frauen hatten, das uns aber sein Besitzer dazu vermietet hatte.[31]

10. Als wir alles so weit hatten und der Morgen schon zu grauen begann, wir es aber noch nicht gewagt hatten, die Frauen zu benachrichtigen, damit sie uns nicht verrieten, begannen wir, die zugemauerte Tür, die in einen winzig kleinen Innenhof führte, durchzubrechen. Als sie, noch im Bett liegend, Schläge hörten, standen sie ganz verschreckt auf. Wir hatten ziemlich zu tun, um sie zu besänftigen, doch es war schon Zeit, um gleich die Messe zu feiern; auch wenn sie unleidlich waren, fügten sie uns doch keinen Schaden zu; und als sie sahen, wofür es war, besänftigte sie der Herr.[32]

11. Hinterher sah ich ein, wie falsch wir herangegangen waren, doch im Moment nimmt man bei der Benommenheit, die Gott einem zur Durchführung des Werkes eingibt, die Nachteile nicht wahr. Denn sobald die Eigentümerin des Hauses, die die Frau eines Majoratsherrn war,[33] erfuhr, dass eine Kirche entstanden war, gab es Ärger, und sie regte sich fürchterlich auf. Da sie aber glaubte, dass wir es ihr um einen guten Preis abkaufen würden, falls es uns zusagte, wollte der Herr, dass sie sich wieder besänftigte. Doch als die Herren vom Stadtrat erfuhren, dass das Kloster errichtet sei (wofür sie niemals ihre Zustimmung hatten geben wollen), wurden sie ganz wild und gingen zum Haus eines Kirchenmannes (den ich vorher heimlich eingeweiht hatte)[34] und sagten ihm, sie würden ein Donnerwetter anrichten; der Bischofsvikar war nämlich nicht da, da sich für ihn eine Reise ergeben hatte, nachdem er mir die Erlaubnis erteilt hatte. Sie gingen hin zu dem, den ich gerade

---

[31] Teresa gründete im ehemaligen jüdischen Stadtviertel („*judería*"); selbst heute kann man noch etwas von der verschachtelten Bauweise erkennen.
[32] Das geschah am 14. Mai 1569.
[33] Siehe zu diesem Ausdruck die Anm. zu F 10,9.
[34] Der erwähnte Pedro Manrique (F 15,4).

genannt habe, und erzählten es ihm, entsetzt über eine solche Unverfrorenheit, dass ihnen ein Weiblein gegen ihren Willen ein Kloster da hinstellt. Er tat, als wüsste er nichts davon und besänftigte sie so gut er konnte, wobei er ihnen sagte, sie hätte das auch andernorts schon gemacht, und es wäre ganz bestimmt nicht ohne ausreichende Bürgschaften.

12. Nach weiß ich wie vielen Tagen schickten sie uns eine Exkommunikation, dass man keine Messe feiern dürfte, bis ich ihnen die Bürgschaften, mit welchen man es errichtet hatte, vorzeigte. Ich antwortete ihnen seelenruhig, dass ich tun würde, was sie mir auftragen, auch wenn ich nicht verpflichtet wäre, in diesem Punkt zu gehorchen.[35] Ich bat Don Pedro Manrique, den erwähnten Adeligen, dass er zu ihnen gehen und mit ihnen reden und ihnen die Bürgschaften zeigen solle. Er besänftigte sie, da alles schon gelaufen war; andernfalls hätten wir Ärger bekommen.[36]

13. Einige Tage verbrachten wir mit den Strohsäcken und der Decke, ohne weitere Wäsche, und selbst an jenem Tag hatten wir nicht einmal ein dürres Blatt, um eine Sardine zu braten; ich weiß nicht, wen der Herr bewegte, uns ein Reisigbündelchen in die Kirche zu legen, mit dem wir uns behalfen. In den Nächten litten wir an der Kälte, die an einem hoch kroch, obwohl wir uns mit der Decke und den Mänteln aus grobem Wollzeug, die wir tragen, zudeckten, und die uns oft nützlich sind.[37] Es wird wohl unmöglich erscheinen, dass wir in so große Armut gerieten, wo wir im Haus jener Dame waren, die mich so gern hat.[38] Ich weiß den Grund nicht, es sei denn Gott wollte, dass wir den Nutzen dieser Tugend erleben sollten. Ich bin bei ihr nicht vorstellig geworden, denn es widerstrebt mir,

---

[35] Die Ratsherren konnten ihr keine Exkommunikation auferlegen.
[36] Das zeigt, wie Teresa recht hatte, in aller Heimlichkeit vorzugehen, und wie ihre Rechnung mit der Besitzergreifung durchaus aufging.
[37] Das erlebte Teresa Mitte Mai in Toledo, was auf das typische Kontinentalklima dieser Stadt hinweist. Im Winter kalt und im Sommer oft unerträglich heiß.
[38] Doña Luisa de la Cerda (F 15,3).

lästig zu fallen, und sie merkte es vielleicht nicht; ich stehe bei ihr ohnehin mehr in Schuld als sie uns hätte geben können.[39]

14. Es war für uns ein großes Gut, denn die innere Tröstung, die wir verspürten, und die Freude waren so groß, dass ich oftmals daran denke, was der Herr in den Tugenden miteingeschlossen hat. So etwas wie eine sanfte Kontemplation scheint mir dieser Mangel hervorgerufen zu haben, der allerdings nicht lange dauerte, denn schon bald versorgten uns Alonso Álvarez selbst und andere nach und nach mit mehr als wir wollten. Und meine Traurigkeit war ganz bestimmt so groß, dass es mir nicht anders vorkam als wenn ich viele Goldjuwelen gehabt hätte, man sie mir aber wieder weggenommen und mich arm zurückgelassen hatte; so leid tat es mir, und ebenso auch meinen Gefährtinnen, dass es mit der Armut zu Ende ging. Wie ich sie so geknickt erlebte, fragte ich sie, was sie denn hätten, und sie sagten mir: „Was sollen wir schon haben, Mutter! Es kommt uns vor als wären wir nicht mehr arm."

15. Seitdem wuchs in mir die Sehnsucht, sehr arm zu sein, und es blieb mir die innere Überlegenheit, die zeitlichen Güter für gering zu halten, denn der Mangel an diesen lässt die inneren Werte wachsen, was ganz gewiss weitere Erfüllung und Ruhe mit sich bringt. In den Tagen, als ich mit Alonso Álvarez wegen der Gründung verhandelt habe, gab es viele Personen, die das nicht gut fanden (und es mir auch sagten), da sie meinten, sie seien nicht vornehm und adelig,[40] wiewohl in ihrem Stand geradezu vorbildlich, wie ich gesagt habe,[41] und an einem so

---

[39] Das ist eine sehr elegante Erklärung der vornehmen Zurückhaltung dieser großen Dame, die aber letzten Endes zu den Adeligen Toledos hielt. (Siehe Anm. zu F 15,17.)

[40] Das ist eine euphemistische Umschreibung der Tatsache, dass sie Conversos waren, denen die Adeligen keinesfalls das Recht zugestehen wollten, eine Grablege zu haben, was sie als ihr Privileg betrachteten. Nichts anderes verbirgt sich nämlich hinter dem Wunsch nach einer Kapelle. Diese Intention der Ramírez geht zwar weder aus Teresas Bericht noch der Gründungserlaubnis hervor, kommt aber in dem am 18. Mai 1570 zwischen ihr und den Ramírez geschlossen Vertrag zum Ausdruck (BMC 5,413-421).

[41] F 15,1f.

bedeutenden Ort wie Toledo würde es mir nicht an Annehmlichkeit fehlen. Ich gab nicht viel darauf, denn, zur Ehre Gottes
sei's gesagt, ich habe immer mehr auf die Tugend als auf den
Stammbaum geschaut. Zum Diözesanverwalter aber waren so
viele Schwätzereien gedrungen, dass er mir die Erlaubnis nur
unter der Bedingung gewährte, dass ich so wie an anderen Orten gründete.[42]

16. Ich wusste nicht, was tun, da sie nach erfolgter Klostergründung die diesbezüglichen Verhandlungen wieder aufnahmen.
Doch da es schon gegründet war, machte ich es so, dass ich
ihnen die Hauptkapelle gab, ihnen aber bezüglich des Klosters
keine Handhabe einräumte, wie es jetzt ist. Es gab schon jemanden, eine wichtige Persönlichkeit, der die Hauptkapelle wollte,
und es gab so viele Meinungen, dass ich nicht wusste, wozu ich
mich entschließen sollte. Unser Herr wollte mir aber in dieser
Angelegenheit Licht geben, und so sagte er mir einmal, wie wenig vor Gottes Gericht diese Stammbäume und Standesdünkel
ausmachten, und erteilte mir einen strengen Tadel, weil ich denen, die mir davon redeten, Gehör geschenkt hätte; denn das
wäre nichts für uns, die wir der Welt schon mit Verachtung begegneten.[43]

17. Diese und andere Begründungen beschämten mich sehr, und
ich beschloss, die begonnene Vereinbarung abzuschließen,[44] und
ihnen die Kapelle zu geben, was ich niemals bedauert habe,

---

[42] *So wie an anderen Orten*: mit einem adeligen Gründer, wie das etwa in
Malagón und Valladolid der Fall gewesen war. Davon ist in der schriftlichen
Erlaubnis nicht die Rede (BMC 5,412), so dass es sich wohl um eine Teresa
mündlich gestellte Bedingung handelte.

[43] Vgl. CC 5, auf 1570 datiert: *„Als ich eines Tages im Kloster von Toledo weilte,
und mir einige rieten, die Grablege nicht an einen zu vergeben, der nicht adelig
ist, sagte mir der Herr: Du machst einen großen Unsinn, Tochter, wenn du auf
die Gesetze der Welt schaust. Richte deine Augen auf mich, arm und von ihr
verachtet. Werden etwa die Großen der Welt vor mir groß sein? Oder habt ihr
nach euren Stammbäumen oder euren Tugenden beurteilt zu werden?"*

[44] Den Text dieses Vertrages vom 18. Mai 1570 siehe in BMC 5,413-421, seine
Approbation durch den Ordensgeneral in MHCT 1,104-107, den spanischen
Text in BMC 5,422-423.

denn wir haben klar gesehen, welch schlechte Chancen wir sonst für den Kauf eines Hauses gehabt hätten. Mit ihrer Hilfe haben wir nämlich das gekauft, in dem sie jetzt sind, das eines von den guten in Toledo ist und zwölftausend Dukaten kostete. Und da es viele Messen und Feste gibt, gereicht es den Schwestern sehr zum Trost und verschafft ihn auch den Leuten. Wenn ich auf die hohlen Meinungen der Welt geachtet hätte,[45] wäre es nach dem, was wir erkennen können, unmöglich gewesen, es so gut und passend zu haben, und man hätte dem Unrecht getan, der uns so bereitwillig diesen Liebesdienst erwiesen hat.[46]

KAPITEL 16

In ihm wird – zu Gottes Ehre und Ruhm –
von einigen Ereignissen aus diesem Konvent
zum hl. Josef in Toledo berichtet.

1. Es schien mir gut, etwas von dem zu berichten, worin sich einige Schwestern beim Dienst für unseren Herrn übten, damit die Nachkommenden sich immer um die Nachahmung dieser guten Anfänge bemühten. Bevor dieses Haus gekauft wurde,[1]

---

[45] Diese bestanden in dem Streit zwischen den sog. Altchristen, d.h. Adeligen, und Neuchristen, d.h. Conversos, der sich besonders in Toledo zugespitzt hatte, wo die großen adeligen Familien noch ihre Paläste hatten, obwohl der königliche Hof bereits nach Madrid verlegt war. Siehe dazu U. Dobhan, *Zur jüdischen Abstammung Teresas von Ávila*, sowie F. Márquez Villanueva, *Santa Teresa y el linaje*.

[46] Teresa hat die Verbindung zu „*meinen Stiftern*" von Toledo nicht abreißen lassen, wie ihre Korrespondenz zeigt. Siehe die Briefe an Doña María de Mendoza von Ende März 1569 (Ct 19,4); an Alonso Ramírez vom 5. Februar 1571 (Ct 31); an Diego Ortiz vom 29. März 1571 (Ct 32), vom 26. Dezember 1575 (Ct 97), vom 16. Dezember 1576 (Ct 165); an Alonso Ramírez vom 5. Februar 1571 (Ct 31). Selbst in Briefen aus den letzten Monaten ihres Lebens sind sie noch präsent, so an Ana de los Ángeles vom 26. August 1582 (Ct 463,2.7) und vom 2. September 1582 (Ct 466,2).

[1] Siehe F 15,17. Der Kaufvertrag war am 18. Mai 1570 abgeschlossen worden.

trat hier eine vierzigjährige Schwester namens Ana de la Madre de Dios ein, die ihr ganzes Leben im Dienst für Seine Majestät hingegeben hatte.[2] Auch wenn es ihr bei ihrer Lebensweise und in ihrem Haus nicht an Annehmlichkeit fehlte, da sie allein und vermögend war, entschied sie sich lieber für die Armut und die Unterwerfung im Orden, und so kam sie, um mit mir darüber zu sprechen. Sie hatte keine gute Gesundheit, doch als ich sie als einen so guten und entschlossenen Menschen kennen lernte, schien sie mir ein guter Anfang für die Gründung zu sein, und so ließ ich sie zu.[3] Es gefiel Gott, ihr bei der Strenge und Unterwerfung viel mehr Gesundheit zu geben als sie in Freiheit und Annehmlichkeit hatte.

2. Was mich ergriffen hat, und deshalb schreibe ich es hier nieder, ist, dass sie vor Ablegung ihrer Profess alles, was sie besaß, als Schenkung eingebracht – sie war nämlich sehr reich – und es dem Haus als Almosen vermacht hat. Mir tat das leid und ich wollte da nicht zustimmen und sagte ihr, dass sie es unter Umständen bereuen würde oder wir sie nicht zur Profess zuließen, und dass es abwegig wäre, so etwas zu tun, obwohl wir sie nicht ohne das, was sie uns gegeben hatte, fortgelassen hätten, wenn das eingetreten wäre. Doch wollte ich ihr die Tragweite von dem klar machen, einmal, dass es ihr nicht Anlass zu irgendeiner Versuchung würde, zum anderen, um ihren Geist noch mehr zu prüfen. Sie antwortete mir, dass sie um der Liebe Gottes willen darum bäte, wenn es dazu käme, und niemals konnte ich mit ihr zu einem anderen Schluss kommen. Sie lebte sehr zufrieden und mit viel mehr Gesundheit.

---

[2] Geboren zu Toledo um 1529, war sie mit 21 Jahren schon Witwe und lernte Teresa 1562 bei deren erstem Aufenthalt in Toledo kennen. Am 15. November 1570 legte sie in Toledo Profess ab. Aus dem Professbuch ist zu entnehmen, dass sie ihr Vermögen von 827.000 Maravedís dem Konvent vermachte. Gestorben am 2. November 1610. 375 Maravedís sind ein Dukaten. Siehe dazu Anm. zu F 15,6.

[3] Nebenbei erfährt der Leser hier, dass eine gute Gesundheit für Teresa zwar ein wichtiges Kriterium für die Aufnahme ist, die rechte Einstellung und geistige Disposition jedoch schwerer wiegen.

3. Es war bemerkenswert, wie man in diesem Kloster das Ich-Sterben[4] und den Gehorsam einübte, so sehr, dass ich in der Zeit, als ich dort war, darauf schauen musste, was die Oberin sagte, selbst wenn es unbedacht war, damit sie es nicht in die Tat umsetzten.[5] Einmal, als sie ein Wasserloch, das es da im Garten gab, betrachteten, sagte sie: „Was wäre, wenn ich (zu einer Schwester, die dabei stand) jetzt sagte, sie solle sich da hineinwerfen?" Es war noch nicht ausgesprochen, als die Schwester auch schon drinnen lag, so dass sie sich umziehen musste, so wie sie hinterher aussah.[6] Ein anderes Mal waren sie, als ich gerade dort war, beim Beichten, und eine, die auf die andere wartete, die dort war, mit der Priorin[7] zu reden begann. Diese sagte ihr, warum sie das tue, ob das denn die rechte Art der Sammlung wäre; sie solle ihren Kopf in einen Brunnen stecken, der dort war, und dort über ihre Sünden nachdenken. Die andere verstand das so, als solle sie sich in den Brunnen stürzen, und eilte schnell dahin, um es zu tun, so dass sie sich, wenn sie nicht schnell dazugekommen wären, hineingestürzt hätte, in der Meinung, Gott damit den größten Dienst dieser Welt zu erweisen.

---

[4] *Mortificación* siehe Anhang I.

[5] Teresa hatte zunächst geschrieben *„darauf schauen musste, was ich sagte"*, doch dann *„die Oberin"* zwischen den Zeilen eingefügt, um den Bericht anonym zu halten, denn sie war selbst Priorin.

[6] Zu diesem und dem folgenden Beispiel eines heute sehr problematisch anmutenden Gehorsamsverständnisses siehe die Anm. zu F 1,3. Außerdem sind diese Gehorsamsprüfungen im damaligen gesellschaftspolitischen Kontext zu sehen, wo selbst ein Minister oder Staatssekretär mit seinem König *„noch nicht einmal im verborgensten Winkel seines Herzens diskutieren durfte"* (G. Marañón, *Antonio Pérez*, vol. I, 31), was natürlich im religiösen Bereich, also im Bezug auf Gott, noch überhöht wurde. Zu bedenken ist ferner, dass Teresa ein Interesse daran hatte, ihre Schwestern als vorbildlich hinzustellen, da dadurch ihre Gründung als solche eine Legitimation erfuhr, und schließlich war es ihr wichtig, die erste Generation besonders herauszuheben, da die Nachkommenden sich daran erbauen sollten; vgl. F 4,6;16,1. Wie kritisch Teresa in Wirklichkeit diesem damals weit verbreiteten Gehorsamsideal gegenüber stand, geht aus der anschließenden Bemerkung hervor, *„dass einige studierte Personen ihnen erklären mussten, in welchen Dingen sie zu gehorchen hatten, um sie zurückzuhalten; denn sie vollbrachten manch abwegiges Zeug."*

[7] Erneut hatte Teresa zunächst in der ersten Person formuliert *„mit mir zu reden"*, korrigierte den Text jedoch anschließend in demselben Sinn wie einige Zeilen weiter oben, um die Anonymität zu wahren.

Und weitere Dinge dieser Art und Einübung ins Ich-Sterben gab es, so dass einige studierte Personen ihnen erklären mussten, in welchen Dingen sie zu gehorchen hatten, um sie zurückzuhalten; denn sie vollbrachten manch abwegiges Zeug, so dass es eher ein Verlust als ein Verdienst für sie war, wenn nicht ihre Absicht sie gerettet hätte. Und das war nicht nur in diesem Kloster so, (sondern hier bietet es sich mir gerade an, darüber zu reden), sondern in allen gibt es so vieles, dass ich mir wünschte, nicht mitbetroffen zu sein, um einiges sagen zu können, damit unser Herr in seinen Dienerinnen gelobt werde.

4. Als ich gerade einmal hier war, geschah es, dass eine Schwester todkrank wurde. Nachdem sie die Sterbesakramente empfangen und man ihr die Letzte Ölung[8] gegeben hatte, nahmen ihre Freude und Zufriedenheit so zu, dass man ihr sagen konnte, sie solle uns im Himmel Gott und den Heiligen, die wir verehren, anempfehlen, wie wenn sie in ein anderes Land ginge. Bevor sie verschied, ging ich zu ihr hinein (nachdem ich zum Allerheiligsten Sakrament gegangen war, um den Herrn anzuflehen, ihr einen guten Tod zu schenken),[9] und als ich hineinkam, sah ich Seine Majestät, oberhalb in der Mitte des Kopfendes des Bettes. Die Arme hatte er ein wenig ausgebreitet, wie wenn er sie beschützen wollte,[10] und sagte zu mir, dass ich sicher sein dürfte, dass er alle Schwestern, die in diesen Klöstern sterben, so beschützen würde, und dass sie vor den Anfechtungen in der Todesstunde keine Angst haben sollten. Ich war zutiefst getröstet und gesammelt.[11] Kurz danach trat ich näher an

---

[8] Heute Krankensalbung genannt; die Sterbesakramente sind Beichte und Kommunionempfang.

[9] Eine bis heute übliche Frömmigkeitsübung, die in einer Zeit, als den Menschen mit Gott Angst gemacht wurde, eine noch viel größere Rolle spielte.

[10] B. Souvignier hat darauf hingewiesen, dass *„diese Vision Teresas große Ähnlichkeit mit Illustrationen von Sterbebüchern des Spätmittelalters"* aufweist; siehe *Die Würde des Leibes*, 231.

[11] Angesichts der weit verbreiteten Angst vor dem Tod eine verheißungsvolle innere Ansprache, die aber auch Teresas tiefste innerliche Überzeugung zum Ausdruck bringt, die von ihrem Gottesbild als eines Freundes herrührt. Siehe dazu J. A. Marcos, *Mística y subversiva*, 55-64.

sie heran, um mit ihr zu reden, und sie sagte mir: „Mutter, was für großartige Dinge bekomme ich zu sehen!"[12] Und damit verschied sie wie ein Engel.[13]

5. Bei einigen, die hier später gestorben sind, habe ich gemerkt, dass es mit einer Ruhe und Friedlichkeit war, wie wenn sie eine Verzückung oder Gebetsruhe überkommen hätte, ohne dass es irgendein Anzeichen von Anfechtung gab. So hoffe ich auf die Güte Gottes, dass er uns durch die Verdienste seines Sohnes und seiner glorreichen Mutter, deren Kleid wir tragen,[14] darin seine Gnade gewähre. Bemühen wir uns deshalb, meine Töchter, echte Karmelitinnen zu sein, denn unsere Tagesreise[15] geht schnell zu Ende. Und wenn wir um die Bedrängnis wüssten, die viele in diesem Augenblick durchleben, und die Spitzfindigkeiten und Täuschungen, mit denen der Böse sie hintergeht, dann würden wir diese Gnade hoch schätzen.

6. Etwas, was sich mir gerade aufdrängt, möchte ich euch hier sagen. Ich habe nämlich eine Person gekannt, die auch noch fast mit Verwandten von mir verwandt war. Es handelte sich um einen großen Spieler,[16] der allerdings eine gewisse Bildung

---

[12] Man vergleiche das mit heutigen Nahtoderfahrungen oder klinisch toter Menschen, die hinterher von ihren Erfahrungen berichten.

[13] Es handelt sich um Petronila de S. Andrés, geboren zu Toledo, dort Profess am 23. März 1571, gestorben daselbst 1576. Außer diesem heiligmäßigen Tod ist sie noch durch ihr großes Erbe von 106.000 Maravedís erwähnenswert, auf das sie notariell am 29. Mai 1570 zugunsten Teresas verzichtet hat. (BMC 5,444-446). Zum Wert dieses Betrages siehe F 15,6; 16,1 Anm.

[14] Vgl. F pról, 6 mit Parallelstellen.

[15] Die Autorin greift hier erneut einen Gedanken der Contemptus-Mundi-Literatur auf: im Vergleich zu der Ewigkeit ist unser irdisches Leben nur wie eine kurze Tagesreise; vgl. „[so] werden wir unsere Tagesreise zu Ende bringen, da sie doch so schnell vorbeigeht und dann alles zu Ende ist" (F 28,36); oder auch: „Wünschen wir uns keine Bequemlichkeiten, Töchter; es geht uns gut hier; alles ist doch nur eine schlechte Herberge für eine Nacht" (CE 70,4 bzw. CV 40,9).

[16] Spiele um Geld gehörten zu den großen Leidenschaften in Spanien, so dass in keinem zivil- oder kirchenrechtlichen Gesetzestext der damaligen Zeit in Spanien solche Bestimmungen fehlen, wobei die Gesetzgebung der Orden einfach die Verbote der zivilen Gesetzgebung übernahm (zumal die Übergänge zwischen beiden Bereichen damals fließend waren). In Kastilien waren solche

erfahren hatte, so dass der Böse ihn gerade dadurch zu über-
listen begann, indem er ihn glauben machte, dass eine Besserung in der Sterbestunde keinen Wert mehr hätte.[17] Er war so
felsenfest davon überzeugt, dass man mit nichts an ihn herankam, um ihn zum Beichten zu bringen; nichts reichte dazu
aus; dabei war der Arme schon ganz niedergedrückt und voller
Reue wegen seines verkommenen Lebens, doch er sagte, warum
er den beichten solle, da er sich ja ohnehin schon verdammt
sähe. Ein Dominikanerpater, der sein Beichtvater und studiert
war, lieferte ihm ständig Gegenbeweise, doch der Böse trichter-
te ihm so viele Spitzfindigkeiten ein, dass das nicht genügte. So
verbrachte er einige Tage, so dass der Beichtvater nicht wusste,
was er tun sollte; er und andere werden ihn wohl eindringlich
dem Herrn anempfohlen haben, denn er hatte Erbarmen mit
ihm.

7. Als ihn die Krankheit mit einem Schmerz in der Seite schon
sehr quälte, kam der Beichtvater, der sich inzwischen noch
mehr Argumente ausgedacht hatte, wieder, um sie ihm ent-
gegenzuhalten. Doch hätte das wenig genutzt, wenn sich der
Herr seiner nicht erbarmt hätte, um sein Herz zu erweichen.
Als jener nun zu sprechen begann und ihm seine Argumente
vorlegte, setzte er sich in seinem Bett auf, wie wenn er nicht
krank gewesen wäre, und sagte zu ihm: „Ihr sagt also, dass mir
meine Beichte nützen kann? Nun, jetzt will ich sie ablegen."
Und er ließ einen Gerichtsschreiber oder Notar kommen (wen
erinnere ich mich nicht mehr), die das bezeugen sollten, und
leistete ganz feierlich einen Eid, dass er nicht mehr spielen und
sein Leben bessern würde. Dann legte er eine sehr gute Beichte

---

Verbote seit dem Mittelalter üblich; so heißt es etwa 1387: „Wir befehlen und
ordnen an, dass kein Einwohner unserer Reiche es wagen darf, mit Würfeln oder
Karten zu spielen, weder öffentlich noch im Verborgenen." Ein ähnliches Verbot
erlassen die Cortes von Toledo unter den Katholischen Königen gegen „Wür-
felspiele und andere Brett-, Karten-, Glücks- oder Kugelspiele." Übertretungen
wurden mit schweren Strafen geahndet. Siehe Cs 27.

[17] Hier kommt auch Teresas eigene Erfahrung mit den Halbgebildeten zum
Durchbruch, vor denen sie oft gewarnt hat. Siehe V 5,3.10; 5M 1,8.

ab und empfing die Sakramente[18] mit einer solchen Hingabe, dass er, nach dem, was man unserem Glauben gemäß verstehen kann, gerettet wurde. Gebe es unser Herr, meine Töchter, dass wir unser Leben als wahre Töchter der Jungfrau[19] leben und unsere Profess befolgen, damit unser Herr uns die Gnade schenke, die er uns verheißen hat. Amen.

KAPITEL 17

Es berichtet von der Gründung der Klöster
sowohl der Brüder als auch der Schwestern in Pastrana.
Das geschah im gleichen Jahr 1570, ich meine 1569.[1]

1. Nachdem man gleich nach der Gründung des Klosters in Toledo, in den vierzehn Tagen bis zum Vigiltag von Pfingsten, die Kirche noch herrichten und Gitter und anderes hatte anbringen müssen – denn es war dort ziemlich viel zu tun gewesen (wir blieben ja, wie ich schon sagte,[2] ein Jahr in diesem Haus) –, und ich in jenen Tagen von all dem Umtrieb mit den Handwerken erschöpft war, war jetzt alles zum Abschluss gebracht worden.[3] Sobald wir uns nun an jenem Morgen zum

---

[18] Die Hl. Kommunion und die Krankensalbung.

[19] Sie betrachtet sowohl die Brüder als auch die Schwestern ihres Ordens als Söhne bzw. Töchter der Jungfrau Maria, der Mutter des Herrn, die schon in der Frühzeit des Ordens unter dem Titel *Mater Carmeli* („Mutter des Karmel") verehrt wurde. Siehe 3M 1,3 mit Anm. und F 2,5 mit Anm.

[1] Zunächst hatte sie geschrieben *„im folgenden Jahr 1570".* Als sie ihren Fehler bemerkte, strich sie es durch und verbesserte Text und Jahreszahl.

[2] F 15,7.

[3] Halten wir uns kurz die Chronologie dieser Wochen im Leben Teresas vor Augen: Am 8. Mai 1569 gibt ihr der Diözesanverwalter die Erlaubnis zur Gründung, die am 14. Mai durchgeführt wird. Am 28. Mai, *„vierzehn Tage danach",* trifft in Toledo der Wunsch der Prinzessin Éboli aus Pastrana ein (F 17,2), wohin sie am 30. aufbricht; unterwegs hält sie sich acht bis zehn Tage in Madrid auf. Am 28. Juni gründet sie in Pastrana das Schwesternkloster und am 13. Juli wird das der Brüder gegründet. Am 21. Juli ist sie schon wieder in Toledo. Von Toledo nach Madrid sind es 67 km, von Madrid nach Pastrana 72,5 km und von Pastrana nach Toledo 139 km.

Essen im Refektorium niedersetzten, durchströmte mich ein so tiefer Trost, dass ich fast nichts essen konnte, als ich sah, dass ich endlich nichts mehr zu tun hätte und mich an jenem Pfingsttag einige Zeit unseres Herrn erfreuen könnte; so beschenkt fühlte sich meine Seele.

2. Ich verdiente diesen Trost wohl nicht sehr, denn wie ich ihn gerade genoss, meldete man mir, dass ein Bediensteter der Prinzessin Éboli, der Gemahlin von Ruy Gómez de Silva, da sei.[4] Ich ging zu ihm, und tatsächlich hatte sie nach mir geschickt. Es gab nämlich seit langem zwischen ihr und mir Verhandlungen wegen der Gründung eines Klosters in Pastrana, doch hatte ich nicht gedacht, dass es so bald sein würde.[5] Es widerstrebte mir, denn ein erst vor kurzem und noch dazu mit soviel Widerstand gegründetes Kloster zu verlassen, war sehr riskant. So war ich gleich entschlossen, nicht zu gehen, und das sagte ich ihm. Er antwortete, dass die Prinzessin das nicht ertragen würde, denn sie war schon dort, und nur deshalb gekommen, und so wäre das eine Kränkung für sie. Trotz allem dachte ich nicht daran mitzugehen, und sagte ihm, dass er zum Essen gehen solle, während ich der Prinzessin schriebe, und er dann gehen solle. Er war ein sehr höflicher Mann, und obwohl es ihm widerstrebte, als ich ihm die Gründe nannte, die es da gab, gab er nach.

---

[4] Die Prinzessin Éboli, Doña Ana de Mendoza, die Ehefrau des adeligen und mächtigen Portugiesen am Hof Philipps II., Ruy Gómez de Silva, wegen ihrer Schönheit und Verschlagenheit begehrt und gefürchtet, wurde 1540 in Cifuentes (Guadalajara) geboren und mit 12 Jahren mit Ruy Gómez de Silva verheiratet, mit dem sie 10 Kinder hatte, von denen nur sechs überlebten. Nach dem Tod ihres Mannes am 29. Juli 1573 trat sie in Pastrana ein, wo sie von diesem Tag an bis Anfang 1574 blieb (F 17,16f.). Da sie den Karmelitinnen das Leben unmöglich machte, ließ Teresa des Nachts ihre Schwestern von Pastrana nach Segovia holen, was ihr den Unmut der großen Dame einbrachte, die ihre *Vida* bei der Inquisition anzeigte (siehe CC 53,19; R. J. Sender, *Die Heilige und die Sünder*). In die Umtriebe des Sekretärs Philipps II., Antonio Pérez, gegen Philipp II. hineingeraten, wurde sie eingekerkert und starb 1592 (G. Marañón, *Antonio Pérez*). Teresa behielt sie trotz allem in ehrender Erinnerung, wie ihre Briefe zeigen. (DST 1044f.).
[5] Siehe Brief von September 1568 an Francisco de Salcedo (Ct 13,4).

3. Die Schwestern, die hier im Kloster leben sollten, waren gerade angekommen. Ich sah keinen Weg, sie so schnell allein lassen zu können. Ich ging zum Allerheiligsten Sakrament und bat den Herrn, so schreiben zu können, dass sie nicht verärgert wäre, was uns schlecht bekommen wäre, da wir damals mit der Gründung eines Klosters für Brüder begannen. Für all das war es gut, es sich mit Ruy Gómez, der beim König und bei allen sehr angesehen war, nicht zu verderben. Ich erinnere mich zwar nicht mehr, ob ich auch an das dachte, doch weiß ich noch gut, dass ich sie nicht verärgern wollte. Als ich damit umging, wurde mir vom Herrn gesagt, dass ich es nicht unterlassen solle zu gehen, denn ich würde zu mehr als nur zu jener Gründung gehen, und dass ich die Regel und die Konstitutionen[6] mitnehmen solle.

4. Als ich das verstanden hatte, wagte ich nichts anderes zu tun als das, was ich in solchen Fällen zu tun pflegte, obwohl ich gewichtige Gründe sah, nicht hinzugehen, und das war, dem Rat des Beichtvaters zu folgen,[7] und so ließ ich ihn rufen, sagte ihm aber nicht, was ich beim inneren Beten vernommen hatte. (Dabei ist mir nämlich immer wohler; ich flehe den Herrn dann an, dass er ihnen entsprechend dem, was sie auf natürliche Weise erkennen können, Licht gebe, denn wenn Seine Majestät möchte, dass etwas geschieht, legt er es ihnen ins Herz; das hat sich bei mir oftmals ergeben). So war das auch hier, denn nachdem er alles in Betracht gezogen hatte, hielt er es für gut, dass ich hinginge, und damit entschloss ich mich zu gehen.[8]

---

6 Siehe Anm. zu F 2,1 bzw. F 3,18.

7 Das war Vicente Barron OP, der ihr als junger Schwester schon sehr viel geholfen hatte. Siehe V 5,3; 7,16f.; 19,12.

8 Dieses Verhalten, das auf eine Gewohnheit in ihrem Leben hinweist – *„ich wagte nichts anderes zu tun als das, was ich in solchen Fällen zu tun pflegte"* –, zeigt, wie Teresa um objektive Kriterien bemüht war und und wie wenig sie dazu neigte, innere subjektive Erfahrungen absolut zu setzen oder doch höher zu schätzen, im Gegensatz zu vielen fragwürdigen „Seherinnen" aller Zeiten.

5. Ich brach am zweiten Pfingsttag auf.[9] Der Weg führte über Madrid; meine Begleiterinnen und ich begaben uns ins Kloster der Franziskanerinnen[10] zu einer Dame mit Namen Doña Leonor Mascareñas, die Kinderfrau des Königs gewesen war, eine große Dienerin Gottes; sie hatte das Kloster gegründet und lebte in ihm.[11] Ich hatte schon andere Male bei verschiedenen Gelegenheiten dort Herberge genommen, wenn es sich anbot, dass ich dort vorbeikam, und immer erwies sie mir große Güte.

6. Diese Dame sagte mir, dass sie meine Ankunft gerade zu diesem Zeitpunkt freue, denn es war ein Einsiedler bei ihr,[12] der sehr wünschte, mich kennen zu lernen; sie meinte, dass sein Leben und das seiner Gefährten gut mit unserer Regel zusammenpasste. Da ich nur zwei Brüder hatte, kam mir in den Sinn, dass es hervorragend wäre, wenn es sich ermöglichen ließe, dass er auch einer würde, und so bat ich sie eindringlich, eine Unterredung mit ihm zu besorgen. Er war zusammen mit einem anderen jungen Mann namens Juan de la Miseria,[13] ei-

---

[9] 30. Mai 1569. Diesmal reiste sie eine Tagesreise lang in der vornehmen Karosse der Prinzessin Éboli, der natürlich daran gelegen war, dass überall bekannt würde, dass sie die inzwischen schon berühmt gewordene Teresa für die Gründung gewonnen hatte. Bei ihrer Ankunft in Madrid hatten sich bereits vornehme Damen eingefunden, die sie teils aus Bewunderung, teils aus Neugierde sehen und evtl. ein Wunder oder eine Verzückung erleben wollten; andere erhofften sich von ihr Antworten auf wichtige Fragen oder Auskunft über die Zukunft. Teresa „ent-täuschte" sie alle, indem sie ausrief: *„O, in Madrid gibt es aber wunderbare Straßen!"* (TyV 421f.).

[10] Auf dieses Kloster der *„Descalzas Reales – Königlichen Unbeschuhten Schwestern"* spielt Teresa in V 32,10 an.

[11] Portugiesin von Geburt (1503-1584), war sie Kinderfrau Philipps II. und seines unglücklichen Sohnes Don Carlos, der auf mysteriöse Weise ums Leben kam. (Vgl. den *„Don Carlos"* F. Schillers). Ihre Mildtätigkeit war sprichwörtlich und zeigte sich besonders in der Gründung von Frauenklöstern, so auch der Unbeschuhten Franziskanerinnen in Madrid, in deren Nähe sie wohnte.

[12] Mariano Azzaro, der zu diesem Zeitpunkt mit einigen Gefährten in der Einsiedelei El Tardón in der Sierra Morena lebte; siehe F 17,7.

[13] „Johannes vom Elend", ein gebürtiger Italiener und Kunstmaler, Schüler von Alonso Sánchez Coello (1531-1588), dem besten Porträtisten der spanischen Renaissance. Auf Geheiß von Jerónimo Gracián sollte er später in Sevilla Teresa porträtieren, was ihr den Kommentar entlockte: *„Gott verzeih' dir, Bruder*

nem großen Diener Gottes, in den Dingen der Welt aber ein Einfaltspinsel, in einer Unterkunft untergebracht, die ihm diese Dame gegeben hatte. Während unserer Unterredung sagte er mir, dass er nach Rom gehen wollte.[14]

7. Bevor ich weiterschreibe, möchte ich erzählen, was ich von diesem Pater namens Mariano de San Benito weiß.[15] Er war italienischer Nationalität, Doktor, genial und äußerst begabt. Als er bei der Königin von Polen war,[16] hatte er die Leitung ihres ganzen Hauses über, zeigte aber niemals eine Neigung, sich zu verehelichen, sondern war ein Ritter des Ordens vom hl. Johannes;[17] da rief ihn unser Herr, alles aufzugeben, damit er sein Heil besser wirken könnte. Nachdem er aufgrund einer Verleumdung, in den Tod eines Mannes verwickelt zu sein, zahlreiche Prüfungen durchgemacht, und man ihn zwei Monate im Gefängnis festgehalten hatte, wo er keinen Rechtsbeistand wollte, noch jemanden, der sich für ihn einsetzte, sondern nur Gott und seine Gerechtigkeit, und es Zeugen gab, die aussagten, dass

---

Juan de la Miseria. Gott weiß, was du mich hier hast leiden lassen, und am Ende hast du mich hässlich und triefäugig gemalt!" (zitiert von T. Álvarez, Cultura de Mujer, 288. Siehe auch TyV 659f.).

[14] Dort wollten sie sich ihre Lebensweise approbieren lassen (TyV 425).

[15] Es handelt sich um den späteren P. Mariano de San Benito (1510-1594), der im entstehenden Orden Teresas eine bedeutende Rolle spielen sollte. Als heißblütiger und aufbrausender Kalabrier hat er von der Mutter Gründerin schreckliche Briefe erhalten, ihr aber immer seine Zuneigung bewahrt. „Er ist genial und äußerst begabt" (F 17,7.10), „ein reiner und keuscher Mann, ein Feind des Umgangs mit Frauen" (F 17,8.9), „sein Leben passte gut mit unserer Regel zusammen" (F 17,6), „er hat bei vielen Personen, die uns fördern und unterstützen, Einfluss" (F 17,10); er hilft bei der Gründung in Sevilla sehr mit (F 24,15-18); „er ist kein Mann, der es sagen würde, wenn er es [eine Vision] nicht gesehen hätte, noch ist sein Geist mit solchen Aufhebungen vertraut, da Gott ihn nicht auf einem solchen Weg führt" (F 28,31). „In allen Orden muss er für seine Eigenart Nachteile entdeckt haben" (F 17,8). Teresas nennt ihre Gründe, um ihn für ihr Werk zu gewinnen, in F 17,9; er zeigte sich „selbst überrascht über seinen plötzlichen Umschwung, noch dazu durch eine Frau bewirkt" (F 17,9).

[16] Katharina von Österreich, die Gemahlin Sigismunds II. von Polen.

[17] Der Souveräne Ritter- und Hospitalorden vom hl. Johannes zu Jerusalem, genannt von Rhodos, genannt von Malta, etwa 1070 als Spitalbruderschaft, als Ritterorden etwa seit 1120 tätig; heute nennt sich der katholische Zweig Malteserorden, der protestantische Zweig Johanniterorden.

er sie gerufen habe, um diesen Mann zu töten, geschah es (fast so, wie bei den Alten der heiligen Susanna),[18] dass der eine im Einzelverhör auf die Frage, wo er denn gestanden habe, sagte, auf einem Bett sitzend, der andere an einem Fenster stehend. Schließlich legten sie das Bekenntnis ab, dass sie ihn verleumdet hätten; er versicherte mich, dass es ihn viel Geld gekostet habe, sie frei zu kriegen, damit man sie nicht bestrafte; auch sei derjenige, der das alles gegen ihn angezettelt hat, ihm selbst in die Hände gefallen, damit er eine bestimmte Aussage gegen ihn machte, aber auch in diesem Fall habe er alles ihm mögliche getan, um ihm keinen Schaden zuzufügen.

8. Diese und andere Tugenden (denn er ist ein reiner und keuscher Mann, ein Feind des Umgangs mit Frauen)[19] müssen es ihm wohl bei unserem Herrn verdient haben, dass er ihm die Erkenntnis[20] verlieh, was denn die Welt sei, und darauf hinzuwirken, sich von ihr zu trennen. Und so dachte er darüber nach, welchen Orden er wählen solle. Und bei der Begutachtung des einen oder anderen, muss er wohl in allen für seine Eigenart Nachteile entdeckt haben, wie er mir sagte. Er erfuhr, dass in der Nähe von Sevilla einige Einsiedler in einer Einsiedelei, die man El Tardón nannte, zusammenlebten und einen sehr heiligmäßigen Mann als Oberen hatten, den sie P. Mateo nannten.[21] Jeder hatte seine Zelle, und ohne das Göttliche Offizium[22] zu verrichten, kamen sie in einem Oratorium zur Messe

---

[18] Siehe Kapitel 13 im Buch Daniel.

[19] Eine typische Bemerkung für eine Zeit, in der die Jungfräulichkeit sich innerkirchlich besonderer Hochschätzung erfreute und leibfeindliche Tendenzen den Umgang mit der menschlichen Sexualität bestimmten.

[20] Beim Wechsel von der auf die andere Seite vergaß Teresa ein Wort, was die einen Herausgeber mit *luz – Licht*, die anderen mit *conocimiento – Erkenntnis* ergänzen.

[21] Mateo de la Fuente (1524-1575) versammelte angesichts der Vorschriften des Konzils von Trient seine Eremiten unter der Regel des hl. Basilius, die der Karmelregel sehr ähnlich ist; später wurde er zum Erneuerer der Basilianer in Spanien. Er hatte Verbindung zum angesehenen Spirituellen und Reformprediger Juan de Ávila.

[22] Das Chorgebet, also die kirchlichen Tagzeiten. Siehe Anm. zu F 14,7.

zusammen. Sie hatten auch keine festen Einkünfte, und wollten weder Almosen empfangen, noch nahmen sie welche in
Empfang, sondern unterhielten sich von ihrer Hände Arbeit,
und jeder nahm sein ärmliches Essen für sich ein. Als ich es
hörte, schien es mir ein Abbild unserer heiligen Väter zu
sein.[23] In dieser Lebensweise verbrachte er acht Jahre. Als das
heilige Konzil von Trient[24] kam und anordnete, die Einsiedler
in die Orden einzugliedern, wollte er nach Rom gehen, um dort
die Erlaubnis zu erbitten, sie so zu lassen wie jetzt, und diese
Absicht hatte er, als ich mit ihm sprach.

9. Als er mir von seiner Lebensweise erzählte, zeigte ich ihm
unsere ursprüngliche Regel[25] und sagte ihm, dass er das alles
ohne große Mühe beobachten könnte, da es dasselbe sei, besonders das Leben von der Hände Arbeit; das war es, wozu es
ihn am meisten hinzog, denn er sagte mir, dass die Welt der
Habsucht verfallen, und das der Grund sei, dass die Ordensleute nichts gälten. Da es mir damit genauso ging, kamen wir
in diesem bald überein, und dann sogar in allem. Als ich ihm
meine Gründe vortrug, wie sehr er Gott in diesem Habit dienen könne, sagte er mir, dass er es in dieser Nacht überdenken
würde. Ich erlebte ihn schon fast entschlossen und erkannte,
dass es das war, was ich beim inneren Beten verstanden hatte,
dass ich nämlich zu mehr ging als zu einem Kloster von
Schwestern.[26] Mich erfüllte es mit sehr großer Zufriedenheit,
da ich glaubte, dass dem Herrn damit sehr gedient wäre, wenn
er in den Orden einträte. Seine Majestät, der das wollte, bewegte ihn in jener Nacht so, dass er mich anderntags schon
sehr entschlossen rief, wiewohl selbst überrascht über seinen

---

[23] Siehe F 2,3; 14,4 mit Anm.
[24] Teresa spielt hier auf die Tatsache an, dass im Gefolge des Konzils von Trient
Pius V. durch eine Bestimmung vom 17. November 1568 das Einsiedlerleben
ohne Gelübde verboten und zu deren Durchführung eine Frist von einem Jahr
gesetzt hat. Deshalb „wollte er nach Rom gehen, um dort die Erlaubnis zu erbitten, sie so zu lassen wie jetzt."
[25] Siehe dazu F 13,tít.
[26] F 17,4.

plötzlichen Umschwung, noch dazu durch eine Frau bewirkt (was er mir auch jetzt noch manchmal sagte), wie wenn das der Grund wäre, wo es doch der Herr ist, der die Herzen bewegen kann.[27]

10. Groß sind Gottes Ratschlüsse,[28] denn nachdem er so viele Jahre verbracht hatte, ohne zu wissen, auf welchen Stand er sich festlegen solle (denn der, den er jetzt hatte, war keiner, da sie keine Gelübde ablegten, noch sonst etwas, was sie verpflichtete, sondern sie lebten dort nur zurückgezogen), und Gott ihn so schnell bewegt hatte und ihn verstehen ließ, dass er ihm in diesem Stand[29] einen großen Dienst erweisen würde, und dass Seine Majestät ihn benötigte, um das Begonnene voranzubringen, zu dem er schon viel beigetragen hat, und das ihm bis jetzt große Prüfungen kostete und noch kosten wird, bis es gefestigt ist (entsprechend dem was man an den Widersprüchen erkennen kann,[30] die diese erste Regel[31] erregt); denn durch seine Fähigkeit und Begabung und sein gutes Leben hat er bei vielen Personen, die uns fördern und unterstützen, Einfluss …;[32]

---

[27] Dahinter verbirgt sich der Antifeminismus der ersten Söhne Teresas, denen es schwer fiel, dass sie von einer Frau gegründet waren. Teresa schiebt dies, wie immer, auf den Herrn, doch sollte diese mangelnde Identifikation mit dem Charisma Teresas, besonders im männlichen Zweig, später gravierende Folgen haben und u. a. dazu führen, dass Teresa nicht als „Gründerin", sondern als „Reformatorin" in die Geschichte einging. Siehe I. Moriones, *Santa Teresa*, und Einführung, S. 22-28.

[28] Vgl. Weish 17,1. Dies ist offensichtlich eine Lieblingsstelle Teresas, die sie immer wieder zitiert; vgl. F 17,17; 22,7; Ct 58,8; 105,6; 236,3; 359,2; 408,1; ähnlich auch V 19,9.

[29] Gemeint ist hier mit Stand jeweils der Ordensstand, doch wusste er nicht, in welchen Orden er eintreten solle.

[30] Teresa schreibt dies Ende 1574, als sich bereits die großen Auseinandersetzungen abzuzeichnen begannen.

[31] Gemeint ist Teresas Neugründung nach der „ursprünglichen" Regel des Karmel. Siehe Anm. zu F 13,tít.

[32] Diese ganze Abfolge von Satzteilen hat keinen Hauptsatz, der erst in der folgenden Nummer kommt (Anakoluth). Ein typisches Beispiel für Teresas Schreibstil, den man eine aufgeschriebene Unterhaltung nennen kann. Um diese ihre Eigenart durchscheinen zu lassen, haben wir entsprechend über-

11. ... da sagte er mir, dass Ruy Gómez in Pastrana (das ist der selbe Ort, zu dem ich unterwegs war) ihm eine geeignete Klause und Platz für eine Ansiedlung von Einsiedlern gegeben hätte, und dass er diese in diesem Orden errichten und dessen Habit nehmen wollte. Ich dankte ihm dafür und lobte unseren Herrn sehr, war doch von den zwei Klöstern, zu deren Gründung mir unser Hochwürdigster Pater General die Erlaubnisse geschickt hatte, erst eines entstanden.[33] Und von hier aus schickte ich einen Boten an die beiden genannten Patres, an den, der damals Provinzial war und an den, der es vorher war,[34] und bat sie inständig, mir diese Erlaubnis zu gewähren (denn ohne deren Zustimmung konnte man es nicht tun), und schrieb auch an den Bischof von Ávila (der Don Álvaro de Mendoza war, der uns sehr unterstützte),[35] dass er es mit ihnen zum Abschluss bringe.

12. Es gefiel Gott, dass sie es für gut befanden. Sie mögen gedacht haben, dass ihnen an so einem abgelegenen Ort wenig Schaden entstehen könne.[36] Er[37] sagte mir, dass er dort hin-

---

setzt. – Bei diesem Bericht Teresas über Ambrosio Mariano muss man, wie so oft bei ihr, zwischen den Zeilen lesen, denn von den allerersten Brüdern ist er einer von denen, der sich am wenigsten mit Teresas Geist identifizierte. Es ging ihm ja auch nur darum, in Teresas Werk seine eigenen Vorstellungen zu verwirklichen. Siehe ihre Briefe an María de San José Salazar vom 11. Juli 1576 (Ct 114), und an Gracián vom 15. Juni 1576 (Ct 108), 30. November 1576 (Ct 154), 16. Februar 1578 (Ct 230) und 11. Februar 1580 (Ct 333). Siehe auch ihren Brief an Ambrosio Mariano vom 12. Dezember 1576: *„Verstehen Sie, Herr Pater, ich neige dazu, sehr viel Wert auf die Tugenden zu legen, und nicht auf Rigorismus, wie Sie es in diesen Häusern sehen werden. Es wird wohl sein, weil ich selbst so wenig bußfertig bin. Ich lobe unseren Herrn sehr, dass er Euer Ehrwürden in so wichtigen Dingen so viel Licht gegeben hat"* (Ct 161,8), wo er doch gar nichts verstanden hatte.

[33] F 2,5. Gegründet war um diese Zeit nur das in Duruelo, das allerdings zum Zeitpunkt der Niederschrift schon nach Mancera de Abajo verlegt war (F 14,9; 17,14).

[34] Alonso González und Ángel de Salazar (F 13,6).

[35] Siehe F 2,4.

[36] Teresa wusste also um den Widerstand gegen ihre Aktivitäten, zumindest in Bezug auf die Gründung von Männerklöstern, was auch zeigt, dass ihr Zusammentreffen mit dem Ordensgeneral 1567 providentiell war.

[37] Ambrosio Mariano.

gehe, sobald die Erlaubnis da wäre; damit brach ich hochzufrieden auf.[38] Dort traf ich die Prinzessin[39] und den Fürsten
Ruy Gómez, die mir einen äußerst liebenswürdigen Empfang
bereiteten. Sie gaben uns ein abgetrenntes Gemach, wo wir länger waren, als ich mir gedacht hatte; denn das Haus war so
klein, dass die Prinzessin einen Teil davon hat niederreißen
und neu aufbauen lassen, zwar nicht die Mauern, aber doch
ziemlich viel.

13. Ich sollte drei Monate dort bleiben,[40] die sehr mühsam waren, da mich die Prinzessin um einige Dinge bat, die für unseren Orden nicht passten, und so kam ich zum Entschluss, lieber ohne zu gründen von dort wegzugehen, als es zu tun. Der
Fürst Ruy Gómez bewirkte mit seiner Klugheit (die groß war)
und Besonnenheit, dass seine Frau einlenkte, und ich nahm
einige Dinge hin, denn ich wünschte mehr, dass das Kloster
für die Brüder gegründet würde als das für die Schwestern, da
ich erkannt hatte, von welch großer Bedeutung es wäre, wie
man später gesehen hat.

14. In dieser Zeit kamen Mariano und sein Gefährte (die Einsiedler, von denen die Rede war),[41] und nach Einholung der Erlaubnis hielten es diese Herrschaften[42] für gut, dass man die
Klause, die sie ihm gegeben hatten, für Unbeschuhte Einsied-

---

[38] Teresa war noch immer in Madrid, wo sie am 30. Mai angekommen war und
acht Tage bleibt; sie bricht also am 7. Juni 1969 nach Pastrana auf, immer noch
in der Karosse der Prinzessin Éboli. Von Madrid nach Alcalá dauert die Reise
einen halben Tag, von dort nach Pastrana sind es knapp 40 km, etwas mehr
als ein halber Tag Reisezeit. (TyV 431).

[39] Sie war damals 29 Jahre alt, von manchen als *„Furie und schreckliches Weib“*
charakterisiert, die sich sogar zur Gegenspielerin des Königs aufspielte; ihr
Gemahl, der das uneingeschränkte Vertrauen seines Königs genoss, war die
Klugheit in Person. (TyV 433).

[40] Es waren weniger als zwei, vom 8. Juni bis 22. Juli 1569, doch aufgrund der
Vorfälle dort werden sie ihr lang vorgekommen sein.

[41] F 17,6.

[42] Ruy Gómez und seine Frau.

ler-Brüder[43] errichtete, während ich P. Fray Antonio de Jesús,
der der erste[44] und jetzt in Mancera war, rufen ließ, damit er
mit der Gründung des Klosters begänne. Ich richtete ihnen
Habite und Mäntel her und tat alles, was ich konnte, damit sie
dann den Habit nähmen.[45]

15. Um diese Zeit hatte ich aus dem Kloster in Medina del
Campo schon um mehr Schwestern gebeten (denn ich hatte
nur zwei bei mir);[46] schon seit Tagen war hier ein Pater, der
zwar nicht alt, aber auch nicht mehr jung war, ein guter Prediger namens Baltasar de Jesús.[47] Als er erfuhr, dass dieses Kloster gegründet würde, kam er mit den Schwestern in der Absicht, Unbeschuhter zu werden, was er auch tat, als er ankam,
so dass ich Gott lobte, als er es mir sagte. Er gab P. Mariano
und seinem Gefährten die Habite als Laienbrüder,[48] denn auch
P. Mariano wollte nicht Priester sein, sondern als der Geringste
von allen eintreten, und selbst ich konnte da bei ihm nichts

---

[43] Eine interessante Formulierung, die zeigt, wie sehr Teresa das Einsiedlerleben
auf dem Berg Karmel als Ideal vorschwebte; tatsächlich hatte sie im *Weg der
Vollkommenheit* auch in bezug auf ihre Schwestern geschrieben: *„Der ganze
Lebensstil, den wir hier führen wollen, ist nicht nur der von Klosterschwestern,
sondern von Einsiedlerinnen"* (CE 20,1 bzw. CV 13,6), doch hat sie eine Verbindung von eremitischen Elementen mit Gemeinschaftselementen und definitiv
keine Einsiedlerinnen im strengen Sinn gewollt, und auch die Errichtung von
Eremi – Einsiedlerkonventen bei den Brüdern gehört nicht zu ihrer Ursprungs-
inspiration für diese.
[44] Hier nennt Teresa Antonio de Jesús den ersten!
[45] Bei der Einkleidung am 9. Juli 1569 legte Teresa ihnen selbst die Habite an,
was Isabel de S. Domingo zu Protokoll gibt (BMC 19,500).
[46] Aus Medina del Campo ließ sie Isabel de San Jerónimo (Ureña) und Ana
de Jesús (Contreras) kommen, und aus dem Menschwerdungskloster in Ávila
Jerónima de San Agustín.
[47] Baltasar Nieto (1524-1590), 1563 zu Sevilla in den Orden eingetreten, rebel-
lierte bei der Visitation 1566 zusammen mit seinen beiden Brüdern Gaspar
und Melchor gegen den Ordensgeneral, wich 1569 zu dem eben erst entstehenden Unbeschuhten aus und wurde dort gleich Oberer. Er erwarb sich die
Gunst des Fürsten Éboli, blieb aber Zeit seines Lebens ein Intrigant und un-
ruhiger Geist, der sowohl mit Jerónimo Gracián als auch mit Nicolás Doria
Probleme hatte. (DST 747f.)
[48] Da irrt sich Teresa, denn das hat sie selbst gemacht; sie hat das wohl mit der
Profess im folgenden Jahr verwechselt. (TyV 438, Anm. 456).

ausrichten. Später wurde er auf Anweisung unseres Hochwürdigsten Pater General zum Priester geweiht.[49] Nachdem beide Klöster gegründet waren und P. Antonio de Jesús da war, begannen Novizen einzutreten – über einige von ihnen wird dann noch etwas gesagt werden –, und unserem Herrn so echt zu dienen, wie das mal einer, der das besser kann als ich, schreiben wird, falls es dem Herrn gefällt; denn in diesem Fall fasse ich mich kurz.[50]

16. Was die Schwestern anbelangt, erfuhr deren dortiges Kloster von diesen Herrschaften große Gunst, und von Seiten der Prinzessin viel Zuwendung in Form von Geschenken und guter Behandlung, bis die Prinzessin nach dem Tod des Fürsten Ruy Gómez, hochgradig über seinen Tod verstört, dort eintrat, verursacht durch den Bösen oder vielleicht auch, weil der Herr es erlaubt hat (seine Majestät weiß warum).[51] Bei dem Leid, das sie durchmachte, konnte ihr all das, was mit dem Leben in Zurückgezogenheit zu tun hatte, an die sie nicht gewohnt war, nicht sehr zusagen, und aufgrund des Konzils konnte die Priorin ihr die Freiheiten, die sie haben wollte, nicht erlauben.[52]

17. Sie kam mit der Priorin und allen Schwestern so übers Kreuz, dass diese, auch nachdem sie den Habit abgelegt hatte und wieder zu Hause war, ihren Unmut erregten, und die armen Schwestern in solche Unruhe versetzt wurden, dass ich auf

---

[49] Das geschah in der Fastenzeit des Jahres 1574.

[50] Zunächst hatte sie geschrieben „in diesem Fall fasse ich mich immer kurz", doch dann immer gestrichen.

[51] Am 29. Juli 1573 war der Fürst gestorben, und in ihrer Trauer trat die 33jährige Prinzessin sofort ins Kloster ein, was natürlich nicht gut gehen konnte. Dies ist eine von vielen Stellen, an denen Teresa den Einfluss des Bösen, den man damals überall am Werk sah, bewusst relativiert; vgl. V 25,22; F 4,2; CE 68,4; 4M 1,14; Ct 377,2f.; usw.

[52] Wegen der Klausurbestimmungen, die das Konzil von Trient erlassen hatte. Teresa übt sich in vornehmer Zurückhaltung, wenn sie nur Differenzen wegen der Klausur als Grund angibt; in Wirklichkeit hatte die verstörte Prinzessin die Schwestern so drangsaliert, dass ein normales Ordensleben kaum noch möglich war.

allen möglichen Wegen versuchte und dabei die Oberen bestürmte, das Kloster von dort wegzuverlegen und in Segovia
eines zu gründen, wie das später berichtet wird.[53] Sie zogen
nach dorthin um und ließen alles, was die Prinzessin ihnen
gegeben hatte, zurück, nahmen aber die paar Schwestern mit,
die auf deren Anordnung hin ohne alles aufgenommen worden
waren.[54] Die Betten und Kleinigkeiten, die die Schwestern mitgebracht hatten, nahmen sie ebenfalls mit, die Leute des Ortes
ließen sie allerdings voll Trauer zurück. Ich jedoch erlebte die
größte Freude der Welt, als ich sie nun unbehelligt wusste,
denn ich war gut informiert, dass sie an dem Ärger der Prinzessin ganz schuldlos waren, im Gegenteil, in der Zeit, als sie den
Habit trug, waren sie ihr zu Diensten wie sie es zuvor hatte.
Der Anlass war nur das, was ich gesagt habe,[55] sowie der
Schmerz, den diese Dame verspürt hat, aber auch eine Kam-
merzofe, die sie mitgebracht hatte, die – nach dem, was man
weiß – die ganze Schuld hatte.[56] Doch letztendlich, der Herr
hat es zugelassen. Er wird wohl gesehen haben, dass dieses
Kloster dort nicht hinpasste, sind doch seine Ratschlüsse großartig und gegen alle unsere Einsichten.[57] Ich hätte mich nur
durch meine nicht daran gewagt, sondern nur aufgrund des
Gutachtens von Personen mit Studien und Heiligkeit.[58]

---

[53] F 21.

[54] D. h. ohne Mitgift, dafür umso mehr auf Drängen der Prinzessin.

[55] In F 17,16 über die Verpflichtung zur Klausur usw. Die Prinzessin verließ das
Kloster im Januar 1574, die Schwestern gingen vom 6. bis 8. April von Pastrana
weg. Man bedenke, dass die Prinzession zu dieser Zeit Teresas *Vida* in Händen
hatte und sich mit ihren Zofen darüber lustig machte, sie damit aber 1574/75
bei der Inquisition anzeigte.

[56] Teresa versucht, die Prinzessin zu entschuldigen, wie sie es in F 31,42 auch mit
dem Erzbischof von Burgos, Cristóbal Vela, tun wird.

[57] Eine erneute Anspielung auf Weish 17,1; vgl. F 17,10.

[58] Eine Anspielung auf die Anfänge dieser Gründung, die ihr total widerstrebte und nur durchgeführt wurde, weil ihr Beichtvater ihr dazu geraten hatte
(F 17,3f.).

KAPITEL 18

Sie berichtet von der Gründung des Klosters zum hl. Josef
in Salamanca im Jahre 1570. Sie gibt
einige wichtige Ratschläge für die Priorinnen.[1]

1. Nach Abschluss dieser beiden Gründungen kehrte ich in die Stadt Toledo zurück, wo ich einige Monate blieb, bis es zum Kauf des schon erwähnten Hauses kam, und alles in Ordnung war.[2] Als ich gerade damit befasst war, schrieb mir der Rektor der Gesellschaft Jesu in Salamanca[3] und teilte mir mit, dass dort sehr gut eines von diesen Klöster hinpasste, und nannte mir Gründe dafür, wiewohl ich zurückhaltend war, dort ein Kloster in Armut zu gründen, da der Ort sehr arm war. Doch als ich bedachte, wie sehr Ávila das auch ist, und dort nichts fehlt (noch glaube ich, dass es Gott dem fehlen lassen wird, der ihm dient, vorausgesetzt, dass die Dinge so geordnet sind, wie es der Fall ist, und es wenige sind und sie sich mit ihrer Hände Arbeit voranbringen), entschloss ich mich, es zu tun. Nachdem ich von Toledo nach Ávila gekommen war,[4] besorgte ich von dort aus die Erlaubnis des Bischofs, der damals ... war,[5] der es so gut machte, dass er sie sofort gab, als Pater Rektor ihn über diesen Orden informierte, und dass es ein Dienst für Gott wäre.

---

[1] Dieser Nachsatz wurde von Teresa später angefügt, wahrscheinlich als sie nochmals alles durchgelesen hat.

[2] Sie kam am 21. Juli 1569 wieder nach Toledo zurück, im Mai 1570 zogen sie in das mit dem Geld der Ramírez gekaufte Haus um (F 15,17).

[3] Martín Gutiérrez, geboren 1524 en Almodóvar del Campo, wurde 1573 auf dem Weg nach Rom in Frankreich durch Hugenotten umgebracht. Nacheinander Rektor verschiedener Jesuitenkollegien, wie Plasencia, Valladolid, Salamanca, war er ein Helfer und Freund Teresas, die einen *Gewissensbericht* (CC 13) an ihn richtete.

[4] Im August 1570.

[5] Teresa hat den Platz für den Namen frei gelassen und dann vergessen, ihn einzusetzen; es war Don Pedro González de Mendoza (1518-1574), ab 1560 Bischof von Salamanca, 1562/63 Konzilsvater in Trient, 1567 hat er Johannes vom Kreuz die Priesterweihe gespendet.

2. Mir war, als hätte ich das Kloster schon gegründet, als ich die Erlaubnis hatte, so leicht kam es mir vor, und so bemühte ich mich sofort, ein Haus zu mieten, was eine Frau für mich erledigte, die ich kannte.[6] Doch das war schwierig, da es nicht die Zeit zum Mieten war[7] und einige Studenten es belegt hatten, mit denen man aber dahingehend übereinkam, dass sie es uns gäben, sobald die, die einziehen sollten, da wären. Sie wussten nicht, wofür es sein sollte (und ich verwendete größte Sorgfalt darauf, dass man bis zur Besitzergreifung nichts erfahre, da ich schon Erfahrung habe, was der Böse anstellt, um die Entstehung eines solchen Klosters zu stören). Und obwohl ihm Gott bei diesem keine Erlaubnis gegeben hat, das bei seinem Entstehen zu tun, denn er wollte, dass es gegründet würde, sind die Prüfungen und Widersprüche, die zu bestehen waren, später so groß gewesen, dass sie noch immer nicht gänzlich beseitigt sind, wo doch jetzt, wo ich es niederschreibe,[8] schon einige Jahre seit der Gründung vergangen sind; und so glaube ich, dass man in ihm Gott sehr dient, denn der Böse kann es nicht leiden.

3. Nun, nachdem ich die Erlaubnis besaß und mir das Haus zugesichert war, brach ich im Vertrauen auf das Erbarmen Gottes dorthin auf (denn dort gab es niemanden, der mir angesichts des vielen, das für das Herrichten des Hauses nötig war, mit etwas hätte helfen können), und nahm, um es geheimer zu halten (denn das hielt ich für besser), nur eine Begleiterin mit,[9] um die anderen Schwestern erst zur Besitzergreifung zu holen; ich war nämlich durch das, was mir in Medina del Campo geschehen war, gewitzt, wo ich einen großen Auflauf erlebt hat-

---

[6] Beatriz Yáñez e Ovalle, die Ehefrau von Gonzaliáñez, eines Cousins ihres Schwagers Juan de Ovalle (TyV 474).

[7] Da das Studienjahr am 18. Oktober, dem Fest des hl. Lukas begann, war um diese Zeit (Ende Oktober) schon alles vermietet.

[8] Teresa schrieb das Ende 1574 nieder. (Vgl. Einführung S. 44.)

[9] María del Sacramento (Suárez), gebürtig aus Segovia, die bereits im Kloster der Menschwerdung war, als Teresa dort eintrat; sie starb 1589 (TyV 474, Anm. 36).

te.[10] Falls es nämlich zu einer Störung käme, dann hätte ich die Mühe allein mit nur einer Schwester durchzustehen, von der ich nun einmal nicht absehen konnte.[11] Wir kamen am Vorabend von Allerheiligen an,[12] nachdem wir einen guten Teil des Weges in der Nacht bei ziemlicher Kälte zurückgelegt und in einem Ort übernachtet hatten, wo es mir sehr schlecht ging.[13]

4. Ich schreibe bei diesen Gründungen nichts von den großen Beschwernissen der Reisen, bei Kälte, unter der Sonne, mit Schnee, der manchmal den ganzen Tag ununterbrochen fiel, andere Male verirrten wir uns, wieder andere Male litt ich an vielen anderen Plagen und Fieberanfällen, denn, zur Ehre Gottes sei es gesagt, normal ist, dass ich bei schlechter Gesundheit bin,[14] doch klar sah, dass unser Herr mir Kraft gab. Dabei geschah es mir einige Male, dass ich, wenn es zu einer Gründung ging, so viele Übel und Schmerzen verspürte, dass ich mich sehr ängstigte, da ich glaubte, noch nicht einmal in der Lage zu sein, in meiner Zelle zu bleiben, ohne mich hinzulegen, und dass ich mich an unseren Herrn wandte und unter Klagen zu Seiner Majestät sagte, warum er denn wolle, dass ich tue, was ich nicht könnte, doch Seine Majestät dann Kräfte gab, wenn auch nicht ohne Mühe, und ich bei dem Eifer, den er mir gab, anscheinend auf mich vergaß.[15]

---

[10] F 3,3.

[11] Ordensfrauen durften noch bis zum Zweiten Vatikanum aus Anstandsgründen nie alleine reisen, sondern mussten mindestens eine Mitschwester als Begleiterin haben.

[12] Am 31. Oktober 1570; bereits am nächsten Tag, 1. November, fand die Gründung des Klosters statt.

[13] Die Reise von ca. 60 km nahm anderthalb Tage in Anspruch. Sie übernachteten in Narros del Castillo, ca. 15 km vor Peñaranda de Bracamonte (TyV 475).

[14] Teresa erwähnt immer wieder gesundheitliche Probleme: *„Ich war bei so schlechter Gesundheit"* (F pról 2); *„Ich ging mit vielfältigen körperlichen Beschwerden dorthin"* (F 21,4; 27,17); *„bei der Herzschwäche, die ich habe"* (F 19,5); *„sehr hohes Fieber"* (F 24,7.8); *„es befiel mich eine so schwere Krankheit, dass man glaubte, ich würde sterben"* (F 29,1); vgl. V 4,10; CC 53,22.

[15] Vgl. F 27,17.

5. So weit ich mich daran erinnere, habe ich eine Gründung niemals aus Angst vor Mühen unterlassen, auch wenn ich besonders gegen die langen Reisen heftigen Widerwillen verspürte.[16] Doch sobald ich sie in Angriff nahm, kam es mir gering vor, da ich den Dienst sah, den ich leistete, und bedachte, dass in jenem Haus der Herr gelobt und das Allerheiligste Sakrament sein würde. Es ist für mich ein besonderer Trost, eine weitere Kirche zu sehen, wenn ich daran denke, wie viele die Lutheraner zerstören.[17] Ich weiß nicht, welche Prüfungen man im Gegenzug für ein solch großes Gut für die Christenheit fürchten sollte, mögen sie noch so groß sein. Auch wenn es viele von uns nicht wahrnehmen, dass Jesus Christus, wahrer Gott und wahrer Mensch, im Allerheiligsten Sakrament an vielen Orten zugegen ist, so sollte das für uns ein großer Trost sein.[18] Sicherlich, dieser überkommt mich oftmals im Betchor, wenn ich diese reinen Seelen beim Lobpreis Gottes sehe, denn

---

[16] Als Teresa das niederschrieb, Ende 1574, hatte sie schon acht Klöster gegründet, doch die weiteste Reise nach Sevilla stand ihr noch bevor (Mai-Juni 1575).

[17] Teresa meint die Hugenotten (Kalvinisten) Frankreichs, wobei jedoch hinter diesem religiösen Konflikt der andauernde Kampf zwischen Frankreich und Spanien um die Hegemonie in Europa zu sehen ist. Die religiöse Einfärbung erleichterte es den Monarchen, die Menschen zum Einsatz von Gut und Leben dafür zu gewinnen. Die „Lutheraner" – was auch immer Teresa darunter versteht – sind in ihrem Denken stark präsent: Sie spielen bei der Gründung von San José eine Rolle (V 32,6.9-10), das „Anwachsen dieser unheilvollen Sekte" verändert bestimmte Vorstellungen für ihre Gründung. Möglicherweise hat Teresa im Palast der Doña Luisa de la Cerda in Toledo, wo sie von Ende Dezember 1561 bis Juni 1562 weilte, von den Unruhen der Kalvinisten in Mittel- und Südfrankreich nach dem Edikt von Saint-Germain vom 17. Januar 1562 erfahren. Siehe dazu Einleitung S. 17-19. Die Lutheraner sind für sie „Häretiker"; vgl. auch CE 4,2; 58,2; 61,8; V 7,4; 21,1; 40,5.14; usw. Sie bezeichnet sie als „Verräter" und „unheilvolle Sekte" (CE 1,2), die Christus „von neuem ans Kreuz bringen" will (ebd.) und ein „Feuer" (CE/CV 3,1) entfacht, das „die Welt in Flammen" setzt (CE/CV 1,5). Deswegen sind sie „ein großes Übel" (CE/CV 3,1). Sie schaffen die Sakramente, vor allem die Eucharistie, ab, bringen Priester um, zerstören Kirchen, usw. (CE 4,2 bzw. CV 3,8; CE 58,2 bzw. CV 3,3; CV 35,1). All das zeigt ihre sehr begrenzte und einseitige Information über sie. Doch weiß sie auch, und damit steht sie damals fast allein da, dass man „mit Waffengewalt einem so großen Übel nicht abhelfen" kann (CE 3,1). Siehe dazu auch CE/CV 1,5 Anm.

[18] Ein klares Bekenntnis zur Lehre des Konzils von Trient über die Realpräsenz Christi in der Eucharistie, die von den Protestanten geleugnet wurde.

das ist in vieler Hinsicht nicht zu übersehen, so beim Gehorsam, aber auch wenn man ihre Zufriedenheit, die ihnen die Klausur und die Einsamkeit verschaffen,[19] und auch ihre Freude sieht, sobald sich für sie Anlässe zur Einübung des Ich-Sterbens ergeben. Wo der Herr den Priorinnen mehr Gnade gibt, um sie darin zu üben, finde ich größere Zufriedenheit vor, und es ist so, dass die Priorinnen eher müde werden, sie darin zu üben als sie im Gehorchen, denn niemals erschöpfen sich in diesem Punkt ihre Wünsche.

6. Auch wenn es nicht zur Gründung gehört, über die ich zu berichten begonnen habe, so bieten sich mir hier doch einige Dinge zum Thema des Ich-Sterbens, und vielleicht, Töchter, trifft es auf die Priorinnen zu, und damit ich es nicht vergesse, sage ich es jetzt.[20] Da es bei den Oberinnen unterschiedliche Begabungen und Tugenden gibt, möchten sie die Schwestern auf dem je eigenen Weg führen. Einer, die ihrem Ich schon weitgehend abgestorben ist, kommt alles, was sie anderen aufträgt, um ihren Willen zu beugen, so leicht vor, wie es ihr selbst fiele – vielleicht würde es aber gerade ihr sehr schwer ankommen. Darauf müssen wir gut achten, dass wir das, was uns hart ankommt, nicht anderen auftragen. Die Klugheit ist für die Leitung etwas Großartiges und bei diesen Dingen sehr notwendig, ich neige dazu zu sagen, mehr als bei anderen, denn die Sorgepflicht, die man für die Untergebenen hat, sowohl

---

[19] Teresas Hochschätzung der Klausur kommt vor allem daher, weil diese ihr einen Freiraum bot, wo sie mit ihren Schwestern so leben konnte, wie sie als Frauen das wollten. Siehe F 31,46. Den äußeren Freiraum erreicht sie durch die Übernahme der strengen Klausur mit Gittern und Mauern, in die auch die Beichtväter und Vikare nicht eintreten dürfen (siehe CE 8,6 mit der dortigen Anm.), den spirituellen durch die Privilegierung des inneren Betens gegenüber allen von Wohltätern aufgetragenen und bezahlten Gebetsverrichtungen (siehe dazu CE 1,5).

[20] Hier unterbricht sie ihren Gründungsbericht und fügt einige Hinweise über den klugen Umgang mit der Einforderung des Ich-Sterbens ein: *„Das, was uns hart ankommt, den anderen nicht auftragen"* (F 18,6); niemanden *„mit Brachialgewalt zur Vollkommenheit treiben, ... sondern behutsam vorgehen, bis der Herr es in die Hand nimmt"* (F 18,10), und *„mit Sanftheit"* vorgehen (F 18,7), *„gemäß der Begabung an Erkenntnis und Geist, die Gott ihnen gibt"* (F 18,8).

für ihre Innerlichkeit als auch für den äußeren Bereich, ist größer. Andere Priorinnen, die sehr geistvoll sind, finden ihren ganzen Geschmack am Verrichten von Gebeten. Kurzum, der Herr führt auf verschiedenen Wegen. Doch sollen die Priorinnen darauf achten, dass man sie nicht dorthin stellt, um sich den Weg nach ihrem Geschmack auszusuchen, sondern um ihre Untergebenen auf dem Weg ihrer Regel und Konstitutionen zu führen,[21] auch wenn es ihnen widerstrebte oder sie etwas anderes wollten.

7. Einmal war ich in einem dieser Häuser bei einer Priorin, die eine Freundin von Bußübungen war. Dahin führte sie alle. Es kam vor, dass sich der ganze Konvent bei den sieben Bußpsalmen, Gebeten und dergleichen an einem Stück die Disziplin gab.[22] Genauso ergeht es ihnen, wenn die Priorin sich ins Beten verliert, natürlich nicht in der Stunde des inneren Betens, sondern nach der Mette, wo sie dann den ganzen Konvent festhält, während es besser wäre, sie gingen zum Schlafen. Wenn sie, wie ich sage, eine Freundin des Bemühens um das Ich-Sterben ist, dann muss immer etwas los sein, und diese Schäflein der Jungfrau verstummen wie Lämmlein, was bei mir, sicher, Inbrunst und Beschämung, mitunter aber auch eine starke Versuchung hervorruft;[23] die Schwestern verstehen es aber nicht,

---

[21] Der wiederholte Hinweis auf die *Regel und Konstitutionen* soll zur einer möglichst großen Objektivität bei der Leitung führen, wobei Teresa da ihre eigenen Konstitutionen im Sinn hat. Siehe Teresa von Ávila, *Gedanken zum Hohenlied*, 385-439.

[22] Selbstgeißelungen, die damals zum selbstverständlichen Repertoire asketischer Übungen in allen Orden gehörten. Im Vergleich zu anderen zeitgenössischen Reformbewegungen fällt auf, dass Teresa in dieser Hinsicht sehr gemäßigt war, wie sich das gerade hier zeigt; ihr war das „innere Beten" – also die bewusste Pflege der persönlichen Gottesbeziehung – immer ein weit größeres Anliegen als asketische Strenge.

[23] Zu Teresas Lebenszeit gehörten Bußübungen zum Ordensideal, ja zum christlichen Lebensideal. Sie selbst hat in dieser Hinsicht eine Entwicklung durchgemacht und sich zunehmend vom asketischen Rigorismus reformierten Ordenslebens in Spanien distanziert. Ihr Verhältnis zu äußeren Bußübungen bleibt lange Zeit ambivalent. Einerseits wirft sie sich vor, wenig bußfertig zu sein, kokettiert mintunter sogar mit ihrer geringen Bußfertigkeit (V 24,2;

da sie alle in Gott versunken dahinleben; dabei fürchte ich um ihre Gesundheit und mir wäre es lieber, dass sie die Regel erfüllten, die genug zu tun aufgibt, und das andere mit Sanftheit geschähe.[24] Besonders das mit dem Bemühen um das Ich-Sterben ist ganz wichtig, und um der Liebe unseres Herrn willen mögen die Priorinnen darauf achten, denn in diesen Dingen sind die Klugheit und die Kenntnis der Veranlagungen sehr wichtig. Und wenn sie dabei nicht sehr umsichtig zu Werke gehen, werden sie ihnen statt Nutzen großen Schaden zufügen und sie in Beunruhigung stürzen.

8. Sie sollen bedenken, dass das mit dem Bemühen ums Ich-Sterben keine Verpflichtung ist; und das müssen sie als erstes beachten.[25] Auch wenn das für die Seele sehr nötig ist, um Freiheit und hohe Vollkommenheit zu erlangen, so geht das nicht auf die Schnelle, sondern sie mögen jeder ganz allmählich helfen, gemäß der Begabung an Erkenntnis und Geist, die Gott ihnen gibt. Vielleicht scheint ihnen, dass es dazu keiner Einsicht bedarf, doch sie täuschen sich, denn es gibt solche, denen es Mühe kostet, bevor sie dahin kommen, dass sie die Vollkommenheit, ja selbst den Geist unserer Regel verstehen, und vielleicht sind sie später dann die Heiligsten. Denn sie wissen nicht, wann es richtig ist, sich zu entschuldigen und wann nicht, und andere Kleinigkeiten, die sie mit Leichtigkeit erledigten, wenn sie es verstanden hätten, doch schaffen sie es nicht, sie zu verstehen, und, was das Schlimmste ist, sie glauben noch nicht einmal, dass so etwas Vollkommenheit ist.

CC 1,7; 20; 57; usw.); andererseits durchschaut sie die oft dahinter stehende Egozentrik und Leistungsfrömmigkeit: *„Als ich einmal an den Schmerz dachte, den es mir bereitete, Fleisch zu essen und nicht Buße zu tun, verstand ich, dass es manchmal mehr Eigenliebe war als Verlangen nach Buße"* (CC 57); vgl auch CC 20; 66,2.

[24] Ein erneuter ausdrücklicher Hinweis auf die teresianische Sanftheit (*suavidad*).

[25] Damit hebt sich Teresa wieder einmal von den Reformidealen im damaligen Kastilien ab, für die gerade die *mortificación* in From von aufsehenerregenden Buß- und Fastenübungen, sowie Geißelungen unverzichtbar waren, da ja immer der Gedanke mitspielte, sich dadurch Gottes Gunst verdienen zu müssen.

9. Es gibt eine in diesen Häusern, eine von den größten Dienerinnen Gottes, sofern ich das erfassen kann, reich an Geist und Gnadengaben, die Seine Majestät ihr gewährt, sowie an Bußgeist und Demut, und doch versteht sie einige Punkte der Konstitutionen durchaus nicht. Die Schuldanklage im Kapitel[26] scheint ihr wenig mit Liebe zu tun zu haben, und sie sagt, wie man denn überhaupt etwas über die Schwestern sagen kann, und andere ähnliche Dinge. Ich könnte da einiges über etliche Schwestern, große Dienerinnen Gottes, sagen, die ich in anderen Dingen denen überlegen sehe, die das gut verstehen. Die Priorin soll nicht glauben, dass sie die Seelen sofort kennt. Das stelle sie Gott anheim, der der einzige ist, der es verstehen kann, und bemühe sich, jede dorthin zu führen, wo Seine Majestät sie hinführt,[27] vorausgesetzt sie fehlt nicht im Gehorsam und nicht in wesentlichen Punkten der Regel und Konstitutionen. Diejenige, die sich von den elftausend Jungfrauen verbarg, hat es deswegen nicht verpasst, eine Heilige und Martyrin zu werden, ja vielleicht litt sie mehr als die anderen Jungfrauen, weil sie allein zum Martyrium gelangt ist.[28]

10. Um nun wieder auf das Ich-Sterben zu kommen: Da trägt die Priorin einer Schwester, um sie zum Ich-Sterben zu führen, etwas auf, das ihr selbst zwar leicht, jener aber schwer fällt, und vorausgesetzt sie tut es, gerät sie so in Unruhe und Anfechtung, dass es besser gewesen wäre, man hätte es ihr nicht

---

[26] Eine Anspielung auf das sog. Schuldkapitel, bei dem es gemäß den *Konstitutionen* darum ging, *„die eigenen Verfehlungen und die ihrer Schwestern vorzutragen"* (Cs 43). Diese Einrichtung war nicht typisch für Teresa; es gab sie in nahezu allen Klöstern.

[27] Wie für Johannes vom Kreuz (siehe LB 3,46) ist auch für Teresa Gott der eigentliche geistliche Führer.

[28] Eine Anspielung auf die Legende von der hl. Ursula mit ihren 11.000 Gefährtinnen, eine der Lieblingsheiligen Teresas, Anführerin einer Schar von „elftausend Jungfrauen", die in Köln das Martyrium erlitten haben sollen. Ihr Gedenktag wird am 21. Oktober begangen. Die Zahl „elftausend" kam durch einen Lesefehler zustande: Aus „XI M", wobei „M" für *„martyres – Märtyrinnen"* steht, wurde elftausend, denn bei den römischen Ziffern bedeutet „M" tausend. Siehe Es 8.

aufgetragen. Daran sieht man gleich, dass die Priorin achtsam sein muss, um sie nicht mit Brachialgewalt zur Vollkommenheit zu treiben,[29] sondern darüber hinwegsehen und behutsam vorgehen soll, bis der Herr es in die Hand nimmt, damit das, was man zu ihrem Nutzen tut (wo sie ohne jene Vollkommenheit auch schon eine sehr gute Schwester wäre), nicht zur Quelle von Beunruhigung und geistlicher Verdrossenheit werde, was etwas ganz Schreckliches ist. Wenn sie auf die anderen schaut, wird sie nach und nach das machen, was die anderen tun, wie wir gesehen haben, und wenn nicht, dann wird sie auch ohne jene Tugend gerettet. Ich kenne eine von ihnen, die ihr ganzes Leben diese in hohem Maße besaß und unserem Herrn Jahre lang und auf viele Weise gedient hat, aber etliche Unvollkommenheiten und Empfindungen aufweist, derer sie sich oft nicht erwehren kann; darüber jammert sie sich bei mir aus und nimmt es zur Kenntnis. Ich denke, dass Gott sie in diese Fehler fallen lässt – ohne Sünden, die es bei ihr nicht gibt –, damit sie demütig wird und vor Augen geführt bekommt, dass sie nicht ganz vollkommen ist. So werden einige das Bemühen um das Ich-Sterben in großem Stil leben, und je mehr man ihnen davon aufträgt, desto mehr werden sie es genießen, da der Herr ihnen schon Kraft in die Seele gelegt hat, um ihren Willen hinzugeben; andere werden so etwas nicht einmal in kleinem Stil fertig bringen, und es wird sein, wie wenn man einem Kind zwei Sack Weizen aufbürdet: es wird sie nicht nur nicht tragen, sondern zusammenbrechen und zu Boden stürzen. Meine Töchter – ich spreche zu den Priorinnen –, verzeiht mir, doch diese Dinge, die ich bei einigen gesehen habe, veranlassen mich, dabei so ausführlich zu werden.

11. Auf etwas anderes weise ich euch noch hin, und das ist sehr wichtig, dass ihr, auch wenn es zur Prüfung des Gehor-

---

[29] Ähnlich Johannes vom Kreuz: *„Wer hätte je erlebt, dass man die Tugenden und die göttlichen Dinge mit Stockschlägen und Härte einbläut!"* (*Geistliche Leitsätze* 15).

sams geschieht, niemals etwas auftragt, was bei der Ausführung eine lässliche Sünde sein kann; von einigen Fällen habe ich erfahren, dass es sogar eine Todsünde gewesen wäre, wenn sie es ausgeführt hätten. Sie zumindest werden bei ihrer Unschuld gerettet, aber die Priorin nicht, denn niemand garantiert ihr, dass man es nicht sofort ausführt. Da sie nämlich hören und lesen, was die Heiligen in der Wüste getan haben, erscheint ihnen alles in Ordnung, sobald es ihnen aufgetragen wird, zumindest, dass sie es ausführen.[30] Doch auch die Untergebenen seien darauf hingewiesen, dass sie etwas, das eine Todsünde wäre, keinesfalls tun können, ob es ihnen nun aufgetragen oder nicht aufgetragen wird,[31] außer es handelt sich darum, die Messe oder die Fasten der Kirche oder so etwas zu unterlassen, denn für so etwas könnte die Priorin Gründe haben. Aber sich in einen Brunnen zu werfen und Dinge dieser Art, ist etwas Schlechtes, denn niemand darf davon ausgehen, dass Gott ein Wunder wirken könnte, wie er es bei den Heiligen tat. Es gibt vieles, in dem der vollkommene Gehorsam geübt werden kann.[32]

12. Alles, was nicht mit diesen Gefahren verbunden ist, finde ich lobenswert. So bat einmal eine Schwester in Malagón um die Erlaubnis, eine Disziplin[33] machen zu dürfen, worauf ihr die Priorin (die sie wohl schon öfters gebeten hatte) sagte: „Lassen Sie mich in Ruhe!" Doch als sie darauf bestand, sagte sie ihr: „Gehen Sie spazieren und lassen Sie mich in Ruhe!" Die Schwester ging in aller Seelenruhe einige Stunden spazie-

---

[30] Der damaligen Vorstellung zufolge, die dem Gehorsam als solchem – eben auch dem blinden Gehorsam – einen sehr hohen Stellenwert beimaß. Die kritische Hinterfragung unerleuchteter Nachahmung der Heiligen mutet modern an; heute würde man von Kontextualisierung sprechen. Allerdings wurde und wird Teresa bis heute immer wieder selbst ein Opfer der hier von ihr kritisierten Interpretation der Heiligkeit.

[31] Teresa redet also keinem Kadavergehorsam das Wort!

[32] Dabei denkt sie vor allem an die sozialen Tugenden, also Haltungen, die für das Zusammenleben der Schwestern wichtig sind.

[33] Selbstgeißelung als asketische Übung; vgl. Anm. zu F 6,5.

ren, bis eine Mitschwester sie fragte, wieso sie denn so lange da herumlaufe oder so ähnlich, worauf sie antwortete, dass man ihr das aufgetragen habe. Inzwischen wurde zur Mette[34] geläutet, und als die Priorin fragte, warum sie nicht da sei, sagte die andere, was los war.[35]

13. Von daher ist es nötig, wie ich ein andermal schon gesagt habe,[36] dass die Priorinnen bei Schwestern, bei denen sie schon gesehen haben, dass sie so gehorsam sind, achtgeben, was sie tun. Eine Schwester zeigte ihrer Priorin eines Tages einen von diesen großen Würmern und sagte ihr, doch herzuschauen, wie niedlich der sei. Im Scherz sagte die Priorin: „Dann essen Sie ihn doch." Sie nahm ihn, um ihn schön zu braten. Die Schwester in der Küche fragte sie, warum sie ihn denn brate; sie antwortete ihr, um ihn zu essen; und das wollte sie tatsächlich machen; und während ihr das hätte sehr schaden können, war es der Priorin schon entfallen. Ich freue mich, wenn die Schwestern im Zusammenhang mit dem Gehorsam eher übertreiben, da mir diese Tugend besonders am Herzen liegt, und so habe ich alles, was ich konnte, veranlasst, dass sie ihn besitzen. Doch nützte es mir wenig, wenn der Herr in seinem übergroßen Erbarmen nicht die Gnade gegeben hätte, dass im allgemeinen alle die Neigung dazu haben. Gebe es Seine Majestät, das sehr voranzubringen. Amen.

---

[34] Die nächtliche Gebetszeit, die in den teresianischen Schwesternklöstern nach der Komplet gebetet wurde; siehe F 14,7 mit Anm.
[35] In diesem und dem folgenden Beispiel ist die Ironie unüberhörbar; auch diese humorvollen Geschichten haben also wieder einen doppelten Boden: Vordergründig zeigt sich die Autorin zwar mit der damals gängigen Überhöhung des Gehorsams konform, zugleich relativiert sie ihn jedoch, indem sie zeigt, zu welchen Auswüchsen unkluge Übertreibungen führen können.
[36] F 16,3.

KAPITEL 19

*Sie fährt mit der Gründung des Klosters zum hl. Josef
in der Stadt Salamanca fort.*

1. Weit bin ich abgeschweift.[1] Wenn sich mir etwas anbietet, von dem der Herr will, dass ich es durch eigene Erfahrung erkannt habe, dann fällt es mir schwer, nicht darauf einzugehen. Doch könnte es ja sein, dass das, was ich für gut halte, es auch wirklich ist.[2] Holt euch, Töchter, immer Auskunft bei einem, der studiert ist, denn da findet ihr mit Besonnenheit und Wahrheit den Weg der Vollkommenheit.[3] Das haben besonders die Oberinnen nötig, wenn sie ihr Amt gut ausüben wollen, dass sie bei einem Studierten beichten (wenn nicht, werden sie nämlich viele Fehler machen und noch glauben, es sei Heiligkeit), und dass sie auch dafür sorgen, dass ihre Schwestern bei einem mit Studien beichten.[4]

2. Nun also, am Vorabend von Allerheiligen in dem genannten Jahr, kamen wir mittags in der Stadt Salamanca an.[5] Von einer Herberge aus versuchte ich einen guten Mann von dort aufzuspüren, einen großen Diener Gottes, dem ich aufgetragen hatte, dass er mir das Haus frei machen sollte; sein Name ist Nicolás Gutiérrez.[6] Er hatte sich durch sein gutes Leben in

---

[1] Mit diesem Bericht hatte sie bereits in F 18,1-3 begonnen, ihn dann aber ab F 18,6 mit den *Ratschlägen für die Priorinnen* unterbrochen.

[2] Damit wirbt Teresa unter Berufung auf ihre Erfahrung um Zustimmung bei ihren Schwestern, ähnlich wie in V 8,5 und an vielen weiteren Stellen.

[3] *Perfección* siehe Anhang I. Den Ausdruck „Weg der Vollkommenheit", damals der Standardausdruck für den „geistlichen Weg", verwendet die Autorin bereits in ihrer *Vida* (V 15,13; 30,tít); unter diesem Titel, der allerdings nicht von Teresa selbst stammt, sollte auch ihr zweites Werk (1566) bekannt werden.

[4] Bereits in ihrer *Vida* hat sie auf die Bedeutung theologisch gebildeter Beichtväter hingewiesen; siehe V 5,3; 13,16.18f; 17,8; 25,14. Vgl. ferner CE 3,6; 8,2; Es 6,2.

[5] Das war am 31. Oktober 1570. Siehe F 18,3.

[6] Ein Kaufmann aus Salamanca und großer Wohltäter Teresas. Von seinen zehn Kindern waren sechs Töchter ins Menschwerdungskloster in Ávila eingetreten, fünf von ihnen traten in Teresas Neugründung über (TyV 473.841 Anm. 24).

den zahlreichen Prüfungen, die er durchgemacht hat, von Seiner Majestät Frieden und große innere Ruhe erworben, und großen Wohlstand erlebt, war aber nun sehr arm geworden, ertrug es jedoch mit eben solcher Freude wie den Reichtum. Er setzte sich für diese Gründung mit großer Hingabe und Bereitwilligkeit sehr ein. Als er nun kam, sagte er mir, dass das Haus noch nicht frei sei, da er es bei den Studenten noch nicht geschafft hätte, dass sie aus dem Haus gingen. Ich sagte ihm, wie wichtig es wäre, dass sie es uns bald gäben, noch bevor man dahinter käme, dass ich bereits vor Ort sei; denn immer geht in mir die Angst um, dass nicht noch etwas Störendes dazwischenkommt, wie ich schon gesagt habe.[7] Er ging zu der Person, der das Haus gehörte, und arbeitete so fest darauf hin, dass sie es an jenem Nachmittag noch frei machten. Bei Anbruch der Nacht zogen wir ein.

3. Es war das erste Haus, das ich gründete, ohne das Allerheiligste Sakrament einzusetzen; denn ich hatte geglaubt, dass es keine Besitzergreifung sei, wenn man es nicht einsetzte, habe aber erfahren, dass das keine Bedeutung hätte,[8] was mich angesichts der Hinterlassenschaft der Studenten sehr beruhigte. Da es bei ihnen wohl nicht auf solche Sauberkeit ankommt, befand sich das ganze Haus in einem solchen Zustand, dass in jener Nacht nicht wenig zu richten war. Anderntags wurde in der Frühe die erste Messe gefeiert, während ich dafür sorgte, dass man mehr Schwestern holte, die aus Medina del Campo kommen sollten. In der Nacht von Allerheiligen waren meine Gefährtin und ich allein. Ich sage euch, Schwestern, dass ich lachen möchte, wenn ich an die Angst meiner Gefährtin denke; es war María del Sacramento, eine Schwester, die älter war als ich und eine große Dienerin Gottes.[9]

---

[7] In F 3,6; 18,2.
[8] Vgl. F 3,9 mit Anm.
[9] Zu ihr siehe F 18,3.

4. Das Haus war sehr groß, aber heruntergekommen, und hatte viele Dachkammern; meiner Gefährtin gingen die Studenten überhaupt nicht mehr aus dem Sinn, denn sie meinte, dass sich irgendeiner darin versteckt haben könnte, weil sie verärgert sein müssten, dass man sie aus dem Haus geschafft hatte.[10] Das hätten sie bei dem Platz, den es gab, gut machen können.[11] Wir schlossen uns in ein Zimmer ein, in dem Stroh war, denn das ist das erste, was ich bei der Gründung eines Hauses besorgte, weil uns wenigstens das Bett nicht fehlte, wenn wir das hatten. Darin schliefen wir in dieser Nacht mit zwei Decken, die man uns geliehen hatte. Anderntags liehen uns Schwestern, die in der Nähe wohnten, und die es, wie wir dachten, wohl vergrämen würde,[12] Bettzeug für die Gefährtinnen, die noch kommen sollten, und schickten uns Almosen. Sie hießen von der hl. Elisabeth, und die ganze Zeit, die wir in diesem Haus waren, erwiesen sie uns reichlich gute Werke und Almosen.

5. Als sich meine Gefährtin in jenem Zimmer eingesperrt sah, hatte sie sich wegen der Studenten offensichtlich ein bisschen beruhigt, wiewohl sie unentwegt noch voller Angst hin und herschaute; dabei muss ihr der Böse noch geholfen haben, sich Schreckgespenster auszumalen, um mich zu verwirren, denn bei der Herzschwäche, die ich habe, braucht es dazu gewöhnlich wenig. Ich sagte zu ihr, warum sie denn herumschaue, wo doch niemand hereinkommen könne. Sie sagte zu mir: „Mutter, ich denke gerade, was Ihr wohl allein machen würdet, wenn

---

[10] Unter diesen Studenten befand sich Juan Moriz, der spätere Bischof von Barbastro. 1611 wird er zu den Bischöfen gehören, die in Rom Teresas Seligsprechung forderten. Seit er ihretwegen das Haus hatte verlassen müssen, *„gehörte er zu ihren Verehrern"* (TyV 479).

[11] Das Haus verfügte über einen ziemlich großen Innenhof mit Balkon; heute gehört es den Dienerinnen des hl. Josef.

[12] Eine leise Anspielung auf die Eifersucht unter den Orden, die oft, besonders im Fall von Männerklöstern, der Neugründung Teresas mit Misstrauen begegneten. Siehe die Gründung in Segovia, F 21,8. Dieses Konkurrenzdenken hat auch Johannes vom Kreuz zu verspüren bekommen, wie sein Brief von Juni 1586 an Ana de San Alberto zeigt (Ep 5). Demgegenüber waren die „Isabeles" (Elisabethinnen), eine franziskanische Ordensgemeinschaft, hier wie auch in Alba de Tormes sehr hilfsbereit.

ich jetzt sterbe." Das erschien mir schlimm genug, wenn es dazu käme. Ich begann, ein bisschen darüber nachzudenken und
auch Angst zu empfinden; denn obwohl ich vor Leichen keine
habe, schlagen sie mir immer aufs Herz, auch wenn ich nicht
allein bin. Da das Gebimmel der Glocken noch dazukam,
denn es war ja, wie ich gesagt habe, Allerseelennacht,[13] hatte
der Böse ein leichtes Spiel, uns mit Kindereien den Kopf verlieren zu lassen. Sobald er merkt, dass man davor keine Angst
hat, denkt er sich andere Winkelzüge aus. Ich sagte zu ihr:
„Schwester, wenn es so weit ist, denke ich darüber nach, was
zu tun ist, doch lassen Sie mich jetzt schlafen." Da wir zwei
schlechte Nächte hinter uns hatten, nahm der Schlaf die Ängste schnell weg; anderntags kamen mehr Schwestern, womit sie
uns genommen wurden.[14]

6. Das Kloster bestand ungefähr drei Jahre in diesem Haus,
ich erinnere mich aber nicht mehr, ob es vier waren, denn es
blieb wenig Zeit, daran zu denken, weil man mich in die
Menschwerdung nach Ávila geschickt hat.[15] Denn niemals bin
ich von einem Kloster weggegangen und werde das auch nicht
tun, solange ich es nicht in einem eigenen und nach meiner
Vorstellung eingerichteten Haus in Zurückgezogenheit zurücklasse. Darin erwies mir Gott nämlich große Gunst, dass es mir
gefiel, bei der Mühe die erste zu sein, und ich alles bis ins
Kleinste für das Wohlergehen und die Einrichtung der Schwestern besorgte, wie wenn ich mein ganzes Leben in diesem
Haus leben müsste; und so bereitete es mir große Freude, wenn
ich sie bestens zurückließ. Es tat mir sehr leid, als ich merkte, was diese Schwestern hier erlitten, zwar nicht aus Mangel
an Lebensunterhalt (denn dafür trug ich von dort aus, wo ich

---

[13] Die Nacht vom 1. auf den 2. November 1570. Nach altem Volksglauben stiegen die „armen Seelen" (der Verstorbenen) an diesem Tag aus dem Fegfeuer
zur Erde auf, um sich für kurze Zeit von ihren Läuterungsqualen auszuruhen.
[14] Aus Medina del Campo kamen zwei Schwestern als Priorin und Subpriorin,
aus Valladolid eine und aus Ávila drei Novizinnen (TyV 483).
[15] Teresa hatte am 14. Oktober 1571 kraft Ernennung das Amt der Priorin im
Menschwerdungskloster zu Ávila angetreten; allerdings sind sich die Historiker über das genaue Datum nicht einig. Siehe TyV 511.

war,[16] Sorge, da das Haus für Almosen sehr abgelegen war),
sondern weil es ungesund war, denn es war feucht und sehr
kalt, was man nicht beheben konnte, weil es so groß war. Doch
das Schlimmste war, dass sie nicht das Allerheiligste hatten,
was bei der strengen Abgeschlossenheit nicht wenig Trostlosig-
keit bedeutet. Diese empfanden die Schwestern nicht, sondern
ertrugen alles mit Zufriedenheit, die einen den Herrn loben
ließ; einige sagten mir sogar, dass es ihnen unvollkommen
vorkäme, den Wunsch nach einem Haus zu haben, da sie dort
sehr zufrieden wären, sobald sie das Allerheiligste hätten.

7. Als der Obere[17] ihre Vollkommenheit sah, und wie sie sich
abplagten, hieß er mich, von Mitleid gerührt, aus der Menschwerdung zu kommen. Sie waren mit einem vornehmen Herrn
von dort[18] schon übereingekommen, dass er ihnen ein Haus
gäbe, doch war das so, dass man mehr als tausend Dukaten[19]
hätte ausgeben müssen, um einziehen zu können. Es gehörte
zu einem Familienerbe,[20] und obwohl die Erlaubnis des Königs
noch nicht beschafft war, blieb er dabei, dass er uns in es
übersiedeln ließe und wir Zwischenwände hochziehen könnten. Ich sorgte dafür, dass Padre Julián de Ávila (also der, von
dem ich gesagt habe, dass er bei diesen Gründungen mit mir
reiste,)[21] der mit mir gekommen war, mich begleitete,[22] und
wir das Haus besichtigten, um anzugeben, was zu tun war;
denn die Erfahrung bewirkte, dass ich mich auf diese Dinge
gut verstand.[23]

---

[16] Sie war im Menschwerdungskloster in Ávila.
[17] Gemeint ist der Apostolische Kommissar Pedro Fernández OP, der Teresa in
das Kloster der Menschwerdung zu Ávila geschickt hat.
[18] Ein gewisser Pedro de la Vanda.
[19] Siehe dazu Anm. zu F 15,6.
[20] *Mayorazgo.*
[21] F 3,2.
[22] *Me acompañase* – *mich begleitete* wird zum Verständnis ergänzt, denn Teresa
hat bei ihrem spontanen Stil wieder einmal einen Satz nicht vollendet (Anakoluth). Sie kam am 31. Juli 1573 aus dem Menschwerdungskloster in Ávila
nach Salamanca.
[23] Wieder verweist Teresa auf ihre Erfahrung, ähnlich wie in V 8,5.

8. Wir waren im August, und trotz aller größtmöglichen Eile waren sie bis Michaeli[24] dort (das ist der Tag, an dem dort Häuser vermietet werden), und noch war es bei weitem nicht fertig; doch da wir das, in dem wir waren, nicht für ein weiteres Jahr angemietet hatten, hatte es schon einen neuen Bewohner; sie trieben uns zu großer Eile an. Die Kirche war schon fast fertig verputzt. Jener vornehme Herr, der es uns verkauft hatte, war nicht da. Einige Personen, die uns wohlgesonnen waren, sagten, dass wir schlecht daran täten, so schnell auszuziehen; aber in einer Notlage kann man schlecht Ratschläge annehmen, wenn nicht auch der Ausweg mitgeliefert wird.

9. Wir zogen am Vortag von Michaeli um, kurz vor Morgengrauen. Es war schon bekannt gemacht, dass es am Festtag des hl. Michael sein sollte, und dass das Allerheiligste eingesetzt und die Predigt gehalten würde.[25] Nun gefiel es unserem Herrn, dass am Nachmittag des Tages, als wir übersiedelten, ein so starker Platzregen fiel, dass wir Schwierigkeiten hatten, die notwendigen Gegenstände hinüberzutragen. Die Kapelle war neu gebaut worden, doch war sie so schlecht gedeckt, dass es an den meisten Stellen hereinregnete. Ich sage euch, Töchter, dass ich mich an jenem Tag sehr unvollkommen erlebte. Da es schon bekannt gemacht war, wusste ich nicht, was tun, sondern zerriss mich geradezu und sagte zu unserem Herrn, eher vorwurfsvoll, dass er mir entweder nicht auftragen sollte, mich auf solche Werke einzulassen, oder aber diese Notlage beseitige. Nicolás Gutiérrez, der gute Mann, sagte mir mit seinem Gleichmut in aller Seelenruhe, wie wenn nichts wäre, ich solle mir doch keinen Kummer machen, Gott würde schon Abhilfe schaffen. Und so war es auch; denn am Tag des hl. Michael,

---

[24] 29. September. Dieser Tag war damals das Fest des Erzengels Michael, seit der Liturgiereform des Zweiten Vatikanischen Konzils ist er den drei Erzengeln Michael, Gabriel und Raphael geweiht.

[25] Es predigte der Franziskaner Fray Diego de Estella (1524-1578), der ab 1561 Hofprediger in Madrid war. Er war einer der berühmtesten Prediger Salamancas und einer der großen geistlichen Schriftsteller seiner Zeit.

just zu dem Zeitpunkt, als die Leute herbeikamen, brach die Sonne durch, was mich mit großer Ergriffenheit erfüllte; und ich sah, wie viel besser jener Gute daran getan hatte, auf unseren Herrn zu vertrauen als ich mit meinem Kummer.

10. Es gab viele Leute und Musik, und mit großer Feierlichkeit wurde das Allerheiligste eingesetzt. Und da dieses Haus an einem günstigen Platz liegt, wurde es bei den Leuten bekannt, und sie gewannen es lieb. Insbesondere war uns die Gräfin von Monterrey, Doña María Pimentel,[26] sehr gewogen, sowie eine Dame, deren Mann der Bürgermeister von dort war, mit Namen Doña Mariana. Gleich Tags darauf, damit unsere Freude über das Allerheiligste gedämpft würde, kommt der vornehme Herr, dem das Haus gehörte, so empört, dass ich mir mit ihm nicht zu helfen wusste, und der Böse schaffte es, dass er nicht zur Räson kam; denn alles, was mit ihm vereinbart war, erfüllten wir. Es nützte wenig, ihm das sagen zu wollen. Als ihm einige zuredeten, beruhigte er sich ein bisschen, doch dann änderte er seine Meinung wieder. Ich hatte mich schon entschlossen, ihm das Haus zu überlassen. Doch das wollte er auch nicht, denn er wollte, dass man ihm bald das Geld gäbe. Seine Frau (der es gehörte) hatte es verkaufen wollen, um zwei Töchter auszustatten,[27] und mit diesem Rechtstitel bat man um die Erlaubnis; das Geld wurde bei dem hinterlegt, der ihm genehm war.

11. Die Sache ist die, dass der Kauf noch nicht abgeschlossen ist, obwohl das schon drei Jahre her ist,[28] und ich weiß nicht,

---

[26] Die Gemahlin Alonsos de Zúñiga, des dritten Grafen von Monterrey, an deren Palast das neu erworbene Haus angrenzte. Teresa hielt sich einige Tage dort auf, und man schrieb ihr die Heilung der todkranken Tochter der Gräfin, María Pimentel de Fonseca, und der Frau des Erziehers der Söhne des Grafen, María de Artega, zu (TyV 495).

[27] Es stand also ein gesellschaftliches Problem dahinter, dass nämlich seine beiden Töchter mit einer standesgemäßen Aussteuer auszustatten waren, damit sie eine entsprechende Partie machen konnten. In F 20,3 wird Teresa dazu ihre ironischen Bemerkungen machen.

[28] Der Umzug war am 29. September 1573, so dass Teresa das nicht vor 1576 niederschrieb.

ob das Kloster dort bleiben wird (zu diesem Zweck habe ich das gesagt), ich meine, in jenem Haus, oder wo es enden wird.[29]

12. Das, was ich weiß, ist, dass die Schwestern in keinem der Klöster, die der Herr bisher nach dieser ursprünglichen Regel gegründet hat,[30] annähernd so viele Prüfungen erlitten. Es gibt hier dank des Erbarmens Gottes so gute, dass sie das alles mit Freude ertragen. Möge es Seiner Majestät gefallen, dass es sie voranbringe, macht es doch wenig aus, ein gutes Haus zu haben oder nicht zu haben, im Gegenteil, es tut sehr gut, wenn wir uns in einem Haus befinden, aus dem sie uns vertreiben können, da es uns daran erinnert, dass der Herr der Welt keines hatte. Nicht im eigenen Haus zu leben, wie man das bei diesen Gründungen erlebt, ist etwas, das uns einige Male geschehen ist; und wahr ist, dass ich niemals eine Schwester deswegen vergrämt gesehen habe. Möge es Seiner Göttlichen Majestät gefallen, dass uns dank seiner unendlichen Güte und Barmherzigkeit die ewigen Wohnungen nicht fehlen werden. Amen. Amen.

KAPITEL 20

In ihm wird über die Gründung des Klosters zu
Unserer Lieben Frau von der Verkündigung[1] berichtet,
das in Alba de Tormes ist. Das war im Jahre 1571.

1. Es waren noch keine zwei Monate seit der Besitzergreifung des Hauses in Salamanca am Fest Allerheiligen vergangen,[2] als ich von Seiten des Finanzverwalters des Herzogs von Alba und

---

[29] Tatsächlich wurde das Kloster 1582 von dort in die Häuser der Familie Suárez y Solís verlegt. Heute liegt es außerhalb Salamancas in Arenal del Ángel.

[30] Man beachte auch hier: Der Herr hat die Klöster gegründet.

[1] Eine Anspielung auf die Ankündigung der Geburt Jesu in Lk 1,26-38; das Fest Mariä Verkündigung wird am 25. März begangen.

[2] Am 1. November 1570.

seiner Frau bestürmt wurde, in jenem Städtchen eine Klostergründung durchzuführen. Ich hatte keine große Lust dazu, weil
sich für diesen kleinen Ort die Notwendigkeit ergab, es mit einem festen Einkommen auszustatten, wo ich doch mehr darauf
aus war, dass es kein solches hätte. P. Magister Fray Domingo
Báñez (mein Beichtvater, von dem ich zu Beginn dieser Gründungen gesprochen hatte),[3] der zufällig in Salamanca war, tadelte mich und sagte, dass es nicht gut wäre, deswegen von einem
Kloster abzusehen, wo doch das Konzil die Erlaubnis gäbe, feste
Einkünfte zu haben,[4] und dass ich das nicht verstünde; denn
es läge doch nicht daran, wenn die Schwestern nicht arm und
sehr vollkommen wären.

2. Bevor ich weitererzähle, möchte ich sagen, wer die Stifterin
war und wie der Herr sie dazu brachte, die Gründung durchzuführen. Teresa de Láiz,[5] die Stifterin des Klosters zur Verkündigung an Unsere Liebe Frau, war die Tochter vornehmer Eltern,
sehr adelig und von reinem Blut.[6] Weil sie nicht so wohlhabend
waren, wie es der Adel ihrer Eltern verlangte, hatten sie ihren
Wohnsitz in einem Ort namens Tordillos, das zwei Meilen[7] von
dem genannten Städtchen Alba entfernt liegt. Es ist wirklich
ein Jammer, dass die Dinge der Welt so auf Eitelkeit gebaut
sind, dass sie lieber die Beschränktheit an Unterweisung und

---

[3] Siehe F 3,5 mit Anm.

[4] Das gleiche Problem hatte sich ihr schon bei der Gründung von Malagón gestellt. Siehe F 9,2 mit Anm.

[5] Geboren in Tordillos bei Salamanca wird sie, wie Teresa erzählt, auf wunder-
same Weise zur Stifterin des Klosters in Alba de Tormes; bereitet der Mutter
Gründerin aber nicht wenig Probleme. Nach dem Tod Teresas glaubt sie sogar,
Ansprüche auf deren Leiche zu haben; sie starb 1583.

[6] In dieser Beifügung schwingt die ganze gesellschaftliche Problematik Kastiliens
zur Zeit Teresas mit. *Hijos de algo* oder *de alguién*, was zu Hidalgo wird, bedeutet *Sohn von jemand* mit Rang und Namen, also Adeliger. *Von reinem Blut – de
sangre limpia* bedeutet, nicht mit jüdischem oder maurischem Blut befleckt zu
sein, die höchste Auszeichnung, die es damals gab und in der gesellschaftlichen Einschätzung wichtiger war als der Adel, ein unverzichtbarer Bestandteil
der *honra*, des sozialen Prestiges. Siehe Einführung (S. 35f). Teresa stellt ihren
Vater zwar auf ähnliche Weise vor, lässt aber bezeichnenderweise den Hinweis
auf das reine Blut weg (V 1,1f.).

[7] Also ca. 11 km.

vielen anderen Dingen, die in diesen kleinen Orten gegeben ist, in Kauf nehmen wollen, wo die doch Mittel sind, um den Menschen Licht zu geben,[8] als auch nur in einem Punkt vom Ehrenkodex abzuweichen, der das, was sie Prestige[9] nennen, mit sich bringt.

3. Da die Eltern von Teresa de Láiz, als diese auf die Welt kam, schon vier Töchter hatten, bereitete es ihren Eltern großen Schmerz, als sie sahen, das es wieder eine Tochter war. Es ist doch wirklich zum Weinen, dass die Sterblichen, ohne zu wissen, was für sie das Beste ist, es anscheinend nicht dem überlassen wollen, der alles versteht und der sie erschuf, ja sich umbringen ließ, damit sie die Freude hätten, wo sie doch in völliger Unkenntnis sind über Gottes Ratschlüsse, und somit weder um die großen Güter, die ihnen von den Töchtern, noch um die großen Übel, die ihnen von den Söhnen zukommen können, wissen. Wie Menschen, deren Glaube eingeschlafen ist, machen sie keine Fortschritte mit Hilfe der Betrachtung,[10] noch denken sie daran, dass es Gott ist, der das so anordnet, um dann alles seinen Händen zu überlassen. Und wenn sie schon so blind sind, dass sie das nicht tun, zeugt es von geradezu krasser Unwissenheit, nicht einzusehen, wie wenig ihnen diese Sorgen nützen.[11] O mein Gott! Wie ganz anders werden wir diese Unwissenheiten an dem Tag einordnen, an dem man die Wahrheit aller Dinge[12] erkennen wird, und wie viele Väter wer-

---

[8] In der Einschätzung von Wissen und Bildung mutet diese Meinung Teresas geradezu modern an, dachte man doch bis in unsere Zeit hinein, dass wissenschaftliche, intellektuelle Tätigkeit mit der Lebensform der Karmelitinnen nicht vereinbar sei, weil sie zu sehr vom „Leben in der Gegenwart Gottes" ablenke; dafür seien intellektuell anspruchslose Arbeiten viel besser geeignet. Selbst Edith Stein war zunächst diesem Vorurteil aufgesessen (Brief vom 12. Februar 1928 [ESGA 2, Brief 60]).

[9] *Honra* siehe Anhang I.

[10] Siehe Anhang I.

[11] Ein Argument, das von Teresas Bodenständigkeit zeugt: Auch wer nicht aus religiösen Gründen das Geschlecht des Nachwuchses Gott überlässt, könnte doch zumindest nüchtern einsehen, dass ihm seine Sorgen nichts nützen.

[12] Vgl. F 22,6 mit Anm.

den sich in die Hölle hinabfahren sehen, weil sie Söhne hatten, und wie viele Mütter werden sich dank ihrer Töchter im Himmel einfinden![13]

4. Um nun wieder auf das zurückzukommen, was ich sagte: Es kam so weit, dass man das Kind, da ihnen wenig an seinem Leben lag, drei Tage nach seiner Geburt allein ließ, und zwar von früh bis spät, ohne dass sich jemand um es gekümmert hätte. Etwas allerdings hatten sie gut gemacht: Sie hatten es nämlich bei seiner Geburt von einem Priester taufen lassen.[14] Als dann Nachts eine Frau kam, die auf es aufmerksam geworden war, und erfuhr, was geschah, eilte sie herbei, um zu sehen, ob es schon tot sei; mit ihr sind noch einige Personen, die die Mutter besuchen kamen, Zeugen von dem geworden, was ich jetzt sagen werde. Die Frau nahm das weinende Kind in ihre Arme und sagte zu ihm: „Wie, meine Tochter? Du bist kein Christenkind?", mit dem Unterton, dass das wohl eine Grausamkeit wäre. Da hob das Kindchen den Kopf und sagte: „Doch, das bin ich." Dann sprach es kein Wort mehr bis zu dem Alter, in dem gewöhnlich alle reden. Die es hörten, waren verblüfft, doch von da an begann seine Mutter, es zu mögen und zu umhegen, und sagte vielmals, dass sie lange genug leben wollte, um zu sehen, was Gott aus diesem Mädchen machte. Sie erzog es zu einem ehrbaren Menschen und unterwies es in allen Tugenden.[15]

---

[13] In diesem ganzen Absatz bricht Teresa wieder einmal eine Lanze zugunsten der sonst zurückgesetzten Frau, die sie als die frömmere hinstellt. Ähnlich auch in V 40,8; CE 4,1.

[14] Hier klingt das damals große gesellschaftliche Problem der Findelkinder an. Siehe M. Fernández Álvarez, *Casadas, monjas, rameras y brujas,* 139-153. Eine Fallstudie über die in den Jahren 1590-1596 in Salamanca – damals eine Stadt mit ca. 20.000 Einwohnern – ausgesetzten Kinder, gibt eine Durchschnittsanzahl von 72 pro Jahr an, d.h. ein bis zwei Kinder pro Woche, von denen die meisten starben, und wenn sie überlebten, stand ihnen ein trauriges Los bevor. Die Gründe waren Angst vor der Schande, also die *honra*, Armut und – im Fall von Mädchen – Diskriminierung des Geschlechts. Doch sind sie immer getauft worden, bevor sie, meist vor der *Puerta del Perdón – dem Portal der Vergebung* der alten Kathedrale, ausgesetzt wurden.

5. Als die Zeit gekommen war, in der man sie verheiraten wollte, wollte sie nicht, noch verspürte sie den Wunsch dazu. Zufällig erfuhr sie aber, dass Francisco Velázquez um ihre Hand
anhielt, der als ihr Ehemann auch Stifter dieses Klosters ist.[16]
Und als man seinen Namen erwähnte, entschloss sie sich zu
heiraten, falls man sie mit ihm verheiraten würde, obwohl sie
ihn in ihrem Leben noch nie gesehen hatte.[17] Es hat jedoch der
Herr gesehen, dass das angemessen wäre, damit das gute Werk
geschähe, das beide vollbracht haben, um Seiner Majestät einen
Dienst zu erweisen. Denn abgesehen davon, dass er ein recht-
schaffener und reicher Mann ist, hat er seine Frau so gern, dass
er ihr in allem zu Gefallen ist, und das mit vollem Recht; denn
alles, was man von einer verheirateten Frau erwarten kann, gab
ihr der Herr in reicher Fülle. Außer der großen Sorgfalt, die
sie für ihr Haus aufwendet, ist sie so sittsam, dass sie es sehr
bedauerte, als die Quartiermacher des Herzogs von Alba einen
unverheirateten jungen Mann in ihrem Haus einquartierten,
nachdem ihr Gemahl sie nach Alba gebracht hatte, wo sie her-
stammte, so dass sie dieses Dorf zu verabscheuen begann;
denn wenn sie, jung und von gutem Aussehen, nicht so sittsam
gewesen wäre, hätte manch Schlimmes passieren können, so-

---

[15] Eine für eine sakralisierte, wundergläubige Gesellschaft typische Denkweise:
Wichtig ist, dass das Kind getauft ist; notfalls soll ein Wunder bewirken, dass
die Mutter ihre Pflichten ernst nimmt. Doch steckt hinter dieser Geschichte
mehr als nur barocke Wundersucht: In einem kirchlichen Kontext, in dem das
öffentliche Glaubenszeugnis bzw. die Verkündigung Frauen grundsätzlich verwehrt war, ist es nicht nur eine gesellschaftskritische, sondern auch eine klare
theologische Aussage, wenn Gott ein Mädchen schützt und es sogar als un-
mündiges Baby zu seiner Zeugin macht; vgl. dazu M. Frohlich, *Teresa: Story
Theologian and Transformer of Culture*, 2 ff.

[16] Aufgrund der von Teresa erwähnten beruflichen Tätigkeit wird klar, dass er
einen Converso-Hintergrund hatte. Er war gut bezahlter Finanzverwalter der
Universität Salamanca, wechselte aber Ende 1565 in einen ähnlichen Dienst
bei den Herzögen von Alba, was eine Verschlechterung seiner finanziellen Position bedeutete.

[17] Das entsprach der damaligen Praxis. Die Ehen wurden von den Familien
arrangiert, von einer Liebesheirat konnte nicht die Rede sein; diese ist eine
Errungenschaft der Aufklärung.

fern der Böse begonnen hätte, ihm schlechte Gedanken einzugeben.[18]

6. Da sie das durchschaute, bat sie ihren Mann, ohne ihm etwas davon zu sagen, er möge sie von dort wegholen, was dieser auch tat; er brachte sie nach Salamanca, wo sie sehr zufrieden und mit vielen Gütern dieser Welt gesegnet lebte, weil er ein Amt innehatte, aufgrund dessen alle den Wunsch hatten, ihnen zu willfahren, und sie umschmeichelten.[19] Doch quälte sie ein Leid, und das war, dass unser Herr ihnen keine Kinder gab, und damit er ihnen welche gäbe, verrichtete sie viele Andachten und Gebete, und nie flehte sie den Herrn um etwas anderes an, sondern nur, dass er ihnen Nachkommenschaft gäbe, damit diese nach Ablauf ihres Lebens Seine Majestät lobpreisen würden; denn es kam sie hart an, dass das mit ihr zu Ende gehen sollte und niemand da wäre, der nach ihrem Ableben Seine Majestät lobpreise.[20] Sie sagte mir, dass ihr niemals etwas anderes in den Sinn gekommen wäre, als nur dieser Wunsch, wo sie doch, wie ich gesagt habe,[21] eine ganz wahrhaftige und so christliche und rechtschaffene Frau ist, dass es mich zum Lobpreis unseres Herrn drängt, wenn ich ihre Werke sehe, und wie

---

[18] Dies entspricht ganz den damaligen (und in romanischen Ländern zum Teil noch heutigen) Erwartungen an eine gute Ehefrau, wie sie der erste Herausgeber der Werke Teresas, Luis de León, in seinem Werk *La perfecta casada (Die vollkommene Ehefrau)* formuliert: häuslich, sittsam und treu ihrem Mann ergeben. Im *Weg der Vollkommenheit* gibt Teresa noch deutlicher Einblick in die Stellung der Ehefrau, die sich in allem nach ihrem Mann zu richten und ihm zu dienen hatte, verpackt aber zugleich geschickt ihre Kritik in ihrem ganz anderen Gottesbild: *„So wie man sagt, dass sich eine Frau, die glücklich verheiratet sein möchte, zu ihrem Mann verhalten soll, dass sie sich nämlich traurig geben soll, wenn er traurig, und froh, wenn er froh ist – auch wenn sie es nicht ist –, so macht es der Herr in aller Wahrhaftigkeit ohne Verstellung mit euch: Er macht sich zum Untergebenen und will, dass ihr die Herrin seid und er sich nach eurem Willen richtet"* (CE 42,4). Vgl. ferner CE 38,1.
[19] Vom 17. Mai 1544 bis 1. Februar 1566 hatte er das Amt des Finanzverwalters an der Universität Salamanca inne.
[20] Eine auch für damalige Zeiten ungewöhnliche Begründung für den Wunsch nach Nachkommenschaft, die durch das unbewusste Bedürfnis, an sich natürliche Wünsche fromm zu verbrämen, eingegeben sein mag.
[21] F 20,5.

sie wünscht, ihn immer zufrieden zu stellen und es niemals zu unterlassen, die Zeit gut einzusetzen.

7. Wie sie jahrelang so mit diesem Wunsch umging und es dem hl. Andreas empfahl, der, wie man ihr gesagt hatte, der Anwalt dafür sei, sowie nach vielen weiteren Andachtsübungen, die sie vollbracht hatte, vernahm sie eines Nachts, als sie sich schon hingelegt hatte: „Hab lieber keine Kinder, denn das wird dein Verhängnis." Sie war ganz verblüfft und verängstigt, aber deswegen war ihr Wunsch doch nicht weg, denn ihr war nicht einsichtig, wieso ihr das zum Verhängnis werden sollte, da der Zweck doch so gut sei. Und so machte sie also damit weiter, unseren Herrn darum zu bitten. Vor allem dem hl. Andreas erwies sie besondere Verehrung. Als sie wieder einmal eben diesen Wunsch hegte, war es ihr, wobei sie nicht weiß, ob sie wach oder schlafend war (wie auch immer es gewesen war, an dem, was geschah, sieht man, dass es eine echte Vision war),[22] als befände sie sich in einem Haus, wo im Innenhof, unter dem Balkon, ein Brunnen war.[23] Und sie sah an jenem Ort eine Wiese und Gras mit so schönen weißen Blumen dazwischen, dass sie es so schön, wie sie es sah, gar nicht darzustellen vermag. Neben dem Brunnen erschien ihr der hl. Andreas in Gestalt einer sehr ehrwürdigen und anmutigen Person, deren Anblick ihr große Erquickung verschaffte, und sagte zu ihr: „Andere Kinder sind das als die, die du möchtest." Sie wollte nicht, dass der große Trost, den sie an diesem Ort empfand, zu Ende ging, doch er dauerte nicht lange an. Ohne dass ihr das jemand gesagt hätte, erkannte sie deutlich, dass jener Heilige der hl. Andreas war, und auch, dass es der Wunsch unseres Herrn war, dass sie ein Kloster errichtete. Von daher wird klar, dass es eine intellektuelle und zugleich auch eine imaginative Vision war, und dass

---

[22] Man beachte, wie Teresa sich beeilt, durch den Hinweis auf die Auswirkungen die Echtheit dieser Vision zu bezeugen, noch bevor sie deren Inhalt beschreibt.

[23] Den Brunnen gibt es heute noch, während der erwähnte Innenhof inzwischen verbaut wurde.

es weder ein Trugbild noch eine Täuschung des Bösen sein konnte.[24]

8. Erstens war es kein Trugbild wegen der großen Wirkung, die sie hatte, denn von jenem Zeitpunkt an wünschte sie sich nie mehr Kinder, sondern war in ihrem Herzen so gefestigt, dass das Gottes Wille sei, dass sie ihn nicht mehr darum bat noch sie ersehnte. So begann sie nachzudenken, welchen Weg sie wohl hätte, um das, was der Herr wünschte, auszuführen. Dass es nicht der Böse war, erkennt man sowohl an der Wirkung, die sie hatte (denn was von ihm kommt, kann nichts Gutes bewirken),[25] wie auch daran, dass das Kloster, wo unserem Herrn sehr gedient wird, schon gegründet ist, und auch daran, weil es mehr als sechs Jahre vor der Gründung des Klosters war, und er das Kommende ja nicht wissen kann.

9. Wie sie über die Vision so verblüfft war, sagte sie ihrem Mann, dass sie ein Kloster für Schwestern gründen sollten, da es Gott wohl nicht gefiele, ihnen Kinder zu geben. Da er so gut ist und sie so gern mag, freute er sich darüber, und sie begannen zu besprechen, wo sie es errichten sollten. Sie hätte es gern

---

[24] Unter einer imaginativer Vision versteht Teresa eine innere bildhafte Vorstellung, die sich dem Menschen ohne sein Zutun aufdrängt, unter intellektueller Vision eine intuitive innere Einsicht; siehe auch Anhang I. Bereits in ihrer *Vida* hatte Teresa gesagt, dass beide Arten *„fast immer in Verbindung miteinander"* auftreten (V 28,9). Als Begründung für die Behauptung, es könne sich weder um Einbildung noch um eine Täuschung durch den Bösen handeln, führt sie erneut die guten Auswirkungen an. Außerdem hatte Teresa bereits in ihrer *Vida* die Meinung vertreten, intellektuelle Visionen seien viel sicherer; siehe V 28,10.

[25] Ein sehr wichtiges Unterscheidungskriterium: *„Was von ihm kommt, kann nichts Gutes bewirken."* Zahlreich sind die *„Spitzfindigkeiten und Täuschungen, mit denen der Böse sie hintergeht."* (F 16,5). Im *Buch der Gründungen* präsentiert sie den Bösen als den Feind dieses Werkes Gottes: *„Er stört die Entstehung eines solchen Klosters"* (F 18,2); *„er stört alles"* (F 29,9); *„er ist … darüber, dass er nun ein weiteres Haus Gottes sah, verärgert"* (F 25,14); *„der Böse setzt alle seine Kräfte ein, um diese Gründung [Burgos] zu verhindern"* (F 31,11); er agiert auch gegen die Unbeschuhten: *„Der Böse hatte sich ja schon ins Zeug gelegt, dass alles daneben gegangen wäre"* (F 29,31); siehe auch V 30,7; 25.10.

an dem Ort gehabt, wo sie geboren wurde,[26] er hielt ihr aber zu Recht Hindernisse vor, damit sie verstünde, dass es dort nicht gut wäre.

10. Während sie mit Gesprächen darüber umgingen, ließ ihn die Herzogin von Alba rufen, und als er hinging, trug sie ihm auf, nach Alba zurückzukehren, um eine Aufgabe und ein Amt zu übernehmen, das sie ihm in ihrem Haus übertrug. Nachdem er das, was sie ihm auftrug, in Augenschein genommen und sie es ihm gesagt hatte, nahm er an, obwohl es von viel geringerer Bedeutung war als das, was er in Salamanca innehatte. Als seine Frau davon erfuhr, grämte sie das sehr, denn, wie ich schon gesagt habe,[27] hatte sie gegen diesen Ort eine Abneigung. Durch seine Zusicherung, dass man ihr niemals mehr einen Gast schicken würde, beruhigte sie sich ein bisschen, wiewohl es ihr noch sehr zuwider war, da sie viel lieber in Salamanca lebte. Er kaufte ein Haus und ließ sie kommen. Sie kam sehr bedrückt, was noch schlimmer wurde, als sie das Haus sah, denn es hatte kaum Nebengebäude, obwohl es in gutem Zustand und geräumig war, und so war sie die ganze Nacht sehr bedrückt. Als sie am Morgen des folgenden Tages in den Innenhof ging, sah sie auf derselben Seite, wo sie den hl. Andreas gesehen hatte, den Brunnen, und es kam ihr mehr oder weniger alles genauso vor, wie sie es gesehen hatte (ich meine den Ort, nicht den Heiligen, und auch nicht die Wiese oder die Blumen, wiewohl sie es sich in ihrer Vorstellung gut eingeprägt hatte und nach wie vor hat).

11. Als sie das sah, geriet sie in Verwirrung und kam zum Entschluss, dort das Kloster zu errichten, und war ganz getröstet und beruhigt, so dass sie gar nicht mehr woanders hingehen wollte; so begannen sie, noch mehr angrenzende Häuser dazuzukaufen, bis sie mehr als genug Platz hatten. Allmählich machte sie sich Gedanken, welcher Orden wohl in Frage käme,

---

[26] Also in Tordillos bei Alba de Tormes.
[27] F 20,5.

denn sie wollte, dass es nur wenige wären, die in großer Abgeschlossenheit lebten. Als sie mit zwei sehr guten und studierten Ordensleuten aus zwei verschiedenen Orden darüber sprach,[28] sagten ihr beide, dass es besser sei, andere gute Werke zu tun, denn von den Nonnen seien die meisten unzufrieden, und andere derartige Dinge.[29] Da es dem Bösen missfiel, wollte er es verhindern, und so ließ er sie glauben, dass die Gründe, die sie ihr nannten, stichhaltig wären. Und da sie so sehr darauf bestanden, dass es nicht gut wäre, brachte sie der Böse, der noch mehr dransetzte, um es zu verhindern, in Angst und Verwirrung und schließlich zum Entschluss, das Kloster nicht zu errichten. Das sagte sie ihrem Mann, so dass es ihnen gut schien, davon abzulassen, da so berufene Personen ihnen sagten, dass es nicht gut wäre, wo es doch ihre Absicht war, unserem Herrn zu dienen. Und so kamen sie überein, einen Neffen von ihr, den Sohn einer ihrer Schwestern, mit einer Nichte ihres Mannes zu verheiraten, und ihnen einen großen Teil ihres Vermögens zu geben, und im übrigen für ihre Seelen Gutes zu tun;[30] denn der Neffe war sehr rechtschaffen und unverheiratet, noch sehr jung an Jahren. Zu dieser bereits fest gefassten Meinung waren beide entschlossen.

12. Doch da unser Herr etwas anderes bestimmt hatte, nutzte ihnen ihre Absprache wenig; denn nicht einmal vierzehn Tage später überfiel ihn eine so heftige Krankheit, dass unser Herr ihn in nur ganz wenigen Tage zu sich holte. Sie war zutiefst davon überzeugt, dass ihr Entschluss, das aufzugeben, was nach Gottes Wille vollbracht werden sollte, um es ihm zu überlassen, die Ursache für seinen Tod sei, so dass sie große Angst be-

---

[28] In Alba de Tormes gab es Hieronymiten und Franziskaner (TyV 485).
[29] Eine interessante Bemerkung über das weibliche Ordensleben in einer Zeit, in der Klöster vielfach zu Versorgungsstätten für nachgeborene Töchter wurden. Ein gutes Beispiel ist das Menschwerdungskloster, wo es unter der großen Anzahl von Schwestern viele gab, die nur deshalb eingetreten bzw. von ihren Familien für das Kloster bestimmt worden waren, weil sich für sie keine entsprechende Heiratsmöglichkeit ergab. Siehe V 7,2 mit Anm.
[30] Letzteres bedeutet, Messen für ihr Seelenheil zu stiften.

kam. Sie erinnerte sich an den Propheten Jona (Jona 1,2) und daran, was ihm zugestoßen war, weil er Gott nicht gehorchen wollte, und meinte außerdem, dass Gott sie gestraft hätte,[31] indem er ihr den Neffen wegnahm, den sie so gern hatte. Von diesem Tag an war sie entschlossen, um nichts in der Welt etwas zu unterlassen, um das Kloster zu errichten, und ebenso ihr Mann, obwohl sie nicht wusste, wie sie es in die Tat umsetzen sollte. Denn ihr schien, dass Gott ihr genau das ins Herz gelegt hätte, was nun gemacht wurde, während jene, denen sie davon erzählte und ausmalte, wie sie sich das Kloster vorstellte, darüber lachten, weil sie meinten, dass sie das, was sie verlangte, niemals finden würde, insbesondere ein Beichtvater, den sie hatte, ein Bruder des hl. Franziskus, ein studierter und hervorragender Mann. Darüber war sie ganz untröstlich.

13. Zu dieser Zeit kam dieser Ordensbruder zufällig an einen bestimmten Ort, wo man ihm von diesen Klöstern Unserer Lieben Frau vom Karmel erzählte, die gerade gegründet wurden. Nachdem er sich gut informiert hatte, kehrte er zu ihr zurück und sagte ihr, dass er nun ausfindig gemacht habe, wie man das Kloster so gründen könnte, wie sie es wollte. Er sagte ihr, was dort vor sich ging, und dass sie es mit mir besprechen sollte. Und so machte sie es. Wir hatten große Mühe, zu einer Einigung zu kommen; denn ich habe immer danach gestrebt, dass die mit festen Einkünften gegründeten Klöster davon so reichlich hätten, dass die Schwestern nicht ihre Verwandten oder sonst wen bräuchten, sondern dass man ihnen das Nötige an Nahrung und Kleidung im Hause gäbe, und ebenso die Kranken sehr gut versorgt seien; wenn es ihnen nämlich am Nötigen fehlt, führt das zu vielen Missständen. Um viele arme Klöster ohne feste Einkünfte zu errichten, hat es mir nie an Mut und Vertrauen gefehlt, in der Gewissheit, dass Gott ihnen niemals fehlen würde, doch um sie mit festen Einkünften, und

---

[31] Entsprechend dem damals vorherrschenden Gottesbild, dass man sich Gottes Gunst verdienen musste.

dann noch geringen, zu errichten, fehlt mir alles; dann halte ich es für besser, überhaupt keine zu gründen.[32]

14. Schließlich kamen sie zur Vernunft und gaben für die Schwesternzahl genügend Einkünfte, und, was ich ihnen hoch anrechnete, sie verließen ihr eigenes Haus, um es uns zu geben, und zogen in ein anderes, ziemlich baufälliges.[33] Am Tag Pauli Bekehrung im Jahre 1571[34] wurde zu Gottes Ruhm und Ehre das Allerheiligste eingesetzt und die Gründung vollzogen; meiner Meinung nach wird Gott hier sehr gedient. Möge es ihm gefallen, es immer voranzubringen.

15. Ich hatte schon angesetzt, über einige Schwestern dieser Klöster manche Einzelheiten zu erzählen, da ich dachte, dass die jetzt Lebenden dann, wenn man es liest, nicht mehr da wären, und damit die Nachkommenden Mut bekämen, solch gute Anfänge weiterzuführen. Doch dann dachte ich, dass es wohl jemanden geben wird, der das besser und mit mehr Einzelheiten sagen wird, und ohne die Angst, die ich gehabt habe, da ich nämlich meine, ich müsste ihnen parteiisch erscheinen.[35] Und so habe ich vieles weggelassen, was, wer immer es gesehen oder davon gehört hat, für nichts anderes denn für wundersam halten muss, weil es übernatürlich ist. Von diesen Dingen wollte ich nichts sagen und auch nicht von denen, die man eindeutig als von unserem Herrn aufgrund ihrer Gebete vollbrachte erkannt hat.

Beim Berechnen der Jahre, in der sie gegründet wurden, vermute ich, dass ich mich manchmal irre, wiewohl ich möglichst

---

[32] Dahinter steht die konkrete Erfahrung Teresas mit den Stifterinnen, die eher aus Prestigegründen gründeten als dass sie das konkrete Wohl der Schwestern im Auge gehabt hätten, wie sich das besonders im Falle der Gründung in Pastrana durch die Prinzessin Éboli zeigte (F 17).

[33] Aus den Gründungsdokumenten geht hervor, dass es vor allem der Erbe des Familiengutes der Láiz, der Priester Pedro de Aponte aus dem nahe gelegenen Gajates, gewesen ist, der entscheidend zur Finanzierung des Klosters in Alba beigetragen hat, in dem Teresa starb und bis heute beigesetzt ist.

[34] 25. Januar 1571.

[35] Vgl. F 16,3.

sorgfältig vorgehe, um mich daran zu erinnern. Da das nicht so wichtig ist, weil man es ja später verbessern kann, nenne ich sie so, wie ich es meinem Gedächtnis nach angeben kann. Der Unterschied wird nur klein sein, wenn es einen Fehler gibt.[36]

KAPITEL 21

In ihm wird über die Gründung des Klosters zum glorreichen hl. Josef vom Karmel in Segovia berichtet. Es wurde am Tag des hl. Josef gegründet, im Jahre 1574.[1]

1. Ich habe schon gesagt, wie mir P. Magister Fray Pedro Fernández, der damals Apostolischer Kommissar war, nach der Gründung der Klöster in Salamanca und Alba, doch bevor das von Salamanca zu einem eigenen Haus kam, den Auftrag gab, für drei Jahre in die Menschwerdung[2] nach Ávila zu gehen, und wie er mir dann auftrug, nach Salamanca zu gehen, damit die Schwestern in das eigene Haus übersiedelten, als er die Notlage dieses Klosters sah.[3] Als ich dort eines Tages im inneren Beten verweilte, wurde mir von unserem Herrn gesagt, dass ich zum Gründen nach Segovia gehen sollte.[4] Mir schien das unmöglich zu sein, denn ich konnte ja nicht gehen, ohne dass man mir es auftrug, und ich hatte vom Apostolischen Kommissar, dem P. Magister Fray Pedro Fernández, verstanden, dass ihm nicht danach zumute war, dass ich weiter gründete. Auch ich

---

[36] Auch das ist ein interessantes Detail, um die Persönlichkeit Teresas besser zu erfassen. Sie misst ihren Aufzeichnungen, auch als historische Dokumente, großen Wert bei. Vermutlich hat sie dies später angefügt, als sie merkte, dass sie sich oft geirrt hatte; vgl. F 17,tít oder auch die Titel der folgenden Kapitel.

[1] Da Teresa die Titel der folgenden Kapitel erst später angefügt hat, irrte sie sich bei der Jahreszahl und schrieb 1573. Der Tag des hl. Josef ist der 19. März.

[2] Gemeint ist das Kloster der Menschwerdung in Ávila, wo sie von 1571 bis 1574 Priorin war.

[3] F 19,7.

[4] Einer Anmerkung von P. Gracián zufolge wäre Teresa am Tag des hl. Jakobus, also am 24. Juli 1573, nach Segovia gekommen und bis Weihnachten 1574 dort geblieben, was aber nicht stimmen kann.

sah, dass er sehr recht hatte, das nicht zu wollen, da die drei Jahre, die ich in der Menschwerdung sein sollte, noch nicht vorbei waren.[5] Während ich das so dachte, sagte mir der Herr, dass ich es ihm sagen solle; denn er würde es tun.

2. Zu dieser Zeit war ich in Salamanca, und so schrieb ich ihm, er wisse wohl, dass ich von unserem Hochwürdigsten General den Befehl hätte, keine Gründung zu unterlassen, sofern ich irgendwo eine günstige Gelegenheit dafür sähe;[6] dass in Segovia von Seiten der Stadt und des Bischofs ein Kloster zugelassen war; dass ich es gründen würde, falls seine Paternität[7] es auftrage; dass ich ihm das anzeigte, um meinem Gewissen zu folgen, und dass ich ruhig und zufrieden sein würde, was immer er anordnete (ich glaube, das waren mehr oder weniger die Worte), dass ich aber meinte, es sei Gott damit gedient.[8] Es scheint wirklich so, dass es Seine Majestät wollte, denn er sagte mir bald, dass ich es gründen solle, und gab mir die Erlaubnis dazu, so dass ich sehr erstaunt war, nach dem, was ich über ihn in diesem Fall erfahren hatte. Von Salamanca aus sorgte ich dafür, dass man mir ein Haus mietete, denn nach der Gründung in Toledo und Valladolid war mir klar geworden, dass es aus vielen Gründen besser war, sich erst nach der Besitzergreifung ein eigenes zu suchen. Der Hauptgrund war der, dass ich keinen Pfennig hatte, um es zu kaufen, und dass dann, wenn das Kloster erst einmal errichtet ist, der Herr Sorge trüge; außerdem könnte man sich dann einen passenderen Standort aussuchen.

---

[5] Das war im September 1573. Ihr Triennium im Kloster der Menschwerdung ging am 6. Oktober 1574 zu Ende.

[6] Das hatte ihr der Ordensgeneral bei seinem Besuch in San José in Ávila im Februar 1567 aufgetragen (F 2,1).

[7] Damals und noch bis zum Zweiten Vatikanum der offizielle Ansprechtitel eines Höheren Oberen.

[8] Dieser Brief Teresas an Pedro Fernández ist nicht erhalten, aber die kurze Inhaltsangabe zeigt, wie geschickt sie argumentierte, indem sie den vom Ordensgeneral gegebenen Auftrag an den Anfang stellt.

3. Es war dort eine Frau, die die Gemahlin eines Majorats-herrn[9] gewesen war, mit Namen Ana de Jimena. Sie war ein-mal zu mir nach Ávila zu Besuch gekommen, und war eine große Dienerin Gottes; sie war immer zum Ordensleben beru-fen gewesen. So traten sie und eine Tochter von ihr mit sehr gutem Lebenswandel dort ins Kloster ein, nachdem es errichtet war; und für den Verdruss, den sie als Verheiratete und Witwe erlebt hat, gab ihr der Herr das Doppelte an Wonne, als sie sich im Orden befand.[10] Immer waren Mutter und Tochter sehr zu-rückgezogen und Dienerinnen Gottes gewesen.[11]

4. Diese gute Frau nahm das Haus und besorgte alles, was wir nach ihrer Einschätzung sowohl für die Kirche wie auch für uns bräuchten, so dass ich deswegen wenig Mühe hatte. Doch weil es keine Gründung ohne solche geben sollte, abgesehen davon, dass ich mit hohem Fieber und Übelkeit und inneren Leiden, wie Trockenheit und schwärzester Dunkelheit in der Seele, und vielfältigen körperlichen Beschwerden dorthin ging, wobei die heftige Phase drei Monate lang andauerte, und es mir das halbe Jahr, das ich dort war, immer schlecht ging ...[12]

5. Am Tag des hl. Josef,[13] an dem wir das Heiligste Sakrament einsetzten, als ich erst am Abend heimlich bei Nacht einziehen wollte, obwohl die Erlaubnis des Bischofs und der Stadt vor-lag ...[14] Es war schon viel Zeit vergangen, seitdem die Erlaubnis

---

[9] Inhaber des Erstgeburtsrechts und somit Erbe des Familienguts. Siehe die Be-deutung dieses Titels im Zusammenhang mit Casilda de Padilla ab F 10,8.

[10] Ein Hinweis auf die nachteilhafte Situation der verheirateten und verwitweten Frau und die Emanzipation, die Teresa durch ihre Gründung erreicht hat.

[11] Die Mutter hieß Ana de Jesús. Sie war die Witwe von Francisco Barros de Bracamonte; später wurde sie Priorin der Kommunität von Segovia. Auch ihre Tochter, María de la Encarnación, übte dieses Amt aus. Beide legten am 2. Juli 1575 Profess ab, die Mutter mit 65, die Tochter mit 24 Jahren; erstere starb 1609, letztere 1623. Siehe auch die Briefe des Johannes vom Kreuz an sie (Ep 25; 26; 27).

[12] Wieder einmal hat Teresa den Satz nicht zu Ende geschrieben.

[13] 19. März 1574.

[14] Auch dieser Satz blieb unvollendet.

gegeben war, doch hatte ich das Haus nicht gründen können, da ich in der Menschwerdung war und es einen anderen Oberen als unseren P. General gab;[15] ich hatte aber die Erlaubnis des Bischofs (der damals da war, als die Stadt das Kloster erbat), zwar nur mündlich, da er sie einem vornehmen Mann namens Andrés de Jimena[16] zugesichert hatte, der sie für uns besorgt hatte; dieser hatte aber keinen Wert darauf gelegt, sie schriftlich zu haben, und auch mir schien das unwichtig zu sein. Doch da täuschte ich mich, denn sobald dem Generalvikar zu Ohren gekommen war, dass das Kloster errichtet war, kam er sofort ganz verärgert und erlaubte nicht, weitere Messen zu halten, ja er wollte den, der sie gehalten hatte, sogar abführen lassen.[17] Es war dies ein Unbeschuhter Bruder,[18] der mit Julián de Ávila und einem anderen Diener Gottes, namens Antonio Gaitán,[19] der mit mir reiste, gekommen war.

6. Dieser war ein vornehmer Herr aus Alba, den unser Herr vor einigen Jahren aus seiner Verstrickung in die Welt herausgerufen hat; jetzt hatte er sie aber so sehr unter den Füßen,[20] dass er sich nur noch darauf verstand, ihm noch mehr Dienste zu erweisen. Weil er bei den weiteren Gründungen erwähnt

---

[15] Das war der Apostolische Kommissar Pedro Fernández, der, mit päpstlicher Vollmacht ausgestattet, anstelle des P. Generals amtierte. Die spanische Bezeichnung für den Oberbefehlshaber der Armee aufgreifend schreibt Teresa *„Generalísimo nuestro padre (unseren Pater Generalissimus)."*

[16] Ein naher Verwandter der Stifterin, Ana (de) Jimena, und ein Bruder von Isabel de Jesús (Jimena), *„die mit der schönen Stimme";* siehe CC 13,1 und MC 7,2.

[17] Ein weiteres Beispiel für den Machtkampf und den Ehrgeiz unter den kirchlichen Würdenträgern.

[18] Johannes vom Kreuz. Seltsam, dass Teresa ihn nicht mit Namen nennt, die beiden anderen aber wohl.

[19] Nach der Abkehr von seinem früheren oberflächlicheren Leben wurde er zu einem der zuverlässigsten und selbstlosesten Begleiter Teresas. Eine seiner Töchter, Mariana de Jesús, wurde schon mit sieben Jahren in das Kloster zu Alba aufgenommen. Antonio Gaitán begleitet sie auch nach Sevilla (F 24,5), und im Hinblick auf die Gründung von Caravaca sagt Teresa, dass man ihm und Julián de Ávila *„diese Gründung verdanken kann"* (F 27,4).

[20] Ein Lieblingsausdruck Teresas, der ca. 20 mal bei ihr vorkommt; siehe z.B. V 4,7; 17,5; 19,13; 20,6; 21,9; 27,16; 31,12.17; 37,5; F 21,6; CE/CV 3,4; CE 10,4 usw.

werden muss, da er mir viel geholfen und sich sehr eingesetzt hat, habe ich gesagt, wer er ist, doch wenn ich von seinen Tugenden reden müsste, käme ich nicht so schnell an ein Ende. Die für uns am zuträglichsten ist seine Selbstlosigkeit[21] gewesen, denn unter seinen Bediensteten, die bei uns waren, gab es keinen, der so wie er getan hätte, was nötig war. Er hält viel inneres Beten, und Gott hat ihm so große Gnadengaben erwiesen, so dass ihm alles, was bei anderen Widerspruch hervorrufen würde, Zufriedenheit brachte und leicht fiel, und so ist es mit allem, was er bei diesen Gründungen leistete. Es sieht ganz danach aus, dass Gott ihn und Padre Julián de Ávila dazu berufen hat, nur dass Julián de Ávila vom ersten Kloster an dabei war. Bei einer solchen Begleitung muss unser Herr gewollt haben, dass mir alles bestens gelang. Ihr Verhalten auf den Reisen war ein einziges Verweilen bei Gott[22] und das brachten sie denen bei, die mit uns reisten und uns begegneten, und so dienten sie Gott auf vielfältige Weise.[23]

7. Es ist gut, meine Töchter, die ihr diese *Gründungen* lesen solltet, dass ihr wisst, was ihr ihnen schuldet, damit ihr sie unserem Herrn anempfehlt, da sie sich für dieses Gut, das ihr genießt, wenn ihr in diesen Klöstern lebt,[24] ohne jedes Eigeninteresse so sehr abgemüht haben, und sie von euren Gebeten ein wenig Nutzen haben. Wenn ihr um die schlechten Tage und Nächte wüsstet, die sie durchgemacht haben, und um die Plagen auf den Straßen, dann würdet ihr das sehr gern tun.

---

[21] Teresa schreibt *mortificado*, also seinem Ego abgestorben.
[22] Oder: *„Ihre Unterhaltung bei den Reisen war ein eine einzige Unterhaltung über Gott."*
[23] Ein hohes Lob, das sie ihren beiden Reisegefährten spendet, wobei auch hier wieder der Hinweis auf das innere Beten, ihr beständiges Hauptanliegen, auffällt. Zugleich sagt sie damit, wie es auf ihren Reisen zuging, um evtl. Verdächtigungen zurückzuweisen. Vgl. dazu F 27,19 mit Anm.
[24] Bei diesem *„Gut"* denkt Teresa nicht nur an geistliche Güter, sondern auch daran, dass ihre Schwestern es im Kloster weit besser hatten als die meisten ihrer Geschlechtsgenossinnen draußen. Siehe dazu vor allem F 31,46.

8. Der Generalvikar wollte nicht von unserer Kirche weggehen, ohne einen Polizisten an der Türe zu postieren; wozu,
weiß ich nicht. Er diente nur dazu, um die Anwesenden ein
bisschen zu erschrecken. Mich hat niemals sonderlich beein-
druckt, was nach der Besitzergreifung geschehen ist; es war
jeweils vorher, wo ich alle meine Ängste hatte. Ich ließ einige
Personen rufen, Verwandte einer Begleiterin, die ich unter meinen Schwestern hatte,[25] die die Vornehmen am Ort waren, damit sie mit dem Generalvikar redeten und ihm sagten, dass wir
die Erlaubnis des Bischofs hätten. Er wusste das sehr gut, wie
er uns später sagte, doch hätte er gewollt, dass wir ihn mit ein-
bezögen, aber ich glaube, dann wäre es noch viel schlimmer
gewesen. Schließlich erreichten sie bei ihm, dass er uns das
Kloster ließ, aber das Allerheiligste Sakrament[26] wegnahm. Das
machte uns nichts aus. So verbrachten wir einige Monate,[27] bis
man ein Haus kaufte – und damit viele Prozesse.[28] Viel hatten
wir wegen eines anderen Hauses, das in der Nähe gekauft wurde, mit den Franziskanern zu schaffen; wegen eines weiteren
mit den Merzedariern[29] und dem Domkapitel, da dessen Haus
mit einer Hypothek belastet war.[30]

9. O mein Jesus! Wie mühsam ist es, sich mit vielen Meinungen herumzuschlagen! Als es schon danach aussah, dass es
beendet sei, begann es von neuem, denn es reichte nicht, ihnen

---

[25] Isabel de Jesús, eine nahe Verwandte der Stifterin von Segovia, Ana de Jesús.
Siehe Anm. zu F 21,5.
[26] Die eucharistische Gegenwart in der konsekrierten Hostie.
[27] Vom 19. März bis 24. September 1574, als Teresa von den neuen Häusern Besitz ergriff.
[28] Ein erneutes Beispiel für Teresas elliptischen Stil.
[29] Von Petrus Nolaskus im Jahre 1218 gegründeter Orden, der es als seine Aufgabe ansah, christliche Sklaven aus der Gefangenschaft der islamischen Sara-
zenen durch Lösegeld (lateinisch „merces") freizukaufen oder als Ordensleute
selbst für einen Christen in die Gefangenschaft zu gehen, um sie vor dem Ab-
fall zu bewahren.
[30] Das heißt, das Haus war mit einer Hypothek zugunsten des Domkapitels
belastet. Nebenbei gewährt dieser Bericht einen interessanten Einblick in die
Besitzverhältnisse im Immobilienbereich Segovias.

zu geben, was sie verlangten, da alsbald ein weiteres Problem auftauchte. Wenn man es so sagt, scheint es nichts zu sein, doch es durchzustehen, bedeutete viel.

10. Ein Neffe des Bischofs machte für uns alles, was er konnte, denn er war Propst und Domherr jener Kirche,[31] ebenso ein gewisser Lizenziat Herrera,[32] ein großer Diener Gottes. Letztendlich gelang es, durch Überreichung von großen Geldsummen zu einem Abschluss zu kommen. Anhängig blieb uns der Prozess mit den Merzedariern, so dass es für unseren Umzug in das neue Haus großer Geheimhaltung bedurfte. Als sie uns dort sahen, wohin wir ein oder zwei Tage vor Michaeli[33] gegangen waren, kam es ihnen gut aus, sich mit uns durch Geld zu einigen.[34] Die größte Not, die mir diese Plackereien verursachten, war, dass nur noch sieben oder acht Tage bis zum Ende des Trienniums in der Menschwerdung fehlten,[35] und zu seinem Abschluss musste ich auf jeden Fall dort sein.

11. Es hat unserem Herrn gefallen, dass alles so gut ausging, dass keinerlei Rechtsstreit mehr ausstand, und ich zwei oder drei Tage später in die Menschwerdung reiste.[36] Sein Name sei für immer gepriesen, der mir immer so große Gnaden erwiesen hat; alle seine Geschöpfe mögen ihn lobpreisen. Amen.

---

[31] Juan de Orozco y Covarrubias de Leyva, der spätere Bischof von Guadix und Baza in Andalusien. Er war ein Neffe des Bischofs von Segovia, Diego de Covarrubias y Leyva, und ein Bruder des berühmten Lexikographen Sebastián de Covarrubias y Leyva, des Kompilators des *Tesoro de la Lengua Castellana o Española*, der die Grundlage des modernen spanischen Wortschatzes bildet.

[32] Ein unbekannter Helfer, Inhaber des Lizenziatentitels.

[33] 29. September.

[34] Eine aufschlussreiche Bemerkung, die zeigt, wie sehr auch damals Geld eine Rolle spielte.

[35] Teresa hatte am 14. Oktober 1571 ihr Amt als Priorin des Menschwerdungsklosters in Ávila angetreten; vgl. F 19,6.

[36] Sie reiste am 30. September 1574 nach Ávila zurück.

KAPITEL 22

In ihm wird über die Gründung des Klosters
zum glorreichen hl. Josef vom Erlöser[1] in der Ortschaft Beas
im Jahre 1575, am Tag des hl. Matthias[2] berichtet.

1. Damals, als man mir auftrug, von der Menschwerdung aus nach Salamanca zu gehen,[3] wovon ich schon berichtet habe,[4] kam während meines Aufenthalts dort ein Kurier[5] aus der Kleinstadt Beas mit Briefen für mich von einer Dame aus jenem Ort und vom dortigen Benefiziaten[6] und noch weiteren Personen, und baten mich, zur Gründung eines Klosters zu kommen; sie hätten nämlich schon ein Haus dafür, so dass nichts weiteres mehr fehlte als zu kommen und zu gründen.

2. Ich erkundigte mich bei dem Mann. Er erzählte mir Großartiges über die Gegend (und das mit Recht, denn sie ist wunderschön und hat ein angenehmes Klima). In Anbetracht der vielen Meilen Entfernung von da nach dort aber,[7] kam es mir

---

[1] Ein besonders interessantes Beispiel für Teresas Neigung zu originellen Doppelwidmungen für ihre Klöster; vgl. F 1,tít mit Anm; und ferner F 21,tít; 23,tít; 24,tít; 29,tít; 31,tít.

[2] Der 24. Februar. Bei der nachträglichen Ergänzung der Überschrift hatte die Autorin sich zunächst um ein Jahr geirrt und außerdem anstelle von MDLxxiiii (1574) versehentlich MLxxiiii (1074) geschrieben. Anschließend strich entweder sie selbst oder eine fremde Hand iiii (4) durch und verbesserte es in v (5), wobei jedoch das fehlende D für 500 übersehen wurde, so dass im Autograph nun die merkwürdige Jahreszahl 1075 steht.

[3] Vom Menschwerdungskloster in Ávila reiste sie am 31. Oktober 1573 nach Salamanca. Siehe F 21,1.

[4] Wie sie zu Beginn des vorigen Kapitels erwähnt, gab der Apostolische Kommissar Pedro Fernández ihr 1573 diesen Auftrag; siehe F 21,1.

[5] Ein interessanter Hinweis auf die damalige Situation hinsichtlich des Postverkehrs. Es gab zwar eine „Königliche Post", die aber nur zwischen größeren Städten verkehrte und nicht besonders zuverlässig war; alternativ konnte man die Dienste von Fuhrleuten oder Mauleseltreibern in Anspruch nehmen, aber auch die galten als nicht sehr zuverlässig. Darum griff man für wichtige Sendungen auf teure, dafür aber verlässliche private Kuriere zurück, die gegen gutes Entgelt beide Wege auf sich nahmen.

[6] Ein Priester, der Inhaber einer kirchlichen Pfründe ist.

unsinnig vor, insbesondere auch, da es im Auftrag des Apostolischen Kommissars[8] zu geschehen hätte, der, wie ich schon gesagt habe,[9] ein Feind oder zumindest kein Freund von weiteren Gründungen war; daher wollte ich, ohne ihm etwas zu sagen, antworten, ich könne nicht. Da er aber gerade in Salamanca weilte, schien es mir nachher nicht so gut, das ohne sein Gutachten zu tun, weil unser Hochwürdigste Pater General mir die Anweisung gegeben hatte, keine Gründung zu unterlassen.[10]

3. Als er die Briefe sah, ließ er mir sagen, dass es seiner Meinung nach keinen Grund gäbe, diese Leute zu vergrämen, denn er hätte sich an ihrer Frömmigkeit erbaut; ich solle ihnen schreiben, sobald sie die Genehmigung ihres Ordens[11] hätten, würde man die Gründung in Angriff nehmen. Ich könne jedoch sicher sein, dass sie die nicht geben würden, denn er wüsste, dass man dies anderswo in vielen Jahren von den Ordensrittern nicht hatte erreichen können; ich soll ihnen aber nicht abschlägig antworten. Manchmal denke ich daran zurück, und wie es sogar gegen unseren Willen dazu kommt, dass wir, ohne es zu wissen, Werkzeuge sind für das, was unser Herr will, wie es hier Pater Magister Fray Pedro Fernández gewesen ist, der Kommissar war. Als sie dann die Genehmigung hatten, konnte er sie nämlich nicht verweigern, sondern es kam auf diese Weise zur Gründung des Klosters.

4. Es wurde dieses Klosters zum gottseligen heiligen Josef in der Stadt Beas am Matthiastag des Jahres 1575 gegründet.[12] Es

---

[7] Das heißt von Kastilien nach Beas de Segura. Von Ávila nach Beas sind es ca. 350 km. Sie brach am 2. Februar von Valladolid nach Beas auf.

[8] Der besagte Pedro Fernández.

[9] Siehe F 21,1.

[10] So z. B. mit einem Schreiben vom 6. April 1571 (MHCT 1,110-112), aber auch schon bei seinem Besuch in Ávila im Februar 1567.

[11] Der Ritterorden von Santiago, zu dessen Komturei Beas de Segura gehörte, ist einer der vier Ritterorden, die es damals in Spanien gab, neben dem von Calatrava, Alcántara, und Montesa; siehe auch F 22,13; 27,2.

[12] Wie bereits in der Überschrift wird die Jahreszahl erneut versehentlich mit 1574 angegeben und nachträglich verbessert, in diesem Fall stimmt jedoch das Jahrhundert.

nahm seinen Anfang zur Ehre und Verherrlichung Gottes wie folgt: In dieser Kleinstadt gab es einen Herrn mit Namen Sancho Rodríguez de Sandoval aus adeligem Geschlecht, mit vielen zeitlichen Gütern gesegnet. Verheiratet war er mit einer Dame namens Doña Catalina Godínez. Unter weiteren Kindern, die ihnen unser Herr schenkte, waren zwei Töchter, und das sind die, die das genannte Kloster gestiftet haben; die ältere hieß Doña Catalina Godínez, die jüngere Doña María de Sandoval. Die ältere wird vielleicht vierzehn Jahre alt gewesen sein, als sie unser Herr für sich berief. Bis zu diesem Alter lag es ihr sehr fern, die Welt zu verlassen; im Gegenteil, sie hatte eine so hohe Meinung von sich, dass ihr alles zu gering vorkam, was ihr Vater an Heiratsanträgen für sie anstrebte.[13]

5. Als sie eines Tages in einem Zimmer weilte, das hinter dem ihres Vaters lag, der noch nicht aufgestanden war, las sie auf einem Kruzifix, das sich dort befand, zufällig die Überschrift, die man über dem Kreuz anbringt; und wie sie das so las, hat der Herr sie in einem Nu vollständig umgewandelt. (Sie war nämlich gerade dabei, über einen Heiratsantrag, der ihr gemacht worden war und der eher zu vorteilhaft für sie war, nachzudenken, und sagte sich: „Mit wie wenig gibt sich mein Vater zufrieden, dass ich einen Majoratsherrn[14] bekommen soll, wo ich doch meine, dass mein Stammbaum mit mir anfangen soll!"[15] Sie hatte keine Neigung zu heiraten, da es ihr erniedrigend vorkam, jemandem unterstellt zu sein,[16] verstand aber nicht, wo dieser ihr

---

[13] Ein erneuter Hinweis auf die damaligen Heiratsbräuche: Ehen wurden, zumal in adeligen Kreisen, von der Familie arrangiert.

[14] Also einen erstgeborenen Sohn, der das Familiengut und den Adelstitel erben sollte; vgl. F 10,9; 15,11.

[15] Ein unerhörter Anspruch in einem gesellschaftlichen Kontext, in dem grundsätzlich nur die männliche Linie zählte. Auch diese Geschichte hat wieder einen doppelten Boden: Auf den ersten Blick scheint die Autorin das Entsetzen ihrer Leserschaft und insbesondere ihrer männlichen Zensoren über so viel Hochnäsigkeit zu teilen; dahinter aber „hört man unwillkürlich Teresa selbst sagen! ,Schaut mich an! Durch diese Gründungen bin ich gerade dabei, meine eigene Geschlechterfolge in weiblicher Linie zu gründen!'" (M. Frohlich, *Teresa: Story Theologian and Transformer of Culture*, 7).

Hochmut herrührte. Aber der Herr verstand, auf welchem Weg er ihr weiterhelfen müsste. Gepriesen sei sein Erbarmen!)

6. So wie sie die Überschrift las, war ihr, als sei ihrer Seele ein Licht aufgegangen, um die Wahrheit zu erkennen,[17] wie wenn die Sonne in ein dunkles Zimmer eingedrungen wäre. Und in diesem Licht richtete sie ihre Augen auf den Herrn, der blutüberströmt am Kreuz hing, und sann darüber nach, wie sehr er misshandelt wurde, und über seine große Demut, und was für einen anderen Weg sie einschlagen würde, wenn sie den des Hochmuts ging.[18] Damit muss sie wohl eine ganze Weile beschäftigt gewesen sein, denn der Herr ließ sie schweben. Dabei gab ihr Seine Majestät eine tiefe Erkenntnis ihrer eigenen Armseligkeit, und sie wünschte sich, dass das alle begreifen mögen. Es überfiel sie eine so starke Sehnsucht, für Gott zu leiden, dass sie alles erleiden wollte, was die Märtyrer erlitten hatten; dazu eine so tiefe Verdemütigung in Demut und Selbstabscheu, dass sie sich gewünscht hätte – wäre es nicht um den Preis einer Beleidigung Gottes gewesen –, eine ganz tief gesunkene Frau zu sein, damit alle sie verabscheuten. So begann sie, sich selbst zu verabscheuen, verbunden mit der starken Sehnsucht nach Buße, was sie dann auch ins Werk setzte. Sogleich versprach sie Keuschheit und Armut, und hätte sich am liebsten so unterjocht gesehen,[19] dass sie sich gefreut hätte, wenn man

---

[16] Eine erneute kritische Bemerkung Teresas zur Stellung der verheirateten Frau; siehe Anm. zu F 20,5.

[17] Wie an vielen weiteren Stellen versteht Teresa hier unter *„Wahrheit"* oder *„Weg der Wahrheit"* (V 1,4) die Erkenntnis der Vergänglichkeit all dessen, was in der Welt als wichtig gilt, im Licht der ewigen Wahrheit Gottes. Das Thema der Wahrheit bzw. Wahrhaftigkeit spielt bei ihr eine große Rolle, bereits in ihrer Kindheit: *„die Wahrheit meiner Kindheit"* (V 1,4; 3,5), sodann auch F 10,13; 20,3; V 8,3; 16,7; 25,12.21; 28,4; 40,1-4; CC 64; Ce 69,3 bzw. CV 40,3f; 3M 2,10; 6M 10,7 und viele weitere Stellen.

[18] Eine Betrachtung, wie sie für die von der *Devotio moderna* beeinflussten zeitgenössischen Betrachtungsbücher typisch war.

[19] Eine Anspielung auf den dritten der drei evangelischen Räte, die auch Gegenstand der drei Ordensgelübde sind, den Gehorsam; die beiden anderen, Keuschheit (Jungfräulichkeit) und Armut hat die Autorin bereits ausdrücklich genannt.

sie damals in das Land der Mauren[20] verschleppt hätte, um dort
so zu leben. All diese Tugenden waren in ihr so von Bestand,
dass man klar erkannte, dass es eine übernatürliche Gnade unseres Herrn war, wie anschließend noch gesagt wird, damit alle
ihn loben.

7. Sei du gepriesen, mein Gott, für immer und ewig, dass du in
einem einzigen Augenblick eine Seele untergehen und neu auf-
gehen lässt. Was ist das nur, Herr? Ich möchte hier dasselbe fragen, was dich die Apostel fragten, als du den Blinden heiltest,
als sie nämlich sagten, ob denn seine Eltern gesündigt hätten
(Joh 3,2f), ich meine, wer da eine so überragende Gnade verdient hat. Sie nicht, denn es wurde schon gesagt, aus was für
Gedanken du sie herausgerissen hast, als du sie ihr gewährtest.
Groß sind deine Ratschlüsse, Herr![21] Du weißt, was du tust,
und ich weiß nicht einmal, was ich sage; denn unbegreiflich
sind deine Werke und Ratschlüsse. Sei für immer verherrlicht,
denn du hast die Macht zu noch mehr. Was wäre aus mir geworden, wenn es nicht so wäre? Gewiss, ihre Mutter hatte ein
wenig Anteil daran, denn sie war so christlich, dass du, barm-
herzig wie du bist, in deiner Güte möglicherweise gewollt hast,
dass sie noch zu Lebzeiten an ihren Töchtern eine so große
Tugend erlebte.[22] Manchmal machst du, glaube ich, denen, die
dich lieben, solche Gnadengeschenke, und erweisest ihnen die
große Wohltat, ihnen etwas zu geben, womit sie dir dienen
können.

---

[20] Die Mauren galten als Erbfeind der Christen in Spanien (siehe auch Ct 218,6;
221,6; 5M 2,10) und waren auch nach ihrer Vertreibung 1502 stark im Volks-
bewusstsein präsent, zumal die letzten Moriscos (christianisierte Mauren) erst
1609 das Land verlassen mussten. Zu Beginn ihrer *Vida* berichtet Teresa darüber, wie auch sie selbst sich als Kind zusammen mit ihrem Bruder Rodrigo
entschließt, *„uns ins Land der Mauren aufzumachen, und aus Liebe zu Gott
darum zu bitten, uns dort zu köpfen"* (V 1,4).
[21] Vgl. Weish 17,1; siehe F 17,10 mit den dort genannten Parallelstellen.
[22] Damit bricht Teresa wieder eine Lanze zugunsten der Töchter, von denen die
Mütter mehr Nutzen haben als die Väter von den Söhnen. Siehe F 20,3.

8. Als sie noch darin verweilte,[23] brach oberhalb des Zimmers ein so lautes Getöse aus, dass es sich so anhörte, als würde es ganz herunterkommen. Es hörte sich so an, als käme das ganze Getöse an der Ecke, wo sie saß, auf sie herab, und sie hörte lautes Brüllen, das eine ganze Weile anhielt, so dass ihr Vater (der, wie gesagt, noch nicht aufgestanden war),[24] so große Angst bekam, dass er zu zittern begann und ganz kopflos nach seiner Kleidung und seinem Schwert griff und ins Zimmer hineinstürzte und sie ganz blass fragte, was denn los sei. Sie sagte ihm, dass sie nichts gesehen hätte. Er schaute noch im nächsten, weiter innen gelegenen Zimmer nach, und da er nichts sah, sagte er zu ihr, sie solle zu ihrer Mutter gehen. Und zu dieser sagte er, sie solle sie nicht allein lassen, und erzählte ihr, was er gehört hätte.[25]

9. Daran kann man klar erkennen, wie sehr es den Bösen verärgern muss, wenn er sieht, dass er eine Seele, die er schon für gewonnen hielt, aus seiner Macht verliert. Da er ein so großer Feind unseres Wohles ist, entsetze ich mich nicht, dass er sich darüber entsetzt, wenn er unseren barmherzigen Herrn so viele Gnadenerweise auf einmal schenken sieht, und so gewaltige Proben von seiner Verärgerung gibt. Insbesondere da er wohl begriff, dass er bei dem Reichtum, der in jener Seele zurückblieb, noch ohne einige weitere auskommen müsse, die er bereits für die seinen hielt. Ich bin nämlich überzeugt, dass unser Herr niemals eine so große Gnade verleiht, ohne dass außer diesem Menschen noch andere Anteil daran erhalten. Sie sagte zwar nie etwas davon, doch blieb in ihr ein überaus starkes

---

[23] Nach dem spontan eingefügten Gebetsdialog in F 22,7 – ein schönes Beispiel für die Art und Weise, wie Teresa ihre Freundschaft mit Gott bzw. Christus lebt – wird der Bericht über die Berufung von Catalina Godínez fortgesetzt.
[24] Siehe F 22,5.
[25] Die humorvolle Geschichte ist typisch für eine sakralisierte Gesellschaft, in der das ganze Leben zwischen zwei Machtbereichen, dem Machtbereich Gottes und dem seines Widersachers, aufgeteilt ist. Wo Gott auf den Plan tritt, ist darum auch mit einem Störversuch des Bösen zu rechnen. Außerdem liegt in dieser Mentalität der Gedanke nahe, alles Beunruhigende, für das es keine unmittelbare Erklärung gibt, dem Bösen zuzuschreiben.

Verlangen nach dem Kloster zurück, und sie bat ihre Eltern inständig darum, doch die stimmten nie zu.

10. Drei Jahre danach legte sie am Josefstag bescheidene Kleidung an, nachdem sie in dieser Zeit immer wieder darum gebeten hatte, aber sah, dass sie es nicht wollten.[26] Sie sagte das nur ihrer Mutter, von der sie leicht die Erlaubnis fürs Kloster erhalten hätte. Bei ihrem Vater wagte sie es nicht, doch ging sie so in die Kirche,[27] denn sobald man sie im Dorf so gesehen hätte, würden man es ihr nicht wieder wegnehmen; und so kam es, dass er es durchgehen ließ. Während dieser drei Jahre hielt sie stundenlang inneres Beten und übte sich im Ich-Sterben,[28] wo sie nur konnte, denn der Herr unterwies sie darin. Immer wieder ging sie in einen Hof, machte sich das Gesicht nass und setzte es der Sonne aus, damit man sie wegen ihres hässlichen Aussehens mit Heiratsanträgen in Ruhe ließe, mit denen man sie immer noch belästigte.

11. Sie kam so weit, dass sie niemandem mehr Anordnungen geben wollte; so kam es vor, wenn sie merkte, dass sie den Frauen etwas befohlen hatte – da sie die Verantwortung für den Haushalt ihres Vaters hatte, konnte sie ja nicht anders –, dass sie abwartete, bis sie schliefen, und ihnen die Füße küsste, da es ihr peinlich war, dass sie ihr dienten, wo sie doch besser waren als sie. Da sie tagsüber mit ihren Eltern beschäftigt war, verwendete sie, wenn sie schlafen sollte, die ganze Nacht so sehr auf das innere Beten, dass sie lange Zeit mit so wenig Schlaf auskam, dass es unmöglich erschien, wäre es nicht über-

---

[26] Das war am Josefstag (19. März) des Jahres 1558.

[27] Eine der wenigen Möglichkeiten für eine Frau damals, wenn nicht die einzige, um auf die Straße zu kommen; ihre Rechnung, dass der Vater aus Rücksicht auf den möglichen Gesichtsverlust (die überaus wichtige *honra*) einlenken würde, ging offenbar auf.

[28] Erneut hebt die Autorin die beiden Grundhaltungen hervor, die ihr selbst am Herzen liegen und den spirituellen Kern ihres Ordensideals bilden: das innere Beten als gelebte Freundschaft mit Gott und die Einübung ins Ich-Sterben als Überwindung der Selbstsucht. Siehe auch weiter unten F 22,11.12.

natürlich[29] gewesen. Die Bußübungen und Disziplinen waren zahlreich,[30] da sie niemanden hatte, der sie lenkte und es mit niemanden besprach. Unter anderem trug sie einmal die ganze Fastenzeit lang ein Panzerhemd ihres Vaters auf der nackten Haut. Um ihre Gebete zu verrichten, zog sie sich an einen abgelegenen Ort zurück, wo der Böse ihr auffallende Streiche spielte. Oftmals begann sie um zehn Uhr nachts mit dem inneren Beten und merkte es nicht, bis es wieder Tag war.

12. Mit diesen Übungen hatte sie ungefähr vier Jahre verbracht. Da begann der Herr, damit sie ihm mit noch größeren diente, heftigste und sehr schmerzhafte Krankheiten zu schicken, so dass sie ständig an Fieber, Wassersucht, Herzbeschwerden und einem Brusttumor litt, den man ihr entfernte. Es dauerten diese Krankheiten schließlich nahezu siebzehn Jahre an, außer wenigen Tagen, an denen sie sich wohl fühlte. Fünf Jahre, nachdem der Herr ihr diese Gnade gewährt hatte,[31] starb ihr Vater.[32] Als ihre Schwester[33] vierzehn Jahre alt wurde (das war ein Jahr nachdem sich in ihrer Schwester eine solche Verwandlung vollzogen hatte), legte auch sie bescheidene Kleidung an, wo sie doch eine große Freundin von Prunkgewändern gewesen war, und begann ebenfalls inneres Beten zu halten. Ihre Mutter[34] unterstützte all ihre guten Übungen und Wünsche und war damit einverstanden, dass sie sich mit dem Streben nach Tugendhaftem und Unstandesgemäßem abgaben, nämlich Mädchen Handarbeiten und Lesen beizubringen, ohne etwas dafür zu nehmen, sondern nur, um ihnen das Beten und den Katechis-

---

[29] In dem Sinn, in dem Teresa diesen Begriff immer wieder benutzt: „von Gott geschenkt"; siehe Anhang I.

[30] Selbstgeißelung als asketische Übung, typisch für die Frömmigkeit damals, aber Teresa verdächtig, *„da sie niemanden hatte, der sie lenkte und es mit niemanden besprach."*

[31] Die in F 22,6 erzählte Gnade.

[32] Sancho Rodríguez de Sandoval Negrete starb 1560.

[33] María de Sandoval, die später als Unbeschuhte Karmelitin den Namen María de Jesús annahm.

[34] Catalina Godínez; siehe F 22,4.

mus beizubringen. Das bewirkte viel Gutes, denn sie kamen in Scharen, und noch heute merkt man ihnen an, welche gute Gewohnheiten sie als kleine Kinder annahmen.[35] Das dauerte aber nicht lange, denn da dem Bösen das gute Werk missfiel, bewirkte er, dass es ihre Eltern als Erniedrigung ansahen, dass ihre Töchter sie unentgeltlich unterrichteten. Zusammen mit den Krankheiten, die ihr zuzusetzen begannen, führte das dazu, dass sie damit aufhörte.

13. Fünf Jahre nach dem Tod des Vaters dieser Damen starb auch ihre Mutter. Da es aber immer die Berufung der Doña Catalina gewesen war, ins Kloster zu gehen, sie es nur nicht von ihnen hatte erwirken können, und sie nun gleich weggehen wollte, um Ordensschwester zu werden, rieten ihr die Verwandten, da es dort in Beas kein Kloster gab, sie sollen doch in ihrem Dorf ein Kloster zu gründen versuchen – sie besäßen ja genug, um eines zu gründen –, womit unserem Herrn mehr gedient wäre. Da der Ort zum Ritterorden von Santiago gehört, bedurfte es einer Genehmigung des Ordensrates;[36] und so begann sie sich um deren Erlangung zu bemühen.

14. Sie war so schwer zu erlangen, dass vier Jahre vorübergingen, in denen sie eine Menge Schwierigkeiten und Ausgaben hatten, doch solange ihre Bittschrift mit einem Gesuch nicht beim König[37] selbst eingereicht wurde, hatte ihnen alles nichts genutzt. Das kam so zustande: Da die Schwierigkeiten so groß waren, sagten ihre Verwandten zu ihr, dass es doch Unsinn sei,

---

[35] Das ist ein interessanter Hinweis auf die religiöse Vernachlässigung der ländlichen Bevölkerung. Ähnliches wird von Johannes vom Kreuz berichtet; siehe F 13,8 mit Anm. und sein Wirken als Beichtvater im Kloster der Menschwerdung. (U. Dobhan – R. Körner, *Johannes vom Kreuz*, 72).

[36] Gemeint ist der am königlichen Hof angesiedelte „*Consejo de las Órdenes –
Ordensrat*", d.h. die höchste Instanz für die verschiedenen für den Kampf gegen die Mauren gegründeten Ritterorden. In Spanien gab es damals die Ritterorden von Calatrava, Alcántara, Santiago (Jakobsritter) und Montesa. Doch über allem stand schließlich die Autorität des Königs. In diesem Fall war also nicht der Ortsbischof für die Erteilung der Gründungserlaubnis zuständig.

[37] Philipp II.

sie solle es bleiben lassen; und da sie, wie gesagt,[38] bei ihren schweren Krankheiten fast immer bettlägerig war, sagten sie, es würde sie kein Kloster als Schwester aufnehmen. Sie aber sagte, wenn der Herr ihr innerhalb eines Monats die Gesundheit schenkte, würde sie erkennen, dass ihm damit gedient sei, und dann würde sie selbst an den königlichen Hof gehen, um es zu besorgen. Als sie das sagte, war sie mehr als ein halbes Jahr lang nicht vom Bett aufgestanden und hatte es schon seit fast acht Jahren kaum mehr verlassen können. Damals hatte sie seit acht Jahren ständig Fieber, war ganz ausgezehrt,[39] schwind- und wassersüchtig, mit einer Leberentzündung, die so heftig brannte, dass das Feuer auch durch die Kleidung hindurch noch fühlbar war und ihr das Hemd versengte, was ganz unglaublich klingt. Ich habe mich aber selbst bei dem Arzt, den sie damals hatte, über diese Krankheiten erkundigt, der ganz erstaunt war. Außerdem hatte sie Gicht und Ischias.[40]

15. Eines Tages, am Vorabend von Sebastiani,[41] einem Samstag, gab unser Herr ihr die volle Gesundheit wieder, so dass sie nicht wusste, wie sie es verheimlichen sollte, damit das Wunder nicht bekannt würde. Sie sagte,[42] als es dem Herrn gefiel, sie zu heilen, habe sie im Innern ein solches Zittern überfallen, dass sie dachte, ihr Leben ginge zu Ende. Ihre Schwester und sie selbst nahmen an ihr eine gewaltige Veränderung wahr, und seelisch fühlte sie sich, wie sie sagt, ein anderer Mensch, so groß war der Fortschritt, den sie gemacht hatte.[43] Eine viel grö-

---

[38] Siehe F 22,12.

[39] *Hética.* Darunter verstand man damals eine Auszehrung durch schleichendes Dauerfieber. Der Unterschied mit *tísica* (Schwindsucht) ist unklar.

[40] *Gota artética y ciática* (Teresa schreibt *ceática*). Ersteres greift die Knöchel und die Gelenke an, letzteres die Hüftgelenke und Muskeln.

[41] Das war am 19. Januar 1574. Der römische Martyrer aus dem 3. Jh. Sebastian wird auch in der Liste der Lieblingsheiligen Teresas erwähnt; siehe Es 8.

[42] In diesem Bericht fällt auf, dass Teresa sich wiederholt ausdrücklich auf die Aussagen der Betreffenden („*sie sagt ... / sie sagte ...*") beruft, womit sie sich implizit von möglichen Übertreibungen distanziert.

[43] Gerade die seelische Verwandlung ist für Teresa ein Beweis für das Eingreifen Gottes.

ßere Beglückung bedeutete ihr die Gesundheit deshalb, weil sie nun das Geschäft mit dem Kloster betreiben konnte, da Leiden ihr ja nichts ausmachte. Denn von Anfang an, seit Gott sie berufen hatte, hatte sie eine solche Selbstabscheu verspürt, dass ihr das alles wenig ausmachte. Sie sagt, dass in ihr ein so mächtiges Verlangen nach Leiden zurückblieb, dass sie Gott von ganzem Herzen anflehte, sie in jeder erdenklichen Weise darin zu üben.[44]

16. Seine Majestät versäumte es nicht, diesen Wunsch zu erfüllen; denn in jenen acht Jahren hatte man sie mehr als fünfhundert Mal zur Ader gelassen, abgesehen davon, dass sie ebenso oft geschröpft wurde, so dass ihr Körper eine beredte Sprache spricht. Manchmal streute man Salz in die Wunden, weil ein Arzt behauptete, dies sei gut, um das Gift aus der schmerzenden Seite zu entfernen; das wurde mehr als zwanzig Mal gemacht. Das Erstaunlichste aber ist, dass sie die Stunde, in der eines dieser Heilverfahren angewendet würde, sehnsüchtig herbeiwünschte, sobald der Arzt es ihr angekündigt hatte, ohne jede Angst, und die Ärzte zum Kauterisieren[45] ermunterte, was wegen des Brustkrebses und anderer Symptome bei ihr häufig angewendet werden musste. Sie sagte, dass das, was sie bewog, sich danach zu sehnen, der Wunsch gewesen sei, zu überprüfen, ob ihre Sehnsucht nach dem Martyrium echt sei.[46]

---

[44] Masochistisch anmutende Aussagen wie diese sind vor dem Hintergrund der betonten spätmittelalterlichen Leidensmystik zu sehen, die angesichts der geringen medizinischen Möglichkeiten dem Leiden eine positive Deutung im Rahmen der Christusnachfolge zu geben versuchte, so dass es frommen Menschen sogar als wenig erstrebenswert erscheinen konnte, sich nach Gesundheit zu sehnen.

[45] Kauterisieren, d.h. mit einem glühenden Eisen versengen, war damals die einzige Methode, die man kannte, um eine Wunde zu schließen und zugleich zu desinfizieren, zwar heilend, aber äußerst schmerzhaft.

[46] Der Wunsch nach dem Martyrium galt damals als Zeichen von Frömmigkeit. Siehe Teresas derartigen Wunsch in ihrer Kindheit (V 1,4) und ihre bereits auf die Kirchenväter zurückgehende Einschätzung des Lebens im Kloster als Martyrium (CE 17,2 [CV 12,2]); doch steht für sie der apostolische Eifer über dem Martyrium (F 1,7).

17. Als sie sich plötzlich gesund erlebte, redete sie mit ihrem Beichtvater und ihrem Arzt darüber, dass man sie in ein anderes Dorf bringen sollte, um sagen zu können, dass die Luftveränderung es zuwege gebracht hätte. Sie wollten das aber nicht, vielmehr machten es die Ärzte öffentlich, da sie sie bereits für unheilbar gehalten hatten, weil sie so fauliges Blut spuckte, dass sie sagten, das seien schon die Lungen. Sie blieb noch drei Tage im Bett, denn sie wagte nicht aufzustehen, damit ihre Heilung nicht ersichtlich würde. Da sich das aber genauso wenig verheimlichen lässt wie die Krankheit, nutzte es wenig.

18. Sie sagte mir, als sie im August zuvor eines Tages unseren Herrn anflehte, ihr entweder jene starke Sehnsucht, Ordensschwester zu werden und ein Kloster zu gründen, zu nehmen, oder aber ihr die Mittel zu geben, um es zu vollbringen, sei ihr mit großer Gewissheit zugesichert worden, sie werde rechtzeitig wohlauf sein, so dass sie sich in der Fastenzeit aufmachen könne, um die Genehmigung zu besorgen. Daher, sagt sie, hätte sie damals, obwohl die Krankheiten sie noch viel mehr belasteten, nie die Hoffnung aufgegeben, dass ihr der Herr jene Gnade erweisen würde. Und obwohl man ihr zweimal die Letzte Ölung[47] gab (wobei sie das eine Mal so knapp dran war, dass der Arzt sagte, es bestehe keinen Grund mehr, das Öl zu holen, da sie vorher sterben würde), hörte sie doch niemals auf, dem Herrn zuzutrauen, dass sie als Ordensschwester sterben würde. Ich sage nicht, dass ihr in der Zeit zwischen August und dem Sebastianstag[48] zweimal die Letzte Ölung gespendet worden sei, sondern vorher. Als ihre Geschwister und Verwandten das Gnadengeschenk und Wunder sahen, das der Herr gewirkt hatte, da er ihr so plötzlich die Gesundheit wiedergegeben hat, wagten sie es nicht mehr, ihr den Gedanken auszureden, obwohl er unsinnig erschien. Sie weilte drei Monate am

---

[47] So nannte man damals das Sakrament der Krankensalbung, das erst kurz vor dem Sterben gespendet wurde; vgl. V 5,9.
[48] 20. Januar; vgl. F 22,15.

Hof, aber am Ende gab man ihr die Genehmigung nicht. Als sie aber dem König diese Bittschrift überreichte,[49] und er erfuhr, dass es sich um die Unbeschuhten Schwestern des Karmel handelte, ordnete er an, sie ihr gleich zu geben.[50]

19. Als es zur Klostergründung kam, zeigte sich klar, dass sie es mit Gott ausgehandelt hatte, da die Oberen sie bereitwillig annahmen, obwohl es so abgelegen und die Rente so niedrig war. Was Seine Majestät will, kann nicht unterbleiben. So kamen die Schwestern zu Beginn der Fastenzeit des Jahres 1575.[51] Das Volk empfing sie mit großer Feierlichkeit und Freude und einer Prozession. Die Begeisterung war allgemein groß; sogar den Kindern sah man an, dass es ein Werk war, dessen sich unser Herr bediente. Es wurde dieses Kloster noch in derselben Fastenzeit, am Tag des hl. Matthias, mit dem Namen San José del Salvador[52] gegründet.

---

[49] Siehe F 22,14.

[50] Philipp II. trieb, parallel zu den Reformbestrebungen Roms, aus politischen Gründen die von seinen Urgroßeltern, den Katholischen Königen, bereits angestoßene Kirchen- und Ordensreform, die sog. „*reforma del Rey – Reform des Königs*" weiter voran. Aus diesem Grund war er ein engagierter Förderer Teresas, die eine so glänzende Gelegenheit, um auf die königliche Unterstützung für ihre Gründungen hinzuweisen, natürlich nicht ungenützt lässt. An Teresas Ausdrucksweise, die „*Descalzas del Carmen – Unbeschuhten Schwestern des Karmel*" wird deutlich, dass es auch in anderen Orden *Descalzas – Unbeschuhte* gab; dieser Ausdruck ist also nicht typisch für sie. Siehe V 32,10 mit Anm.

[51] Erneut wird die Jahreszahl, die ursprünglich mit 1574 angegeben worden war, nachträglich verbessert. Teresas Reisebegleiter waren Julián de Ávila, Antonio Gaitán und Gregorio Martínez López (1548-1599). Letzterer war zwei Jahre zuvor zum Priester geweiht worden und wurde in Beas von Gracián mit dem Namen Gregorio Nacianceno (nach dem Kirchenvater Gregor von Nazianz) eingekleidet; sein Noviziat sollte er in Los Remedios (Sevilla) absolvieren, wo er am 27. April 1576 seine Profess ablegte. Teresa schätzte ihn sehr und pflegte einen regen Briefkontakt mit ihm, von dem aber nichts erhalten ist. Er hatte im entstehenden Orden wichtige Ämter inne, schlug sich aber am Ende seines Lebens auf die Seite der Gegner Graciáns, der ihn einst eingekleidet hatte. (DST 936f.). Priorin des neuen Klosters wurde Ana de Jesús Lobera, die nach Teresas Tod den Teresianischen Karmel in Frankreich und Flandern einpflanzen sollte.

[52] Sankt Josef vom Erlöser; siehe Anm. zur Kapitelüberschrift.

20. Am selben Tag wurden die beiden Schwestern mit großer Begeisterung eingekleidet.[53] Mit der Gesundheit von Doña Catalina ging es gut voran. Ihre Demut und ihr Gehorsam und ihr Wunsch, geringgeachtet zu werden, lassen klar erkennen, dass ihre Wünsche, dem Herrn zu dienen, echt waren. Er sei für immer und ewig verherrlicht. Amen.

21. Es sagte mir diese Schwester unter anderem, dass sie sich vor etwa zwanzig Jahren eines Abends mit dem Wunsch schlafen legte, die vollkommenste Ordensgemeinschaft zu finden, die es auf Erden gab, um dort Schwester zu werden, und dass sie – wie sie meint – zu träumen begann, sie gehe einen sehr schmalem, engen Weg entlang und in großer Gefahr, in einige tiefe Schluchten zu stürzen, die sich da auftaten. Da sah sie einen Unbeschuhten Bruder; als sie dann Bruder Juan de la Miseria[54] (einen kleinen Laienbruder des Ordens, der nach Beas kam, als ich dort war) erblickte, sagte sie, er sähe so aus wie der, den sie im Traum gesehen habe; er sagte zu ihr: „Komm mit, Schwester!" und nahm sie mit in ein Haus mit einer großen Zahl von Schwestern, in dem es kein anderes Licht gab als das von einigen brennenden Kerzen, die sie in Händen hielten. Sie fragte, was das für ein Orden sei, aber es schwiegen alle und hoben den Schleier,[55] mit fröhlich lachenden Gesichtern. Sie versichert, dass sie die Gesichter derselben Schwestern gesehen habe, die sie jetzt gesehen hat, und dass die Priorin sie bei der Hand nahm und zu ihr sagte: „Tochter, dich möchte

---

53 Die 33jährige Catalina erhielt den Ordensnamen Catalina de Jesús, die 29jährige María hieß im Orden María de Jesús. Beide wurden begeisterte Schülerinnen des Johannes vom Kreuz, der ab 1578 von El Calvario und später von Baeza und Granada aus in regelmäßigen Abständen nach Beas kam. Catalina wurde später Nachfolgerin der berühmten ersten Priorin Ana de Jesús (Lobera).

54 Siehe F 17,6.14f.

55 Eine Anspielung auf den Brauch, der sich bis zum Zweiten Vatikanum hielt, in Gegenwart von Fremden das Gesicht zu verschleiern; nur nahe Verwandten – oder aber Mitschwestern – durften das Gesicht der Schwester sehen. Das Heben des Schleiers ist hier also als Geste der Vertrautheit zu sehen.

ich hier haben!" und ihr die Regel und die Konstitutionen[56] gezeigt habe. Und als sie aus diesem Traum erwachte, fühlte sie sich so glücklich, dass sie glaubte, im Himmel gewesen zu sein. Sie schrieb auf, was ihr von der Regel im Gedächtnis geblieben war, und es verging viel Zeit, in der sie es weder ihrem Beichtvater noch sonst jemandem erzählte, und niemand konnte ihr etwas über diesen Orden sagen.

22. Dann kam ein Pater aus der Gesellschaft Jesu[57] dorthin, der um ihre Wünsche wusste, und sie zeigte ihm den Zettel und sagte ihm, dass sie glücklich wäre, wenn sie diesen Orden finden könnte, da sie dort sofort eintreten wolle. Er aber wusste um diese Klöster, und sagte ihr, dass sei die Regel des Ordens Unserer Lieben Frau vom Karmel, auch wenn er ihr das nicht in aller Klarheit zu verstehen gab, sondern nur von den Klöstern sprach, die ich gründete. Daher sorgte sie dafür, mir, wie gesagt, einen Kurier zu schicken.[58]

23. Als die Antwort überbracht wurde, war sie bereits so krank, dass ihr Beichtvater ihr sagte, sie solle sich beruhigen, denn selbst wenn sie im Kloster gewesen wäre, hätte man sie entlassen; um wie viel weniger würde man sie im jetzigen Zustand aufnehmen. Darüber war sie tief betrübt, und wandte sich wieder mit brennender Sehnsucht an den Herrn und sagte zu ihm: „Mein Herr und mein Gott, ich weiß im Glauben, dass du der bist, der alles vermag. Nun also, Leben meiner Seele, mach, dass mir diese Wünsche genommen werden, oder aber gib mir Wege, um sie zu verwirklichen!" Das sagte sie mit sehr großem Vertrauen, wobei sie Unsere Liebe Frau um des Schmerzes willen, den sie empfunden hatte, als sie ihren Sohn tot in ihren

---

[56] Siehe Anm. zu F 3,18.
[57] Der Jesuit Bartolomé Bustamente, der einstige Sekretär von Kardinal Pardo de Tavera, der im Rahmen seiner architektonischen Arbeiten in Toledo (u. a. das berühmte Hospital de Afuera) mit Teresas Freundin Doña Luisa de la Cerda, der Witwe seines Neffen Antonio Arias Pardo de Saavedra, zusammengekommen war und möglicherweise von ihr um Teresas Gründungen wusste.
[58] Siehe F 22,1.

Armen sah, anflehte, ihre Fürsprecherin zu sein. Da vernahm sie im Innern eine Stimme, die zu ihr sagte: „Glaube und hoffe nur! Ich bin der, der alles vermag. Du wirst gesund werden; denn er, der die Macht hatte, dir so viele Krankheiten, von denen jede für sich tödlich ist, zu schicken, ihnen aber befahl, ihr Werk nicht zu tun, wird sie um so leichter von dir nehmen können." Sie sagt, dass diese Worte von einer solchen Kraft und Sicherheit waren,[59] dass sie nicht daran zweifeln konnte, dass ihr Wunsch in Erfüllung gehen würde, auch wenn ihr noch viele weitere Krankheiten aufgeladen wurden, bis ihr der Herr, wie wir gesagt haben, die Gesundheit schenkte.[60] Es scheint wirklich unglaublich, was da geschehen ist. Wenn ich mich nicht beim Arzt[61] und bei den Frauen aus ihrem Haus und weiteren Personen erkundigt hätte, hätte es nicht viel gebraucht, um mich – erbärmlich wie ich bin – denken zu lassen, es wäre wohl etwas Übertreibung dabei.[62]

24. Auch wenn sie schwächlich ist, hat sie die nötige Gesundheit, um die Regel zu beobachten, und ist eine gute Frau, mit einer großen Freude und, wie gesagt, in allem eine solche Demut, dass sie uns alle dazu veranlasste, unseren Herrn zu preisen.[63] Beide schenkten alles, was sie an Eigentum besaßen, ohne jede Vorbedingung dem Orden; und wenn man sie nicht als Schwestern hätte aufnehmen wollen, hätten sie keinerlei Druck ausgeübt. Ihre Loslösung von den Verwandten und der Heimat ist großartig, und sie hat immer den großen Wunsch, von dort weit weg zu gehen, so dass sie den Oberen damit ständig in den Ohren liegt, auch wenn ihr Gehorsam so groß ist, dass sie dort einigermaßen zufrieden ist. Aus demselben

---

[59] Neben der Verwirklichung gehören Kraft und innere Gewissheit zu den Kriterien für die Echtheit, d. h. den göttlichen Ursprung einer inneren Ansprache, die Teresa an anderer Stelle aufzählt; vgl. V 25; 6M 3.

[60] Vgl. F 22,15.

[61] Vgl. F 22,14.

[62] Mit feinem Humor distanziert sich die Autorin zwischen den Zeilen erneut von Catalinas Bericht.

[63] Vgl. F 22,6.20.

Grund nahm sie den (weißen) Schleier, denn es gab keinen
Weg, sie dazu zu bewegen, Chorschwester zu werden, sondern
Laienschwester,[64] bis ich ihr schrieb und dabei viele Dinge sagte und sie zurechtwies, weil sie etwas anderes wollte als das,
was der Wille des Pater Provinzials[65] war; dass das kein größeres Verdienst sei, und noch weitere Dinge, wobei ich sie schroff
anfasste (das hat sie nämlich am liebsten, wenn man so mit ihr
spricht). Auf diese Weise gelang es, sie dazu zu bewegen, aber
ganz gegen ihren Willen. Ich weiß nichts von dieser Seele, was
Gott nicht wohlgefällig sein muss, und so ist es mit allen. Möge es Seiner Majestät gefallen, sie an seiner Hand zu halten,
und sie in den Tugenden und der Gnade, die er ihr zu seinem
größeren Dienst und seiner Ehre verliehen hat, wachsen zu lassen. Amen.

KAPITEL 23

In ihm berichtet sie von der Gründung des Klosters
zum glorreichen hl. Josef vom Karmel[1] in der Stadt Sevilla.
Die erste Messe wurde am Tag der
Allerheiligsten Dreifaltigkeit im Jahr 1575 gefeiert.

1. Nun also, als ich in jener Stadt Beas war und auf die Genehmigung des Ordensrates für die Gründung in Caravaca[2]
wartete, besuchte mich dort ein Pater von den Unbeschuhten
unseres Ordens, der Magister Fray Jerónimo de la Madre de
Dios Gracián heißt;[3] er hatte erst wenige Jahre zuvor, als er in

---

[64] Siehe Anm. zu F 6,9.

[65] Damals Jerónimo Gracián.

[1] Siehe Anm. zu F 1,tít.

[2] Die hier erwähnte Gründung kam erst 1576 zustande und wurde im Auftrag
Teresas von Ana de San Alberto vorgenommen; siehe F 24,3f. und ferner den
Gründungsbericht in F 27.

[3] Ihre erste Begegnung mit diesem begabten jungen Mitbruder, der bald ihr
engster Mitarbeiter und Lieblingsschüler wurde. Jerónimo Gracián wurde
1545 in Valladolid geboren, 1570 zum Priester geweiht und trat 1572 in das
Noviziat der Unbeschuhten Karmeliten in Pastrana ein, wo er 1573 seine Profess ablegte. Als Teresa ihn 1575 kennen lernte, war er bereits Visitator und

Alcalá[4] weilte, unseren Habit genommen, ein sehr studierter, intelligenter und bescheidener Mann, wozu zeit seines Lebens große Tugenden kamen, so dass es so aussieht, als habe ihn Unsere Liebe Frau zum Wohl dieses ursprünglichen Ordens[5] ausgesucht, als er in Alcalá weilte – weit davon entfernt, unseren Habit zu nehmen, wenn auch nicht davon, Ordensmann zu werden. Denn obwohl seine Eltern[6] andere Absichten hatten, da sie beim König in hoher Gunst standen und er sehr begabt war, lag ihm das sehr fern. Seit Beginn seiner Studien wollte sein Vater ihn dazu bringen, Rechte zu studieren, was ihm nicht zusagte, obwohl er da noch sehr jung war, so dass er es nur durch die Macht der Tränen bei ihm durchsetzte, dass er ihn Theologie studieren ließ.

2. Als er bereits zum Magister graduiert war, bemühte er sich um Aufnahme in die Gesellschaft Jesu, und sie hatten sie ihm

---

Apostolischer Kommissar für die andalusischen Klöster der Unbeschuhten. Teresas Beziehung zu ihm war von Bewunderung, mütterlicher Zuneigung und unverhohlener Sympathie geprägt. Die erste Erwähnung findet sich im Brief vom 12. Mai 1575 (Ct 81): *„Er ist für uns besser als wir es von Gott hätten erbitten können." „Er ist sehr umsichtig"* (F 26,11); *„angenehm im Umgang"* (F 31,7); ein großer Verehrer Mariens (F 23,4-6.8.13); *„sie machten ihn zum Apostolischen Kommissar"* (F 23,13; 28,4); *„er verfasste Konstitutionen für die Brüder"* (F 23,13), *„fügte alles in eine so vernünftige Ordnung und Harmonie"* (F 23,13), ist einer von denen, *„die dabei am meisten erlitten"* (F 28,4), *„befahl mir, [die Gründungen] abzuschließen"* (F 27,22); *„so wie er mich entzückte, hatten ihn die Leute, die ihn gelobt hatten, glaube ich, nicht kennen gelernt"* (F 24,1); vgl. Ct 81,2; 86,3; 88,9; 143,2; 162,1; 238,1; 311,2; 366,2; 371,5.

4 In der berühmten Universitätsstadt Alcalá de Henares unterhielten die Unbeschuhten Karmeliten seit 1570 ein Studienhaus, das „Colegio de San Cirilo", dessen erster Rektor Johannes vom Kreuz war. Es stand in enger Verbindung mit dem Noviziat in Pastrana und wies vielen begabten Studenten den Weg in den Karmel, so auch Jerónimo Gracián.

5 Eine etwas missverständliche Kurzformel für den Teil des Ordens, der nach der „ursprünglichen" Regel lebte; vgl. F 13,tít; 17,9. Siehe Anm. zu F 2,1.

6 Sein Vater, Diego de Gracián de Alderete (1494-1586), ein Humanist, Polyglot und Übersetzer, arbeitete als Sekretär (allerdings weder als Staats- noch als Privatsekretär) und Dolmetscher für Karl V. und Philipp II.; seine Mutter, Juana Dantisco (1527-1601), war eine uneheliche Tochter des Botschafters des polnisches Königs und späteren Bischofs von Kulm (Chelmno) und Ermland Juan Dantisco – Joannes Dantiscus bzw. auf polnisch Jan Dantyszek („von Danzig"), eigentlich Johannes von Höfen (auch Johann Flachsbinder).

auch schon gewährt, sagten ihm aber aus einem bestimmten Anlass, er solle noch ein paar Tage warten. Er sagte mir, dass ihm alle Bequemlichkeit, die er hatte, eine Qual gewesen sei, da ihm das nicht der richtige Weg zum Himmel zu sein schien. Immer hielt er stundenlang inneres Beten, behielt seine innere Sammlung bei und war in höchstem Maße rechtschaffen.[7]

3. Um diese Zeit war ein guter Freund von ihm mit Namen Fray Juan de Jesús, ebenfalls ein Magister, als Mitglied unseres Ordens ins Noviziat zu Pastrana eingetreten.[8] Ich weiß nicht, ob der Anlass ein Brief war, den dieser ihm über die Größe und das hohe Alter unseres Ordens geschrieben hatte,[9] oder was der Anlass war, der ihm so große Lust einflößte, alles über ihn zu lesen und es bei großen Autoren nachzuprüfen, so dass er sagt, er hätte deswegen oft Skrupel gehabt, dass er das Studium anderer Themen vernachlässige, weil er sich davon nicht losreißen konnte; sogar in den Erholungsstunden war er damit beschäftigt. O Weisheit und Macht Gottes, wie unmöglich ist es für uns dem, was dein Wille ist, zu entfliehen! Unser Herr sah ganz genau, wie notwendig eine solche Persönlichkeit für dieses Werk war, das Seine Majestät begonnen hatte! Ich preise ihn oft für die Gnade, die er uns damit gewährte. Denn wenn ich Seine Majestät auch noch so inständig um jemanden hätte bitten wollen, um alle Angelegenheiten des Ordens in diesen Anfängen zu ordnen, wäre es mir doch nie gelungen, so viel zu erbitten, wie uns Seine Majestät in ihm gab. Er sei für immer gepriesen.

4. Nun also, während er in seinem Denken noch weit davon entfernt war, diesen Habit zu nehmen, wurde er gebeten, nach

---

[7] Auch hier betont Teresa wieder das innere Beten.

[8] Juan de Jesús Roca (1544-1614) war ein Studienfreund Graciáns, der wie dieser in Alcalá den Magistergrad der Theologie erlangt hatte. Er war einige Monate vor Gracián, am 1. Januar 1572, in das Noviziat zu Pastrana eingetreten, wurde zu einem zuverlässigen Mitarbeiter Teresas und führte später den Teresianischen Karmel in Katalonien ein.

[9] Damals herrschte die feste Überzeugung vor, dass der Orden bereits vom Propheten Elija gegründet worden sei.

Pastrana zu gehen, um mit der Priorin[10] des dortigen Klosters unseres Ordens (das noch nicht von dort weg verlegt war),[11] über die Aufnahme einer Schwester[12] zu verhandeln. Was für Mittel legt doch die Göttliche Majestät ein; denn wenn er sich entschlossen hätte, von dort[13] wegzugehen, um den Habit zu nehmen, hätte es womöglich so viele Leute gegeben, die ihm widersprochen hätten, dass er es nie gemacht hätte. Aber die Jungfrau, Unsere Liebe Frau, deren eifriger Verehrer er ist, wollte es ihm vergelten, indem sie ihm ihren Habit gab.[14] Daher glaube ich, dass sie die Mittlerin war, dass Gott ihm diese Gnade erwies; ja der Grund, weshalb er diesen Habit nahm und diesen Orden so liebgewonnen hatte, war diese glorreiche Jungfrau. Sie wollte nicht, dass es einem, der sich so danach sehnte, ihr zu dienen, an Gelegenheit fehle, um dies in die Tat umzusetzen; denn gewöhnlich erweist sie denen ihre Gunst, die sich ihrem Schutz anvertrauen wollen.

5. Als Junge in Madrid ging er oft zu einem Bild Unserer Lieben Frau, das er sehr verehrte (ich weiß nicht, wo es war); er nannte sie seine Geliebte, und es war für ihn ganz normal, sie zu besuchen. Sie hat wohl für ihn bei ihrem Sohn die Reinheit erlangt, mit der er immer gelebt hat. Er sagt, dass ihm manchmal vorkam, als seien ihre Augen vom Weinen über die vielen Beleidigungen, die ihrem Sohn angetan würden, aufgequollen. Daher erwachte in ihm ein starker Drang und Wunsch, den Seelen zu helfen, und großer Kummer, wenn er sah, dass Gott beleidigt wurde. Zu diesem Wunsch nach dem Heil der Seelen zieht es ihn so stark hin, dass ihm jede Schwierigkeit gering

---

[10] Priorin in Pastrana war damals Isabel de Santo Domingo Ortega.

[11] Siehe die Gründungsgeschichte dieses Klosters in F 17; es wurde aufgrund der Schwierigkeiten mit der Prinzessin von Éboli im April 1574 nach Segovia verlegt (F 21).

[12] Bárbara del Espíritu Santo del Castillo, die am 16. März 1574 in Pastrana ihre Profess ablegte und später das Amt der Subpriorin und Priorin in Caravaca ausübte. Sie starb 1609.

[13] Also von Alcalá de Henares, wo er damals wohnte.

[14] Eine erneute Anspielung auf die Tatsache, dass der Karmelorden Maria geweiht ist.

vorkommt, wenn er glaubt, dadurch etwas Fruchtbares zu bewirken. Das habe ich durch eigene Erfahrung in vielen Schwierigkeiten gesehen, die er durchgemacht hat.

6. Nun, als ihn die Jungfrau nach Pastrana führte, und er meinte, dorthin zu gehen, um einer Schwester den Habit zu besorgen, führte ihn Gott gleichsam als getäuschten dorthin, um ihn ihm zu geben. O Geheimnisse Gottes! Wie bereitet er uns, ohne dass wir es wollen, allmählich darauf vor, uns Gnaden zu erweisen und auch dieser Seele die guten Werke zu vergelten, die sie getan hatte, und das gute Beispiel, das sie immer gegeben hatte, und ihre große Sehnsucht, seiner glorreichen Mutter zu dienen; denn das wird Seine Majestät immer mit großzügigen Belohnungen vergelten.

7. Nach seiner Ankunft in Pastrana ging er zur Priorin und redete mit ihr, damit sie diese Schwester aufnähme, aber es sieht so aus, als hätte er mit ihr gesprochen, damit sie es bei unserem Herrn erreichte, dass er einträte. Wie sie ihn sah[15] – er hat nämlich einen angenehmen Umgang, so dass diejenigen, die mit ihm zu tun haben, ihn meistens lieben (es ist dies eine Gnade, die unser Herr verleiht;[16] daher wird er von allen ihm unterstellten Brüdern und Schwestern überaus geliebt; denn auch wenn er keinen Fehler durchgehen lässt – er nimmt es nämlich sehr genau mit der Sorge um die Förderung des Ordenslebens –, geschieht es doch mit so wohltuender Milde, dass es so aussieht, als könnte sich unmöglich jemand über ihn beklagen wollen).[17] Nun also, da es dieser Priorin so erging wie

---

[15] Ein weiteres Anakoluth: Es fehlt der Hauptsatz, weil die Autorin sich in Zwischenbemerkungen verliert; anschließend setzt sie noch einmal an: *„Nun also, da es dieser Priorin so ging wie den anderen, ..."*

[16] Vielleicht denkt sie an sich selbst, denn über sich hatte sie geschrieben: *„Darin hat mir Gott Gnade gegeben, dass ich überall, wo ich hinkam, Sympathie hervorrief, und so war ich sehr beliebt"* (V 2,8).

[17] Eine geradezu naiv anmutende Bemerkung angesichts der erbitterten Auseinandersetzungen um die Rolle Graciáns nach dem Tod Teresas, was schließlich 1592 auf Betreiben seines größten Kontrahenten Nicolás Doria zu seinem Ausschluss aus dem Orden führen sollte.

den anderen, überkam sie das heftige Verlangen, dass er in den Orden einträte, und so sagte sie den Schwestern, sie sollten bedenken, dass das für sie wichtig wäre, denn es gab damals nur ganz wenige, und kaum jemand Vergleichbaren,[18] und dass alle unseren Herrn bitten sollten, ihn nicht fortgehen zu lassen, sondern dass er den Habit nähme.

8. Es ist diese Priorin eine ganz große Dienerin Gottes,[19] so dass ich glaube, dass allein schon ihr Gebet von Seiner Majestät gehört worden wäre, erst recht die von so guten Seelen, die dort lebten. Alle nahmen es sich sehr zu Herzen und baten Seine Majestät mit Fastenübungen, Disziplinen[20] und Gebeten ununterbrochen darum, und so gefiel es ihm, uns diese Gnade zu gewähren. Denn sobald Pater Gracián zum Kloster der Brüder ging und dort so viel Ordensgeist und Bereitschaft zum Dienst für unseren Herrn sah, und vor allem, dass es der Orden seiner glorreichen Mutter war, der er so sehr zu dienen wünschte, begann sich sein Herz zu regen, um nicht mehr in die Welt zurückzukehren. Auch wenn der Böse ihm große Schwierigkeiten vormachte, insbesondere den Schmerz, der das für seine Eltern bedeuten würde, da sie ihn sehr liebten und große Hoffnungen hatten, dass er mithelfen würde, ihre Kindern zu versorgen (sie hatten nämlich viele Töchter und Söhne),[21] überließ er diese Sorge Gott, für den er alles verließ, und entschloss sich, Unter-

---

18 Das sagt Teresa, der es, obwohl sie Johannes vom Kreuz hatte, dennoch klar war, dass es ihr an qualifizierten Männern fehlte. Siehe F 28,21ff. mit dem Bericht über Catalina de Cardona und ihren Einfluss auf viele Brüder, die eine typische Vertreterin der damals in Kastilien üblichen Ordensreformen war.

19 Teresa schätzte Isabel de Santo Domingo so sehr, dass sie ihr die heikle Aufgabe anvertraut hatte, sich mit der launenhaften Prinzessin Éboli auseinanderzusetzen; vgl. F 15,4; F 17.

20 Rituelle Selbstgeißelungen.

21 Von den zwanzig Kindern der Familie Gracián erreichten dreizehn das Erwachsenenalter; sieben von ihnen traten in einen Orden ein, außer Jerónimo schlossen sich noch drei seiner Schwestern und ein Bruder dem Teresianischen Karmel an: María de San José Dantisco, Isabel de Jesús Dantisco, Juliana de la Madre de Dios Gracián Dantisco und Lorenzo de la Madre de Dios. Ein weiterer Bruder, Pedro Gracián de Torres Alderete, musste aus gesundheitlichen Gründen das Noviziat in Pastrana wieder verlassen und wurde Welt-

tan der Jungfrau zu werden und ihren Habit zu nehmen. Und so gaben sie ihn ihm zur großen Freude aller, insbesondere der Schwestern und der Priorin, die unserem Herrn großes Lob spendeten, da sie meinten, diese Gnade habe ihnen Seine Majestät aufgrund ihrer Gebete gewährt.

9. Im Probejahr war er dort mit derselben Demut wie einer der jüngsten Novizen. Seine Tugend wurde besonders auf die Probe gestellt, als eine Zeitlang der Prior nicht da war[22] und ein noch junger, ungebildeter, für die Leitung äußerst mäßig begabter und kluger Mitbruder als Oberer fungierte; Erfahrung hat er keine, da er erst kurz zuvor eingetreten war.[23] Es war pure Übertreibung, wie er sie anleitete, und was für Mortifikationen[24] er sie machen ließ. Ich wundere mich jedes mal, wie sie es aushalten konnten, vor allem solche Personen; denn dazu bedurfte es schon des Geistes, den Gott ihm einflößte, um es auszuhalten. Nachher hat man klar gesehen, dass er stark an Melancholie[25] litt und nirgends davon frei ist;[26] sogar als Untergebener gibt es mit ihm Probleme, wie viel mehr dann als Oberer. Denn diese

---

priester. Die Familie war nicht reich, da der Vater sich entgegen den damaligen Gepflogenheiten mit dem bescheidenen Gehalt, das er vom König erhielt, zufrieden gab und seine Stellung nicht nutzte, um sich zu bereichern.

[22] Baltasar de Jesús Nieto (1524-1590), eine unglückliche Gestalt in den Anfängen des Teresianischen Karmel. Vom Ordensgeneral Rossi aus Andalusien verbannt, tritt er 1569 zu den Unbeschuhten über, wo er bereits 1570 Prior in Pastrana wird (bis 1575, als er endlich auf die gemilderte Regel verzichtet). *„Zweifellos trug dieser Mensch zu den bittersten menschlichen Erfahrungen der Mutter Gründerin bei"* (DST 747f.).

[23] Ángel de San Gabriel, der nicht nur seelisch labil, sondern auch stark vom asketischen Rigorismus der Einsiedlerin Catalina de Cardona beeinflusst war. Mit seinen asketischen Übertreibungen stürzte er das Noviziat von Pastrana in eine große Krise, die nur durch das Eingreifen des Johannes vom Kreuz beseitigt werden konnte.

[24] Asketische Übungen zur Einübung ins Ich-Sterben; siehe Anhang I. In den Klöstern waren bis zum Zweiten Vatikanum viele derartige Übungen üblich, die sich allerdings leicht verselbständigen konnten und somit nicht immer wirklich dem Zweck der größeren inneren Freiheit dienten.

[25] In dem Sinn, in dem Teresa diesen Begriff immer wieder benutzt: eine seelische Störung; siehe Anm. zu F 4,2.

[26] Unvollständiger Satz; der leichteren Verständlichkeit wegen wird *„davon frei ist"* ergänzt.

Gemütsverfassung unterjocht ihn sehr (wo er doch ein guter Ordensmann ist), und Gott lässt es manchmal zu, dass man diesen Fehler macht, nämlich solche Menschen da hinzustellen, um diejenigen, die er liebt, in der Tugend des Gehorsams zu vervollkommnen.

10. So muss es wohl hier gewesen sein; denn als Lohn dafür hat Gott Pater Fray Jerónimo de la Madre de Dios in Sachen Gehorsam ein sehr klares Licht gegeben, um sich als einer, der damit so gut begonnen hat, in die Unterweisung seiner Untergebenen einzuüben. Und damit es ihm in bezug auf nichts von dem, was wir brauchen, an Erfahrung fehlte, hatte er drei Monate vor seiner Profess gewaltige Anfechtungen.[27] Als guter Anführer, der er für die Kinder der Jungfrau[28] sein musste, wehrte er sich aber gut dagegen, denn als der Böse ihn am schlimmsten bedrängte, den Orden zu verlassen, wehrte er sich mit dem Versprechen, ihn nicht zu verlassen und die Gelübde abzulegen. Er gab mir ein bestimmtes Werk, das er unter diesen starken Anfechtungen schrieb, und das mich innerlich sehr bewegte; man sieht gut, welche Kraft ihm der Herr gab.

11. Es mag zudringlich erscheinen, dass er mir so viele Einzelheiten über sein Seelenleben preisgegeben hat. Vielleicht wollte es der Herr, damit ich es hier niederschriebe und er in seinen Geschöpfen gepriesen werde; denn ich weiß, dass er sich weder bei einem Beichtvater noch bei sonst jemandem so darüber ausgesprochen hat. Es gab gelegentlich einen Anlass, da er glaubte, bei meinem Alter und nach allem, was er von mir gehört hatte, hätte ich wohl eine gewisse Erfahrung. Im Zusammenhang mit anderen Dingen, die wir besprachen, sagte er mir dies und

---

[27] Angesichts der asketischen Übertreibungen und Geschmacklosigkeiten, zu denen die Novizen in Pastrana gezwungen wurden, verwundert es nicht, dass der Novize Jerónimo Gracián ernsthaft versucht war, das Noviziat zu verlassen, ohne Profess abzulegen.

[28] Aufgrund der Tatsache, dass der Karmelorden Maria geweiht ist, nennt Teresa die Karmeliten und Karmelitinnen immer wieder *„Söhne und Töchter der Jungfrau Maria"*; vgl. F 16,7; 27,10; und ferner 3M 1,3; De 5; 10; 11; 17; 20; 26ff.

noch andere Dinge, die zum Aufschreiben nicht geeignet sind, sonst würde ich mich noch viel mehr darüber verbreiten.

12. Ich habe es wirklich unterlassen, vieles zu sagen, um ihm keinen Schmerz zu bereiten, falls es ihm eines Tages in die Hände fallen sollte. Ich konnte nicht anders, und es schien mir auch nicht gut (falls man dies überhaupt zu sehen bekommt, wird es erst nach langer Zeit sein), an jemanden, der für die Neubelebung der ersten Regel[29] so viel Gutes getan hat, nicht zu erinnern. Auch wenn er nicht der erste war, der damit begonnen hat, kam er doch zur rechten Zeit, so dass es mir manchmal leid getan hätte, dass der Anfang bereits gemacht war, wenn ich nicht ein so großes Vertrauen in Gottes Erbarmen gehabt hätte.[30] Ich spreche von den Häusern der Brüder, denn mit denen der Schwestern ist es durch seine Güte bislang immer gut gegangen. Mit denen der Brüder ging es zwar nicht schlecht, aber es trug den Keim raschen Verfalls in sich, denn da sie keine eigene Provinz bildeten,[31] wurden sie von den Beschuhten geleitet. Denen, die sie hätten leiten können, nämlich Pater Fray Antonio de Jesús,[32] der den Anfang gemacht hatte, gaben sie keine Vollmacht dazu; auch hatten sie keine Konstitutionen, die von unserem Hochwürdigsten Pater General approbiert waren.[33] In jedem Haus machten sie es so, wie es ihnen gut schien. Bis sie übereingekommen wären oder sich

[29] Siehe Anm. zu F 2,1.

[30] Eine Anspielung auf die Schwierigkeiten, die Teresa insbesondere in Pastrana mit den Brüdern hatte, aber vor allem auf deren prekäre rechtliche Situation, die immer wieder zu Spannungen mit dem nicht reformierten Teil des Ordens führte, wie sie im folgenden andeutet.

[31] Ursprünglich hatte sie geschrieben „kein Oberhaupt hatten."

[32] Siehe F 3,16 und ferner F 13. Antonio de Jesús war zu diesem Zeitpunkt der einzige mit Leitungserfahrung als Prior.

[33] Wie die Schwestern; vgl. F 3,18; 9,4; 17,3. Sie scheint nicht zu wissen, dass die Unbeschuhten vom Generaloberen Rossi gegebene Konstitutionen hatten, was sie auch in der folgenden Nummer andeutet. Um 1568 hatte der General für die Brüder Konstitutionen erarbeiten lassen, die sich auf die von Teresa für die Schwestern verfassten gründeten. Allerdings ist nicht belegt, dass sie jemals promulgiert wurden. Siehe die Einführung in Teresas Konstitutionen, in: Teresa von Ávila, *Gedanken zum Hohenlied* (3. Band der Gesamtausgabe), 389.

selbst hätten leiten können, hätte es viele Probleme gegeben, da die einen dieses und die anderen jenes meinten. Sie haben mir mitunter sehr zu schaffen gemacht.[34]

13. Dem half unser Herr durch Pater Magister Jerónimo de la Madre de Dios ab; denn man machte ihn zum Apostolischen Kommissar und gab ihm die Autorität und Leitung über die Unbeschuhten Brüder und Schwestern.[35] Er verfasste kraft Apostolischer Vollmacht, die er besaß, und der guten Begabungen, die ihm, wie ich schon sagte,[36] der Herr verliehen hatte, Konstitutionen für die Brüder.[37] (Denn wir Schwestern hatten schon welche von unserem Hochwürdigsten Pater General;[38] daher machte er für uns keine, sondern nur für sie.) Bei seiner ersten Visitation fügte er alles in eine so vernünftige Ordnung und Harmonie, dass man gut sehen konnte, dass ihm Seine Majestät geholfen und Unsere Liebe Frau ihn auserwählt hatte, um ihrem Orden aufzuhelfen. Sie flehe ich inständig an, sie möge von ihrem Sohn erlangen, dass er ihn immer fördere und ihm die Gnade verleihe, in seinem Dienst voranzuschreiten. Amen.

---

[34] In wenigen Strichen schildert Teresa hier die gravierenden strukturellen Probleme bei den Unbeschuhten Brüdern, die eine so eindeutig teresianische Ausrichtung wie bei den Schwestern unmöglich machten: Oberen unterstellt, die die Reform nicht mittrugen; keine einheitliche Gesetzgebung; im Widerstreit der Meinungen und persönlichen Vorlieben verstrickt. Demgegenüber hatten die Schwestern nicht nur einheitliche, von Teresa selbst verfasste Konstitutionen, sondern sie bürgte auch durch ihre Person und ihre häufigen brieflichen Kontakte mit den einzelnen Kommunitäten für deren klare spirituelle Ausrichtung.

[35] Der Apostolische Visitator Francisco de Vargas OP hatte im September 1573 eigentlich Baltasar de Jesús Nieto zum Apostolischen Visitator für die Karmeliten Andalusiens ernannt, der diese Aufgabe jedoch an Jerónimo de la Madre de Dios Gracián weiterdelegierte. Ein Jahr darauf (1574) wurde Gracián Provinzvikar für die Unbeschuhten und Apostolischer Visitator für die Beschuhten Andalusiens; 1575 wurde seine Vollmacht schließlich auf die ganze Neugründung Teresas, einschließlich der Konvente Kastiliens, ausgedehnt.

[36] F 23,2.

[37] Den Text dieser Konstitutionen Graciáns von 1576 siehe bei Fortunatus a Jesu – Beda a SS. Trinitate, *Constitutiones Carmelitarum Discalceatorum*; sie waren als neue Konstitutionen verfasst worden und bis zum Kapitel von Alcalá 1581 gültig.

[38] Sie waren vom General Rossi nur approbiert worden, verfasst hat sie sie selbst.

KAPITEL 24

Sie fährt fort mit der Gründung zum hl. Josef vom Karmel[1]
in der Stadt Sevilla

1. Als ich berichtet habe,[2] dass Pater Magister Fray Jerónimo de la Madre de Dios mich in Beas aufsuchte, hatten wir uns vorher noch nie gesehen, obwohl ich mir das sehr wünschte, geschrieben aber schon ein paar Mal. Ich freute mich außerordentlich, als ich erfuhr, dass er dort war, denn ich wünschte mir das sehr, weil man mir viel Gutes über ihn erzählt hatte. Aber viel mehr noch freute ich mich, als ich mit ihm ins Gespräch kam, denn so wie er mich entzückte, hatten ihn die Leute, die ihn gelobt hatten, glaube ich, nicht kennen gelernt.

2. Und als ich ihn sah, wo ich mich doch in solcher Not befand, führte mir der Herr, glaube ich, vor Augen, wie viel Gutes uns durch ihn zuteil werden sollte; daher verbrachte ich jene Tagen in Hochstimmung und Seligkeit, so dass ich über mich selbst wirklich erstaunt war. Er hatte nur die Beauftragung für Andalusien, weiter nichts, doch als er in Beas war, ließ ihn der Nuntius[3] zu sich rufen und übertrug sie ihm damals auch für die Unbeschuhten Brüder und Schwestern der Provinz Kastilien.[4] Die Freude, die ich im Geist darüber empfand, war so groß, dass ich dem Herrn in jenen Tagen nicht genug danken konnte und nichts anderes hätte tun wollen.

3. Damals brachte man die Genehmigung für die Gründung in Caravaca herbei,[5] aber anders als ich es für mein Vorhaben

---

[1] Siehe Anm. zu F 1,tít.

[2] Das hat sie in F 23,1 getan.

[3] Zu diesem Zeitpunkt Nicolás (Niccolò) Ormaneto, ein Schüler und Mitarbeiter des führenden Vertreters der Katholischen Reform unter dem hl. Karl Borromäus. Er war 1572-1577 Päpstlicher Nuntius in Spanien und unterstützte Teresas Reform nach Kräften.

[4] Gracián traf sich im April 1575 in Beas mit Teresa; seine Befugnisse wurden erst am 3. August jenes Jahres von Ormaneto auf alle Klöster der Unbeschuhten, einschließlich der kastilischen, ausgeweitet.

gebraucht hätte; so wurde es nötig, sich noch einmal an den Hof zu wenden, da ich den Gründerinnen[6] geschrieben hatte, dass man auf keinen Fall gründen würde, wenn nicht um eine bestimmte Einzelheit eingereicht würde, die noch fehlte; daher mussten sie sich erneut an den Hof wenden.[7] Mir fiel es schwer, dort so lange zu warten; ich wollte nach Kastilien zurück. Da aber Pater Fray Jerónimo sich dort aufhielt, dem jenes Kloster[8] unterstellt war, weil er ja der Kommissar für die ganze Provinz Kastilien war,[9] konnte ich ohne seine Einwilligung nichts tun; daher teilte ich es ihm mit.

4. Er meinte, wenn ich einmal abgereist wäre, würde aus der Gründung in Caravaca nichts mehr werden, dass aber Gott sehr damit gedient wäre, in Sevilla zu gründen, was ihm ganz leicht vorkam, da er von einigen Leuten darum angegangen worden war, die einflussreich waren und genügend Vermögen besaßen, um gleich ein Haus dazu zu geben; außerdem war der

---

[5] Siehe F 23,1.

[6] Die Witwe Catalina de Otólora, in deren Haus drei weitere junge Frauen, Francisca de Saojosa, Francisca de Cuéllar und Francisca de Tauste („die drei Franciscas") ungeduldig auf den Eintritt in das zu gründende Kloster warteten; vgl. F 27,1.

[7] In F 27,6 sagt die Autorin deutlicher, was sie störte: In der eingeholten Genehmigung wurde das neue Kloster dem Ritterorden von Santiago unterstellt, unter deren Jurisdiktion Caravaca fiel, während Teresa es dem Karmelorden unterstellen wollte.

[8] Das von Beas.

[9] Hier unterläuft Teresa ein Irrtum. Wie sie im vorigen Absatz selbst gesagt hatte, war Gracián zu diesem Zeitpunkt nur für die Klöster Andalusiens zuständig. Ihre Verwirrung ist verständlich, und selbst P. Gracián musste sich informieren, worüber er berichtet: „Ich fragte, ob jenes [Beas] zur Provinz Andalusien oder Kastilien gehörte. Er sagte, Andalusien. Ich ließ die Studierten des Ortes zusammenholen und begab mich zu den Franziskanern [in Beas], um in diesem Punkt nachzuforschen. Man bekam heraus, dass es im Hinblick auf die weltlichen Prozesse in den Kanzleien auf dem Gebiet von Kastilien lag, doch im Hinblick auf kirchliche Angelegenheiten in der Provinz Andalusien." (J. Gracián, Escolias a la vida de Santa Teresa, 391.) Die unmittelbare Jurisdiktion übte jedoch der Ritterorden von Santiago aus, so wie auch in Caravaca. Diese komplizierte Rechtslage sollte Teresa in große Schwierigkeiten bringen und zu Unstimmigkeiten mit dem Ordensgeneral führen, der nur Gründungen in Kastilien erlaubt hatte; vgl. Ct 83,2.

Erzbischof von Sevilla[10] dem Orden so gewogen, dass er glaubte, ihm damit einen großen Dienst zu erweisen. Daher wurde vereinbart, dass die Priorin und die Schwestern, die ich für Caravaca mitgebracht hatte, nach Sevilla gingen. Obwohl ich es aus gewissen Gründen immer entschieden abgelehnt hatte, in Andalusien eines von diesen Klöstern zu gründen (wenn ich nämlich damals, als ich nach Beas ging, gewusst hätte, dass es zur Provinz Andalusien gehörte, wäre ich nie dahin gegangen; der Irrtum war aber, dass das Gebiet zwar noch nicht zu Andalusien gehört – das beginnt, glaube ich, erst vier oder fünf Meilen weiter[11] –, der Provinz nach aber wohl), gab ich mich gleich geschlagen, sobald ich sah, dass der Beschluss des Oberen so war (denn diese Gnade gibt mir der Herr: zu glauben, dass sie immer recht haben);[12] und das obwohl ich zu einer anderen Gründung entschlossen war, und außerdem ein paar recht schwerwiegende Gründe hatte, um nicht nach Sevilla zu gehen.[13]

5. Man begann sofort mit den Reisevorbereitungen, da die Hitze drückend wurde, und der Apostolische Kommissar Gracián aufgrund der Einbestellung durch den Nuntius sich auf seinen Weg machte, wir mit meinen guten Reisgefährten Padre Julián de Ávila[14] und Antonio Gaitán[15] und einem Unbeschuhten

---

[10] Erzbischof von Sevilla war damals Cristóbal de Rojas y Sandoval (1502-1580), ein unehelicher Sohn des Markgrafen von Denia, Bernardo de Rojas y Sandoval, zuvor bereits Bischof in Oviedo, Badajoz und Córdoba. Teresa hatte ihn zu diesem Zeitpunkt noch nicht persönlich kennen gelernt, aber bereits einige Briefe von ihm erhalten; siehe F 24,15.

[11] Ca. 25 km.

[12] Erneut pocht die Autorin auf das damalige Gehorsamsverständnis, obwohl sie in Wirklichkeit sehr viel differenzierter mit dem Gehorsam umgeht und durchzusetzen versteht, was ihr wichtig ist; vgl. T. Egido, *Der Gehorsam der hl. Teresa*.

[13] Der Hauptgrund war die fehlende Genehmigung des Ordensgenerals Rossi für eine Gründung in Andalusien; außerdem war die südspanische Mentalität Teresa als Kastilierin wesensfremd. Vielleicht dachte sie auch an die Probleme, die bereits Rossi mit den andalusischen Karmeliten gehabt hatte.

[14] Vgl. F 3,2.

[15] Vgl. F 21,5.

Bruder[16] auf den unseren nach Sevilla.[17] Wir reisten in ganz geschlossenen Wagen, was immer unsere Art zu reisen war, und nach der Ankunft in einer Herberge nahmen wir uns eine gute oder schlechte Unterkunft, je nach dem was es gab; an der Tür nahm eine Schwester entgegen, was wir brauchten; denn nicht einmal die Männer, die mit uns reisten, betraten sie.[18]

6. Da wir uns sehr beeilten, kamen wir am Donnerstag vor dem Dreifaltigkeitssonntag[19] in Sevilla an, nachdem wir unterwegs überaus große Hitze ausgestanden hatten; denn ich sage euch, Schwestern, auch wenn wir während der Mittagszeit nicht weiter gingen, war es, da die pralle Sonne auf die Wagen herabbrannte, in ihnen wie in einem Fegfeuer, wenn wir wieder einstiegen. Da sie manchmal an die Hölle dachten und sich andere Male vorstellten, etwas für Gott zu tun und zu erleiden, waren diese Schwestern unterwegs ganz zufrieden und frohgemut. Denn die sechs, die mit mir reisten, waren solche Seelen, dass ich, glaube ich, gewagt hätte, mit ihnen ins Türkenland zu ziehen,[20] und sie hätten die Kraft gehabt oder, besser gesagt,

---

[16] Gregorio Nacianceno (Martínez López), der sie als Weltpriester von Malagón nach Beas begleitete und dort den Karmelhabit empfangen hat; vgl. F 22,19.

[17] Am 18. Mai 1575.

[18] Mit solch detaillierten Beschreibungen des tadellosen Verhaltens und insbesondere der großen Zurückgezogenheit ihrer Schwestern auf den weiten Reisen versucht die Autorin eventueller Kritik zuvorzukommen, zumal das Konzil von Trient die Klausurvorschriften für Ordensfrauen verschärft hatte. Nur wenige Jahre später sollte der neue Päpstliche Nuntius Filippo Sega von ihr selbst sagen, sie sei ein „unruhiges, herumstreunendes ... Weibsbild, das ... gegen die Anordnung de Konzils von Trient und der Oberen die Klausur verlässt" (DST 1149). Wie recht sie mit diesen Vorsichtsmaßnahmen hatte, beweisen die Anschuldigungen, die sie in F 27,19 erwähnt. Siehe dazu auch die Aussage von María de San José in BMC 18,497.

[19] Am 26. Mai 1575.

[20] Es waren María de San José (Salazar), die spätere berühmte Priorin von Sevilla und Lissabon; Isabel de San Francisco, die spätere Gründerin von Sanlúcar la Mayor und Cascais (Portugal); Leonor de San Gabriel, die später in Sanlúcar la Mayor und in Sevilla Priorin wurde; Ana de San Alberto, die 1576 im Auftrag Teresas in Caravaca gründen sollte; María del Espíritu Santo, über die weiter nichts bekannt ist; und Isabel de San Jerónimo, die auch bereits die Anfänge in Pastrana, Segovia und Beas miterlebt hatte.

unser Herr hätte sie ihnen verliehen, um für ihn zu leiden, denn das waren ihre Wünsche und ihre Gespräche, da sie gut ins innere Beten und das Ich-Sterben eingeübt waren.[21] Da sie nämlich so weit weg leben mussten, schaute ich darauf, dass sie von denen seien, die mir am geeignetsten dafür schienen. Und all das war nötig angesichts der Prüfungen, die es durchzustehen galt. Einige davon, und zwar die größten, werde ich nicht erwähnen, da sie manchen peinlich berühren könnten.[22]

7. Am Tag vor Pfingsten lud Gott ihnen eine ziemlich schwere Prüfung auf, indem er mich sehr hohes Fieber bekommen ließ. Ich glaube, ihr Flehen zu Gott war ausreichend, damit sich das Übel nicht weiter verschlimmerte, denn nie in meinem Leben hatte ich so arges Fieber, das sich nicht noch mehr verschlimmert hätte. Es war so stark, dass ich einen ganz benommenen Eindruck machte, so sehr war ich neben mir. Sie schütteten mir Wasser ins Gesicht, aber die Sonne war so heiß, dass es mir kaum Erfrischung brachte.

8. Ich will auch nicht versäumen, euch zu sagen, wie schlecht die Herberge für diese Notlage war. Sie gaben uns eine unter dem nackten Ziegeldach gelegene winzige Kammer, die kein Fenster hatte, und wenn man die Tür aufmachte, schoss voll die Sonne herein (ihr müsst bedenken, dass die dort nicht so ist wie in Kastilien, sondern viel lästiger). Sie legten mich auf ein Bett, wobei ich es allerdings besser gefunden hätte, man hätte mich auf den Boden gelegt, denn es war an manchen Stellen so hoch und an anderen so niedrig, dass ich nicht wusste, wie ich darin liegen könnte, da es aus spitzen Steinen zu bestehen schien. Wie schlimm ist es doch, krank zu sein, denn bei Gesundheit ist alles leicht zu ertragen! Schließlich hielt ich es für besser aufzustehen und weiterzureisen, denn die Sonne in

---

[21] Man beachte auch hier, worauf es Teresa ankommt: auf das innere Beten und das Ich-Sterben (*mortificación*).

[22] Weil sie sich vielleicht in ihrer Ehre beleidigt gefühlt hätten. Doch siehe die gegen Teresa vorgebrachten Anschuldigungen in F 27,19.

freier Landschaft kam mir erträglicher vor als in diesem Kämmerchen.

9. Wie wird es da erst den Armen ergehen, die in der Hölle
sind, die auf ewig keine Abwechslung mehr erleben! Denn auch
wenn eine Prüfung nach der anderen daherkommt, scheint das
ein bisschen Erleichterung zu sein. Es ist mir schon passiert, an
einer Stelle ganz schlimme Schmerzen zu haben, und selbst
wenn ich dann an einer anderen genauso schlimme bekam, erschien mir die Abwechslung doch wie eine Erleichterung; so
war es auch hier. Mir selbst machte es, soviel ich mich erinnere, nichts aus, krank zu sein; die Schwestern litten weit mehr
darunter als ich. Es gefiel dem Herrn, dass das größte Übel
nicht länger als diesen einen Tag dauerte.

10. Kurze Zeit vorher, ich weiß nicht, ob es zwei Tage waren,
passierte uns etwas anderes, das uns ein wenig in Bedrängnis
brachte, als wir auf einer Fähre den Guadalquivir[23] überquerten. Als man nämlich die Wagen übersetzen wollte, war das an
der Stelle, wo sich das Seil befand, nicht möglich, sondern man
musste den Fluss schräg überqueren, auch wenn das Seil ein
bisschen half, indem man es auch schräg hielt. Auf einmal ließen die, die es hielten, los – oder ich weiß nicht, was passierte;
jedenfalls trieb die Fähre ohne Seil und ohne Ruder mit dem
Wagen davon. Mehr leid tat es mir um den Fährmann, da ich
ihn in solcher Not sah, als wegen der Gefahr. Wir Schwestern
am Beten, die Männer alle am Schreien!

11. Es sah uns ein vornehmer Herr von seinem nahegelegenen
Schloss aus und von Mitleid bewegt schickte er uns jemanden
zu Hilfe; die Fähre war in diesem Augenblick noch nicht ohne
Seil, unsere Brüder[24] hielten sie unter Einsatz all ihrer Kräfte
fest. Aber die Gewalt des Wassers riss sie alle mit sich, so dass

---

[23] Teresa schreibt *Guadalquevi*; sie überquerten den Fluss in Espeluy.
[24] Ihre Begleiter Julián de Ávila, Antonio Gaitán und Gregorio Nacianceno, von
denen nur letzterer ein Mitbruder im engeren Sinn ist.

mancher zu Boden stürzte. Wirklich, ich war ganz gerührt von einem Sohn des Fährmanns (der, glaube ich, zehn oder elf Jahre alt gewesen sein mag), und den ich nie vergesse; wie der sich abplagte, als er seinen Vater in Not sah, da musste ich geradezu Gott loben. Da Seine Majestät, wenn er Prüfungen schickt, aber immer Erbarmen hat, war das auch hier so, denn zufällig lief die Fähre auf eine Sandbank auf, wo das Wasser auf einer Seite seicht war, so dass uns geholfen werden konnte. Wir hätten uns schwer getan, den Rückweg zu erkennen, da es schon Nacht war, wenn uns die Leute vom Schloss nicht geführt hätten. Ich hatte nicht vor, über diese Dinge zu sprechen, die von geringer Bedeutung sind, doch hätte ich vieles über schlimme Vorkommnisse unterwegs zu sagen. Ich bin gedrängt worden, darüber eingehender zu berichten.

12. Eine viel schlimmere Prüfung als die besagten war für mich das, was uns am letzten Tag des Pfingstfestes zustieß.[25] Wir beeilten uns sehr, in aller Frühe nach Córdoba zu gelangen, um die Messe zu feiern, ohne dass uns jemand sähe. Man brachte uns in eine Kirche auf der anderen Seite der Brücke, um mehr zurückgezogen zu sein. Als wir hinüberfahren wollten, hatten wir keine Genehmigung, um mit den Wagen durchzufahren,[26] denn die muss der Bürgermeister erteilen. Bis sie gebracht wurde, vergingen mehr als zwei Stunden, weil sie noch nicht auf waren, während viele Leute herbeikamen, die herausfinden wollten, wer da wohl unterwegs sei. Daraus machten wir uns aber nicht viel, denn es gelang ihnen nicht, da die Wagen gut abgedeckt waren. Als endlich die Genehmigung eintraf, gingen die Wagen nicht durch das Brückentor, so dass man etwas von ihnen absägen musste, oder was weiß ich, womit weitere Zeit verging. Als wir schließlich in die Kirche kamen, in der Padre Julián de Ávila die Messe lesen sollte, war sie voller Leute, da

---

[25] Dieser Vorfall muss sich am Pfingstsonntag oder Pfingstmontag ereignet haben; vgl. CC 30,1 wo sie darüber berichtet, wie sie *„am zweiten Tag des Pfingstfestes (...) auf dem Weg nach Sevilla in Écija in einer kleinen Kapelle der Messe beiwohnten und in ihr noch für die Siesta blieben.“*

[26] Das war eine Art Maut, die die Städte erhoben.

sie (was wir nicht gewusst hatten) dem Heiligen Geist geweiht war, und es ein großes Fest mit Predigt gab.[27]

13. Als ich das sah, war mir das gar nicht recht, und es wäre meiner Meinung nach besser gewesen, ohne Messe wegzugehen, als uns in diesen Trubel zu stürzen. Padre Julián de Ávila war nicht dieser Meinung, und da er Theologe war, mussten wir uns alle seiner Meinung beugen; unsere anderen Begleiter hätten sich vielleicht der meinen angeschlossen, was aber wohl nicht richtig gewesen wäre, auch wenn ich nicht weiß, ob ich mich nur nach meiner eigenen Meinung gerichtet hätte.[28] Wir stiegen in der Nähe der Kirche ab, doch obwohl uns niemand ins Gesicht schauen konnte, da wir immer große Schleier davor trugen,[29] reichte es schon, uns damit und mit den weißen Wollmänteln, wie wir sie tragen,[30] und den Hanfsandalen[31] zu sehen, um alle aufzuscheuchen. Und so war es auch. Der Schock muss mein Fieber wohl gänzlich vertrieben haben,[32] denn der war gewiss groß, bei mir wie auch bei den anderen.

14. Als wir zur Kirche gelangten, kam gleich ein guter Mann zu mir, um die Leute abzuhalten. Ich bat ihn inständig, uns in irgendeine Seitenkapelle zu führen. Das tat er und sperrte sie ab, und verließ uns nicht, bis er uns wieder aus der Kirche hinausbrachte. Wenige Tage später kam er nach Sevilla und er-

---

[27] Pfingsten war also das Titelfest dieser Kirche, das traditionell mit großer Feierlichkeit begangen wurde.

[28] Zwischen den Zeilen schwingt kaum verhohlene Kritik an den herrschenden Verhältnissen mit, in denen ein Kleriker *per definitionem* Recht hatte und die Meinung einer Frau nichts galt.

[29] Hier wird auch die Schutzfunktion des Schleiers für die Schwestern deutlich, wie das Teresa auch in den Konstitutionen festgehalten hat; vgl. F 30,8; Cs 15.

[30] Weiße Umhänge, die bei feierlichen Anlässen auch heute noch über dem Ordensgewand getragen werden. Wie der Habit selbst waren sie aus grobem Wollstoff gefertigt.

[31] Das selbst gefertigte Schuhwerk der Armen, das Teresa für ihre Schwestern übernommen hatte, ein typisches Kennzeichen für die Reformbewegungen in den Orden Kastiliens um diese Zeit. Von daher kommt der Name *descalzo* – Unbeschuht.

[32] Vgl. F 24,7f.

zählte einem Pater unseres Ordens, dass er glaube, wegen dieses guten Werkes, das er an uns angetan hatte, habe Gott ihm ein Gnadengeschenk gemacht. Er habe ihm ein großes Vermögen zukommen lassen oder geschenkt, mit dem er nicht gerechnet hatte. Ich sage euch, Töchter, das war für mich einer der schlimmsten Momente, die ich durchgemacht habe, auch wenn es euch vielleicht wie nichts vorkommen mag; doch der Volksauflauf war so, wie wenn man Stiere hineingetrieben hätte.[33] Daher konnte ich es gar nicht abwarten, um aus diesem Ort zu verschwinden, und obwohl es in der Nähe keinen Ort gab, um die Siesta zu verbringen, hielten wir sie unter einer Brücke.

15. Als wir in Sevilla in dem Haus angekommen waren,[34] das P. Fray Mariano[35] für uns gemietet hatte, der darüber informiert war, glaubte ich schon, es sei alles unter Dach und Fach, denn, wie gesagt,[36] der Erzbischof war den Unbeschuhten sehr gewogen, und hatte mir ein paar Mal geschrieben und sich sehr liebenswürdig gezeigt.[37] Das reichte aber nicht aus, um mir nicht doch ziemlich viel Mühe zu verursachen, da Gott es so wollte. Er ist nämlich ein großer Gegner von Schwesternklöstern in Armut,[38] und damit hat er auch Recht. Das war von Nachteil, oder besser gesagt von Vorteil, damit dieses Werk zustande käme, denn wenn man es ihm gesagt hätte, bevor ich mich auf den Weg gemacht hatte, bin ich mir sicher, dass er damit nicht einverstanden gewesen wäre. Da aber der Pater Kommissar[39] und Pater Mariano (für den mein Kommen ebenfalls eine sehr große Freude bedeutete) es für ganz sicher hielten, dass sie ihm

---

[33] Eine erneute Anspielung auf die in Spanien auch damals schon beliebten Stierkämpfe; vgl. F 3,7; CE 68,5.
[34] Sie erreichten Sevilla am 26. Mai; vgl. F 24,6.
[35] Ambrosio Mariano de San Benito (Azzaro), über den sie in F 17 ausgiebig berichtet hat.
[36] F 24,4.
[37] Cristóbal de Rojas y Sandoval; siehe F 24,4.
[38] Also ohne feste Einkünfte, wie es Teresa vorschwebte.
[39] Jerónimo Gracián.

mit meinem Kommen einen ganz großen Dienst erwiesen, sagten sie ihm vorher nichts, was, wie ich eben sage, ein großer Irrtum hätte sein können, obwohl sie das Richtige zu tun glaubten. Bei den anderen Klöstern war die Genehmigung des Ordinarius[40] das erste, worum ich mich bemühte, wie es das heilige Konzil vorschreibt.[41] Hier hielten wir sie nicht nur für bereits erteilt, sondern, wie ich gerade sage, dass man ihm einen großen Dienst erweisen würde (was auch wirklich der Fall war, und so fasste er das später auch auf); nur hat der Herr keine Gründung gewollt, die ohne große Schwierigkeit für mich zustande käme, einmal auf diese, dann auf jene Weise.

16. Als wir dann bei dem Haus ankamen, das man, wie ich gerade sage,[42] für uns angemietet hatte, dachte ich, gleich davon Besitz zu ergreifen, wie ich es zu tun gewohnt war, damit wir das Göttliche Offizium verrichteten.[43] Da begann Pater Mariano – derjenige also, der dort lebte – Verzögerungen zu erfinden, da er nicht mit allem herausrücken wollte, um mir nicht wehzutun. Doch weil seine Ausreden nicht ausreichten, begriff ich, worin die Schwierigkeit lag, dass nämlich keine Genehmigung gegeben war. Und daher sagte er mir, ich solle mich doch dazu durchringen, dass es ein Kloster mit festen Einkünften wäre, oder etwas derartiges; genau erinnere ich mich nicht mehr. Schließlich sagte er mir, dass es dem Erzbischof nicht gefalle, wenn aufgrund seiner Genehmigung Schwesternklöster entstünden, und er sie noch für kein einziges gegeben hätte, seit er Erzbischof geworden war (wo er es doch schon viele Jahre dort und in Córdoba gewesen[44] und ein großer Diener Gottes

---

[40] Des zuständigen kirchlichen Oberen, in der Regel der Ortsbischof, aber – wie im Fall von Beas und Caravaca – manchmal auch ein anderer kirchlicher Jurisdiktionsträger; in Medina del Campo war es ein Abt (F 3,1).
[41] Das Konzil von Trient hatte diese Anordnung auf der 25. Sitzung (3./4. Dezember 1563) getroffen (can. 3).
[42] F 24,15.
[43] Das Stundengebet beten.
[44] Zu ihm siehe F 24,4.

ist), vor allem nicht für solche in Armut; er würde sie nicht geben.[45]

17. Das war soviel wie zu sagen, dass das Kloster nicht zustande kommen würde. Einerseits war mir nicht wohl dabei, dass dies in der Stadt Sevilla geschehen sollte, auch wenn ich es hätte machen können, doch dort, wo ich mit festen Einkünften gegründet hatte, waren es kleine Orte, wo es entweder unterbleiben oder aber so geschehen muss, da es dort nichts gab, um sie unterhalten zu können.[46] Andererseits war uns vom Reisegeld nur eine einzige Blanca[47] übrig geblieben, und mitgebracht hatten wir nichts, außer der Kleidung, die wir am Leib trugen und die eine oder andere Tunik[48] und Hülle,[49] und das, was nötig war, um auf dem Wagen geschützt und gut untergebracht zu sein; damit unsere Reisebegleiter heimkehren konnten, mussten wir uns um eine Anleihe bemühen; ein Freund, den Antonio Gaitán vor Ort hatte, lieh es ihm. Um das Haus einzurichten, bemühte sich Pater Mariano, aber wir hatten nicht einmal ein eigenes Haus. Es war also ein Ding der Unmöglichkeit.

18. Es muss wohl wegen der großen Zudringlichkeit des genannten Paters[50] gewesen sein, dass uns der Erzbischof am Tag der Allerheiligsten Dreifaltigkeit[51] die Messe lesen ließ, was die

---

[45] María de San José zufolge rührte der Widerstand des Erzbischofs daher, weil er sich von Teresa und ihren Schwestern erhoffte, dass sie die bestehenden Klöster Sevillas reformieren würden, anstatt ein neues zu gründen (*Libro de recreaciones*, 9. Rekreation, 203).

[46] Sie will sagen, dass man dort nicht mit einem ausreichenden Spendenaufkommen rechnen konnte. Die fünf Gründungen mit festen Einkünften befinden sich in der Tat alle in kleineren Ortschaften oder Kleinstädten: Malagón (1568), Alba de Tormes (1571), Beas de Segura (1575); Caravaca (1576); Soria (1581).

[47] Die kleinste Münze in dem monetären System, das seit den Katholischen Königen in Kastilien in Kraft war.

[48] Ein langes Hemd aus leichterem Wollstoff, das man unter dem Habit trug.

[49] Eine nur das Gesicht frei lassende Kopfbedeckung, die unter dem Schleier getragen wurde.

[50] Ambrosio Mariano, erwähnt in F 24,15.17.

[51] Der 29. Mai 1575.

erste war; aber er ließ ausrichten, dass die Glocke weder geläutet noch aufgehängt werden durfte, so hieß es – nur hing sie
bereits. So verbrachte ich mehr als vierzehn Tage, in denen ich
mit dem Entschluss umging, dass ich mit meinen Schwestern
ohne allzu großen Kummer nach Beas zurückgekehrt wäre, um
in Caravaca zu gründen, wenn es nicht wegen des Pater Kommissar[52] und Pater Mariano gewesen wäre. Einen viel größeren
hatte ich in diesen Tagen, doch da ich ein schlechtes Gedächtnis habe, erinnere ich mich nicht mehr,[53] glaube aber, dass es
schon länger als einen Monat ging; doch hätte sich jetzt die
Abreise schon schwieriger gestaltet als gleich am Anfang, da
das Kloster schon bekannt wurde. Niemals ließ es Pater Mariano zu, dass ich ihm[54] schrieb, doch nach und nach besänftigte
er ihn, auch mit Briefen vom Pater Kommissar aus Madrid.

19. Eines beruhigte mich, so dass ich keine großen Skrupel hatte, und das war, dass die Messe mit seiner Erlaubnis gelesen
worden war, und dass wir immer im Chor das Göttliche Offizium verrichteten. Er schickte mir immer wieder Leute zu Besuch, um mir zu sagen, dass er mich bald selbst aufsuchen
würde, und schickte einen seiner Bediensteten, um die erste
Messe zu lesen. Daraus ersah ich klar, dass dies anscheinend
nur dazu diente, um mir Schmerz zuzufügen, auch wenn der
Grund, warum ich ihn hatte, nicht wegen mir oder wegen der
Schwestern war, sondern weil der Pater Kommissar ihn hatte;[55]
denn da dieser mir die Reise befohlen hatte, tat es ihm sehr
leid, und wenn es irgendwie zu einem Unheil gekommen wäre,
und dazu gab es viele Anlässe, wäre das für ihn ganz schlimm
geworden.

20. Um diese Zeit kamen auch die Beschuhten Patres, um zu
erfahren, mit welchem Recht gegründet worden sei. Ich zeigte

---

[52] Jerónimo Gracián.
[53] Auf ihr schlechtes Gedächtnis spielt Teresa immer wieder an; vgl. F pról 5;
V 11,6; 15,6; 25,7; M pról 2; 4M 2,1 und viele weitere Stellen.
[54] Dem Erzbischof.
[55] Gracián.

ihnen die Patente, die ich von unserem Hochwürdigsten Pater General hatte,[56] und dadurch beruhigten sie sich; wenn sie aber gewusst hätten, was der Erzbischof tat, hätte das, glaube ich, nicht genügt. Doch das war nicht bekannt, sondern alle meinten, es sei ganz nach seiner Vorstellung und Zufriedenheit.

Endlich gefiel es Gott, dass er uns besuchen kam. Ich sagte ihm, was für ein Unrecht er uns antat. Am Ende sagte er mir, dann solle eben geschehen, was ich wolle und wie ich es wolle. Von da an hat er uns bei allem, was uns zustieß, immer sein Wohlwollen und seine Gunst erwiesen.

KAPITEL 25

Es geht mit der Gründung zum glorreichen hl. Josef in Sevilla weiter und damit, was wir durchmachten, bis wir ein eigenes Haus hatten.

1. Niemand würde es für möglich halten, dass es in einer so wohlhabenden Stadt wie Sevilla[1] und bei einer so reichen Bevölkerung weniger Möglichkeit für eine Gründung geben würde als an allen anderen Orten, wo ich gewesen war. Es gab so wenig, dass ich mir manchmal dachte, ob es für uns wohl nicht passt, dass wir an diesem Ort ein Kloster haben. Ich weiß nicht, ob es das Klima dieses Landes ist, von dem ich immer sagen hörte, dass die Dämonen hier für ihre Verführungen freiere Hand hätten, die ihnen wohl Gott geben muss;[2] jedenfalls bedrängten sie mich damit,[3] denn nie in meinem Leben erlebte

---

[56] Eines vom 27. April 1567, auf das sie in F 2,3 anspielt, ähnlich auch in F 27,19 (siehe Anm. dort), und ein weiteres vom 6. April 1571.

[1] Sevilla erlebte um diese Zeit eine einmalige Glanzzeit in seiner Geschichte und war mit 30.000 Einwohnern die bevölkerungsreichste Stadt Spaniens; der gesamte Handel mit Westindien (Amerika) wurde hier abgewickelt (TyV 623).

[2] Mit dem Hinweis auf die höhere Macht Gottes, ohne dessen Zulassung der Böse nichts vermag, weist Teresa ihn, der in der damaligen sakralisierten Gesellschaft überall am Werk gesehen wurde, klar in die Schranken.

ich mich kleinlauter und feiger als dort, wo es mir so erging. Ich kannte mich mit mir selbst nicht mehr aus, wiewohl das Vertrauen, das ich für gewöhnlich auf unseren Herrn habe, nicht weg war. Meine Natur war jedoch gegenüber dem, was ich normalerweise empfinde, seitdem ich mich mit diesen Dingen beschäftige, so verändert, dass ich verstand, dass der Herr seine Hand ein wenig zurückzog, damit ich einsähe, dass es nicht von mir gekommen war, wenn ich Mut gehabt hatte, während er unverändert blieb.

2. Nachdem ich nun schon seit dem genannten Zeitpunkt bis kurz vor der Fastenzeit dort gewesen,[4] aber noch nicht daran zu denken war, ein Haus kaufen zu können, und erst recht nicht womit, noch es jemanden gab, der wie anderswo für uns gebürgt hätte (denn denjenigen, die dem Apostolischen Visitator[5] vorgeschwärmt hatten, dass sie einträten, und ihn gebeten hatten, Schwestern herzubringen, kam später anscheinend die Strenge zu groß vor, und dass sie sie nicht ertragen könnten,[6] so dass nur eine eintrat, über die ich später sprechen werde),[7] war nach all dem bereits die Zeit gekommen, dass man mir den Auftrag erteilte, aus Andalusien wegzugehen,[8] da sich

---

[3] *Damit – en este* (oder *en esto*), d. h. dass sie *freiere Hand hatten;* andere Editoren lesen *en ésta – in diesem,* was sie auf *tierra – Land,* d. h. Andalusien beziehen, wo sich Teresa offensichtlich nicht wohl fühlte, übrigens auch Johannes vom Kreuz nicht, wie aus einem Brief vom 6. Juli 1581 hervorgeht: *„Seit jener Walfisch mich verschluckt und in diesem fremden Hafen ausgespuckt hat",* d. h. in Andalusien (Ep 1,1).

[4] Teresa war am 26. Mai 1575 angekommen; bis zum Beginn der Fastenzeit 1576 waren fast neun Monate vergangen.

[5] P. Jerónimo Gracián.

[6] Der wahre Grund war wohl der Gegensatz zwischen der andalusischen und der kastilischen Mentalität. Die starken Gefühlsausbrüche der Andalusierinnen mussten den reservierteren Kastilierinnen wie Ausgelassenheit vorkommen, während die Reserviertheit der Kastilierinnen auf die Andalusierinnen als Strenge gewirkt haben mag. (TyV 633).

[7] Beatriz de la Madre de Dios; vgl. F 26.

[8] Dieser Auftrag war vom Generalkapitel des Ordens in Piacenza, Italien, gegeben worden, genauer gesagt vom Definitorium, das im Mai/Juni 1575 unter dem Vorsitz des Ordensgenerals Giovanni Battista Rossi stattfand (TyV 632); vgl. F 27,19.

hier[9] andere Geschäfte aufdrängten. Mir tat es außerordentlich leid, die Schwestern ohne Haus zurückzulassen, wiewohl ich gut sah, dass ich dort nichts ausrichtete, denn die Gnade, die mir der Herr hier[10] erwies, jemanden zu haben, der mir bei diesen Werken half, hatte ich dort nicht.

3. Da gefiel es Gott, dass damals ein Bruder von mir namens Lorencio de Cepeda[11] aus Westindien kam, wo er mehr als vierunddreißig Jahre lang gewesen war; er nahm es noch schwerer als ich, dass die Schwestern ohne eigenes Haus waren. Er half uns viel, besonders indem er das besorgte, in dem sie jetzt leben. Ich wandte mich schon damals sehr an unseren Herrn und bat ihn, dass ich nicht fortginge, ohne dass sie ein Haus hätten, und wirkte auf die Schwestern ein, ihn darum zu bitten, ebenso auch den glorreichen hl. Josef, und wir hielten viele Prozessionen und Gebete zu Unserer Lieben Frau.[12] Damit, und weil ich meinen Bruder so entschlossen sah, uns zu helfen, begann ich mit den Verhandlungen für den Kauf einiger Häuser. Als es schon danach aussah, dass es zur Einigung kommen würde, zerschlug sich alles wieder.

4. Als ich eines Tages im Gebet weilte und Gott bat, ihnen ein Haus zu geben, da es seine Bräute seien, die so sehr wünschten, ihn zufrieden zu stellen, sagte er mir: „Ich habe euch schon gehört; überlass es nur mir!" Ich war darüber ganz zufrieden und meinte, es schon zu haben. Und so war es auch. Seine Majestät bewahrte uns davor, eines zu kaufen, das zwar allen gefiel, da es günstig gelegen, doch so alt und in so schlechtem

---

[9] In Toledo, also in Kastilien, wo sie diesen Bericht schreibt.

[10] Erneut ist Toledo gemeint.

[11] Lorenzo (oder Lorencio, wie Teresa an dieser Stelle schreibt) de Cepeda (1519-1580), einer der Lieblingsbrüder Teresas, war 1540 auf der Suche nach Gold und Glück und – wie viele seines Standes – mit der Hoffnung auf einen Ehrentitel nach Westindien aufgebrochen, um den Makel seiner jüdischen Abstammung auszulöschen. Nachdem 1567 seine Frau gestorben war, hatte er immer wieder die Absicht geäußert zurückzukommen. Am 10. August 1575 konnte er mit seinen drei Kindern Francisco, Lorenzo und Teresita endlich spanischen Boden betreten. (TyV 636-638).

[12] Maria, die Mutter des Herrn, gemäß der Ordenstradition Patronin des Ordens.

Zustand war, dass man für ein bisschen weniger als für das, was wir jetzt haben, nur das Grundstück erstanden hätte. Als schon alles abgesprochen war, und nur noch das Schriftliche gemacht werden musste, war ich überhaupt nicht glücklich darüber. Mir kam vor, dass das nicht zum letzten Wort passte, das ich beim Beten vernommen hatte, denn dieses Wort war, wie mir vorkam, ein Zeichen, dass er uns ein gutes Haus geben würde. Und so gefiel es ihm,[13] dass der Verkäufer selbst, nachdem er es bereits zugesagt hatte, Schwierigkeiten machte, die Schriftstücke auszustellen, obwohl er damit viel verdient hätte, so dass wir ohne jeden Vertragsbruch wieder aussteigen konnten. Das war eine große Gnade unseres Herrn, denn die dort gelebt hätten, hätten ihr ganzes Leben damit zugebracht, am Haus zu arbeiten; sie hätten jede Menge Arbeit gehabt, aber nur wenig Mittel dazu.

5. Großen Anteil daran hatte ein Diener Gottes, der fast seit Beginn unserer Ankunft dort jeden Tag zur Feier der Messe kam, sobald er erfahren hatte, dass wir keine hatten, obwohl er weit weg wohnte und es extrem heiß war. Er hieß Garciálvarez, ein sehr guter Mensch und wegen seiner guten Werke (denn auf nichts anderes ist er die ganze Zeit aus) in der Stadt angesehen, und wenn er viel gehabt hätte, hätte es uns an nichts gefehlt.[14] Er meinte, da er das Haus gut kannte, dass es ein großer Unsinn wäre, so viel dafür zu geben, und hielt uns das jeden Tag vor, und drängte darauf, nicht mehr davon zu reden; so machten er und mein Bruder sich auf, um das, in dem sie jetzt sind, in Augenschein zu nehmen. Sie kamen so angetan zurück, und mit Recht (und unser Herr wollte es), dass innerhalb von zwei oder drei Tagen das Schriftliche erledigt war.[15]

---

[13] Dem Herrn.

[14] Ein großer Förderer und später auch Beichtvater der Kommunität, gutmütig, doch unklug und einfältig, wodurch er Teresa später größte Probleme machte. „Ein Wirrkopf, ungebildet und ohne Erfahrung", charakterisiert ihn María de San José Salazar (DST 919).

[15] Am 5. April 1576 wurde der Kaufvertrag unterschrieben. (TyV 656; den Text siehe in BMC 6,218-238).

6. Bei unserer Übersiedelung dahin standen wir nicht wenig aus, denn der es hatte, wollte es nicht hergeben, und die Franziskaner, die daneben wohnten, kamen gleich, um von uns zu fordern, dass wir auf keinen Fall dort einziehen sollten. Wäre der Vertrag nicht so eindeutig abgeschlossen gewesen, hätte ich Gott dafür gepriesen, ihn wieder auflösen zu können, denn wir liefen Gefahr, sechstausend Dukaten, die das Haus gekostet hat,[16] zu bezahlen, ohne es beziehen zu können. Die Priorin[17] stimmte dem nicht zu, sondern lobte Gott, dass man ihn nicht auflösen konnte, denn Seine Majestät gab ihr im Hinblick auf dieses Haus mehr Glauben und Zuversicht als mir, und das muss sie wohl in allem haben, denn sie ist viel besser als ich.[18]

7. Wir lebten mehr als einen Monat in dieser Bedrängnis. Da gefiel es Gott, dass die Priorin, ich und noch zwei Schwestern eines Nachts einzogen, damit die Ordensbrüder nichts bemerkten, bis wir es in Besitz genommen hatten, allerdings mit ziemlich viel Angst. Unsere Begleiter sagten, dass ihnen alle Schatten, die sie sahen, wie Ordensbrüder vorkamen. Als es Morgen wurde, feierte der gute Garciálvarez, der mit uns gegangen war, dort die erste Messe, und daraufhin waren wir ohne Furcht.

8. O mein Jesus! Was habe ich an Ängsten ausgestanden, wenn ich von Klöstern Besitz ergriffen habe! Ich denke mir: Wenn man diese Angst verspürt, wo man doch nichts Schlechtes tut, sondern Gott dient, was wird dann bei den Menschen sein, die etwas tun, mit dem sie gegen Gott oder den Nächsten handeln? Ich weiß nicht, welchen Gewinn sie bei einer solchen Entgleisung haben, noch welches Vergnügen sie dabei suchen können.

---

[16] Um einen Dukaten zu verdienen, musste ein Maurer 1586 fast drei Tage arbeiten. Er verdiente am Tag vier Reales, elf Reales waren ein Dukaten. (F. Díaz-Plaja, *La sociedad española*, 258.) Siehe ferner DST 231; TyV 628, Anm. 143.

[17] María de San José (Salazar).

[18] Mit diesem Kompliment ist Teresa sicher ehrlich, wie ihre vielen Briefe an María beweisen. Sie gilt als eine der intelligentesten und Teresa am nächsten stehenden „Töchter".

9. Mein Bruder[19] war noch nicht hier, da er wegen eines Fehlers, der beim Vertragsabschluss unterlaufen war, in Kirchenasyl[20] war (da alles so schnell gegangen war und es ein großer Schaden für das Kloster gewesen wäre); da er Bürge war, wollten sie ihn festnehmen. Und weil er Ausländer[21] war, hätte uns das viel Ärger eingebracht, den wir ohnehin hatten; denn solange er uns kein Vermögen gab, das als Absicherung genommen wurde, gab es Ärger. Danach aber liefen die Verhandlungen gut, obwohl es eine Zeitlang nicht ohne Rechtsstreit abging, um den Ärger noch größer zu machen. Wir waren dort in ein paar Zimmern im Erdgeschoss eingeschlossen; mein Bruder war den ganzen Tag mit den Handwerkern da und brachte uns zu essen, wie schon einige Zeit vorher. Denn es gab noch wenig Almosen (es war nämlich nicht allen ersichtlich, dass es ein Kloster war, da es in einem Privathaus untergebracht war), außer dass es da einen heiligmäßigen Greis gab, den Prior von Las Cuevas, das den Kartäusern gehörte, einen ganz großen Diener Gottes. Er war aus Ávila, von den Pantojas.[22] Es gab ihm Gott eine so große Liebe zu uns ein, dass er, seit wir da waren, nicht aufgehört hatte, uns Gutes zu erweisen, und ich glaube, dass das bis an sein Lebensende andauern wird. Und da es recht ist, Schwestern, dass ihr, wenn ihr das lest, Gott anempfehlt, wer uns so reichlich Gutes getan hat, seien sie noch am Leben oder schon gestorben, schreibe ich es hier auf. Diesem heiligmäßigen Mann verdanken wir viel.

---

[19] Lorenzo de Cepeda.

[20] D.h. er hatte sich in Kirchenasyl begeben, um sich dem Zugriff der Justiz zu entziehen, wie es auch heute noch in manchen Fällen geschieht. (TyV 658). Der Vertragsfehler betraf die Bezahlung von Steuern für das Haus. In einem Brief vom 9. Mai 1576 an Ambrosio Mariano schreibt Teresa: *„Der Fehler wegen der Steuer lag beim Notar"* (Ct 106,3).

[21] Anstelle von *forastero* (Fremder, Auswärtiger) schreibt Teresa *extranjero* (Ausländer), was die „Fremdheit" eines Kastiliers (der noch dazu gerade aus Lateinamerika kam) in Andalusien gut wiedergeben mag.

[22] Hernando de Pantoja (1489-1580), Prior der Kartause von Sevilla von 1567 bis 1580, ein großer Helfer und Freund Teresas, von ihr hoch verehrt.

10. Das ging länger als einen Monat, glaube ich (denn was die Daten anbelangt, habe ich ein schlechtes Gedächtnis, und so könnte ich mich täuschen; versteht es daher immer als ungefähre Angabe, denn das tut ja nichts zur Sache).[23] In diesem Monat arbeitete mein Bruder eifrig, um aus einigen Zimmern eine Kirche zu machen und sie mit allem auszustatten, so dass wir das nicht tun mussten.

11. Als es fertig war, wollte ich mit der Einsetzung des Allerheiligsten Sakramentes kein Aufsehen erregen, da ich eine große Feindin von Belästigungen bin, sofern sie vermeidbar sind,[24] und das sagte ich dem Padre Garciálvarez. Er besprach es mit dem Pater Prior von Las Cuevas (denn wenn es um ihre eigenen Angelegenheiten gegangen wäre, hätten sie nicht mehr acht darauf geben können als auf unsere), und sie waren der Meinung, dass es nicht anginge, es nicht in aller Feierlichkeit zu machen, damit das Kloster in Sevilla bekannt würde, und so gingen sie zum Erzbischof.[25] Sie alle kamen zu der Ansicht, dass das Allerheiligste Sakrament mit großer Feierlichkeit aus einer Pfarrkirche übertragen werden sollte, und dazu ordnete der Erzbischof an, dass die Priester und einige Bruderschaften[26] daran teilnähmen, und dass die Straßen geschmückt würden.

12. Der gute Garciálvarez schmückte unseren Innenhof,[27] der damals, wie ich gesagt habe,[28] als Straße diente, und die Kirche

---

[23] Ähnlich an anderen Stellen; vgl. F 24,18 Anm.

[24] Vgl. zu dieser Aussage ein anderes Selbstbekenntnis Teresas: *„Darin hat mir Gott Gnade gegeben, dass ich überall, wo ich hinkam, Sympathie hervorrief, und so war ich sehr beliebt."* (V 2,8).

[25] Cristóbal de Rojas y Sandoval; siehe F 24,4. Nach anfänglichem Zögern wegen einer Neugründung eines Klosters in seiner Diözese wurde er schließlich ein großer Freund und Förderer Teresas.

[26] Die *cofradías* – Bruderschaften waren und sind bis heute für die Ausrichtung der Prozessionen in der Karwoche verantwortlich und übernahmen auch verschiedene soziale Aufgaben, so nahm sich z.B. in Salamanca die Bruderschaft zum hl. Josef und U.L. Frau vom Erbarmen der Findelkinder an. (M. Fernández Álvarez, *Casadas, monjas, rameras y brujas*, 142f.). Siehe dazu F 20,4, Anm.

[27] *Claustra*, eigentlich *Kreuzgang*. Hier ist wohl der zur Straße hin geöffnete Innenhof oder ein dem Haus vorgelagerter Laubengang gemeint.

überschwänglichst, mit sehr schönen Altären und sonstigen Kreationen, darunter auch einem Brunnen mit Orangenblütenwasser; den hatten wir uns zwar weder besorgt noch gewünscht, doch hat er uns nachher großes Entzücken bereitet. Es tat uns gut, dass man unser Fest mit solcher Feierlichkeit ausrichtete; die Straßen waren so schön geschmückt und es gab so viel Musik und Musikanten, dass mir der heiligmäßige Prior von Las Cuevas[29] sagte, dass Sevilla so etwas noch nie gesehen habe, und man deutlich sähe, dass es Gottes Werk sei. Er ging auch in der Prozession mit, was er sonst nicht tut. Das Allerheiligste Sakrament setzte der Erzbischof ein.[30] Da seht ihr es, Töchter: die armen Unbeschuhten Schwestern, von allen geehrt, wo es kurz zuvor noch so aussah, als gäbe es für sie noch nicht einmal Wasser, wo doch der Fluss[31] eine Menge davon hat. Die Leute strömten massenweise herbei.

13. Dabei ereignete sich nach Aussage von allen, die es sahen, etwas Bemerkenswertes. Da nach Beendigung der Prozession (als es schon fast Nacht war) so viele Artillerieschüsse und Feuerwerkskörper abgeschossen wurden, kamen sie auf die Idee, noch weiter zu schießen. Und ich weiß nicht wie, doch fing ein bisschen Pulver Feuer, und alle wunderten sich, dass es den, der es trug, nicht umbrachte. Eine Stichflamme stieg bis zum Oberteil des Innenhofes empor, dessen Bogen mit Taftbahnen bespannt waren, und es glaubten schon alle, dass diese zu Staub geworden wären, doch trugen sie nicht den geringsten

---

[28] Sie spricht in F 25,13 davon, doch hat sie vorher nicht erwähnt, dass dieser Laubengang als Straße diente.

[29] Hernando de Pantoja; siehe F 25,9.

[30] Das war am 3. Juni 1576. Nach Abschluss der Prozession kniete sich Teresa vor dem Hochwürdigen Herrn nieder, der ihr seinen Segen erteilte. Doch wie groß mag ihre Beschämung gewesen sein, als dieser sich vor ihr niederkniete und sie vor der riesigen Volksmenge um ihren Segen bat! Einige Tage später, am 16. Juni, schreibt sie an Ana de Jesús: *„Schauen Sie, wie mag es Ihnen zu Mute sein, wenn Sie sehen, dass sich ein so hoher Herr vor diesem armen Weiblein niederkniet und sich nicht wieder erheben möchte, bis sie ihn vor allen Ordensleuten und Bruderschaften Sevillas gesegnet hatte."* (Ct 107; BMC 18,469).

[31] Sie meint den Guadalquivir.

Schaden davon, und dabei waren sie gelb und karmesinrot. Was ich da sage, ist wirklich erstaunlich: Der Stein der Gewölbe unter dem Taft war rauchgeschwärzt, der darüber gespannte Taft jedoch unberührt, wie wenn das Feuer gar nicht an ihn herangekommen wäre.

14. Alle waren verblüfft, als sie das sahen. Die Schwestern lobten den Herrn, da sie keinen neuen Taft bezahlen mussten. Der Böse muss wohl über die Feierlichkeit, die es gegeben hat, und darüber, dass er nun ein weiteres Haus Gottes sah, so verärgert gewesen sein, dass er sich mit etwas rächen wollte, doch Seine Majestät gab ihm keine Gelegenheit dazu. Er sei für immer gepriesen. Amen.[32]

KAPITEL 26

Sie fährt mit der gleichen Gründung des Klosters zum hl. Josef in der Stadt Sevilla fort. Sie berichtet über einige Dinge von der ersten Schwester, die dort eintrat, die sehr bemerkenswert sind.

1. Ihr könnt euch bestimmt die Genugtuung vorstellen, meine Töchter, die wir an jenem Tag verspürten. Von mir kann ich euch sagen, dass sie groß war. Insbesondere empfand ich sie, als ich sah, dass ich die Schwestern in einem so guten und günstig gelegenen Haus zurückließ, und dass das Kloster bekannt war, und es in diesem Haus Schwestern gab, die Geld hatten,[1] um den größten Teil des Hauses zu bezahlen, so dass sie mit

---

[32] Ungefähr zehn Jahre lang blieben die Schwestern in diesem Haus. Am 16. Mai 1586 zogen sie im Beisein des Johannes vom Kreuz in ein neues Haus um, in dem sie heute noch leben (Barrio de Santa Cruz). Er schreibt dazu Mitte Juni 1586: *„Jetzt bin ich bereits in Sevilla beim Umzug unserer Schwestern, die einige ganz vornehme Häuser gekauft haben; auch wenn sie fast vierzehntausend Dukaten gekostet haben, so sind sie doch mehr als zwanzigtausend wert"* (Ep 5,2).

[1] Sie meint: die eine genügend große Mitgift in die Gemeinschaft eingebracht hatten; mit der Ordensprofess verzichteten die Schwestern auf jegliches Privateigentum. Obwohl Teresa einer geeigneten Kandidatin wegen fehlender Mit-

dem, was diejenigen, die zur Erreichung der festgesetzten Anzahl noch fehlten, mitbrächten, schuldenfrei sein könnten, so
wenig es auch wäre.[2] Doch vor allem bereitete es mir Freude,
mich an den Mühsalen ergötzt zu haben, und sobald es eine
Ruhepause geben sollte, machte ich mich auf den Weg. Das
Fest[3] war nämlich am Sonntag vor Pfingsten im Jahre 1576 gewesen, und gleich am folgenden Montag reiste ich ab,[4] da die
Hitze zunahm, und ich, wenn möglich, nicht an Pfingsten unterwegs sein, sondern es in Malagón feiern wollte, denn gerne
wollte ich mich dort ein paar Tage aufhalten; deshalb hatte ich
mir alle Eile gegeben.

2. Es hat dem Herrn nicht gefallen, dass ich in der Kirche[5]
auch nur einmal die Messe mitfeierte. Meine Abreise verdarb
den Schwestern die Freude gewaltig, worunter sie sehr litten, wo
wir doch dieses Jahr zusammen verbracht und so viele Mühen
durchstanden hatten (wobei ich, wie ich sagte,[6] die schlimmsten hier gar nicht aufschreibe, denn wie mir scheinen will, hat
mich keine Gründung so viel gekostet wie diese – abgesehen
von der ersten in Ávila, mit der es keinen Vergleich gibt –,
da es nämlich meistenteils seelische Leiden waren). Möge es
Seiner Majestät gefallen, dass ihr in diesem Haus immer gedient werde, wie ich hoffe, dass es sein wird, weil dann alles
gering ist. Es hat Seine Majestät nämlich schon begonnen, her-
vorragende Seelen in dieses Haus zu bringen; und von denen,

---

  gift nie die Aufnahme verweigerte und auch in ihren *Konstitutionen* festschrieb,
dass dies keine Rolle spielen durfte (Cs 21), war sie doch nüchtern genug, um
die Vorteile von größeren Mitgiften für die Erreichung von Schuldenfreiheit für
ihre Gründungen zu sehen; vgl. auch F 27,13.

[2] Hier wird sehr schön Teresas Sorge und Verantwortung für ihre Schwestern ersichtlich; ähnlich in F 25,3.

[3] Die feierliche Übertragung des Allerheiligsten in die Klosterkirche, von der im
vorigen Kapitel (F 25,11-14) die Rede war.

[4] Also am 4. Juni 1576. Allerdings musste sie sich bis in die letzten Stunden vor
der Abreise hinein die lästigen Porträtierungssitzungen über sich ergehen lassen, was sie zu dem bekannten Kommentar veranlasste. (Siehe dazu F 17,6 mit
Anm. und TyV 659f.).

[5] Sie meint die Kirche des Karmelitinnenklosters von Sevilla.

[6] Vgl. F 18,4f.; 24,6.

die ich mitgebracht hatte und die dort blieben – es waren fünf –, habe ich euch schon erzählt, wie gut sie waren, wenigstens das bisschen, was man darüber sagen kann, was aber noch das Wenigste ist.[7] Von der ersten, die eintrat,[8] möchte ich hier berichten, denn das ist etwas, was euch gefallen wird.

3. Sie ist eine junge Frau, eine Tochter sehr christlicher Eltern, der Vater[9] aus dem gebirgigen Norden.[10] Als sie noch sehr klein war, etwa sieben Jahre alt, bat eine Tante von ihr ihre Mutter,[11] sie zu sich nehmen zu dürfen, da sie keine Kinder hatte. Nachdem sie sie in ihr Haus gebracht hatte, hat sie sie wohl verwöhnt und ihr die Liebe erwiesen, die ihr zukam, während ihre Dienstmägde[12] die Hoffnung gehabt hatten, dass sie ihnen ihr Vermögen vermachen müsste, wenigstens bevor das Kind ins Haus kam. Doch bei der Liebe, die sie ihm erwies, war nun klar, dass sie dieses nun eher für das Kind bestimmen würde. Sie kamen überein, diese Möglichkeit mit einem teuflischen Mittel aus dem Weg zu schaffen, nämlich indem sie gegen das Mädchen vorbrachten, dass es seine Tante hatte umbringen wollen und deshalb einer von ihnen ich weiß nicht mehr wie viele Maravedís gegeben hätte, um ihm ätzendes Sublimat[13] zu besorgen.

---

7 Siehe F 24,6: „*Die sechs, die mit mir reisten, waren solche Seelen, dass ich, glaube ich, gewagt hätte, mit ihnen ins Türkenland zu ziehen.*"

8 Beatriz de la Madre de Dios Chavez (1538-1624).

9 Alonso Gómez Hero (auch: Gómez y Vero).

10 *Montañés* sagt Teresa, was auf seine Herkunft aus dem Gebirge hinweist, doch ist hier allgemein die gebirgige Gegend Nordspaniens gemeint, näherhin Kantabrien.

11 Juana Gómez de Chaves, die nach dem Tod ihres Mannes selbst mit dem Namen Juana de la Cruz in den Karmel von Sevilla eintrat, wie Teresa in F 26,15 erzählen wird.

12 Wie aus F 26,4 hervorgeht, handelt es sich um drei Frauen, die bei der Tante des Kindes in Dienst waren. Teresa bringt hier ihre Gedanken nicht in logischer Abfolge. Die erschütternde Geschichte lässt etwas von dem Klima der Verdächtigungen und Denunziationen und den religiös verbrämten Grausamkeiten greifbar werden, das bis in die Familien hineindrang.

13 Teresa schreibt dem Gehör nach *solimán*, wohl eine Verballhornung von *sublimado*, ätzendes Sublimat (Quecksilber-II-Chlorid).

4. Als sie es der Tante sagten, glaubte diese ihnen sofort, da sie alle drei dasselbe sagten, und ebenso die Mutter des Mädchens, die eine sehr tugendhafte Frau ist. Sie holte ihr Kind ab und brachte es nach Hause, da sie meinte, es würde in ihm ein sehr böses Weib heranwachsen. Beatriz de la Madre de Dios, so heißt sie, sagte mir, dass sie mehr als ein Jahr verbracht hat, dass ihre Mutter sie täglich schlug und quälte und auf dem Fußboden schlafen ließ, damit sie endlich ihre große Bosheit gestehe. Da das Mädchen sagte, dass es das nicht getan hatte, und gar nicht wusste, was Sublimat sei, hielt die Mutter das für noch schlimmer, da sie annahm, dass sie sich auch noch unterstand, es abzustreiten. Es bedrückte die arme Mutter, als sie sah, dass sie es in solcher Verhärtung abstritt, und sie glaubte, dass sie sich niemals bessern würde. Es war ja schon viel, dass das Mädchen sich nicht dazu bekannte, um sich vor solcher Qual zu befreien.[14] Doch da sie unschuldig war, stützte sie Gott, damit sie immer die Wahrheit sagte. Und da Seine Majestät sich denen zuwendet, die keine Schuld haben, schickte er zwei von diesen Frauenzimmern eine so schwere Krankheit, dass es so aussah, als seien sie wahnsinnig geworden, und sie ließen das Mädchen heimlich holen, die Tante nämlich, und baten es um Verzeihung. Als sie am Rande des Todes waren, widerriefen sie alles. Die dritte, die bei einer Geburt starb, machte es genauso. Schließlich sind alle drei unter Qualen gestorben als Lohn für das, was sie diesem unschuldigen Mädchen angetan hatten.

5. Das weiß ich nicht nur von ihr, vielmehr hat es mir ihre Mutter, als sie sie später als Ordensschwester sah, zusammen mit manchen anderen Dingen erzählt, ganz betrübt, dass sie sie so schlecht behandelt hatte; ihr Martyrium war wirklich schlimm. Und obwohl ihre Mutter sonst keine Kinder hatte

---

[14] Man mag hier an die vielen Opfer der Inquisition denken, die unter der Folter alle möglichen Geständnisse ablegten; ein prominentes Beispiel ist das des Bibelwissenschaftlers Luis de León, der sich, zermürbt durch die vielen Verhöre, schließlich selbst anklagte, ein Zauberbuch verwendet zu haben, obwohl man ihm das gar nicht angelastet hatte (L. López-Baralt, *„A zaga de tu huella"*, 151).

und eine sehr gute Christin war, erlaubte Gott, dass sie zur Henkerin ihrer eigenen Tochter würde, wo sie sie doch besonders lieb hatte. Sie ist eine Frau von großer Wahrhaftigkeit und eine gute Christin.

6. Als das Mädchen etwas mehr als zwölf Jahre alt war und ein Buch las, in dem das Leben der hl. Anna vorgestellt wird, fasste sie große Zuneigung zu den Heiligen auf dem Berg Karmel. Es heißt dort, dass die Mutter der hl. Anna (die, glaube ich, Merenziana[15] heißt) regen Umgang mit ihnen hatte,[16] und von daher erwuchs ihr eine so große Verehrung zu diesem Orden Unserer Lieben Frau, dass sie bald das Versprechen der Keuschheit ablegte und das, dort einzutreten. Sie verbrachte, sofern sie konnte, viel Zeit in der Einsamkeit und im Gebet. Dabei erwiesen ihr Gott und unsere Herrin[17] große und ganz besondere Gnaden. Sie wollte schon bald ins Kloster gehen, doch ihrer Eltern wegen getraute sie sich nicht, noch wusste sie, wo sie diesen Orden finden würde. Es ist nämlich bemerkenswert, dass ihr vom Kloster dieses Ordens nach der gemilderten Regel,[18] obwohl es das in Sevilla gibt,[19] niemals etwas zur Kenntnis kam, bis sie von diesen Klöstern hörte, was erst viele Jahre später geschah.

7. Als sie in das Alter zum Verheiraten[20] gekommen war, arrangierten ihre Eltern, mit wem sie sie verheirateten, obwohl sie

---

[15] Vielleicht meint Teresa *Emerenciana*. Bereits der Name der Großmutter Jesu, Anna, ist nicht biblisch bezeugt; erst recht gehört dieser angebliche Name seiner Urgroßmutter mit seinem eindeutig romanischen Klang dem Reich der Legenden an.

[16] Derartige Legenden, besonders über den Umgang der Einsiedler am Berg Karmel mit der Hl. Familie, sind auch in der „Magna Charta der Karmeliten", dem *Liber de institutione primorum monachorum* enthalten. Siehe O. Steggink, *La reforma del Carmelo español*, 250-252, und T. Álvarez, *Cultura de mujer*, 98-111.

[17] Maria, die Mutter Jesu.

[18] Siehe dazu F 2,1.

[19] Das Kloster zur hl. Anna (Santa Ana), das heute noch besteht.

[20] Wörtlich schreibt Teresa „*um sie verheiraten zu können*" (*para poderla casar*), ein erneuter Hinweis auf die damals selbstverständlich arrangierten Ehen.

noch sehr jung war. Es war ihnen nämlich nur die eine, die am wenigsten geliebte, geblieben und außer ihr hatten sie keine mehr, obwohl sie noch Geschwister gehabt hatte, die jedoch alle gestorben waren.[21] Sie hatte nämlich einen Bruder, der zu ihr hielt, als das, was ich erzählt habe, mir ihr passierte, und der sagte, dass sie das alles nicht glauben sollten. Als die Verheiratung schon weitgehend abgesprochen war, da sie nicht glaubten, dass sie etwas anderes täte, sagte sie ihnen, als sie ihr das mitteilten, dass sie das Gelübde abgelegt hätte, nicht zu heiraten, und dass sie es unter keinen Umständen tun würde, auch wenn man sie deshalb umbrächte.

8. Sei es der Böse, der sie blendete, oder Gott, der es zuließ, damit sie zur Märtyrin würde (denn sie dachten, sie hätte etwas Schlimmes angestellt und wolle deshalb nicht heiraten), jedenfalls versetzten sie ihr so viele Schläge und taten ihr so viel Unrecht an, dass sie sie sogar aufhängen wollten, um sie zu erdrosseln, so dass es ein Glücksfall war, dass sie sie nicht umbrachten, weil sie ja dem Mann schon ihr Wort gegeben hatten und ihn schon als den blamierten dastehen sahen.[22] Gott, der sie für etwas Höheres wollte, erhielt sie am Leben. Sie erzählte mir, dass sie am Schluss schon gar nichts mehr spürte, da sie daran dachte, was die hl. Agnes[23] erlitten hatte, die ihr der Herr in Erinnerung brachte, und dass sie sich freute, für ihn etwas zu erleiden und nichts anderes tat, als es ihm aufzuopfern.[24] Sie dachten, sie würde sterben, denn drei Monate brachte sie im Bett zu, ohne sich bewegen zu können.

---

[21] Ein Hinweis auf die damals übliche hohe Kindersterblichkeit.

[22] Wie das noch heute in nicht-westlichen Gesellschaften vielfach der Fall ist, standen das Ansehen (die *honra*) des Mannes und das der Familie, die ihr Wort gegeben hatte, über allem; die Frau hatte keinerlei Rechte.

[23] Römische Märtyrin, Heilige, gestorben vermutlich um 250 unter Decius oder 304 unter Diokletian. Ihr Gedächtnistag ist der 21. Januar. Die Vertreterin jungfräulicher Unschuld und Keuschheit wird in der bildenden Kunst mit dem Lamm dargestellt, weil man ihren Namen mit dem lateinischen *Agnus* – *Lamm* in Verbindung bringt.

[24] Die typische Haltung für eine Frau, um mit den Widrigkeiten des Lebens, die allerdings Folge der Diskriminierung waren, fertig zu werden.

9. Es erscheint sehr bemerkenswert, wie man von einer jungen Frau, die niemals von der Seite ihrer Mutter wich, und, wie ich später erfuhr, einen sehr umsichtigen Vater hatte, nur so viel Schlimmes denken konnte. Denn sie war immer fromm und anständig und so freigebig, dass sie alles, was sie bekommen konnte, als Almosen weitergab. Wenn unser Herr einem Menschen die Gnaden zu leiden erweisen will, hat er viele Wege, obwohl er ihnen seit einigen Jahren nach und nach die Augen für die Tugend ihrer Tochter öffnete, so dass sie ihr gaben, was sie wollte, um Almosen zu geben; die Verfolgungen wandelten sich in Zärtlichkeiten, obwohl das Ganze für sie sehr mühsam wurde, da es sie danach verlangte, ins Kloster zu gehen. Und so lebte sie lustlos und betrübt dahin, wie sie mir erzählte.

10. Es geschah, dass dreizehn oder vierzehn Jahre bevor Pater Gracián nach Sevilla kam (als noch niemand an Unbeschuhte Karmeliten dachte), während sie mit ihrer Mutter, ihrem Vater und zwei Nachbarinnen beisammen saß, ein Bruder unseres Ordens bei ihnen eintrat, bekleidet mit dem groben Wollstoff, wie sie ihn jetzt tragen, und unbeschuht.[25] Sie erzählten, dass er ein frisches und ehrwürdiges Aussehen hatte, und doch so alt, dass der Bart, lang wie er war, nach Silberfäden aussah. Er setzte sich neben sie und richtete ein paar Worte an sie in einer Sprache, die weder sie noch sonst jemand verstand. Als er mit dem Reden fertig war, bekreuzigte er sie dreimal und sagte zu ihr: „Beatriz, Gott mache dich stark", und ging fort. Keiner rührte sich vom Fleck, solange er da war, sondern sie waren wie versteinert. Ihr Vater fragte sie, wer das denn war, sie aber dachte, dass er ihn kennen würde. Sogleich machten sie sich auf, um ihn zu suchen, doch er tauchte nicht mehr auf. Sie war tief getröstet, alle aber waren erstaunt, denn sie sahen, dass Gott

---

[25] Mit einigen Abwandlungen wiederholt sich hier ein Motiv, das auch bereits in der Berufungsgeschichte der Catalina Godínez (F 22,21) eine Rolle spielte: Einer künftigen Karmelitin begegnet im Traum bzw. in einem visionären Erlebnis ein Unbeschuhter Karmelit, in dem sie Jahre später einen tatsächlich existierenden Mitbruder wiederzuerkennen glaubt; der Einfluss mittelalterlicher Heiligenlegenden ist unverkennbar.

am Werk war. So schätzten sie sie nun schon sehr hoch, wie gesagt wurde. Die Jahre gingen vorüber (ich glaube, es waren seit dem vierzehn), und sie diente immer unserem Herrn und bat ihn, dass ihr Wunsch in Erfüllung gehen möge.[26]

11. Sie war schon ganz abgekämpft, als Pater Magister Fray Jerónimo Gracián dorthin kam. Als sie eines Tages in Triana,[27] wo ihr Vater wohnte, in eine Kirche ging, um eine Predigt zu hören, ohne zu wissen, wer der Prediger war, – er war nämlich Pater Magister Gracián –, sah sie ihn herauskommen, um den Segen zu empfangen. Als sie ihn im Habit und unbeschuht sah, kam ihr sofort in den Sinn, was sie damals gesehen hatte, denn der Habit war so, das Aussehen und das Alter waren allerdings anders, denn Pater Gracían war damals noch keine dreißig Jahre alt.[28] Sie sagte mir, dass ihr Glück so groß war, dass sie fast die Besinnung verlor, denn sie hatte wohl gehört, dass in Triana ein Kloster gegründet worden war, doch nicht mitbekommen, dass sie das waren. Seit diesem Tag war sie eifrig bestrebt, bald bei Pater Gracián zu beichten, aber auch da wollte es Gott, dass es sie viel kostete, denn sie ging wenigstens zwölfmal zu ihm hin, wenn nicht noch öfter, doch wollte er ihre Beichte nicht hören. Da sie jung und hübsch war (sie dürfte damals noch keine siebenundzwanzig Jahre alt gewesen sein),[29] nahm er Abstand vom Umgang mit solchen Personen, denn er ist sehr umsichtig.[30]

12. Als sie eines Tages weinend in der Kirche saß (sie war nämlich auch sehr schüchtern), fragte sie eine Frau, was sie denn hätte. Sie sagte ihr, dass sie schon seit langem so sehr darauf

---

[26] Ähnlich wie in F 20,4 verhilft auch hier ein Wunder, dass die Protagonistin menschlich behandelt wird. Gott steht auf der Seite der Unterdrückten!

[27] Im Stadtteil Triana, auf der anderen Seite des Guadalquivir, hatten die Unbeschuhten Karmeliten am 6. Januar 1574, also ein Jahr bevor Teresa nach Sevilla kam, ein Kloster gegründet (Los Remedios).

[28] Gracián, 1545 geboren, war damals, 1574, 29 Jahre alt.

[29] Da irrt sich Teresa sehr, denn Beatriz war damals schon 36 Jahre alt.

[30] So groß war das Risiko von Verleumdungen. In F 26,12 heißt es deshalb, dass er nach der Beichte *„ganz beruhigt"* war.

aus war, mit jenem Pater, der gerade Beichte hörte, zu reden, es aber keine Möglichkeit dafür gab. Sie brachte sie dorthin und bat ihn, diese junge Frau anzuhören, und so kam sie dazu, bei ihm eine Generalbeichte abzulegen. Da er sah, wie reich ihre Seele ist, war er ganz beruhigt und tröstete sie mit der Aussicht, dass es sein könnte, dass Unbeschuhte Schwestern kämen, und er sich einsetzen würde, dass sie sie alsbald aufnähmen. So geschah es auch, denn das erste, was er mir auftrug, war, dass sie die erste sein sollte, die wir aufnähmen, da er mit ihrer Seele zufrieden war; und das sagte er ihr auch. Als wir dann unterwegs waren,[31] achtete er sehr darauf, dass ihre Eltern es nicht erfahren würden, denn sonst hätte sie keine Möglichkeit zum Eintreten gehabt. Und so lässt sie am Fest der Heiligsten Dreifaltigkeit[32] selbst die Frauen, die sie begleiteten, einfach stehen (zum Beichten ging nämlich nicht ihre Mutter mit ihr, da das Kloster der Unbeschuhten, wo sie beichtete, und wo sie und ihre Eltern durch sie viel Almosen gaben, weit weg war, während sie mit einer großen Dienerin Gottes übereingekommen war, sie zu begleiten)[33] und sagt zu den Frauen, die sie begleiteten, dass sie gleich wiederkäme, und so ließen sie sie allein (jene Frau war in Sevilla als Dienerin Gottes, die große Werke vollbringt, sehr bekannt). Sie nimmt ihren Habit und den Umhang aus grobem Stoff, so dass ich nicht weiß, wie sie sich bewegen konnte, doch das Glück, das sie erfüllte, machte ihr alles leicht. Sie hatte nur eine Angst, dass man sie nämlich stören und merken würde, wie sie so beladen daherkam; das war nämlich ganz anders als sie sonst ging. Was macht doch die Liebe Gottes! Da sie sich nichts mehr aus ihrem Ansehen machte und an nichts anderes mehr dachte als nur daran, dass man sie in ihrem Verlangen ja nicht aufhielte, öffneten wir ihr sofort die Pforte. Ich ließ es ihrer Mutter ausrichten, und sie kam, ganz außer sich, doch sagte sie, dass sie

---

[31] Dieser Satz wird von manchen Herausgebern zum vorausgehenden Satz dazugenommen.

[32] Am 29. Mai 1575, der gleiche Tag, an dem die erste Messe gefeiert wurde. Vgl. F 24,18.

[33] Eine Frau durfte nicht allein auf die Straße.

die Gnade, die Gott ihrer Tochter erwies, durchaus erkennen würde, und obwohl sie es nur mit Mühe ertrug, ging sie nicht so weit, dass sie nicht mehr mit ihr sprach, wie es andere machen, sondern blieb normal. Sie gab uns reichlich Almosen.

13. So begann die Braut Christi das von ihr so ersehnte Glück zu genießen, demütig und bereit für alles, was es zu tun gab, so dass wir alle Mühe hatten, ihr den Besen aus der Hand zu nehmen. Obwohl sie es zu Hause bequem gehabt hatte, war das Arbeiten ihre ganze Erholung. Das große Glück bewirkte, dass sie bald sehr zunahm, was ihren Eltern so gefiel, dass sie sich freuten, sie dort zu sehen.

14. Als es zur Profess kam, etwa zwei oder drei Monate vorher, hatte sie (damit sie ein so großes Glück nicht ohne Leiden genieße) stärkste Anfechtungen, aber nicht weil sie zum Entschluss gekommen wäre, dass sie sie nicht machen wollte, sondern weil sie ihr als etwas recht Schwieriges vorkam. Vergessen waren all die Jahre, die sie um des Gutes willen, das sie nun besaß, gelitten hatte, dafür fügte ihr der Böse so viele Qualen zu, dass sie sich ihrer nicht erwehren konnte. Trotz allem besiegte sie ihn derart, wobei sie sich allergrößte Gewalt antat, dass sie inmitten der Qualen ihre Profess regelte. Unser Herr, der offensichtlich nichts mehr erwartete als ihre Standhaftigkeit auf die Probe zu stellen, suchte sie drei Tage vor der Profess heim[34] und spendete ihr außerordentlichen Trost und schlug den Bösen in die Flucht. Sie war so beruhigt, dass sie diese drei Tage wie außer sich vor Glück erschien, und das ganz zu Recht, denn das Gnadengeschenk war groß gewesen.

15. Wenige Tage nach ihrem Eintritt ins Kloster ist ihr Vater gestorben; daraufhin trat ihre Mutter in dasselbe Kloster ein,[35] und brachte alles, was sie besaß, als Almosen mit. Mutter und

---

[34] Sie legte am 29. September 1576 Profess ab.
[35] Sie legte als Schwester mit weißem Schleier, d.h. als Laienschwester, am 10. November 1577 mit dem Namen Juana de la Cruz Profess ab.

Tochter sind höchst zufrieden und dienen allen Schwestern zur Erbauung, im Dienst für den, der ihnen eine solche große Gnade gewährt hat.

16. Es war noch kein Jahr vergangen, als eine weitere junge Frau ohne Zustimmung ihrer Eltern kam,[36] und so bevölkert der Herr allmählich dieses sein Haus mit Seelen, die sich so sehr nach seinem Dienst sehnen, dass sich ihnen weder Strenge noch Abgeschlossenheit entgegenstellen. Er sei für immer gepriesen und für immer gelobt. Amen.

KAPITEL 27

In ihm wird über die Gründung in der Stadt Caravaca gesprochen. Das Allerheiligste wurde am Neujahrstag des gleichen Jahres 1576 eingesetzt. Es steht unter der Anrufung des glorreichen hl. Josef.

1. Als ich in San José zu Ávila war, gerade dabei, um zur Gründung nach Beas aufzubrechen, wie gesagt wurde,[1] und nichts weiter mehr fehlte, als die Reiseausrüstung zurecht zu machen, kommt da ein Privatkurier, den eine Dame von dort[2] mit Namen Doña Catalina[3] geschickt hatte; es waren nämlich drei junge Frauen[4] aufgrund einer Predigt, die sie von einem

---

[36] In diesem Bericht wird deutlich, wie Teresa den Frauen angesichts der üblichen Zwangsverheiratung damals tatsächlich eine Alternative bot, um selbständig über ihr Leben zu entscheiden. So wird auch hier verständlich, dass sie alles daransetzte, um diesen Freiheitsraum zu schützen und zu bewahren.

[1] F 22. Am 16. Februar 1575 kommt sie in Beas an.

[2] Aus Caravaca. Diese Stadt liegt in der Provinz Murcia, die heute eine autonome Region ist. Vgl. F 23,1 und vor allem F 24,3, wo die Autorin bereits auf die im Vorfeld dieser Gründung entstandenen Schwierigkeiten zu sprechen kommt.

[3] Hier hatte Teresa den Platz für den Nachnamen frei gelassen, da sie ihn offensichtlich nicht parat hatte; es handelt sich um Doña Catalina de Otálora.

[4] Es waren Francisca de Saojosa, Francisca de Cuéllar und Francisca de Tauste. Erstere zog sich kurz vor der Gründung wieder zurück, trat 1578 aber dennoch ein.

Jesuitenpater gehört hatten, in ihr Haus gekommen, fest entschlossen, von dort nicht mehr wegzugehen, bis in diesem Ort ein Kloster gegründet wäre. Es muss wohl so sein, dass sie das mit dieser Dame abgesprochen hatten, denn sie ist es, die ihnen bei der Gründung half. Sie gehörten zu den angesehensten Adeligen dieses Ortes. Der Vater der einen hieß Rodrigo de Moya,[5] ein ganz großer Diener Gottes und sehr klug. Zusammen hatten sie genug, um ein derartiges Werk in Angriff zu nehmen. Sie hatten von dem, was der Herr durch die Gründung dieser Klöster getan hat, Kunde erhalten, die ihnen von Patres der Gesellschaft Jesu zugekommen war, die es immer gefördert und dabei mitgeholfen haben.

2. Als ich den Wunsch und den Eifer dieser Seelen sah, und dass sie von so weit her um den Orden Unserer Lieben Frau ansuchten, hat mich das sehr bewegt und den Wunsch erweckt, ihnen bei ihrem guten Vorhaben zu helfen. Nachdem ich erfahren hatte, dass es unweit von Beas war, nahm ich in meine Begleitung mehr Schwestern auf als ich bei mir hatte, mit der Absicht, nach der Gründung von Beas dorthin zu gehen, denn den Briefen nach zu schließen, meinte ich, dass wir uns schon einigen würden. Da aber der Herr etwas anderes beschlossen hatte, halfen mir meine Pläne wenig, wie bei der Gründung in Sevilla gesagt wurde; denn sie brachten zwar die Erlaubnis des Ordensrates[6] herbei, die aber so war, dass man davon abließ, obwohl ich entschlossen war zu gehen.[7]

3. Tatsache ist allerdings, dass ich wenig Lust verspürte, dort zu gründen, nachdem ich mich in Beas erkundigt hatte, wo dieser Ort denn läge, und ich sah, dass er so abseits lag, und der Weg

---

[5] Der Vater von Francisca de Cuéllar.
[6] Siehe F 22,13.
[7] Als Teresa nach Beas kam, brachte sie Schwestern für zwei Gründungen mit, wie sie in F 24,4 erwähnt, da damals schon die Idee einer Gründung in Caravaca da war. Doch als die Erlaubnis des Ordensrates für die Gründung in Caravaca die Bedingung vorsah, dass das Kloster dem Ordensrat unterstellt werden müsse, nahm sie zunächst von einer Gründung Abstand.

dorthin so schlecht ist, dass es für alle, die die Schwestern besuchen würden, mühsam wäre, und es sich auch für die Oberen als beschwerlich erwiese.[8] Doch da ich ihnen bereits gute
Hoffnung gemacht hatte, bat ich Padre Julián de Ávila und
Antonio Gaitán, dorthin zu gehen und sich umzuschauen, und
es abzublasen, falls ihnen das gut schiene. Sie fanden die ganze Angelegenheit sehr abgekühlt, nicht vonseiten derer, die im
Kloster leben wollten, sondern vonseiten Doña Catalinas, die
die Seele von allem war, und sie für sich in einem Zimmer
allein hielt, so als ob sie schon in Zurückgezogenheit lebten.

4. Doch die Schwestern, vor allem die beiden, ich meine, die
es dann werden sollten, waren so beharrlich, dass sie es verstanden, Padre Julián de Ávila und Antonio Gaitán so sehr für
sich einzunehmen, dass sie, noch bevor sie zurückkamen, alle
Schriftstücke ausgestellt hatten,[9] und diese höchst zufrieden
zurückließen, als sie hier ankamen. Auch sie waren bei ihrer
Rückkehr von ihnen und der Gegend ganz angetan, so dass
sie nicht aufhörten, darüber zu erzählen, aber auch über den
schlechten Weg. Als ich sah, dass es schon fest war, die Erlaubnis aber noch ausstand, schickte ich den guten Antonio Gaitán
nochmals hin, der aus Liebe zu mir die ganze Mühsal gerne
auf sich nahm, wo doch beiden[10] am Herzen lag, dass die
Gründung zustande käme. Und in der Tat kann man die Gründung ihnen verdanken, denn wenn sie nicht hingegangen wären und alles erledigt hätten, hätte ich wenig darauf gegeben.

5. Ich sagte ihm, er solle hingehen, um dort, wo wir Besitz ergreifen wollten und die Schwestern verbleiben sollten, bis ein
angemessenes Haus gefunden sei, eine Winde[11] und Gitter an-

---

[8] Eines der Kriterien für die Standorte der Gründungen Teresas war also offensichtlich die gute Erreichbarkeit, was das Vorurteil widerlegt, dass sie ihre
Klöster in abgelegenen Gegenden gründen wollte. Siehe Einleitung S. 40.

[9] Sie wurden am 10. März 1575 unterschrieben.

[10] Julián de Ávila und Antonio Gaitán.

[11] Eine Art Drehtrommel, mit der man kleinere Gegenstände aus der Klausur
heraus- oder in sie hineinbefördern kann, ohne dass es zu einem direkten
Kontakt zwischen dem Besucher und der Windnerin kommt; vgl. F 11,5.

zubringen. So war er viele Tage lang dort, denn Rodrigo de Moya, der, wie ich gesagt habe,[12] der Vater einer dieser jungen Frauen war, trat ihnen sehr gern einen Teil seines Hauses ab. Um das auszuführen, verbrachte er dort viele Tage.[13]

6. Als die Erlaubnis eintraf und ich schon im Begriff war, dorthin zu reisen, erfuhr ich, dass es darin hieß, dass das Haus den Ordensrittern[14] unterstellt würde, und die Schwestern ihnen Gehorsam zu leisten hätten. Das konnte ich nicht machen, denn es ist ja der Orden Unserer Lieben Frau vom Karmel.[15] Und so machte man sich daran, von neuem um die Erlaubnis zu bitten, denn bei dieser wie auch bei der in Beas wäre es nicht anders gegangen.[16] Doch erwies mir der König eine so große Gunst, dass er, als ich ihm schrieb, anordnete, man solle sie mir gewähren; es ist zur Zeit Don Felipe, ein großer Freund und Gönner der Orden, die darauf aus sind, ihre Profess zu halten.[17] Als er nämlich von der Vorgehensweise in diesen Klöstern erfuhr, und dass es sich um die ursprüngliche Regel handelte, hat er uns in allem gefördert.[18] Darum bitte ich euch

---

[12] F 27,1.

[13] Wohl den ganzen August 1575 (TyV 597, Anm. 89).

[14] Also dem Ritterorden von Santiago.

[15] Teresa legte von Anfang an großen Wert darauf, dass ihre Klöster ihrem eigenen Orden unterstellt würden und hat das auch immer so gehalten, mit Ausnahme von San José in Ávila, das zunächst aus den im Gründungsbericht genannten Gründen dem Ortsbischof unterstellt wurde (V 32,15). Doch auch in diesem Fall änderte sie dies, so bald es möglich war (27. Juli 1577); siehe F 32.

[16] Da beide Orte dem Ritterorden von Santiago gehörten, hätte sich Teresa an die Gründungsbedingungen halten müssen, doch das wollte sie nicht, wie gesagt wurde, so dass ihr nichts anderes übrig blieb, als sich direkt an den König zu wenden, dem die Ritterorden unterstellt waren.

[17] Ihr Brief an Don Felipe ist nicht erhalten, wohl aber die Antwort des Königs vom 9. Juni 1575 (BMC 6,257-262) und Teresas Dankschreiben an den König vom 19. Juli 1575 (Ct 86,4). Durch seine Zustimmung bestärkt konnte Teresa auch die vom zuständigen Bischof von Murcia wegen der Gründung gemachten Schwierigkeiten auf die leichte Schulter nehmen. Siehe ihren Brief an Rodrigo de Moya vom 19. Februar 1576 (Ct 103,3) und TyV 598-600.

[18] Das passte genau zu den Reformbemühungen, die bereits unter den Katholischen Königen, Ferdinand V. von Aragonien († 1516) und Isabella I. von Kastilien († 1504), eingesetzt hatten; sie richteten sich weitgehend am Reformideal der Unbeschuhten Franziskanerinnen aus und bestanden vor allem in der (rigo-

herzlich, Töchter, dass man immer in besonderer Weise für Seine Majestät bete, wie wir es jetzt machen.

7. Da man also wegen der Erlaubnis nochmals eingeben musste, reiste ich auf Anweisung des Paters Provinzial, welcher damals Magister Fray Jerónimo Gracián de la Madre de Dios war und es auch heute ist, nach Sevilla, wie gesagt wurde,[19] und die armen jungen Frauen blieben bis zum ersten Tag des neuen Jahres eingesperrt,[20] wo sie sich doch bereits im Februar nach Ávila gewandt hatten.[21] Die Erlaubnis hatte man nun bald beigebracht, aber da ich so weit weg und in so viele Schwierigkeiten verwickelt war, konnte ich ihnen nicht weiterhelfen, weshalb sie mir sehr leid taten, denn sie schrieben mir oft ganz beklagenswert, so dass es nicht mehr anging, sie noch länger hinzuhalten.

8. Da es mir unmöglich war, dorthin zu gehen, weil ich so weit weg war und diese Gründung noch nicht abgeschlossen war,[22] kam ich mit Pater Magister Fray Jerónimo Gracián überein, der, wie schon gesagt,[23] Apostolischer Visitator war, dass die Schwestern, die dort in San José in Malagón für die Gründung geblieben waren, hingingen, auch wenn ich nicht mitgehen würde. Ich sorgte dafür, dass eine Schwester Priorin würde, der ich zutraute, dass sie es sehr gut machen würde, da sie viel

---

ristisch verstandenen) „Rückkehr zu den Ursprüngen". Unter Philipp II., der ab 1556 König von Spanien war, erhielten sie mächtigen Auftrieb. *„Er nahm es in die Hand, uns zu fördern"* (F 28,6) und intervenierte zugunsten der Abtrennung von den Beschuhten (F 29,30) und der Gründung in Beas (F 22,18).

[19] F 24,4. Teresa irrt sich, wenn sie Gracián als Provinzial bezeichnet, denn das wurde er erst am 4. März 1581; wohl ist er Apostolischer Kommissar (F 23,13) und auch Provinzvikar der „Beschuhten" und „Unbeschuhten" Karmeliten in Andalusien, wozu in Francisco de Vargas OP in seiner Eigenschaft als Apostolischer Visitator für die Karmeliten Andalusiens am 8. Juni 1574 ernannt hatte. (TyV 704.)

[20] Am 1. Januar 1576 wurde das Kloster in Caravaca durch Ana de San Alberto schließlich offiziell gegründet.

[21] F 27,1.

[22] Sie meint das Kloster in Sevilla.

[23] F 23,13.

besser ist als ich.[24] Zusammen mit ihrem gesamten Gepäck brachen sie mit zwei Unbeschuhten Patres von den Unsrigen auf,[25] weil Padre Julián de Ávila und Antonio Gaitán schon seit Tagen in ihre Heimat zurückgekehrt waren; da es so weit weg ist, wollte ich nicht, dass sie herkämen, noch dazu bei so schlechtem Wetter, denn es war Ende Dezember.

9. Als sie ankamen, wurden sie von den Leuten mit großer Freude empfangen, besonders von den Frauen, die dort eingeschlossen waren. Sie gründeten das Kloster und setzten am Namen-Jesu-Fest im Jahr 1576 das Allerheiligste Sakrament ein.[26] Dann wurden zwei von ihnen eingekleidet.[27] Die dritte[28] steckte in einer tiefen Melancholiephase[29] und offensichtlich tat es ihr gar nicht gut, eingeschlossen zu sein, noch weniger bei so großer Enge und Buße. Sie entschloss sich, zu einer ihrer Schwestern nach Hause zu gehen.[30]

---

[24] Anfangs hatte Teresa an María de San José (Salazar) gedacht, doch angesichts der Schwierigkeiten in Sevilla, denen nur diese gewachsen schien, entschied sie sich für Ana de San Alberto (Salcedo) als Priorin für Caravaca. Diese sollte zu einer der Lieblingsschülerinnen des Johannes vom Kreuz werden; siehe seine Briefe an sie (Ep 3;4;5;30). Sie reiste von Sevilla nach Malagón, wo sie die Gründungsschwestern für Caravaca abholte, von denen zwei aus Malagón und zwei aus Segovia kamen: Bárbara del Espíritu Santo (del Castillo), Ana de la Encarnación (Arbizo, eine ehemalige Dienerin der Prinzessin Éboli), Juana de San Jerónimo und Catalina de la Asunción (TyV 598).

[25] Ambrosio de San Pedro, der aus Pastrana stammte, wo er am 25. Mai 1571 Profess gemacht hatte, und Miguel de la Columna, ein Laienbruder, geboren um 1550, der in Mancera de Abajo in den Orden eingetreten und im Oktober 1570 dort Profess gemacht hatte. Letzterer erlangte in der Polemik gegen Gracián traurige Berühmtheit, weil er eine Verleumdungsschrift gegen ihn verfasste.

[26] Sie kamen am 18. Dezember 1575 an. Das Namen-Jesu-Fest wurde am 1. Januar begangen (heute Hochfest der Gottesmutter Maria).

[27] Nämlich Francisca de Cuéllar und Francisca de Tauste (mit Ordensnamen Francisca de San José).

[28] Francisca de Saojosa; diese entschloss sich zwei Jahre darauf (1578) dennoch zum Eintritt.

[29] Zu Melancholie siehe F 4,2 mit Anm.

[30] Die Schwestern in Caravaca hatten einige Jahre später das Glück, Johannes vom Kreuz als Beichtvater zu haben, den ihnen Teresa in einem Brief von Januar 1580 so vorstellt: *„Johannes vom Kreuz kommt dorthin; besprechen Sie mit ihm die Angelegenheiten Ihrer Seelen in diesem Konvent in aller Schlichtheit, wie wenn ich käme, denn er besitzt den Geist unseres Herrn"* (Ct 323).

10. Schaut, meine Töchter, Gottes Ratschlüsse, aber auch die Verpflichtung, die wir haben, ihm zu dienen, da er uns bis zur Profess durchhalten und für immer im Haus Gottes bleiben und Töchter der Jungfrau[31] sein ließ, und wie Gott die Bereitschaft dieser jungen Frau und ihr Vermögen benutzte, um dieses Kloster zu gründen, während es ihr, als endlich die Zeit gekommen war, wo sie sich dessen, was sie sich so sehr gewünscht hatte, hätte erfreuen dürfen, an Starkmut gebrach und die Gemütsstimmung sie überwältigte, auf die wir, Töchter, oftmals die Schuld für unsere Unvollkommenheiten und unseren Wankelmut schieben.

11. Möge es Seiner Majestät gefallen, dass er uns seine Gnade in reichlichem Maß gebe, denn dann wird es nichts geben, was unsere Schritte lähmt, um beständig in seinem Dienst voranzuschreiten, und dass er uns alle beschütze und fördere, damit ein so großer Anfang[32] nicht wegen unserer Schwachheit im Sand verlaufe, da es ihm gefallen hat, dass es durch ein paar so armselige Frauen wie wir begonnen hat.[33] In seinem Namen bitte ich euch, meine Schwestern und Töchter, dass ihr das immer von unserem Herrn erbittet, und dass jede von denen, die nachkommen, sich bewusst sei, dass in ihr die ursprüngliche Regel des Ordens der Jungfrau, unserer Herrin, neu ersteht,[34] und sie in keinerlei Erschlaffung verfalle. Schaut, über kleine

---

[31] Anspielung auf den Titel Marias, der Mutter des Karmel; als „Töchter der Jungfrau" bezeichnet Teresa ihre Schwestern immer wieder; vgl. F 16,7; 23,10.

[32] Teresas Werk ist ein „Anfang": „Dieser heilige Anfang, den unser Herr gemacht hat und der sein Werk ist" (F 28,1), während der Nuntius alles tat, „dass diese Anfänge nicht weitergingen" (F 28,3), diese „Anfänge, um die Regel der Jungfrau, seiner Mutter und unserer Herrin und Patronin, zu erneuern" (F 14,5). „Die Nachkommenden sollen sich immer um die Nachahmung dieser guten Anfänge bemühen" (F 16,1), denn „von ihnen soll nicht gesagt werden, was man von anderen Orden sagt, dass man nämlich nur ihre Anfänge lobt" (F 29,32), sondern dass sie „Mut bekämen, solch gute Anfänge weiterzuführen" (F 20,15).

[33] Hier zeigt sich wiederum die damalige Einschätzung der Frau, aber auch Teresas Genugtuung über das, was der Herr – durch sie! – dennoch schafft.

[34] Teresa möchte reife und mündige Schwestern, von denen jede ihre Verantwortung erkennt und auch wahrnimmt – eine Auswirkung der für sie typischen Pädagogik!

Dinge öffnet sich das Tor für sehr große, und ohne es zu merken dringt bei euch die Welt ein.[35] Denkt an die Armut und Mühsal, mit denen das geschaffen wurde, was ihr jetzt in Ruhe genießt. Und wenn ihr es recht bedenkt, dann werdet ihr sehen, dass diese Häuser zum größten Teil nicht von Menschen gegründet wurden, sondern von der mächtigen Hand Gottes, und dass Seine Majestät die Werke, die er tut, sehr gerne fördert, wenn wir es nur nicht an uns fehlen lassen. Woher, denkt ihr, hätte ein Weiblein wie ich Kraft für so große Werke genommen, untergeordnet, ohne einen einzigen Maravedí und ohne jemanden, der mich gefördert hätte? Denn dieser Bruder von mir, der mir bei der Gründung von Sevilla half, da er etwas besaß und dazu Mut und eine gute Seele, um ein wenig zu helfen, der war ja in Westindien.[36]

12. Schaut, schaut, meine Töchter, die Hand Gottes, damit es nicht wegen vornehmen Blutes sei, wenn mir schon Ehre erwiesen wird![37] Auf welche Weise auch immer ihr es betrachten wolltet, ihr werdet erkennen, dass es sein Werk ist. Es ist nicht recht, dass wir es auch nur im geringsten schmälern, selbst wenn es uns Leben, Ansehen und Ruhe kosten sollte, um wie viel mehr, wenn wir hier das alles zugleich haben. Denn Leben heißt so zu leben, dass man weder den Tod noch die Wechselfälle des Lebens fürchtet, und normalerweise in der Freude lebt, wie ihr sie jetzt habt, und in jenem Wohlergehen, das gar nicht größer sein kann: die Armut nämlich nicht zu fürchten, sondern sie zu ersehnen. Womit kann man denn den inneren und äußeren Frieden, in dem ihr immer lebt, vergleichen? Es liegt in eurer Hand, in ihm zu leben und zu sterben, wie ihr seht, dass die sterben, deren Sterben wir in diesen Häusern er-

---

[35] „Welt" im Sinne einer oberflächlichen Lebenseinstellung, die mehr auf Ansehen, Prestige, Besitz usw. als auf tiefere Werte setzt; siehe auch Anhang I (Stichwort: Welt).

[36] Ihr Bruder Lorenzo de Cepeda war im August 1575 nach 34 Jahren nach Spanien zurückgekehrt, als sie gerade zur Gründung in Sevilla weilte (F 25,3).

[37] Nicht auf „*vornehmes Blut*" gründet Teresa ihre Ehre, wie das damals üblich war, sondern auf die „*Hand Gottes*."

lebt haben. Denn wenn ihr Gott immer bittet, dass er es voranbringe, und euch in nichts auf euch verlasst,[38] wird er euch seine Barmherzigkeit nicht verweigern. Wenn ihr Vertrauen habt und voll mutigen Mutes[39] seid, dann braucht ihr keine Angst zu haben, dass es euch an etwas fehlt, denn Seine Majestät ist ein großer Freund davon. Frauen, die kommen, weil sie Ordensschwestern werden wollen, sollt ihr (sofern euch ihre Wünsche und Geistesgaben zusagen, und es nicht nur deswegen ist, um sich zu versorgen,[40] sondern um Gott in größerer Vollkommenheit zu dienen) niemals die Aufnahme verweigern, nur weil sie keine Vermögensgüter haben, wenn sie nur Tugendgüter haben; Gott wird auf andere Weise weiterhelfen, sogar mit dem Doppelten von dem, womit ihr bei ihnen aushelfen müsst.

13. Darin habe ich reiche Erfahrung. Seine Majestät weiß sehr wohl, dass ich, soweit ich mich erinnern kann, niemals einer die Aufnahme wegen eines solchen Mangels verweigert habe, sofern sie mich im Übrigen zufrieden gestellt hat.[41] Zeuginnen dafür sind die vielen, die rein um Gottes willen aufgenommen wurden, wie ihr wisst. Ich kann euch versichern, dass es mir keine so große Freude machte, eine aufzunehmen, die viel mitbrachte, als solche, die ich nur um Gottes willen aufnahm. Im

---

[38] Das ist keine Aufforderung, es am gesunden Selbstvertrauen fehlen zu lassen, sondern sich mehr auf die Kraft Gottes als auf die eigenen begrenzten Kräfte zu verlassen; vgl. CE 71,4.

[39] Ein gutes Beispiel für die bewusste Anwendung von Wiederholungstechniken (hier ein Polyptoton) zur Unterstreichung ihres Anliegens. Wie die Entschlossenheit spielt der Mut in der Pädagogik Teresas eine große Rolle.

[40] Angesichts des damaligen Frauenüberschusses, dessen negative Folgen Teresa im Kloster der Menschwerdung erlebt hat, ein wichtiger Rat.

[41] Hier sagt Teresa, dass bei ihr die Mitgift keine Rolle spielt, wie sie das in den Konstitutionen auch festgesetzt hat (Cst 21). Dass sie tatsächlich Kandidatinnen ohne Mitgift aufnahm, das also nicht nur wie hier und in CV 14,4 als Idealvorstellung darstellt, bezeugen verschiedene Schwestern, wie Ana de la Encarnación (Tapia), Juana de Jesús (Yánez Guerra), Beatriz de Jesús (Cepeda y Ocampo); siehe dazu BMC 18,21.59.176. Außerdem bezeugen das auch die frühen Professbücher. Was eine mitbrachte, nahm sie aber durchaus an, ohne allerdings die Höhe der Mitgift zu bestimmen.

Gegenteil, bei ihnen hatte ich Angst,[42] während mir die Armen das Herz weit machten und so große Freude bereiteten, dass ich vor Freude weinen musste. Das ist die Wahrheit.

14. Wenn es uns damit gut ergangen ist, als wir uns mit dem Erwerb und dem Herrichten der Häuser abgaben, warum sollten wir damit nicht weitermachen, nachdem wir sie jetzt haben und in ihnen leben? Glaubt mir, Töchter, dass ihr verlieren werdet, wo ihr zuzulegen meint. Wenn eine, die kommt, etwas haben sollte, ohne weitere Verpflichtungen zu haben, ist es wohl in Ordnung, dass sie es euch als Almosen gibt, anstatt es anderen zu geben, die es vielleicht gar nicht brauchen. Ich bekenne euch, dass es mir als Mangel an Liebe vorkäme, wenn sie das nicht täten. Doch achtet bei einer, die eintritt, immer darauf, dass sie tut, was sie gemäß den Ratschlägen der Studierten zu tun hat, denn damit ist Gott mehr gedient; es wäre sehr übel, wenn wir von einer, die eintritt, das Gut beanspruchten, aber ohne dass es uns um dieses Ziel zu tun wäre. Wir haben einen viel größeren Gewinn davon, wenn sie tut, was sie Gott schuldet (ich meine mit mehr Vollkommenheit), als durch alles, was sie mitbringen kann; lasst uns alle also nichts anderes im Sinn haben, noch möge Gott uns die Möglichkeit dazu geben, als dass Seiner Majestät in allem und durch alles gedient werde.

15. Und obwohl ich erbärmlich und armselig bin, sage ich das zu Gottes Ruhm und Ehre, und auch damit ihr euch darüber freut, wie diese seine Häuser gegründet wurden. Denn niemals, nicht einmal, wenn sich mir etwas anbot, und ich meinte, es könnte nicht klappen, wenn ich nicht ein bisschen von diesem Vorhaben abwich, niemals würde ich beim Verhandeln über sie etwas tun, noch habe ich je etwas getan (ich meine bei diesen

---

[42] Etwa wegen der Gefahr, dass sich eine aufgrund ihrer Mitgift, besonders wenn sie sehr groß war, evtl. mehr Beachtung erwartete, da sich die *„honra"*, also das Ansehen in der „Welt", vor allem auch auf das Vermögen stützte (zur Zeit Teresas allerdings mehr auf die Reinheit des Blutes).

Gründungen), von dem ich erkannte, dass es auch nur in einem Punkt vom Willen Gottes abwich, je nachdem, was mir meine Beichtväter rieten (die, wie ihr wisst, seit ich damit befasst bin, immer große Studierte und Diener Gottes gewesen sind),[43] noch kam mir, soweit ich mich daran erinnere, jemals etwas anderes in den Sinn.

16. Vielleicht täusche ich mich, und sicherlich habe ich vieles begangen, was ich nicht erkenne, und meine Unvollkommenheiten sind wohl ohne Zahl. Das weiß unser Herr, der der wahre Richter ist (so weit ich das von mir erkennen konnte, sage ich), aber ich sehe auch sehr gut, dass das nicht von mir kam, sondern weil Gott wollte, dass dieses Werk getan würde; und da es seine Angelegenheit war, förderte er mich und erwies mir diese Gnade. Zu diesem Zweck sage ich das, meine Töchter, damit ihr erkennt, dass ihr mehr verpflichtet seid, und wisst, dass bei ihrem Entstehen bisher niemandem Unrecht geschah. Gepriesen sei, der alles getan und in den Menschen, die uns geholfen haben, die Liebe erweckt hat. Möge es Seiner Majestät gefallen, dass er uns immer beschütze und seine Gnade schenke, damit wir für so viele Gaben nicht undankbar seien. Amen.[44]

17. Ihr habt also nun gesehen, Töchter, dass wir einiges an Prüfungen durchgemacht haben, auch wenn ich glaube, dass ich nur die wenigsten beschrieben habe. Denn wenn man sie bis ins Einzelne aufzählen müsste, wäre das sehr ermüdend, etwa mit den Wegen, den Regen- und Schneefällen, den Irrwegen, und vor allem oftmals bei so schlechter Gesundheit, dass es mir einmal widerfuhr – ich weiß nicht, ob ich es erwähnt habe,[45] es war am ersten Tag, als wir damals von Malagón nach

---

[43] Siehe die beeindruckende Liste ihrer Beichtväter in CC 53, geschrieben in Sevilla, Februar – März 1576.

[44] Teresa dachte, damit ihr „Buch der Gründungen" abzuschließen. Sie lässt einen Freiraum und fährt dann nach Art eines *epílogo* oder eines Abschlusses fort.

[45] Siehe F 22; dort erwähnt sie dies nicht.

Beas gingen,[46] – dass ich mit Fieber und so vielen Beschwerden zugleich unterwegs war, dass es mir passierte, angesichts des vor mir liegenden Weges und meines Zustandes an unseren Vater Elija zu denken, als er vor Isebel flüchtete, und zu sagen: „Herr, wie soll denn ich die Kraft haben, um das auszuhalten? Siehe doch nur!"[47] Tatsache ist, dass mir Seine Majestät, als er mich so kraftlos sah, urplötzlich das Fieber und die Krankheit wegnahm, so plötzlich, dass ich, als ich es merkte, glaubte, es geschah wohl deswegen, weil dort ein Diener Gottes, ein Priesters, eingetreten war;[48] das sei es vielleicht gewesen. Wenigstens verließ mich mein äußeres und inneres Leiden ganz plötzlich, und sobald ich meine Gesundheit wieder hatte, ertrug ich die körperlichen Strapazen mit Freuden.[49]

18. Dann auch die Eigenarten so vieler Menschen zu ertragen (was in jedem Ort nötig war), ging nicht ohne Mühe ab. Und das Zurücklassen meiner Töchter und Schwestern, wenn ich von einem Ort zum anderen reise; ich sage euch, dass das nicht das kleinste Kreuz gewesen ist, da ich sie so liebe, besonders wenn ich daran dachte, dass ich sie nicht mehr sehen würde, und ihre große Trauer und ihre Tränen sah. Denn auch wenn sie in Bezug auf anderes schon frei geworden sind, so hat Gott es ihnen

---

[46] Also wohl am 14. Februar 1575, da sie diese Wegstrecke zwischen 14.-16. Februar jenes Jahres zurücklegte (TyV 585-590). Auf dieser Reise kam Teresa durch die Mancha, die durch Miguel der Cervantes mit seinem Don Quijote berühmt geworden ist. Hier könnte sich jene Begebenheit ereignet haben, die Teresa am meisten bekannt gemacht hat: *„Eines Tages reiste sie durch die Mancha, wo sie ganz bestimmt viele Freunde und Verehrer hatte, und wurde zu einem guten Mahl mit Rebhuhn eingeladen, was dort ein Leckerbissen ist. Als sich einer der Tischdiener darüber verwundert zeigte, dass sich eine im Ruf der Heiligkeit stehende Frau bei einem so vorzüglichen Gericht nicht mäßige, klärte Teresa ihn auf: Wenn Rebhuhn, dann Rebhuhn, wenn Gebet, dann Gebet"* (A. Ruiz, *Anécdotas Teresianas*, 218). Nach Meinung des Autors gibt es allerdings weder in Teresas Schriften noch in den frühen Schriften über sie irgendeinen Hinweis, dass sich diese Begebenheit so zugetragen hat, wenn auch ihr Humor und ihre Frömmigkeit damit gut getroffen sind.
[47] 1 Kön 19,3f.
[48] Gregorio Martínez López, in Teresas Orden Gregorio Nacianceno; siehe F 22,19.
[49] Vgl. F 18,4.

in diesem Punkt noch nicht gegeben, vielleicht damit es für mich eine noch größere Qual wäre, denn ich bin es im Hinblick auf sie auch noch nicht, auch wenn ich mich so gut ich konnte bemühte, um es ihnen nicht zu zeigen, und sie tadelte; es nützte mir aber wenig, denn die Liebe, die sie zu mir empfinden, ist groß, und man sieht an vielen Dingen, dass sie echt ist.[50]

19. Ihr habt auch gehört, dass es nicht nur mit der Erlaubnis, sondern später sogar kraft eines formalen Gehorsamsauftrags unseres Hochwürdigsten Paters General geschah.[51] Und nicht nur das, sondern nach der Gründung von jedem Haus schrieb er mir, dass es ihm riesengroße Freude mache, dass sie gegründet worden seien; gewiss, die größte Erleichterung, die ich in den Schwierigkeiten empfand, war, die Freude zu sehen, die es ihm bereitete, da ich unserem Herrn zu dienen glaubte, wenn ich sie ihm bereitete, wo er doch mein Oberer ist; und abgesehen davon liebe ich ihn sehr.

Ist es, dass es Seiner Majestät gefiel, mir ein bisschen Ruhe zu verschaffen, oder dass es dem Bösen nicht passte, dass so viele Häuser gegründet wurden, wo man unserem Herrn diente (es geschah aber, wie man genau erkannt hat, nicht mit dem Willen unseres Pater Generals; denn als ich ihn angefleht hatte, mir doch keinen weiteren Auftrag zur Gründung von Klöstern zu geben, hatte er mir geschrieben, dass er wünsche, ich würde so viele gründen, wie ich Haare auf dem Kopf hätte, und das ist noch nicht so viele Jahre her) – jedenfalls wurde mir, noch bevor ich nach Sevilla kam,[52] von einem Generalkapitel, das man

---

[50] Es macht Teresa als Mensch sehr sympathisch, dass sie eine solche Zuneigung zu ihren Schwestern empfindet und die Liebe der Schwestern zu ihr dankbar wahrnimmt und Verständnis dafür hat. Auch dadurch hebt sie sich von der Rigorismus-Mentalität ihrer und aller Zeiten ab. Man beachte, dass Gott ihnen die „Anhänglichkeit" an sie wegnehmen muss.

[51] Sie erwähnt das öfter, so in F 21,2; 22,2; 24,20 mit Anm. Wahrscheinlich denkt sie hier an das Schreiben des Ordensgenerals vom 6. April 1571 (MHCT 1,110-112, Nr. 34). Siehe auch Brief vom 2. Januar 1575 (Ct 79,7).

[52] Sie kam am 26. Mai 1575 in Sevilla an.

abhielt,[53] wo man es, wie ich meine, doch als Dienst ansehen sollte, dass der Orden gewachsen war, ein Befehl überbracht, der im Definitorium[54] gegeben wurde, nicht nur, dass ich nicht mehr gründen sollte, sondern dass ich unter keinen Umständen mehr das Haus verlassen dürfte, das ich für meinen Aufenthalt gewählt hatte, wie nach Art eines Gefängnisses.[55] Dabei gibt es keine Schwester, der der Provinzial aus Gründen, die für das Wohl des Ordens notwendig sind, nicht befehlen könnte, von einem zum anderen Ort zu reisen, ich meine von einem Kloster zum anderen.[56] Doch das Schlimmste war, dass unser Pater General gegen mich aufgebracht wurde, und das war es, was mich traurig machte, und zwar ganz ohne jeden Grund, sondern wegen Informationen vonseiten aufbrausender Personen. Damit verbunden teilten sie mir zwei weitere Punkte mit zwei sehr schweren Anschuldigungen mit,[57] die gegen mich vorgebracht wurden.

---

[53] Gemeint ist das Generalkapitel von Piacenza (Italien), das im Mai-Juni 1575 unter dem Vorsitz des Ordensgenerals Giovanni Battista Rossi stattfand. Teresa wurde aufgetragen, sich endgültig in ein Kloster ihrer Wahl in Kastilien zurückzuziehen und keine weiteren Gründungen mehr zu machen. Als sie diesem Auftrag sofort nachkommen wollte, setzte ihn P. Gracián mit seiner Autorität als Apostolischer Visitator, die nicht vom Ordensgeneral abhängig war (siehe F 25,2), zunächst aus. In den Kapitelakten ist allerdings von einem solchen Befehl nichts zu finden, der wohl darauf abzielte, die Ausbreitung der Unbeschuhten zu stoppen. Die bisher mehr oder weniger offenen Gegensätze zwischen den „Beschuhten" und den „Unbeschuhten" wachsen sich allmählich zu einem regelrechten Konflikt aus. Vgl. F 25,2.

[54] Das Beratergremium des Ordensgenerals zusammen mit ihm.

[55] Man beachte, mit welchem Selbstbewusstsein Teresa hier ihrer Verärgerung wegen des ihr zugefügten Unrechts freien Lauf lässt.

[56] Vgl. aber VD 18.

[57] Eine dieser Anschuldigungen, die sich auf sexuelles Fehlverhalten bezog, beschreibt María de San José (Salazar) mit folgenden sehr drastischen Worten: „Diese Alte, auf den Strich müsste man sie schicken, damit sie von ihrem Laster genug kriegt, sie, die mit jungen Weibern unter dem Vorwand von Gründungen durch die Welt zog, damit sie so etwas machen.' So etwas und noch viel Schlimmeres sagte man in jenem Prozess, wobei jeder das erklärte, was er über unsere heilige Mutter gehört hatte" (Libro de recreaciones, 215). María de San José bezieht sich auf den Prozess, den man gegen sie angezettelt hatte, um sie ihres Amtes zu entheben, was für eine gewisse Zeit auch gelang. In allgemeinerer Form klingen diese Anschuldigungen auch in ihren Aussagen im Seligsprechungsprozess an (BMC 18,498f.). Die zweite ist nicht mehr feststellbar.

20. Ich sage euch, Schwestern, damit ihr das Erbarmen unseres Herrn seht, und wie Seine Majestät den nicht verlässt, der ihm dienen möchte, dass mir das nicht nur keinen Schmerz, sondern zusätzliche Freude bereitet hat,[58] die mich außer mir sein ließ, so dass ich mich über das, was König David tat, als er vor der Arche des Herrn einherzog, überhaupt nicht wundere,[59] denn auch ich möchte dann angesichts der Freude, die ich nicht zu verbergen vermag, nichts anderes tun. Den Grund dafür kenne ich nicht, denn bei anderen großen Redereien und Widersprüchen, in denen ich mich befand, widerfuhr mir das nicht. Aber zumindest eine der Anklagen, die sie gegen mich erhoben, war äußerst schwerwiegend. Dass ich nicht gründen durfte, war für mich, abgesehen davon, dass es eine Verstimmung des Hochwürdigsten Ordensgenerals bedeutete, eine große Erholung und etwas, das ich mir oftmals gewünscht hatte, nämlich mein Leben in Ruhe zu beschließen, auch wenn diejenigen, die mir das eingebrockt hatten, nicht an so etwas, sondern eher daran dachten, mir das größte Leid der Welt anzutun, aber vielleicht hatten sie auch andere gute Absichten.

21. Manchmal verschafften mir die großen Widersprüche und Schwätzereien, die es wegen dieser Gründungen bei den einen mit guten Absichten, bei den anderen aus anderen Gründen gab, auch Genugtuung, doch erinnere ich mich nicht, dass ich bei irgendeiner Mühsal, die auf mich zukam, jemals eine so große Freude empfand, wie ich sie gerade darüber empfunden habe. Dabei gebe ich zu, dass zu anderen Zeiten allein schon eine der drei Dinge, die man mir geballt an den Kopf warf, genug Mühsal für mich gewesen wäre. Ich glaube, meine Freude bestand vor allem darin, dass ich meinte, den Schöpfer zufrie-

---

[58] Teresa schreibt „*gozo accidental*", um zu sagen, dass sie diese Freude *zusätzlich* zu der beständig erlebten erfuhr, die viel tiefer, letztlich in ihrer Gotteinung begründet war.

[59] Darauf hatte sie schon in V 16,3 angespielt, wo sie schreibt: „*Das ist es, was, glaube ich, der bewundernswerte Geist des königlichen Propheten David empfunden haben muss, als er zum Lobpreis Gottes sang und auf der Harfe spielte*" (2 Sam 6,14).

den gestellt zu haben, während die Geschöpfe es mir so vergalten. Denn ich habe verstanden, dass einer, der das wegen irdischer Dinge oder Komplimente vonseiten der Menschen auf sich nähme, sehr getäuscht würde, abgesehen vom geringen Gewinn, den man davon hat, da ihnen heute dies, morgen jenes gut scheint; das, wovon sie heute gut reden, nennen sie schon bald schlecht. Gepriesen bist du, mein Gott und mein Herr, da du für immer unveränderlich bist. Amen. Wer dir dient bis zum Ende, wird in deiner Ewigkeit leben ohne Ende.

22. Ich begann, diese *Gründungen* auf Anordnung des Pater Magisters Ripalda aus der Gesellschaft Jesu niederzuschreiben, wie ich eingangs gesagt habe,[60] der damals Rektor des Kollegs in Salamanca war, und bei dem ich damals gebeichtet habe. Als ich im Jahre 1573 im dortigen Kloster zum glorreichen hl. Josef war, schrieb ich einiges davon nieder.[61] Aufgrund vieler Beschäftigungen hatte ich damit aufgehört und wollte nicht mehr weitermachen, weil ich nicht mehr bei ihm beichtete, da wir uns an unterschiedlichen Orten aufhielten, aber auch wegen der großen Mühe und Mühsale, die mir das, was ich geschrieben habe, verursacht, auch wenn ich diese für gut eingesetzt betrachte, da es immer im Gehorsam aufgetragen war.[62]

---

[60] F pról 2.

[61] In Salamanca schrieb sie in der Zeit vom 25. August 1573 bis Februar 1574 die Kapitel 1-9. Bis Ende 1574 sind die Kapitel 10-20 niedergeschrieben worden; in der Zeit vom 24. Juli bis 14. November 1576 verfasst sie die Kapitel 21-27. (T. Egido, *Libro de las Fundaciones*, 383-387) und Einführung S. 44f.

[62] Ambivalente – teils authentisches Erleben widerspiegelnde, teils als taktisch zu bewertende – Beteuerungen, dass ihr das Schreiben eine Last sei und sie es trotz ständigen Zeitmangels lediglich *„aus Gehorsam"* auf sich nehme, kehren in den Werken Teresas immer wieder; vgl. etwa 5M 4,1 und ferner VD 1; M pról 1; V 10,7; 14,8; 39,17; 40,23; CE 22,1; 30,1; MC 7,10. Daneben stehen deutliche Hinweise, dass sie sich ihrer schriftstellerischen Begabung bewusst ist und sich über gelungene Formulierungen oder treffende Vergleiche freut; vgl. etwa M pról 2; epíl 1; CE pról 3; 53,5; V 17,6; 21,28; 30,19; 39,23. Es steht außer Zweifel, dass Teresa beim Schreiben viel Schaffensfreude erlebte; F. Márquez Villanueva, *La vocación literaria*, 358, spricht sogar von einer *„echten Sucht"*. Vgl. ferner J. A. Marcos, *La prosa teresiana*.

Als ich dazu schon fest entschlossen war,[63] befahl mir der Apostolische Kommissar, was derzeit der Magister Fray Jerónimo Gracián de la Madre de Dios ist, sie abzuschließen. Auf meinen Einwand hin, dass ich dafür wenig Zeit hätte, und angesichts anderer Dinge, die sich für mich ergaben – denn als eine, die schlecht gehorcht, sagte ich es ihm (da es mir bei allem, was ich am Hals hatte, tatsächlich große Ermüdung verursachte) –, trug er mir trotzdem auf, sie nach und nach, so wie ich es vermochte, fertig zu schreiben.

23. So habe ich es getan und unterwerfe mich in allem den Streichungen derer, die es verstehen. Was schlecht gesagt ist, sollen sie streichen, denn vielleicht ist genau das falsch, was mir am besten vorkommt.[64]

Es wurde heute am Vortag des hl. Eugen,[65] am vierzehnten des Monats November des Jahres 1576 im Kloster San José zu Toledo abgeschlossen, wo ich zur Zeit auf Anordnung des Apostolischen Kommissars, des Magisters Fray Jerónimo Gracián de la Madre de Dios bin, den wir, die Unbeschuhten Brüder und Schwestern der ursprünglichen Regel, zur Zeit als Oberen haben, wobei er auch Visitator derer mit der gemilderten Regel in Andalusien ist, zu Ruhm und Ehre unseres Herrn Jesus Christus, der für immer regiert und regieren wird. Amen.[66]

---

[63] Also nicht mehr weiterzuschreiben.

[64] Vgl. F pról 6 mit Anm. Ähnliche Beteuerungen, dass die Korrektoren Unpassendes streichen oder sogar das Manuskript zerreißen oder verbrennen dürfen, gibt es in ihrer *Vida* gleich an mehreren Stellen, vgl. V 7,22; 10,7; 16,8; 21,4; 36,29; epíl 2.

[65] Ein frühchristlicher Märtyrer, der in Toledo sehr verehrt wurde, weil er der Legende nach mit einem 657 verstorbenen gleichnamigen Erzbischof von Toledo gleichgesetzt und zum ersten Bischof dieser Stadt gemacht wurde. Es ist also wohl kaum ein Zufall, dass Teresa den vermeintlichen Abschluss ihrer Niederschrift in Toledo am Vorabend seines Festes schreibt.

[66] Dies ist ein klassischer Kolophon (Abschluss des Manuskripts mit Zeitangabe, Verfasser, usw., vergleichbar dem heutigen Impressum), wie er in mittelalterlichen Handschriften und Frühdrucken üblich war, ein erneuter Hinweis, dass Teresa sich mit den literarischen Gepflogenheiten weit besser auskannte als sie vorgibt.

24. Aus Liebe zu unserem Herrn bitte ich die Schwestern und Brüder, die dies lesen sollten, mich unserem Herrn zu empfehlen, damit er mir Erbarmen erweise und mich aus den Strafen des Fegfeuers befreie und mich seiner erfreuen lasse, falls ich es verdient haben sollte, bei ihm zu sein.[67] Solange ich lebe, sollt ihr es nicht zu sehen bekommen, doch es möge mir das, was ich an Mühen hatte, als ich es niederschrieb, und der große Wunsch, mit dem ich es geschrieben habe, dass ich in etwa etwas Zutreffendes sage, was euch Trost spendet, ein bisschen Gewinn sein, wenn ich einmal gestorben bin, falls man es für gut findet, dass ihr es lest.[68]

[KAPITEL 28]

Die Gründung in Villanueva de la Jara[1]

1. Nach Abschluss der Gründung in Sevilla[2] setzten die Gründungen für mehr als vier Jahre aus. Der Grund war, dass ganz plötzlich heftige Verfolgungen über die Unbeschuhten Brüder

---

[67] Vgl. M epíl 4. Für Teresa und ihre Zeitgenossen war die Läuterung nach dem Tod selbstverständlich mit zeitlich-räumlichen Vorstellungen (das Fegfeuer als Ort einer zeitlich bemessenen Läuterung) verknüpft. Aufgrund der in der damaligen Verkündigung stark hervorgehobenen Heilsungewissheit rechnet sie auch mit der Möglichkeit, des ewigen Heils verlustig zu gehen, auch wenn es bei ihr an anderer Stelle aufgrund ihrer persönlichen Gotteserfahrung Hinweise auf eine subjektive Heilsgewissheit gibt; vgl. etwa 7M 2,1.9. Solche Hinweise waren aber immer gefährlich, da sie sich damit auf dogmatisches Glatteis begab, denn seines Heils kann keiner sicher sein.

[68] Nach diesem Abschluss hat Teresa, die aufgrund der gegen ihr Gründungswerk ausgebrochenen Verfolgung überzeugt war, dass dieses nun zu Ende sei, ihre *„Vier Anweisungen für die Unbeschuhten Brüder"* angefügt. Da sie jedoch nicht in den Zusammenhang passen, werden sie heute als *Geistlicher Erfahrungsbericht 59* gezählt und sind auch in der entsprechenden deutschen Ausgabe (*Gedanken zum Hohenlied, Gedichte und kleinere Schriften,* 300f.) wiedergegeben.

[1] Weder dieses noch die folgenden Kapitel sind von Teresa nummeriert worden, sondern sie begann direkt mit ihrem Bericht

[2] Die Gründung in Sevilla fand am 29. Mai 1575 statt, aber erst am 27. Mai 1576 konnte Teresa mit ihren Schwestern in das neue Kloster umziehen.

und Schwestern hereinbrachen; zwar hatte es auch vorher schon schwere gegeben, aber nicht so extreme wie jetzt, wo alles zu Ende zu gehen drohte. Da zeigte sich klar, wie verärgert der Böse über diesen heiligen Anfang war, den unser Herr gemacht hat, und der sein Werk ist, denn es ging ja voran. Viel erlitten die Unbeschuhten Brüder, insbesondere die Führenden,[3] an schweren Anschuldigungen und Anfeindungen vonseiten nahezu[4] aller Beschuhten Patres.

2. Diese informierten unseren Hochwürdigsten Pater General derart, wo er doch sehr heiligmäßig ist und mit Ausnahme von San José in Ávila, dem ersten Kloster, das mit Erlaubnis des Papstes gegründet wurde, die Erlaubnis zur Gründung all dieser Klöster gegeben hatte, dass sie ihn so weit brachten, sehr darauf zu drängen, dass man die Unbeschuhten Brüder nicht noch weiter vorankommen lassen sollte; mit den Klöstern der Schwestern stand er immer gut.[5] Und da ich das nicht unterstützte,[6] flößten sie ihm Unmut gegen mich ein, was für mich die größte Not war, die ich bei diesen Gründungen durchgemacht habe, wo ich doch ziemlich viele durchmachte. Denn aufzuhören, das Wachstum eines Werkes zu unterstützen, von dem ich klar gesehen hatte, dass unserem Herrn damit gedient würde und unser Orden dadurch wuchs, dazu gaben mir viele bedeutende Studierte, mit denen ich mich beraten und bei denen ich gebeichtet hatte, nicht ihre Zustimmung, und gegen etwas anzugehen, von dem ich sah, dass es mein Oberer wollte, das bedeutet für mich den Tod. Denn einmal abgesehen von der Verpflichtung, die ich ihm gegenüber als meinem Oberen

---

[3] Teresa schreibt „die Häupter – las cabezas"; sie meint insbesondere Johannes vom Kreuz und Jerónimo Gracián.

[4] Dieses „nahezu" hat Teresa später eingefügt, ein weiteres Beispiel für ihr beständiges Bemühen um Wahrhaftigkeit.

[5] Das ist leicht erklärlich, denn es gab in Spanien damals nur einige wenige Karmelitinnenklöster, während die Mitglieder des Stammordens im raschen Wachstum der Unbeschuhten Brüder eine Gefahr erblickten.

[6] Teresa war aus verständlichen Gründen nicht bereit, das Wachstum der Unbeschuhten Brüder, die sie u. a. zur geistlichen Betreuung ihrer Schwestern brauchte, zu bremsen.

hatte, liebte ich ihn innig, und das war ihm sehr geschuldet. Doch wahr ist, dass ich ihm diesen Gefallen nicht erweisen konnte, selbst wenn ich gewollt hätte, da es Apostolische Visitatoren gab, denen ich notgedrungen zu gehorchen hatte.[7]

3. Da starb ein heiligmäßiger Nuntius, der die Tugend sehr förderte und deshalb die Unbeschuhten hochschätzte.[8] Es kam ein anderer, und den schien Gott gesandt zu haben, um uns im Leiden zu üben. Er war ein entfernter Verwandter des Papstes,[9] und muss wohl ein Diener Gottes sein, nahm es sich aber von Anfang an sehr zu Herzen, die Beschuhten zu fördern. Entsprechend den Informationen, die sie ihm über uns gaben, war er zutiefst überzeugt, dass es gut wäre, dass diese Anfänge nicht weitergingen, und begann deshalb, mit größter Härte durchzugreifen, indem er diejenigen, die seiner Meinung nach Widerstand leisten könnten, aburteilte, einsperrte oder in die Verbannung schickte.

4. Die dabei am meisten erlitten, waren Pater Fray Antonio de Jesús, also derjenige, der das erste Kloster der Unbeschuhten in Duruelo begonnen hat, und Pater Fray Jerónimo Gracián, den der vorhergehende Nuntius[10] zum Apostolischen Visitator

---

[7] Die beiden Dominikaner Pedro Fernández und Francisco Vargas, die 1569 von Pius V., ebenfalls einem Dominikaner, mit diesen Ämtern betraut wurden, und ferner Jerónimo Gracián, der 1573 von letzterem dazu delegiert und in dieser Funktion 1574 vom Nuntius Ormaneto bestätigt wurde. Da deren Vollmachten vom Papst kamen, standen ihre Anweisungen über denen des Ordensgenerals.

[8] Der Teresa wohlgesonnene Nuntius Niccolò (Nicolás) Ormaneto starb am 18. Juni 1577 in Madrid. Sein Nachfolger war Filippo (Felipe) Sega, der bereits am 30. August 1577 in Madrid ankam und von dem Beschuhten Karmeliten Jerónimo Tostado, dem vom Ordensgeneral Giovanni Battista Rossi ernannten Visitator, einseitig gegen die Unbeschuhten informiert wurde. Sega etikettierte Teresa als *„fémina inquieta, andariega, disobediente y contumaz – unruhiges, herumvagabundierendes, ungehorsames und verstocktes Weib"* (DST 1149).

[9] Sega war ein Cousin von Filippo Buoncompagni, der seit 5. Februar 1573 Protektor des Ordens war; als Neffe von Papst Gregor XIII. (Ugo Buoncompagni) war auch dieser mit dem Papst verwandt.

[10] Nicolás Ormaneto.

„derer vom feinen Tuch"[11] ernannt hatte, gegen den sein Groll groß war, ebenso wie gegen Pater Mariano de San Benito.[12] Von diesen Patres habe ich in den vorhergehenden Gründungen bereits gesagt, wer sie sind. Anderen von den angesehensten legte er Bußen auf, wenn auch nicht so strenge, diese jedoch belegte er mit vielen Kirchenstrafen, damit sie sich mit keiner Angelegenheit mehr befassten.

5. Es war gut zu erkennen, dass alles von Gott kam und dass Seine Majestät es zum größeren Wohl und zur besseren Bekanntmachung der Tugenden dieser Patres erlaubte, wie es auch geschehen ist. Er setzte einen Oberen „vom feinen Tuch" ein, der unsere Klöster von Schwestern und Brüdern visitieren sollte,[13] was viel Not bedeutet hätte, wenn es zu dem, was er sich gedacht hatte, gekommen wäre. Und so machte man Allerschlimmstes durch, wie beschreiben wird, der das besser zu sagen vermag. Ich sage das nur am Rand, damit die Schwestern, die kommen sollten, verstehen, welche Verpflichtung sie haben, um die Vollkommenheit weiterzuführen, da sie das, was den Jetzigen so viel gekostet hat, wohlgeordnet vorfinden. Einige von den Schwestern haben in diesen Zeiten durch gewaltige Falschaussagen ganz viel erlitten, was mir sehr viel mehr leid tat als das, was ich erlitt, denn für mich war das eher ein Vergnügen. Mir schien, als sei ich der Grund für dieses ganze Gewitter, und dass der Sturm aufhören würde, wenn sie mich wie Jona ins Meer stürzten.[14] Gepriesen sei Gott, der die Wahrheit fördert.

---

[11] *los del paño.* Während das Ordensgewand der „Beschuhten" aus feinem Tuch gefertigt war, kleideten sich die „Unbeschuhten" Karmeliten und Karmelitinnen in groben Wollstoff, eines der typischen äußeren Kennzeichen der Reformbewegungen in den Orden, das Teresa übernahm, während sie deren Rigorismus und Anti-Intellektualismus entschieden ablehnte.

[12] Zu ihm siehe F 17,6-16. Man fragt sich mit Recht, warum Teresa Johannes vom Kreuz nicht erwähnt. War es deshalb, weil er eben erst aus seiner Haft in Toledo geflohen war?

[13] Sega unterstellte die Unbeschuhten mit Breve vom 18. Oktober 1578 den Beschuhten Provinziälen von Kastilien und Andalusien.

[14] Siehe Jona 1,4-15.

6. So geschah das auch in diesem Fall. Denn als unser Katholischer König, Don Felipe,[15] erfuhr, was vor sich ging, und über das Leben und die Ordenszucht der Unbeschuhten informiert wurde, nahm er es in die Hand, uns zu fördern; deshalb wollte er nicht, dass der Nuntius allein unseren Fall beurteilte, sondern stellte ihm vier bedeutsame Personen, von denen drei Ordensmänner waren, als Berater an die Seite,[16] damit er unser Recht gebührend beachtete. Einer von ihnen war Pater Magister Pedro Fernández, ein Mann von sehr heiligmäßigem Leben und guter Bildung und Verstand.[17] Er war Apostolischer Kommissar und Visitator „derer vom Tuch" der Provinz Kastilien gewesen, dem auch wir, die Unbeschuhten, unterstellt waren, und kannte genau die Wahrheit, wie die einen und die anderen lebten, denn nichts anderes wünschten wir uns alle, als dass das erkannt würde.[18] Und so hielt ich die Angelegenheit schon für abgeschlossen, als ich sah, dass der König ihn ernannt hatte, was durch die Barmherzigkeit Gottes ja auch so ist. Möge es Seiner Majestät gefallen, dass es zu seiner Ehre und Verherrlichung sei. Auch wenn die Herren des Reiches und die Bischöfe, die sich beeilten, den Nuntius über die Wahrheit zu unterrichten,

---

[15] Philipp II. führte den Titel „Katholischer König", der seinen Urgroßeltern, Isabella I. von Kastilien und Ferdinand V. von Aragonien, vom Papst verliehen worden war. Der französische König hatte den Titel „Allerchristlichster König" und Heinrich VIII. von England „Verteidiger des Glaubens".

[16] Es waren dies der Hofkaplan des Königs Luis Manrique, der Augustiner Fray Lorenzo de Villavicencio und die Dominikaner Hernando del Castillo und Pedro Fernández. Am 1. April 1579 annullierten sie die Vollmachten der Provinziäle über die Unbeschuhten und ernannten an ihrer Stelle Ángel de Salazar. Hinter dieser Entscheidung des Königs stand auch ein Hauptanliegen seiner ganzen Reformpolitik, der sog. „reforma del rey – Reform des Königs", nämlich den Einfluss Roms – hier in der Person des Nuntius – zurückzudrängen und den eigenen Vorstellungen zum Durchbruch zu verhelfen, denen Teresas Ideen viel näher kamen als die im Zuge des Konzils von Trient von Rom propagierten. Siehe dazu O. Steggink, *La reforma del Carmelo español*, 296-299.310f., und die ausführliche Studie von T. Egido, *La reforma carmelitana*.

[17] Seit 26. August 1569 Apostolischer Visitator des Karmelitenordens in Spanien ernannte er Teresa zur Priorin des Menschwerdungsklosters (F 21,1); „*ihm war nicht danach zumute, dass ich weiter gründete*" (F 21,1), sondern er war „*ein Feind oder zumindest kein Freund davon, dass gegründet würde*" (F 22,2), doch gibt er ihr die Erlaubnis zur Gründung in Beas (F 22,3).

[18] Kriterium für ihre Existenzberechtigung ist für Teresa „*wie sie leben*."

zahlreich waren, hätte das alles wenig genutzt, wenn Gott sich den König nicht als Werkzeug genommen hätte.[19]

7. Wir alle, Schwestern, sind sehr verpflichtet, ihn in unseren Gebeten immer wieder unserem Herrn zu empfehlen, sowie auch diejenigen, die seine Sache und die der Jungfrau, unserer Herrin, gefördert haben, und so lege ich euch das sehr ans Herz. Ihr könnt euch denken, Schwestern, welche Möglichkeit es da gab, um Gründungen zu machen! Wir waren alle ohne Unterlass mit Gebeten und Bußübungen beschäftigt, damit Gott die gegründeten vorwärtsbringe, wenn ihm damit gedient sein sollte.

8. Am Anfang dieser großen Mühsale (die euch in dieser Kurz-darstellung gering erscheinen mögen, doch sie so lange auszu-halten, war sehr schwer), als ich im Jahr 1576 in Toledo war, wohin ich nach der Gründung von Sevilla gekommen war, brachte mir ein Priester aus Villanueva de la Jara Briefe vom Gemeinderat dieses Ortes. Er kam, um mit mir über die Auf-nahme von neun Frauen[20] in ein Kloster zu verhandeln, die sich vor einigen Jahren in einer Kapelle der glorreichen hl. An-na zusammengefunden hatten, die es in jenem Dorf gab, mit einem kleinen Haus daneben; dort lebten sie in so großer Zu-rückgezogenheit und Heiligkeit, dass sich das ganze Dorf be-wegt fühlte,[21] sich um die Erfüllung ihrer Klosterwünsche zu kümmern. Es schrieb mir auch ein Doktor mit Namen Agustín de Ervías,[22] der Pfarrer dieses Ortes ist, ein gelehrter Mann und

---

[19] Teresa wusste genau, dass letztlich alles auf den König hinauslief, wie es sei-nem absolutistischen Selbstverständnis entsprach, doch zugleich ist sie über-zeugt, dass auch der König nur *medio* – Werkzeug ist, womit sie seinen An-spruch relativiert; vgl. V 37,5.

[20] Ein interessanter Hinweis auf die Situation der Frau in der damaligen Gesell-schaft.

[21] Wörtlich: *„dass das das ganze Dorf einlud, ...“*

[22] Er war Domherr in Cuenca, vertauschte aber dann aus Interesse an der Pfarr-seelsorge seine Aufgabe mit dem Pfarrer von Villanueva de la Jara, Don Juan de Rojas. Es kam wohl nur selten vor, dass ein Domherr zurücktrat, um eine Pfarrei zu übernehmen.

von großer Tugend; sie bewog ihn, dieses heilige Werk zu unterstützen, so gut er nur konnte.

9. Mir schien, dass es aus folgenden Gründen gänzlich unangebracht wäre, so etwas zuzulassen: Der erste, weil sie so viele waren, und es mir als sehr schwere Aufgabe vorkam, dass sie sich an unsere Lebensweise anpassen würden, wo sie sich so an ihre gewöhnt hatten. Der zweite, weil es fast nichts gab, von dem sie sich erhalten konnten, und der Ort kaum mehr als tausend Einwohner hatte, was keine große Hilfe ist, um von Almosen zu leben; obwohl der Rat sich angeboten hatte, sie zu unterhalten, schien mir das nichts Dauerhaftes zu sein. Der dritte Grund war, dass sie kein Haus hatten. Der vierte, dass sie weit weg waren von den anderen Klöstern. Der fünfte, dass ich, auch wenn man mir sagte, dass sie gut waren, dennoch nicht wissen konnte – da ich sie nicht gesehen hatte –, ob sie die Befähigungen hatten, die wir in diesen Klöstern anstreben.[23] So entschloss ich mich, es ganz und gar abzulehnen.

10. Deshalb wollte ich zuerst mit meinem Beichtvater sprechen; das war Doktor Velázquez, Domherr und Professor in Toledo, ein sehr studierter und tugendhafter Mann, jetzt Bischof von Osma,[24] denn es ist immer meine Gewohnheit, nichts nach meinem Ermessen, sondern nach dem von solchen Personen zu tun. Als er die Briefe gesehen und verstanden hatte, worum es ging, sagte er mir, dass ich es nicht ablehnen, sondern freund-

---

[23] Eine interessante Aufzählung von Begründungen, an denen man gut erkennen kann, worum es ihr ging. Sie weiß also sehr genau um den Unterschied zwischen ihrem Lebensprojekt und dem, was damals allgemein hin üblich war, und fürchtet, wohl zu Recht, dass diese Frauen eher letzterem zuneigten, d.h. eher dem Rigorismus als ihrem Lebensideal der Sanftheit (*suavidad*). Wichtig sind ihr ferner der gesicherte Lebensunterhalt, ein eigenes Haus, die leichte Erreichbarkeit und schließlich bei den Kandidatinnen die nötige Eignung für die Lebensform. Siehe auch F 28,17.

[24] Alonso Velázquez (1533-1587), ab 1554 Professor in Alcalá de Henares und ab 1566 Professor und Rektor in Valladolid, war um 1577 Teresas Beichtvater in Toledo, 1578 wurde er Bischof von Burgo de Osma und 1583 Erzbischof von Santiago de Compostela. An ihn richtet Teresa ihren *Gewissensbericht* 66 von Mai 1581. Siehe auch F 30,1.

lich antworten sollte; denn wenn Gott so viele Herzen einer Sache wegen zusammengebracht habe, würde klar werden, dass er sich ihrer bedienen würde. Ich machte es so, dass ich es weder einfach annahm noch ablehnte. Die Zeit bis zu diesem Jahr 1580 verging damit, dass man mich bedrängte und nach Personen suchte, um deretwillen ich es machen sollte; wobei ich immer den Eindruck hatte, dass es Unsinn wäre, es anzunehmen. Wann immer ich aber eine Antwort gab, konnte ich niemals eine glatte Absage geben.

11. Zufällig verbrachte Pater Fray Antonio de Jesús seine Verbannung[25] im Kloster zu Unserer Lieben Frau von der Hilfe,[26] das drei Meilen von diesem Ort Villanueva entfernt ist. Als er nun zum Predigen dahin kam, und auch der Prior dieses Klosters, welcher zur Zeit Fray Gabriel de la Asunción ist,[27] ein studierter Mann und Diener Gottes, oft an diesen Ort kam, da sie nämlich mit Doktor Ervías befreundet sind, begannen sie mit diesen heiligmäßigen Schwestern zu reden. Angetan von ihrer Tugend und von den Leuten und dem Doktor überredet, nahmen sie sich der Angelegenheit als ihrer eigenen an und begannen, mir in Briefen mit viel Nachdruck zuzureden. Als ich in San José in Malagón war, das mehr als 26 Meilen[28] von Villanueva entfernt ist, kam der Pater Prior selbst, um mit mir darüber zu sprechen, und berichtete mir, was man machen könne, und wie Doktor Ervías nach vollendeter Tat dreihundert Dukaten an Rente zusätzlich zu dem, was er als Pfründe hatte, gäbe; darum würde er sich in Rom bemühen.

12. Das sah mir sehr unsicher aus, da mir schien, dass man nach vollendeter Tat damit lässiger umgehen würde, dass ihnen nämlich das Wenige, das sie hatten, zu reichen hätte. So nannte

---

[25] Die von Nuntius Filippo Sega auferlegte Strafe (F 28,4).
[26] Das Kloster Nuestra Señora del Socorro in La Roda, ca. 17 km von Villanueva de la Jara entfernt.
[27] Gabriel de la Asunción (1544-1584) war von 1576 bis 1589 Prior von La Roda und Seelenführer von Catalina de Cardona (siehe zu ihr F 28,21ff.); Teresa spricht über ihn in F 28,34.
[28] Ca. 145 km.

ich dem Pater Prior viele Gründe, meinem Dafürhalten nach wirklich genügend, damit er einsähe, dass es nicht anginge, es zu gründen, und sagte ihm, dass er und Pater Fray Antonio darauf doch sehr achten sollten, und dass ich es ihrer Gewissensentscheidung überließe, in der Meinung, dass das Gesagte ausreichen würde, um es nicht dazu kommen zu lassen.

13. Nachdem er weg war, bedachte ich, wie sehr er doch davon angetan war, und dass er den Oberen, den wir jetzt haben, das ist Magister Fray Ángel de Salazar,[29] dazu überreden würde, es zuzulassen. Ich beeilte mich sehr, ihm zu schreiben und bestürmte ihn, diese Erlaubnis nicht zu geben, und gab ihm dafür Gründe an. Entsprechend dem, was er mir daraufhin schrieb, hätte er sie nicht geben wollen, sofern ich es nicht für gut befunden hätte.

14. Es vergingen eineinhalb Monate, vielleicht ein bisschen mehr. Als ich bereits dachte, dass ich es abgewehrt hätte, schickte man mir einen Kurier des Gemeinderats mit Briefen, in denen sie sich dazu verpflichteten, es ihnen an nichts fehlen zu lassen, was sie bräuchten, und auch Doktor Ervías zu dem, was ich gesagt habe,[30] dazu noch Briefe der beiden Hochwürdigen Patres mit nachdrücklicher Empfehlung. Meine Furcht, so viele Schwestern zuzulassen, war groß, denn ich meinte, dass es Befangenheit gegenüber denen, die hinzukämen, geben würde, wie es zu geschehen pflegt, und auch, weil ich die Sache mit dem Lebensunterhalt nicht gesichert sah; denn das, was angeboten wurde, war nicht gerade überwältigend, so dass ich mich sehr verunsichert fühlte. Später erkannte ich, dass das vom Bösen kam, denn obwohl mir der Herr Mut gegeben hatte, hielt er mich damals mit solch großem Kleinmut nieder, dass es schien, als würde ich Gott überhaupt nichts zutrauen. Doch die Gebete jener gebenedeiten Seelen vermochten letztendlich doch mehr.

---

[29] Er war Provinzial von Kastilien.
[30] In F 28,11.

15. Als ich eines Tages nach der Kommunion gerade dabei war, es Gott anzuempfehlen, wie ich es oftmals tat, denn das, was mich vorher dazu gebracht hatte, ihnen eher zustimmend zu antworten, war die Furcht, den etwaigen Nutzen einiger Seelen zu behindern (immer ist es ja mein Wunsch, irgendwie dazu beizutragen, dass unser Herr gelobt werde und es mehr Menschen gebe, die ihm dienen), entgegnete mir Seine Majestät mit einem gewaltigen Tadel und sagte mir, mit was für Schätzen denn zustande gekommen sei, was bisher geschah, und dass ich nicht zweifeln solle, dieses Kloster zuzulassen, und dass es sehr zu seinem Dienst und zum Nutzen der Seelen sei.[31]

16. Da diese Worte Gottes so wirkmächtig sind, dass der Verstand sie nicht nur vernimmt, sondern Gott ihn sogar erleuchtet, um die Wahrheit zu erkennen, und den Willen dazu bringt, es in die Tat umsetzen zu wollen,[32] geschah genau das mit mir: Nicht nur dass ich nun Gefallen daran fand, es zuzulassen, sondern es kam mir sogar als Schuld vor, so lange gezögert zu haben und so sehr an menschlichen Argumenten hängen geblieben zu sein, wo ich doch gesehen hatte, was Seine Majestät über alle Vernunft hinaus für diesen geheiligten Orden gewirkt hat.

17. Einmal entschlossen, diese Gründung zuzulassen, schien es mir notwendig zu sein, dass ich selbst mit den Schwestern, die dort verbleiben sollten, hinging, und zwar aus vielen Gründen, die in mir hochstiegen, obwohl es meiner Natur sehr schwer fiel, da ich ziemlich krank nach Malagón gekommen war und es noch immer war.[33] Doch da ich der Meinung war, dass man damit unserem Herrn diente, schrieb ich es dem Oberen, damit er mir auftrüge, was ihm als das Beste erschien. Er schickte mir

---

[31] Wie viele innere Ansprachen oder Intuitionen Teresas wird auch diese in unmittelbarem Zusammenhang mit der Kommunion geschenkt, d.h. in einem Augenblick tiefer Sammlung und emotionaler Bewegtheit, in dem sie Christus im Glauben nahe wusste; vgl. auch F 29,18.

[32] Vgl. V 25,3 und 6M 3,5ff.

[33] Sie war am 25. November 1579 in Malagón angekommen.

die Erlaubnis zur Gründung und den Auftrag, selbst dabei zu sein und die Schwestern, die ich für gut hielt, mitzunehmen, was mich allerdings sehr mit Sorge erfüllte, da sie mit denen, die bereits dort lebten, zusammensein sollten.[34] Während ich das unserem Herrn sehr ans Herz legte, holte ich zwei aus dem Kloster San José in Toledo, eine davon als Priorin, und zwei aus Malagón, davon eine als Subpriorin.[35] Und da man Seine Majestät so sehr gebeten hatte, ging es sehr gut aus, was ich für keine kleine Sache hielt; denn bei den Gründungen, wo wir allein beginnen, passen sich alle gut an.

18. Pater Fray Antonio de Jesús und Pater Prior Fray Gabriel de la Asunción holten uns ab. Nachdem das Dorf für alles gesorgt hatte, brachen wir am Samstag vor der Fastenzeit, dem 13. Februar 1580, von Malagón auf. Es hat Gott gefallen, uns so gutes Wetter und mir so gute Gesundheit zu geben, dass es schien, als sei ich niemals krank gewesen. Ich war überrascht und bedachte, wie viel es doch ausmacht, nicht auf unsere schwache Veranlagung zu schauen, wenn wir erkennen, dass es Gott zum Dienst gereicht, was auch immer an Widerspruch sich vor uns aufbaut, denn er ist mächtig, um aus Schwachen Starke und aus Kranken Gesunde zu machen. Und wenn er das nicht tun sollte, wird es für unsere Seele das Beste sein zu leiden, die Augen dabei auf seine Ehre und Herrlichkeit gerichtet, und auf uns zu vergessen. Wozu dienen Leben und Gesundheit, wenn nicht dazu, um sie für einen so großen König und Herrn dranzugeben? Glaubt mir, Töchter, dass es euch nie schlecht gehen wird, wenn ihr diesen Weg geht.[36]

---

[34] Siehe dazu F 28,9 mit Anm.

[35] Aus Toledo kamen María de los Mártires als Priorin (Oberin) und Constanza de la Cruz, aus Malagón Elvira de San Ángelo („Santángel") als Subpriorin (Stellvertreterin der Priorin) und Ana de San Agustín. Man beachte die souveräne Handlungsweise Teresas: *„saqué – ich holte."*

[36] Auch wenn Teresa sich in medizinischen Fragen zur Expertin entwickelte, erscheint dies angesichts der sehr begrenzten Möglichkeiten, die man damals hatte, um etwas für die eigene Gesundheit zu tun, ein vernünftiger Rat, um nicht ständig mit seinen Krankheiten beschäftigt zu sein.

19. Ich bekenne, dass mich meine Erbärmlichkeit und Schwachheit oftmals in Furcht und Zweifel versetzt haben, doch erinnere ich mich nicht an ein einziges Mal, seitdem der Herr mir den Habit der Unbeschuhten gegeben hat – und sogar schon manches Jahr zuvor –, wo er mir nicht aus lauter Erbarmen die Gnade gegeben hätte, diese Versuchungen zu besiegen und mich auf das zu stürzen, was meiner Erkenntnis nach der größte Dienst für ihn war, so schwierig es gewesen sein mochte. Ich verstehe wohl gut, dass das, was ich meinerseits tat, gering war, doch möchte Gott nicht mehr als diese Entschlossenheit, um dann seinerseits alles zu tun.[37] Er sei für immer gepriesen und gelobt. Amen.

20. Wir hatten zum Kloster Unserer Lieben Frau von der Hilfe zu gehen, das, wie gesagt,[38] drei Meilen[39] von Villanueva entfernt ist, und uns dort aufzuhalten, um unsere Ankunft anzukündigen; denn so war es abgesprochen, und es war schon recht, dass ich diesen Patres, mit denen wir unterwegs waren, in allem gehorchte. Es liegt dieses Haus an einem abgelegenen Ort in wunderbarer Einsamkeit. Als wir in die Nähe kamen, kamen uns die Brüder zum Empfang ihres Priors wohlgeordnet entgegen. Da sie unbeschuht waren und ihre armseligen Umhänge aus grobem Stoff trugen, erfüllten sie uns alle mit Ergriffenheit, und es bewegte mich sehr, da mir vorkam, als wären wir in jener Blütezeit unserer heiligen Väter.[40] Auf jener Flur

---

[37] Ein Grundsatz der Spiritualität und Pädagogik Teresas, der ihren geistlichen Realismus zeigt. Sie bezieht sich dabei auf das Axiom „*Facienti quod est in se, Deus non denegat gratiam* – Wer tut, was er vermag, dem verweigert Gott seine Gnade nicht." Vgl. auch V 31,18.20; 39,20; CE 11,8; 12,1; 26,5; 31,2; 65,5; CV 8,1; 16,8; 17,7; 37,3; 7M 4,15; CC 10.

[38] In F 28,11.

[39] Ca. 17 km.

[40] Eine nostalgische Anspielung auf die Anfänge des Karmelordens. Die ersten Karmeliten hatten Anfang des 13. Jahrhunderts als Einsiedlergemeinschaft auf dem Berg Karmel im heutigen Staat Israel gelebt. Teresas Vorstellungen von deren Leben dürften von dem Klassiker der karmelitanischen Spiritualität, der *Institutio primorum monachorum* (Deutsch: C. Lapauw [Hg.], *Buch der Mönche*), mitgeprägt worden sein. Dieses Werk, das der Legende nach aus dem 5. Jahrhundert stammte und dem Patriarchen von Jerusalem Johannes XLIV. zu-

kamen sie mir wie ein paar duftende weiße Blumen vor, und
ich glaube auch, dass sie das vor Gott sind; denn meinem Eindruck nach wird ihm dort in aller Wahrheit gedient. Sie zogen
in die Kirche ein und sangen dabei mit ganz verhaltenen Stimmen das *Te Deum*.[41] Der Eingang zu ihr ist unterirdisch, wie in
eine Höhle, die an jene unseres Vaters Elija erinnert.[42] Ich ging
mit so großer innerer Freude mit, dass ich ganz sicher auch
eine längere Reise für sehr sinnvoll verwendete Zeit gehalten
hätte. Es tat mir allerdings sehr leid, dass die heiligmäßige Frau,
durch die unser Herr dieses Haus gegründet hatte, gestorben
war; ich hatte es nicht verdient, sie zu sehen, obwohl ich mir
das sehr gewünscht hatte.[43]

21. Ich glaube, es ist nicht müßig, hier etwas über ihr Leben
und die Umstände zu erzählen, durch die unser Herr wollte,
dass dieses Kloster gegründet würde, das für viele Seelen in den
Orten der Umgebung von solchem Nutzen gewesen ist, wie
ich informiert wurde, damit ihr beim Blick auf die Bußfertigkeit jener heiligmäßigen Frau seht, meine Töchter, wie sehr wir
dahinter zurückbleiben, und euch anstrengt, unserem Herrn
von neuem zu dienen. Es gibt keinen Grund, weshalb wir zu
weniger fähig wären, denn wir kommen nicht aus so vornehmen und adeligem Geschlecht. Auch wenn das keine Bedeutung hat, sage ich es trotzdem, denn sie hat ein ihrem Stand
gemäßes angenehmes Leben geführt, da sie von den Herzögen
von Cardona abstammt, weshalb sie Doña Catalina de Cardona

---

geschrieben, in Wirklichkeit aber wohl um 1370 vom katalanischen Provinzial
Felipe Ribot verfasst wurde, spielte damals eine große Rolle bei der karmelitanischen Ausbildung, so dass Teresa zumindest davon gehört haben dürfte,
auch wenn nicht nachgewiesen werden kann, dass sie es gelesen hat. Vgl. auch
CE/CV 2,7; CE 16,4 bzw. CV 11,4; F 14,4; F 26,6 mit Anm. und T. Álvarez, *Cultura de mujer*, 98-111.

[41] Die Anfangsworte des *Te Deum laudamus* – *Großer Gott, wir loben dich*; die
„*verhaltenen Stimmen*" sind wiederum typisch für den schlichten, wenig feierlichen Stil der Reformbewegungen.

[42] 1 Kön 19,9. Zu Elija und seiner Verbindung zum Karmel siehe Anm. zu P 27.

[43] Der Konvent La Roda in der Provinz Albacete war im April 1572 durch Catalina de Cardona gegründet worden.

heisst.[44] Nach einigen Malen, die sie mir geschrieben hatte, unterschrieb sie nur mit „die Sünderin".

22. Über ihr Leben vor dem Zeitpunkt, als der Herr ihr so große Gnaden gewährte, werden die etwas sagen, die ihr Leben beschreiben, und das bis in alle Einzelheiten über all das viele, was es von ihr zu sagen gibt. Doch falls das nicht zu eurer Kenntnis gelangen sollte, will ich hier das sagen, was mir ein paar Leute, die mit ihr zu tun hatten und glaubwürdig sind, erzählt haben.[45]

23. Als diese heiligmäßige Frau noch unter hochgestellten Personen und Herrschaften weilte, gab sie immer sehr auf ihre Seele Acht und verrichtete Buße. Ihr Wunsch danach nahm zu, ebenso der, an einen Ort zu gehen, wo sie sich Gottes allein erfreuen und Bußübungen hingeben könnte, ohne dass jemand sie störte. Sie besprach es mit ihren Beichtvätern, die aber nicht zustimmten. Ich wundere mich nicht, dass es ihnen unsinnig vorkam, da die Welt schon so auf Mäßigung ausgerichtet ist und die großen Gnaden fast vergessen sind, die Gott den heiligen Männern und Frauen erwies, die ihm in den Wüsten ge-

---

[44] Sie wurde 1519 als uneheliche Tochter des Herzogs Ramón de Cardona in Barcelona geboren, trat in den Dienst der Prinzessin Éboli, kam dann an den Hof in Madrid und war Gouvernante von Don Juan de Austria, dem Halbbruder Philipps II., dem Sieger von Lepanto 1571, und von Don Carlos, dem Sohn Philipps II. 1563 zog sie sich in die Einsamkeit von La Roda zurück und legte sich 1571 in Pastrana den Karmelhabit mit der Kapuze der Brüder an. Sie starb am 11. Mai 1577 (F 28,33).

[45] In der nun folgenden Beschreibung mischt sich die Bewunderung mit ironischen Untertönen hinsichtlich der asketischen Übertreibungen. Obwohl Teresa sich den Berichten des Seligsprechungsprozesses zufolge ebenfalls strengeren Bußübungen hingegeben haben soll, als man ihren eigenen, für die damalige Zeit auffallend gemäßigten Äußerungen entnehmen kann (wobei offen bleiben muß, inwieweit sich die Zeugen unbewusst vom damals verbreiteten Heiligkeitsideal beeinflussen ließen), hatte für sie doch die Übung des inneren Betens als Vertiefung der Du-Beziehung zu Gott einen viel zentraleren Stellenwert in ihrem geistlichen Leben. Askese war für sie niemals ein Selbstzweck, sondern als Form der Nachfolge Christi in diese Du-Beziehung eingebunden. Vgl. für ihre Auseinandersetzung mit dem asketischen Ideal der Cardona auch CC 20 (zitiert in der Anm. zu F 28,30).

dient haben. Da Seine Majestät es aber nicht versäumt, die echten Wünsche so zu fördern, dass sie in die Tat umgesetzt werden, fügte er es, dass sie bei einem Franziskaner zum Beichten kam, dessen Name Fray Francisco de Torres[46] ist. (Ich kenne ihn gut und halte ihn für einen Heiligen; er lebt schon seit vielen Jahren mit großem Bußeifer und Gebet und unter vielen Anfeindungen). Er muss wohl genau wissen, wie viel Gnade Gott denen erweist, die sich bemühen, sie zu empfangen, und so sagte er ihr, dass sie nicht zögern, sondern dem Ruf folgen solle, den Seine Majestät an sie richtete. Ich weiß nicht, ob dies seine Worte waren, aber doch dem Sinne nach, denn sie setzte es bald in die Tat um.

24. Sie eröffnete sich einem Einsiedler, der in Alcalá lebte,[47] und bat ihn, dass er mit ihr ginge, ohne jemandem etwas davon zu erzählen. Sie gelangten dahin, wo jetzt das Kloster steht, und fanden dort eine kleine Höhle, in die sie kaum hineinpasste. Hier ließ er sie zurück. Was für eine Liebe musste sie haben, da sie sich keine Sorge machte um das, was sie essen sollte, noch um die Gefahren, die ihr zustoßen könnten, noch um die Schande, die entstehen könnte, wenn sie nicht mehr auftauchte. Wie muss diese heiligmäßige Seele trunken gewesen sein, ganz enthoben, dass niemand sie störe, um sich ihres Bräutigams zu erfreuen, und wie entschlossen, von der Welt nichts mehr zu mögen, weil sie all ihren Annehmlichkeiten so entflohen ist![48]

25. Beachten wir das gut, Schwestern, und schauen wir darauf, wie sie mit einem Schlag alles niedergerungen hat.[49] Denn auch

---

[46] Ein Franziskaner, der damals wegen seiner Bußübungen berühmt war.

[47] Sein Name wird mit Padre Piña angegeben; er lebte als Einsiedler am Berg La Vera Cruz bei Alcalá de Henares (BMC 5, 254 Anm.).

[48] Das Bild der mystischen Trunkenheit kommt bei Teresa öfter vor; vgl. V 16,2; 18,13; CE 28,3 bzw. CV 18,2; MC 4,3ff; 6,4; 7,5f. Siehe ferner bei Johannes vom Kreuz 2N 13,5-7; CA 16,1.6.7.10 bzw. CB 25,2.7.8.11

[49] Obwohl Teresa sie bewundernd erwähnt, ist es nicht ihr Stil, „mit einem Schlag" vollkommen zu werden.

wenn es nicht weniger sein mag, was ihr tut, wenn ihr in diesen heiligen Orden eintretet und Gott euren Willen darbringt und beständige Eingeschlossenheit gelobt, so weiß ich nicht, ob dieser Anfangseifer bei manchen nicht vorübergeht, und wir wieder dahin kommen, dass wir uns in manchem unserem Eigenwillen unterwerfen.[50] Möge es Seiner Göttlichen Majestät gefallen, dass dem nicht so sei, sondern dass wir in allem der Welt innerlich sehr fern stehen, da wir dieser heiligmäßigen Frau in ihrem Wunsch, der Welt[51] zu entfliehen, nacheifern.

26. Vieles habe ich über die große Härte in ihrem Leben gehört, dabei dürfte man nur das Wenigste wissen. Denn bei ihren starken Wünschen, streng zu leben, und wo sie in den vielen Jahren, in denen sie in jener Einsamkeit weilte, niemanden hatte, der sie davor zurückhielt, muss sie ihren Körper schrecklich behandelt haben. Ich möchte davon erzählen, was einige Leute und die Schwestern von San José in Toledo, die sie besuchen kam, von ihr selbst gehört haben, und wie sie zu ihnen wie zu Schwestern sprach, ganz offenherzig, und es mit anderen Personen ebenso machte, denn ihre Schlichtheit war groß, und so muss auch ihre Demut gewesen sein. Und als eine, die verstanden hatte, dass sie aus sich nichts hatte, war sie weit entfernt von Ruhmsucht, und freute sich, von den ihr von Gott gewährten Gnaden zu erzählen, damit er durch sie gelobt und sein Name verherrlicht würde. Für diejenigen, die nicht zu diesem Grad gekommen sind, ist das eine heikle Angelegenheit, da es ihnen zumindest als Eigenlob vorkommt. Die Geradheit und heilige Einfalt freilich werden sie davor bewahrt haben, denn ich hörte niemals, dass man ihr diesen Fehler nachsagte.[52]

---

[50] Mit gewohntem Realismus hinterfragt Teresa kritisch die damals gängige Vorstellung, dass der Ordensstand in sich schon seligmachend sei. Sie stellt klar, dass es Egoismus überall geben kann, auch im Kloster. Ähnliche Beteuerungen siehe auch in CE 66,6; 3M 1,8; 2,6; 5M 3,6.

[51] Im Sinne einer ‚weltlichen‘ Einstellung, die mehr auf Besitz, Prestige, Macht usw. als auf geistige Werte setzt.

[52] Man beachte die feine Kritik, die zwischen den Zeilen mitschwingt. Vgl. CC 20, wo deutlich wird, dass Teresas dem Rigorismus-Ideal Catalinas de Cordona durchaus kritisch gegenüberstand.

27. Sie sagte, dass sie acht Jahre in dieser Höhle verbracht habe und an vielen Tagen nichts anderes hatte als die Kräuter und Wurzeln des Feldes, denn nachdem die drei Brote zu Ende waren, die ihr derjenige, der mit ihr gekommen war, dagelassen hatte, hatte sie nichts mehr, bis ein Hirtenbub dort vorbeikam.[53] Er versorgte sie später mit Brot und Mehl, denn was sie aß, waren ein paar in Glut gebackene Brotfladen, und sonst nichts, und das nur alle drei Tage. Das ist ganz bestimmt so, denn die Brüder, die jetzt dort sind, sind Zeugen dafür, und das war schon später, als sie schon sehr verbraucht war. Manchmal gab man ihr eine Sardine und anderes[54] zu essen, als sie kam, um über die Gründung des Klosters zu verhandeln, doch fühlte sie sich dann eher unpässlich als dass es ihr gut getan hätte. Wein trank sie niemals, soweit ich gehört habe. Die Disziplinen[55] gab sie sich mit einer großen Kette, und sie dauerten mitunter zwei oder doch eineinhalb Stunden. Ihre Bußgürtel waren extrem rau, denn eine Person, eine Frau,[56] erzählte mir, dass sie gesehen habe, als sie zu einer Wallfahrt dorthin gekommen und bei ihr zum Übernachten geblieben war und sich schlafend gestellt hatte, wie sie den blutverschmierten Bußgürtel abgelegt und gereinigt hat. Schlimmer noch war, was sie – dem zufolge, was sie den Schwestern erzählt hat, wie ich erwähnt habe[57] – mit den Bösen durchgemacht hat, die ihr als große Hunde erschienen und auf die Schultern sprangen, und andere Male wie Schlangen. Sie hatte keine Angst vor ihnen.[58]

28. Nachdem das Kloster gebaut war, ging sie weiterhin zu ihrer Höhle, wo sie sich aufhielt und schlief, außer sie ging zum Göttlichen Offizium.[59] Bevor es errichtet war, ging sie zur Mes-

---

[53] Sein Name ist Benítez.

[54] „und anderes" von Teresa zwischen den Zeilen nachgetragen.

[55] Selbstgeißelung als asketische Übung, typisch für die Frömmigkeit damals.

[56] „Frau" wird von Teresa am Rand ergänzt, wohl weil sie sich bewusst wird, dass Unklarheit über das Geschlecht dieser Person die viel bewunderte Einsiedlerin hätte in Verruf bringen können.

[57] Den Karmelitinnen von Toledo; vgl. F 28,26.

[58] Bis in unsere Zeit hinein übliche Vorstellungen vom Teufel.

[59] Dem gemeinsamen Breviergebet.

se in ein Kloster der Merzedarier,[60] das eine Viertelmeile[61] entfernt ist, und das manchmal auf den Knien. Ihr Gewand war aus grobem braunen Stoff und das Untergewand aus Wollstoff,[62] und so gefertigt, dass man sie für einen Mann hielt. Nach diesen Jahren, die sie hier in solcher Einsamkeit verbracht hatte, wollte der Herr, dass sie bekannt würde, und so fassten die Leute zu ihr so große Verehrung, dass sie sich ihrer nicht mehr erwehren konnte. Für alle hatte sie ein Wort der Liebe und Zuneigung. Je mehr Zeit verging, desto größer wurde der Zulauf an Menschen, und wer es geschafft hatte, mit ihr zu reden, hielt das für nichts Geringes. Sie war dadurch so erschöpft, dass sie sagte, man würde sie umbringen. Es gab Tage, an denen das ganze Gelände voller Wagen war. Nachdem die Brüder dorthin kamen, sahen sie fast keinen anderen Ausweg mehr, als sie hochzuheben, damit sie ihnen den Segen erteilte, und damit bekamen sie die Leute los. Nachdem sie acht Jahre in der Höhle gelebt hatte, die nun größer war, weil das nämlich die Leute, die dorthin gingen, so gemacht hatten, befiel sie eine so schwere Krankheit, dass sie zu sterben glaubte; und das alles machte sie in der Höhle durch.

29. Da stieg in ihr der Wunsch auf, dass dort ein Kloster für Ordensbrüder entstehen möge, und damit ging sie einige Zeit um, ohne zu wissen, von welchem Orden es ausgehen sollte. Als sie eines Tages vor einem Kruzifix betete, das sie immer bei sich hatte, zeigte ihr unser Herr einen weißen Mantel, und so verstand sie, dass es von den Unbeschuhten Karmeliten sein sollte, wo ihr doch noch niemals zur Kenntnis gekommen war,

---

[60] Zu den Merzedariern siehe F 21,8 mit Anm. In Wirklichkeit war es das Kloster der Trinitarier in La Fuensanta, ein Marienheiligtum in Villanueva del Arzobispo (Jaén). Der Orden der Trinitarier ist ein vom hl. Johannes von Matha (1160-1213) und vom hl. Felix von Valois (1127-1212) 1193 ebenfalls zum Loskauf und Austausch christlicher Gefangener und Sklaven gegründeter Orden, ähnlich wie die Merzedarier.

[61] Ca. eineinhalb Kilometer.

[62] „Untergewand aus Wollstoff" ist von Teresa zwischen den Zeilen ergänzt.

dass es sie auf der Welt gäbe.[63] Damals waren erst zwei Klöster gegründet, das in Mancera und das in Pastrana.[64] Danach muss sie sich wohl erkundigt haben, und da sie erfuhr, dass es in Pastrana eines gab, und sie aus früheren Zeiten mit der Prinzessin Éboli, der Frau von Fürst Ruy Gómez, sehr befreundet war, der Pastrana gehörte, brach sie nach dorthin auf, um herauszufinden, wie dieses Kloster, das sie sich so sehr wünschte, gegründet werden könnte.

30. Dort im Kloster zu Pastrana, in der Kirche zum hl. Petrus – so heißt sie nämlich – nahm sie den Habit Unserer Lieben Frau,[65] allerdings nie in der Absicht, Ordensschwester zu werden oder Profess zu machen, denn sie neigte niemals dazu, Ordensschwester zu sein; da der Herr sie auf einem anderen Weg führte, meinte sie, dass man ihr über den Gehorsam die von ihr beabsichtigte Härte und Einsamkeit austreiben würde.[66] In Anwesenheit aller Brüder empfing sie den Habit Unserer Lieben Frau vom Karmel.

---

[63] Vgl. F 26,10, wo die künftige Karmelitin Beatriz de la Madre de Dios (Chaves) ebenfalls durch eine visionäre Erfahrung von der Existenz der Unbeschuhten Brüder und Schwestern Teresas erfährt. Auch hier ist wieder Einfluss der mittelalterlichen Heiligenlegenden zu vermuten.

[64] Nach Mancera de Abajo war der Konvent von Duruelo verlegt und am 11. Juni 1570 dort eingeweiht worden (F 14,9), Pastrana war am 10. Juli 1569 gegründet worden (F 17, 14f.).

[65] Das geschah am 6. Mai 1571 durch den Prior Baltasar de Jesús (siehe F 23,9) in Anwesenheit der Prinzessin Éboli.

[66] Durch die Blume kritisiert Teresa damit die Eigensinnigkeit der Cardona. Vgl. dazu ihren *Geistlichen Erfahrungsbericht* 20: *„Als ich einmal über die große Buße nachdachte, die Doña Catalina de Cardona vollbrachte, und wie ich entsprechend der Wünsche, die mir der Herr manchmal gibt, um sie zu verrichten, mehr hätte tun können, wenn es nicht wegen des Gehorsams gegenüber den Beichtvätern wäre, und ob es denn von jetzt an nicht besser wäre, ihnen in diesem Punkt nicht mehr zu gehorchen, sagte er mir: So nicht, Tochter; du folgst einem guten und sicheren Weg. Siehst du ihre ganze Buße, die sie vollbringt? Mehr schätze ich deinen Gehorsam"* (CC 20). Sehr klar zeigt sich hier Teresas innere Auseinandersetzung mit dem damals vorherrschenden Rigorismus-Ideal, dem auch manche ihrer Mitbrüder erlegen waren, die Catalina de Cardona mehr schätzten als die Gründerin. Siehe TyV 468f. Schon bald nach ihrem Tod sollten diese Kräfte in dem von ihr gegründeten Orden die Oberhand gewinnen.

31. Es befand sich auch Pater Mariano dort – über den ich in diesen Gründungen schon berichtet habe[67] –, und der mir selbst erzählt hat, dass ihn eine Aufhebung oder Verzückung[68] überkommen habe, so dass er ganz außer sich war, und als er so verweilte, habe er viele tote Brüder und Schwestern gesehen, die einen enthauptet, die anderen mit abgeschlagenen Beinen oder Armen, wie wenn sie zu Martyrern gemacht worden wären; denn das wird in dieser Vision zu verstehen gegeben. Dabei ist er kein Mann, der es sagen würde, wenn er es nicht gesehen hätte, noch ist sein Geist mit solchen Aufhebungen vertraut, da Gott ihn nicht auf einem solchen Weg führt. Bittet Gott, Schwestern, dass sich das bewahrheiten möge, und wir es in unseren Zeiten verdienen, ein solch großes Gut zu erleben und selbst zu ihnen zu gehören.

32. Von hier aus, also Pastrana, begann die heiligmäßige Cardona sich umzuschauen, wie das Kloster gegründet würde, und kehrte aus diesem Grund an den Hof zurück, von dem sie so gern weggegangen war. Das wird keine geringe Qual für sie gewesen sein, wo es für sie nicht an vielen Schwätzereien und Prüfungen gefehlt haben mag; denn als sie von zu Hause aufbrach, konnte sie sich der Leute nicht erwehren, und das überall, wo sie hinkam. Die einen schnitten ihr Stücke vom Habit ab, andere vom Mantel. Damals kam sie nach Toledo, wo sie bei unseren Schwestern weilte. Alle haben mir bestätigt, dass sie ganz stark nach Reliquien roch, ja, sogar von Habit und Gürtel – nachdem sie ihn abgelegt hatte, da man ihr einen anderen gegeben und ihn ihr weggenommen hatte – ging so ein Geruch aus, dass es angetan war, um unseren Herrn zu loben. Und je näher man zu ihr hinkam, desto stärker war er, wo doch die Kleider aufgrund der Hitze, die groß war, eher so hätten sein müssen, dass sie schlechten Geruch ausströmten. Ich weiß, dass sie nichts anderes sagen als nur die Wahrheit, und so verblieben sie in großer Verehrung.

---

[67] Siehe F 17,6-15.

[68] Zwei der Bezeichnungen, die Teresa immer wieder für ekstatische Zustände verwendet; vgl. F 4,8; 5,13; 28,36. Siehe ferner Anhang I.

33. Am Hof und anderswo gab man ihr, was sie zur Errichtung des Klosters brauchte, und nachdem die Erlaubnis da war, wurde es gegründet. Die Kirche richtete man dort ein, wo ihre Höhle gewesen war, während man für sie eine andere, abseits gelegene herrichtete, wo sie ein Grabdenkmal hatte und Tag und Nacht meistens dort war. Das ging für sie nicht mehr lange so, denn nachdem sie das Kloster dort errichtet hatte, lebte sie wegen ihres harten Lebensstils nur noch fünfeinhalb Jahre, und auch diese Lebensdauer kam einem übernatürlich vor. Ihr Tod war im Jahre 1577, so weit ich mich erinnere.[69] Man erwies ihr mit größter Feierlichkeit die letzten Ehren, denn ein vornehmer Mann mit Namen Fray Juan de León[70] hatte eine große Verehrung zu ihr und setzte sich dafür sehr ein. Sie ist nun vorübergehend in einer Kapelle Unserer Lieben Frau beigesetzt, zu der sie eine tiefe Verehrung hegte, bis eine größere als die jetzige erbaut ist, um dann ihren seligen Leichnam gebührend zu bestatten.

34. Die Verehrung, die man ihr in diesem Kloster entgegenbringt, ist groß, und es sieht so aus, als wäre sie dort und in der ganzen Umgebung noch anwesend, besonders wenn man die Einsamkeit und die Höhle sieht, in der sie lebte, bevor sie sich entschlossen hatte, das Kloster zu errichten. Man hat mir versichert, dass sie beim Anblick der Menschenmenge, die sie besuchen kam, so genervt und erschöpft war, dass sie sich woandershin begeben wollte, wo niemand etwas von ihr wusste; deshalb hatte sie sich nach dem Einsiedler erkundigt, der sie dorthin gebracht hatte, damit er sie dort wegholte, doch war er schon gestorben. Unser Herr, der beschlossen hatte, dass dort dieses Haus unserer Herrin[71] entstehen sollte, gab ihr keine Gelegenheit, von dort wegzugehen; denn ich weiß, wie ich ge-

---

[69] Sie starb am 11. Mai 1577.

[70] Gracián strich „Fray" durch, ersetzte es durch „Don" und vermerkte am Rand: „*Er ist kein Ordensbruder, doch wird er es wohl werden, da die Mutter ihn so nennt.*"

[71] Maria, der Mutter des Herrn.

sagt habe,[72] dass ihm da sehr gedient wird. Sie haben große Bereitschaft, und man sieht ihnen gut an, dass es ihnen gefällt, zurückgezogen von den Leuten zu leben, besonders dem Prior,[73] den Gott auch aus viel Annehmlichkeit herausgeholt hat, um sich diesen Habit anzulegen, und so hat er ihm reichlich vergolten, indem er sie zu spirituellen Leuten machte.[74]

35. Er erwies uns dort viel Liebe. Sie gaben uns für die Kirche der Neugründung von dem mit, was sie in ihrer eigenen hatten, denn da diese heiligmäßige Frau bei vielen hochgestellten Personen beliebt war, war die ihrige mit kirchlichen Ornamenten gut ausgestattet. Ich fühlte mich tief getröstet, als ich dort war, wiewohl auch sehr beschämt, was noch immer anhält. Ich sah nämlich, dass diejenige, die dort eine so harte Buße vollbracht hatte, eine Frau war wie ich, und aufgrund dessen, was sie war,[75] sogar noch zartbesaiteter, doch keine so große Sünderin wie ich. In diesem Punkt kann zwischen ihr und mir kein Vergleich gezogen werden, zumal ich von unserem Herrn auf vielerlei Weisen viel, viel größere Gnaden erhalten habe, die größte wohl die, dass ich angesichts meiner großen Sünden nicht schon in der Hölle bin. Nur der Wunsch, ihr nachzueifern, wenn ich das denn könnte, tröstet mich, allerdings nicht so sehr; denn mein ganzes Leben erschöpfte sich in Wünschen, und Werke vollbringe ich nicht. Es helfe mir Gottes Barmherzigkeit, auf den ich durch seinen heiligsten Sohn und die Jungfrau, unsere Herrin, immer vertraut habe, deren Habit ich durch die Güte des Herrn trage.[76]

---

[72] F 28,20.

[73] Gabriel de la Asunción, über den sie in F 28,11 gesprochen hatte.

[74] Evtl. mit ironisch-kritischem Unterton; vgl. ihre Stichelei gegen keinen Geringeren als Johannes vom Kreuz in der 1577 entstandenen Kleinschrift *Neckerei*: „*Gott verschone mich vor Leuten, die so geistlich sind, dass sie aus allem vollkommene Kontemplation machen wollen, komme, was da wolle*" (Ve 7).

[75] Eine Anspielung auf ihre Herkunft aus dem Hochadel.

[76] Hinter diesem, auch taktischem Bekenntnis steht auf jeden Fall Teresas tiefe Überzeugung, dass sie alles Gott verdankt und nicht immer entsprechend geantwortet hat, wie das in ihrem *Leben* immer wieder zum Ausdruck kommt. Daneben ist es streckenweise aber auch eine fromme Übertreibung, denn dass

36. Als ich eines Tages in jener heiligen Kirche kommuniziert hatte, überkam mich eine ganz starke Sammlung mit einer Aufhebung,[77] die mich ganz außer mich brachte. Dabei stellte sich mir diese Frau in einer intellektuellen Vision[78] dar mit dem verherrlichten Leib und einigen Engeln bei ihr. Sie sagte mir, dass ich nicht müde werden, sondern mich bemühen sollte, mit diesen Gründungen weiterzumachen. Ich verstehe dass so, auch wenn sie es nicht andeutete, dass sie mir vor Gott dabei helfen würde. Auch sagte sie mir noch etwas anderes, das aber hier nicht aufgeschrieben werden muss. Ich fühlte mich sehr getröstet und voller Sehnsucht, mich abzumühen. Ich hoffe auf die Güte des Herrn, dass ich ihm mit einer so guten Unterstützung wie diesen Gebeten ein bisschen werde dienen können.

Hier seht ihr, Schwestern, wie ihre Mühsale bereits zu Ende sind, und die Herrlichkeit, die sie genießt, ohne Ende sein wird. Strengen wir uns also um der Liebe unseres Herrn willen an, dieser unserer Schwester nachzufolgen. Indem wir uns selbst verabscheuen wie sie sich verabscheute,[79] werden wir unsere Tagesreise zu Ende bringen, da sie doch so schnell vorbeigeht und dann alles zu Ende ist.

37. Wir kamen am ersten Fastensonntag, dem Vortag von Petri Stuhlfeier, am Tag des hl. Barbatianus des Jahres 1580 in Villa-

sie viele Wünsche hatte, ist wahr (siehe F 1,6.7; 2,4), dass sie aber keine Werke vollbracht hätte, stimmt nicht; wer, wenn nicht sie? So richtig überzeugt war sie von den großen Bußwerken der Cardona nicht, wie CC 20 zeigt; vgl. dazu Anm. zu F 28,30.

[77] Ekstase; siehe Anm. zu F 28,31.

[78] Siehe Anm. zu F 20,7. Es verwundert, dass sie hier von einer intellektuellen Vision, also von einer nicht-bildhaften geistigen Einsicht spricht, obwohl die nachfolgende Beschreibung eher zu einer imaginativen (bildhaften) Vision passt.

[79] Teresa gebrauchte dieses Wort *aborrecer* auch, um die Haltung Jesu zu den Frauen auszudrücken, d.h. um zu sagen, was er gegenüber ihnen gerade *nicht* getan hat; siehe CE 4,1. Da ihrer Meinung nach der Kampf gegen „das Fleisch", also gegen den eingefleischten Egoismus, am schwersten ist, darf diese kräftige Ausdruckweise nicht verwundern.

nueva de la Jara an.[80] Nach am selben Tag wurde in der Kirche
der glorreichen hl. Anna bei der Hauptmesse das Allerheiligste
Sakrament eingesetzt.[81] Zu unserem Empfang waren der gesamte Rat und ein paar andere Leute mit dem Doktor Ervías uns
entgegengekommen; wir stiegen zunächst an der Kirche des
Dorfes ab, die von der Annakapelle ein ganzes Stück entfernt
ist. Es war die Freude des ganzen Dorfes so groß, dass es mir
großen Trost bedeutete, als ich sah, mit welcher Beglückung
sie den Orden der Allerseligsten Jungfrau, unserer Herrin, empfingen. Schon von weitem hörten wir das Anschlagen der Glocken. Nach dem Einzug in die Kirche setzten sie mit dem *Te
Deum*[82] ein, ein Vers mit Orgelbegleitung gesungen, der andere
von der Orgel gespielt. Danach stellten sie das Allerheiligste
Sakrament auf eine Trage und Unsere Liebe Frau auf eine andere, mit Kreuzen und Bannern. So zog die Prozession mit viel
Glanz ihren Weg. Wir, mit unseren weißen Mänteln und den
Schleiern vor den Gesichtern, gingen in der Mitte, neben dem
Allerheiligsten Sakrament, und zusammen mit uns unsere Unbeschuhten Brüder, die zahlreich aus ihrem Kloster gekommen
waren; auch die Franziskaner aus dem Franziskuskloster, das
es an diesem Ort gab, gingen mit, sowie auch ein Dominikaner, der gerade in diesem Ort war; auch wenn er allein war,
so machte es mir doch Freude, dort jenen Habit zu sehen.[83]
Da der Weg weit war, gab es viele Altäre. Manchmal hielten
sie inne und lasen Texte über unseren Orden, was uns große
Andacht bereitete, aber auch zu sehen, dass alle diesen großen
Gott priesen, der unter uns zugegen war, und um dessent-
willen man so viel Aufhebens von uns sieben armen Unbeschuhten Schwesterlein machte, die wir da mitgingen. Bei all
dem, was ich da bedachte, stieg große Beschämung in mir auf,

---

[80] Das war der 21. Februar 1580. Wie immer benutzt Teresa eine für eine sakralisierte Gesellschaft typische Datumsangabe. Barbatianus ist ein Märtyrer aus
dem 5. Jh. in Ravenna.

[81] Siehe dazu F 28,8.

[82] Siehe F 28,20 Anm.

[83] Dabei wird sie an die Dominikaner gedacht haben, die ihr in ihrem Leben geholfen haben; viele von ihnen hat sie in CC 53,11 erwähnt.

wenn ich daran dachte, dass ich darunter war, und dass sich alle gegen mich hätten wenden müssen, wenn es nach dem gegangen wäre, was ich verdient habe.

38. Ich habe euch über diese Ehrung, die man dem Habit der Jungfrau entgegenbrachte, so ausführlich berichtet, damit ihr unseren Herrn lobt und ihn anfleht, dass er sich dieser Gründung bedienen möge, denn es bereitet mir größere Zufriedenheit, wenn sie mit viel Prüfungen und Mühen vonstatten geht, und dann erzähle ich es euch auch mit mehr Lust. Wahr ist, dass diese Schwestern, die hier waren, sie fast sechs Jahre lang erlitten haben, zumindest fünfeinhalb, seit sie in dieses Haus der glorreichen hl. Anna eingezogen waren, neben der großen Armut und der Mühsal, die sie mit dem Erwerb des Essens hatten, da sie niemals um Almosen bitten wollten (der Grund dafür war, dass sie meinten, sie wären nicht deshalb dort, damit man ihnen zu essen gäbe), und bei der großen Buße, die sie übten, indem sie viel fasteten und wenig aßen, bei den schlechten Betten und dem kleinen Haus, was bei der strengen Zurückgezogenheit, die sie immer einhielten, eine große Mühsal war.

39. Die größte aber, die sie nach dem, was sie mir erzählten, gehabt hatten, war der riesengroße Wunsch, sich endlich im Habit zu sehen, und dieser quälte sie Tag und Nacht äußerst stark, da sie meinten, ihn wohl niemals zu sehen; deshalb bestand ihr ganzes Beten, normalerweise verbunden mit Tränen, darin, dass Gott ihnen diese Gnade erweisen möge. Und wenn sie sahen, dass es zu einer weiteren Verzögerung kam, waren sie extrem niedergeschlagen und vermehrten die Buße. Sie schränkten das Essen ein, um von dem, was sie verdienten, die Kuriere zu bezahlen, die zu mir abgingen, und um denen, die ihnen ein bisschen helfen konnten, ihren Dank zu zeigen, so weit sie das in ihrer Armut konnten. Ich verstehe gut, nachdem ich mit ihnen gesprochen und ihr heiligmäßiges Leben gesehen hatte, dass ihre Gebete und Tränen es ihnen verschafft haben, dass der Orden sie zuließ. Und so hielt ich es für einen viel größeren Schatz, dass in diesem Haus solche Seelen sind, als

wenn sie viel Rente hätten, und hoffe, dass das Haus sehr gute Fortschritte machen wird.

40. Als wir dann das Haus betraten, standen alle innen an der Tür, jede in ihrer Gewandung, denn so wie sie eingetreten waren, waren sie nun da, weil sie niemals das Gewand von Beatinnen[84] hatten anlegen wollen, sondern auf dieses[85] warteten, freilich war das, was sie anhatten recht sittsam. Es zeigte sich daran deutlich, dass sie sich wenig um sich sorgten, und entsprechend unordentlich waren sie auch hergerichtet, und dabei fast alle so ausgezehrt, dass ihnen das Leben harter Buße, das sie geführt hatten, deutlich anzusehen war.

41. Sie empfingen uns aus lauter Freude mit vielen Tränen, und es sah nicht danach aus, als seien sie vorgeheuchelt gewesen, ebenso wenig ihre große Tugend, die sie haben, in Freude, Demut und Gehorsam zur Priorin. Dabei wissen sie nicht, wie sie all denen, die zur Gründung gekommen sind, Gefälligkeiten erweisen können. Ihre ganze Furcht bestand darin, dass sie wieder gehen würden, wenn sie ihre Armut und das kleine Haus sähen. Keine hatte die Leitung gehabt, sondern es arbeitete jede ganz schwesterlich so gut sie konnte. Die beiden Ältesten erledigten das Geschäftliche, wenn es nötig war, die anderen sprachen mit niemandem, und wollten das auch nicht. Sie hatten keinen Schlüssel für die Tür, sondern einen Türbalken, und keine wagte es, zu ihr zu gehen, sondern nur die Älteste gab Antwort. Sie schliefen sehr wenig, um sich das Essen zu verdienen und keine Zeit für das Beten zu verlieren, das sie stundenlang ausdehnten, an Festen den ganzen Tag.

42. Sie richteten sich nach den Büchern von Fray Luis de Granada und Fray Pedro de Alcántara.[86] Die meiste Zeit beteten

---

[84] Fromme Frauen, die eine Art Klosterleben führten, ohne jedoch einem Orden anzugehören, vergleichbar den Beginen.

[85] Das der Karmelitinnen.

[86] Die Bücher dieser Autoren hat auch Teresa in ihren Konstitutionen empfohlen. Siehe Cs 8 mit Anm.

sie das Göttliche Offizium,[87] bei dem bisschen, das sie lesen konnten, denn nur eine liest gut, und dazu noch mit uneinheitlichen Brevieren.[88] Einige nach dem alten römischen Ritus[89] hatten sie von einigen Priestern bekommen, da sie sie nicht mehr benutzten, andere, so wie sie ihnen in die Hände fielen. Und da sie nicht lesen konnten, verbrachten sie damit viele Stunden. Sie verrichteten das aber so, dass sie von außen nicht gehört werden konnten. Gott wird ihre gute Meinung und ihre Mühe angenommen haben, denn viel Richtiges werden sie kaum gesagt haben. Als Pater Fray Antonio de Jesús mit ihnen in Verbindung kam, ließ er sie lediglich das Offizium Unserer Lieben Frau rezitieren.[90] Sie hatten ihren Ofen, in dem sie das Brot buken, und alles in einem solchen Einklang, wie wenn sie jemanden gehabt hätten, der ihnen Anordnungen gab.

43. Mich veranlasste das, Gott zu loben, und je länger ich bei ihnen weilte, desto mehr freute es mich, dass ich gekommen war. Mir schien, dass ich durch noch so viele Mühen, die ich hätte durchstehen müssen, mich nicht davon hätte abbringen lassen wollen, diese Seelen zu trösten. Und meine Begleiterinnen, die zurückblieben, sagten mir, dass es gleich in den ersten Tagen zwar manche Reiberei gab, dass sie aber, als sie sie näher kennen gelernt und ihre Tugend verstanden hatten, über-

---

[87] Das gemeinsame Stundengebet, das damals lateinisch gebetet wurde; zum Quasi-Analphabetismus der Frauen kam also erschwerend noch die unbekannte Sprache hinzu.

[88] Ein interessanter Hinweis auf die Bildungssituation, insbesondere der Frauen, und den Mangel an liturgischen Büchern.

[89] In Folge des Konzils von Trient (1545-1563) kam es auch zu einer Liturgiereform mit der Einführung eines neuen Messbuches und neuer Breviere (durch Pius V.). Das von Teresa benutzte Ordensbrevier ließ der Ordensgeneral Rossi 1568 in Venedig in Druck geben, bereits 1575 kam in Lyon ein neues heraus, ebenfalls im Auftrag Rossis. So war es leicht möglich, dass es verschiedenartige Breviere gab. (DST 92-95).

[90] Das der offiziellen Tagzeitenliturgie nachgestaltete, aber wesentlich kürzere und einfachere Marienoffizium wurde vielfach als eine Art Laienbrevier gebraucht, darum erscheint diese Entscheidung klug. Die Absicht war wohl, dass sie es durch häufiges Rezitieren auswendig lernten. Auch dieses vereinfachte Stundengebet wurde lateinisch gebetet; erst in der Neuzeit begannen manche neue Schwesterngemeinschaften, es auch muttersprachlich zu beten.

glücklich waren, bei ihnen zu bleiben und große Liebe zu ihnen empfanden. Großes vermag Heiligkeit und Tugend. Freilich
waren sie von der Art, dass sie mit der Gnade des Herrn alle
Schwierigkeiten und Mühen gut ertrugen, wiewohl sie viele davon zu ertragen hatten, denn sie haben den Wunsch, in seinem
Dienst zu leiden. Und die Schwester, die diesen Wunsch nicht
in sich spüren sollte, soll sich nicht für eine echte Unbeschuhte halten; denn wir sollen uns nicht danach sehnen, unsere
Ruhe zu haben, sondern danach zu leiden, um unseren wahren
Bräutigam ein bisschen nachzuahmen. Möge es Seiner Majestät
gefallen, uns dazu seine Gnade zu geben. Amen.

44. Wie es mit dieser Kapelle zur hl. Anna anfing, war folgen-
dermaßen: Es lebte hier, in diesem genannten Ort Villanueva
de la Jara, ein Kleriker aus Zamora, der ein Ordensbruder Unserer Lieben Frau vom Karmel gewesen war. Er war ein Verehrer der glorreichen hl. Anna.[91] Er hieß Diego de Guadalajara;
neben seinem Haus errichtete er diese Kapelle, und hatte somit
einen Ort, um der Messe beizuwohnen. Bei seiner großen Verehrung ging er nach Rom und brachte eine Bulle[92] mit vielen
Ablässen für diese Kirche oder Kapelle mit. Er war ein tugendhafter und zurückgezogener Mann. Als er starb, ordnete er in
seinem Testament an, dass dieses Haus und alles, was er besaß,
für ein Kloster von Schwestern Unserer Lieben Frau vom Berge
Karmel verwendet werden sollte, und falls das nicht ginge, ein
Kaplan dort sein sollte, der jede Woche einige Mal die Messe
feierte; die Verpflichtung zur Feier der Messe bestünde aber
nicht mehr, sobald das Kloster gegründet sei.

---

[91] Damit stand er ganz in der Tradition des Karmelordens, in dem die hl. Anna
eine besondere Verehrung gehabt hat.
[92] Ein päpstliches Schreiben, das in Rom gegen Geld erworben werden konnte,
in diesem Fall verbunden mit der Gewährung von Ablässen, die in dieser
Kapelle gewonnen werden konnten, was zwar oft mit Geldspenden, aber notwendigerweise auch mit Gebeten und Werken der Nächstenliebe verbunden
sein musste. Mit den Ablässen war die Vorstellung verbunden, dass durch das
Beten bestimmter vom Papst approbierter Gebete die sog. zeitlichen Sünden-
strafen – also die negativen Auswirkungen der Sünde, die trotz der Vergebung
noch weiterbestanden – getilgt wurden.

45. So lebte dort mehr als zwanzig Jahre ein Kaplan, der das Anwesen sehr herunterkommen ließ, denn diese jungen Frauen zogen zwar in das Haus ein, hatten aber nur das Haus.[93] Der Kaplan wohnte in einem anderen Haus, das zur selben Kaplanstelle gehörte, das er nun mit dem anderen, das recht wenig wert ist, abtreten wird; doch Gottes Barmherzigkeit ist so groß, dass er es nicht versäumen wird, das Haus seiner glorreichen Großmutter zu fördern. Möge es Seiner Majestät gefallen, dass ihr in ihm immer gedient werde, und mögen ihn alle Geschöpfe loben für immer und ewig. Amen.

[KAPITEL 29]

Jesus.

Es wird über die Gründung zum hl. Josef Unserer Lieben Frau von der Straße[1] in Palencia berichtet, die im Jahre 1580 stattfand, am Tag des Königs David.[2]

1. Nachdem ich von der Gründung in Villanueva de la Jara zurückgekommen war,[3] gab mir der Obere[4] den Auftrag, auf Bitten des Bischofs von Palencia, Don Álvaro de Mendoza,[5] nach Valladolid zu gehen. Er war es, der das erste Kloster San José in

---

[93] Gemeint ist ohne irgendwelche Einrichtungsgegenstände.

[1] *„Nuestra Señora de la Calle"*, eine Anspielung auf eine kleine Holzskulptur aus dem 15. Jahrhundert, die in Palencia in der gleichnamigen Wallfahrtskapelle bis heute verehrt wird; vgl. F 29,13. Zu dieser originellen Doppelwidmung siehe F 1,tít mit Anm.; 21,tít; 22,tít; 23,tít; 24,tít; 29,tít; 31,tít.

[2] Dem Titel geht das Christusanagramm JHS für ΙΗΣΟΥΣ – JESUS voraus. Der Tag des Königs David, einer der Lieblingsheiligen Teresas (siehe Es 8), war der 29. Dezember.

[3] Teresa war am 20. März 1580 von Villanueva de la Jara aufgebrochen und am 26. März in Toledo angekommen.

[4] Ángel de Salazar; siehe F 28,6 Anm.

[5] Don Álvaro de Mendoza, von 1560-1577 Bischof von Ávila (vgl. V 36,1), war ein großer Freund und Helfer Teresas. Im Jahre 1577 wurde er Bischof von Palencia. Er starb am 19. April 1586 in Valladolid, wurde aber als Zeichen seiner tiefen Verbundenheit mit Teresa und ihrem Gründungswerk in der Kirche des Klosters San José zu Ávila beigesetzt.

Ávila zugelassen und gefördert hat und der immer alles fördert, was diesen Orden anbelangt; und da er das Bischofsamt in Ávila abgegeben und nach Palencia gewechselt hatte, gab ihm unser Herr den Wunsch ein, dass in dieser Stadt ein weiteres Kloster dieses heiligen Ordens gegründet würde. Als ich in Valladolid ankam,[6] befiel mich aber eine so schwere Krankheit, dass man glaubte, ich würde sterben.[7] Ich war ganz lustlos und so daneben, dass ich meinte, ich könne überhaupt nichts tun; obwohl mich die Priorin unseres Klosters in Valladolid, die diese Gründung sehr wünschte, bedrängte,[8] konnte ich mich nicht dazu aufraffen, noch fand ich einen Ansatzpunkt; denn das Kloster sollte in Armut leben, doch man sagte mir, dass es sich nicht erhalten könnte, weil der Ort klein war.

2. Seit fast einem Jahr redete man davon, es zusammen mit dem in Burgos zu gründen, und anfangs war ich auch gar nicht so abgeneigt. Doch dann häuften sich die Nachteile, die ich fand, wo ich doch zu nichts anderem nach Valladolid gekommen war. Ich weiß nicht, ob es die schwere Krankheit und die daraus hervorgehende Schwäche war, oder der Böse, der das Gute, das später daraus entstanden ist, verhindern wollte. Wahr ist, dass mich das entsetzt und niedergeschlagen macht, so dass ich mich oftmals bei unserem Herrn beklage, wie sehr die arme Seele an der Krankheit des Leibes teilnimmt;[9] denn es sieht so aus, als hätte die Seele seine Gesetzmäßigkeiten zu befolgen, entsprechend dem, was seine Bedürfnisse und Umstände ihr vorkommen lassen.

3. Eine der großen Mühen und Armseligkeiten des Lebens ist es, glaube ich, wenn der Geist nicht so stark ist, dass er den

---

[6] Teresa kam am 8. August 1580 in Valladolid an.

[7] Teresa war das Opfer einer extrem starken Grippewelle *(„catarro universal")* geworden, die damals Spanien heimsuchte. Die Mutter des Johannes vom Kreuz starb daran. (U. Dobhan – R. Körner, *Johannes vom Kreuz*, 105f.)

[8] Priorin war Teresas Nichte, María Bautista Ocampo. Siehe V 32,10 mit Anm.

[9] Man beachte die ganzheitliche Sicht des Menschen, die hier zu Tage tritt. Ähnlich in V 11,15.

Leib bezwingt. Krank zu sein und große Schmerzen auszuhalten, bedeutet mir nämlich nichts, auch wenn es mühsam ist, sofern nur die Seele wach ist; denn dabei lobt sie immerzu Gott und bedenkt, dass es von seiner Hand kommt. Doch einerseits zu leiden, andererseits nichts zu tun, ist schrecklich, besonders wenn es sich um eine Seele handelt, die sich mit gewaltigen Wünschen danach gesehnt hat, nicht auszuruhen, weder innerlich noch äußerlich, sondern sich ganz und gar dem Dienst für ihren großen Gott hinzugeben. Es gibt da für sie kein anderes Heilmittel als Geduld und die Anerkennung ihrer Armseligkeit und die Überlassung an den Willen Gottes,[10] der sich ihrer bedienen möge, worin er will und wie er will.[11] In einer solchen Verfassung befand ich mich damals, wenn auch schon auf dem Weg der Besserung. Doch war die Schwachheit so groß, dass es mir sogar am Vertrauen auf Gott mangelte, das ich beim Angehen dieser Gründungen sonst immer hatte. Alles sah unmöglich aus, doch wenn ich damals jemand gehabt hätte, der mich ermutigt hätte, so hätte mir das großen Nutzen gebracht, aber die einen halfen mir, Angst zu haben, andere gaben mir zwar ein wenig Hoffnung, doch reichte das bei meinem Kleinmut nicht aus.[12]

4. Da kam zufällig ein Pater aus der Gesellschaft Jesu dort vorbei, mit Namen Magister Ripalda,[13] bei dem ich eine Zeitlang gebeichtet hatte, ein großer Diener Gottes. Ich erzählte ihm, wie es mir ging, und dass ich ihn an Stelle Gottes nehmen

---

[10] Das entspricht der teresianischen *humildad* – *Demut* als realistischer Einschätzung der eigenen Lage. Es spricht daraus nicht Fatalismus, sondern der Glaube, immer von Gott geliebt zu sein und sich auf ihn verlassen zu können, auch dann, wenn man diese Liebe und die von ihr vermittelte Kraft nicht zu verspüren meint. Vgl. auch MC 3,12.

[11] Die Maxime, dass Gott schenkt was, wem, wann und wie er will, kehrt bei Teresa immer wieder; vgl. V 21,9; 22,16; 34,11; 39,9f; 5M 1,12; 6M 4,12; 8,5; CE 27,2; 31,4; Ve 5. Man findet sie auch bei Johannes vom Kreuz (3S 42,3).

[12] Hinweise auf depressive Phasen gibt es bei Teresa immer wieder; siehe etwa auch ihre Verwirrung und Niedergeschlagenheit nach der Gründung von San José in Ávila (V 36,7ff.) oder auch nach der in Medina del Campo (F 3,10).

[13] Siehe zu ihm F pról 2. Ihm verdanken wir das *Buch der Gründungen*.

wollte, damit er mir sage, was ihm gut schien. Er begann, mich sehr zu ermutigen, und sagte mir, dass ich diese Feigheit hätte, weil ich älter würde. Ich sah jedoch gut, dass dem nicht so war, denn nun bin ich noch älter, und es geht mir nicht so, und auch er musste das wohl wissen, aber er wollte mich wohl zurechtweisen, damit ich nicht glaubte, dass es von Gott käme.[14] Es ging damals um die Gründung in Palencia zusammen mit der in Burgos, und ich hatte nichts, weder für die eine noch für die andere; aber das war es nicht, denn ich beginne sonst mit noch weniger. Er sagte mir, dass ich nicht davon ablassen sollte. Dasselbe hatte mir vor kurzem in Toledo ein Provinzial der Gesellschaft Jesu gesagt, der Baltasar Álvarez heißt;[15] aber damals ging es mir gut.

5. Doch reichte das nicht aus, um zu einem Entschluss zu kommen; auch wenn es mir viel bedeutete, gelangte ich noch nicht ganz zu einer Entscheidung. Es hielten mich nämlich, wie ich gesagt habe,[16] entweder der Böse oder die Krankheit nieder, doch ging es mir schon viel besser. Die Priorin von Valladolid half so gut sie konnte dazu, denn sie hatte großes Interesse an der Gründung in Palencia, doch da sie mich so lau erlebte, hatte auch sie Angst. Möge sie nun kommen, die wahre Wärme, denn dazu reichen weder die Leute noch die Diener Gottes aus,[17] woran man wieder einmal erkennt, dass nicht ich es bin, die bei diesen Gründungen etwas vollbringt, sondern er, der die Macht hat zu allem.[18]

6. Als ich eines Tages nach der Kommunion in diesen Zweifeln steckte und unentschlossen war, überhaupt eine Gründung an-

---

[14] Teresa lässt sich auch von diesem geschätzten Jesuiten ihre Überzeugung nicht einfach ausreden und nimmt ihn eigentlich nicht *„an Stelle Gottes"*.

[15] Er war kurz zuvor, am 25. Juli 1580 gestorben. Siehe zu ihm F 3,1 mit Anm.

[16] In F 29,10.

[17] Ein weiteres schönes Beispiel, wie Teresa mit der Diskriminierung und Bevormundung durch die Männer fertig wird: Wenn es wirklich kritisch wird, reicht auch ihre Hilfe nicht aus. Ähnlich in F 5,2.

[18] Diese Grundüberzeugung spornt sie bei ihren Gründungen an, ausgestattet mit Briefen und dem Auftrag des Ordensgenerals (F 2,1), so dass sie sich un-

zugehen, hatte ich unseren Herrn angefleht, mir Licht zu geben, damit ich in allem seinen Willen erfüllte, und dass meine Lauheit doch nicht so sei, dass es mir jemals im geringsten an diesem Wunsch mangele. Da sagte mir der Herr gewissermaßen tadelnd: *Was fürchtest du? Wann habe ich dir jemals gefehlt? Ich bin doch immer noch derselbe, der ich damals war; unterlass es nicht, diese beiden Klöster zu gründen.*

O großer Gott! Wie sind doch deine Worte anders als die der Menschen![19] Und so wurde ich entschlossen und ermutigt, so dass die ganze Welt nicht ausgereicht hätte, sich mir entgegenzustellen, und ich begann, Verhandlungen zu führen, während unser Herr begann, mir Mittel dazu zu geben.

7. Ich nahm zwei Schwestern mit, um ein Haus zu kaufen. Und obwohl sie mir sagten, dass es nicht möglich sei, in Palencia von Almosen zu leben, so war das soviel wie es mir nicht zu sagen, denn schon damals sah ich, dass es nicht anging, es mit festen Einkünften zu gründen, und da Gott sagte, dass man es gründen solle, würde Seine Majestät schon weitersehen. Und so entschloss ich mich zu gehen, auch wenn ich noch nicht gut

---

geachtet der Opfer der Gründungsaufgabe hingibt (F 3,4;18,5), auch wenn sie mitunter tiefe Mutlosigkeit verspürt (F 3.4.11; 29,1-6), und den Ordensgeneral gebeten hat, nicht weiter gründen zu müssen (F 27,20); denn es gibt keine Gründung ohne Mühsal (F 21,4; 24,15; 26,2; 27,17.21; 28,2; 29,31); sie fühlt sich *„untergeordnet, ohne einen einzigen Maravedí und ohne jemanden, der mich gefördert hätte"* (F 27,11), bemüht sich bei ihrer Ankunft um Vorsicht und Verschwiegenheit (F 3,6), ist besorgt, *„einen uns passenderen Standort auszusuchen",* ein *„eigenes Haus"* zu haben (F 21,2), Stroh zum Schlafen zu bekommen, *„denn das ist das erste, was ich bei der Gründung besorgte"* (F 19,4), lässt alles wohl geordnet zurück, *„ist bei der Mühe die erste"* (F 19,6) und ergreift bald Besitz (F 3,6). Die Reisen erfolgen *„unter großen Beschwernissen"* (F 18,4.5; 24,11; 27,3.4.17; 29,10; 31,16), *„in geschlossenen Wagen"* (F 24,5), *„immer mit Schleiern"* vor dem Gesicht (F 24,13; 28,37; 29,29). Vor der Gründung berät sie sich immer (F 27,15; 28,10; 29,20), nach der Gründung fällt ihr der Abschied von ihren Töchtern schwer, *„denn ich bin im Hinblick auf sie noch nicht frei"* (F 27,18), ist aber glücklich, wenn *„wir uns schließlich in der Klausur erleben, wo keine weltliche Person hineingehen darf"* (F 31,46). Bei all dem soll niemand ihr *„Ehre zuschreiben"* (F pról 4), denn *„es ist fast nichts, was wir Geschöpfe bei diesen Gründungen getan haben"* (F 13,7; vgl. F 1,6).

[19] Eine erneute Anspielung auf die Wirkkraft der innerlich vernommenen Worte; vgl. F 28,16 mit Anm.

beisammen und das Wetter schlecht war. Ich brach am Tag der Unschuldigen Kinder im genannten Jahr[20] von Valladolid auf, denn von Beginn des neuen Jahres an bis Johanni[21] hatte uns ein Herr von dort ein von ihm gemietetes Haus zur Verfügung gestellt, da er anderswohin gegangen war.[22]

8. Ich schrieb einem Domherrn dieser Stadt, den ich zwar nicht kannte,[23] von dem mir aber ein Freund von ihm gesagt hatte, dass er ein Diener Gottes sei, und in mir setzte sich die Meinung fest, dass er uns viel helfen müsste. Wie man bei den übrigen Gründungen gesehen hat, nimmt sich nämlich der Herr jemanden zur Seite, der ihm hilft, da Seine Majestät sieht, wie wenig ich tun kann. Ich schrieb ihm und bat ihn, dass er so heimlich wie möglich das Haus räumen lassen sollte, denn es war noch ein Bewohner da, dem er aber nicht sagen sollte, wozu das sei. Denn auch wenn einige wichtige Persönlichkeiten und selbst der Bischof ihre Bereitschaft bekundet hatten, so sah ich doch, dass es das Beste wäre, wenn man es nicht erführe.

9. Der Domherr Reinoso (denn so heißt der, dem ich schrieb) machte es so gut, dass er es nicht nur räumen ließ, sondern wir auch Betten und reichlich viel Annehmlichkeiten hatten, und das brauchten wir aber auch, denn die Kälte war schneidend und der Vortag war mühsam gewesen, mit starkem Nebel, so dass wir uns fast nicht sahen. Um die Wahrheit zu sagen, ruhten wir nur wenig aus, bis wir es so weit eingerichtet hatten, um anderntags die Messe zu feiern, denn noch bevor jemand etwas erfuhr, waren wir schon da. (Das, so habe ich herausgefunden, ist bei diesen Gründungen das Beste, denn wenn es in den Meinungskrieg hineingerät, dann stört der Böse alles, und auch wenn er nichts erreichen kann, so erzeugt er doch

---

[20] Am 28. Dezember 1580.
[21] Sie meint das Fest Johannes' des Täufers, das am 24. Juni gefeiert wird, also bis 24. Juni 1581.
[22] Das war der Domherr Serrano.
[23] Jerónimo Reinoso (1546-1600), der ein guter Freund Teresas werden sollte.

Unruhe.) So geschah es, denn gleich am Morgen, fast noch bei Sonnenaufgang, feierte ein Priester Namens Porras[24] die Messe, ein großer Diener Gottes, der mit uns gekommen war, so wie ein anderer Freund der Schwestern von Valladolid mit Namen Agustín de Vitoria,[25] der mir für die Einrichtung des Hauses Geld geliehen und mir auf der Reise sehr liebenswürdig zur Seite stand.[26]

10. Wir waren mit mir fünf Schwestern und eine Begleiterin,[27] die schon seit geraumer Zeit[28] bei mir ist, eine Laienschwester, aber eine große Dienerin Gottes und klug, so dass sie mich mehr unterstützen kann als andere, die Chorschwestern sind. In jener Nacht schliefen wir wenig, obwohl die Reise wegen des vielen Regens beschwerlich gewesen war, wie ich sage.

11. Es gefiel mir sehr, dass die Gründung an jenem Tag gemacht wurde, weil da das Offizium[29] des Königs David traf, dessen Verehrerin ich bin.[30] Gleich am Morgen ließ ich es dem Durchlauchtigsten Bischof ausrichten,[31] der nicht wusste, dass ich an jenem Tag käme. Er kam sofort, äußerst liebenswürdig, wie er es zu uns immer war. Er sagte, dass er uns alles gäbe, was wir zum Essen bräuchten, und wies seinen Verwalter an, uns mit vielem zu versorgen. Es ist so viel, was dieser Orden ihm verdankt, dass jeder, der von diesen seinen Gründungen

---

[24] Diego Porras (oder Porres), der Beichtvater der Karmelitinnen in Valladolid.

[25] Ein Kaufmann in Valladolid und besonderer Wohltäter der Karmelitinnen. Eine Tochter von ihm, María de San Agustín, trat in das dortige Kloster ein.

[26] Auch P. Gracián begleitete Teresa von Valladolid nach Palencia.

[27] Inés de Jesús Tapia, eine Nichte Teresas, Catalina del Espíritu Santo, María de San Bernardo, Juana de San Francisco; die Begleiterin ist Ana de San Bartolomé (die sel. Anna vom hl. Bartholomäus), die seit Heiligabend 1577, als sich Teresa den linken Arm brach, ihre Krankenschwester und mitunter Sekretärin war.

[28] *Ha días* (wörtlich: „seit Tagen"), womit jedoch nicht ein paar wenige Tage, sondern eine beträchtliche Zeitspanne gemeint ist. Zum ersten Mal hatte Ana de San Bartolomé Teresa bereits im Dezember 1574 nach Valladolid und Medina del Campo begleitet.

[29] Stundengebet.

[30] Am 29. Dezember 1580. Siehe Anm. zu F 28,tít.

[31] Don Álvaro de Mendoza.

lesen sollte, verpflichtet ist, ihn unserem Herrn zu empfehlen, ob er noch lebe oder schon tot sei, und deshalb bitte ich aus Nächstenliebe darum. Die Freude, die die Leute zeigten, war so groß und so allgemein, dass es etwas ganz Besonderes war, denn es gab niemanden, dem es unpassend schien. Viel machte es aus zu wissen, dass es der Bischof wollte, da er dort sehr beliebt ist. Doch alle Leute dort sind von der besten Art und Großmut, die ich erlebt habe, und so freue mich jeden Tag mehr, dort gegründet zu haben.

12. Da uns das Haus nicht gehörte, begannen wir bald zu verhandeln, um ein anderes zu kaufen; jenes stand zwar zum Kauf an, aber es war sehr ungünstig gelegen. Mit der Unterstützung,[32] die ich von den Schwestern hatte, die kommen sollten, schien es, als könnten wir schon über etwas verhandeln, denn auch wenn es wenig war, für dort war es viel. Doch wenn Gott uns nicht die guten Freunde gegeben hätte, die er uns gab, wäre alles umsonst gewesen. Der gute Domherr Reinoso brachte nämlich einen anderen seiner Freunde mit, den Domherrn Salinas,[33] mit einem großen Herzen und klarem Verstand, und beide zeigten eine so große Sorge, wie wenn es für sie selbst gewesen wäre, ja ich glaube noch mehr; denn sie haben sie für dieses Haus immer gehabt.

13. Es gibt in dem Ort ein Haus zu Unserer Lieben Frau, dem viel Verehrung entgegengebracht wird, eine Art Wallfahrtskapelle, genannt Unsere Liebe Frau von der Straße. In der ganzen Gemarkung und Stadt ist die Verehrung, die ihr zuteil wird, groß, und die Leute kommen in Scharen dorthin. Es schien Seiner Herrschaft[34] und allen gut, dass wir recht nahe bei dieser Kirche wären. Es gehörte kein Haus zu ihr, aber es standen zwei daneben, die man kaufen könnte, und die zusammen mit der Kirche für uns ausreichend wären. Diese müsste uns das

---

[32] Sie meint die Mitgift, die für den Häuserkauf verwendet werden sollte.

[33] Martín Alonso Salinas, gebürtig aus Burgos, ein großer Freund Teresas.

[34] Gemeint ist der Bischof Álvaro de Mendoza; dieser Titel stand ihm aufgrund seiner Zugehörigkeit zum Hochadel zu.

Kapitel und einige Mitglieder einer Bruderschaft von dort[35] geben, und so begann man, sie zu besorgen. Das Kapitel trat sie uns gleich als Geschenk ab, und wenn es auch zunächst schwierig war, mit der Bruderschaft zu einer Verständigung zu kommen, so ließen sie es doch auch gut sein; denn wie ich gesagt habe,[36] wenn ich je in meinem Leben tugendhafte Leute gesehen habe, so sind es die von diesem Ort.

14. Da die Besitzer der Häuser merkten, dass wir daran interessiert waren, ließen sie sie höher schätzen, und mit Recht. Ich wollte sie mir anschauen, aber sie erschienen mir und denen, die bei mir waren, so schlecht, dass ich sie auf keinen Fall wollte. Nachher sah man klar, dass der Böse da eifrig mitgemischt hat, denn es passte ihm nicht, dass wir da hingingen. Die beiden Domherren, die sich darauf eingelassen hatten, meinten, dass sie wohl weit von der Hauptkirche entfernt lägen, was wahr ist, dafür aber im bevölkerungsreichsten Teil der Stadt. Am Ende entschieden wir uns alle, dass dieses Haus nicht passend sei, und man ein anderes suchen sollte. Die beiden Domherren machten sich mit so viel Sorge und Umsicht daran, ohne dabei irgendetwas zu übersehen, was ihrer Meinung nach zweckmäßig sein könnte, dass ich unseren Herrn nur loben konnte. Sie fanden ihren Gefallen an einem, das jemandem mit Namen Tamayo[37] gehörte. In mancherlei Hinsicht war es sehr geeignet und entsprach uns gut, zudem in der Nähe des Hauses eines vornehmen Adeligen mit Namen Suero de Vega,[38] der uns sehr fördert und es sehr gern gesehen hät-

---

[35] *Cofrades*, die Mitglieder einer *cofradía*; gemeint sind die Bruderschaften, die bei den Prozessionen für die Vorbereitung der Prozessionswagen zuständig sind; die dabei mitgetragenen Figuren wurden meist in diesen Wallfahrtskapellen aufbewahrt. Daneben nahmen die Bruderschaften allerdings oft auch soziale Aufgaben wahr, indem sie sich etwa um ausgesetzte Kinder kümmerten. Siehe dazu F 20,4 mit Anm. und F 31,27.

[36] Siehe F 29,11 und F 29,27.

[37] Sebastián Tamayo, ebenfalls ein Domherr.

[38] Ein Sohn des Vizekönigs von Navarra und Sizilien und Präsident des Kronrates. Einer seiner Söhne war mit dem Namen Juan de la Madre de Dios Unbeschuhter Karmelit.

te, dass wir dort hingingen, wie andere Leute aus dem Viertel auch.

15. Dieses Haus reichte zwar nicht aus, doch man bot mit ihm ein anderes an, dass allerdings nicht so war, dass wir es uns mit beiden gut hätten einrichten können. Schließlich wünschte ich aufgrund der Nachrichten, die man mir von ihm brachte, dass man es so mache, aber die beiden Herren wollten nicht, ohne dass ich es vorher angeschaut hätte. Doch bin ich es so leid, unter die Leute zu gehen, und vertraute ihnen so sehr, dass da nichts zu machen war. Schließlich ging ich aber doch hin und auch zu denen Unserer Lieben Frau, allerdings nicht mit der Absicht, sie zu kaufen, sondern damit der mit dem anderen Haus nicht glaubte, wir hätten nichts anderes in Aussicht als nur seines. Dabei kam es mir und auch den Schwestern, die mitgegangen waren, so schlecht vor, wie ich gesagt habe,[39] dass wir jetzt ganz verwundert sind, wie es auf uns einen so schlechten Eindruck hat machen können. Danach gingen wir zum anderen Haus, bereits entschlossen, dass es kein anderes als dieses sein sollte. Und obwohl wir reichlich Schwierigkeiten vorfanden, schauten wir darüber hinweg, auch wenn sie nur schlecht zu überwinden gewesen wären; denn um dort eine Kirche einzurichten, und noch nicht einmal eine gute, hätte man alles, was zum Wohnen geeignet war, einreißen müssen.

16. Es ist etwas Seltsames, wenn man mit einer bereits getroffenen Entscheidung an etwas herangeht. Wirklich, das Leben hat mir beigebracht, mich wenig auf mich selbst zu verlassen, obwohl ich da nicht die einzige gewesen bin, die getäuscht wurde. So waren wir schließlich entschlossen, dass es kein anderes werden sollte, und ihm zu geben, was er verlangt hatte, was viel war, und ihm zu schreiben, da er nicht in der Stadt, sondern im Umland wohnte.

---

[39] F 29,14.

17. Es mag unangebracht erscheinen, dass ich mich so lange mit dem Kauf des Hauses aufgehalten habe, doch nur so lange man nicht die Absicht sieht, die der Böse gehabt haben muss, dass wir nicht zum Haus Unserer Lieben Frau gingen, so dass mir jedes Mal angst und bange wird, wenn ich daran denke.

18. Nachdem wir alle, wie gesagt,[40] entschlossen waren, nicht das andere zu kaufen, stieg in mir am nächsten Tag bei der Messe eine große Sorge hoch, ob ich wohl richtig handelte, zusammen mit einer Unruhe, die mich fast während der ganzen Messe nicht ruhig werden ließ. Ich ging zum Kommunizieren und gleich, als ich das Allerheiligste Sakrament empfing, verstand ich folgende Worte: *Dieses passt für dich* – und zwar derart, dass es mich völlig umstimmte, um nicht das zu nehmen, das ich dachte, sondern das Unserer Lieben Frau.

Anfangs schien mir das eine schwierige Sache bei einem bereits ausgehandelten Geschäft, zumal diejenigen, die mit so großer Umsicht darauf geschaut hatten, es so gern gesehen hatten. Da antwortete mir der Herr: *Sie verstehen nicht, wie sehr ich dort beleidigt werde, und das wird Abhilfe bringen.* Es kam mir in den Sinn, ob es nicht vielleicht eine Täuschung sei, obwohl ich es nicht glaubte, denn ich spürte an der Wirkung, die es in mir hervorrief, dass es Gottes Geist war. Sofort sagte er zu mir: *Ich bin es.*[41]

19. Ich wurde ganz ruhig, und die Verwirrung, die ich vorher hatte, verschwand, auch wenn ich noch nicht wusste, wie ich das Geschehene rückgängig machen sollte, ebenso wenig das, was ich über dieses Haus bereits an Abträglichem gesagt hatte, auch gegenüber meinen Schwestern, bei denen ich betont hatte, wie schlecht es wäre, und dass ich nicht gewollt hätte, dass wir dort hingingen, um es wegen nichts anzuschauen. Daran

---

[40] In F 29,15f.
[41] Zur Verbindung zwischen den innerlich vernommenen Worten und dem Kommunionempfang vgl. auch F 28,15 mit Anm. Man beachte ferner, dass Teresa erneut die Wirkmacht der Worte als Kriterium für deren göttlichen Ursprung hervorhebt.

lag mir zwar nicht so viel, denn ich wusste, dass sie für gut halten würden, was ich machte, doch lag mir an den anderen, die
es gewünscht hatten. Ich dachte mir, sie würden mich für an-
maßend und wankelmütig halten, da ich so schnell meine Meinung änderte, etwas, was ich sehr verabscheue. Doch all das
waren keine Argumente, die mich viel oder wenig dazu bewegt
hätten, vom Einzug in das Haus Unserer Lieben Frau abzusehen, noch stand mir vor Augen, dass es in keinem guten Zustand war, denn angesichts dessen, dass die Schwestern eine
lässliche Sünde verhinderten,[42] war alles andere von wenig
Bedeutung, und jede von ihnen würde meiner Meinung nach
genauso denken, wenn sie wüsste, was ich weiß.

20. Ich fand diesen Ausweg: Ich ging zum Domherrn Reinoso
zum Beichten, der einer von den beiden war, die mir halfen,
obwohl ich ihn bisher nicht in die diesbezüglichen geistlichen
Angelegenheiten eingeweiht hatte, da es noch keinen Anlass
gegeben hatte, der dass nötig gemacht hätte. Und da ich in diesen Dingen, um sicherer zu gehen, immer zu tun pflege, was
mir der Beichtvater rät, entschloss ich mich, es ihm unter dem
Siegel der Verschwiegenheit zu sagen, obwohl ich mich noch
nicht hatte entschließen können, von dem, was ich verstanden
hatte, Abstand zu nehmen, ohne dass mir das sehr schwer gefallen wäre. Doch letztlich hätte ich es getan; denn ich traue
unserem Herrn zu, was ich bei anderen Gelegenheiten erlebt
habe: dass er die Meinung des Beichtvaters, falls sie anders lau-
ten sollte, schon ändert, damit dieser tut, was er will.[43]

21. Ich erzählte ihm zuerst, wie oft mich unser Herr auf diese
Weise zu unterweisen pflegte, und dass man bisher vieles erlebt
hatte, woran man klar erkannte, dass es sein Geist sei, und
dann erzählte ich ihm, was geschehen war, aber dass ich täte,
was ihm gut schien, auch wenn es schmerzhaft für mich wäre.

---

[42] Damit bezieht sie sich auf die Ansprache des Herrn, der ihr gesagt hatte, dass
er in diesem Haus sehr beleidigt würde.
[43] Ähnlich in F 17,4 (mit Anm.).

Er ist sehr verständig und fromm und gibt in jeder Hinsicht gute Ratschläge, wiewohl er noch jung ist.[44] Obwohl er sah, dass es bekannt werden würde, konnte er sich nicht entschließen, dass unterlassen werden müsste, was mir zu verstehen gegeben worden war. Ich sagte ihm, dass wir den Kurier abwarten sollten,[45] und das schien ihm gut, während ich auf Gott vertraute, dass er es schon richten würde. Und so war es auch, denn nachdem wir ihm gegeben hatten, was er wollte und erbeten hatte, verlangte er noch dreihundert Dukaten mehr, was mir als ein Unding vorkam, denn man hatte ihm schon zu viel bezahlt. Daran ersahen wir, dass Gott es so fügte, denn für ihn wäre es ein sehr guter Verkauf gewesen, doch mehr zu verlangen, nachdem schon alles abgesprochen war, das hatte keinen Sinn.

22. Damit war uns zwar schon sehr geholfen, weil wir ihm nun sagten, dass wir mit ihm niemals zu einem Abschluss kämen, aber eben noch nicht ganz. Denn es war klar, dass man wegen dreihundert Dukaten kein Haus fallen lassen würde, das für ein Kloster geeignet schien. Ich sagte meinem Beichtvater, dass er sich aus meinem guten Ruf nichts machen sollte, da auch er der Meinung sei, dass es geschehen solle; er solle zu seinem Gefährten sagen, dass ich dazu entschlossen sei, das Haus Unserer Lieben Frau zu kaufen, ob teuer oder billig, in gutem oder in schlechtem Zustand. Dieser verfügt über einen äußerst lebendigen Scharfsinn, und obwohl man ihm nichts sagte, glaube ich, dass er sich seinen Teil dachte, als er den plötzlichen Meinungswandel sah, und so drang er deswegen nicht weiter in mich ein.

23. Hinterher haben wir alle den großen Fehler gesehen, den wir begangen hätten, wenn wir das andere Haus gekauft hätten, denn jetzt wundern wir uns über die großen Vorteile, die das jetzige bietet, ganz abgesehen vom wichtigsten, da man

---

[44] Geboren 1546, war der Domherr damals 35 Jahre alt.
[45] Dieser brachte das Antwortschreiben des Besitzers von dem ersten Haus, das Teresa in Betracht gezogen hatte; siehe F 29,16.

nämlich gut merkt, dass dort unserem Herrn und seiner glorreichen Mutter gedient wird und viele Gelegenheiten[46] ausgeschaltet werden. Denn es gab dort viele Vigilfeiern,[47] wo vieles geschehen konnte, dessen Abschaffung dem Bösen leid tat, da es nur eine Wallfahrtskapelle war, während wir uns nun freuen, unserer Mutter und Herrin und Patronin[48] ein bisschen dienen zu können. Es war ein großer Fehler, es nicht schon früher gemacht zu haben, denn wir hätten nicht herumschauen sollen. Da sieht man nun klar, dass der Böse uns für vieles blind gemacht hatte; denn es gibt dort viele Annehmlichkeiten, die andernorts nicht zu finden sind, und riesige Freude bei allen Leuten, die sich das gewünscht hatten; und selbst denen, die wollten, dass wir ins andere Haus gingen, erschien es hinterher sehr gut so.

24. Gepriesen sei für immer und ewig, der mir hierin Licht gab. Er ist es auch, der es mir schenkt, wann immer ich in etwas das Richtige treffe, denn jeden Tag erstaunt es mich mehr, wie wenig Begabung ich bei allem habe. Und das möge man nicht als Demut missverstehen, sondern jeden Tag sehe ich es mehr: Es sieht so aus, als wolle unser Herr, dass ich und alle erkennen, dass es nur Seine Majestät ist, die diese Werke vollbringt, und dass er so, wie er dem Blinden mit Schlamm das Augenlicht gab,[49] möchte, dass jemand so Blindes wie ich etwas vollbringe, was nichts Blindes ist. Gewiss hat es, wie ich sagte,[50] dabei Dinge von großer Blindheit gegeben, und jedes Mal, wenn ich daran denke, möchte ich unseren Herrn von neuem dafür loben, doch noch nicht einmal dazu tauge ich, noch weiß ich, wie er mich erträgt. Gepriesen sei sein Erbarmen. Amen.

---

[46] *Ocasiones – Gelegenheiten* ist ein Fachausdruck in der Moraltheologie, wo man *occasiones remotae* (entfernte Gelegenheiten) und *occasiones proximae* (nächste Gelegenheiten) zur Sünde unterschied, die mit angemessener Konsequenz zu vermeiden sind, um nicht schuldig zu werden.
[47] Nächtliche Feiern zur Vorbereitung eines großen Festes.
[48] Die traditionellen Titel, die Maria bereits in der Frühzeit des Ordens erhalten hat. Es fehlt noch der Titel „Schwester".
[49] Joh 9,6f.
[50] In F 29,14f.23.

25. Bald schon beeilten sich diese heiligmäßigen Freunde Unserer Lieben Frau, wegen der Häuser zu verhandeln, und meiner Meinung nach gab man sie ihnen billig. Sie mühten sich redlich, denn bei jeder dieser Gründungen möchte Gott, dass diejenigen, die uns helfen, Verdienste sammeln, während ich diejenige bin, die nichts tut, wie ich anderweitig schon gesagt habe,[51] und niemals aufhören möchte, das zu sagen, da es die Wahrheit ist. Denn es war schon sehr viel, wie sie sich abplagten, um das Haus einzurichten und außerdem Gelder dafür bereitzustellen, da ich nämlich keines hatte, und dazu noch für es zu bürgen. Denn bevor ich in anderen Gegenden einen Bürgen finde, und das nicht einmal für eine solche Summe, bin ich schon ganz ratlos. Sie haben recht, wenn sie sich nur auf unseren Herrn verlassen, denn ich habe keinen Pfennig.[52] Doch Seine Majestät hat mir immer eine so große Gnade erwiesen, dass sie nie Verlust erlitten haben, weil sie für mich gebürgt hatten, noch versäumte man es, sehr gut zurückzuzahlen, was ich für die größte Gnade halte.

26. Da die Hausbesitzer mit den beiden als Bürgen nicht einverstanden waren, wandten sich diese an den Verwalter mit Namen Prudencio, weiß aber nicht, ob ich mich richtig erinnere; so sagt man mir heute, denn da wir ihn immer nur Verwalter nannten, wusste ich seinen Namen nicht.[53] Es ist so liebenswürdig zu uns, dass es viel ist, was wir ihm verdankten und noch verdanken. Er fragte sie, wo sie denn hingingen, worauf sie sagten, dass sie ihn suchten, damit er jene Bürgschaft unterschreibe. Er lachte und sagte: „Für eine solche Unmenge Geld soll ich bürgen, und das sagt ihr mir mal eben so?" Und sogleich unterschrieb er von seinem Lasttier aus, was in solchen Zeiten wie den heutigen bedenkenswert ist.

---

51 Z. B. in F 28,35.
52 *Blanca*, eine Münze von ganz geringem Wert.
53 Der Domherr Prudencio Armentia, der seit 24. Juni 1580 der Verwalter des Bischofs war. Siehe F 29,11.

27. Ich möchte es nicht unterlassen, ein Loblied auf die Liebe zu singen, die ich in Palencia gefunden habe, persönlich, aber auch allgemein. Es ist wahr, dass es mir vorkam wie in der Urkirche, zumindest ist es heute in der Welt nicht sehr häufig, dass sie es nicht nur nicht verhinderten, als sie sahen, dass wir keine festen Einkünfte hatten und sie uns also mit Essen zu versorgen hätten, sondern sogar sagten, dass Gott ihnen eine ganz große Gnade erwiesen habe. Bei Licht betrachtet, sagten sie die Wahrheit; auch wenn es nichts anderes wäre als dass es eine Kirche mehr gibt, wo das Allerheiligste Sakrament ist, so wäre das schon viel.[54]

28. Er sei für immer gepriesen. Amen! Allmählich versteht man gut, dass dem Herrn damit gedient ist, dass die Gründung hier ist, und dass es da so manch Unschickliches gegeben haben muss, was es jetzt nicht mehr gibt; denn da viele Leute zu den Nachtwachen kamen und die Wallfahrtskapelle abseits stand, gingen nicht alle aus Gründen der Frömmigkeit dorthin. Das wird aber allmählich besser. Die Statue Unserer Lieben Frau war sehr nachlässig aufgestellt. Bischof Don Álvaro de Mendoza hat für sie eine Kapelle errichten lassen, und nach und nach geschieht zu Ruhm und Ehre dieser glorreichen Jungfrau und ihres Sohnes immer mehr. Er sei für immer gepriesen. Amen. Amen!

29. Nachdem das Haus zum Zeitpunkt des Umzug der Schwestern dorthin soweit eingerichtet war, wollte der Bischof diesen zu einem großen Fest machen. Und so geschah es, dass er an einem Tag in der Oktav des Allerheiligsten Sakramentes[55] eigens von Valladolid gekommen ist und sich mit den Orden

---

[54] Eine Bemerkung, die man vor dem Hintergrund der Schreckensmeldungen über die Profanierung des Altarsakramentes durch die Anhänger der Reformation lesen muss. Teresa reiht sich ein in die damals in Spanien gerade entstehende Gegenbewegung einer betont eucharistischen Frömmigkeit, die dann auch ihren Niederschlag in den typischen *autos sacramentales* (einaktige eucharistische Mysterienspiele) finden sollte.

[55] Es war der 26. Mai 1581, in der Woche nach Fronleichnam.

und fast dem gesamten Ort dem Domkapitel angeschlossen hat.
Mit viel Musik. Wir zogen von dem Haus aus, in dem wir alle
waren, mit unseren weißen Mänteln und dem Schleier vor dem
Gesicht in Prozession zu einer Pfarrkirche, die in der Nähe des
Hauses Unserer Lieben Frau war, wobei ihre Statue auch mit
uns zog, und nahmen von dort dass Allerheiligste Sakrament
mit, das mit großer Feierlichkeit und Ordnung in der Kirche
eingesetzt wurde. Es gingen noch mehr Schwestern mit, die be-
reits für die Gründung in Soria dorthin gekommen waren, mit
Kerzen in den Händen. Ich glaube, dass der Herr dort an jenem
Tag sehr gepriesen wurde. Möge es ihm gefallen, dass dies von
Seiten aller Geschöpfe immer so sei. Amen. Amen.

30. Als ich in Palencia war, hat es Gott gefallen, dass die Trennung der Unbeschuhten von den Beschuhten durchgeführt worden ist, indem eine eigene Provinz errichtet wurde,[56] was wir
uns für unseren Frieden und unsere Ruhe alle gewünscht hatten. Auf Bitten unseres Katholischen Königs Don Felipe[57] hatte
man aus Rom ein sehr ausführliches Breve besorgt, und Seine
Majestät förderte uns für diesen Zweck sehr, wie er es von Anfang an getan hatte.[58] In Alcalá wurde durch einen Hochwürdigen Pater mit Namen Fray Juan de las Cuevas, der damals Prior
in Talavera war, ein Kapitel abgehalten.[59] Er ist aus dem Orden
des heiligen Dominikus und wurde dazu von Rom bestimmt,
nachdem er von Seiner Majestät dazu ernannt worden war,
ein heiligmäßiger und kluger Mann, wie es für so etwas nötig
war.[60] Die Kosten dafür hatte der König übernommen und auf

---

[56] Das Breve *Pia consideratione* von Gregor XIII. war am 22. Juni 1580 ausgestellt
worden.

[57] Siehe zu diesem Titel F 28,6 Anm.

[58] Vgl. F 28,6 mit Anm. Philipp II. unterstützte Teresas Reform von Anfang an
nach Kräften, da sie sich sehr gut in seine eigene nationalpolitische kirchliche
Reformpolitik (*„la reforma del Rey – die Reform des Königs"*) einfügte, mit der
er den Einfluss Roms auf seine Untertanen zu begrenzen versuchte.

[59] Es begann am 3. März 1581.

[60] Juan de las Cuevas OP, 1524-1599, bekleidete verschiedene Ämter in seinem
Orden, errichtete auf dem Kapitel von Alcalá die Provinz der Unbeschuhten
und promulgierte deren Konstitutionen; von 1596-1599 war er Bischof von
Ávila.

seine Anordnung hin förderte uns die ganze Universität. Es fand unter großem Frieden und in Eintracht im Kolleg der Unbeschuhten zum hl. Cyrillus[61] statt, das es dort von uns gibt.[62] Zum Provinzial wählten sie den Pater Magister Fray Jerónimo Gracián de la Madre de Dios.[63]

31. Da diese Patres an anderer Stelle darüber schreiben werden, wie es vor sich ging, gibt es keinen Grund, dass ich darüber berichte. Ich habe es gesagt, weil unser Herr, als ich gerade bei dieser Gründung weilte, eine so wichtige Angelegenheit zur Ehre und zum Ruhm seiner glorreichen Mutter als unserer Herrin und Patronin – es betrifft ja ihren Orden – abgeschlossen hat, und weil dies für mich eine der großen Freuden und Glücksmomente ist, die ich in diesem Leben empfangen konnte. Es würde nämlich lang dauern, wenn ich über das, was ich in mehr als 25 Jahren an Mühsalen und Verfolgungen ausgestanden habe, erzählen würde; das kann nur unser Herr verstehen. Außer einem, der die Mühen kennt, die ausgestanden wurden, kann niemand die Freude nachempfinden, die mein Herz erfüllte, als ich es nun abgeschlossen sah, sowie den Wunsch, den ich hatte, dass alle Welt unseren Herrn lobpreisen und ihm unseren heiligmäßigen König Don Felipe empfehlen sollte, durch dessen Vermittlung Gott alles zu einem guten Ende gebracht hatte. Der Böse hatte sich ja schon ins Zeug gelegt, und es wäre alles daneben gegangen, wenn da nicht der König gewesen wäre.[64]

---

[61] Der Kirchenlehrer Cyrillus von Alexandrien, gestorben 444.

[62] Das Studienkolleg in Alcalá de Henares, dessen erster Rektor Johannes vom Kreuz war, wurde 1570 gegründet. Teresa war allerdings nicht dabei, doch sagt sie selbstbewusst: *„das es dort von uns gibt."*

[63] Am 4. März 1581 wurde Jerónimo Gracián zum Provinzial gewählt, Johannes vom Kreuz wurde einer der Definitoren (Berater).

[64] Die „Unbeschuhten" wussten es dem König zu danken, denn der Orden in Spanien *„hielt bis zur Exklaustration [1836] dankbar die Erinnerung an Philipp II. wach, betete und verrichtete seit 1581 Mortifikationen für ihn, und widmete nach seinem Hinscheiden diese täglichen Gebete und zahlreichen Opfer seinen Nachfolgern",* was zeigt, wie sehr sich diese typisch spanische Vorstellung von Ordensreform, mit der Teresas Ideal allerdings nicht übereinstimmte, bei den Brüdern eingewurzelt hat. (T. Egido, *La reforma carmelitana,* 114).

32. Jetzt leben wir, Beschuhte und Unbeschuhte, alle in Frieden. Es hindert uns niemand daran, unserem Herrn zu dienen. Deshalb, meine Brüder und Schwestern,[65] da Seine Majestät unsere Gebete so gut erhört hat, beeilt euch, ihm zu dienen! Die es als Augenzeugen miterleben, mögen betrachten, welche Gnaden er uns erwiesen und von welchen Mühen und Behinderungen er uns befreit hat. Und die Nachkommenden, die alles geebnet vorfinden, mögen aus Liebe zu unserem Herrn in keinem Punkt von der Vollkommenheit[66] abfallen. Von ihnen soll nicht gesagt werden, was man von manchen Orden sagt, dass sie ihre Anfänge loben. Jetzt fangen wir an, und man bemühe sich, immer wieder anzufangen, vom Guten zum Besseren. Sie mögen Acht geben, denn der Böse bohrt sich allmählich durch winzige Dinge hindurch Löcher, durch die dann die ganz großen eindringen. Möge auf sie nicht zutreffen, dass sie sagen: Das hat doch nichts zu bedeuten, das sind doch nur Übertreibungen. Meine Töchter, es hat alles viel zu bedeuten, wenn es nicht dem Vorankommen dient.

33. Aus Liebe zu unserem Herrn bitte ich sie, doch daran zu denken, wie schnell alles zu Ende geht, und welche Gnade uns unser Herr erwiesen hat, indem er uns in diesen Orden brachte, aber auch welch große Strafe sich einer zuziehen würde, der mit irgendeiner Erschlaffung beginnen sollte. Vielmehr mögen sie ihre Augen immer auf jenen Stamm richten, von dem wir kommen, von jenen heiligen Propheten.[67] Wie viele Heilige haben wir doch im Himmel, die diesen Habit trugen! Eignen wir uns mit Gottes Hilfe eine heilige Anmaßung an, um zu sein wie sie. Kurz nur dauert der Kampf, meine Schwestern, doch ewig ist das Ziel. Lassen wir doch die Dinge, die an sich nichts sind, beiseite, außer es sind solche, die uns

---

[65] Man beachte, dass Teresa hier die Brüder und Schwestern anspricht. Nach vollbrachter Tat ist sie sich dessen bewusst, dass sie die Gründerin und ältere Schwester von beiden Gruppen ist.

[66] *Perfección*, siehe Anhang I.

[67] Siehe F 28,20.

diesem Ziel, das kein Ende hat, näher bringen, um ihn mehr zu lieben und ihm mehr zu dienen, denn er soll leben für immer. Amen. Amen.

Gott sei Dank gesagt.

[KAPITEL 30][1]

Jesus.
Es beginnt die Gründung des Klosters zur
Heiligsten Dreifaltigkeit in der Stadt Soria. Es wurde
im Jahre 1581 gegründet. Die erste Messe wurde am Tag
unseres Vaters, des heiligen Elisäus,[2] gefeiert.

1. Als ich in Palencia war, bei der dort eben erwähnten Gründung, brachte man mir einen Brief des Bischofs von Osma,[3] der Doktor Velázquez heißt,[4] mit dem ich ins Gespräch zu kommen suchte, weil ich wusste, dass er ein großer Gelehrter und Diener Gottes war, während ich noch mit mancherlei Ängsten belastet war; er war damals noch Domherr und Professor[5] an der Hauptkirche in Toledo. So bedrängte ich ihn sehr, sich meiner Seele anzunehmen und meine Beichte zu hören. Obwohl er sehr beschäftigt war, machte er es dennoch, da ich ihn um der Liebe unseres Herrn willen darum gebeten hatte, und er meine Notlage sah, und zwar so gern, dass ich mich darüber wunder-

---

[1] Auch dieses Kapitel ist nicht nummeriert.

[2] Am 14. Juni 1581. Elisäus (Vulgata-Form) oder Elischa, wie man heute im Anschluss an den hebräischen Urtext wieder sagt, war der Nachfolger des Propheten Elija, der wie dieser im Karmel als Identifikationsgestalt hoch verehrt wurde; daher die Bezeichnung *„unser Vater"*. Siehe zu ihm 1 Kön 19,19-21. Teresa erwähnt ihn auch in CC 32; Es 4,4; P 27.

[3] Die Diözese heißt Osma, der Bischofssitz Burgo de Osma. Teresa ist nicht konsequent in ihrer Terminologie und schreibt manchmal Burgo, dann wieder Osma.

[4] Zu ihm siehe F 28,10 mit Anm. Er war in den Jahren 1576-1577 in Toledo Teresas Beichtvater.

[5] Als solcher hatte er, obwohl Domherr, Vorlesungen zu halten, war also eine bedeutende Persönlichkeit in Toledo, das als Primatialsitz über das reichste und einflussreichste Domkapitel Spaniens verfügte.

te. Und er hörte meine Beichte und sprach mit mir die ganze Zeit, die ich in Toledo war, und das war lang.[6] Ich legte ihm in aller Offenheit meine Seelenleben dar, wie ich es immer tue. Er erwies mir einen so riesigen Nutzen, das ich begann, ab dieser Zeit ohne diese vielen Ängste zu leben. Es stimmt zwar, dass es dafür noch einen anderen Anlass gab, der aber hier nichts zur Sache tut. Aber er erwies mir in der Tat großen Nutzen, da er mich mit Stellen aus der Heiligen Schrift beruhigte,[7] denn das ist es, was mir am meisten zusagt, wenn ich nämlich die Sicherheit habe, dass einer sich gut auskennt, und die hatte ich bei ihm, und dazu noch seinen vorbildlichen Lebenswandel.

2. Den genannten Brief[8] schrieb er mir aus Soria, wo er gerade war. Er sagte mir, wie eine Dame von dort, die bei ihm beichtete, mit ihm über die Gründung eines Klosters von unseren Schwestern gesprochen habe, was ihm gut schien; er habe ihr zugesagt, dass er von mir erreichen würde, zur Gründung dorthin zu gehen; ich solle ihn nun nicht sitzen lassen und ihm Bescheid geben, sobald ich meinte, dass es angebracht wäre, damit er dann nach mir schicke. Ich freute mich sehr darüber; denn abgesehen davon, dass die Gründung eine gute Sache war, hatte ich den Wunsch, mich mit ihm über einige Angelegenheiten meiner Seele auszutauschen und ihn wiederzusehen; denn wegen des großen Nutzens, den er ihr erwiesen hatte, hatte ich zu ihm große Liebe gefasst.

3. Es hieß diese Frau Stifterin Doña Beatriz de Beamonte y Navarra. Sie stammt nämlich von den Königen von Navarra ab, eine Tochter von Don Francés de Beamonte, aus berühmtem Geschlecht und sehr vornehm. Einige Jahre lang war sie verheiratet, hatte aber keine Kinder, dafür aber ein großes Vermögen, und seit langem ging sie damit um, ein Schwestern-

---

[6] Teresa war über ein Jahr, vom 23. Juni 1576 bis Juli 1577 in Toledo.

[7] Siehe dazu V 33,10 und V 40,2, jeweils mit Anm., wo sie die Bedeutung der Hl. Schrift ebenso herausstellte.

[8] In F 30,1.

kloster zu stiften.[9] Da sie es mit dem Bischof aushandelte und er sie von diesem Orden Unserer Lieben Frau der Unbeschuhten Schwestern in Kenntnis setzte, gab sie sich große Eile, es ins Werk zu setzen.

4. Sie ist eine Frau von gutmütigem Charakter, großzügig und bußfertig, kurz, eine eifrige Dienerin Gottes. Sie besaß in Soria ein gutes Haus, solid, in sehr guter Lage; sie sagte, dass sie es uns geben würde mit allem, was zur Gründung nötig sei, und das gab sie uns auch zusammen mit fünfhundert Dukaten bei einem Zinssatz von 25 pro Tausend.[10] Der Bischof erbot sich, uns eine sehr schöne, mit einem Gewölbe ausgestattete Kirche zu geben, die zu einer in der Nähe liegenden Pfarrei gehörte[11] und mit einem Verbindungsgang für uns nutzbar gemacht werden konnte. Das konnte er leicht tun, da sie ärmlich war, und es dort viele Kirchen gibt; und so verlegte er die Pfarrkirche woanders hin. Über all das berichtete er mir in seinem Brief.

---

[9] Beatriz de Beamonte y Navarra (1526-1600), eine Tochter der Statthalter (*condestables*) von Navarra, wurde zu einer großen Freundin Teresas und trug 1583 auch reichlich zur Gründung eines Klosters in Pamplona bei, wo sie im selben Jahr mit dem Namen Beatriz de Cristo eintrat und 1600 starb. Auch die Gründung eines Klosters in Barcelona 1588 hat sie mit ihrem Vermögen unterstützt.

[10] Das heißt bei einem jährlich Zinssatz von 2,5 %. Die Angabe in Tausend machte man, um Zehntelstellen zu vermeiden. Es war also ein sehr großzügiges Angebot. Teresa spricht hier von einem *juro*, eigentlich einer Art Staatsanleihe: einem Wertpapier, das Privatpersonen von der Krone ausgestellt wurde, entweder weil diese dem Staat eine Kapitalanleihe gegeben hatten oder als Vergütung für bestimmte Dienste; solche Kapitalanleihen warfen bis zu 7 % Jahreszinsen ab. Als Staatsschuld blieben diese Wertpapiere auf unbegrenzte Zeit gültig und boten daher ein sicheres Einkommen. Demgegenüber waren Zinsen (*censos*) häufig tilgbar, daher boten sie nicht dieselbe Finanzsicherheit. Unter Zinsen verstand man die Abgaben, Steuern und Umlagen, die der Eigentümer eines städtischen Grundstücks, eines Landgutes oder sonstiger Besitztümer an die Gemeinde, die Krone oder Privatpersonen zu entrichten hatte. Wer diese Besitztümer erwarb, verpflichtete sich, dem Verkäufer oder Bürgen einen gewissen Prozentsatz der Steuern in Geld oder Naturalien auszuzahlen. War ein Grundstück mit einer bleibenden Zinsleistung belastet, konnten Käufer und Verkäufer wegen der Tilgung verhandeln. Beim Grundstückserwerb für ihre Gründungen hatte Teresa häufig mit diesen Zinsauflagen zu tun.

[11] Es war die Pfarrei zu Unserer Lieben Frau von Las Villas (Nuestra Señora de las Villas), die nach dem Willen der Stifterin den Titel zur Heiligsten Dreifaltigkeit bekam.

Ich besprach es mit dem Pater Provinzial, der damals dort war,[12] und ihm und allen Freunden erschien es gut, ihm mit einem persönlichen Kurier zu schreiben, dass sie mich abholen sollten. Denn die Gründung in Palencia war schon abgeschlossen, und ich freute mich aus den genannten Gründen[13] sehr darüber.

5. Ich begann, die Schwestern herzuholen, die ich dorthin mitnehmen musste, und das waren sieben, denn jene Dame wollte lieber mehrere als wenige, dazu eine Laienschwester, meine Begleiterin und ich selbst.[14] Ein für diesen Zweck geeigneter Mann kam uns abholen, denn ich hatte dem Bischof mitgeteilt, dass ich zwei Unbeschuhte Patres mitbrächte, und so nahm ich Pater Nicolás de Jesús Doria mit, einen Mann von großer Vollkommenheit und Klugheit, gebürtig aus Genua. Er hat, glaube ich, den Habit erst im Alter von mehr als vierzig Jahren genommen (wenigstens ist er jetzt so alt, und er nahm ihn erst vor kurzem),[15] doch hat er in kurzer Zeit so gute Fortschritte gemacht, das es ganz danach aussieht, als habe ihn der Herr ausgesucht, damit er in diesen mühseligen Zeiten der Verfol-

---

[12] P. Gracián, der gerade in Palencia war.

[13] In F 30,2.

[14] Wie nahezu alle Gründungsgruppen belegt auch diese wieder, dass Teresa für ihre Gründungen aus mehreren Häusern Schwestern abzuziehen pflegte. Aus Medina del Campo holte sie sich Catalina de Cristo (Valmaseda), die am Tag nach der Gründung zur Priorin gewählt wurde, und die Laienschwester María Bautista; aus Salamanca María de Cristo (de Pinedo) und María de Jesús (Pardo Cifuentes); aus Segovia Juana Bautista (Gutiérrez) und María de San José (Machado); und schließlich aus dem kurz zuvor erst gegründeten Palencia Beatriz de Jesús (Acevedo y Villalobos) und Catalina del Espíritu Santo (Valverde); siehe TyV 841. Die Begleiterin Teresas war ihre Krankenschwester Ana de San Bartolomé (Anna vom hl. Bartholomäus). Weitere Begleiter waren: P. Nicolás Doria und Bruder Eliseo de la Madre de Dios. Von Seiten des Bischofs von Palencia, Don Álvaro de Mendoza, waren es der Benefiziat Pedro de Ribera; von Seiten des Bischofs von Osma einer seiner Kapläne mit Namen Chacón, dazu ein Polizist für die Sicherheit, und von Seiten von Doña Beatriz deren Kaplan Francisco de Cetina.

[15] Doria war damals 38 Jahre alt. Geboren in Genua 1539, wurde er 1577 in Sevilla Karmelit und legte im folgenden Jahr Profess ab; er starb 1594 als Generalvikar des neu entstandenen Ordens. Zu ihm siehe in der Einleitung S. 25f.

gungen dem Orden beistehe, was er sehr getan hat;[16] denn von den anderen, die hätten helfen können, waren die einen verbannt, die anderen eingesperrt.[17] Da er kein Amt innehatte, weil er, wie ich eben sage, erst kurze Zeit im Orden war, machte man von ihm nicht so viel Aufhebens, oder Gott machte das so, damit mir diese Hilfe verblieb.

6. Er ist so klug, dass er bei seinem Aufenthalt im Kloster der Beschuhten in Madrid sich so gut verstellte, dass sie nie durchschauten, dass er mit unseren Geschäften befasst war, und so tat, als würde er sich mit anderen abgeben, so dass sie ihn gewähren ließen. Wir schrieben uns oft, als ich im Kloster San José von Ávila war, und besprachen, was anstand, denn das tat ihm gut. Daran sieht man, in welcher Notlage sich der Orden befand, denn von mir machte man viel Aufhebens, aus Mangel an guten Männern, wie man so sagt.[18] In all diesen Zeiten erlebte ich seine Vollkommenheit und Klugheit, und so ist er einer von denen in diesem Orden, die ich im Herrn sehr liebe und hochschätze. Nun also, er und ein Laienbruder gingen mit uns.

7. Er hatte nur geringe Mühe auf dieser Reise, denn der vom Bischof geschickte Mann[19] machte es uns sehr angenehm und half uns, gute Herbergen zu finden, denn sobald wir in die Diözese Osma kamen, wo man den Bischof sehr gern hatte, und sagten, dass es sich um eine Angelegenheit von ihm handele, gaben sie uns die guten. Das Wetter machte auch mit, und die Tagesreisen waren nicht lang. So erlebten wir bei dieser

---

[16] Zu diesem Zeitpunkt konnte Teresa noch nicht wissen, welch problematische Rolle Doria mit seinem gänzlich unteresianischen Rigorismus und seiner Machtgier insbesondere nach ihrem Tod spielen würde. Als kluger, erfahrener Finanzfachmann mit wichtigen Beziehungen musste er ihr hochwillkommen sein.

[17] Siehe F 28,1 mit Anm.

[18] Teresa spielt auf das Sprichwort an: *„A falta de hombres buenos, a mi marido hicieron alcalde – Mangels guter Männer haben sie meinen Mann zum Bürgermeister gemacht."*

[19] Der in F 30,5 erwähnte Chacón.

Reise nur wenig Mühen, dafür Freude, denn wenn ich hörte, wie gut sie von der Heiligkeit des Bischofs redeten, war diese ganz groß. Wir kamen am Mittwoch vor dem Oktavtag des Heiligsten Sakramentes in Burgo an. Am Donnerstag, dem Oktavtag, empfingen wir dort die Kommunion. Da wir am nächsten Tag nicht bis Soria kommen konnten, machten wir Halt und aßen dort, und verbrachten die Nacht in Ermangelung einer Herberge in einer Kirche, was uns nicht schlecht bekam. Tags darauf feierten wir dort die Messe und kamen gegen fünf Uhr Nachmittags in Soria an.[20] Der heiligmäßige Bischof stand an einem Fenster seines Hauses, wo wir vorbeikamen, und gab uns seinen Segen, was mir nicht geringen Trost bedeutete, denn den eines Oberen und Heiligen schätzt man hoch.[21]

8. Jene Dame, unsere Stifterin,[22] erwartete uns unter der Türe ihres Hauses, wo das Kloster gegründet werden sollte. Wir konnten es gar nicht erwarten, endlich hineinzukommen, denn es waren so viele Leute da. Das war allerdings nichts Neues, denn überall, wo wir hinkommen, gibt es so viele, da die Welt so sehr nach Neuigkeiten lechzt, so dass es eine große Plage wäre, wenn wir die Schleier nicht vor dem Gesicht hätten, mit denen man es aushalten kann.[23] Diese Dame hatte sehr passend einen großen Saal eingerichtet, wo die Messe gefeiert werden sollte, da der Verbindungsgang zur Kirche, die der Bischof

---

[20] Am 26. Mai 1581 war in Palencia das große Fest der Klostergründung (F 29,19), am 29. brachen sie von dort auf und kamen am 31. in Burgo de Osma an. Am nächsten Tag waren sie wieder unterwegs, verbrachten die Nacht in einer Kirche und kamen am 2. Juni 1581 in Soria an. So ganz klar ist dieser zeitliche Rahmen nicht.

[21] Der Bischof gab ihnen nicht nur seinen Segen, sondern erbat auch Teresas Segen, so wie der Erzbischof von Sevilla. Siehe F 25,12 mit Anm.

[22] Doña Beatriz de Beamonte y Navarra; siehe F 30,3.

[23] Hier zeigt sich erneut, dass Teresa die Schleier vor dem Gesicht als Schutzmaßnahme verstand und nicht primär als asketische Maßnahme, damit die Schwestern die „Welt" nicht sähen; vgl. F 24,13. Siehe ferner Cs 15. Ihrem Schwager Juan de Ovalle gegenüber gesteht sie einmal, warum sie die Schleier vor dem Gesicht tragen: „Wenn die Leute herumreisende Frauen sähen, und dann auch noch unordentlich, dann würden sie es wagen, ihnen unterwegs Unflätigkeiten an den Kopf zu werfen" (BMC 18,126; zitiert in TyV 881).

uns gab, erst noch erstellt werden musste.[24] Anderntags, am Fest unseres Vaters Elisäus, wurde die hl. Messe gefeiert.[25]

9. Alles, was wir brauchten, hatte diese Dame vollzählig bereitgestellt, und sie ließ uns diesen Saal benutzen, wohin wir uns zurückgezogen hatten, bis der Verbindungsgang errichtet war, was bis Verklärung dauerte.[26] An diesem Tag wurde mit großer Feierlichkeit und vielen Leuten in der Kirche die erste Messe gefeiert. Es predigte ein Pater aus der Gesellschaft Jesu,[27] denn der Bischof war nach Burgo zurückgekehrt; er verliert nicht einen Tag, ja nicht einmal eine Stunde Zeit für die Arbeit, obwohl er nicht gut beisammen war, da er auf einem Auge die Sehkraft verloren hatte. Diesen Schmerz hatte ich dort, denn es tat mir sehr leid, dass er das Augenlicht verloren hatte, wo er im Dienst unseres Herrn so viel Nutzen brachte. Sein sind seine Ratschlüsse.[28] Es wird wohl sein, um seinem Diener mehr an Verdiensten zu geben, denn er hörte nicht auf, wie früher zu arbeiten. Und um die Gleichförmigkeit mit seinem Willen unter Beweis zu stellen, sagte er mir, dass es ihm nicht mehr Schmerz bereitete, als wenn es seinen Nächsten getroffen hätte, ja manchmal dachte er, dass es ihm vorkam, als würde es ihm nichts ausmachen, wenn er auch das andere Augenlicht verlöre, weil er dann in einer Einsiedelei leben und Gott ohne weitere Verpflichtung dienen könnte. Immer schon sei das seine Berufung gewesen, bevor er Bischof wurde, wie er mir manchmal sagte, und er war fast entschlossen, alles aufzugeben und dorthin zu gehen.

---

[24] Siehe F 30,4. Teresa selbst leitete diese Bauarbeiten.

[25] 14. Juni 1581. Elisäus (Vulgata-Form) bzw. Elischa (heutige Form im Anschluss an den hebräischen Urtext) wird als Schüler des Propheten Elija wie dieser als „Vater" des Ordens verehrt. Siehe F 30,tít mit Anm.

[26] Das Fest der Verklärung des Herrn am 6. August.

[27] Francisco de la Carrera, damals gerade 31 Jahre alt.

[28] Vgl. Weish 17,1. Dies ist offensichtlich eine Lieblingsstelle Teresas, die sie immer wieder zitiert; vgl. F 17,17; 22,7; Ct 58,8; 105,6; 236,3; 359,2; 408,1; ähnlich auch V 19,9.

10. Ich konnte das nicht ertragen, da mir schien, dass er für die Kirche Gottes von großem Nutzen sei, und so wünschte ich ihm das, was er jetzt innehat, obwohl mich an dem Tag, an dem sie ihm das Bischofsamt antrugen, was er mir gleich mitteilte, eine sehr große Unruhe überfiel, da ich glaubte, ihn mit einer riesengroßen Last beladen zu sehen. Ich konnte mich gar nicht fassen oder beruhigen und ging in den Chor, um ihn unserem Herrn zu empfehlen. Seine Majestät beruhigte mich sofort, da er mir sagte, dass das sehr zu seinem Dienst sei, was man gut erkennen kann. Trotz des Augenleidens, das er hat, und noch anderer recht schmerzhafter Leiden und der alltäglichen Arbeit, fastet er viermal in der Woche, dazu noch andere Bußübungen. Seine Nahrung hat recht wenig von einem Festessen. Bei seinen Visitationen geht er zu Fuß, was seine Angestellten nicht ertragen können; bei mir beklagten sie sich darüber. Diese müssen tugendhafte Leute sein, andernfalls dürfen sie nicht in seinem Haus leben. Er vertraut wenig darauf, dass wichtige Geschäfte über seine Vikare laufen, ich glaube sogar, dass alles durch seine Hände geht. Die ersten zwei Jahre hat es dort am Anfang die wildesten Verfolgungen wegen falscher Zeugenaussagen gegeben, was mich wunderte, denn in Sachen Gerechtigkeit ist er integer und aufrecht. Doch sie lassen schon nach, obwohl sie bis an den Hof gelangten, oder wo man sonst dachte, ihm schaden zu können. Aber da man in der ganzen Diözese allmählich das Gute erkennt, haben sie wenig Gewicht, während er alles in solcher Vollkommenheit ertragen hat, dass er sie beschämt hat, indem er denen Gutes erwies, von denen er wusste, dass sie ihm Böses antaten. So viel er auch zu tun hat, er unterlässt es nicht darauf zu achten, inneres Beten zu halten.[29]

11. Es sieht so aus, als würde ich ganz darin schwelgen, Gutes über diesen heiligmäßigen Mann zu sagen, aber ich habe noch wenig gesagt. Doch damit man verstehe, wer am Beginn der

---

[29] Wieder einmal bildet das innere Beten den Höhepunkt ihres Lobpreises auf diesen Mann.

Gründung zur Heiligsten Dreifaltigkeit in Soria steht, und damit diejenigen, die einst hier leben werden, Trost fänden, ist nichts weggelassen worden von dem, was die Jetzigen gut mitbekommen haben. Auch wenn er kein festes Einkommen gab, so gab er doch die Kirche, und, wie ich sage, ist er derjenige gewesen, der diese Dame darauf brachte; ihr fehlte es wahrlich nicht an christlichem Geist und Tugend und Bußfertigkeit, wie ich gesagt habe.[30]

12. Nun, als wir mit dem Verbindungsgang zur Kirche und dem Nötigen für die Einrichtung der Klausur fertig waren, ergab es sich für mich, dass ich in das Kloster San José in Ávila zurückreisen musste, und so brach ich bald bei großer Hitze auf.[31] Der Weg, den wir benutzten, war sehr schlecht für Wagen. Es begleitete mich ein Benefiziat aus Palencia mit Namen Ribera,[32] der mir beim Verbindungsgang und bei allem anderen sehr viel geholfen hat, denn Pater Nicolás de Jesús María war gleich nach Ausstellung der Gründungspapiere abgereist, da er anderswo sehr gebraucht wurde. Der genannte Ribera hatte in Soria etwas zu erledigen gehabt, als wir dahin gingen, und so war er mit uns gekommen. Doch dann gab ihm Gott so viel Bereitwilligkeit, um uns zu helfen, dass man ihn zusammen mit den Wohltätern des Ordens Gott anempfehlen kann.

13. Ich wollte nicht, dass noch jemand anderer mit meiner Begleiterin[33] und mir mitkäme, denn er ist so umsichtig, dass er mir reichte, und je weniger Lärm es gibt, desto wohler fühle ich mich auf den Reisen. Bei dieser bezahlte ich dafür, dass es mir auf der Hinreise so gut gegangen war. Unser Begleiter kannte zwar den Fußweg nach Segovia gut, aber nicht den Fahrweg für Karren. Und so führte uns dieser junge Mann in Gegenden, wo

---

[30] In F 30,2. Hier folgt im Autograph ein y – *und*, und dann ein langer unbeschriebener Zwischenraum, wie wenn die Autorin noch etwas hätte anfügen wollen.

[31] Am 16. August 1581.

[32] Pedro de Ribera; siehe Anm. zu F 30,5.

[33] Ana de San Bartolomé.

wir oft absteigen mussten und man den Wagen auf steilen Abhängen fast hinuntertragen musste. Wenn wir Führer nahmen, brachten sie uns bis dorthin, wo sie den guten Weg kannten, und kurz bevor der schlechte kam, verließen sie uns und sagten, dass sie zu tun hätten. Bevor wir zu einer Herberge kamen, hatten wir sengende Sonne und das Missgeschick ertragen, dass der Wagen oftmals zu Schaden kam, da sich niemand auskannte. Ich hatte Mitleid mit dem, der mit uns ging, denn obwohl man uns gesagt hatte, dass wir richtig wären, mussten wir umkehren und den zurückgelegten Weg nochmals gehen. Doch war er in der Tugend so verwurzelt, dass ich ihn, glaube ich, niemals verärgert erlebte, was mich in großes Erstaunen versetzte und zum Lob auf unseren Herrn veranlasste; denn wo die Tugend so verwurzelt ist, richten die Gelegenheiten wenig aus.[34] Und ich lobe ihn dafür, wie es ihm gefiel, uns von diesem Weg wegzuführen.

14. Wir kamen am Vortag von St. Bartholomäus in San José von Segovia an,[35] wo unsere Schwestern wegen der Verzögerung besorgt waren; die war nämlich groß, da der Weg so schlecht war. Dort verwöhnten sie uns, denn niemals gibt mir Gott Mühsal, ohne dass er sie nachher vergilt, und ich ruhte acht oder mehr Tage aus. Doch war diese Gründung so ganz ohne Mühe gewesen, dass man nun davon kein Aufhebens machen soll, denn es ist nichts. Ich kehrte zufrieden zurück, da es mir eine Gegend zu sein scheint, wo Gott – so hoffe ich auf sein Erbarmen – gedient wird, seit die Gründung dort ist, was immer mehr zu sehen ist. Er sei für immer gepriesen und gelobt von Ewigkeit zu Ewigkeit. Amen. Dank sei Gott.

---

[34] Siehe F 29,23 mit Anm.
[35] 23. August 1581.

[KAPITEL 31]¹

In diesem Kapitel beginnt der Bericht über die Gründung
zum glorreichen hl. Josef von der hl. Anna in der Stadt Burgos.²
Die erste Messe wurde am 19. des Monats April,
dem Oktavtag von Ostern des Jahres 1582 gefeiert.

1. Seit mehr als sechs Jahren lagen mir einige Patres aus der
Gesellschaft Jesu – von großer Frömmigkeit, Alter, Wissenschaft
und Geistigkeit – in den Ohren, dass es ein großer Dienst für
unseren Herrn wäre, wenn es in Burgos ein Haus dieses heiligen Ordens gäbe; sie nannten mir dafür einige Gründe, durch
die sich mich dazu brachten, diesen Wunsch zu haben. Wegen
der vielen Mühen für den Orden und anderer Gründungen
hatte ich noch keine Gelegenheit gehabt, dem nachzugehen.³

2. Als ich 1580 in Valladolid war, kam dort der Erzbischof von
Burgos vorbei,⁴ dem man damals diese Diözese gegeben hatte,
nachdem er vorher Bischof der Kanaren gewesen war; er war
gerade auf dem Weg dorthin. Ich bat den Bischof von Palencia,
Don Álvaro de Mendoza, inständig (von ihm habe ich schon
gesagt,⁵ wie sehr er diesen Orden fördert, denn er war der erste, der das Kloster San José in Ávila zuließ, als er dort Bischof

---

¹ Auch dieses Kapitel hat im Autograph keine Zahlenangabe.
² Zu dieser originellen Doppelwidmung siehe F 1,tít. mit Anm.; 22,tít; 23,tít;
24,tít; 29,tít.
³ Die Jahre von 1576 bis 1581 waren tatsächlich die aufreibendsten für Teresa:
Ihr Hausarrest in Toledo, die Einkerkerung des Johannes vom Kreuz, die feind-
lichen Aktionen des Nuntius Filippo Sega gegen sie und ihr Werk, der Unmut
des Ordensgenerals, dann 1580/81 drei Gründungen, und daneben die Niederschrift ihrer *Inneren Burg* (Juni bis November 1577) und zahlloser Briefe (erhalten sind über 300), abgesehen von den beschwerlichen Reisen.
⁴ Im Gegensatz zu anderen vergleichbaren Fällen nennt Teresa seinen Namen
nicht, vielleicht weil er ihr das Leben so schwer gemacht hat, wie sich in diesem Kapitel zeigt. Es ist Don Cristóbal Vela, ein Verwandter von engen Freunden von Teresas Familie, der selbst auch aus Ávila stammte. 1575 wurde er
Bischof der Kanarischen Inseln, 1580 Erzbischof von Burgos, er starb 1599. Als
Sohn von Blasco Núñez Vela, dem Vizekönig von Perú, und Doña María de
Tavera gehörte er zum spanischen Hochadel.
⁵ Siehe F 29,1.

war, und immer hat er uns seitdem seine große Gunst erwiesen, und er nimmt sich der Angelegenheiten dieses Ordens so an, als wären es seine eigenen, besonders die, um die ich ihn bitte) – ich bat ihn also inständig,[6] ihn um die Erlaubnis zu bitten, und er sagte, das er ihn sehr gern darum bitten würde. Da er nämlich der Meinung ist, dass unserem Herrn in diesen Häusern gedient wird, freut es ihn sehr, wenn ein weiteres gegründet wird.

3. Der Erzbischof wollte nicht nach Valladolid hineingehen, sondern nahm im Kloster des hl. Hieronymus Herberge,[7] wo der Bischof von Palencia ihm ein großes Fest bereitet und mit ihm gespeist und ihm ein Band überreicht hat oder was weiß ich, welche Zeremonie, wodurch er zum Bischof gemacht wurde.[8] Dabei bat er ihn um die Erlaubnis, dass ich ein Kloster gründen dürfe. Er sagte, dass er sie sehr gern gäbe, denn noch auf den Kanaren habe er den Wunsch und die Absicht gehabt, eines von diesen Klöstern dort zu haben, und wisse darum, wie unserem Herrn in ihnen gedient würde, da er von dort herkomme, wo es ein solches gibt, und mich gut kenne. So sagte mir der Bischof, dass es an der Erlaubnis nicht liegen würde, denn der Erzbischof habe sich sehr darüber gefreut. Und da das Konzil nichts davon sagt, dass es schriftlich sein müsse,[9] son-

---

[6] Durch den langen Einschub mit ihrem Lob auf Don Álvaro de Mendoza, der ihr – im Gegensatz zum Erzbischof von Burgos – immer geholfen hat, vergisst Teresa, zu schreiben, was sie von ihm erbat: *le pidiese licencia – ihn um die Erlaubnis zu bitten.*

[7] Das Kloster der Hieronymiten, ein nur in Spanien ansässiger eremitisch ausgerichteter, in dieser Zeit sehr mächtiger Orden, lag außerhalb Valladolids und war bekannt unter dem Namen Nuestra Señora del Prado.

[8] Teresa zeigt sich hier wenig informiert. Mit dem „Band" ist offensichtlich das Pallium gemeint, das dem neuen Erzbischof von Burgos als Zeichen der erzbischöflichen Würde überreicht wurde; Bischof war er bereits durch Weihe. Das Pallium ist ein weißes, mit schwarzen Kreuzen versehenes ringförmiges Wollband, das über dem Messgewand getragen wird. Von ihm fällt ein Streifen über die Brust, der andere über den Nacken herab; die Enden der beiden Streifen sind mit in schwarzer Seide eingenähten Bleiplättchen beschwert. An den Kreuzen sind Schlaufen angebracht, durch die kostbare Nadeln gezogen werden.

[9] Anspielung auf das Dekret zur Reform der Orden, Kap. 3, von Dezember 1563, in der 25. Sitzung des Konzils von Trient.

dern es nur mit seiner Zustimmung sein muss, konnte man diese für gegeben annehmen.[10]

4. Bei der vorausgegangenen Gründung in Palencia habe ich bereits von dem großen Widerstand gesprochen,[11] den ich damals gegen das Gründen verspürte, da ich sehr krank war, so dass man schon dachte, ich würde es nicht überleben, und immer noch war ich nicht ganz auf der Höhe. Freilich setzt mir das normalerweise nicht so sehr zu, sofern ich sehe, dass es um den Dienst für Gott geht; deshalb verstehe ich nicht, aus welchem Grund ich gerade damals so viel Unlust verspürte. Sollte es etwa wegen der geringen Möglichkeiten gewesen sein, so hatte ich bei anderen Gründungen noch weniger gehabt. Nachdem ich gesehen habe, was passiert ist, meine ich, dass es der Böse war. So ist es normal gewesen, dass mir unser Herr jedes Mal, wenn es bei einer Gründung Mühen gab, mit Worten und Taten geholfen hat, da er nämlich weiß, wie armselig ich bin. Ich habe mir schon manchmal gedacht, dass mich Seine Majestät bei solchen Gründungen, wo es keine Schwierigkeiten gegeben hat, auf nichts hinweist. So war es hier: Da er wusste, was kommen würde, fing er gleich an, mich zu ermutigen. Er sei für alles gelobt. So geschah es hier, wie ich bei der Gründung in Palencia, die zusammen mit dieser verhandelt wurde,[12] schon gesagt habe,[13] dass er mir gewissermaßen tadelnd sagte, was ich denn befürchte und wann er mir denn gefehlt habe: *Ich bin derselbe, unterlass es nicht, diese beiden Gründungen zu machen.*[14] Da bei der vorigen schon gesagt wurde, welchen Mut diese Worte in mir zurückließen, besteht kein Grund, das hier nochmals zu sagen, denn sofort war meine Schwerfälligkeit

---

[10] Bei der Gründung in Segovia hatte Teresa das auch gedacht, war aber schwer enttäuscht worden. Siehe F 21,5.

[11] Vgl. F 29,1, wo sie von der Krankheit spricht, die sie sich bereits in Toledo zugezogen hatte, mit einem Rückfall in Valladolid.

[12] Die Gründungen in Palencia und in Burgos.

[13] F 29,6.

[14] Vgl. F 29,6. Der Vergleich beider Stellen zeigt, dass Teresa nicht den Wortlaut einer göttlichen Botschaft wiederholt, sondern mit ihren eigenen Worten wiedergibt, was ihr zur inneren Gewissheit geworden ist.

ganz weg. Deshalb sieht es so aus, dass weder die Krankheit noch das Alter der Grund dafür waren. Ich begann also, wegen der einen und wegen der anderen zu verhandeln, wie gesagt wurde.

5. Es sah so aus, als wäre es besser, zuerst die in Palencia zu machen, da es näher lag, und weil das Wetter so schlecht und es in Burgos so kalt war, und auch, um dem guten Bischof von Palencia diesen Gefallen zu erweisen. Und so geschah es, wie gesagt wurde.[15] Doch da sich, als ich dort war, die Gründung in Soria anbot, nachdem dort schon alles getan war, schien es besser zu sein, zuerst, und zwar gleich von dort aus,[16] nach Soria zu gehen. Der Bischof von Palencia meinte, und darum hatte ich ihn gebeten, dass es gut sei, dem Erzbischof über das, was geschehen war, zu berichten. So schickte er eigens dafür von dort einen Domherrn Namens Juan Alonso[17] zum Erzbischof, nachdem ich nach Soria aufgebrochen war, und dieser schrieb mir sehr liebenswürdig, dass er sich mein Kommen wünsche, und sprach darüber mit dem Domherrn, und schrieb dem Hochwohlgeborenen,[18] dass er es ihm anheim stelle, und wenn er etwas täte, dann deshalb, weil er Burgos kenne; denn um dort einzuziehen, bräuchte man die Zustimmung der Stadt.

6. Schließlich lautete der Beschluss, dass ich dorthin reise, und man zunächst mit der Stadt verhandeln solle. Doch falls diese die Erlaubnis nicht gäbe, könnten sie ihm nicht die Hände binden, sie mir nicht doch zu geben; er sei ja beim ersten Kloster in Ávila dabei gewesen[19] und erinnere sich an den großen Aufstand und Widerspruch, den es gegeben hat, und dem wolle er hier zuvorkommen. Es sei nicht ratsam, ein Kloster zu gründen, wenn es nicht mit festen Einkünften oder der Zustimmung der

---

[15] In F 29.
[16] Also von Palencia und nicht erst von Burgos aus.
[17] Über diesen Domherrn sind keine weiteren Einzelheiten bekannt.
[18] *Su Señoría*, der Titel, der dem Bischof von Palencia aufgrund seiner Zugehörigkeit zum Hochadel zustand.
[19] Da er aus Ávila stammt.

Stadt wäre; das würde mir nicht gut bekommen; deswegen sagte er mir das so.

7. Der Bischof hielt es schon für erledigt, und mit Recht, da ja gesagt wurde, ich solle dorthin gehen, und ließ mir ausrichten, dass ich mich aufmachen solle. Doch mir war, als würde ich beim Erzbischof einen Anflug von Kleinmut wahrnehmen; ich schrieb ihm und bedankte mich für die Gunst, die er mir erwiesen hat, aber dass es mir schlimmer vorkäme, gegen den Willen der Stadt zu gründen als es zu tun, ohne ihr etwas davon zu sagen, und damit Seine Hochwohlgeboren[20] noch mehr in einen Streit hineinzuziehen (es scheint, dass ich erahnt habe, wie wenig ich an ihm haben würde, wenn es einen geringen Widerstand gäbe), und dass ich mich darum kümmern würde, auch wenn ich das wegen des Widerstreits an Meinungen, den es bei derartigen Dingen zu geben pflegte, noch für schwierig genug hielt. Dem Bischof von Palencia schrieb ich mit inständigen Bitten, die Sache im Moment auf sich beruhen zu lassen, da der Sommer nur noch kurz sei und meine Krankheiten zu schwer wären, um in einem so kalten Landstrich zu verweilen. In Bezug auf den Erzbischof sagte ich nichts von meinem Zweifel, da er ohnehin schon ungehalten war, weil dieser Schwierigkeiten machte, wo er ihm gegenüber doch eine solche Bereitwilligkeit gezeigt hatte, und weil ich keinerlei Zwietracht säen wollte, da sie ja Freunde sind. Und deshalb war ich von Soria nach Ávila gereist, ohne mir im Augenblick Gedanken darüber zu machen, ob ich so schnell wiederkäme. Meine Heimkehr in das Kloster San José in Ávila war aus einigen Gründen recht notwendig.[21]

8. Es lebte in dieser Stadt Burgos eine heiligmäßige Witwe mit Namen María de Tolosa, gebürtig aus der Biscaya, über die ich mich weit verbreiten könnte, um ihre Tugenden zu beschreiben, seien es ihre Bußfertigkeit, ihr Gebetseifer, ihre großzügi-

---

[20] Wegen seiner Zugehörigkeit zum Hochadel stand ihm dieser Titel auch zu.

[21] Es galt, einige Missbräuche abzustellen; außerdem wurde Teresa nach Ablauf der Amtszeit von María de Cristo zur Priorin gewählt.

gen Almosen und ihre Mildtätigkeit, eine Frau von sehr scharfem Verstand und Schneid. Sie hatte, ich glaube vor vier Jahren, zwei ihrer Töchter ins Kloster unseres Ordens von der Unbefleckten Empfängnis, das in Valladolid ist, gebracht und zwei weitere brachte sie nach Palencia, auf dessen Gründung sie schon gewartet hatte,[22] und geleitete sie dorthin, noch bevor ich von dieser Gründung wegging.[23]

9. Alle vier sind, da sie von einer solchen Mutter erzogen wurden, so gut geraten, dass sie wie Engel erscheinen. Sie stattete sie mit reichlicher Mitgift und auch sonst mit allem sehr großzügig aus, denn sie ist das selbst sehr. Was immer sie tut, geschieht reichlich! Und sie kann es tun, da sie reich ist. Als ich nach Palencia kam, hielten wir die Erlaubnis des Erzbischofs für so sicher, dass ich glaubte, es gäbe kein Hindernis mehr. So bat ich sie, für mich ein gemietetes Haus zu suchen, um die Besitzergreifung durchzuführen, und Gitter und Winden[24] anzubringen, und das auf meine Rechnung zu machen, da mir nie in den Sinn kam, dass sie etwas ausgeben, sondern es mir nur leihen sollte. Sie wünschte es sich so sehr, dass es ihr sehr leid tat, als es damals zum Stillstand kam. Deshalb ließ sie es nicht auf sich beruhen, als ich damals, wie ich gesagt habe,[25] recht unbesorgt, um zu diesem Zeitpunkt weiter darüber zu verhandeln, nach Ávila zurückgekehrt war, sondern begann, sich darum zu kümmern, ohne mir etwas davon zu sagen, in der Meinung, es ginge um nichts weiter als die Erlaubnis der Stadt zu bekommen.

---

[22] Sie war die Witwe von Sebastían Muncharaz. Von ihren fünf Töchtern, die erwachsen wurden, waren zwei, Catalina de la Asunción und Casilda de San Ángelo, in den Karmel von Valladolid eingetreten; zwei weitere, María de San José und Isabel de la Santísima Trinidad, in Palencia; die jüngste, Elena de Jesús, wird in Burgos eintreten. Ihre beiden Söhne, Juan Crisóstomo und Sebastián de Jesús, wurden Unbeschuhte Karmeliten; zuletzt trat die Mutter 1587 mit dem Namen Catalina del Espíritu Santo in Palencia ein, wo sie 1608 starb. Mit Recht setzt Teresa ihr in diesem Kapitel ein Denkmal.

[23] Teresa brach am 23. Mai 1581 von Palencia nach Soria auf.

[24] Siehe Anm. zu F 11,5.

[25] In F 31,7.

10. Sie hatte zwei Nachbarinnen, Mutter und Tochter, vornehme Personen und große Dienerinnen Gottes, die sich das Kloster auch sehr wünschten. Die Mutter hieß Doña María Manrique; sie hatte einen Sohn Namens Don Alonso de Santo Domingo Manrique, der Ratsherr war, die Tochter hieß Doña Catalina.[26] Beide Frauen besprachen es mit ihm, damit er es von der Stadt erbäte. Er wiederum sprach mit Catalina de Tolosa und erkundigte sich, was für eine Grundlage er denn nennen sollte, die wir hätten, da sie die Erlaubnis ohne so etwas nicht geben würden. Sie sagte, dass sie sich verpflichten würde – was sie auch tat –, uns falls nötig ein Haus zu geben, und dazu die Verpflegung. Damit reichte er ein von ihr unterschriebenes Gesuch ein.[27] Don Alonso stellte es so geschickt an, dass er die Zustimmung aller Ratsherren und des Erzbischofs erhielt, die er ihr schriftlich überbrachte. Nachdem sie darüber in Gespräche eingetreten war, schrieb sie mir sofort, dass sie mit Verhandlungen befasst wäre. Ich hielt[28] das für einen Scherz, da ich weiß, wie ungern sie arme Klöster zulassen; und da ich nicht wusste und es mir auch nicht in den Sinn kam, dass sie sich zu dem verpflichtet hatte, was sie getan hatte, glaubte ich, dass dazu noch viel mehr nötig wäre.

11. Als ich es trotz allem eines Tages in der Oktav von Martini[29] gerade unserem Herrn anempfahl, überlegte ich, was man wohl tun könnte, wenn die Erlaubnis gegeben würde. Denn dass ich bei meinen vielen Krankheiten, für die die Kälte ge-

[26] Mitglieder einer angesehenen Familie in Burgos. Alonso wird sogar Bürgermeister in Burgos, während ein anderer Sohn von Doña María, Ángel Manrique (1577-1649), Generaloberer der Zisterzienser und ab 1649 Bischof von Badajoz wird. Er ist Autor einer Biographie von Ana de Jesús (Lobera), die 1632 in Brüssel veröffentlicht wurde. (DST 1020).

[27] Es trägt das Datum vom 7. November 1581. Bereits am 4. hatte Don Álvaro de Mendoza zu ihren Gunsten bei der Stadt Burgos interveniert.

[28] Teresa hatte aus Versehen *tuvo* – *er hielt* geschrieben. Ähnliche Schreibfehler sind in diesem Kapitel in großer Zahl zu finden, was auf Schwäche oder Müdigkeit hinweist. Teresa hat diesen Bericht über die Gründung Ende Juni niedergeschrieben, als es ihr gesundheitlich nicht gut ging. Siehe F 31,17.

[29] Der Gedenktag des hl. Martin von Tours, 11. November 1581.

radezu Gift ist, bei dieser Kälte nach Burgos ginge, kam mir undurchführbar vor. Es wäre ja Verwegenheit, mich auf eine so lange Reise zu machen, nachdem ich eben erst von der so widrigen bei der Heimreise von Soria zurückgekommen war, wie ich erzählt habe,[30] noch würde der Pater Provinzial mich gehen lassen.[31] Ich dachte mir, dass die Priorin von Palencia[32] gut hingehen könnte, denn wenn alles geregelt war, gab es ja nichts mehr zu tun. Als ich mit diesen Gedanken umging und fest entschlossen war, nicht zu gehen, sagte mir der Herr folgende Worte, woran ich ersah, dass die Erlaubnis bereits gegeben war: *Gib nichts auf diese Kälte, denn ich bin die wahre Wärme. Der Böse setzt alle seine Kräfte ein, um diese Gründung zu verhindern; setze du deine in meinem Namen ein, damit sie zustande kommt, und versäume es nicht, persönlich hinzugehen; denn das wird großen Nutzen bringen.*[33]

12. Damit änderte ich meine Meinung wieder; auch wenn die Natur sich angesichts von Mühsalen manchmal dagegen wehrt, so doch nicht die Entschlossenheit, für diesen großen Gott zu leiden.[34] Ich sage ihm dann, dass er von diesen meinen Anwandlungen von Schwäche kein Aufhebens machen soll, um mich zu verwandeln, wie es ihm gefällt, denn mit seiner Unterstützung würde ich nicht unterlassen, es zu tun. Es schneite damals und es war kalt. Was mich mehr einschüchtert, ist meine schlechte Gesundheit, denn wenn die gut ist, dann kommt mir alles wie nichts vor; bei dieser Gründung hat sie mich aber beständig niedergedrückt. Die Kälte war so gering, wenigstens so, wie ich sie verspürte, dass mir war, als würde ich sie nur so verspüren wie damals, als ich in Toledo war. Der Herr hat sein Wort für das, was ich hier sage, gut gehalten.[35]

---

[30] F 30,13f.
[31] Das war seit 4. März 1581 Jerónimo Gracián.
[32] Inés de Jesús Tapia.
[33] Die Worte des Herrn sind im Autograph hervorgehoben.
[34] Hier zeigt sich wieder sehr schön Teresas Menschlichkeit, aber auch ihre pädagogische Klugheit: Leiden für Gott kann nur der, der ihn als „groß" erlebt.
[35] In F 31,11: „*Gib nichts auf diese Kälte, denn ich bin die wahre Wärme.*"

13. Es dauerte nur wenige Tage, bis sie mir die Erlaubnis mit Briefen von Catalina de Tolosa und ihrer Freundin, Doña Catalina, brachten,[36] worin sie mich zur Eile drängten, da sie fürchteten, dass etwas dazwischen kommen könnte. Um diese Zeit waren nämlich die Minimen[37] dorthin gekommen, um zu gründen, und auch die Beschuhten Karmeliten bemühten sich schon seit langem um eine Gründung; später kamen die Basilianer.[38] Es war ein großes Hindernis und musste bedacht werden, dass wir zur selben Zeit so zahlreich zusammentrafen, aber doch auch Anlass, um unseren Herrn wegen der großen Mildtätigkeit dieses Ortes zu loben, da ihnen die Stadt sehr gern die Erlaubnis gegeben hatte, obwohl sie nicht mehr so wohlhabend war, wie vorher.[39] Immer schon hatte ich von der Mildtätigkeit dieser Stadt Lobendes gehört, doch hatte ich nie gedacht, dass sie so weit ginge. Die einen förderten diese, andere jene. Doch der Erzbischof sah all die Nachteile vor sich, zu denen es kommen könnte, und verhinderte es in der Meinung, es würde damit den Bettelorden[40] Schaden zugefügt, so dass sie sich nicht mehr erhalten könnten. Vielleicht wandten sie sich auch direkt an ihn, oder es war eine Erfindung des Bösen, um das Gute auszuschließen, das Gott dort tut, wo er viele Klöster hinholt; denn er hat die Macht, genauso gut viele wie wenige zu erhalten.

---

[36] Doña Catalina Manrique (vgl. F 31,10); Teresa erhielt die Erlaubnis und die Briefe am 20. November 1581.

[37] Teresa schreibt Viktoriner (*vitorinos*). Unter diesem Namen waren die vom hl. Franz von Paola (1416-1507) gegründeten Minimen („die Mindesten Brüder"), auch Paulaner genannt, damals in Spanien bekannt.

[38] Der orientalische Mönchsorden der Basilianer schließt sowohl orthodoxe als auch lateinische Gemeinschaften ein. Sie leben alle nach der Regel des hl. Basilius des Großen (330-379), die jedoch mehr geistliche Weisung als Gesetz ist.

[39] Teresa mit ihrem Geschick für Geld und Handel hatte sehr gut erkannt, dass Burgos nicht mehr das prosperierende „Haupt von Kastilien" war. Allerdings war um diese Zeit bereits in ganz Spanien die wirtschaftliche Glanzzeit vorüber.

[40] Im Unterschied zu den monastischen Gemeinschaften mit großen Abteien und gemeinsamem Besitz entsprach es dem Ideal der Bettelorden (Mendikanten) – Dominikaner, Franziskaner, Karmeliten, Augustiner, u. a. –, auch als Gemeinschaft möglichst arm zu leben und keinen Besitz anzuhäufen, sondern auf Almosen angewiesen zu sein.

14. Die Eile, die mir diese heiligmäßigen Frauen wegen dieses Anlasses abverlangten, war so groß, dass ich, wenn es nach mir gegangen wäre, sofort aufgebrochen wäre, wenn ich nicht andere Geschäfte hätte erledigen müssen; ich bedachte nämlich, wie ich viel mehr verpflichtet wäre als sie, die sich, wie ich sah, so große Mühe gaben, diese gute Gelegenheit nicht zu verpassen. Aus den Worten, die ich vernommen hatte, war herauszuhören, dass es viel Widerspruch geben würde. Ich konnte mir allerdings nicht vorstellen, von wem und von welcher Seite, denn Catalina de Tolosa hatte mir schon geschrieben, dass sie das Haus, in dem wir leben würden, für die Besitzergreifung bereits gesichert hatte; die Stadt zustimmend, der Erzbischof auch. Ich konnte nicht verstehen, von wem dieser Widerspruch kommen sollte, den die bösen Geister anzetteln würden; denn dass die Worte, die ich gehört hatte, von Gott waren, daran zweifelte ich nicht.

15. Letztlich gibt Seine Majestät den Oberen mehr Licht, denn als ich dem Pater Provinzial schrieb, dass ich aufgrund dessen, was ich gehört hatte, gehen sollte, verhinderte er es zwar nicht, fragte aber, ob ich die Erlaubnis des Erzbischofs schriftlich hätte.[41] Ich schrieb in diesem Sinn nach Burgos, und man antwortete mir, dass man mit ihm gesprochen habe, als man das Ansuchen bei der Stadt machte, und er das für gut gehalten habe. Das und alles, was er sonst noch in diesem Fall hatte verlauten lassen, ließ offensichtlich keinen Zweifel zu.

16. Pater Provinzial[42] wollte mit uns zu dieser Gründung gehen. Einerseits war es wohl, weil er damals nicht so beschäftigt war, da er die Adventspredigten schon hinter sich hatte, und er in Soria einen Besuch zu machen hatte, das er nach der Gründung noch nicht gesehen hatte, und es nur einen geringen Umweg bedeutete; andererseits auch, um während der Reise auf

---

[41] Gracián hatte bereits am 9. April 1581 in Alcalá die Erlaubnis zur Gründung gegeben.

[42] Jerónimo Gracián; siehe F 29,30; 31,17.

meine Gesundheit zu achten, da das Wetter so schlecht und ich so alt und krank war, und sie meinten, dass mein Leben für sie ein bisschen wichtig wäre. Und das war gewiss eine Fügung Gottes, denn die Wege waren durch den vielen Regen in einem solchen Zustand, dass er und seine Begleiter gut hinschauen mussten, wo man hintrat, und mithelfen mussten, die Wagen aus den Wasserlöchern herauszuheben. Besonders von Palencia nach Burgos war es ein großes Wagnis aufzubrechen, als wir losgingen. Allerdings ist wahr, dass unser Herr mir gesagt hatte, dass wir gut gehen könnten, und ich nichts zu befürchten hätte, da er bei uns sei; doch das hatte ich dem Pater Provinzial damals noch nicht gesagt. Es beruhigte mich aber in den großen Mühen und Gefahren, in die wir gerieten, besonders bei einer Flussüberquerung in der Nähe von Burgos, die sie Pontonbrücken nennen, wo dermaßen viel und häufig Wasser niedergegangen war, dass es diese Pontonbrücken so arg überspülte, dass sie nicht mehr herausragten, noch zu sehen war, wo man den Fuß hinsetzte, sondern überall nur noch Wasser war, und auf der einen wie auf der anderen Seite sehr tief. Kurz, es ist ein großes Wagnis, dort zu passieren, noch dazu mit Wagen, denn beim geringsten Abrutschen ist alles verloren, und einer von ihnen geriet tatsächlich in Gefahr.[43]

17. In einer Herberge, die schon davor lag, hatten wir uns einen Führer genommen, der zwar diesen Übergang kannte, doch ist er zweifellos sehr riskant. Überhaupt die Herbergen, denn wegen der schlechten Wege konnte man keine Tagesreisen zurücklegen;[44] es war nämlich geradezu normal, dass die Wagen im Schlamm versanken, so dass man die Zugtiere von einem Wagen los- und am anderen anspannen musste, um sie herauszuziehen. Viel machten die Patres durch, die mitgingen, denn wir hatten zufälligerweise junge und wenig umsichtige Fuhr-

---

[43] Es war ausgerechnet der Wagen, in dem Teresa reiste.
[44] Das bedeutet, dass Teresa nicht in den üblichen Herbergen absteigen konnte, die jeweils eine Tagesreise auseinander lagen, sondern anderweitig unterkommen musste.

knechte bei uns. Dass Pater Provinzial dabei war, war eine große Wohltat, denn er achtete auf alles, und war dabei so angenehm im Umgang, dass es aussieht, als würde die Mühsal an ihm geradezu abgleiten. So erleichterte er, was schwer war, so dass es nach wenig aussah, allerdings nicht bei den Pontonbrücken, wo wir nicht umhin kamen, uns sehr zu fürchten. Denn mich in einem Wassermeer zu sehen, ohne Weg und Steg, da kam auch ich nicht daran vorbei, mich sehr zu fürchten, so sehr der Herr mich auch gestärkt hatte. Was sollten erst meine Gefährtinnen tun? Wir waren zu acht: Zwei, die mit mir wieder heimkehren sollten, und fünf, die in Burgos bleiben sollten, vier Chorschwestern und eine Laienschwester.[45] Ich glaube, ich habe noch nicht gesagt, wie der Provinzial heißt:[46] Es ist Fray Jerónimo Gracián de la Madre de Dios, den ich andere Male schon erwähnt habe. Ich litt an einem ziemlich akuten Halsweh, das ich mir unterwegs bei der Ankunft in Valladolid zugezogen hatte, und wurde auch mein Fieber nicht los.[47] Essen verursachte mir sehr große Schmerzen. Das bewirkte, dass ich mich über die Vorkommnisse auf der Reise nicht so recht freuen konnte. Dieses Leiden dauert bis jetzt, also Ende Juni, an, wenn auch bei weitem nicht mehr so stark, aber doch noch recht schmerzhaft. Alle waren fröhlich, denn nach dem Durchstehen einer Gefahr war es eine Erholung, darüber zu sprechen. Etwas Großes ist es, aus Gehorsam zu leiden, wenn man darin so geübt ist, wie diese Schwestern.

18. Auf diesem schlechten Weg kamen wir durch viel Wasser, das es vor der Einfahrt in die Stadt gab, in Burgos an. Noster Pa-

---

[45] Es waren dies: Tomasina Bautista, die als Priorin für Burgos vorgesehen war; Inés de la Cruz Arias; Catalina de Jesús (eine Namensschwester der in F 22 genannten Catalina de Jesús Godínez); Catalina de la Asunción Muncharaz y Tolosa, eine Tochter von Catalina de Tolosa; und María Bautista mit dem weißen Schleier der Laienschwester. Zurückkehren sollten mit Teresa Ana de San Bartolomé und ihre Nichte Teresita, die kleine Tochter ihres Bruders Lorenzo de Cepeda, die im Kloster erzogen wurde.

[46] In F 29,30 hatte sie es schon gesagt.

[47] Eine weitere Anspielung auf ihre Erkrankung im Zuge der starken Grippewelle, die damals in ganz Spanien viele Opfer forderte; vgl. F 29,1.

ter[48] wollte, dass wir zuerst dem hl. Christus einen Besuch ab-
statteten,[49] um ihm unser Anliegen zu empfehlen, und bis zur
Nacht abzuwarten, da wir frühzeitig angekommen waren. Es war
ein Freitag, ein Tag nach Pauli Bekehrung,[50] 26. Januar. Wir waren fest entschlossen, gleich zu gründen, und dazu brachte ich
viele Briefe des Domherrn Salinas mit (von dem bei der Gründung von Palencia die Rede war,[51] dem aber die hier nicht
weniger kostete; er stammt von hier, und zwar aus einer angesehenen Familie), damit seine Verwandten dieses Unternehmen
nachdrücklichst unterstützten, aber auch für andere Freunde.

19. Und so machten sie es, denn am nächsten Tag kamen sie
mich alle bald besuchen, und das sogar offiziell, da sie nicht
bereuen würden, was sie zugesagt hatten, sondern sich freuten,
dass ich gekommen sei, und ich solle sagen, womit sie mir zu
Gefallen sein könnten. Da wir, wenn überhaupt, nur von der
Stadt her etwas befürchteten, hielten wir alles für geebnet. Wir
hatten vorgehabt, wenn wir nicht unter strömendem Regen im
Haus der guten Catalina de Tolosa angekommen wären, es dem
Erzbischof[52] zu sagen, noch bevor es jemand anders erfahren
würde, um sogleich die erste Messe zu feiern, wie ich es fast
überall tue; doch so unterblieb dies.

20. Wir ruhten in dieser Nacht in aller Behaglichkeit aus, die
uns diese heiligmäßige Frau bereitet hat, auch wenn mir das
große Mühe kostete, denn sie hatte ein großes Feuer angezün-

---

[48] Gemeint ist der Provinzial Jerónimo Gracián. *Noster Pater* ist die bis in die
Zeit nach dem Zweiten Vatikanischen Konzil übliche Anrede für die Oberen
(Prior, Provinzial, Ordensgeneral) gewesen.

[49] Der sog. Christus von Burgos, damals bei den Augustinern, heute in der Kathedrale verehrt. Es handelt sich um eine mit Büffelleder überzogene Holz-
figur (Bart, Haare und Nägel sollen von einem Menschen stammen), die einen
ungewöhnlich langen Rock in der jeweils aktuellen liturgischen Farbe trägt. In
verschiedenen Reiseberichten aus jener Zeit wird er erwähnt und mehr oder
weniger detailliert beschrieben (TyV 886).

[50] Vgl. Apg 9,1-22; das Fest wird am 25. Januar begangen.

[51] F 29,12.

[52] Don Cristóbal Vela, siehe Anm. zu F 31,2.

det, um die Kleider zu trocknen, und obwohl es in einem Kamin war, setzte es mir so zu, dass ich am folgenden Tag meinen Kopf nicht heben konnte; liegend sprach ich durch ein vergittertes Fenster, vor das wir einen Schleier gehängt hatten, mit denen, die zu Besuch kamen; da ich an diesem Tag notgedrungen zu verhandeln hatte, war das sehr beschwerlich für mich.

21. Gleich am Morgen ging unser Pater Provinzial zu Seiner Hochwürden, um seinen Segen zu erbitten, denn wir dachten, dass es nichts weiter bedürfe. Er fand ihn so erregt und verärgert vor, weil ich ohne seine Erlaubnis gekommen sei, (wie wenn er es mir nicht aufgetragen hätte, noch je über diese Angelegenheit gesprochen worden wäre); und so sprach er zu Pater Provinzial zutiefst verärgert über mich. Er gab zwar zu, dass er angeordnet habe, dass ich käme, sagte aber, nur ich, um darüber zu verhandeln, aber mit so vielen Schwestern zu kommen! Gott bewahre uns vor dem Ärger, den ihm das brachte! Es nutzte wenig, ihm zu sagen, dass es mit der Stadt schon ausgehandelt sei, wie er gebeten hatte, dass es da nichts mehr zu verhandeln, sondern nur noch zu gründen gäbe, und dass mir der Bischof von Palencia, (den ich gefragt hatte, ob es wohl gut wäre, dass ich käme),[53] gesagt hatte, dass es dazu keinen Grund gäbe, da er ja gesagt hatte, dass er es wünschte. Es war nun einmal so geschehen, und das wohl, weil es Gottes Wille war, dass das Kloster gegründet würde, wie er im Nachhinein selbst sagt. Doch wenn wir es ihn deutlich hätten wissen lassen, dann hätte er uns gesagt, dass wir nicht kommen sollten. Er entließ den Pater Provinzial damit, dass er auf keinen Fall die Erlaubnis geben würde, falls das Kloster nicht mit festen Einkünften und in einem eigenen Haus gegründet würde, und dass wir dann gleich wieder umkehren könnten. Bei diesen tollen Wegen und dem Wetter!

---

[53] Don Álvaro de Mendoza; siehe F 31,3.5.7. Nach *„ob es wohl gut wäre, dass ich käme"* hat Gracián in der Editio princeps ergänzt: *„ohne es Seine Herrschaft wissen zu lassen",* womit der Satz vollständiger wird.

22. Mein Herr! Wie gewiss ist es doch, dass du einem, der dir einen Dienst erweist, sogleich mit einer großer Prüfung heimzahlst! Doch was für ein wertvoller Preis wäre das für jene, die dich wahrhaft lieben, wenn uns nur gleich sein Wert zu verstehen gegeben würde! Aber damals hätten wir diesen Gewinn lieber nicht gehabt, denn es sah so aus, als machte er alles unmöglich. Er, der Erzbischof, sagte nämlich noch mehr: Das, was man als feste Einkünfte und für den Kauf des Hauses hernähme, dürfte nicht von dem genommen werden, was die Schwestern mitbrächten.[54] Da aber in den gegenwärtigen Zeiten an so etwas überhaupt kein Gedanke zu verschwenden war, war klar zu erkennen, dass es dann keinen Ausweg gäbe; für mich allerdings nicht, denn ich war mir immer noch sicher, dass sich alles zum Besseren wenden würde, und dass es Nachstellungen wären, die der Böse legte, damit es nicht zur Klostergründung käme, dass sich aber Gott mit seinem Werk durchsetzen würde. Damit kehrte der Pater Provinzial recht frohgestimmt nach Hause, denn das verwirrte ihn damals gar nicht. Gott hatte das so gefügt, damit er über mich nicht verärgert wäre, weil ich die Erlaubnis nicht schriftlich hatte, wie er gesagt hatte.[55]

23. Es waren, wie ich schon gesagt habe,[56] Freunde des Domherrn Salinas bei mir gewesen, denen er geschrieben hatte, und von ihnen kamen sofort einige wieder, zusammen mit seinen Verwandten. Sie meinten, man solle vom Erzbischof die Erlaubnis erbitten, dass man die Messe bei uns im Hause feierte, damit wir nicht durch die Straßen zu laufen hätten.[57] Diese waren verschlammt, und für Unbeschuhte Schwestern schien es nicht passend; außerdem gab es in dem Haus einen würdigen Raum, der für die Gesellschaft Jesu als Kirche gedient hatte, als

---

[54] Das heißt von der Mitgift, die die Schwestern mitbrachten.
[55] Man mag sich fragen, warum Teresa aufgrund einer ähnlichen Schwierigkeit bei der Gründung in Segovia nicht gewitzter war (F 21,5).
[56] In F 31,18f.
[57] Da die Schwestern auf so etwas überhaupt nicht eingestellt waren, bedeutete das ein kleines Drama, wie P. Gracián berichtet (TyV 889).

sie nach Burgos gekommen waren, und wo sie mehr als zehn Jahre waren, somit, so schien uns, wäre es nicht unangebracht, dort Besitz zu ergreifen, bis wir ein Haus hätten. Nie konnte man aber bei ihm erreichen, dass er uns dort die Messe feiern ließ, obwohl zwei Domherren zu ihm gingen und es von ihm erbaten. Was man bei ihm erreichen konnte, war, dass man nach Sicherung des festen Einkommens bis zum Kauf des Hauses dort die Gründung errichten könnte, wobei wir aber für den Kauf des Hauses und dafür, dass wir dann von dort auszögen, Bürgen stellen sollten. Diese fanden wir gleich, denn die Freunde des Domherrn Salinas boten sich hierfür an, und Catalina de Tolosa dafür, feste Einkünfte zu geben, damit gegründet werden könnte.

24. Mit dem Wieviel und dem Wie und dem Woher dürften mehr als drei Wochen vergangen sein, während wir keine Messe hatten, außer an den Festtagen in aller Frühe, und das bei meinem Fieber und meiner schlechten Gesundheit. Doch Catalina de Tolosa machte ihre Sache so gut, da es ihr eine Freude war, uns zu verwöhnen, und gab uns allen mit solcher Bereitwilligkeit in einem Raum, den wir für uns hatten, einen Monat lang zu essen, wie wenn sie von jeder die Mutter wäre. Pater Provinzial und seine Begleiter logierten bei einem Freund von ihm, mit dem er zusammen an der Universität gewesen war, mit Namen Doktor Manso,[58] Domherr und Domprediger;[59] er war aber sehr bekümmert, als er sah, dass er dort so lange aufgehalten wurde, und nicht wusste, wie er uns verlassen sollte.

25. Nachdem die Bürgen und die festen Einkünfte geklärt waren, sagte der Erzbischof, dass es dem Verwalter übergeben wer-

---

[58] Pedro Manso de Zúñiga, ein großer Bewunderer und Freund Teresas, war Kommilitone von Gracián an der Universität Alcalá de Henares und nach dem Weggang Graciáns von Burgos Teresas Beichtvater dort; 1594-1612 war er Bischof von Calahorra, wo er ein Kloster für die Schwestern (1598) und eines für die Brüder (1603) stiftete.

[59] *Canónigo de púlpitpo*, wie Teresa sagt, also *magistral de la Catedral*, womit das prestigeträchtige Amt des Dompredigers gemeint ist.

den sollte, der es sofort erledigen würde.[60] Doch der Böse hat es wohl nicht versäumt, sich an ihn heranzumachen. Nachdem er alles genau in Augenschein genommen hatte, und wir schon glaubten, dass es nichts mehr gäbe, womit er sich aufhalten würde, und fast ein Monat vergangen war, dass sich der Erzbischof mit dem, was wir taten, zufrieden gezeigt hat, schickt mir der Verwalter eine Denkschrift, in der es heißt, dass die Erlaubnis nicht erteilt würde, bis wir ein eigenes Haus hätten. Der Erzbischof wolle nämlich nicht, dass wir in dem gründen, in dem wir jetzt sind, weil es feucht war, und es von der Straße her viel Lärm gäbe; dazu für die Absicherung des Vermögens was weiß ich für Bedenken, und anderes mehr, wie wenn man gerade mit der Angelegenheit anfinge, und dass es da gar nichts mehr zu bereden gäbe, und das Haus zur Zufriedenheit des Erzbischofs ausfallen müsse.

26. Groß war der Verdruss von Pater Provinzial, als er das sah, und so bei allen Schwestern. Denn man weiß doch, wie viel Zeit zum Kauf eines Grundstücks für das Kloster nötig ist, und er war vergrämt, als er uns zur Messe herausgehen sah; denn wenn die Kirche auch nicht weit weg war,[61] und wir die Messe in einer Seitenkapelle mitfeierten, ohne gesehen zu werden, so bedeutete das für Seine Hochwürden und uns doch ein ganz großes Leid, weil es schon so lange ging. Ich glaube, er ging damals mit dem Gedanken um, dass wir heimgehen sollten. Ich konnte das nicht ertragen, sobald ich daran dachte, was mir der Herr gesagt hatte, dass ich es nämlich für ihn besorgen sollte; und dass das Kloster errichtet werden sollte, hielt ich für so gewiss, dass mir das kaum Schmerz bereitete. Nur wegen des

---

[60] Um diese Zeit ist Teresa selbst zum Erzbischof gegangen, um mit ihm zu verhandeln, doch sie biss auf Granit. Als letzte Waffe hielt sie ihm entgegen: *„Schauen Sie, Euer Gnaden, meine Schwestern geißeln sich zu Hause",* worauf er ihr trocken antwortete: *„Die sollen sich ruhig geißeln, doch er habe für jetzt noch nicht den Entschluss gefasst, die Erlaubnis zu geben",* wie Ana de San Bartolomé berichtet (BMC 2,235f.). Mit dem Diözesanadministrator von Toledo war es ihr seinerzeit besser ergangen (F 15,5).

[61] Die Pfarrkirche San Gil.

Pater Provinzials empfand ich welchen, und es tat mir leid, dass er mit uns gekommen war, ohne zu wissen, wie sehr uns seine Freunde nützlich sein sollten, wie ich später sagen werde. Als ich in einem solchen Stimmungstief war und auch meine Begleiterinnen mitten drinsteckten (doch das machte mir nichts aus, dafür das mit dem Provinzial schon), sagte mir unser Herr, noch nicht einmal ich als beim Beten war,[62] diese Worte: *Auf Teresa, sei stark.* Darauf bemühte ich mich, dem Pater Provinzial mehr Mut zu machen (und Seine Majestät muss ihn ihm wohl eingeflößt haben), dass er abreisen und uns verlassen solle, denn die Fastenzeit rückte schon näher[63] und er musste sich notwendigerweise auf den Weg machen, um zu predigen.[64]

27. Er und seine Freunde ordneten an, dass man uns einige Räume im Hospital de la Concepción geben solle, wo das Allerheiligste Sakrament aufbewahrt und jeden Tag Messe gefeiert

---

[62] In V 10,1 hatte Teresa beschrieben, wie ihr vergleichbare mystische Erfahrungen beim inneren Beten oder gesammelten Lesen zuteil wurden: *„Es widerfuhr mir bei meinem Bemühen, mir Christus vor mir zu vergegenwärtigen, ... oder manchmal sogar beim Lesen, dass mich ganz unverhofft ein Gefühl der Gegenwart Gottes überkam, so dass ich in keiner Weise bezweifeln konnte, dass er in meinem Innern weilte oder ich ganz in ihm versenkt war."* Hier fehlt dieser Rahmen, was sie erwähnenswert findet. Allerdings ist sie mit Johannes vom Kreuz fest davon überzeugt, dass Gott *„diese Gnadengaben schenkt, wann und wie und wo er will"* (3S 42,3). Vgl. auch V 22,16; 34,11; 39,9f.

[63] Die Fastenzeit begann in jenem Jahr am 28. Februar.

[64] Das war gewiss wahr, aber es gab noch tiefere Gründe, die in den Aussagen der Nichte Teresas, der aus Quito stammenden Teresita, deutlich anklingen: *„Als die genannte heilige Mutter nach Burgos kam, erhoben sich gegen sie von Seiten des Erzbischofs dieser Stadt und des eigenen Ordensoberen, der sie auf dem ganzen Weg begleitet hatte, die größten Widersprüche und Verfolgungen. Denn obwohl beide Oberen die genannte heilige Mutter Teresa von Jesus sehr hoch schätzten und auf ihren guten Geist vertrauten, erlaubte es der Herr, was der genannten Heiligen zum Verdienst wurde, dass gerade sie es waren, die sie am meisten niederdrückten, jeder auf seine Weise. Der genannte Ordensobere [Gracián] machte sich aus dem Staub und verließ sie inmitten von Bedrängnissen, wie wenn er misstrauisch wäre, dass es überhaupt zu dieser Gründung kommen sollte, was der heiligen Mutter sehr weh tat"* (BMC 2,328). Man muss allerdings dazu sagen, dass Teresita zum Zeitpunkt ihrer Aussage von der in manchen Teilen des Ordens gegen Gracián bestehenden Feindschaft beeinflusst war. In F 31,31 gibt Teresa an, dass er nach Valladolid musste.

wurde. Das bedeutete für ihn schon eine gewisse Erleichterung, doch bis man sie uns gab, galt es noch, nicht wenig durchzustehen. Eine Witwe von hier hatte sich nämlich ein gutes Zimmer gemietet und wollte es uns nicht nur nicht geben, obwohl sie erst in einem halben Jahr dort einziehen sollte, sondern es passte ihr nicht, dass man uns einige ganz oben unter dem nackten Ziegeldach gelegene Zimmer gab, von denen eines mit ihrem verbunden war. Sie begnügte sich nicht damit, es von außen abzusperren, sondern ließ es noch von innen zunageln. Abgesehen davon glaubten die Mitglieder der Bruderschaft,[65] dass wir uns das Hospital unter den Nagel reißen wollten, was ganz abwegig war; Gott wollte nur, dass wir noch mehr Verdienste sammelten.[66] Man ließ den Pater Provinzial und mich vor einem Amtsschreiber versprechen, dass wir bei der Aufforderung, von dort auszuziehen, das auch sofort tun würden.

28. Das fiel mir am schwersten; denn ich fürchtete die Witwe, die reich war und Verwandtschaft hatte, und uns, sobald ihr die Laune danach stand, von dort würde ausziehen lassen. Aber der Pater Provinzial als der gewieftere wollte,[67] dass man alles täte, was sie wollten, nur damit wir schnell dorthin kämen.

---

[65] *Cofrades*: Siehe dazu F 29,13. Hier handelt es sich um die *Cofradía de la Concepción*, die dem Hospital auch den Namen gegeben hat.

[66] Typisches Verhalten für eine Zeit, in der man versuchte, mit solchen Widrigkeiten fertig zu werden, indem man sie in der Nachfolge Christi ertrug und sich vorhielt, dass sich durch geduldiges Erleiden Verdienste für das ewige Leben sammeln ließen; vgl. auch V 34,16; CE 11,3; und viele weitere Stellen. Der Gedanke des Verdienste-Sammelns war noch bis zum Zweiten Vatikanum in katholischen Kreisen weit verbreitet. Wie differenziert Teresa dennoch darüber denkt, wird an anderer Stelle deutlich: *„[Erhöre uns] nicht um unseretwillen, Herr, denn wir haben keinerlei Verdienste, [sondern] um des Blutes deines Sohnes und um seiner Verdienste willen!"* (CE 4,1); *„Welchen Wert können [unsere Werke] haben, ohne dass sie zum Wert der Verdienste Jesu Christi, unseres Heils, hinzukommen!"* (2M 1,11). An beiden Stellen klingt das damals hochbrisante Thema der Rechtfertigung durch Werke (eigene „Verdienste") bzw. durch den Kreuzestod Christi an. Teresa bleibt „orthodox", kommt aber in ihrer Betonung der Erlösung nicht durch unsere Leistungen („Werkgerechtigkeit"), sondern durch Christi Blut der lutherischen Auffassung sehr nahe.

[67] Damit stellt Teresa ihr Licht eindeutig unter den Scheffel, wie man in diesem Bericht immer wieder sehen kann. Es ist schon fast eine Verklärung von P. Gracián. Ob sich dahinter nicht doch ihre Enttäuschung über ihn verbirgt?

Man gab uns nur zwei Zimmer und eine Küche. Doch ein großer Diener Gottes mit Namen Hernando de Matanza hatte das Hospital über, und er gab uns als Sprechzimmer noch zwei dazu und erwies uns viel Nächstenliebe, wie er sie zu allen Menschen hat, denn er erweist den Armen viel Gutes.[68] Das erwies uns auch Francisco de Cuevas, der Hauptpostmeister von hier,[69] der in diesem Hospital viel zu sagen hatte. Er hat sich immer für uns eingesetzt, sofern es sich ihm angeboten hat.[70]

29. Ich habe die Wohltäter der ersten Stunde genannt, denn es ist nur recht, dass die jetzigen Schwestern und die künftigen in ihren Gebeten an sie denken. Das schuldet man besonders den Stiftern, auch wenn es anfangs nicht meine Absicht war und es mir noch nicht einmal in den Sinn kam, dass Catalina de Tolosa das sein sollte, doch hat sie es sich mit ihrem guten Leben bei unserem Herrn verdient, der es so gefügt hat, so dass man nicht abstreiten kann, dass sie es auch ist. Denn abgesehen davon, dass sie das Haus bezahlt hat, als wir keinen Ausweg sahen, kann man gar nicht sagen, was ihr diese ganze Verzögerungstaktik des Erzbischofs gekostet hat; allein schon der Gedanke, dass das Kloster nicht entstehen sollte, war ihr die größte Qual, und niemals wurde sie müde, uns Gutes zu tun.

30. Das Hospital war weit von ihrem Haus entfernt. Fast täglich kam sie sehr gern zu Besuch zu uns und schickte uns alles, was wir brauchten, auch wenn der Tratsch darüber nie verstummte, der ausgereicht hätte, um alles aufzugeben, wenn sie nicht den ihr eigenen Mut gehabt hätte. Als ich sah, was sie durchmachte, tat mir das sehr leid. Denn obwohl sie es mei-

---

[68] Ein adeliger Ratsherr aus Burgos und Bruder des Bürgermeisters Jerónimo Matanza. In Burgos gab es zu dieser Zeit vier Hauptbürgermeister (alcaldes mayores) und acht Ratsherren (TyV 888).

[69] Correo mayor, heute würde man sagen Oberpostdirektor.

[70] Francisco de Cuevas, zuvor am Hof Karls V. tätig, war mit der berühmten toledaner Dichterin Luisa Sigea de Velasco (1522-1560) verheiratet, einer der wenigen Frauen, die wegen ihrer Gelehrsamkeit im 16. Jahrhundert öffentliche Anerkennung fanden. Sie schrieb lateinisch, ihr Hauptwerk war Duarum Virginum Colloquium de vita aulica et privata.

stens wegsteckte, konnte sie es zuweilen nicht verheimlichen, besonders wenn sie es in ihrem Gewissen betraf. Das ist bei ihr nämlich so fein ausgeprägt, dass ich, so viele Anlässe manche Personen ihr auch boten, von ihr nie ein Wort zu hören bekam, das eine Beleidigung Gottes gewesen wäre. Sie sagten zu ihr, dass sie in die Hölle käme,[71] denn wie könne sie, wo sie doch Kinder hat, tun, was sie tat. Sie machte alles nach dem Gutachten von Studierten, denn selbst wenn sie etwas anderes hätte tun wollen, so hätte ich doch um nichts auf der Welt zugestimmt, dass sie etwas täte, wozu sie nicht in der Lage war, auch wenn man deswegen auf die Errichtung von tausend Klöstern[72] hätte verzichten müssen, um wie viel mehr, wo es nur um eines ging. Doch da man die Verhandlungen im Geheimen führte, überrascht es mich nicht, dass man sich etwas zusammenreimte. Sie aber antwortete mit solcher Besonnenheit, die sie in reichem Maß besitzt, und ertrug es so, dass deutlich zu sehen war, dass Gott sie in der Fertigkeit unterwies, die einen zufrieden zu stellen und die anderen auszuhalten, und ihr den Mut gab, alles zu ertragen. Um wie viel mehr Mut zu großen Dingen haben die Diener Gottes als die Leute mit großartigen Stammbäumen, sofern ihnen genau das abgeht![73] Allerdings fehlte es ihr nicht an großer Reinheit des Blutes, denn sie ist von hohem Adel.[74]

---

[71] So schnell kam man damals also in die Hölle! Kein Wunder, dass Teresas Angst davor zunächst so groß war.

[72] Eine typisch barocke Übertreibung, die man nicht nur bei Teresa, sondern auch bei vielen ihrer Zeitgenossen (etwa auch bei Johannes vom Kreuz, z. B. 2S 26,17; 3S 3,4;10,2;19,7; 1N 2,4; CB 5,3; LB 2,3; Ct 16) immer wieder findet; vgl.: *„tausend Anklagen"* (CE 1,5); *„tausend Ehrenposten"* (CE 4,1); *„tausend Meilen weit weg fliehen"* (CE 19,1); *„tausend Geheimnisse"* (MC 1,2); *„tausendfaches Unheil"* (MC 2,2); *„tausend Stolpersteinchen"* (MC 2,3); *„tausendmal umbringen"* (V 5,11); *„tausend andere Dinge"* (V 7,12); *„tausend Nichtigkeiten"* (V 7,17); und immer wieder: *„tausendmal sterben"* bzw. *„tausend Leben hergeben"* (CC 1,13; 60,4; V 25,12; 33,5; CE/CV 1,2; CE 10,4 bzw. CV 6,9; F 1,7; V 15,12); usw.

[73] Auch hier wird wieder Teresas kritische Einstellung gegenüber denen *„mit großartigen Stammbäumen"* deutlich, doch lehnt sie diese auch nicht einfach ab, zumal sie ihr oft nützlich waren; entscheidend ist für sie jedoch der von Gott geschenkte Mut.

31. Doch um zu dem zurückzukehren, wovon ich berichtete: Sobald uns der Provinzial an einem Ort hatte, wo wir die Messe feierten und in Klausur lebten, fasste er sich ein Herz, um nach Valladolid zu gehen, wo er predigen musste, wiewohl es ihm sehr leid tat, da beim Erzbischof auch nicht der Schimmer einer Hoffnung zu erkennen war, dass er die Erlaubnis geben würde. Und obwohl ich diese immer wieder wach hielt, konnte er es nicht glauben. Es gab gewiss starke Anlässe dazu, dies zu denken, doch besteht kein Grund, sie hier zu nennen. Und wenn er schon wenig Hoffnung hatte, so hatten die Freunde noch weniger und machten ihm das Herz noch schwerer. Ich fühlte mich leichter, als ich ihn abreisen sah; denn wie ich gesagt habe,[75] rührte mein größter Schmerz von dem seinen her. Er hinterließ uns den Auftrag, ein Haus zu besorgen, damit wir ein eigenes hätten, was aber sehr schwierig war; denn bislang hatte sich keines gefunden, das man hätte kaufen können. Die Freunde nahmen sich unser noch mehr an, besonders die beiden des Pater Provinzials,[76] und alle stimmten darin überein, gegenüber dem Erzbischof kein Wörtchen verlauten zu lassen, bis wir ein Haus gefunden hätten. Dieser verkündete immer wieder, dass er diese Gründung mehr als jeder andere wünschte, und ich glaube es ihm, denn er ist ein guter Christ, der nichts als die Wahrheit sagt.[77] Doch seinen Werken nach sah es nicht so aus, da er Auflagen verlangte, deren Erfüllung für unsere Möglichkeiten unmöglich zu sein schien. Das war genau der Plan, den der Böse ausgeheckt hatte, damit das Kloster nicht errichtet würde. Doch, mein Herr, wie sieht man, dass du mächtig bist, denn genau von dem, womit er es zu verhindern

---

[74] *Hija de algo* oder *de alguién*, was zu Hidalga wird, bedeutet *Tochter von jemand* mit Rang und Namen, also eine Adelige zu sein. *Mucha limpieza* – *von großer Reinheit (des Blutes)* bedeutet, nicht mit jüdischem oder maurischem Blut befleckt bzw. davon überzeugt zu sein. Siehe F 20,2 mit Anm.

[75] In F 31,26.

[76] Pedro Manso de Zúñiga (siehe F 31,24) und Antonio Aguiar (siehe F 31,33f.).

[77] Angesichts der Eigenschaften, mit denen Teresa ihre Mitmenschen sonst auszeichnet – Diener Gottes, heiligmäßig, tugendhaft usw. – ist diese zurückhaltende Charakterisierung wenig schmeichelhaft, zumal der nächste Satz in offenem Widerspruch dazu steht.

suchte, hast du genommen, um es noch besser zu machen. Sei du für immer gepriesen!

32. Wir waren vom Vorabend von Sankt Matthias, als wir in das Hospital einzogen, bis zum Vorabend von Josephi dort untergebracht[78] und verhandelten wegen verschiedener Häuser. Es gab so viele Nachteile, dass keines, das zum Verkauf anstand, für den Kauf taugte. Nun hatte man mir von einem erzählt, das einem vornehmen Mann gehörte. Es stand schon seit Tagen zum Kauf an, aber obwohl so viele Orden auf der Suche nach einem Haus waren,[79] gefiel es Gott, dass es ihnen nicht brauchbar schien, so dass sich jetzt alle wundern und einige es sogar sehr bereuen. Mir hatten zwei oder drei Leute davon erzählt, doch hatten sich so viele abfällig darüber geäußert, dass ich es außer Acht ließ, weil es uns wohl nicht entspräche.

33. Als ich nun eines Tages beim Lizentiaten[80] Aguiar war, von dem ich schon gesagt habe,[81] dass er ein Freund von Noster Pater ist,[82] der mit großer Umsicht für uns auf der Suche nach einem Haus war, und er berichtete, dass er einige besichtigt habe, es in der ganzen Stadt aber keines gäbe, und es nach dem, was man mir sagte, auch nicht so aussah, dass sich eines fände, fiel mir das wieder ein, von dem ich gerade sage, dass wir es schon ausgeschieden hatten; und es kam mir folgender Gedanke: Mag es auch wirklich so ungeeignet sein, wie sie sagen, wir können uns doch in diesem Notfall damit behelfen, später kann man es ja wieder verkaufen. Ich sagte zum Lizenziaten Aguiar, ob er mir nicht den Gefallen erweisen wollte, es sich anzuschauen.

---

[78] Vom 23. Februar bis zum 18. März 1582.

[79] Siehe F 31,13.

[80] Ein akademischer Titel.

[81] In F 31,32.25. Der Arzt Antonio Aguiar war ein Kommilitone von P. Gracián an der Universität Alcalá de Henares. In seiner Aussage zum Seligsprechungsprozess liefert er als Arzt interessante Details zum Gesundheitszustand und der menschlichen Eigenart Teresas (BMC 20,420-429).

[82] *Noster Pater:* Eine bis in die Zeit des Konzils hinein übliche Anrede des Provinzials; sie meint also Jerónimo Gracián.

34. Das schien ihm kein schlechter Einfall zu sein. Er hatte das Haus noch nicht gesehen, und obwohl es ein sehr stürmischer und kalter Tag war, wollte er gleich hingehen. Es gab da noch einen Bewohner, der nur wenig Lust hatte, dass es verkauft würde, und es ihm deshalb nicht zeigen wollte. Doch schon mit der Lage und dem, was er sehen konnte, war er sehr zufrieden, und so beschlossen wir, wegen seines Ankaufs zu verhandeln. Der Adelige, dem es gehörte, war nicht da, doch er hatte einem Priester, einem Diener Gottes, die Verkaufsvollmacht gegeben, und ihm gab Seine Majestät den Wunsch ein, es an uns zu verkaufen und in aller Aufrichtigkeit mit uns zu verhandeln.[83]

35. Man kam überein, dass ich hingehen und es besichtigen sollte. Es stellte mich so hochzufrieden, dass es mir sogar noch billig vorgekommen wäre, wenn sie das Doppelte von dem verlangt hätten, um was sie es uns, wie ich gehört hatte, geben wollten. Das wäre nicht zu viel gewesen, denn zwei Jahre zuvor hatten sie es dem Eigentümer angeboten, aber er wollte es nicht hergeben. Gleich am nächsten Tag kamen der Priester und der Lizenziat dorthin,[84] der angesichts dessen, womit sich jener zufrieden gab, am liebsten gleich den Zuschlag gemacht hätte. Einige Freunde, denen ich davon erzählt habe, haben mir allerdings gesagt, dass ich fünfhundert Dukaten zu viel bezahlte, wenn ich das dafür gäbe. Das sagte ich dem Lizentiaten, aber ihm schien, dass es noch billig wäre, auch wenn ich das gäbe, was er verlangte, und auch mir schien das so,[85] und ich hätte mich selbst auch nicht weiter damit aufgehalten, da es mir geschenkt vorkam. Doch da es Gelder des Ordens waren, bekam ich Skrupel. Diese Besprechung war am Vortag des glorreichen hl. Joseph, vor der Messe. Ich sagte ihnen, dass wir nach der Messe wieder zusammenkommen und dann einen Beschluss fassen würden.

---

[83] Der Besitzer war Don Manuel Franco, die zwei bevollmächtigten Priester waren Diego Ruiz de Ayala und Martín Pérez de Rozas.

[84] Also einer der bevollmächtigten Priester und Antonio Aguiar.

[85] Hier zeigt sich Teresas kaufmännische Begabung.

36. Der Lizenziat ist ein sehr gescheiter Mann und erkannte klar, dass es uns, wenn es bekannt würde, entweder viel mehr kosten würde oder wir es gleich gar nicht kaufen sollten. So verwendete er viel Sorgfalt darauf und nahm dem Priester das Versprechen ab, nach der Messe wiederzukommen. Wir gingen hin, um es Gott anzuempfehlen, der mir sagte: *Mit Geld hältst du dich auf!*, um mir zu verstehen zu geben, dass es für uns in Ordnung wäre.[86] Die Schwestern hatten den hl. Josef inständig gebeten, dass sie bis zu seinem Festtag ein Haus haben sollten, und obwohl nicht daran zu denken war, dass es so schnell ginge, erfüllte es sich. Alle bestürmten mich, zu einem Abschluss zu kommen. Und so geschah es, denn der Lizenziat traf einen Amtsschreiber an der Tür,[87] was wie eine Fügung des Herrn schien, und kam mit ihm und sagte mir, dass es angebracht sei, zu einem Abschluss zu kommen, und brachte noch einen Zeugen mit. Nachdem man die Tür zum Saal verschlossen hatte, damit es nicht bekannt würde (was seine Angst war), schloss man am Vorabend des glorreichen hl. Josef, wie ich gesagt habe, dank der großen Umsicht und Sachkenntnis dieses guten Freundes den Kauf in aller Rechtskraft ab.[88]

37. Es hatte niemand gedacht, dass es so billig hergegeben würde; als es allmählich bekannt wurde, traten deshalb nach und nach Käufer auf und sagten, dass der Priester es durch den Vertragsabschluss verschleudert habe, und der Verkauf rückgängig gemacht werden müsse, weil es ein großer Schwindel sei. Der gute Priester machte viel durch. Sie benachrichtigten alsbald die Besitzer des Hauses, der, wie ich gesagt habe,[89] ein angesehener Adeliger war, und seine Frau genauso, und diese freuten sich so, dass aus ihrem Haus ein Kloster geworden war, dass sie schon deshalb einverstanden waren; allerdings konnten sie

---

[86] Dies geschah am 11. März 1582 (TyV 897).

[87] Er hieß Juan Ortega de la Torre y Frías.

[88] Der Kaufvertrag wurde am 16. März 1582 unterschrieben; am 18. März, dem Vortag des Josefstages, zogen die Schwestern dorthin um. Der Kaufpreis war 1.300 Dukaten (TyV 897f.).

[89] In F 31,32.34.

auch gar nichts anderes mehr tun. Am nächsten Tag wurde gleich der schriftliche Vertrag ausgefertigt und ein Drittel für das Haus bezahlt, ganz so, wie es der Priester verlangt hatte, wobei wir in einigen Vertragsklauseln zwar belastet wurden, doch seinetwegen nahmen wir alles an.

38. Es scheint unangebracht, mich so lange bei dem Kauf dieses Hauses aufzuhalten, doch denen, die die Sache näher betrachteten, kam es wirklich als nichts Geringeres denn als ein Wunder vor, sowohl wegen des Schleuderpreises als auch deshalb, weil alle Leute aus den Orden, die es angeschaut hatten, blind waren, so dass sie es nicht nahmen. Wie wenn es nicht in Burgos gestanden hätte, waren alle, die es sahen, verwundert, und machten ihnen Vorwürfe und nannten sie Narren. Eine Kommunität von Schwestern, die auf der Suche nach einem Haus war, ja sogar zwei (eine, die erst vor kurzem gegründet worden war, die andere, die von außerhalb gekommen war, nachdem ihnen das Haus abgebrannt war) und eine weitere reiche Person, die mit der Errichtung eines Kloster umgeht und es kurz zuvor erst angeschaut hatte, hatten es zurückgewiesen. Alle bereuen es nun sehr.

39. Die Gerüchteküche in der Stadt brodelte, so dass wir gut sahen, wie recht der gute Lizenziat gehabt hatte, alles geheim zu halten, und ebenso mit der Vorsicht, die er walten ließ. Mit Fug und Recht können wir sagen, dass es nach Gott er ist, der uns das Haus gab. Großartig, was ein guter Verstand bei allem ausmacht! Da er so viel davon hat und Gott ihm die Bereitschaft gab, brachte er durch ihn dieses Werk zum Abschluss. Mehr als einen Monat lang war er unser Helfer und gab Ideen, wie man es gut und für wenig Geld einrichten konnte. Es sah ganz danach aus, als habe es unser Herr für sich aufbewahrt, da schon fast alles hergerichtet schien. Wirklich, gleich beim ersten Anblick kam es mir wie ein Traum vor, es so schnell vollendet zu sehen, und alles so, wie wenn es für uns gemacht worden wäre. Gut hat uns der Herr vergolten für das, was wir durchgemacht hatten, indem er uns an diesen Wonneort führte,

denn nichts anderes scheinen der Garten und die Ausblicke und das Wasser zu sein. Er sei für immer gepriesen. Amen.

40. Bald schon erfuhr es der Erzbischof, und es freute ihn sehr, dass es so gut geklappt hat; er meinte nämlich, dass seine Zähigkeit der Grund dafür sei, womit er sehr recht hatte. Ich schrieb ihm, dass es mich gefreut habe, ihn zufriedengestellt zu haben, und dass ich mich nun beeilen würde, das Haus einzurichten, damit er mir seine Gunst vollständig erwiese.[90] Zugleich sagte ich ihm, dass ich mich mit der Übersiedlung beeilen würde, da man mir nämlich gesagt hatte, dass man uns im Hospital behalten wollte, bis was weiß ich für Schriftstücke ausgestellt wären. Daher bezogen wir schon mal ein Zimmer, obwohl ein Hausbewohner, der dort wohnte,[91] noch nicht ausgezogen war, und wir auch noch einiges mitmachten, um ihn hinauszukriegen. Bald schon sagte man mir, dass er[92] darüber sehr verärgert sei. Ich besänftigte ihn, so gut ich konnte, denn da er gutmütig ist, geht es schnell vorbei, auch wenn er sich ärgert. Es ärgerte ihn auch, als er erfuhr, dass wir Gitter und Winde hätten, da er meinte, ich wolle schon alles festmachen. Ich schrieb ihm, dass ich das nicht wolle, dass es diese Dinge in Häusern von zurückgezogenen Personen aber gäbe, und dass ich noch nicht einmal gewagt hätte, ein Kreuz anzubringen, damit es nicht so aussähe,[93] und das war ja auch wahr. Bei all dem guten Willen, den er zeigte, deutete nichts daraufhin, dass er uns die Erlaubnis geben wollte.[94]

41. Er kam, um sich das Haus anzusehen;[95] es stellte ihn sehr zufrieden, und er zeigte sich uns gegenüber sehr wohlwollend,

---

[90] Eine Anspielung auf die immer noch nicht erteilte Erlaubnis zur Gründung.

[91] Jerónimo del Pino und seine Frau Magdalena Solórzano.

[92] Der Erzbischof.

[93] Sie meint, damit es nicht nach einem Kloster aussähe.

[94] Die ganzen Probleme rührten nicht vom Mieter her, sondern sind im Erzbischof begründet, der offensichtlich mit nichts zufrieden zu stellen war.

[95] Von Ana de San Bartolomé wissen wir, dass er sogar zwei- oder dreimal zu Besuch kam und die Hoffnung nährte, dass er die Erlaubnis bald gäbe (TyV 901).

doch nicht so sehr, um uns die Erlaubnis zu geben, wiewohl er uns schon mehr Hoffnung machte, dass nämlich ich weiß nicht was für Schriftstücke noch mit Doña Catalina ausgefertigt werden müssten. Groß war die Angst, dass er uns die Erlaubnis überhaupt nicht gäbe. Doch Doktor Manso, jener andere Freund von Pater Provinzial, den ich erwähnt habe,[96] stand ihm sehr nahe, so dass er den Zeitpunkt abwartete, um ihn daran zu erinnern und ihn zu bestürmen, denn es tat ihm sehr leid, als er sah, dass es uns so erging, wie es uns erging. Nicht einmal in diesem Haus, in dem es eine Kapelle gibt (allerdings nur zu dem Zweck, um für die Hausherren die Messe zu feiern), wollte er, dass man für uns die Messe las, sondern dass wir an Sonn- und Feiertagen hinausgingen, um sie in einer Kirche zu feiern,[97] wobei es für uns noch gut war, sie so in der Nähe zu haben; doch verging seit unserer Übersiedlung dorthin bis zur Gründung immerhin noch mehr oder weniger ein Monat. Alle Studierten sagten, dass das ein ausreichender Grund sei,[98] und der Erzbischof ist ja sehr studiert und sah das genauso, so das es so aussieht, als sei der einzige Grund gewesen, dass unser Herr uns leiden lassen wollte. Dabei ertrug ich es noch am besten, doch war da eine Schwester, die immer zu zittern begann, da ihr der Gang über die Straße eine solche Qual bereitete.

42. Bei der Ausfertigung der Dokumente gab es auch nicht wenig auszuhalten, denn einmal gaben sie sich mit den Bürgen zufrieden, dann wieder wollten sie das Geld, und noch viele andere Unannehmlichkeiten. Dabei traf nicht den Erzbischof so viel Schuld, sondern einen Verwalter, der uns einen heftigen Krieg lieferte. Wenn Gott ihn damals nicht auf eine Reise geschickt hätte, so dass es auf einen anderen überging, wäre man,

---

[96] In F 31,24.
[97] Die Kirche und das Hospital zum hl. Lukas, gleich neben den von Teresa gekauften Häusern gelegen.
[98] Gemeint ist, um zu erlauben, dass für die Schwestern im Haus die Messe gefeiert wurde.

glaube ich, nie zum Abschluss gekommen.[99] Was Catalina de
Tolosa dabei durchgemacht hat, ist unbeschreiblich! Sie ertrug
alles mit einer Geduld, die mich in Erstaunen versetzte, und
wurde nicht müde, uns zu versorgen. Sie gab uns den ganzen
Hausrat, den wir zum Einrichten des Hauses brauchten, Betten
und vieles andere mehr (womit sie in ihrem Haus versorgt war)
und alles, was wir brauchten. Es schien, als dürfte es uns an
nichts fehlen, selbst wenn es in ihrem fehlen sollte. Von denen,
die unsere Klöster gestiftet haben, gaben andere viel mehr an
Vermögen, doch hat es keinen den zehnten Teil von den Mühen gekostet, die es sie gekostet hat. Und wenn sie keine Kinder gehabt hätte, hätte sie alles hergegeben, was sie nur konnte.
Und so sehr wünschte sie sich, es vollendet zu sehen, dass ihr
alles, was sie zu diesem Zweck tat, gering vorkam.

43. Als ich diese Verzögerungstaktik bemerkte, schrieb ich dem
Bischof von Palencia[100] und bat ihn, dem Erzbischof nochmals
zu schreiben, über den er zutiefst verärgert war; denn alles, was
er uns antat, nahm er ganz persönlich. Was uns wunderte, war,
dass der Erzbischof gar nicht meinte, etwas Unrechtes zu tun.
Ich bat ihn also inständig, ihm nochmals zu schreiben, und zu
sagen, dass man nun zum Abschluss kommen solle, da wir bereits ein Haus hätten und alles täten, was er wolle. Er schickte
mir einen unverschlossenen Brief für ihn, der allerdings so
ausgefallen war, dass wir riskiert hätten, alles zu verlieren,
wenn man ihn ihm gegeben hätte.[101] Von daher wollte Doktor
Manso, bei dem ich beichtete und Ratschläge einholte, nicht,
dass man ihn ihm gäbe; denn auch wenn er freundlich war,
sagte er doch ein paar Wahrheiten, die angesichts der Veranlagung des Erzbischofs gereicht hätten, ihn zu verärgern, was er
wegen einiger Dinge, die er ihm hat ausrichten lassen, ohnehin
schon war, wo sie doch große Freunde waren. Und zu mir sagte

---

[99] Von diesem Verwalter ist schon in F 31,25 die Rede gewesen.
[100] Don Álvaro de Mendoza; siehe F 31,2.
[101] Die Absicht war offenbar, dass Teresa ihn vorher zur Kenntnis nimmt, was
sie offensichtlich auch tat.

er,[102] so wie durch den Tod unseres Herrn Menschen zu Freunden wurden, obwohl sie es nicht waren,[103] so seien sie beide durch mich zu Feinden geworden. Ich antwortete ihm, dass er daran ersehen könne, wer ich sei. Dabei bin ich meiner Meinung nach besonders behutsam vorgegangen, damit sie nicht verärgert würden.

44. Nochmals bat ich den Bischof mit den besten Argumenten, zu denen ich fähig war, dass er in großer Freundschaft einen neuen Brief an ihn schreiben und darin den Dienst für Gott herausstellen möge, um den es ja ging. Er tat, worum ich ihn bat, was nichts Geringes war. Da er aber sah, dass er Gott einen Dienst und mir einen Gefallen erwies (wie er sie mir die ganze Zeit erwiesen hatte), raffte er sich schließlich dazu auf, schrieb mir aber, dass alles, was er für den Orden getan hat, im Vergleich zu diesem Brief nichts gewesen sei.[104] Doch zusammen mit der Umsicht von Doktor Manso kam dieser Brief schließlich so gut an, dass er uns die Erlaubnis gab und den guten Hernando de Matanza[105] mit ihr zu uns schickte, der mit unverhohlener Freude kam. An diesem Tag waren die Schwestern niedergedrückter denn je zuvor, und die gute Catalina de Tolosa in einem Zustand, dass auch ich ihr keinen Trost zuzusprechen vermochte, so dass es so aussieht, als hätte uns der Herr gerade zu dem Zeitpunkt, der uns froh machen sollte, noch mehr zusetzen wollen. Selbst ich, die ich nie skeptisch gewesen war, war es in der Nacht zuvor auch. Sein Name sei für immer und ewig gelobt und gebenedeit. Amen.[106]

---

[102] Gemeint ist der Bischof von Palencia.

[103] Anspielung auf Pilatus und Herodes, die durch Jesus zu Freunden wurden, während sie vorher Feinde waren (Lk 23,12).

[104] Das zeigt besser als alles andere die delikate Situation, in der er sich gegenüber seinem Amtsbruder befand, denn Don Álvaro de Mendoza hatte für Teresa und ihr Werk mehr als jeder andere getan; zugleich wirft es ein helles Licht auf das willkürliche Machtgehabe des Erzbischofs von Burgos.

[105] Siehe zu ihm F 31,28. Den Text dieses wichtigen Dokuments siehe in TyV 903 (übernommen aus BMC 6,368).

[106] Die Erlaubnis des Erzbischofs, um die es in diesem langen Kapitel geht, wurde am 18. April 1582 ausgestellt.

45. Er gab dem Doktor Manso die Erlaubnis, am folgenden Tag die Messe zu feiern und das Allerheiligste Sakrament einzusetzen. Er feierte die Frühmesse und der Pater Prior von San Pablo[107] (von den Dominikanern, denen unser Orden immer viel zu verdanken gehabt hat, und denen von der Gesellschaft Jesu ebenso) feierte die Hauptmesse – wohlgemerkt, der Pater Prior, mit großer Feierlichkeit und Musikanten, die ganz ungerufen herbeikamen. Alle Freunde waren sehr glücklich, ja es ging fast auf die ganze Stadt über, denn sie hatten großes Mitleid mit uns gehabt, als sie sahen, wie es uns erging. Was der Erzbischof tat, kam ihnen so schlecht vor, dass ich manchmal mehr bedauerte, was ich zu hören bekam als was passiert war. Die Freude der guten Catalina de Tolosa und der Schwestern war so groß, dass es mich innerlich ganz ergriff und ich zu Gott sagte: Herr, was wollen denn diese deine Dienerinnen anderes als dir zu dienen und sich für dich an einem Ort einschließen zu lassen, wo sie niemals mehr herausgehen sollen?

46. Wer es nicht erlebt hat, wird es nicht glauben, welche Freude uns bei diesen Gründungen zuteil wird, wenn wir uns endlich in der Klausur erleben, wo keine weltliche Person hinein darf. So gern wir sie auch haben, so reicht es doch nicht aus, um von diesem großen Trost, unter uns zu sein, abzusehen.[108] Es ist, glaube ich, wie wenn viele Fische mit einem Netz aus einem Fluss gezogen werden: Sie können nicht am Leben bleiben, wenn man sie nicht ins Wasser zurückwirft. Genauso ergeht es den Seelen, die es gewohnt sind, in den strömenden Wassern ihres Bräutigams zu verweilen: sie leben nicht wirk-

---

[107] Fray Juan de Arcediano. Er hatte viele wichtige Ämter inne, war Prior in verschiedenen Konventen seines Ordens, darunter auch Rektor des berühmten Kollegs San Gregorio in Valladolid, und ferner Provinzvikar und Provinzial seines Ordens in Spanien.

[108] Man kann sich gut vorstellen, wie Teresa es genoss, endlich in der Klausur zu sein, d. h. nicht mehr von der Willkür des Erzbischofs abzuhängen. Hier wird erneut deutlich, dass die Klausur für sie der Lebensraum ist, in dem sie zusammen mit ihren Schwestern ihr Leben nach ihren Vorstellungen gestalten kann, und nicht in erster Linie Trennung von der Welt. Siehe dazu vor allem CE 8,6/CV 5,6.

lich, sobald sie von dort herausgeholt werden und sich in den Netzen der Dinge dieser Welt befinden, bis sie nicht wieder dorthin zurückkehren. Das sehe ich bei all diesen Schwestern immer wieder und weiß es aus Erfahrung.[109] Die Schwestern, die in sich den Wunsch verspüren sollten, sich unter die Weltleute zu mischen oder viel mit ihnen umzugehen, müssen befürchten, dass sie noch nicht auf das lebende Wasser gestoßen sind, von dem der Herr zur Samariterin sprach,[110] und dass sich ihr Bräutigam verborgen hat, und zwar zu Recht, da sie nicht mehr damit zufrieden sind, bei ihm zu verweilen. Ich befürchte, dass das aus zwei Gründen geschieht: Entweder sie haben diesen Lebensstand nicht allein seinetwegen gewählt oder aber sie erkennen, nachdem sie ihn gewählt haben, die große Gunst nicht, die der Herr ihnen erwiesen hat, indem er sie für sich auserwählt und davon befreit hat, einem Mann unterworfen zu sein, der ihnen oftmals ihr Leben ruiniert und gebe Gott, nicht auch ihre Seele.[111]

47. O, wahrer Mensch und wahrer Gott, mein Bräutigam! Diese Gnade sollte man für gering halten? Loben wir ihn, meine Schwestern, da er sie uns erwiesen hat, und werden wir nicht müde, einen so großen König und Herrn zu lobpreisen, der für uns ein Reich bereit hält, das kein Ende hat, und das für ein paar winzige Mühen, die morgen ein Ende haben, und noch dazu in tausend Freuden verpackt sind. Er sei für immer gepriesen. Amen. Amen.

---

[109] Man beachte, wie Teresa auf ihre Erfahrung pocht, ähnlich in V 4,2; 5,3; 6,6ff; 7,22; 8,5; 10,9; 11,13; 13,7; 15,16; 20,23; 22,3.5f; 25,13.17; 27,11; 28,7; 30,9; 31,4.19; 36,29; CE 2,3.6; 11,4; 13,3; 23,2; 39,4; 66,5; 1M 2,12; 4M 1,6.8; 5M 1,8; 2,8; 6M 1,11; 3,10; CC 54,1.

[110] Joh 4,7-42. Dies ist eines der Lieblingsevangelien Teresas; siehe V 30,19 und MC 7,6.

[111] Damit spricht Teresa ganz unverblümt die wahre Situation der meisten Frauen im damaligen Spanien, ja der ganzen damals bekannten Welt an. Sie mag dabei an ihre Mutter (V 1,2) und an ihre Schwester gedacht haben: *„Meine Schwester tut mir sehr leid"* (Ct 115,4), aber auch an viele andere Frauen (CE 16,3 [CV 11,3]). Man beachte auch, dass Teresa das drei Monate vor ihrem Tod so niedergeschrieben hat.

48. Einige Tage nach der Gründung des Klosters meinten Pater Provinzial[112] und ich, dass es bei dem von Catalina de Tolosa für dieses Haus festgesetzte Einkommen gewisse Ungereimtheiten gäbe, die zu einem Rechtsstreit führen könnten und ihr manche Beunruhigung verschaffen würden. Wir wollten mehr auf Gott vertrauen, als Anlass dazu zu geben, dass ihr durch etwas weh getan würde. Deshalb und noch aus anderen Gründen verzichteten wir mit Erlaubnis von Pater Provinzial vor einem Amtsschreiber alle auf das Vermögen, das sie uns gegeben hatte, und gaben ihr die amtlichen Schriftstücke zurück. Das geschah ganz geheim, damit der Erzbischof nichts davon erführe, der es als Beleidigung aufgefasst hätte, obwohl es doch dieses Haus betrifft. Wenn nämlich bekannt ist, dass es in Armut gegründet ist, gibt es nichts zu befürchten, da dann alle mithelfen, doch wenn man es für ein Kloster mit festen Einkünften hält, so scheint das eine Gefahr zu sein, so dass man für das Essen zunächst mit nichts dasteht. Für die Zeit nach Catalina de Tolosa hatte sie nämlich vorgesorgt, denn zwei ihrer Töchter, die in jenem Jahr in unserem Kloster in Palencia Profess machen sollten,[113] und bei ihrer Profess zu dessen Gunsten verzichtet hatten, veranlasste sie, das zu widerrufen und für dieses Haus darauf zu verzichten. Einer anderen Tochter, die sie hatte, und die hier den Habit nehmen wollte,[114] lässt sie den Pflichtteil ihres Vaters zusammen mit ihrem, was so viel ist wie die Rente, die sie gegeben hatte, allerdings mit dem Nachteil, dass sie sich dessen nicht schon gleich erfreuen.

49. Doch bin ich immer überzeugt gewesen, dass es ihnen an nichts mangeln wird; denn der Herr, der in anderen auf Almosen gegründeten Klöstern bewirkt, dass man ihnen diese gibt,

---

[112] P. Gracián war inzwischen wieder aus Valladolid zurückgekehrt.

[113] María de San José (Muncharaz Tolosa) und Isabel de la Santísima Trinidad (de Tolosa) legten am 22. April 1582 Profess ab.

[114] Elena de Jesús (Muncharaz), die aus Altersgründen erst am 26. Juni 1586 Profess ablegen sollte, wird unter der Leitung ihres Bruders, Sebastian de Jesús, damals Provinzial in Kastilien, 1607 zum ersten Mal zur Priorin ihrer Kommunität gewählt.

wird auch hier Menschen anregen, das zu tun, oder ihnen Mittel zu ihrem Unterhalt geben. Trotzdem habe ich ihn manchmal angefleht, da noch kein Kloster auf diese Weise gegründet wurde,[115] doch die Anweisung zu geben, wie man hier einen Ausweg findet und sie zum Notwendigen kämen, da er ja gewollt hat, dass es gegründet würde. Auch hatte ich keine Lust, von hier abzureisen, bis ich erlebte, dass eine Schwester einträte.

50. Als ich einmal nach der Kommunion damit umging, sagte mir der Herr: *Was zweifelst du noch? Das hier ist schon abgeschlossen; du kannst schon abreisen,* womit er mir zu verstehen gab, dass es ihnen nicht am Notwendigen fehlen würde, denn das war so, als hätte ich ihnen ein sehr gutes Einkommen zurückgelassen, so dass es mir nie wieder Sorgen bereitete. Sogleich kümmerte ich mich um meine Abreise, da mir vorkam, dass ich hier nichts mehr zu tun hätte als mich an diesem Haus nur noch zu ergötzen, da es sehr meiner Vorstellung entspricht, während ich anderswo mehr Nutzen bringen konnte, wenn auch mit mehr Mühe. Der Erzbischof und der Bischof von Palencia blieben gute Freunde, denn bald schon erwies er uns großes Wohlwollen und gab einer Tochter[116] von Catalina de Tolosa und einer anderen Schwester, die dort bald eintrat,[117] den Habit; bis heute hören einige Personen nicht auf, uns Gutes zu tun, noch wird unser Herr seine Bräute leiden lassen, wenn sie ihm so dienen, wie sie verpflichtet sind. Dazu gebe ihnen Seine Majestät in seiner großen Güte und Barmherzigkeit seine Gnade.

---

[115] Sonst hatte sie immer entweder in absoluter Armut oder mit festen Einkünften gegründet. Siehe Einführung S. 34, 40, 61f.

[116] Elena de Jesús (vgl. F 31,8.48) wurde am 20. April 1582, dem Tag nach der Einweihung eingekleidet. Der Erzbischof stand der Feier vor und predigte sogar, *„und entschuldigte sich öffentlich in dieser Predigt und unter vielen Tränen dafür, dieser Heiligen [Teresa] nicht schon eher die Erlaubnis erteilt zu haben ...,* und bat um Vergebung, weil er die heilige Mutter Teresa von Jesus und ihre Schwestern so sehr hatte leiden lassen" (Aussage der Teresita de Jesús, der Nichte Teresas, in den Prozessen von Ávila 1610, in: BMC 2,328).

[117] Beatriz de Arceo y Cuevasrubias (Covarrubias), die Witwe des Hernando de Venero und Schwester eines Ratsherrn der Stadt, wurde am 24. Mai 1582 mit dem Namen Beatriz de Jesús eingekleidet.

[KAPITEL 32]¹

Jesus

1. Es schien mir gut, hier zu niederzulegen, wie die Schwestern von San José in Ávila, was das erste Kloster war, das gegründet wurde, und dessen Gründung nicht in diesem Buch, sondern anderswo beschrieben ist,² unter die Obedienz³ des Ordens kam, da es nämlich unter der Obedienz des Ordinarius⁴ gegründet worden war.

2. Als es gegründet wurde, war Don Álvaro de Mendoza, der jetzt Bischof von Palencia ist, dort Bischof, und in der ganzen Zeit, die er in Ávila war, wurden die Schwestern außerordentlich gefördert. Als man sich ihm im Gehorsam unterstellte, vernahm ich von unserem Herrn,⁵ dass es in Ordnung wäre, ihn ihm zu leisten, und das erwies sich auch später als gut. Denn bei allen Auseinandersetzungen im Orden hatten wir an ihm eine große Stütze, und auch in vielen anderen Dingen, die sich ergaben, war das offensichtlich; und niemals stimmte er zu, dass die Visitation⁶ von einem Diözesanpriester gemacht wür-

---

¹ Einige Editoren nennen diese letzten Seiten Epilog (*epílogo*), doch lässt der von Teresa für den Titel frei gelassene Platz darauf schließen, dass sie es als eigenes Kapitel betrachtete.

² V 32-36.

³ Teresa schreibt *obediencia* – Gehorsamspflicht gegenüber einem kirchlichen Oberen; kirchenrechtlich war und ist jedes Kloster der Jurisdiktion (rechtlichen Zuständigkeit) einer höheren Instanz unterstellt. Teresa hatte San José bereits 1562 der Jurisdiktion des Ordens, konkret des Provinzials der kastilischen Karmelprovinz, Ángel de Salazar, unterstellen wollen. Als dieser jedoch nach anfänglicher Zusage aus Furcht vor dem Widerstand der Mitbrüder seine Meinung änderte, unterstellte sie ihre Gründung dem Bischof von Ávila, der ihr sehr gewogen war; vgl. V 32,15; 33,16. 1577 wechselte er nach Palencia, so dass diese Unterstützung in Ávila wegfiel, und Teresa konnte nicht wissen, wie sein Nachfolger auf dem Bischofsstuhl von Ávila reagieren wird.

⁴ Der Inhaber der Oberhirtengewalt, in diesem Fall der Diözesanbischof.

⁵ Der Hinweis auf einen göttlichen Auftrag ist in einer sakralisierten Gesellschaft die denkbar beste Legitimation für eine heikle Entscheidung, da er diese geradezu unanfechtbar macht.

⁶ Zum heiklen Thema der Visitation hat Teresa einen eigenen Leitfaden verfasst (VD). Dass ihr das sehr am Herzen lag, ist auch an dieser Bemerkung zu sehen.

de, noch tat er in jenem Kloster mehr als das, worum ich bat.[7]
In diesem Status verbrachte es mehr oder weniger siebzehn Jahre, genau erinnere ich mich nicht mehr,[8] und ich beabsichtigte nicht, die Obedienz zu ändern.

3. Als diese vorbei waren, übertrug man dem Bischof von Ávila die Diözese Palencia.[9] Um diese Zeit war ich im Kloster zu Toledo, und da sagte mir unser Herr,[10] es sei nun angebracht, dass die Schwestern von San José unter die Obedienz des Ordens gingen, was ich betreiben solle, denn falls sie das nicht täten, käme es bald zu einer Erschlaffung in jenem Kloster. Da ich aber vernommen hatte, dass es gut wäre, dem Bischof Gehorsam zu leisten,[11] kam mir das als Widerspruch vor; so wusste ich nicht, was tun. Ich sagte es meinem Beichtvater, der damals der jetzige Bischof von Osma war, ein großer Gelehrter.[12] Er sagte mir, dass das nichts zur Sache täte, da es für damals so sein musste, doch für jetzt gelte das andere; und man habe in sehr vielen Dingen klar gesehen, dass das so richtig sei; und so weit er sähe, sei es besser, dass dieses Kloster mit den anderen verbunden und nicht allein sei.

4. Er ließ mich nach Ávila gehen, um es zu betreiben.[13] Ich traf dort den Bischof an, der ganz anderer Meinung und in keiner Weise damit einverstanden war. Doch als ich ihm einige Gründe für den Schaden nannte, der für die Schwestern, die er sehr gern hat, entstehen könnte, und er darüber nachdachte, überlegte er sich, da er einen klaren Verstand hat und Gott ihm bei-

---

[7] Teresa hebt also vor allem lobend hervor, dass der Bischof sich nie ungebeten einmischte und sie auch vor Einmischung durch Diözesanpriester schützte.

[8] Von 1562 bis 1577, also nur 15 Jahre.

[9] Das geschah im Juni 1577.

[10] Man beachte die erneute Legitimation durch einen göttlichen Auftrag!

[11] Siehe V 33,16.

[12] Alonso Velázquez. Siehe F 28,10 mit Anm.

[13] Aufgrund des ihr auferlegten Hausarrestes war sie in Toledo, doch im Juli 1577 reist sie zu diesem Zweck nach Ávila, wohin sie ihr eben erst begonnenes Werk *Wohnungen der Inneren Burg* mitnimmt und dort am 29. November abschließt.

stand, sogar noch andere, wichtigere Gründe als die von mir genannten und entschloss sich, es zu machen. Obwohl ein paar Priester zu ihm rannten, um ihm vorzusagen, dass es nicht angebracht sei, nützte das nichts.

5. Nun waren noch die Stimmen der Schwestern erforderlich.[14] Einigen fiel es sehr schwer, doch da sie mich gern hatten, beugten sie sich den Gründen, die ich ihnen nannte, insbesondere der Einsicht, dass sie, wenn der Bischof nicht mehr da ist, dem der Orden so viel verdankte und den ich gerne hatte, auch mich nicht mehr bei sich hätten. Das machte großen Eindruck auf sie, und so wurde diese so wichtige Angelegenheit abgeschlossen,[15] und alle[16] haben klar gesehen, wie verloren dieses Kloster gewesen wäre, falls man das Gegenteil gemacht hätte. Gepriesen sei der Herr, der mit so großer Umsicht auf das achtet, was seine Dienerinnen betrifft. Er sei für immer gepriesen. Amen.

---

[14] Wichtige Entscheidungen waren damals wie heute nicht nur Sache der Oberin, sondern erforderten einen in geheimer Abstimmung erzielten Mehrheitsbeschluss.

[15] Am 27. Juli 1577 wechselte das Kloster San José in Ávila unter die Jurisdiktion des Ordens. Siehe die Dokumentation in MHCT 1,365-372.

[16] Teresa schreibt *todas y todos*. Denkt sie an alle Schwestern und Brüder?

Anhang I

Erklärung wichtiger Begriffe

Dieser Anhang ist lediglich als Lesehilfe für die in diesem Band enthaltene Schrift Teresas gedacht; darum werden nur die wichtigsten Begriffe aufgelistet, und es wird jeweils kurz erläutert, in welchem Sinn sie in dieser Schrift benutzt werden. Kursiv gedruckte Begriffe werden als eigenes Stichwort geführt.

ANSEHEN (honra) siehe PRESTIGEDENKEN.

AUFHEBUNG (suspensión) siehe VERZÜCKUNG.

BETRACHTUNG (consideración) siehe MEDITATION.

(DER) BÖSE (demonio) steht für die (personhaft verstandene) Gegenkraft *Gottes*, die den Menschen vom spirituellen Weg abhalten und verwirren möchte. Als Kind ihrer Zeit rechnet Teresa zwar selbstverständlich mit dämonischen Einflüssen, doch legt sie ihnen gegenüber im Vergleich zu ihren Zeitgenossen eine bemerkenswerte Nüchternheit an den Tag. Ihre Spiritualität ist weit mehr von Gottvertrauen als von Angst vor dem Bösen geprägt.

DEMUT (humildad) ist eine der wichtigsten Grundhaltungen der teresianischen Spiritualität. Sie besagt, dass ein Mensch in der existentiellen *Wahrheit* seines Lebens verwurzelt ist: Er erkennt an, dass er von *Gott* geschaffen ist und nicht kraft eigener Leistung, sondern aus *Gottes* Liebe lebt. Seine menschliche Würde entdeckt er darin, als Geschöpf *Gottes* zur Freundschaft mit *Gott* berufen zu sein. Der demütige Mensch begegnet nicht nur *Gott*, sondern auch seinen Mitmenschen mit einer realistischen Selbsteinschätzung, in der er sich weder überschätzt noch auf ungesunde Weise abwertet. Siehe auch SELBSTERKENNTNIS.

EINÜBUNG INS ICH-STERBEN (mortificación) meint nicht einzelne asketische Praktiken als solche, sondern die Überwindung des tief verwurzelten Egoismus des „alten Menschen" (nach Eph 4,22 und Kol 3,9) in der Nachfolge Christi, des Gekreuzigten, indem man allem „abstirbt", was einen in unfruchtbarer Weise an sich selbst bindet, um so zum „neuen", innerlich freien und selbstlos liebenden Menschen zu werden. Siehe auch LOSLASSEN/LOSLÖSUNG.

EINUNG (unión) siehe GEBET DER GOTTEINUNG.

EMPFINDUNGSVERMÖGEN (voluntad) ist nach scholastischem Verständnis die Bezeichnung für das Seelenvermögen, das nicht nur die Willenskraft und Entscheidungsfähigkeit, sondern auch den ganzen Gefühlsbereich, insbesondere die Fähigkeit zu lieben, umfasst. In der *Kontemplation* wird Teresa zufolge vor allem die Liebeskraft dieses Seelenvermögens aktiviert. – Öfter steht bei ihr „voluntad" auch für den Willen im engeren Sinn (Willenskraft, Absicht) und wird dann auch so übersetzt.

ENTRÜCKT (arrebatado) siehe VERZÜCKUNG.

ENTSCHLOSSENHEIT (determinación) steht für die dynamische, hochherzige Bereitschaft und Entschiedenheit, sich auf dem einmal eingeschlagenen geistlichen Weg durch nichts entmutigen zu lassen, weder durch äußere Schwierigkeiten, noch die Erfahrung der eigenen Schwächen, Inkonsequenzen und Minderwertigkeitskomplexe, und erst recht nicht durch irgendwelche Ängste, die einem von wohlmeinenden, aber wenig erleuchteten geistlichen Führern eingeredet werden. Insofern steht sie auch für ein wagemutiges Vertrauen auf *Gott*, der die Seinen ans Ziel führt. Sie ist einer der wichtigsten Grundsätze der teresianischen Pädagogik.

ERBÄRMLICH, ERBÄRMLICHKEIT (ruin, ruindad) meint die Unfertigkeit und Unzulänglichkeit des Menschen als gebrochene Existenz, seine Begrenztheit und Unfähigkeit, also die Erfahrung, das Gute zwar zu erkennen und sogar zu wollen, es aber nicht auch schon vollbringen zu können. Mit großer Ehrlichkeit und ebenso tiefem Sinn für die *Wahrheit*, dass letztlich alles Gute von *Gott* kommt, erlebt Teresa sich als unfähig, ohne seine Hilfe etwas Gutes zustande zu bringen. Mit diesem Begriff wird also letztlich die absolute Verwiesenheit des Menschen auf *Gott* ausgedrückt, auch wenn an manchen Stellen in der Selbstbezeichnung als „erbärmliches Weiblein" (mujercilla ruin) die frauenfeindliche Haltung ihres Umfeldes, insbesondere gegen „nicht-studierte Frauen", die ein geistliches Leben führen möchten, mitschwingt.

ERINNERUNGSVERMÖGEN (memoria) ist nach scholastischem Verständnis die Bezeichnung für das Seelenvermögen, das die Fähigkeiten des Menschen umfasst, Erlebtes und Gelerntes zu speichern, sich daran zu erinnern und es sich zunutze zu machen, aber auch sich Zukünftiges vorzustellen (zu planen, zu erhoffen oder zu befürchten). Das Erinnerungsvermögen ermöglicht es dem Menschen, der

Heilstaten *Gottes* zu gedenken, sich seiner Gegenwart im eigenen Innern bewusst zu werden und die endgültige Gotteinung zu ersehnen.

ERKENNTNISVERMÖGEN (entendimiento) ist nach scholastischem Verständnis die Bezeichnung für das Seelenvermögen, das die rationalen und intuitiven Fähigkeiten des Menschen, zu erkennen, zu verstehen oder zu erahnen umfasst. In der *Kontemplation* denkt das Erkenntnisvermögen zwar nicht diskursiv nach, aber es ist auf rezeptive Weise tätig, indem es die ihm dargebotene unaussprechliche Erkenntnis *Gottes* aufnimmt und intuitiv erfasst. Bei Teresa steht „entendimiento" oft für den „Verstand" im landläufigen Sinn und wird dann auch so übersetzt.

GEBET DER RUHE (oración de quietud) ist ein Fachausdruck, den Teresa von anderen geistlichen Autoren (namentlich Francisco de Osuna, Bernardino de Laredo und Bernabé de Palma) übernimmt. Er steht für die Anfänge kontemplativen (siehe KONTEMPLATION), mystischen oder *übernatürlichen*, also mehr von passivem Empfangen als von aktivem Tun geprägten Betens. Die charakteristischen Empfindungen, die dem Beter hier ohne sein eigenes Zutun zuteil werden, sind innere Ruhe und eine unwillkürliche Sammlung in der Gegenwart *Gottes*. Im Gebet der Ruhe sind die Seelenvermögen zwar nicht mehr so aktiv wie bei der *Meditation*, doch ist die Intensität der Gotteserfahrung noch nicht so groß, dass sie die Fähigkeiten des Menschen völlig lahm legte und er nur noch rein passiver Empfänger wäre.

GEISTLICH (espiritual) steht bei Teresa im weitesten Sinn für „auf *Gott* und die Freundschaft mit ihm bezogen, von ihm geschenkt oder zu ihm hinführend".

GLÜCKSGEFÜHL (deleite), siehe WONNE.

GOTT (Dios) ist für Teresa die zentrale Wirklichkeit ihres Lebens und ihr wichtigster Partner. Ihm zu dienen und im *inneren Beten* die Freundschaft mit ihm zu pflegen, ist für sie der Sinn ihres Lebens. Sprachlich zeigt sich das: 1. in der Wortstatistik (Gott ist das am häufigsten vorkommende Substantiv im Gesamtwerk); 2. in der dynamischen Perspektive: in der Begegnung mit Gott wird der Mensch immer mehr mit Gott geeint; 3. in der Beschreibung der Beziehung zwischen Gott und dem Menschen als einer personalen freundschaftlichen Beziehung. Teresa hebt sowohl Gottes Transzendenz (seine alles übersteigende Größe und Andersartigkeit) als auch seine Immanenz (seine verborgene Gegenwart im Innern des Menschen) hervor. Gott ist der Drei-Einige, der uns in Christus menschlich nahe gekommen ist, daher spielt die Menschheit Christi in ihrer Spiritualität eine besondere Rolle.

GNADE (gracia) ist ein Schlüsselbegriff in der Beziehung zwischen *Gott* und dem Menschen. Der biblische Begriff der Gnade betont den Geschenkcharakter der liebenden Zuwendung *Gottes* zum Menschen und seines Heilshandelns an ihm. In den religiösen Auseinandersetzungen, die unmittelbar nach dem Tod Teresas innerhalb der katholischen Kirche zum „Gnadenstreit" (1582-1601) führen sollten, war die Verbindung von Gnade und Gotteinung in Christus ein wichtiger eigener Akzent der teresianischen und sanjuanischen Mystik.

GNADENGABE, GNADENGESCHENK (merced) ist im weitesten Sinne alles, was Gott einem Menschen schenkt, damit dieser sich ihm immer ungeteilter zuwenden kann. Insbesondere steht der Begriff für die im *inneren Beten* geschenkten spürbaren Erfahrungen der Gegenwart und Liebe *Gottes,* im engeren Sinn dann auch für die ekstatischen und paramystischen Begleiterscheinungen der *Kontemplation.* Siehe auch ÜBERNATÜRLICH; VISION; VERZÜCKUNG; WONNE.

ICH-STERBEN (mortificar), siehe EINÜBUNG INS ICH-STERBEN.

IMAGINATIVE VISION (visión imaginaria) nennt Teresa eine innere bildhafte Vorstellung, die sich dem Menschen als paramystische Begleiterscheinung der *Kontemplation* plötzlich und ohne sein Zutun aufdrängt und mit den sog. „Augen der Seele" (also rein innerlich) wahrgenommen wird. Siehe ferner VISION.

INNERES BETEN (oración bzw. oración mental) steht bei Teresa nicht – wie allgemein angenommen – für eine bestimmte, dann sog. höhere Gebetsstufe, sondern im weitesten Sinne für die innere Haltung, die alles Gebet – ob mündlich oder nur im Herzen – begleiten sollte, nämlich für die betende Aufmerksamkeit auf das verborgen gegenwärtige Du *Gottes* und die personale Hinwendung zu ihm, die sie unter dem Begriff Freundschaft fasst. So betrachtet, beschränkt sich das innere Beten nicht auf bestimmte Gebetsstunden oder Übungen, sondern durchdringt den ganzen Alltag. Im engeren Sinn meint inneres Beten vor allem das persönliche stille Gebet bzw. das meditative Verweilen in der Gegenwart *Gottes.* Der Weg des inneren Betens ist ein langer Weg der bewussten Hinwendung zu *Gott*, auf dem anfangs das betende Bemühen des Menschen vorherrscht (siehe auch MEDITATION), der aber im Normalfall immer mehr in die *Kontemplation* einmündet, bei der der Beter zum schweigenden Empfänger der Selbstmitteilung *Gottes* wird.

INTELLEKTUELLE VISION (visión intelectual) ist die klassische Bezeichnung für eine intuitive innere Wahrnehmung oder Einsicht ohne jede bildhafte Vorstellung, die dem Menschen als Begleiterscheinung der *Kontemplation* ohne sein Zutun zuteil wird.

KONTEMPLATION (contemplación) ist für Teresa nicht eine bestimmte Gebetsweise, die man einüben soll, wie das heute immer mehr gesagt wird, sondern die frei geschenkte Selbstmitteilung *Gottes*, die dem im *Gebet der Ruhe* bzw. der Gotteinung immer mehr zum schweigenden Empfänger werdenden Beter ohne sein eigenes Zutun auf je umfassendere und unmittelbarere Weise zuteil wird. Sie ist nicht machbar, sondern reines Geschenk, auch wenn der Mensch sich für sie bereit machen kann (disponerse), indem er sich auf das *innere Beten* und die Nachfolge Christi im Alltag einlässt. In der Kontemplation wird dem Beter ein intuitives Erahnen und Erspüren der Gegenwart Gottes oder Christi zuteil, die zugleich Liebe zu diesem geheimnisvollen, aber sehr realen Gegenüber weckt. Gott selbst bestimmt den Augenblick, wo das diskursive Betrachten der *Meditation* der von ihm geschenkten Kontemplation zu weichen hat. Für Teresa bleibt auch in der tiefsten Kontemplation die Du-Beziehung zu Christus bestehen. Der beste Weg, um zur Kontemplation zu gelangen, ist die Pflege einer freundschaftlichen Beziehung zur „Menschheit Christi", also zu Jesus von Nazareth, wie ihn die Evangelien schildern. Der Weg der Kontemplation ist ein langer Weg sich immer mehr vertiefender Gotteinung, der auch ekstatische Erfahrungen und paramystische Begleiterscheinungen einschließen kann, aber keineswegs muss. Siehe auch INNERES BETEN.

LOSLASSEN/LOSLÖSUNG (desasimiento) steht für das innere Freiwerden von allem, was den Gottsucher, die Gottsucherin daran hindert, sich mit ganzem Herzen auf die Liebe einzulassen. Dabei geht es nicht nur darum, von einer ungesunden emotionalen Bindung an Dinge und Personen frei zu werden, sondern „sich selbst" zu lassen, das heißt nach und nach die Selbstbezogenheit des alten Menschen hinter sich zu lassen und selbstlos lieben zu lernen (*Ich-Sterben*). Auch wenn die aktive Einübung dieser Grundhaltung eine wichtige Voraussetzung für den Fortschritt auf dem geistlichen Weg bzw. für die *Kontemplation* ist (wie die Autorin im „Weg der Vollkommenheit" betont), ist die echte Loslösung eine Frucht der tieferen Gotteinung (vgl. 7M 3,8). Siehe auch EINÜBUNG INS ICH-STERBEN.

MEDITATION (meditación) steht für die diskursive Betrachtung (discurrir) von Glaubenswahrheiten, Schriftstellen usw., bei welcher der Hauptakzent auf die nachdenkende und einfühlende Tätigkeit des Menschen fällt. Ziel der Meditation ist es, *Gott* besser kennen und lieben zu lernen. Bei der Meditation überwiegt die Leistung des Menschen; sie ist die Vorstufe zur *Kontemplation*, bei der die Leistung des Menschen zurücktritt und die Selbstmitteilung *Gottes* in das Zentrum rückt. Insofern ist sie charakteristisch für die Anfänge im geistlichen Leben.

MORTIFIKATIONEN (mortificaciones) sind bewusste asketische Übungen zum Zweck der *Einübung ins Ich-Sterben* und damit der Erlangung der inneren Freiheit des „neuen Menschen" (im paulinischen Sinn). Zu Teresas Lebzeiten und noch bis zum Zweiten Vatikanum vor allem in den Orden weit verbreitet, konnten diese Übungen sich im Rahmen einer Rigorismus-Mentalität leicht verselbständigen, so dass sie häufig leibfeindliche oder sogar geschmacklose Formen annahmen, frommes Leistungsdenken begünstigten und somit ihre eigentliche Intention verfehlten. Teresas Haltung ihnen gegenüber ist eher kritisch: Wichtiger als äußere Bußübungen ist ihr die Einübung in die innere Freiheit, indem man lernt, sich zurückzunehmen und nicht immer den eigenen Willen durchzusetzen.

NICHTIGKEIT, NICHTIG (vanidad, vano) nennt Teresa all das, was den Menschen nicht zur eigentlichen *Wahrheit* seines Lebens – dem bewussten Leben aus der existentiellen Verbundenheit mit *Gott* – hinführt, sondern ihn im Gegenteil dazu verführt, sein Leben auf trügerischen Werten aufzubauen. Siehe auch SINNENWELT; WELT.

OFFENBARUNG (revelación) nennt Teresa spezifische Botschaften oder Verheißungen, die man ohne sein eigenes Zutun im Rahmen ekstatischer Erlebnisse erhält. Das wichtigste Kriterium für die Echtheit – d.h. für den göttlichen Ursprung – einer solchen Privatoffenbarung ist ihre völlige Übereinstimmung mit der Hl. Schrift und der Lehre der Kirche, also mit der einmaligen und unüberhöhbaren Selbstoffenbarung Gottes in Christus. Teresa hat sich bei ihren Entscheidungen nie von Offenbarungen leiten lassen – auch nicht von solchen, von deren göttlichen Ursprung sie überzeugt war – , sondern sich immer nach Vernunftkriterien und der Meinung ihrer geistlichen Führer gerichtet. Siehe auch VISION.

PRESTIGE(DENKEN) (honra) und jede Form von Standesdenken ist nach Teresa ein ernsthaftes Hindernis für jeglichen Fortschritt im geistlichen Leben, da es den Menschen seine Identität und sein Selbstbewusstsein auf trügerischen, nichtigen Werten wie gesellschaftlichem Ansehen, der Meinung anderer oder eigener Einbildung statt auf der *Wahrheit* aufbauen lässt, dass wir die sind, die wir vor *Gott* sind (vgl. V 20,26). Insofern ist Prestigedenken der genaue Gegenpol der *Demut*, die eine zentrale Rolle in ihrer Spiritualität spielt. Auch wenn Teresas Betonung der negativen Auswirkungen des Prestigedenkens vor dem Hintergrund des übertriebenen Kultes der „honra" in ihrem damaligen Umfeld und ihrer eigenen Herkunft aus Converso-Kreisen zu sehen ist, spricht sie eine Fehlhaltung aller Zeiten an.

SANFTHEIT (suavidad), welche die Belastbarkeit des jeweiligen Menschen berücksichtigt und ihn fördert, ohne ihn zu überfordern, ist eines der Wesensmerkmale der teresianischen Pädagogik und der Punkt, in dem Teresa sich am deutlichsten von den Reformvorstellungen ihrer Zeit abhebt. Der damals weitverbreitete und auch heute in manchen kirchlichen Kreisen gehuldigte Rigorismus ist ihrer Meinung nach kontraproduktiv und nicht dem Evangelium gemäß. Liebe und *Demut* sind für sie viel wichtiger als äußere Strenge.

SELBSTERKENNTNIS (conocimiento de sí, propio conocimiento) ist ein Schlüsselbegriff der Spiritualität Teresas, der eng mit ihrem Konzept von der *Demut* als realistischer Selbsteinschätzung verknüpft ist. Ohne das ehrliche Bemühen, „in der eigenen Wahrheit zu leben" (6M 10,7), gelangt der Mensch nicht zu tiefer Gotteserkenntnis. Umgekehrt ist die echte, gesunde Selbsterkenntnis, die nichts mit Selbstabwertung zu tun hat, für Teresa keine Frucht der Fixierung auf die eigenen Defizite, sondern vielmehr der wachsenden Einsicht, wer *Gott* ist. Siehe auch DEMUT; WAHRHEIT.

SINNENHAFT, SINNLICH (sensual), siehe SINNENWELT.

SINNENWELT (sensualidad) steht zunächst für den ganzen Bereich der mit der Leiblichkeit und Sinnenhaftigkeit des Menschen verbundenen Kräfte, die ihm den Kontakt mit seiner Umwelt und das Leben in ihr ermöglichen. Oft ist aber einschränkend der Einfluss vielfältigster sinnenhafter Eindrücke und Impulse auf einen Menschen gemeint, der an der Oberfläche lebt und sich vielen *Nichtigkeiten* hingibt. In diesem Sinn kann „Sinnenwelt" für den eingefleischten Egoismus des Menschen stehen, der ihn daran hindert, sich ganz dem eigentlichen Sinn seines Lebens – der selbstlos liebenden Verbundenheit mit *Gott* und seinen Mitmenschen – hinzugeben.

TUGENDEN (virtudes) sind positive Grundhaltungen des Menschen gegenüber *Gott*, seinen Mitmenschen und sich selbst, wie z. B. Wahrhaftigkeit, Gerechtigkeitssinn, Demut, Barmherzigkeit, Hilfsbereitschaft usw. Sie sind weniger das Ergebnis moralischer Anstrengungen als vielmehr Früchte der wachsenden Gotteinung. Im pädagogischen Kontext Teresas sollen sie das Zusammenleben unterschiedlich geprägter Menschen auf engem Raum erleichtern.

ÜBERNATÜRLICH (sobrenatural) bedeutet für Teresa (im Gegensatz zur heutigen Bedeutung) nicht, dass etwas die Naturgesetze sprengt, sondern dass es ein reines Geschenk *Gottes* ist, das der Mensch durch eigene Anstrengung allein nicht erlangen kann. „Mystisch" oder „übernatürlich" ist das Gebet für Teresa, sofern es mehr von passivem Empfangen als von aktivem Tun geprägt ist.

VERSENKUNG / VERSUNKENHEIT, VERSENKEN (embebecimiento, embebecer) ist ein Fachausdruck, den Teresa von namhaften geistlichen Schriftstellern aus der franziskanischen Tradition (etwa Francisco de Osuna) übernimmt. Er steht für eine tiefe innere Sammlung im *Gebet der Ruhe*, in der die Erfahrung der Gegenwart Gottes alle inneren Kräfte (alle Seelenvermögen) bündelt und gefangen nimmt, so dass der Mensch oft hingerissen und wie „weg" ist.

VERSTAND (entendimiento), siehe ERKENNTNISVERMÖGEN.

VERZÜCKUNG (arrobamiento) oder Ekstase steht für eine Erfahrung höchster Konzentration aller psychischen Kräfte, die nicht „machbar" ist, sondern einen Menschen als Begleiterscheinung einer besonders intensiven Erfahrung der Gegenwart Gottes (aber auch sonstiger intensiver Erfahrungsmomente) ohne sein eigenes Zutun überkommen kann. Dabei werden kurzfristig sämtliche geistlichen und psychischen Energien von dieser Erfahrung in Beschlag genommen, so dass die peripheren Aktivitäten der Psyche, wie die Sinneswahrnehmung, vorübergehend herabgesetzt oder sogar ganz außer Kraft gesetzt werden. Im Rahmen der Gottsuche sind eksta-

tische Phänomene – sofern sie bei einem Gottsucher, einer Gottsucherin überhaupt vorkommen – charakteristisch für die Über-
gangsphase, in der ein Mensch auf dem Weg der Gotteinung zwar
schon fortgeschritten, aber noch nicht zur tiefsten Einung gelangt
ist, die in diesem Leben möglich ist. Sobald der Mensch die Gotteinung in der sog. geistlichen Vermählung voll in sein Leben in-
tegriert hat, hören im Normalfall diese paramystischen Begleiterscheinungen auf. Teresa verwendet für ekstatische Phänomene noch
eine ganze Reihe anderer Begriffe wie Entrückung, Erhebung des
Geistes, Aufhebung, Geistesflug, Raptus usw. Siehe auch VISION.

VISION (visión) steht für eine innere „Schau" (im weitesten Sinn
des Wortes), die sich bei eidetisch begabten Menschen ohne ihr
eigenes Zutun als paramystische Begleiterscheinung der intensiven Gotteserfahrung in der *Kontemplation* einstellen kann. Visionen und ihr auditives Pendant, innere Ansprachen (Auditionen),
treten vor allem in der beginnenden oder auch abklingenden *Verzückung* (Ekstase) auf; auf dem Höhepunkt der Ekstase gibt es
keine paramystischen Erlebnisse. Grundsätzlich unterscheidet Teresa mit Augustinus drei Arten von Visionen: 1. leibliche, also mit
den leiblichen Augen wahrgenommene Erscheinungen, die sie jedoch nach eigener Aussage nie erlebt hat; 2. *imaginative Visionen*,
also mit den „Augen der Seele" wahrgenommene bildhafte Vorstellungen; 3. geistige oder *intellektuelle Visionen*, also intuitive
Einsichten ohne jede bildhafte Vorstellung. Letztere betrachtet sie
im Zuge der Tradition als die wertvollsten und am wenigsten für
Täuschung anfälligen, wiewohl sie persönlich die imaginativen
Visionen als hilfreicher empfindet. Aufgrund ihrer eigenen Ge-
fährdung als visionär veranlagter Frau im damaligen Umfeld hat
Teresa sich intensiv mit der Frage nach Kriterien für die Unterscheidung von „echten" und „falschen" visionären Erlebnissen aus-
einandergesetzt. Ob eine Vision oder eine sonstige innere Wahrnehmung von *Gott* kommt, ist vor allem an der völligen Übereinstimmung mit der Hl. Schrift und den positiven Wirkungen im
Alltag erkennbar.

VOLLKOMMENHEIT (perfección) als Ziel des geistlichen Weges ist
gleichbedeutend mit der tiefsten Gotteinung, die in diesem Leben
möglich ist. Seine letzte Vollendung findet dieser Prozess allerdings erst nach dem Tod. Die fortschreitende Gotteinung wirkt
sich zwar auch auf der moralischen Ebene, d. h. im konkreten Verhalten des Menschen aus, doch ist mit Vollkommenheit primär

nicht die moralische, sondern die existentiell-geistliche Ebene gemeint.

WAHRHEIT, WAHRHAFTIGKEIT (verdad) ist für Teresa ein Schlüsselbegriff ihrer Spiritualität, der eng mit ihrem Konzept von der *Demut* verknüpft ist. *Gott* ist die Wahrheit in Person, darum kann ihm nicht näherkommen, wer sich nicht bemüht, in der Wahrheit seiner Existenz zu stehen („in der Wahrheit leben", 6M 10,7). Mit „Wahrheit" ist nicht zuletzt auch die Erkenntnis gemeint, dass alles Irdische vergänglich ist und letztlich nur das bleibt, was den Menschen *Gott* – der Wahrheit schlechthin – näher bringt. Eine solche Sicht des Irdischen hat mit Pessimismus nichts zu tun, sondern entspricht der von Jedermann nachprüfbaren Wahrheit.

WELT (mundo) steht bei Teresa zumeist nicht für die irdische Wirklichkeit an sich, sondern für eine Lebenseinstellung, die mehr auf materielle Werte wie Besitz, Konsum, Macht, Prestige usw. als auf spirituelle Werte setzt. Diese Lebenseinstellung macht den Menschen unfrei. Sie hindert ihn daran, in der existentiellen *Wahrheit* seines Lebens zu stehen und tiefer mit *Gott* geeint zu werden. Siehe auch PRESTIGEDENKEN.

WILLE (voluntad) siehe EMPFINDUNGSVERMÖGEN.

WOHLGEFÜHLE (gustos) steht für die innere Ruhe und die inneren Freuden oder Glückserfahrungen, die dem Gottsucher im Gebet als reines Geschenk zuteil werden können. Auch wenn er solche Wohlgefühle nicht bewusst anstreben oder beanspruchen sollte, darf er sie doch dankbar annehmen, sofern sie ihm geschenkt werden, weil sie ihn für die Stunde der Prüfung stärken. Teresa verwendet den Begriff öfter im technischen Sinn als Synonym für das *Gebet der Ruhe*. Auch der *Böse* versucht den Menschen mit trügerischen Wohlgefühlen zu täuschen; wer aber Erfahrung von den gottgewirkten hat, merkt den Unterschied. Die von Gott geschenkten Wohlgefühle regen den Menschen zur *Demut* an. Siehe auch WONNE.

WONNEN (regalos, deleites) steht ganz allgemein für beglückende Gebetserfahrungen, aber insbesondere für die Erfahrungen intensiven Genusses, die Teresa im Rahmen ihrer Ekstasen erlebt und die auch auf den Leib übergreifen können. Siehe auch WOHLGEFÜHLE

Anhang II

Personen- und Ortsverzeichnis

Die Stellenangaben beziehen sich teils auf den Text, teils auf An-
merkungen zum entsprechenden Absatz. Gottesnamen und Namen
Christi sind in dieser Liste nicht enthalten. Ordensnamen werden
nach dem Vornamen eingeordnet; in Klammern folgt der bürgerliche
Name, soweit bekannt.

Acuña, Juan de: Graf von Buendía, Bruder der María de Acuña
10,8.10

Acuña, María de: Gräfin von Buendía, Ehefrau des Statthalters von
Kastilien Don Juan de Padilla y Manrique de Lara, Mutter von
Antonio, Luisa, María und Casilda de Padilla 10,8.10.12; 11,11

Agnes: Hl., römische Jungfrau und Märtyrin, † vermutlich um 250
unter Decius oder 304 unter Diokletian 26,8

Aguiar, Antonio: Lizenziat, Arzt in Burgos, Kommilitone von P. Gracián an der Universität Alcalá de Henares 31,31.33-36

Águila, Petronila del → Petronila de San Andrés

Ahumada, Teresa de („Teresita") → Teresa de Jesús (de Ahumada,
„Teresita")

Alba de Tormes: Stadt in der Provinz Salamanca, damals Herrschaftsgebiet der Herzöge von Alba, Ort der siebten Klostergründung
(1571) und Sterbeort (1582) Teresas pról 2; 1,2; 3,3.5; 4,1; 6,9;
9,2;19,4; 20 tít.2.5.9.10.14; 21,1.5.6; 24,17

Alba, Herzog von → Álvarez de Toledo, Fernando

Alba, Herzogin von → Enríquez de Toledo, María

Albacete: spanische Provinz in der autonomen Region Castilla-La
Mancha (Neukastilien) 28,20

Albert von Jerusalem (= Albert von Avogadro): Hl., † 1214, Patriarch
von Jerusalem, Verfasser der Karmelregel (zwischen 1206 und
1214) 2,1

Alberta Bautista (Mencía Ponce de León): † 1583, Unbeschuhte Karmelitin, Priorin in Medina del Campo 6,9

Albi: Stadt in Südfrankreich 2,1

Alcalá de Henares: Stadt in Neukastilien, damals Herrschaftsgebiet des Erzbischofs von Toledo, wo Francisco Jiménez de Cisneros 1509 eine „moderne" Universität gründete (die berühmte „Complutense"), Ort eines von María de Jesús gegründeten Karmelitinnenklosters und eines Studienkonvents der Teresianischen (Unbeschuhten) Karmeliten (1570) 1,1.2.6; 2,3; 3,18; 9,4; 10,2; 13,4; 17,12; 23,1.3.13; 28,10.24; 29,30; 31,15.24.33

Alcántara, Pedro de: Hl., 1499-1562, Franziskaner, Initiator einer Ordensreform, geistlicher Schriftsteller, Berater Teresas 6,18; 9,2; 13 tít; 28,42

Alcántara: Ortschaft in der Extremadura, Geburtsort des Pedro de Alcántara 6,18; 22,3.13

Alerio, Joannes de: französischer Karmelit, von 1321-1330 Generalprior 2,1

Alexandrien: Stadt an der Mittelmeerküste in Ägypten 29,30

Almodóvar del Campo: Kleinstadt in der Provinz Ciudad Real in Castilla-La Mancha (Neukastilien), Geburtsort des Marín Gutiérrez, Ort eines Klosters der Unbeschuhten Karmeliten, Ort mehrerer wichtiger Kapitel 18,1

Alonso, Juan: Domherr aus Palencia 31,5

Altomira: Ortschaft in der Provinz Cuenca, Ort eines teresianischen Brüderkonventes (1571-1596) 13,4

Álvarez, Alonso → Álvarez Ramírez, Alonso

Álvarez, Baltasar: 1533-1580, Jesuit, Beichtvater Teresas, Kirchenrektor in Ávila und Medina del Campo, Provinzial der Jesuiten 3,1.12; 10,8; 29,4

Álvarez, Catalina († 1580) arme Weberin, Mutter des Johannes vom Kreuz 1 tít; 29,1

Álvarez, García → Garciálvarez

Álvarez de Toledo, Fernando: 1507-1582, Herzog von Alba, wichtige diplomatische und militärische Aufgaben 20,1.5

Álvarez Ramírez, Alonso: Converso aus Toledo, Bruder des Martín Ramírez 15,1-4.6.7.8.14.15.17; 18,1

Ambrosio de San Pedro (Buencuchillo): † 1593, gebürtig aus Pastrana, Unbeschuhter Karmelit, Profess am 25. Mai 1571 in Pastrana 27,8

Ambrosio Mariano de San Benito (Mariano Azzaro): 1510-1594, italienischer Ingenieur im Dienste Philipps II., Einsiedler in El Tardón, Unbeschuhter Karmelit, Pionier in Pastrana 17,6.7.10.12.14.15; 24,15.16.17.18; 25,9; 28,4.31

Amerika: 25,1

Ana de Jesús (Contreras): Unbeschuhte Karmelitin, 1567 Eintritt in Medina del Campo, 1568 Profess in Malagón, anschließend in Toledo, Pastrana und Segovia 17,15

Ana de Jesús (Jimena): † 1609, Witwe des Francisco Barros de Bracamonte, Stifterin des Karmel von Segovia, Unbeschuhte Karmelitin in Segovia 21,3.5.8

Ana de Jesús (Lobera): 1545-1621, gebürtig aus Medina del Campo, Unbeschuhte Karmelitin, 1569 Einkleidung in San José (Ávila), 1570 Profess in Salamanca, 1575 Priorin in Beas, 1582 Gründerin von Granada, 1604 Gründerin von Paris, 1607 Gründerin von Brüssel 22,19.20; 25,12; 31,10

Ana de la Encarnación (Arbizo): 1550-1618, Hofdame in Madrid, Dienerin der Prinzessin von Éboli, Unbeschuhte Karmelitin in Pastrana, Segovia und Caravaca 27,8

Ana de la Encarnación (Tapia): 1536-1601, Cousine Teresas, Karmelitin im Menschwerdungskloster zu Ávila, dann Unbeschuhte Karmelitin in Medina del Campo und Salamanca 3,2; 27,13

Ana de la Madre de Dios (de la Palma): 1529-1610, Unbeschuhte Karmelitin in Toledo, Profess 1570 16,1

Ana de los Ángeles (Ordóñez y Gómez): * um 1535 in Ávila, † 1605 in Cuerva, Karmelitin im Menschwerdungskloster, anschließend Unbeschuhte Karmelitin in San José (Ávila), Medina del Campo, Malagón und Toledo 3,2; 15,17

Ana de San Agustín (Pedruja): 1555-1624, Unbeschuhte Karmelitin, Profess 1578 in Malagón, Mitglied der Gründungsgruppe und spätere Priorin in Villanueva de la Jara (1580), Gründerin von Valera (1600) 9,5; 28,17

Ana de San Alberto (Salcedo): 1552-1624, Unbeschuhte Karmelitin, langjährige Priorin des Karmel Caravaca 9,5; 19,4; 23,1; 24,6; 27,7.8

Ana de San Bartolomé (García): Sel., 1549-1626, Unbeschuhte Karmelitin, langjährige Vertraute, Reisegefährtin und Krankenschwester Teresas, Mitbegründerin des Teresianischen Karmel in Frankreich und Flandern pról 6; 6,9; 29,10; 30,5.13; 31,17.25.41

Andalusien: Landschaft im Süden Spaniens 21,10; 23,9.13; 24,2.3.4; 25,1.2.9; 27,7.23; 28,5

Andrada, Alonso 15,6: junger Mann aus Toledo 15,6.8.9

Andreas: Hl., Apostel 20,7.10

Ángel de San Gabriel (Cabezas): † 1620, Unbeschuhter Karmelit, 1571 Profess in Pastrana, erster Novizenmeister von Pastrana, von Johannes vom Kreuz abgesetzt 23,9

Anna vom hl. Bartholomäus → Ana de San Bartolomé

Anna: hl., der Legende nach Mutter Marias von Nazareth und Großmutter Jesu, im Mittelalter hoch verehrt 26,6; 28,8.37.38.44.45; 31 tít

Antonia del Espíritu Santo (Antonia de Henao): Unbeschuhte Karmelitin, eine der ersten Novizinnen des Klosters San José 9,5; 13,2

Antonio de Jesús (Heredia): 1510-1601, mit zehn Jahren Eintritt in den Karmelorden, zusammen mit Johannes vom Kreuz einer der ersten Teresianischen Karmeliten (Duruelo 1568), mehrere Leitungsämter pról 2; 3,3.6.8.15.16.17; 13,1.4.5; 14,1-3.5.6.7.9.10.12; 17,14.15; 23,12; 28,4.11.12.18.42

Antwerpen: Seehafen in Belgien 10,5; 15,4

Aponte, Pedro de: Priester aus Gajates in der Nähe von Alba de Tormes, Erbe des Familiengutes der Láiz 20,14

Aquitanien: Landschaft und Ordensprovinz in Südfrankreich 2,1

Aragonien: historisches Staatsgebilde im Norden Spaniens, das von 1137 bis zum Ende des Mittelalters bestand und sich im Laufe der Zeit von den ursprünglichen Kerngebieten Aragonien im engeren Sinne und Katalonien auf einen großen Teil des Mittelmeerraumes ausdehnte 2,1; 27,6; 28,6

Arcediano, Juan de: Dominikaner, Prior in Burgos und weiteren Konventen, Rektor des berühmten Kollegs San Gregorio in Valladolid, Provinzvikar und Provinzial der Dominikaner in Spanien 31,45

Arceo y Cuevasrubias (Covarrubias), Beatriz de → Beatriz de Jesús (de Arceo y Cuevasrubias)

Arenal del Ángel: Ortschaft in der Provinz Salamanca, heutiger Standort des Karmelitinnenklosters von Salamanca 19,11

Arévalo: Kleinstadt in der Provinz Ávila auf dem Weg von Ávila nach Medina del Campo 3,4

Arias Pardo de Saavedra, Antonio: Ehemann von Doña Luisa de la Cerda, Sekretär Karls V. 9,2; 22,22

Arias, Isabel de la Cruz → Isabel de la Cruz (Arias)

Armentia, Prudencio: Domherr in Palencia, seit 24. Juni 1580 Verwalter des Bischofs, Bürge für Teresa 29,26

Arroyo de Santa Gadea: Ortschaft in der Provinz Burgos 12,1

Barbatianus: hl., Märtyrer, † im 5. Jh., Priester in Ravenna, einer alten Tradition zufolge Beichtvater der Galla Placidia 28,37

Barcelona: Hauptstadt von Katalonien 2,1.5; 28,21; 30,3

Barrio de Santa Cruz: Wohnviertel in Sevilla, seit 1586 bis heute Standort des dortigen Karmelitinnenklosters 25,14

Barrón, Vicente: Dominikaner, Beichtvater Teresas 17,4

Barros de Bracamonte, Francisco: Ehemann der Ana de Jimena (Ana de Jesús) 21,3

Bartholomäus: Hl., Apostel pról 7; 30,14

Basilius („der Große"): Hl., um 330-379, griechischer Kirchenvater, Metropolit von Kappadokien, Vater des östlichen Mönchtums 17,8; 31,13

Baza: Kleinstadt im Norden der südspanischen Provinz Granada (Andalusien) 21,10

Beamonte y Navarra, Beatriz de: 1526-1600, Tochter der Statthalter von Navarra, Freundin und Förderin Teresas, Stifterin von Soria und große Fördererin der Gründungen in Pamplona (1583) und Barcelona (1588), 1583 Unbeschuhte Karmelitin in Pamplona (Beatriz de Cristo) 30,3-5.8.9.11

Beamonte, Francés de: Statthalter von Navarra, Vater der Beatriz de Beamonte y Navarra 30,3

Beas de Segura: Kleinstadt in der heutigen Provinz Jaén (Andalusien), damals Herrschaftsgebiet des Ordens der Sankt-Jakobsritter, politisch zu Kastilien, kirchenrechtlich aber zu der von der andalusischen Obrigkeit abhängigen Diözese Cartagena (Murcia) gehörig, Ort einer Klostergründung Teresas (1575) 1,2; 9,2.5; 22 tít.1-4.13. 19-21; 23,1; 24,1-3.5.6.15.17.18; 27,1-3.6.17; 28,6

Beatriz de Cristo → Beamonte y Navarra, Beatriz de

Beatriz de Jesús (Acevedo y Villalobos): 1552-1617, Unbeschuhte Karmelitin, 1577 Profess in Salamanca, 1581 Subpriorin in Soria 30,5

Beatriz de Jesús (Cepeda y Ocampo): † 1607, Tochter eines Cousins von Teresa, Karmelitin, 1560 Profess im Menschwerdungskloster, 1574 Unbeschuhte Karmelitin in San José (Ávila), später in Malagón, Villanueva de la Jara, Granada, Madrid und Ocaña 27,13

Beatriz de Jesús (de Arceo y Cuevasrubias): † 1626 in Vitoria, Witwe des Hernando de Venero, Schwester eines Ratsherrn von Burgos, Unbeschuhte Karmelitin, Einkleidung 1582 in Burgos, 1589 Mitglied der Gründungsgruppe von Vitoria 31,50

Beatriz de la Encarnación (Óñez): † 1573, mit den Statthaltern von Kastilien verwandt, Unbeschuhte Karmelitin, Profess 1570 in Valladolid 12 tít.1

Beatriz de la Madre de Dios (Chaves): 1538-1624, Unbeschuhte Karmelitin in Sevilla, Profess 1576 25,2; 26,2-15; 28,29

Benítez: Hirtenbub aus der Gegend um Pastrana 28,27

Berg Karmel: Gebirgszug bei Haifa/Israel, Ursprungsort des Karmelordens pról 6; 2,1.5; 4,5; 10 tít; 14,4.5; 17,14; 20,13; 22,22; 26,6; 27,6.10; 28,20.44

Bernarda de la Cruz: Bernhardinerin, Nichte des Johannes vom Kreuz 6,14

Bethlehem (Beit-Lahm): Ort in Israel südlich von Jerusalem, Geburtsort Jesu Christi 3,13; 11,8; 14,6

Biscaya: baskische Provinz im Norden Spaniens 31,8

Blasius: Hl., 308-324 (?), Märtyrer, Bischof, einer der 14 Nothelfer, u. a. gegen Halsleiden, wilde Tiere und Stürme angerufen 10,7

Braganza, Teutonio de: 1530-1602, portugiesischer Theologe, großer Freund und Förderer Teresas, später Bischof von Évora, Herausgeber der *editio princeps* des *Weges der Vollkommenheit* 14,12

Brüssel: damals Hauptstadt der Spanischen (Südlichen) Niederlande, heute Hauptstadt Belgiens 31,10

Buendía: Kleinstadt im Nordosten der spanischen Provinz Cuenca 10,8.10

Buoncampagni, Filippo: 1539-1586, Kardinal, Neffe von Papst Gregor XIII., Cousin des Nuntius Sega, ab 1573 Protektor des Karmelordens 28,3

Buoncampagni, Ugo → Gregor XIII.

Burgo de Osma: Bischofssitz der Diözese Osma in der altkastilischen Provinz Soria 28,10; 30,1.5.7

Burgos: Provinzhauptstadt in Altkastilien, Ort der letzten Klostergründung Teresas (1582) 2,2; 11,11; 12,1; 15,1; 17,17; 29,2.4.12; 31 tít.1-5.8.11.15-18.23.26.28.38.44

Bustamente Herrera, Bartolomé (de): Jesuit, Sekretär von Kardinal Pardo de Tavera, berühmter Architekt (u. a. das berühmte Hospital de Afuera in Toledo) 22,22

Cajetan, Kardinal → Vio, Tommaso de

Calahorra: Stadt in Altkastilien, heute La Rioja 31,24

Calatrava la Vieja: Burg in der Provinz Ciudad Real am Río Guadiana in Neukastilien 22,3.13

Camarasa: Ortschaft in Katalonien 10,6

Cano, Melchor: 1509-1560, Dominikaner, Theologe 15,4

Caravaca de la Cruz: Kleinstadt im Nordwesten der südspanischen Region Murcia, Ort einer Klostergründung Teresas (1576) 1,2; 3,2; 9,2.5; 21,5; 23,1.4; 24,3.4.6.15.17.18; 27 tít.1.2.7-9

Cardona, Catalina de: 1519-1577, einflussreiche Eremitin und fanatische Vertreterin des Rigorismus 23,7.9; 28,11.20-36

Cardona, Ramón de: Herzog von Cardona, Vater der Catalina de Cardona 28,21

Cardona: Kleinstadt am Fluss Cardoner in der Provinz Barcelona (Katalonien), Stammsitz der Herzöge von Cardona 28,21

Carlos I. → Karl V.

Carlos, Don: 1545-1568, Infant von Spanien, Sohn Philipps II., von der Thronfolge ausgeschlossen, starb als Wahnsinniger im Gefängnis 17,5; 28,21

Carranza de Miranda, Bartolomé de: 1503-1576, Dominikaner, Erzbischof von Toledo und Primas von Spanien, Opfer der Inquisition 15,4

Carrera, Francisco de la: * 1550, Jesuit, Festprediger in Soria 30,9

Cartagena: Handelshafen in der autonomen Region Murcia im Südosten Spaniens, Bischofssitz 24,3

Casas, Bartolomé de las: 1474? (1478?)-1566, Dominikaner, Historiker, machte als erster die Unterdrückung der mittel- und südamerikanischen Indios durch die spanischen Eroberer einer breiten Öffentlichkeit bekannt und klagte sie an 1,7

Cascais: Fischerhafen in der Nähe von Lissabon (Portugal), Ort einer Karmelgründung (1599) 24,6

Casilda de San Ángelo (Muncharaz y Tolosa): 1559-1632, Tochter der Catalina de Tolosa, Unbeschuhte Karmelitin, 1579 Profess in Valladolid 31,8

Casilda Juliana de la Concepción → Padilla, Casilda de

Castillo, Hernando del: 1529-1593, Dominikaner, Freund und Förderer Teresas, Mitglied der von Philipp II. ernannten Kommission in den Auseinandersetzungen zwischen den Beschuhten und Unbeschuhten 28,6

Catalina de Cristo (Valmaseda): 1543-1594, Unbeschuhte Karmelitin, Profess 1573 in Medina del Campo, Gründungspriorin in Soria 30,5

Cetina, Francisco de: Weltpriester, Kaplan der Beatriz de Beamonte y Navarra 30,5

Chacón: Weltpriester, Kaplan des Bischofs von Osma, Begleiter Teresas auf der Gründungsreise nach Soria 30,5.7

Chelmno → Kulm

Cifuentes: Dorf in der Provinz Guadalajara, Geburtsort der Prinzessin Éboli 17,2

Ciudad Real: Stadt und gleichnamige Provinz in Neukastilien 9,2

Cobos, Francisco de los (Komtur Cobos): † 1547, Ehemann der María de Mendoza, Hofbeamter 10,6

Colegio de San Cirilo: Studienhaus der Unbeschuhten Karmeliten in Alcalá de Henares (1570) 23,1; 29, 30

Concepción de Nuestra Señora del Carmen (Valladolid): vierte Klostergründung Teresas (1568) 10 tít; 11,1; 31,8

Constanza de la Cruz: Unbeschuhte Karmelitin in Toledo und Villanueva de la Jara 28,17

Córdoba: Provinzhauptstadt in Andalusien, damals eine der bevölkerungsreichsten Städte Spaniens 9,5; 24,4.12.16

Covarrubias y Leyva, Diego de: 1512-1577, Jurist, Politiker und Kirchenmann, nacheinander Bischof von Ciudad Rodrigo (Salamanca), Cuenca und Segovia 21,10

Covarrubias y Leyva, Sebastián de: 1539-1613, Lexikograph, Kompilator des *Tesoro de la Lengua Castellana o Española*, die Grundlage des modernen spanischen Wortschatzes 21,10

Cuatro de Marzo: heutige Bezeichnung für ein im 16. Jh. als Río de Olmos bezeichnetes Stadviertel im Süden Vallodolids 10,3

Cuéllar, Francisca de: junge Frau aus Caravaca, Unbeschuhte Karmelitin dort 24,3; 27,1.9

Cuenca: Provinzhauptstadt in Neukastilien 28,8

Cuevas, Francisco de: Adeliger aus Burgos, zuvor am Hof Karls V. tätig, Ehemann der berühmten toledaner Dichterin Luisa Sigea de Velasco 31,28

Cuevas, Juan de las: 1524-1599, Dominikaner, bekleidete verschiedene Ämter in seinem Orden, errichtete auf dem Kapitel von Alcalá die Provinz der Unbeschuhten und promulgierte deren Konstitutionen; 1596-1599 Bischof von Ávila 29,30

Cyrillus von Alexandrien: Hl., † 444, Kirchenlehrer 29,30

Daniel: alttestamentliche Gestalt, Hauptperson des Buches Daniel 17,7

PERSONEN- UND ORTSVERZEICHNIS

Dantisco, Juan (Johannes von Höfen, auch Johann Flachsbinder, poln. Jan Dantyszek): 1485-1548, großer Humanist und Poeta Laureatus, Botschafter des polnisches Königs, später Bischof von Kulm und Primas von Ermland, Vater der Juana Dantisco 23,1

Dantisco, Juana: 1527-1601: uneheliche Tochter des Juan Dantisco, Ehefrau des Diego Gracián de Alderete, Mutter des Jerónimo de la Madre de Dios Gracián 23,1

Dantiscus, Joannes → Dantisco, Juan

Dantyszek, Jan → Dantisco, Juan

Danzig (Gdansk): Handels- und Hafenstadt an der Mündung der Weichsel in die Danziger Bucht der Ostee 23,1

David: 10. Jh. v. Chr., alttestamentliche Gestalt, König und Dichter 27,20; 29 tít.11

Dávila, Julián → Ávila, Julián de

Decius, Gaius: * zwischen 190 und 200-251, 249-251 römischer Soldatenkaiser, Christenverfolger 26,8

Denia: Stadt an der Ostküste Spaniens zwischen Alicante und Valencia 24,4

Diokletian (Diocletianus), Gaius Aurelius Valerius: * um 243, † 313, spätrömischer Kaiser, Christenverfolger 26,8

Doktor Ervías → Ervías, Agustín de

Doktor Manso → Manso de Zúñiga, Pedro

Doktor Velázquez → Velázquez, Alonso

Dominikus (Domingo de Guzmán): Hl., um 1175-1221, Gründer des Dominikanerordens 29,30

Don Felipe → Philipp II.

Don Quijote: berühmte Romangestalt Miguels de Cervantes 27,17

Doria, Nicolás (Niccolò) → Nicolás de Jesús (Doria)

Duruelo: Gehöft in der Provinz Ávila, Ort des ersten teresianischen Männerklosters (1568) pról 2; 3,3.8; 10,3; 13,1.2.4; 14,1.2.6.7.9.11; 15,3; 17,11; 28,4.29

Éboli, Fürst → Gómez da Silva, Ruy

Éboli, Prinzessin → Mendoza, Ana de

Écija: Stadt in der Provinz Sevilla (Andalusien) 24,12

El Calvario: Ortschaft in der südspanischen Provinz Jaén (Andalusien), unweit Beas de Segura, Ort einer Niederlassung der Unbeschuhten Karmeliten 22,20

El Paular: Kartause in der Sierra de Guadarrama 3,17

El Pedroso: Ortschaft in Andalusien, wo Pedro de Alcántara ein Reformkloster der Franziskaner gründete 6,18

El Tardón: Einsiedlerkonvent in der Sierra Morena, Provinz Córdoba (Andalusien) mit der Basiliusregel 17,6.8.10

Elena de Jesús (Muncharaz): * 1570, jüngste Tochter der Catalina de Tolosa, Unbeschuhte Karmelitin, 1582 Einkleidung, 1586 Profess in Burgos 31,8.48.50

Elena de Jesús (Quiroga): † 1596, gebürtig aus Medina del Campo, Witwe von Diego Villarroel, Nichte von Gaspar de Quiroga und Mutter von Jerónima de la Encarnación (Villarroel y Quiroga), ab 1581 Unbeschuhte Karmelitin in Medina del Campo, ab 1586 in Toledo 3,14

Elija: alttestamentlicher Prophet 5,12; 23,3; 27,17; 28,20; 30 tít.8

Elisabeth von Ungarn (= von Thüringen): Hl., 1207-1227, Landgräfin, Franziskanerterziarin 19,4

Elisäus → Elischa

Elischa: alttestamentlicher Prophet, Schüler des Elija 30 tít.8

Eliseo de la Madre de Dios: * 1539 in Genua, Unbeschuhter Karmelit, 1578 Profess als Laienbruder in Sevilla, Begleiter Teresas auf der Gründungsreise nach Soria 30,5

Elvira de San Ángelo: † 1612, Unbeschuhte Karmelitin, Profess 1573 in Malagón, Subpriorin in Villanueva de la Jara 28,17

Emerenciana → Merenciana

Empfängnis Unserer Lieben Frau vom Karmel (Valladolid) → Concepción de Nuestra Senora del Carmen (Valladolid)

England 28,6

Enríquez de Toledo, María: Herzogin von Alba, Ehefrau von Don Fernando Álvarez de Toledo, Freundin Teresas 3,3; 20,1.10

Ermland: Landschaft in Ostpreußen 23,1

Ervías, Agustín de: Weltpriester, Domherr in Cuenca, anschließend Pfarrer von Villanueva de la Jara, Förderer Teresas 28,8.11.14.37

Escalona: Kleinstadt in der Provinz Toledo an den Ausläufern der Sierra de Gredos 10,3

Espeluy: Ortschaft in der südspanischen Provinz Jaén (Andalusien) 24,10

Esteban, Alonso: Weltpriester in Medina del Campo, Freund Teresas 3,4

Gabriel de la Asunción: 1544-1584, Unbeschuhter Karmelit, 1576-1589 Prior von La Roda, Seelenführer von Catalina de Cardona 28,11.12.18.34

Gabriel: Erzengel 19,8

Gaitán (Gaytán), Antonio: vornehmer Mann aus Alba de Tormes, Freund und Mitarbeiter Teresas 3,2; 21,5; 22,19; 24,5.11.17; 27,3.4.8

Gajates: Ortschaft in der Nähe von Alba de Tormes (Provinz Salamanca), Wohnort des Priesters Pedro de Aponte 20,14

Galenus: 129-199, römischer Arzt, neben Hippokrates der bedeutendste Arzt der Antike, dessen Schriften über Jahrhunderte die Heilkunst beherrschten 4,2

Gallegos: Dorf in der Provinz Salamanca, historisch eines der Fünf Dörfer (Herrschaftsgebiet des Luis de Toledo) 14,9

Garciálvarez (= García Álvarez): Priester aus Sevilla, Förderer Teresas, Beichtvater der Kommunität von Sevilla 25,5.7.11.12

Gaytán, Antonio → Gaitán, Antonio

Gaytán, Mariana → Mariana de Jesús

Gent: Stadt in Flandern (Nordbelgien), Haupstadt der Provinz Ostflandern 14,9

Genua: italienische Hafenstadt an der Küste Liguriens 2,3; 9,5; 30,5

Ghislieri, Michele → Pius V.

Godínez, Catalina (1): Ehefrau des Sancho Rodríguez Sandoval 22,4.8.10.12.13

Godínez, Catalina (2) → Catalina de Jesús (Godínez)

Gómez da Silva, Ruy: 1516-1573, Fürst von Éboli, einflussreicher portugiesischer Hochadliger, Ehemann der Ana de Mendoza, Freund und Wohltäter Teresas 17,2.3.11.12.13.14.15.16; 28,29

Gómez de Chaves, Juana → Juana de la Cruz (Gómez de Chaves)

Gómez Girón, Tello → Tello Girón, Gómez

Gómez Hero (auch: Gómez y Vero), Alonso: aus Kantabrien stammender Einwohner Sevillas, Ehemann von Juana Gómez de Chaves (Juana de la Cruz) und Vater von Beatriz de la Madre de Dios Chaves 26,3.10.11.15

González de Mendoza, Pedro: 1518-1574, ab 1560 Bischof von Salamanca, 1562/63 Konzilsvater in Trient, 1567 Priesterweihe des Johannes vom Kreuz 18,1

González, Alonso: Karmelit, Profess 1514, ab April 1567-1571 Provinzial der Karmeliten Kastiliens 13,4.6; 17,11

Gonzaliáñez: Cousin des Schwagers Teresas Juan de Ovalle 18,2

Gracián, Jerónimo de la Madre de Dios: 1545-1614, Unbeschuhter Karmelit, erster Provinzial des Teresianischen Karmel, Lieblingsschüler und enger Mitarbeiter Teresas pról 1.2; 1,2.3.6; 2,4.5; 3,2; 4,1.4.6; 5,1.6.10.16.17; 7,7; 8,9; 11,11; 13,2; 14,12; 17,6.10.15; 21,1; 22,19.24; 23,1-13; 24,1.3.5.15.18.19; 25,2; 26,10.11f; 27,7.8.19.22.23; 28,1.2.4.33; 29,9.30; 30,4; 31,11.15-18.21-24.26-28.31.33.41.48; 32,1

Gracián de Alderete, Diego de: 1494-1586, Humanist, Polyglot und Übersetzer, Sekretär und Dolmetscher Karls V. und Philipps II., Vater des Jerónimo de la Madre de Dios Gracián 23,2

Gracián de Torres Alderete, Pedro: † 1599, Weltpriester, Bruder des Jerónimo de la Madre de Dios Gracián 23,8

Graf von Buendía: Titel des Juan de Acuña 10,8.10

Granada: Provinzhauptstadt in Andalusien, Ort eines teresianischen Schwestern- (1582) und eines Brüderklosters (1573) 13,4; 22,20

Granada, Luis de: 1504-1588, Dominikaner, Mystiker, Prediger und geistlicher Schriftsteller 28,42

Grassa, Raimundus de: † 1357, französischer Karmelit, 1342-1357 Generalprior 2,1

Gregor von Nazianz: um 330-390, Kirchenvater, Bischof von Sasima in Kappadokien, Metropolit von Konstantinopel, 22,19

Gregor XIII. (Ugo Buoncompagni): 1502-1585, 1572-1585 Papst, einer der großen nachtridentinischen Reformpäpste, vor allem bekannt durch die Gregorianische Kalenderreform 28,3; 29,30

Gregorio Nacianceno (Martínez López): 1548-1599, 1573 Priesterweihe, 1576 Profess als Unbeschuhter Karmelit, mehrere Leitungsämter im jungen Teresianischen Karmel 22,19; 24,5.11; 27,17

Guadalajara, Diego de: gebürtig aus Zamora, Weltpriester, ehemaliger Karmelit, Errichter der St. Annakapelle in Villanueva de la Jara 28,44

Guadalquivir: spanischer Fluss zum Golf von Cádiz 24,10; 25,11

Guadix: spanische Kleinstadt im Nordosten der Provinz Granada (Andalusien) 21,10

Gutiérrez, Martín: Jesuit, geboren 1524 en Almodóvar del Campo, umgebracht 1573 durch Hugenotten in Frankreich auf dem Weg nach Rom, Helfer und Freund Teresas, Rektor verschiedener Jesuitenkollegien des Ordens, wie Plasencia, Valladolid, Salamanca 18,1

Gutiérrez, Nicolás: Kaufmann aus Salamanca, großer Wohltäter Teresas 19,2.9

Guzmán, Aldonza de: Verwandte Teresas, Co-Adressatin des Gründungsbreves für San José 1,2

Haifa: Hafenstadt in Israel 2,1

Heiliges Land → Israel

Heilig-Geist-Kloster: Konvent der Bernhardinerinnen in Olmedo (Valladolid) 6,14

Heinrich VIII.: 1491-1547, 1509-1547 König von England, Begründer der anglikanischen Kirche 28,6

Heredia, Antonio de → Antonio de Jesús

Hernández, Pablo: *um 1524, Jesuit, Beichtvater Teresas 15,1.3

Herodes der Große: ca. 73-4 v. C., 37-4 v. C. von den Römern eingesetzter König von Judäa, bekannt durch den legendären Kindermord in Bethlehem und den Prozess gegen Jesus 31,43

Herrera: unbekannter Lizenziat, Helfer Teresas in Segovia 21,10

Hieronymus: Hl., † 420, Kirchenvater, nach ihm ist der Orden der Hieronymiten benannt 31,3

Hippokrates: ca. 460-370 v. Chr., griechischer Arzt, Begründer der wissenschaftlichen Heilkunde 4,2

Höfen, Johannes von → Dantisco, Juan

Hospital de Afuera (= Hospital de Tavera): 1541 im Auftrag von Kardinal Pardo de Tavera durch den Jesuiten Bartolomé Bustamente erbautes Hospital in Toledo 22,22

Hospital de la Concepción (zur Unbefleckten Empfängnis): historisches Hospital außerhalb der Mauern von Burgos 31,27.30.32.40

Hospital de San Lucas (zum hl. Lukas): historisches Hospital in Burgos 31,41

Ignatius von Loyola (Iñigo López Oñaz y Loyola): Hl., 1491-1556, Gründer der Gesellschaft Jesu pról 2

Imagen, La: von María de Jesús zu Alcalá de Henares gegründetes Karmelitinnenkloster 2,3

Indien: 1,7

Inés de Jesús (Tapia): † 1601, Cousine Teresas, Karmelitin im Menschwerdungskloster zu Ávila, dann Unbeschuhte Karmelitin in Medina del Campo 3,2; 6,10; 29,10; 31,11

Inés de la Concepción (Jiménez): † 1592, Unbeschuhte Karmelitin, 1570 Profess in Medina del Campo 6,9

Malagón: Kleinstadt in der neukastilischen Provinz Ciudad Real, Herrschaftsgebiet der Freundin Teresas Doña Luisa de la Cerda, Ort der dritten Klostergründung Teresas (1568) pról 2; 1,2; 4,1; 9 tít. 2.4.5; 10,1.3; 15,1.3.15; 18,12; 20,1; 24,5.17; 26,1; 27,8.17; 28,11.17.18

Maldonado de Buendía, Alonso: * um 1515, Franziskanermissionar in Westindien, schillernde Gestalt, Verteidiger der Indios, Opfer der Inquisition 1,6.7

Mallorca: Hauptinsel der Baleraren (Spanien) 2,1

Malta: Inselstaat im Mittelmeer 17,7

Mancera de Abajo: Ortschaft in der Provinz Salamanca, ab Sommer 1570 Standort des ersten, von Duruelo verlegten teresianischen Männerklosters 13,4; 14,9.11; 17,11.14; 27,8; 28,29

Mancha → La Mancha

Manrique, Alonso de Santo Domingo: Sohn von María Manrique, Ratsherr in Burgos 31,10

Manrique, Ángel: 1577-1649, Sohn von María Manrique, Generaloberer der Zisterzienser, ab 1649 Bischof von Badajoz, Autor einer Biographie von Ana de Jesús Lobera 31,10

Manrique, Catalina: Tochter von María Manrique 31,10.13

Manrique, Luis: † 1583, unehelicher Sohn des Grafen von Parades, Rodrigo Manrique de Lara, Weltpriester, Hofkaplan Philipps II., Förderer Teresas, Mitglied der von Philipp II. ernannten Kommission in den Auseinandersetzungen zwischen den Beschuhten und Unbeschuhten 28,6

Manrique, María: vornehme Dame aus dem Bürgertum von Burgos 31,10

Manrique, Pedro: Sohn des Statthalters von Kastilien Juan de Padilla y Manrique de Lara, Domherr in Toledo 15,4.11.12

Manso de Zúñiga, Pedro: gebürtig aus Canillas de Río Tuerto, Weltpriester, Kommilitone von Gracián in Alcalá de Henares, Bewunderer, Freund und Beichtvater Teresas in Burgos, 1594-1612 Bischof von Calahorra, Stifter des dortigen Schwestern- (1598) und Brüderklosters (1603) 31,24.31.41.43.44.45

Manteca, Juan: Bauer aus Ávila, falscher Mystiker, von Teresa entlarvt 8,8

María Bautista (de Ocampo bzw. Cepeda y Ocampo): Tochter eines Cousins Teresas, im Menschwerdungskloster zu Ávila von Teresa erzogen, später Unbeschuhte Karmelitin in San José und Valladolid 1,3.4; 3,2; 11,3; 29,1

María de Santo Domingo: Dominikanerin, Ordensreformatorin 13,1

María del Espíritu Santo: Unbeschuhte Karmelitin; Mitglied der Gründungsgruppe in Sevilla 24,6

María del Sacramento (Suárez): † 1589, gebürtig aus Segovia, Karmelitin im Menschwerdungskloster zu Ávila 18,3; 19,3

Maria von Nazareth: Hl., Mutter Jesu pról 6; 2,5; 4,5; 8,7; 10 tít.2.5.6; 11,5; 13,1; 14,5; 15,3; 16,5.7; 18,7; 20 tít.2.13; 22,22.23; 23,1.4-6.8. 10.13; 25,3.11; 26,6; 27,2.6.9-11; 28,2.30.33-35.37.38.42.44; 29 tít.13.15.17-19.22.23.25.28.31; 30,3

Mariana de Jesús (Gaitán bzw. Gaytán) : 1570-1615, Tochter des Antonio Gaitán, mit 7 Jahren in das Karmelitinnenkloster von Alba de Tormes aufgenommen, Unbeschuhte Karmelitin 21,5

Mariana, Doña: Ehefrau des Bürgermeisters von Salamanca 19,10

Mariano (de San Benito) → Ambrosio Mariano de San Benito

Markgraf von Denia → Bernardo de Rojas y Sandoval

Martín de la Cruz: Franziskaner 15,6.7

Martin von Tours: Hl., um 316/317-397, Bischof von Tours, damals wie heute sehr populärer Heiliger 31,11

Martínez, Gregorio → Gregorio Nacianceno

Mascareñas, Leonor de: 1503-1584: Hofdame am portugieschen Königshof, Tochter von Fernán Martínez und Isabel Pinheira, nacheinander Kinderfrau Philipps II. und seines Sohnes Don Carlos 17,5

Matanza, Hernando de: adeliger Ratsherr aus Burgos, Bruder des Bürgermeisters Jerónimo Matanza, Leiter des Hospital de la Concepción, Förderer Teresas 31,28.44

Matanza, Jerónimo: Bürgermeister in Burgos 31,28

Mateo, P. → Fuente, Mateo de la

Matthias: Hl., Apostel 22 tít.4.19; 31,32

Medina del Campo: damals aufstrebende Handelsstadt in Altkastilien, Ort der zweiten Klostergründung Teresas (1567) pról 2; 1 tít; 3 tít.1.5.7.10.14.17.18; 4,1; 6,9.13.14; 9 tít.1.4; 10,3; 13,1.2.4; 14,1.6; 15,1.3; 17,15; 18,3; 19,3.5; 24,15; 29,3.10; 30,5

Medina, Blas de: aus dem Judentum konvertierter Händler aus Medina del Campo, Förderer Teresas 3,14

Medinaceli, Herzog von → Cerda, Juan de la; Cerda, Hernando de la

Mejía de Ovando (?), Rafael → Mejía Velázquez, Rafael

Mejía Velázquez (?), Rafael: Adeliger aus Ávila, Stifter von Duruelo, Identität ungeklärt 13,2

Mencía Ponce de León → Alberta Bautista

Mendoza, Álvaro de: † 1586, Dezember 1560-1577 Bischof von Ávila, dann Palencia, Förderer Teresas 2,1.2.4.5; 3,3; 10,1.6; 13,6; 14,11; 17,11; 29,1.11.13; 29,28.29; 30,5; 31,2.3.5.10.21.43.44.50; 32,1.2.4.5

Mendoza, Ana de: Prinzessin von Éboli, Stifterin des Schwesternklosters von Pastrana, denunzierte Teresas *Vida* bei der Inquisition 15,3; 17,1.2.5.12.13.14.16.17; 20,13; 23,4.8; 27,8; 28,21.29.30

Mendoza, Bernardino de: † 1568, Bruder des Bischofs von Ávila, Álvaro de Mendoza, und der María de Mendoza 10,1.2.5

Mendoza, María de (= María Sarmiento de Mendoza Sen.): Tochter des Grafen von Ribadavia, Schwester des Álvaro de Mendoza und Ehefrau des Komtur Fransciso de los Cobos, große Wohltäterin Teresas 10,1.6; 13,6; 15,17

Menschwerdungskloster (Ávila): Karmelitinnenkloster, in dem Teresa 1535-1562 und erneut als ernannte Priorin 1571-1574 lebte 1,3; 2,1.4; 3,2.4; 4,1; 9,4; 13,5; 17,15; 18,3; 19,2.6.7; 20,11; 21,1.5.10.11; 22,1.12; 27,12; 28,6

Merenciana (Emerenciana?): einer mittelalterlichen Legende zufolge Großmutter Marias und Urgroßmutter Jesu 26,6

Mexiko: 1,7

Michael: Erzengel 19,8.9; 21,10

Miguel de la Columna: *um 1550, Unbeschuhter Karmelit (Laienbruder), Profess 1570 in Mancera de Abajo 27,8

Mittelfrankreich: 18,5

Montalvo: Dorf in der Provinz Salamanca, historisch eines der Fünf Dörfer (Herrschaftsgebiet des Luis de Toledo) 14,9

Monte Oliveto: Einsiedlerkonvent des Karmelordens in der Nähe von Genua 2,3

Monterrey, Graf von → Zúñiga, Alonso de

Monterrey, Gräfin von → Pimentel, María

Montesa: Ortschaft in der spanischen Region Valencia 22,3.13

Moriz, Juan: Student in Salamanca, Bischof von Barbastro 19,4

Moya, Rodrigo de: Adeliger aus Caravaca, Vater von Francisca de Cuéllar 27,1.5

Muncharaz, Sebastián: Adeliger aus Burgos, Ehemann der Catalina de Tolosa 31,8

Murcia: spanische Provinzhauptstadt am unteren Segura und gleich-namige Provinz und autonome Region 27,1.6

Naharros: Dorf in der Provinz Salamanca, historisch eines der Fünf Dörfer (Herrschaftsgebiet des Luis de Toledo) 14,9

Narduch, Juan (Giovanni) → Juan de la Miseria

Narros del Castillo: Ortschaft in der Provinz Ávila 18,3

Navarra: historisches Königreich im westlichen Pyrenäenraum, unab-hängiger Staat von 905 bis 1512 bzw. 1589, heute autonome Re-gion und Provinz im Norden Spaniens 29,14; 30,3

Nicolás de Jesús María (Doria): 1539-1594, Unbeschuhter Karmelit, erster Generaloberer des Teresianischen Karmel 17,15; 23,7; 30,5.12

Nieto Melchor: Karmelit, Bruder von Baltasar und Gaspar Nieto, 1566 Rebellion gegen den Ordensgeneral 17,15

Nieto, Baltasar → Baltasar de Jesús (Nieto)

Nieto, Gaspar: Karmelit, Bruder von Baltasar und Melchor Nieto, 1562-1566 Provinzial von Andalusien, 1566 Rebellion gegen den Ordensgeneral 17,15

Nordspanien: 26,3

Nuestra Señora de Gracia: Augustinerinnenkloster in Medina del Campo 3,4

Nuestra Señora de la Anunciación (Alba de Tormes): achte Kloster-gründung Teresas (1571) 20 tít.2

Nuestra Señora de la Calle: Marienheiligtum in Palencia 29 tít.13. 15.17.18.19.22.28.29

Nuestra Señora de las Villas: Pfarrkirche in Palencia, mit dem Titel zur Heiligsten Dreifaltigkeit Kirche des Karmelitinnenklosters 30,4

Nuestra Señora del Prado: Hieronymitenkloster in Valladolid 30,3

Nuestra Señora del Socorro: Kloster der Unbeschuhten Karmeliten in La Roda 28,11.20

Núñez Vela, Blasco: 1490-1546, gebürtig aus Ávila, Komtur des Rit-terordens von Santiago, ab 1542 erster Vizekönig von Perú, Vater des Cristóbal Vela 31,2

Ocampo, María Bautista (de) → María Bautista (de Ocampo)

Olmedo: Kleinstad in der Provinz Valladolid 6,14

Ónez, Beatriz de → Beatriz de la Encarnación (Óñez)

Ordóñez y Gómez, Ana de → Ana de los Ángeles (Ordóñez y Gómez)

Padilla, Martín de: † 1602, Bruder des Juan de Padilla Manrique, ab 1587 Graf von Santa Gadea, ab 1596 ‚Generalkapitän der Kriegsflotte der Weltmeere', Onkel und Verlobter der Casilda de Padilla, anschließend Ehemann der Luisa de Padilla 10,8.10.13-15; 11,1.11

Padilla y Manrique de Lara, Juan de: † 1563, Statthalter von Kastilien, Ehemann der María de Acuña, Vater von Antonio, Luisa, María und Casilda de Padilla 10,8

Palencia: Provinzhauptstadt in Altkastilien, Ort einer Klostergründung Teresas (1580) 2,1.2; 29 tít.1.4.5.7.9.27.30; 30,1.4.5.7.12; 31,2-5.7-9.11.16.18.21.43.48.50; 32,1-3

Palma, Ana de la → Ana de la Madre de Dios

Palma, Bernabé de: 1469-1532, Franziskaner, ungebildeter Laienbruder, dessen geistliche Lehre posthum veröffentlicht wurde 6,1

Pamplona: Hauptstadt des alten Königreichs und der heutigen autonomen Region Navarra 30,3

Pantoja, Hernando de: 1489-1580, Kartäuser, 1567-1580 Prior der Kartause von Sevilla, großer Förderer und Freund Teresas 25,9.11.12

Paola, Franz von: Hl., 1416-1507, Gründer der Minimen (Paulaner) 31,13

Pardo de Saavedra → Arias Pardo de Saavedra, Antonio

Pardo de Tavera, Juan: † 1545, Kardinal, 1539-1545 Erzbischof von Toledo, Onkel des Antonio Arias Pardo de Saavedra 22,22

Paseo de Zorrilla: Straße in Valladolid 10,4

Pastrana: Ortschaft in der Provinz Guadalajara (Neukastilien), damals Herrschaftsgebiet des einflussreichen Fürsten von Éboli, Ruy Gómez da Silva, ab 1569 Standort des zweiten Noviziats der Unbeschuhten Karmeliten, im selben Jahr Gründung eines Klosters der Unbeschuhten Karmelitinnen, das 1574 nach Segovia verlegt wurde pról 2; 4,1; 13,4; 14,12; 15,3; 17,1.2.11.12.17; 20,13; 23,1.3.4.6-10.12; 24,6; 27,8; 28,21.29.30.32

Paulus: Hl., Apostel 10,11; 20,14; 31,18

Peña, Isabel de la → Isabel de San Pablo

Peñaranda de Bracamonte: Ortschaft in der Provinz Salamanca 18,3

Pérez de Rozas, Martín: Weltpriester aus Burgos 31,34

Pérez, Antonio: 1540-1611, Privatsekretär Philipps II. 17,2

Perpignan: unweit der spanisch-französischen Grenze gelegene Stadt, die seit 1172 zur Krone von Aragonien, seit 1659 durch den Pyrenäenvertrag zu Frankreich gehörte, heute Hauptstadt des südfranzösischen Départements Pyrénées-Orientales 2,1

Rafael, Don → Mejía Velázquez, Rafael

Ramírez, Alonso → Álvarez Ramírez, Alonso

Ramírez, Martín: Converso, Kaufmann in Toledo 15,1.3.15; 18,1

Raphael: Erzengel 19,8

Ravenna: oberitalienische Provinzhauptstadt nahe am Adriatischen Meer 2,1; 28,37

Reinoso, Jerónimo: 1546-1600, Domherr in Palencia, Freund und Förderer Teresas 29,8.9.12.20.21

Requena: Kleinstadt in der Provinz Valencia 3,3

Rhodos: Hauptinsel der Dodekanes, Griechenland 17,7

Ribera de los Ingleses: zwischenzeitliche Bezeichnung für ein am Olmos-Fluss liegendes Stadtviertel im Süden Vallodolids, heute Cuatro de Marzo 10,3

Ribera, Pedro de: Benefiziat, Begleiter Teresas auf der Gründungsreise nach Soria 30,5.12

Ribot, Felipe: 14. Jh., Karmelit, Provinzial Kataloniens 28,20

Río de Olmos: historischer Name eines am Olmos-Fluss liegenden Stadviertels im Süden Vallodolids, heute Cuatro de Marzo 10,3

Ripalda, Jerónimo Martínez de: 1535-1618, Jesuit, Rektor des Jesuitenkollegs von Salamanca, Beichtvater Teresas, mutmaßlicher Autor eines berühmten Katechismus in spanischer Sprache, der bis ca. 1950 in ganz Spanien sehr verbreitet war pról 2; 27,22; 29,4

Ritterorden von Alcántara: der erste der spanischen Ritterorden, 1156 für den Kampf gegen die Mauren gegründet 22,3.13

Ritterorden von Calatrava: 1158 von Abt Raimundo Serrat gegründeter spanischer Ritterorden, ursprünglich mit der Aufgabe, die Burg Calatrava vor den Mauren zu schützen 22,3.13

Ritterorden von Montesa: 1316 von Jakob II. von Aragón nach der Auflösung des Templerordens für den Kampf gegen die Mauren gegründeter spanischer Ritterorden 22,3.13

Ritterorden von Santiago: spanischer Ritterorden, dessen Name an den Apostel Jakobus erinnert 22,3.13; 24,3; 27,6

Roca, Juan de Jesús → Juan de Jesús (Roca)

Rodríguez de Moya, Cristóbal: Witwer, begüterter Großbauer und Wollhändler aus Segura de la Sierra, Adressat eines Briefes von Teresa 9,3

Rodríguez de Sandoval Negrete, Sancho: † 1560, Adeliger aus Beas (Jaén), Stifter des Karmelitinnenklosters von Beas, Ehemann der

Sankt Josef → San José

Sankt Josef vom Erlöser → San José del Salvador

Sankt Josef vom Karmel → San José del Carmen

Sankt Josef von der hl. Anna → San José de Santa Ana

Sankt Josef von Unserer Lieben Frau von der Straße → San José de Nuestra Señora de la Calle

Sanlúcar la Mayor: Ortschaft in der südspanischen Provinz Sevilla (Andalusien), Ort einer Karmelgründung (1590) 24,6

Santa Ana (Medina del Campo): Karmelitenkloster des Stammordens in Medina del Campo 3,3.7; 13,1

Santa Ana (Sevilla): Karmelitinnenkloster des Stammordens in Sevilla 26,6

Santa Gadea del Cid: der hl. Gadea geweihtes Franziskanerinnenkloster in Cid bei Burgos 11,1

Santa Justa: der hl. Märtyrerin Justa († um 300/306) geweihte Kirche in Toledo 15,2

Santángel → Elvira de San Angelo

Santiago → Jakobus

Santiago de Compostela: berühmter Wallfahrtsort in Galizien, Geburtsort des Pablo Hernández 15,1; 28,10

Saojosa, Francisca de: junge Frau aus Caravaca, Unbeschuhte Karmelitin dort 24,3; 27,1.9

Sarmiento de los Cobos, Diego de: Sohn der María de Mendoza, Marquis de Camarasa 10,6

Schiller, Johann Christoph Friedrich von: 1759-1805, deutscher Dichter 17,5

Sebastian de Jesús: Sohn der Catalina de Tolosa, Unbeschuhter Karmelit, Provinzial von Kastilien 31,8.48

Sebastian: Hl., 3. Jh., römischer Martyrer 22,15.18

Sega, Filippo (Felipe): 1537-1595, Kardinal, ab August 1577 Päpstlicher Nuntius in Madrid, ab Oktober 1578 gleichzeitig Bischof von Piacenza, entschiedener Gegner Teresas 1,7; 24,5; 27,11; 28,3.5.6.11; 31,1

Segovia: Provinzhauptstadt in Altkastilien, Ort einer Klostergründung Teresas (1574) 4,1; 17,2.17; 18,3; 19,4; 21 tít.1-3.8.10; 23,4; 24,6; 27,8; 30,5.13.14; 31,3.22

Serrano: Domherr aus Palencia 29,7

Sevilla – Los Remedios → Los Remedios

Torres, Francisco de: Franziskaner, Rigorist 28,23

Tostado, Jerónimo: * in Lissabon, † 1582 in Neapel, Karmelit der katalonischen Provinz, 1576-79 Visitator der Karmeliten Spaniens im Auftrag des Ordensgenerals und des Apostolischen Nuntius Sega, erklärter Gegner Teresas 28,3

Triana: Stadtteil Sevillas, in dem das Karmelitenkloster Los Remedios liegt 26,11

Trient (Trento): Stadt in Italien, heute Hauptstadt der autonomen Provinz Trentino, Ort des großen Reformkonzils als Antwort auf die Reformation 9,2.3; 10,2; 11,5; 15,4; 17,8.16; 18,1.5; 24,5.15; 28,6.42; 31,3

Tunis: wichtiger Handelshafen in Nordafrika in der Nähe des antiken Karthago, im 7. Jh. von den Arabern erobert und im Mittelalter von den Kreuzfahrern umkämpft, gegenwärtig Hauptstadt Tunesiens pról 7

Úbeda: Kleinstadt in der südspanischen Provinz Jaén (Andalusien), Sterbeort des Johannes vom Kreuz 10,2

Ulloa, Guiomar de: 1527-1585, Freundin und treue Helferin Teresas, Adressatin des Gründungsbreves für San José (Ávila) 1,2; 6,18

Unsere Liebe Frau von der Hilfe → Nuestra Señora del Socorro

Unsere Liebe Frau von der Straße → Nuestra Señora de la Calle

Unsere Liebe Frau von der Verkündigung → Nuestra Señora de la Anunciación

Unsere Liebe Frau von las Villas → Nuestra Señora de las Villas

Ursula: Hl., legendäre Gestalt, Anführerin einer Schar von „elftausend Jungfrauen", die in Köln das Martyrium erlitten haben sollen 18,9

Valdecañas: Ortschaft in der Provinz Palencia, Geburtsort des Ángel de Salazar 13,6

Valdés, Fernando de: 1483-1568, Erzbischof, Großinquisitor, Autor des Indexes verbotener Bücher von 1559, des schlimmsten aller Indizes 12,3

Valencia: Hauptstadt des ehemaligen Königreiches Valencia, heute Hauptstadt der autonomen Region Valencia und Provinzhauptstadt 2,5

Valera: Ortschaft in der neukastilischen Provinz Cuenca, Gründungsort eines gegenwärtig in San Clemente angesiedelten Karmelitinnenklosters (1600) 9,5

Vio, Tommaso de, Kardinal Cajetan: 1469-1534, Dominikaner, Generalmagister, Kardinal, herausragender Vertreter der Kirchen- und Ordensreform 13,1

Vitoria, Agustín de: Kaufmann in Valladolid, besonderer Wohltäter der Karmelitinnen, Vater von María de San Agustín 29,9

Westeuropa: 2,1

Westindien: damalige Bezeichnung für die von Spanien eroberten Gebiete Amerikas 1,7; 14,8; 25,1.3; 27,11

Yáñez de Ovalle, Beatriz: Ehefrau von Gonzaliáñez, Cousin des Schwagers Teresas Juan de Ovalle 18,2

Yepes, Francisco de: 1530-1607, Bruder des Johannes vom Kreuz 14,1

Zamora: Stadt im Westen Spaniens, nahe der portugiesischen Grenze, Hauptstadt der gleichnamigen Provinz 28,44

Zaragoza (Saragossa): Hauptstadt der gleichnamigen spanischen Provinz und der autonomen Region Aragonien 8,8

Zúñiga, Alonso de: Graf von Monterrey, Ehemann der María Pimentel 19,10

Danksagung

Mit dem fünften Band der Schriften Teresas von Ávila liegt nun eine komplett neue Ausgabe ihres Gesamtwerkes in einer neuen Übersetzung vor, das außer den Briefen alle ihre Schriften umfasst, und mit gründlichen Einführungen, zahlreichen Anmerkungen und zwei Anhängen ausgestattet ist. Dank der finanziellen Unterstützung der Interkarmelitanischen Arbeitsgemeinschaft – INTERKARM – ist dieses große Werk gelungen. Zu ihr gehören die Provinzialate der niederdeutschen und der oberdeutschen Provinz der Karmeliten (O.Carm.), die Provinzialate des Teresianischen Karmel (OCD) in Deutschland und Österreich, verschiedene Klöster der Karmelitinnen in Deutschland und Österreich, die Kongregation der Marienschwestern vom Karmel mit ihren Provinzen im deutschen Sprachraum, die Tertiarkarmelitinnen Unserer Lieben Frau vom Berge Karmel in Luxemburg, die Karmelitinnen vom Göttlichen Herzen (Carmel DCJ) mit ihren Provinzen im deutschen Sprachraum, das karmelitanische Säkularinstitut „Notre Dame de Vie" in Weisendorf und die Teresianische Karmel-Gemeinschaft (Säkularorden des Teresianischen Karmel). Ihnen allen sagen wir herzlichen Dank dafür.

Danken möchten wir auch P. Tomás Álvarez, Burgos, P. Teófanes Egido, Valladolid, und P. Antonio Fortes, Rom, die uns bei einigen speziellen Fragen zum Verständnis des Textes weitergeholfen haben.

Rom/Weimar, 2. Januar 2007   Ulrich Dobhan OCD
                                     Elisabeth Peeters OCD

Teresa von Ávila

Das Buch meines Lebens

Vollständige Neuübertragung, Gesammelte Werke Band 1
Hg. von Ulrich Dobhan / Elisabeth Peeters
Band 5211

In ihrer Autobiografie gibt Teresa von Ávila Einblick in ihren inneren Werdegang, ihre außerordentlichen geistigen Erfahrungen und ihren Weg in einer von Männern beherrschten Gesellschaft und Kirche.

Weg der Vollkommenheit

Vollständige Neuübertragung, Gesammelte Werke Band 2
Hg. von Ulrich Dobhan / Elisabeth Peeters
Band 5318

Der mystagogische Klassiker. Die praktische Einleitung in die Spiritualität des „inneren Betens". Voll Weisheit, humorvoller Nüchternheit, psychologischem Gespür.

Gedanken zum Hohenlied, Gedichte und kleinere Schriften

Vollständige Neuübertragung, Gesammelte Werke Band 3
Hg. von Ulrich Dobhan / Elisabeth Peeters
Band 5477

Die vielschichtige Persönlichkeit der großen Mystikerin kommt in diesen Texten von poetischer Kraft und spiritueller Dichte faszinierend zum Ausdruck.

Wohnungen der Inneren Burg

Vollständige Neuübertragung, Gesammelte Werke Band 4
Hg. von Ulrich Dobhan / Elisabeth Peeters
Band 5655

Die große Mystikerin nimmt den Leser auf eine spannende Reise durch die unerforschten Räume der inneren Welt mit, die sie auf sieben konzentrischen Ebenen anordnet.

HERDER spektrum